可见的学习

对800多项关于学业成就的元分析的综合报告

Visible Learning: A synthesis of over 800 meta-analyses relating to achievement

[新西兰]约翰·哈蒂（John Hattie） 著
彭正梅 邓莉 高原 方补课 译
伍绍杨 张玉娴 等 校

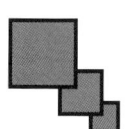

教育科学出版社
·北京·

对于这些海量的实证研究，特别是 1980—2000 年的定量研究，哈蒂相信，教学的"圣杯"就隐藏在这些数据之中。就像居里夫人对一吨可能含镭的工业废渣进行初步冶炼、再溶解、沉淀、分析并最终在幽暗的破木棚里发现了正发着略带蓝色的荧光的元素镭一样，哈蒂在数据的山峰里，发现了闪着圣光的教学的"圣杯"。

哈蒂寻找教学的"圣杯"的工具，并不是中世纪虔诚的骑士所挥舞的刀剑。对教学这样一个圣洁之物或康德所说的"最难的艺术"的寻找，刀剑和战马等工具太过鲁莽和粗暴了。在哈蒂看来，元分析是寻求如此娇贵的圣物的合适方法。

所谓元分析（meta-analysis）就是收集主题相同的现有研究，将不同研究的效应量以统计方法结合起来，再将每个研究的结果运算为统一的效应量，以分析两个变量间真实的相关关系。元分析本质上就是一种文献综述。与传统的叙事式的文献综述不同，它强调在定量层面上综合各项独立研究的成果，从而形成一个综合结论。元分析的特点就是能够对海量文献进行更具客观性与证据力的综述。元分析法的提出者吉恩·格拉斯（Gene V. Glass）认为，通过元分析技术，可以把每个研究中的影响值转换成一种共同量度即效应量，从而可以对它们进行量化、比较和解释（柳学智，1991）。

哈蒂的《可见的学习》就是对元分析研究的综述，但他一再强调，他之所以青睐元分析，忽略质性研究，并不意味着他认为质性研究并不重要。非元分析研究的综述能够使证据的陈述更为翔实和细致，但统计测量学出身的哈蒂宁愿把这种综述方式留给其他人去完成。不过，我们可以从本书每一章节的总结中看到他把非元分析的观点融入进去的尝试。

为了对影响学生学业成就的因素依据其影响力即效应量加以排序，哈蒂进行了史上规模最为宏大的数据处理：对涉及 52 637 项研究、数亿名学生的 800 多项元分析进行综合（相对于这些最初的元分析，哈蒂的研究实际上是一种元元分析）。在这些数据的山峰挖掘和寻求了 15 年后，哈蒂毫不谦逊地指出，不用寻找了，他已经找到了教学的"圣杯"。

什么样的"圣杯"

"认识你的影响力！"

当哈蒂把从大量研究和变量中提取出的 138 个影响学业成就的因素的效应

量（用 d 表示）按照其分布放置在一个柱状图上时，"圣杯"的形状就会显示出来（见图1）（Hattie，2009，p.16）。

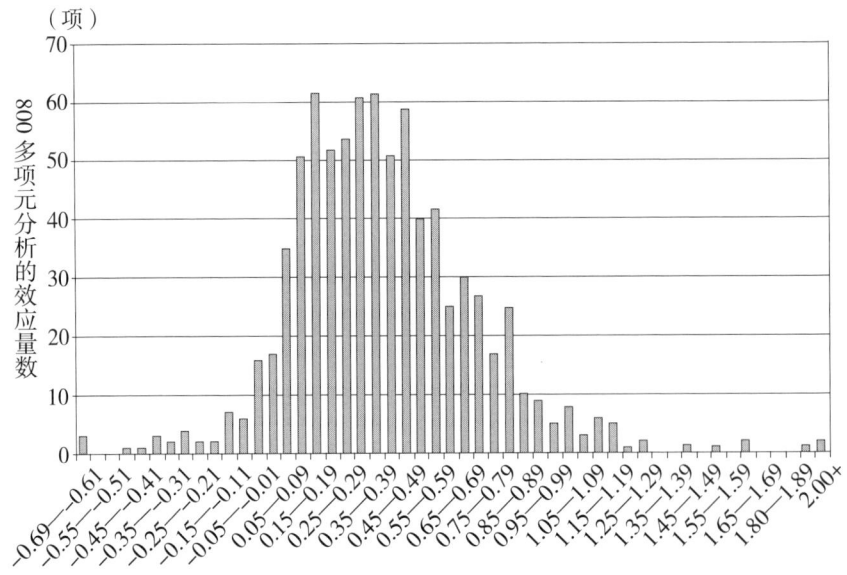

图 1　所有元分析的效应量分布

可以看出，在这些影响因素中，效应量为负的较少，总体上体现出积极的效果（当然效应量极高的因素也很少）。在哈蒂的统计中，d 在负数到 0.00 之间被视为消极效果，d 在 0.00 到 0.20 之间是非常小的效应量，d 在 0.21 到 0.40 之间是小的效应量，d 在 0.41 到 0.60 之间是中等的效应量，d 在 0.61 及以上是较高的效应量。d=1.0 的效应量是一个巨大的、显著的、非常容易察觉的差异，类似博士毕业生与高中毕业生在平均智商上的差异，也类似一个身高 1.60m 的人与一个身高 1.83m 的人之间的差异，是一种肉眼可见的差异。

在哈蒂看来，0.40 是一个关节点，他把大于 0.40 的影响称为"期待效果"。0.00 到 0.15 之间的影响为发展效果，它不是学校教育的效果，而是每个儿童（即使没有上学）从这一年到下一年的发展所取得的成长的效果。哈蒂把每一个因素的效应量放入如图 2 所示的这种指示表之中，以直观或可视地展示每个影响因素的效应量，图 2 就是关于家庭作业的效应量指示表（Hattie，2009, p.19）。

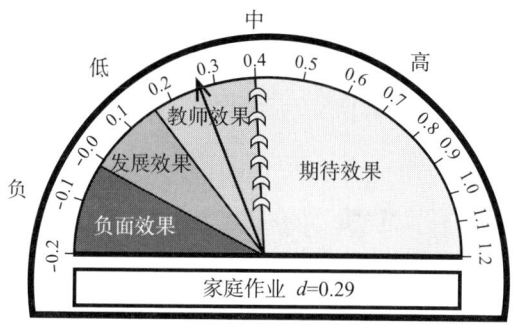

图2 效应量的典型指示表

《可见的学习》把138个因素归入学生、家庭、学校、教师、课程和教学六大类别之中分别加以比较、阐释和总结。但是为了认识那个"杯形"图所传递的信息，我们还需要把这六大类因素的效应量进行平均化处理（见图3）（Hattie，2009，p.18）。

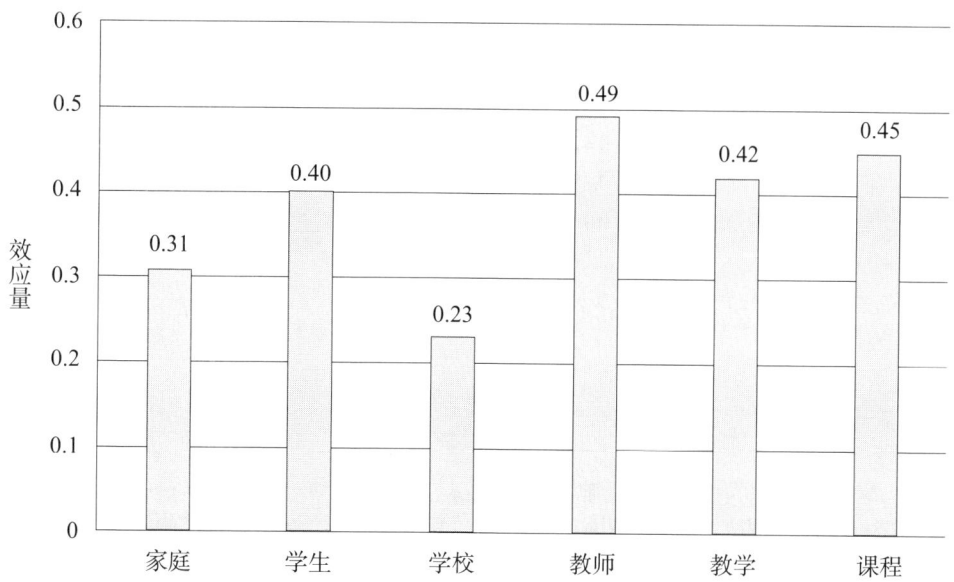

图3 六大类影响因素的效应量

从这个柱形图可以看出，对学业成就影响最大的因素是教师，学校系统的影响相对较小。也就是说，学生上什么学校并不重要，遇到什么教师才是最重要的。显然，效应量较大的课程和教学，也与教师密切相关。因此，我们似乎可以宣称，不要谈论学校，教师才是最重要的因素！哈蒂把古希腊"认识你自己！"的格言改为"认识你自己的影响力！"（Know thy impact！）。他强调，他的《可见的学习》就是要传递"教师及其反馈的力量"。

理解这个"圣杯"

在哈蒂的效应量排序中，教学中的表层因素如直接教学法要比个体学习等因素的效应量高，而教学的许多深层因素要比表层因素有更高的效应量（见表1）。因此，认识教师的影响力，重回教师中心的教学，这就是哈蒂所发现的教学的"圣杯"所传递的信息！

表1 教学的表层因素和深层因素的效应量

教学的表层因素	效应量（d）	教学的深层因素	效应量（d）
直接教学法	0.59	教师可信性	0.90
合作与竞争学习相比较	0.54	提供形成性评价	0.90
课堂管理	0.52	课堂讨论	0.82
小组学习	0.49	教师表达的清晰度	0.75
合作学习	0.42	反馈	0.75
任务时间	0.38	交互式教学	0.74
能力分轨	0.12	师生关系	0.72
随班就读	0.28	元认知策略	0.69
竞争与个别学习相比较	0.24	同伴指导	0.55
班级规模	0.21	学生的自我概念	0.47
留级	−0.13		
学生流动	−0.34		

注：表中数据来自哈蒂于2012年出版的《可见的学习（教师版）》（Visible Learning for Teachers），在那里，哈蒂把本书的138个因素扩展为150个因素，参见：哈蒂.可见的学习（教师版）——最大程度地促进学习[M].金莺莲，洪超，裴新宁，译.北京：教育科学出版社,2015.

哈蒂的研究确实为直接教学正名，同时也指出了建构主义的教学方式的低效，对此，迈尔曾当面对我说，我们不能忽视教学的表层因素，因为教学的深层因素也依赖于表层因素，哈蒂的数据也不能简单地归纳为在倡导回到直接教学。要想产生较高的效应量,不仅要把直接教学与合作学习、个体学习平衡与整合起来,还需要搭建支架(scaffolding),以走向深度学习:对于直接教学,需要教师表达的清晰度,需要课堂讨论,需要元认知;对于个体学习,需要个体的学习计划,需要个体的学习地图和经常性的反馈,需要学生之间的相互帮助,需要学习的档案袋;对于合作学习,需要责任,需要共同计划,需要共同实施、共同评价,需要有吸引力的方式来展示学习结果。

因此,迈尔指出,对于直接教学相对于开放教育谁更优越的问题,实际上是搭建支架的问题,自我指导的学习也可能获得好的结果,但这种形式本身并不能保持取得好结果。

正是从这个角度,哈蒂强烈反对建构主义教学论,他指出,建构主义是一种学习论,而不是一种教学论。相反,他倡导一种新的教学主义,而不是建构主义(instructionalism instead of constructivism):教师在教授学生那些需要掌握的内容时,要千方百计帮助学生发展思维方式、推理能力,并且强调问题解决能力和策略。哈蒂并不是在倡导聚焦于表层学习的传统的直接教学,而是强调表层学习、深层学习和建构学习的统一。哈蒂借用当代哲学家波普尔的三个世界的理论,区分了三种类型的学业成就:表层学习(世界1)、深层学习(世界2)和建构性学习(世界3)。在他看来,建构主义的教学论只强调世界2,即思维上的成就,而忽视了世界3,即建构性的现实,同样是学习的重要成果。因此,不是知识和能力是重要的(世界1,对应于表层学习),而是学生自己建构的知识和能力是重要的。显然,哈蒂倡导的是一种教学主义的建构主义。

这里的关键是可见的教和可见的学。哈蒂指出,《可见的学习》"讲述的是教和学的可见性,确切地说,它讲述的是充满激情和技能熟练的教师的潜力和力量。它是强调教师在教授知识内容时,要思考和监测学生如何熟悉和精通这些新知识,如何构建这种认知和理解的概念。这就意味着帮助教师从学生的视角审视学习"(Hattie,2009,pp.23-238),同时也意味着学生要从教师的视角来看待自己的学习。也就是说,只有存在这种双重的"看待"时,才会实现哈蒂所期望的可见的教和可见的学。

哈蒂的138个效应量排序表明,教师中心的教学或直接教学法的效果要比国内课程改革专家所认为的要更好,但这并不意味着那些效应量不大的因素就不重要,或可以忽视。这里略举三例。第一,家庭作业在哈蒂的138个因素效应量排序中排第88位($d=0.29$),似乎不值得存在,可以被取消。但哈蒂的确切信息是，家庭作业对小学生的学业成就影响不大，而对高年级学生有较积极的影响。此外，家庭作业可以提升小学生自律、自治和履行承诺等方面的能力，从而为家庭作业在高年级学业成就上的良好效果打下基础。

第二，暑假的效应量排在第134位（$d=-0.09$），几乎垫底。因此，有人认为，暑期长假是按照农业社会的需求进行设计的，现在已进入知识经济时代，暑假已不合时宜，至少要在暑假安排作业。但齐雷尔指出："暑假虽然无益于数学和语言能力，但是对青少年儿童的教化（bildung）却同样有意义：留给父母的时间、留给朋友的时间、甚至无聊的时间。教化不仅限于那些总是可以测量的功用。学校要避免局限于这种功用。"（Hattie，2013，p. ix）

第三，混合年级/混龄班级对学业成就的效应量接近于零，几乎没有积极作用，但也几乎没有消极作用，似乎应该取消。不过，这种安排能节省直接开支（人员薪水）和间接开支（学生的接送费用、校舍的费用等），并能为运用其他更有效的方法提供条件（Hattie，2013，p. ix）。

因此，就提升学业成就而言，这里的关键往往不在于是否选用了哪几个较高效应量的因素，而在于形成一种考虑成熟的、在具体的学校实际情况中协调的组合，即使是带有较低效应量因素的组合。因此，哈蒂所发现的教学的"圣杯"，并不是干枯的数字，而是一个系统，像是一座金字塔，任何片面的理解都是一种误解，都会使这座金字塔变成坟墓。

因此，《可见的学习》提出的是一系列基本原则，或者说，一种"平均"状况，我们不能像查找百科全书那样，或像法官查法典一样去从中直接找出实践问题的答案。相反，原则与实践之间存在着一种教育机智。

正是在这个角度上，齐雷尔指出，哈蒂的研究具有某种普通教学论的性质（Hattie，2013，p. ix）。138个因素所被纳入的"学生"、"家庭"、"学校"、"教师"、"课程"和"教学"六个范畴，体现在众所周知的教学论三要素（教师、学生、教学内容）三角模型及其环境中。哈蒂的思想不是局限于某个专门学科或教育阶段，《可见的学习》讲述的是一种所有学科、所有学校形式和所有年级都用得上的理论，以削减真实情况的复杂性，以此为专业行动提供指导和支持，因而具有普通教学论的性质。

教育学的实证化倾向及其批判

哈蒂的研究也体现了他的教育学关怀,即希望把教育学建成一种像自然科学特别是医学那样严格而精确的科学。《可见的学习》体现了这种理想,他对影响教学的因素的效果计算,甚至精确到了小数点后两位!

在人类的追求中,很难想象缺乏科学性的事业。在哈蒂看来,拒绝直接教学法,转而支持卢梭式的浪漫主义启发方法,"这是一个专业不成熟的典型案例,因为它缺乏坚实的科学依据,更重视意见和意识形态而非证据"(Hattie, 2009, p.258)。

不幸的是,教师的教学就是这种缺乏依据、缺乏科学性的事业。尽管教师每天都在上课,自认为自己的教学是有效的,但却很少有证据支持,因此,教师经常感到学业成就不可预测和无法控制,就不难理解了。目前盛行的"反思性教学"往往忽略了反思需要基于证据,而不是事后将其合理化。在哈蒂看来,教师的教学应该是一种基于证据的实践。只有当教师有意识地实验和引入一种不同于其平常使用的(而不一定是新的)教学方法、课程或策略,了解什么能产生作用和对谁产生作用,分享其方法的有效性的证据,变革才会发生。

哈蒂的这种学术理想延续了启蒙运动以来学者对教学的"圣杯"的持续寻求,也延续了近代实证科学的理想。近代科学的目的就是试图数学化地解释所有现实领域,把一切世界现象、自然进程、心理和社会进程作为多重因果关系进行解码、计算和预测,以便借此进行规划。这是培根"知识就是力量"的宣言问世以来近代科学的夙愿。波普尔指出:"理论是一张网。我们把它抛出去,为了捕捉'世界'——也就是使世界合理化,得到解释和统治。我们正努力把网眼越织越密。"(转引自本纳,2006,p.30)哈蒂也引用波普尔的话指出:"大胆的想法、未经论证的概念以及推测性的思想,是我们解释自然的唯一方式,是我们理解她的唯一工具、唯一手段。为了赢取奖赏,我们必须承担风险。我们中那些不愿意让他们的观点放置到被反驳的危险中的人们,实际上还没有参与到科学的游戏之中。"(Hattie, 2009, p.4)

但是,沉溺于数字和数字分析的哈蒂,似乎没有意识到康德所警告的问题,即教育是一种最难的艺术(而不是科学),也没有意识到,对于这种最难的艺术,元分析的方法有其内在的不足。就哈蒂这里的研究来说,他没有说明他如何界定选择原初研究和元分析的质量标准,没有说明这些研究是如何界定学业成就的,也没有澄清这些研究对学业成就的可测量性的不一致观点。这其中的每一步都相当复杂,且步步惊心;处理不当,就会步步陷阱。而且,他的研究没有覆及近十年的数据和网络数据,也许恰恰在这些没有触及的数据里,隐藏着他要寻求的"圣杯"。华东师范大学杨向东教授指出,在哈蒂的研究发现中,有些影响因素的效应量过大,超出了社会科学的基本常识。

对于教育这门精微的实践艺术来说,如果说经验研究是基于现实,元分析则基于经验研究,而哈蒂的研究是对元分析的研究,那么这意味着哈蒂的研究与真实的实践隔了三层。这犹如握手,初始分析是一种抽象,元分析是戴手套握手,而哈蒂的元分析则是戴着两层手套。这就难以感知教育这门精微的艺术。尼采警告道,拿开你的粗糙大手,不要在精微的圣物上乱摸! 2002 年,美国学者伯林纳(David C. Berliner)发文指出,教育研究是最难做的科学(Berliner,2002)。

在当代的科学分类中,物理学、化学和地理学被归入硬科学(hard sciences),社会科学,特别是教育科学则被归入软科学(soft sciences)。教育研究被认为是"太软,黏糊糊、不可信和不精确的学科",与桥梁设计、电路设计、飞船登月和开发新药的确切性不能同日而语(Berliner,2002)。伯林纳认为,这里重要的不是软科学和硬科学的区分,而是困难科学和容易科学的区分。物理学、化学和地理学是容易做的科学,社会科学是难做的科学,其中,教育科学是最难做的科学(the hardest science of all),有三点理由。

第一,教育背景的力量。在教育科学中,之所以不存在普遍的理论和宽泛的概括性,是因为它们很难把人类生活情景的无数变量纳入进去和加以控制。这就是为什么很多学校改革很难在不同地方复制,因为每个地方的背景都是不同的,因而需要不同的项目、人员、教学方法、预算和社区支持。这种巨大的背景差异使得教育研究者很难理解学校生活,这就是为什么质性研究在教育研究中如此重要。在这门最难的科学中,教育者需要具体的、地方性的知识,而那些容易做的科学的研究者则能获得更加普遍性的知识,也能更好地理解、预测和控制所研究的对象。

第二,教育中互动的泛在性。背景在教育研究中之所以重要,是因为其中存在普遍的互动。例如,在班级教学的研究中,任何教学行为都是与学生的特性如智力水平、社会经济地位、学习动机等产生互动;同时,学生的行为也与教师的特性如所教学科的训练、学习观、评价观和教师的个人生活幸福等产生互动。此外的影响因素还有课程材料、社区的社会经济地位、学校中的同伴影响以及该地区的青年就业情况,等等。相对而言,物理学研究者更容易发现不同物质背景的规律,而教育学者则很难发现不同社会背景的规律。例如,赫姆基在对小学生和初中生的评价焦虑的研究中指出,平均而言,评价焦虑与小学生和初中生的测试成绩呈负相关。但是,这一研究发现完全忽视了所研究班级的复杂性:负相关的区间非常大,从–0.80到0,但有些班级却呈正相关,甚至高达+0.45。在一些班级,是负相关,在另一些班级,则没有影响,但在少数班级,评价焦虑会变成积极的动机,从而会改善学生的成绩。在所研究的93个班级中,有93个相关系数;但你很难想象,牛顿第三定律在中国和美国会不同。伯林纳指出,"这种复杂性会让物理学家发疯,但却是教育研究者所面对的日常世界的一部分"(Berliner,2002)。

第三,教育研究发现的易失效性。教育科学还有一个独特之处,就是其研究发现的短暂的有效性。伯林纳举例指出,20世纪60年代对男女学习动机的研究发现的所有数据,到70年代,由于女性主义的兴起,都变得无用;对学习的建构主义理解,代替了之前行为主义的理解,导致之前对教育现象的行为主义的发现失去效用。但在化学和物理学中,则很少发生研究发现失效的情况。

《不让一个孩子掉队法》倡导"以证据为基础"的实践和科学的研究(scientific research),崇奉随机实验,认为这是"唯一"的获得知识的方式,"唯一"产生可信的证据的方式,也是对科学项目进行资助的"唯一"标准,在伯林纳看来,这是一种"短视的科学观,也是对教育研究的误解"。《不让一个孩子掉队法》没有认识到教育科学的独特本质,不恰当地把一种特定的科学方法混同于科学本身。这是一种反科学的思考方式。对此,伯林纳引用杰克逊(Justice Jackson)的话指出,"政府的功能不是防止人民犯错误,而是人民防止政府犯错误"(Berliner,2002)。

允许运用不同的研究方法,不沉溺于实证方法,才有可能改善我们的教育。对于教育研究者而言,不要忘记这样一个事实,课堂中的儿童和教师是有意识、有情感和有目的的人,因此,对人的行为的科学解释不可能是完善的。况且,即使自然科学的某些领域也不具有高度的严密性和可预测性。你很难描述原子核周围的一个电子下一刻会出现在哪里,因为它总是在不停地运动。也许,电子云是个恰当的概念。

信任实证主义

尽管如此，人类还是不断地抛弃了对教育的玄想和思辨，不断地走向经验和实证。近代以来，社会科学的实证化倾向及其所取得的惊人成就，显示了人类对因果关系的执着，显示了对人性不断改善的乐观主义的信任。恰恰是提出教育是最难的艺术之一的康德，对此有着不可遏止的信任。

康德在《论教育学》中要求将教育艺术中的机械倾向转化为一种科学。在他看来，由于人的自然性向的发展并没有本能加以控制（与动物不同），因而需要一种作为艺术的外在的教育控制。作为一门艺术，教育必须有计划、有原则，以发展人的本性为目标，从而实现人的使命，因此，不能在纯粹偶然的、经验的基础上意外地发现什么有益或什么有害。"任何仅仅是机械地发生的教育艺术，都必然带有非常多的错误和缺陷，因为它们没有规划作为依据……教育学就必须成为一种科学……教育技术中机械性的东西必须被转变成科学……"（康德，2005，p.8）

康德自信地指出，"教育或许会变得越来越好，而且每一代人都向着人性的完满实现更进一步；因为在教育背后，存在着关于人类天性之完满性的伟大秘密"，"人的天性将通过教育而越来越好地得到发展，而且人们可以使教育具有一种合乎人的形式。这为我们展示了一种未来的、更加幸福的人类的前景"（康德，2005，p.56）。也就是说，康德相信，经过一代又一代人的努力，借助科学研究，人类的完善性会得到实现。

对于教育科学是最难的科学的说法，2014 年，诺贝尔物理学奖获得者，同时也研究物理教学的维曼（Carl E. Wieman）撰文指出，教育研究与硬科学研究之间存在着更多的相似性，这主要是因为硬科学经常被误解，或其特性被错误地归纳。在硬科学中，真正的研究，特别是前沿研究，与教育研究领域一样，也是混乱、复杂和不确定的。但两者都追求研究结果的预测性，坏的研究就是不能提供预测的结果。对于实验科学如物理学比教育更加容易控制、也更精确的观念，活跃在物理学前沿的维曼指出，这实际上是一种误解。物理学前沿领域的研究，也是充满未知。像教育一样，研究者也费力评估哪些因素是重要的，如何控制和准确测量相关的因素，并都有可能获得不可重复的结果（Wieman，2014）。

维曼指出，物理学和化学已是非常成熟的科学，在课本、课堂甚至媒体中，物理学和化学曾经的混乱和复杂性都被整理或清除了。就像我们看到一个穿着得体和整洁的小男孩，而没有看到他之前爬树、玩耍和浑身是泥的样子。相反，当代生物学并不太成熟，其混乱和复杂性，还没有被很好地理解和清除，其研究结果也不太准确，不太能重复。在维曼看来，今天的教育研究，有点类似生物学；而教育研究以及生物学的许多领域，类似100年前或150年前的化学和物理学，但它们研究的基本标准都是其结果的预测性，其实验设计所面临的智力挑战是一样的，失败的标准原因也是一样的（Wieman，2014）。

维曼认为，教育研究比现代物理学更加容易，因为这里有太多的未开垦的领域、未回答的问题，有很多潜在的试验和可能的惊奇的发现，当然，也更困难。因为我们对影响原子行为的背景因素知道得更多，而对影响学生行为的因素知道得更少。但好的研究者的标志，就是在有限的信息的基础上，认识到哪些因素是重要的、相关的，并尽力去测量和控制重要的变量，确保那些不重要的或完全不可能控制的因素不会在有意义的方式上影响结果。好的研究者会在有限的研究中获得重要的结论（Wieman，2014）。不管是物理学还是教育学，研究者也许永远不可能探讨、测量或精心控制每个变量。

维曼相信，只要我们努力，教育科学也会成为像物理学一样的成熟学科。我们也会像物理学家那样，按照我们努力发现的教育的铁律，用铁锤把学生敲打成我们需要的任何结果。到那时，我们即使没有发现教学的"圣杯"，也至少可以像他那样，获得教育学的"诺贝尔奖"。

但是，教育是一种自相矛盾的任务，是一项在深刻的人际关系中进行的事业。其中，每个儿童的人性和人格的发展都是独一无二的。德国精神科学教育学代表人物利特（Theodor Litt）指出，"先决定目的然后寻求实现目的的手段这种思考方式，是如此地流行，被到处运用，以至于最终人的所有活动都必须按照这个图式来加以理解。但是，这种技术性的思考方式忘记了，这种源于人对待没有生命的物的思考方式是不能直接应用于与人际互动有关的情境之中的"（转引自彭正梅，2011）。也就是说，教育是一种特殊的实践活动，而不是技术性的制作活动；关于教育实践的知识，并不是技术性知识，而是实践性知识。教育学既不是思考生命（不是心理学），也不是思考社会（不是社会学），而是思考儿童的不确定的可塑性和促进其自主性这对基本矛盾。这对矛盾构成了教育学的基本问题或学科身份。

相反，波普尔主义的信奉者，德国教育学家布雷钦卡（Wolfgang Brezinka）认为，教育研究的核心是获得因果性甚至是技术性的知识，教育学知识应该从教育学转向教育科学（Brezinka，1971）。教育科学研究者一只眼盯在个体的生物性的和心理的成熟过程，另一只眼盯在影响个体性格的社会因素和变量之中，寻求从心理学和社会学来因果性地理解人的教育。布雷钦卡还建构了一个自称是基于心理学和社会学的教育科学体系（Brezinka，1995）。

但是，一旦我们完全掌握了教育的因果关系，那么，教育也就停止了。人的发展成了因果规律的应用，人变成了机器，教育变成了机械活动；人的自由也将随之丧失。因此，为了人类的尊严，但愿上帝把这个"圣杯"给藏起来，让我们成为永远的寻求者。不过，如果没有实证主义研究，教育学会停留在或陷入无谓的思辨和玄想之中，人类完善的伟大事业和征程将无法取得实质性的进展和进步。因此，人类的完善之路需要实证和批判的平衡和辩证。

从这个角度来说，哈蒂没有发现教学的圣杯，不是教学的救世主，也不是教育学的救世主。例如，他没有表现出对数字的局限、误用和滥用的谨慎，没有像杜威和弗莱雷那样去探讨教育和民主的问题，没有看到教育问题在很大程度上是社会问题，甚至是政治问题。因此，我们不能像《泰晤士报》那样断定哈蒂发现了教学的"圣杯"，因为没有人能看到"圣杯"是什么样的，每个人只能看到自己想象中的"圣杯"。但在15年的搜寻中，哈蒂绝对体现出了一种"圣杯骑士"的精神，像那个高尚的愚者帕西法尔，表现出一种对实证主义的虔诚、信任和执迷，况且，他确实发现了一些有意义的东西，特别是对当下的世界和中国而言。

结　语

哈蒂没有发现什么教学的"圣杯"，也不是什么救世主，但他的研究代表了一种时代性的自我救赎的努力。

新世纪以来，随着全球经济竞争的加剧，各国更多地从新自由主义的角度来理解自己的教育，更加把提升学业质量作为提升国家经济竞争力的重要举措，因而各主要国家特别是西方国家的教育改革都不约而同地强调教育标准、统一课程、学业评价、监控和问责。

因此，对于传统上强调教育过程、批判思考、开放教育、多元智能、多元文化主义、教学自主以及教育管理的地方分权的西方教育来说,哈蒂的研究具有某种振聋发聩的作用。它宣告了西方崇尚的自由主义教育和建构主义教学的低效率和无效性,重新"发现"了教师和教学的作用,并向教师呼吁"认识你自己的影响力!"。哈蒂这样一种"价值中立"的宏大研究,与西方新世纪以来的教育改革的意识形态暗通款曲,互送秋波,也被赐以教学的"圣杯"的美誉。

哈蒂的发现,又由于具有强调教师和教学的中国教育传统的上海在两次国际学生评估项目（Programme for International Student Assessment, PISA）中获得世界第一,从而给西方第一次对东方教育的有意或无意的积极想象平添了"实证的"证据。确实,从哈蒂的研究中,西方学者可以找到对中国教育方式的某种捍卫。哈蒂认为教师是学业成就的最重要影响因素,有高达35%的影响。但中国的数据甚至会比这更高。在2015年3月17日上海杨浦区的一场教师培训中,我发现,大多数的教师认为教师对学生学业成就的影响占80%,少数人认为占50%。显然,科尔曼的结论在这里找不到土壤。哈蒂的惊人发现在这里不过是常识。哈蒂不是认为反馈和形成性评价很重要吗?上海中小学的不断考试,不仅发挥着反馈和形成性评价作用,同时还起到强调过度学习（overlearning）的作用。哈蒂认为,过度学习有利于减轻认知负担,而使学生有可能迈向高阶的思考方式如批判性思考或创造性思考。

但是,如果我们把哈蒂的研究视为对中国教育的全面肯定,并在一波一波的外来取经队伍中,逐渐骄傲并自满起来,那么这将会是一种不可原谅的误读。例如,我们过度学习了,但却没有走向创造性思考,反而一直是在学习的较低层次徘徊。培养创造性的紧迫性,已成为举国上下的共识和焦虑。这里我们需要向"平庸"的西方教育学习。PISA的"胜利"并不是我们教育方式的胜利,不是我们教育的胜利,更谈不上是《北京宣言》的胜利。需要提醒的是,被认为在1957年"赢得"东西方教育战争的苏联,今天已经无从寻觅了,而那个因教育"平庸"而宣称"国家处于危险之中:教育改革势在必行"的国家,今天仍充满活力,并试图再"领导世界100年"。

对中国教育学者来说,尤其令人警惕的是,这种对我们自己教育方式的实证"捍卫",竟然并不是来自中国。显然,我们还不习惯于用数字说话,特别是在大数据时代。

20世纪50年代,德国教育学家布雷钦卡宣称教育研究成果由于缺乏科学性、严密性和预见性而陷入危机,从而引发德国乃至中欧的元教育学的大讨论。其后,具有深厚人文主义传统的德国教育学出现了艰难的转型。在2001年的"PISA震动"的推动下,德国教育学的实证主义已呈不可逆转之势了。

20世纪90年代末同样经历了元教育学大讨论的中国,教育研究范式至今还没有出现清晰的实质性的转向,或许,还在等待着一个事件的推动。那么,我们想问,崇尚元元分析的《可见的学习》的翻译会是这个重大事件吗?在德国,它已经产生了轰动,那么在中国呢?在期盼教育兴邦的中国呢?

致 谢

感谢Hilbert Meyer和Klaus Zierer教授,是他们不断地向我提及和推荐这本书;感谢Routledge出版公司的孙炼女士对本书的引入和翻译的持续推动;感谢教育科学出版社翁绮睿女士的辛苦且认真的编辑工作。

除了封面列举的译者外,也感谢周小勇、刘灵骅、彭琴、叶冉青对此书的校对工作。这里尤其要感谢博士生邓莉和硕士生伍绍杨。

彭正梅
2015年4月

参考文献

本纳.(2006).普通教育学.彭正梅,等,译.上海:华东师范大学出版社.
康德.(2005).论教育学.赵鹏,何兆武,译.上海:上海人民出版社.
柳学智.(1991).元分析技术.心理科学进展(1):28-33.
彭正梅.(2011).生命、实践和教育学学科身份的寻求:"教化"的历史考察.基础教育(5):34-43.

Berliner, D. C.（2002）. Educational research: The hardest science of all. *Educational Researcher*（8）：18–20.

Brezinka, W.（1971）. *Von der pädagogik zur erziehungswissenschaft: Eine einführung in die metatheorie der erziehung*. Weinheim: Beltz.

Brezinka, W.（1995）. *Erziehungsziele, erziehungsmittel, erziehungserfolg. Beitraege zu einem system der erziehungswissenschaft*. Dritte Auflage. Muenchen/Basel：Ernst Reinhardt Verlag.

Hattie, J.（2009）. *Visible learning: A synthesis of over 800 meta-analyses relating to achievement*. New York: Routledge.

Hattie, J.（2013）. *Lernen sichtbar machen*（U. Beywl, K. Zierer, Trans.）. Hohengehren: Schneider Verlag.

Terhart(Hrsg.), E.（2014）. *Die hattie-studie in der diskussion*. Kallmeyer: Klett.

Wieman, C. E.（2014）. The similarities between research in education and research in the hard sciences. *Educational Researcher*（1）：12–14.

目　录

前　言 / 001
致　谢 / 001
第一章　　挑　战 / 001
第二章　　证据的本质：元分析的综合 / 009
第三章　　论点：可见的教和可见的学 / 027
第四章　　来自学生的影响 / 047
第五章　　来自家庭的影响 / 072
第六章　　来自学校的影响 / 084
第七章　　来自教师的影响 / 125
第八章　　来自课程的影响 / 150
第九章　　来自教学方法的影响（上）/ 187
第十章　　来自教学方法的影响（下）/ 232
第十一章　结语：如何把所有这些放在一起 / 275

附录 A　元分析列表：按主题分类 / 306
附录 B　影响因素排名 / 347
参考文献 / 351
索　引 / 489

前　言

　　Elliott 是我的英雄。他在 5 岁生日那天被诊断出患有白血病。过去的一年，是他至今为止最为艰难的岁月①。诊断当天，医疗小组旋即开始了治疗，令人印象深刻。他们试图稳定 Elliott 的病情，因而立即实施了诊断措施。他们知道需要什么样的检查才能做出正确的诊断，而最初的疑似诊断得到证实后，他们就立即开始了治疗干预。医疗小组由此开始了对 Elliott 的治疗进展情况持续一年的监控和反馈。他们记录了这段时间治疗进展的证据，他们知道什么是成功的治疗，并使所有人了解这些证据。Elliott 的病情经历了多次的起起伏伏，头发掉光了（作为他的圣诞礼物，我也剃光了自己的头发，尽管我没有按照他的要求也剃掉自己的眉毛），每天都要在腿上注射，但他从未退缩，整个治疗的过程他都保持着自己活泼的个性。医生从未向全家人掩饰实情。他们推荐书籍，安排会见，提供最好的治疗。本书所试图传递的许多信息得益于 Elliott。

　　本书开始于 1990 年我身在吉尔·萨克斯（Gil Sax）工作室时对元分析的搜寻和编码。Herb Walberg 鼓励我把这项工作继续下去。后来，我又在澳大利亚的珀斯（Perth）和美国的北卡罗来纳州（North Carolina）继续我的工作，并最后在新西兰的奥克兰（Auckland）完成本书。算起来，这是一段持续 15 年的旅程。在受到好评的同时，本书所传递的信息也受到了质疑，被贴上了"具有挑衅性"的标签，遭到否定。典型的指责是，"研究结果没有反映出我的经历"，"为何没有强调我喜爱的方法"，"你说的是一般情况，但我并不一般"，"你忽略了课堂上所发生情况的细微差异"。对于我说的和没说的，有很多批判和误解。

　　因此，我首先要声明的是，本书不讨论哪些问题。

　　（1）这不是一本关于课堂生活的书，因此它不会谈论在课堂中所发生的细枝末节的琐事。相反它要对那些关于课堂上发生了什么的研究进行综合，它更

---

① 原文中以斜体强调的文字，在本书中用着重号标出。（本书的脚注除非特殊说明，均为译者注。）

加关注重要的效果而非课堂互动。尽管我花费了很多时间在很多国家的课堂里进行观察、访谈,希望深入挖掘课堂中的细微差别,但本书不讨论这些课堂生活的细节。

(2)本书不会探讨那些学校无法改变的事情。因此,它不会涉及对阶层、贫穷、家庭资源、家庭健康、营养等问题的批判性讨论。但这并不是因为这些问题不重要。实际上,它们甚至比本书中讨论的一些影响因素更为重要,但它们不是我关注的核心。

(3)本书不涉及质性研究。其基本假说只建立在使用基本统计表述(平均数、变量、样本规模)的研究之上。同样的,这也不是说质性研究不重要或者作用不大。只是对于一个跨越15年才完成的研究的写作,我必须有所侧重。

(4)这不是一本对研究进行批判的书。因此,我有意对由研究的某些属性(研究质量和设计特点)引起的研究结果的调节变量避而不谈。同样,这也不是因为我认为这些变量不重要(我的专业是测量和研究设计),而是因为这些问题在别的地方被其他人研究过了(比如,Lipsey,Wilson,1993;Sipe,Curlette,1996a,1996b)。

本书是对大量元分析的综合报告。它建立在涉及数亿学生的5万多项研究之上,而且是我所收集的研究的一个删减版本,因为我还收集了很多关于学校教育的情感和身体等其他方面成果的研究。我偶尔会收到一些表示怀疑的邮件。这些邮件认为我不可能阅读过这么多的研究。确实,我并没有阅读所有的原始研究,但是我阅读了所有的元分析,有些情况下,也阅读了许多原始研究。我是一个贪婪的读者,非常享受学习这种综合的艺术,乐于辨识其基本观点,以期在我们这个学科的无数观点中寻求一些解释。本书的目的不是把大量数据抛向读者。实际上,我在撰写了500多页犀利的细节之后,放弃了最初的尝试。谁会关心这些细节呢?相反,本书旨在传递一种信息,叙述一个故事,呈现一套能支撑这个故事的证据。

本书对学校教育所要传递的是一种积极的信息。当我们谈到本书的研究发现时,教师常会误以为我在攻击他们是一帮低于平均水平、不去思考、枯燥乏味的庸人。相反,比如说在新西兰,我就清楚地看到我国的阅读、数学和科学之所以会排到前六位[①],就是因为新西兰是一个有着卓越教师的国度。他们确

---

① 指2009年的国际学生评估项目(Programme for International Student Assessment,PISA)成绩。

实存在着，而且数量众多。这本书讲述的是很多教师真实的故事，这些教师是我遇到过、见到过的，有的甚至亲自教导过我自己的孩子。很多教师已经能够按照我在本书中所主张的方法进行思考；很多教师正在设法取得持续的进步，不断监控自己的行为，寻求改善；很多教师激发了学生对学习的热爱，这是所有学校最重要的成果之一。本书不是要说教师能力平平、专业性很糟糕，也不是宣称我们所要做的就是"更加努力，做得更好"。本书几乎所有的研究都是基于真实学校中的真实教师所面临的真实学生——如此多的影响效果是如此强有力，证明了卓越的教学确实在发生。这本书传递的一个主要信息是，我们需要一个指示表（barometer）去告诉我们什么才是最有效的，去建立一个卓越教学的标准。我们常常羞于使用"卓越"一词，因为我们认为学校里的卓越是不可能达到的。实际上，卓越是可以达到的：有很多卓越的例子，有些稍纵即逝，有些却积累下来。当卓越发生的时候——它真的会发生——我们需要给予它更高的评价，去承认它和推崇它。

致　谢

有很多人为本书的数据、撰写和信息做出贡献，并在过去的 15 年中提供反馈：Nola Purdie，Krystoff Krawowski，Richard Fletcher，Thakur Karkee，Earl Irving，Trisha Lundberg，Lorrae Ward，Michael Scriven，Richard Jaeger，Geoff Petty，Russell Bishop。我尤其要感谢 Janet Rivers 对于细节的关注，以及 Debbie Waayer 在查找和整理文献以及数据处理方面的杰出能力，这些确保我能够完成本书。此外，还有些人士为本书提出了批评和建议，这是任何作者都求之不得的事情：Lexie Grudnoff，Gavin Brown，Adrienne Alton-Lee，Christine Rubie-Davis，Misty Sato，David Moseley，Heidi Leeson，Brian Marsh，Sandra Frid，Sam Stace，John Locke。我还要特别感谢 Gene Glass 发明了元分析，从而使得我和其他人能够站在他的肩膀上去窥见什么因素对教和学有影响。

我最想感谢的还是我的家人。他们陪伴着这本书的诞生，帮助形成了很多观点，提供了只有充满爱意的家庭才能给予的反馈。很多孩子在他们吃晚饭的时候，都会被问及白天在学校是如何度过的，但我的孩子们却日复一日地被问及同样的问题：你们从今天的学习当中得到了什么反馈？谢谢我的孩子们——Joel，Kyle，Kieran，Billy，Bobby，Jamie——你们给了我生活的灵感。最重要的是，还是要感谢 Janet——我们在许多国家之间辗转奔波的过程中，她总是给予我无条件的积极支持，默默承受着"还有一项研究需要去完成"的无尽等待。她是我生命中的至爱。她对于我生命的影响超过了本书所描述的所有影响的效应量。

第一章　挑　战

在教育领域中，一个最为持久的观点就是"一切都似乎有效"（everything seems to work）。我们很难找到认为自己是处于"平均水平之下"的教师。每个人（家长、政客、学校领导）都会有一个理由来说明为什么他们对于学校教学或改革的观点有可能会是成功的。确实，关于教学和学习的修辞和游戏规则，看起来在为"一切皆可"（everything goes）进行辩护。我们承认教师们的教学行为相互之间都是不同的；我们尊重这种差异性，并且甚至用比如"教学风格"、"专业独立性"这样的术语来加以珍视和尊崇。这常被理解为"如果你不干涉我认为是正确的教学方式，那么我也不会干涉你的"。教师会与他们的同事谈论课程、评价、儿童、缺乏时间和资源，但他们几乎从不会谈论他们自己的教学，而是更愿意相信每个人都可以有不同的教学方法（只要他们相互不质疑按照各自特定方式进行教学的权利，这一点就是可以接受的）。我们颁布的法规对结构性问题的关注比对教学问题的关注更多，比如关注班级规模、择校、自动升级（social promotion），似乎这些显然就是学生学习最重要的影响因素。当我们做出"基于学校"的决策时，比如能力分轨（ability grouping）、去除分轨（detracking）或随班就读（streaming）、自动升级，我们又会诉诸那些对学业成就产生影响的言论。然而，对于大多数教师而言，教学是一桩私人事务；它发生在大门紧闭的教室之内，罕被质疑或挑战。我们似乎相信，每位教师关于成功的故事都足以证明让他们自行其是的合理性。在本书中，我们将看到有充分的理由确认大部分教师能够实现这种成功。除了不道德行为和明显的不胜任外，"一切皆可"的论调得到了许多支持。然而，这里恰恰存在着一个重大问题。

事实上，教师们每年都要重新进行教育。尽管他们与今年的一届学生一起取得了成功，但下一年又不得不与一届新的学生一起重新开始教育活动。大部分学生所经历的最大改变是教师的能力水平，而这所学校和他们的同伴都与他们前一年所经历的基本"相同"。我们确实很容易发现，教师往往乐于去"重现"前一年的成功，根据去年那届学生来判断今年这届学生，坚持按照曾经起过作用的次序行事。然而，教师们必须重新点燃他们在教学上的热情；他们必须认清和顺应每届学生的差异，必须对每时每刻进行着的学习（学习的每一个时刻都是不一样的）做出回应；必须对待当前的这一届学生就好像教师本人是第一次上课，因为这位教师和这门课程对于学生而言是第一次接触的。

正如这本书后面将一再重申的那样，在课被设计好以后，在内容被传授以后，在课堂被组织起来以后，才会出现教学成果的完整概念。教学艺术及其主要成就取决于"下一步会发生什么"，即教师对学生下列行为做出回应的方式——学生如何理解、顺应、拒斥以及重构教师所传授的知识内容和技能，学生如何将这些内容与其他任务关联起来并运用于其中，学生如何回应在学习教师传授的内容和方法过程中的成功和失败。学习是自发的、个体性的，一般要通过努力才能有收获。它是一种耗时的、缓慢的、渐进的、非连续的过程。它会有自己的进程，但需要（来自教师和学生的）热情、耐心和对细节的关注。

如此多的证据

研究文献对于教师和学生应该做什么给出了丰富的建议。Carpenter（2000）曾总结了先前10年发表在《联谊会》（*Phi Delta Kappan*）杂志上的361个"好点子"，比如，亨特法（Hunter-method）、可落实的纪律模式（assertive discipline）、2000年目标（Goals 2000）、全面质量管理（TQM）、档案袋评价（portfolio assessment）、精英学校（essential schools）、时段编课方式（Block Scheduling）、去除分轨、品格教育。他总结道，即使这些"好点子"是有效的，其效果也非常有限。相似地，Kozol（2005, p.193）也曾列举了"大量迅速过时的称谓和乐观的主张"，比如"焦点学校"（Focus Schools）、"加速学校"（Accelerated Schools）、"蓝带学校"（Blue Ribbon Schools）、"示范学校"（Exemplary Schools）、"试点学校"（Pilot Schools）、"模范学校"（Model Schools）、"优质学校"（Quality Schools）、"磁石学校"（Magnet Schools），以及"卓越群学校"（Cluster Schools）。所有这些学校都认为自己更好，并且与众不同，却没有多少证据能支撑这两点。关于"什么起作用"的研究证据正勃然井喷，并在"试一下我吧"观念的重压之下，嘎吱作响。这些称谓和主张都在那些宏伟的叙事中变得合理——在那些启迪智慧的学校中，有着令人鼓舞的校长和变革者，在心满意足的父母和充满爱心的教师的陪伴之下，快乐的儿童创造出令人惊叹的作品。根据著名的变革理论专家 Michael Fullan 的说法，我们的学校所面临的最重要的问题之一，"不是抵制革新，而是由于不加批判和未经协调地接受过多的革新而造成的碎片化、负担过重和不连贯"（Fullan, Stiegelbauer, 1991, p.197）。Richard Elmore（1996）长期以来一直认为，与其说教育缺乏好项目的供给，不如说缺乏对好项目的需求。也就是，我们总是不断提供新的项目，而不是孕育对好项目的需求。

对于班级里什么起作用，我们知道得太多。随便浏览一下大部分图书馆书架上的杂志以及相关网页，都足以显示教育领域的知识是多么丰富。其全球图景肯定是一种富足和过剩；仅仅是教学手册就可以装满一个图书馆，其中多是大部头，难以手捧。大多数国家都经历过一波又一波的改革浪潮，包括新课程、新问责方法、教师教育审查、专业发展项目、特许学校、教育券以及管理模式。我们将责任推卸到家长、教师、课堂、资源、教材、校长，甚至是学生身上。若将所有的问题和推荐的解决方案一一列出，其内容将会数倍于本书。

成千上万的研究在宣传这种方法有用或那种改革可行。我们拥有丰富的教育研究基础，但鲜被教师使用，也很少能引发影响教学本质的政策变动。这或许是因为这些研究成果是以一种对教师很少有吸引力的方式写成，又或许是因为当研究结果呈现给教师时，忽视了教师自己实际上也拥有在他们看来行之有效的丰富理论。此外，教师总是处于"特殊情境"之中，对他们中许多人而言，教学艺术就是调整教育计划来适合他们特定的学生以及教学方法。但这种必要的转换和调整极少被认可。

尽管存在着如此多的已发表的文章，如此多的提供各种指导的报告，如此多的倡导这种或那种方法的专业发展会议，如此多的发现新的和更好的答案的家长和政府官员，但课堂教学怎么几乎与 200 年前没有两样呢（Tyack, Cuban, 1995）？为何海量研究的影响却如此之小？一种可能的原因就是，在过去，总结和比较不同类型的关于何为课堂中重要因素的证据是非常困难的。20 世纪 70 年代，我们在分析研究文献的方式上有了一个巨大的变化。这种方法提供了一种处理大量研究结果的方式，从而能够为教师提供有用的信息。之前，主导的方法一直是以一种整合性的文献评估方式来对许多已发表的研究进行综述。然而，在 1976 年，Gene Glass 引入了元分析（meta-analysis）的概念。借此，在每个研究中的影响值，只要合适，都可以被转换成一种共同量度即效应量（effect size），这样，总体效应（overall effects）就可能被量化、解释和比较，并且总体效应的不同调节变量都可能被更为详细地揭示和追踪。本书第二章会更为详细地探讨这种方法。这种方法很快就流行起来，到20世纪80年代中期，教育领域中已经有了100多项元分析。本书的基础就是对800多项已完成的关于学习的影响因素的元分析（包括许多最近的元分析）的综合（有些人把这种方法称为元元分析）。它将建立起一种方法，从而使这些元分析中的各种教育改革措施能够按照它们对学生成就产生的影响，从非常积极到非常消极进行排序。它将会证明，教师们之所以如此轻易地相信他们用自己独特的方法取得了成功，是因为他们论证的参照点放错了位置。最重要的是，它要推导出一些基本的原则，以说明为什么某些改革在影响学生学业成就方面比其他改革更成功。

一个解释性的故事，而不是"什么起作用"的处方

本书不仅仅旨在提供一串"什么起作用"的冗长清单，因为此类清单常常会提供另一套缺乏理论和信息基础的建议。这些建议往往既没有考虑到任何调节变量，也没有顾及课堂中的"混乱纷杂"，并且常常诉诸"常识"。如果"常识"是试金石，那么我们就可以宣告任何方法都能起作用。或许教学的问题恰恰隐藏在这里。当第一本《什么起作用：政治和研究》（*What Works: Politics and Research*）出版时，Glass（1987）极为雄辩地指出，这种诉诸常识的研究可能意味着没有必要获得更多的研究经费。此类观点忽视了课堂生活的现实，它们常常将相关关系误认为因果关系。Michael Scriven（1971；1875；2002）长期以来一直在探讨将学习中的相关关系混淆为因果关系的现象。他的观点是，学习结果的各种相关因素，如先行组织者的使用、维持目光接触以及用于学习任务的时间，不应该与好的教学相混淆。虽然这些确实与学习相关，但事实上好的教学可能不包括这其中任何一个方面。而且，可能的情况是，某些教师增加这些行为会导致教师其他特性的减少（比如，关爱和尊重学生）。因而，相关关系不能与因果关系相混淆。

例如，本书所呈现的一个主要结论就是增加反馈，因为它与学业成就有着重要的相关关系。然而，人们不应该即刻直接提供更多的反馈，然后就坐等学业成就奇迹般地提高。就像我们在下文中将会看到的，若想通过增加反馈的次数来对学生学业成就产生积极的影响，那就需要改变关于"作为一个教师意味着什么"的观念；把学生能做什么和不能做什么反馈给教师，要比反馈给学生

更有影响力。这需要一种不同的互动和尊重学生的方式（但不仅仅是这样）。如果一位教师鼓励学生提供更多的反馈，那说明该教师对反馈作用的理解并不正确。如 Nuthall（2007）所表明的那样，小学生获取的关于其作业的反馈有80%来自于其他学生，而这些反馈中的80%都是不正确的！在（对教师或学生）增加反馈之前，重要的是要注意课堂氛围，因为关键要确保"错误"是受欢迎的，"错误"是改善学习的主要手段。确定具有适当挑战性的目标也极为关键，因为这样才会最大程度地增加反馈的次数和针对性。单纯运用一种处方（比如，"提供更多的反馈"），在我们富有活力的、多面的、多元文化的、多变的课堂中将不会有什么作用。

关于什么才算因果关系的证据的论战，前所未有地激烈。一些人认为，唯一能支持因果性主张的证据来自于随机控制实验（RCTs，即在实验中，根据一种严格的随机程序，被试被分配到一个实验组或一个控制组）。在本书所概括的研究中，此类研究只占少数，虽然很多论点也可被称为"以证据为基础"。尽管随机控制实验是一种有力的方法，但 Scriven（2005）认为，研究可以达到一个更高的黄金标准，以使其结论有可能"超越合理怀疑"。本书呈现了大量的相关关系，因为大部分元分析寻求这种改善学生成就的相关关系。本书一个主要目的是以这些数据编织一个有某种说服力、某种连贯性的故事，尽管没有宣称其中观点具有"超越合理怀疑"的特性。提供解释有时比识别因果关系更加困难。

关于研究设计和随机控制实验的绝大多数主张都是一种转向基于证据的决策的表达。寻求"证据"的讨论主导着当前关于影响学生学习的争论。各种各样基于证据的口号不绝于耳，但当我们收集证据时，教师的教学还在继续。过去200多年的教学历史证明，教师关注的焦点持续集中在"什么起作用"的观念上，尽管也存在不少认识敦促教师朝着不同的方向前进。这种"什么起作用"的观念很少具有高水平的解释效力。我在第三章呈现的模型可能带有推测性，但该模型的目的在于对许多影响学业成就的因素提供高水平效力的解释，并且为以一种有意义的方式来比较这些影响因素提供一个平台。虽然我必须强调本书的这些观点带有明显的推测性，但下面这段来自 Popper 的引文为我提供了某种慰藉和希冀：

> 大胆的想法、未经论证的概念以及推测性的思想，是我们解释自然的

唯一方式，是我们理解她的唯一工具、唯一手段。为了赢得奖赏，我们必须承担风险。我们中那些不愿意把他们的观点放置到被反驳的危险中的人们，实际上还没有参与到科学的游戏之中。（Popper, 1968, p. 280）

当我们收集证据时，教师的教学仍在继续

如前面已经提到的，教学实践在上个世纪几乎没有什么改变。用 Tyack 和 Cuban（1995）的话来说，学校教育的"语法"（"grammar" of schooling）始终保持不变：按学生年龄分级，把知识分配到不同的学科中，配有一名教师的独立教室。许多改革一直被以各种方式加以"欢迎、改进、选择、拒绝、调整和蓄意破坏"（p.7），学校建立规则和文化来制约人们在其中的行为。我们中大部分人都曾"上过学"，因此知道一所"真正的学校"是什么样子和应该是什么样子。学校教育的"语法"之所以能维持下来，部分是因为它能使教师以一种可预测的方式来摆脱他们的责任，处理其他人期望他们做的日常事务，为所有与学校接触的人提供高度的可预见性。

"学校教育的语法"之一就是让学生对他们自己的学习负责。这很容易转变成这样一种观念：一些学生缺乏对教学的兴趣，缺乏从教学中获得成就的欲望。如同 Russell Bishop 和他的同事们所证明的那样，这样的"缺陷思维"是成问题的，尤其是在教师对少数学生的教学和交往中，表现更为明显（比如，Bishop, Berryman, Richardson, 2002）。从他们的访谈中可以看出，关于毛利（Māori）学生的学业成就的影响因素，家长、学生、校长和教师都有着不同的看法（见图1.1）。学生、家长和校长将师生关系看成是对毛利学生教育成就影响最大的因素。相反，教师则认为对于毛利学生教育成就最主要的影响因素是毛利学生自己、他们的家庭和/或学校的结构。教师以这样的方式参与到与毛利学生和他们家庭的对话当中——将毛利学生的生活经验作为一种病理，以"缺陷"之类的术语去解释他们教育成就低下的原因。我的同事 Alison Jones 称这种思考方式为"缺陷的话语"（discourse of disadvantage）（Jones, Jacka, 1995）。教师并没有把他们自己看作影响的动因，几乎看不到解决方法，也很少看到他们自己能为解决问题做些什么。

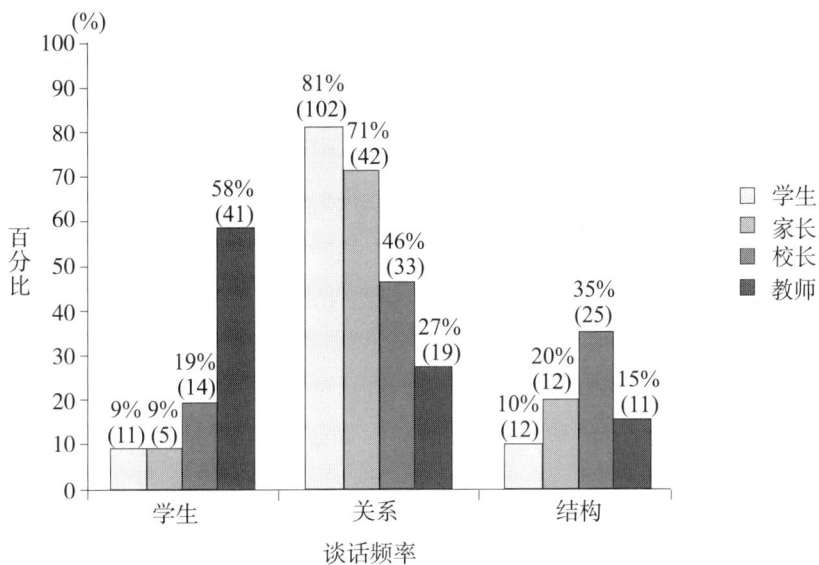

图 1.1 学生、家长、校长和教师对于学生学习所受影响的回应比例

基于对课堂的广泛观察、对学业成就结果的分析以及与少数族裔学生的教师一起工作，Bishop 等人已经设计出一种针对毛利学生的教学模式。这个模式建立在关心所有学生以及教学优先的基础之上。其主要特征包括为学习创造一种可见而适当的学习情境，把学生的文化纳入到共同学习的过程之中。这包括对学习背景和内容开展协商。教师通过认可和利用学生先前的知识与经验来提供支持性的反馈并帮助学生学习，还要监控和检验学生是否知道教师在教什么、自己要学什么或者学习成果是什么。它包括教师传授给学生某些内容、教导他们如何去取得某些成果，以及对他们的学习过程给予指导。这确实是一种高水平的教学行为。

总结性评论

本章强调了教育工作者创造解决方案、为他们偏爱的理论和当下的行为寻求证据的惊人能力。似乎一切都在提升学生学业成就中发挥了作用。有这么多的教学方案，且大部分方案都有其继续存在的某种形式的证据。教师因此总能找到一些证据来为他们几乎所有的行为辩护，尽管"什么起作用"存在着巨大的可变性。确实，我们以这样的信条创造了一个专业：我有证据证明我所做的能够提升学习和成就，因此不要管我。

本书的目的之一就是讲述一个关于影响学生学习关键因素的解释性故事。它当然不是为了开出另外一剂"什么起作用"的处方。本书的主要部分涉及直接教学的力量，涉及加强反馈和监控（"下一步将会发生什么"），以使教师知道其教学的成功和失败，提供一种方法来评价教师所施加的不同影响的相对有效性。

读者务必从一开始就至少注意到以下两个关键点，这是很重要的。第一，学校教育当然有许多成果，比如态度、身体素质、归属感、尊重、公民意识、对学习的热爱，但本书聚焦于学生的学业成就，这就划清了本研究的边界。第二，大部分成功的效果来自于教学革新，并且这些来自于革新的效果与常规课堂中教师的教学效果可能是不一样的。众所周知，单纯地询问任何革新效果的问题，都可能会导致效果的膨胀。这个问题会在最后的总结章节中更细致地加以讨论。在那里我们将试图确定和比较"常规"教师与"教学革新"在效果上的差异。实际上，本书所有章节都在探讨"教学作为干预"的作用。

第二章　证据的本质：元分析的综合

> 一个有教养的人的标志在于……他会在每个领域内寻求其对象的本性所允许的精确。
>
> ——亚里士多德，公元前350年

本章概述的是与本书其他章节的证据运用相关的方法论问题。分析的出发点是800多项元分析，以及来自这些研究的主要结果如何能够被置于一个一维的指示轴（continuum）上。本章将概述元分析的一些问题，讨论此前对于元分析进行综合的一些尝试，再介绍从这800多项元分析的综合中得出的一些重要的总体结论。

如果我们能够创造一个关于学业成就影响因素的一维的指示轴，并且将所有可能的学业成就影响因素置于其上，这难道不是非常好的事情吗？图2.1呈现了这种指示轴的一种可能形态。

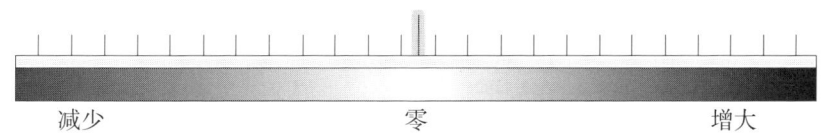

图2.1　学业成就影响指示轴

这个指示轴左边的影响因素会降低学业成就，而右边的影响因素则会提高学业成就。靠近零点的则是对学业成就没有什么影响的因素。

下一项任务是采用一个合适的测量工具，以便使来自于大量研究中的尽可能多的结果能够被转换到这个一维的刻度尺之上。这可以使用效应量（effect sizes）来完成。效应量的计算是调查研究分析在过去一个世纪里取得的最重要的进展之一。效应量为不同类型结果变量（比如学业成就）的效应大小提供了一个共同的表述方式。$d=1.0$的效应量表示结果提高了1个标准差（standard deviation，SD）[①]——在本书中是指学业成就的提高。提高 1 个标准差，通常相当于儿童的学业成就获得 2—3 年的发展，或者学习成绩提高 50%，或者某种变量（比如，家庭作业量）和学业成就之间的相关关系接近 $r=0.50$[②]。当实施一个新项目时，1.0 的效应量意味着，平均来说，接受干预的学生比没有接受干预的学生的学业成就高出 84%。

Cohen（1988）认为，$d=1.0$ 的效应量应该被看作一个巨大的、显著的、非常容易察觉的差异，他认为这种差异类似博士毕业生与高中毕业生在平均智商上的差异，也类似一个身高 160 厘米的人和一个身高 183 厘米的人之间的差异——那应当是肉眼可见的差异。效应量的使用强调了差异大小的重要性，这与我们许多研究文献中通常对统计显著性的强调相反。Cohen（1990）评价道，"在费希尔体系（Fisherian scheme）的支配之下（或者说依靠统计显著性），研究者很少意识到事情实际在数量上是多大……科学不可避免地与数量大小相关……，元分析向知识的扩展迈出了令人鼓舞的一步"（pp.1309-1310）。

因此，我们拥有了一个指示轴和一个测量工具（效应量）来确定在众多可能的影响因素中，有哪些在影响着学业成就。许多教材中详细说明了效应量如何借助不同的统计方法如 t 检验、方差分析（ANOVA）、重复量数（repeated-measures）（比如, Glass, 1977; Glass, McGaw, Smith, 1981; Hedges, Olkin, 1985）来加以计算。在统计学上，效应量能够通过两种主要方式进行计算：

效应量值 =（平均值$_{干预组}$ − 平均值$_{控制组}$）/ 混合样本的标准差

或

效应量值 =（平均值$_{干预之后}$ − 平均值$_{干预之前}$）/ 混合样本的标准差

对于这两个公式还有大量的小修正，有兴趣的读者可以进一步参阅：Glass, McGaw 和 Smith（1981）；Rosenthal（1991）；Hedges 和 Olkin（1985）；Hunter 和 Schmidt（1990）；Lipsey 和 Wilson（2001）等人的著作。

我们可以把对有关家庭作业的 5 项元分析的研究作为综合元分析的一个例子：Cooper（1989; 1994）；Cooper, Robinson 和 Patall（2006）；DeBaz（1994）；Paschal, Weinstein 和 Walberg（1984）。在这 5 项元分析当中，总共有超过 10 万

[①] 标准差是总体各单位标准值与其平均数离差平方的算术平均数的平方根。它反映组内个体间的离散程度。

[②] r 值是相关性系数，r 的绝对值表示相关性的大小，r 的正负表示相关性的正负。

名学生参加了161项考察家庭作业对于学业成就的影响的研究。所有效应量的平均值为 $d=0.29$，这个值可以当作家庭作业影响学业成就的最有代表性的效应量。因此，与没有布置家庭作业的班级相比，布置家庭作业相当于使学业成就获得了将近一年的进步，学生学习效率提升15%，其中65%的效果是积极的（即学业成就提高），35%的效果为零或者是消极的；在有家庭作业的班级中，学生的平均学业成就水平超过没有布置家庭作业的班级中的学生62%。然而，按照 Cohen（1988）的说法，效应量平均值 $d=0.29$ 是用肉眼看不出来的，就像是身高180厘米的人和身高182厘米的人之间的差别一样。

因此，我们可以设计一个如图2.1那样的一维指示轴，从而把对学业成就的不同影响按照它们相互之间的关系放置到这样一个刻度尺上。这个量尺上的刻度就是效应量（或者标准差），例如，1.0表示尽管非常明显，但不太可能对学业成就产生影响，0.0表示一点影响也没有。这个指示轴为解决众多因素对学业成就的相对效应的问题，提供了一个测量的基础。

理解效应量意义的另外一种方法由 McGraw 和 Wong（1992）提出。他们引入了一种叫作通用语言效力（common language effect, CLE）指标的测量工具，它是指从一个分布中随机取样的数值比从另一个分布中随机取样的数值要大的概率。作为例子，我们可以考察一下女性的平均身高（162.5厘米）与男性的平均身高（177.5厘米）的差异，其 d 值是2.0。将 d 转化为一种通用语言效力，就是92%。因此，我们可以估计，在随机配对中，男性身高高于女性身高的可能性是 $d=2.0$，或者说任意选中的100对男性和女性，有92对会出现男性比女性高的现象。现在，参照上面的例子，考虑一下布置家庭作业对学业成就的影响，即 $d=0.29$（在本书当中，效应量都按照惯例缩写为 d），这就意味着 CLE 是21%，就是说100次布置家庭作业的事件当中，有21次会起到积极效果，或者说，21%的学生会比没有家庭作业的学生取得更好的成就。又或者说，如果有两个班级，那么这意味着，那个布置家庭作业的班级，100次当中会出现21次比不布置家庭作业的班级更有效果。在本书的所有例子当中，CLE 的引入都是为了帮助解释效应量的。

我们必须谨慎地对待描述效应量的形容词，比如"小"、"中等"和"大"。比如，Cohen（1988）界定 $d=0.2$ 表示小，$d=0.5$ 表示中等，$d=0.8$ 表示大；而本书在评判教育成果的时候，认为结果为 $d=0.2$ 表示小，$d=0.4$ 表示中等，$d=0.6$ 表示大。在很多情况下，这可能是合理的，但在有些情况下，这似乎又太简单化了。比如，行为目标的效应量总体上是小的，d=0.2（参见第九章）；交互式教学法（reciprocal teaching）的效应量总体上是大的，d=0.74。可能是运用行为目标的代价比较小，因此，尽管取得的成效也小，但还是值得运用的；然而，使用交互式教学法去获得更大的成效，就显得代价太大了。我们不能仅仅考虑效应量本身，而应当在不同的效应量当中寻找一种模式和超越效应量的因果解释，从而使得政策决策是基于对效应量差异的全面考察。

此外，还有很多例子表明，小的影响效果可能是重要的。有一个来自于医学的生动例子。Posenthal 和 DiMatteo（2001）证明了，服用小剂量的阿司匹林预防心脏病发作的效应量为 d=0.07，这表明，由服用阿司匹林造成的心脏病发作的差异只有 1% 的八分之一不到。尽管效应量很小，但却意味着，如果定期服用小剂量的阿司匹林的话，1000 人当中有 34 个人会从中获益。这在我看来值得一试。

Meyer 等人（2001）列举了其他一些表面上看起来微不足道，但却有重要影响的效应量：化疗对乳腺癌患者存活率的影响（d=0.12），美国职业棒球大联盟球员挥棒次数与安打次数的关系（d=0.06），使用抗组胺剂减少打喷嚏和流鼻涕的效果（d=0.22），杰出影评人的评论和票房之间的关系（d=0.34）。

更有趣的是，我们还可能区分出提升或者降低总体平均效应的各种调节变量（moderator）①。比如，以前面讨论过的家庭作业为例，可能男生会比女生取得更大的进步（也就是具有更高的效应量）；年龄较小的学生与年龄较大的学生的学业成就不同，比起对于阅读来说，年龄对数学产生的影响更大。实际上，家庭作业对学业成就的影响，确实随着年龄的增大而提高：小学生从布置家庭作业当中获益最小（d=0.15），中学生获益会大一些（d=0.64，参见第十章）。

同样，学习成果的性质可能是至关重要的。这就是说，当一个人寻找对于非常具体、狭义的成果（比如，在加法运算上的进步、对自然拼读教学法②的理解）的影响因素时，那么其效应量很可能会比他寻找对于更为普遍、广义的概念（比如计算能力和阅读成就）的影响因素时所得到的效应量更大。虽然对广义或者狭义影响的效果的研究的综合（Hattie, 1992）并没有发现这些差异，但是意识到这样一种调节变量的潜在影响仍是很重要的。

---

① 强化或弱化两个（或多个）变量间关系的变量。典型例证就是年龄、性别或学习者家庭成员的受教育程度。
② 自然拼读教学法（Phonics）不同于国际音标，它是针对儿童学习特点，适合儿童学习英语语音的注音系统。它的核心是建立字母（letter）与语音（sound）之间的对应关系。不用借助音标，看着字母就可以直接读出该词的发音，解决单词不会读、无法拼的问题。

元分析的问题

Glass（2000）在庆祝"元分析"一词创生 25 周年的纪念日（参见 Hunt, 1997）提到，研究者对元分析日益增长的兴趣使其从最初的"一小撮统计学家关注的事物"发展至今成为"小型学术产业"（Glass, 2000, p.1）。大约 25% 的《心理学报》（*Psychological Bulletin*）文章在标题中使用了"元分析"一词，他还特别注意到了医学当中对于这种方法的使用。尽管有这种发展，但元分析也受到过许多批评，这并不令人意外。一种普遍的抨击是，元分析将"苹果和橘子"结合在了一起，这种将表面上毫不相干的研究进行结合很可能是存在问题的。然而，如果去研究水果，那么确实没有其他方法是明智的。相反的观点也是荒谬的：除非是同样的事物，否则无法比较！Glass 认为，"共性"的问题绝不是一个先验的问题；除了逻辑上的不可能，它更是一个经验的问题（2000, p.2）。没有两个研究是一模一样的，这里唯一令我们感兴趣的问题是，两者在那些我们认为重要的因素上是如何相互区分的。

另一个批判来自于 Cronbach（1982）所谓的"平地社会"（flat earth society）的视角。他认为元分析寻求的是重要事实（big facts），常常无法解释复杂性，也无法恰当地寻找调节变量。然而，元分析实际上是能够找到调节变量的，正如我们将要在本书中所看到的那样，课堂是充满复杂性的地方，所有的参与者一直试图进行解释、参与其中或者从旁观察，尝试从这个斑斓多彩的世界中发现意义。尽管有很多共同的主题，但是有时候"平均值并不公正"（Glass, 2000, p.9）。然而，本书通篇都将谈及的问题在于，整体影响的可推论性和概化（generalizability）是一个经验性问题，正如我们将要看到的那样，调节变量比我们通常所想的要少得多。

更进一步的批评认为，元分析的结论都是基于历史的观点，即元分析建立在"过去"的研究之上，而未来不会受到过去成功经验的制约。本书中的元分析确实是历史性的，对这一点保持清醒是非常重要的——研究综述正是如此，它是对已发表的研究的综合。这些过去的研究在多大程度上影响今天或者明天的学校，是一个必须交由读者来解释的问题。

Eysenck（1984）特别对在研究的综合中使用低质量研究进行了批评，认为它们只是在重提陈词滥调，"垃圾进、垃圾出"（garbage in—garbage out）。

在元分析中，可以通过确认效应大小是否受到研究质量影响来解决这个问题。在通常情况下，它们不会受到影响。比如，Lipsey 和 Wilson（1993）总结了 302 项心理学和教育学中的元分析，在分析当中（总体效应量 d=0.50，SD=0.29）使用了大量的成果（不仅仅是学业成就）。他们发现，在随机和非随机对照设计的研究之间，没有明显的差异（前者 d=0.46，后者 d=0.41），高质量（d=0.40）和低质量（d=0.37）的研究之间也没有差异。与未发表的研究（d=0.39）相比，发表的研究（d=0.53）有上升的偏差，尽管样本规模与效应量没有关系（d=-0.03）。Sipe 和 Curlette（1996）发现，包含 97 项元分析的总体效应量（d=0.34）和样本规模、编码的变量数以及研究设计的类型之间没有关系，发表的元分析（d=0.46）相对于未发表的元分析（d=0.36）的效应量有微弱的增加。但有一个例外，根据统计功效（statistical power）的原则能够推测：如果效应量接近零，那么效应具有高信度的可能性就大概与样本规模有关（参见 Cohen, 1988; 1990）。

我们有充分的理由去检测研究质量的影响，但没有理由仅仅因为质量低就抛弃这些研究。Torgerson 等人（2004）最近的研究的综合就是一个很好的例子。他们从 4 555 篇相关文献中挑选了 29 项研究，这些发表于 1980—2002 年的文献报告了对于成年人识字或者计算能力进行干预的效果评价。选择文献的标准是，只有高"质量"研究可以入选，即那些运用随机控制方法的研究。如果只选择特定设计类型的研究或满足特定质量标准的研究，那么其背后就隐含这样一个假设，即只有特定设计类型或满足特定质量标准的研究，才最具有人口学的代表性。但这只是一种假设。如果人们使用元分析，那么这些考量就必须经过检验。

当对 Torgerson 等人（2004）的研究进行检验的时候，可以很清晰地看到，他们的许多随机控制研究都是低质量的。中等样本规模只有 52 个人，考虑到"典型"研究至少分两组（实验组和控制组），每组当中只有 26 个人。平均损耗率是 66%，因此每组中三分之二的人都无法完成研究。在这种情况下，这样做也许会更合理：把所有可能的研究都纳入进来，按照实验设计的性质和研究的质量进行编码，然后运用元分析的方法检验设计和质量是否导致效应改变。这样做的目的在于汇总所有可能的研究（而不论其设计），然后再确定质量是否为影响最终结论的调节变量。（参见 Benseman, Sutton, Lander, 2005，他们对此进行了全面分析。）

正如第一章所提到的，Scriven（2005）认为，应当为所有科学结论设计一个更为严格的标准，即"超越合理怀疑"（beyond reasonable doubt, BRD），在一些情况下，随机研究并没有向"超越合理怀疑"靠近。"似乎更为恰当的是，把因果研究中符合'黄金标准'（gold standard）的设计，而不是那些具有特定设计特征的研究，视为那些满足 BRD 标准的研究……对准实验设计（quasi-experimental）中的内外部效度的众多威胁，并不一定会降低那些低于 BRD 标准但得到良好实施的研究的效度。"（pp.45-46）Scriven 注意到，作为一名随机控制设计的支持者，Cook（2004）认为"解释随机控制实验的结果取决于很多其他因素：无偏（unbiased）的分配过程；充分的统计功效；不歪曲结论可以推广到的人群的知情同意过程；没有与干预相关的抽样损耗；没有参与者的怨声载道；没有由于干扰引起的衰减效果以及其他由于对干预进行比较而引起的预料之外的结果。处理这些问题需要观察、分析和论证"。正如引文所说的那样，很可能会有很多其他的研究设计能够解决关键的教育问题。设计方法和研究质量都是调节变量，而不是在研究的综合中选择合适研究的先决条件。

一个统计学层面的问题是，元分析的作者是采用随机模型（random model），还是固定模型（fixed model）来计算效应量，将产生很大差异。固定效应模型可以看作随机模型的特例，其总体效应量的方差是零；随机模型能够对整个研究领域进行概括，而固定模型能够对基于所有可获得的研究的一个总体效应量进行估算（Kisamore, Brannick, 2008; Schulze, 2004）。一种典型但并不必然的情况是，基于随机模型估算的平均效应量比使用固定模型要明显偏高。因此，结合或者比较来自于两种模型的效应可能会有所不同，这是因为使用了不同的模型，而不是由于所探讨主题的偏好所致。考虑到目前发表的大多数元分析都使用的是固定效应模型，本书也将使用这种固定模型。因此，假如效应量是基于随机模型的，那么平均效应量就可能会有所差异，这里必须明确指出这一点。

此前综合元分析的尝试

在本书之前，有一些对元分析进行综合的尝试。比如，我曾发表过一项研究，对 134 项基于教育改革研究的元分析进行综合（Hattie, 1987; 1992）。这项研究的结果是，教育改革能够改变平均学业成就达到 0.4 个标准差，改变情感成果达到 0.2 个标准差。从位于这些平均基准上下的影响因素当中，我获得了一些总体性发现。例如，改革是大多数积极效果背后的主旨。也就是说，从教育系统、校长和教师方面来提升学习质量的长期有意努力，通常与提升学业成就相关。实施改革能激发教师落实改革的热情，激起学生尝试新事物的热忱。通常，人们用"霍桑效应"①来解释实验假象。然而，另一个原因则是，当教师进行革新的时候，教师会提高对于什么起作用、什么不起作用的关注，而正是对于没起作用情况的关注才是真正有用的——对教师行为效果的反馈。

我认为，提升学业成就最有效的一个影响因素就是反馈。这让我走上了寻求更好地理解"反馈"这个概念的漫长之旅。在研究和探讨了学生视角下的反馈（比如，寻求帮助的行为）和教师视角下的反馈（比如，更好地评价测验、增加课堂反馈量）之后，我清楚地认识到，最重要的特点是班级情境的创设，让教师能够更多地获得关于他们自己教学的反馈。这样，对于学生的涟漪效应（ripple effect）②就会很高（Hattie, Timperley, 2007）。实际上，我的小组和我设计了基于计算机的班级评价工具，主要关注的就是提升这种反馈（参见www.asTTle.org.nz）。但这是另一个话题了。

当研究学业成就的指示轴时，会发现令人惊讶的普遍性。之所以令人惊讶是因为绝大多数的教育研究者和教师认为应当个性化地对待学生，个性化地对待课程，似乎英语、数学等学科拥有各自独特的教学方法。相反，从这个元分析的综合当中得到的结论，可以合理地、系统地运用到所有年龄段学生、课程领域和大多数的教师身上。这似乎与学业成就方面的成果的广泛或是狭隘无关。广泛构念（constructs）③狭隘成果的平均效果（$d=0.23$）与广泛构念广泛成果（$d=0.43$）、狭隘构念狭隘成果（$d=0.37$）、狭隘构念广泛成果（$d=0.35$）相比，只是稍稍偏低。和许多其他事物同理，普遍性是标准情况，但也会出现例外。

这里元分析的大量发现都是源自于以英语为母语的高度发达的国家中所进行的研究（尤其是美国，但不仅仅是美国）。我们不应当将这些元分析的结论泛化到不以英语为母语，或欠发达的国家。比如，请注意 Heyneman 和 Loxley（1983）的研究结果。这项研究涉及 29 个发展中国家的 2 710 个班级中的 52 252 名小学生和 12 085 名教师。其结论是，相对于高收入国家而言，低收入国家学生的学业成就更多地受到学生的社会地位而非教师质量的影响。

Kulik 和 Kulik（1989）研究了 100 多项元分析，包括与教学方法和设计相

---

① 霍桑效应：当本人意识到自己受到他人关注时会有更为优异的表现。
② 涟漪效应亦称为"模仿效应"，通常是指一群人看到有人破坏规则，而未见到对这种不良行为的及时处理，就会模仿破坏规则的行为。
③ 所有的心理成就测量都是对"constructs"，即构念的测量。

关的元分析。他们的结论是"大多众所周知的、为提高教学质量而设计的系统，在评估研究方面都有着良好的记录"（p.289）。这在元分析综合的早期阶段是一个表述恰当且谨慎的主张。他们得出结论说，课程改革产生了很有前途的效果（尤其是科学课）。此外，他们建议应该对教师教育计划的效果（比预想的要低）持谨慎态度。他们宣称，显著的效果并不常见，尽管也很少有负面效果出现。对教师最重要的建议是，给学生界定清晰的学习任务、掌控班级最重要的活动和测验，以及增加反馈，会产生很多益处。但与课堂重组相关的政策并没有得到很多支持。关注学习目的、成功标准、直接教学和增加反馈等，而不是致力于结构性适应，这些建议在 20 年后仍然没有丧失其重要性。

Walberg 使用我早期的研究的综合（Hattie, 1987）支持了他的九因素"教育生产力"（Education Productivity）模型，他认为这个模型包含了有关学习的三个主要的心理原因（Reynolds, Walberg, 1998）。第一个是学生能力（先前成就，$d=0.92$；年龄或成熟的程度，$d=0.51$；动机、自我概念、坚持完成学习任务的意愿，$d=0.18$）。第二个是教学（学习时间，$d=0.47$；教学质量，$d=0.18$）。第三个是心理环境（学习斗志或学生对于班级群体分层的理解，$d=0.47$；家庭环境，$d=0.36$；校外同龄群体，$d=0.20$；接触大众传媒的最少休闲时间，尤其是看电视的时间，$d=0.20$）。最近，他又提出，"在前五个因素中的每一个因素——先前成就、发展、动机、教学的时数和质量——似乎对于学校学习都是必要的。缺少某一个因素，哪怕是很小一部分的缺乏，学生也可能几乎什么都学不到……每个因素似乎都是必要的，但是单独哪一个因素对于有效学习来说又都是不够的"（Walberg, 2006, pp.103−106）。质量是优化学习时间的一个重要因素，四个心理环境因素扩展和增加了学习时间。

Marzano（1998）批评了我、Walberg 和其他人的这些尝试，他认为，把综合建立在"对影响因素分门别类"的基础之上是一种误导。比如，他认为，我们在综合当中使用的分类过于泛化，包括了太多的干预措施，而分类应当是明确的、足以为课堂实践提供指导。他在他的综合当中运用了四个基本成分：知识（$d=0.60$）、认知系统（$d=0.75$）、元认知系统（$d=0.55$）、自我系统（$d=0.74$）。Marzano 使用了 4 057 个效应量，得出了一个总体的效应量即 $d=0.65$。（这个总体效应量略大于本书后文中所报告的，因为 Marzano 并未提到太多学校的和结构性的影响因素。）他报告了八个调节变量：

1. 技术是为教师使用（$d=0.61$）还是为学生使用（$d=0.73$）而设计；

2. 影响因素的具体程度（他认为影响因素越具体，效应量越高，尽管从最不具体到最具体的影响因素的平均效应量依次为 $d=0.67$，$d=0.64$，$d=0.64$）；

3. 学生的年级（没有差异）；

4. 学生能力（低等 $d=0.64$，中等 $d=0.70$，高等 $d=0.91$）；

5. 干预的持续时间（不到三周的短期项目 $d=0.69$，超过四周的长期项目 $d=0.52$）；

6. 干预中的因变量是否具体（非常具体 $d=0.97$，中等具体 $d=0.91$，非常普遍 $d=0.55$）；

7. 方法论的质量（没有差异）；

8. 发表类型（发表 $d=0.72$，未发表 $d=0.64$）。

他从系统综述中得出了结论，"教授系统化观念——概念、规律和原则——的最佳方法似乎是使用一种非常直接的方式呈现这些观念"（Marzano, 1988, p.106），然后让学生将这些观念运用到新的情境当中。他将元认知系统看作认知系统当中提升心理历程的"发动机"或主要手段，他还建议为学生提供清晰的知识和技能目标，以及学习过程中的策略。Marzano, Gaddy 和 Dean（2000）从这些分析中得出了一系列非常有用的和极为吸引人的对教师和学习过程的启示。在对这些效应量的进一步重新分析中，Marzano（2000）提出，80%的学业成就变化来自于学生的影响，7%来自于学校的影响，13%来自于教师的影响。之后，他使用这些估算分别评价了在无效的、一般的、优秀的学校当中，无效的、一般的、优秀的教师对于学生学业成就的影响。尽管他认为一般的学校和一般的教师没有多大危害，但是对学生学业成就分布的相对位置的影响也很小；无效的教师，无论在多么有效的学校当中，都对所有学生的排名有负面影响；而优秀的教师，即便在无效的学校，其学生也能保持或提高学业成就，这是非常明显的。"教师的杰出表现不仅仅弥补了一般学校的表现，甚至也弥补了无效学校的表现"（Marzano, 2000, p.81）。

元分析的综合

本书不是另外一种元分析。已经有很多的元分析了。本书旨在综合800多项关于学生学业成就影响因素的元分析，针对什么是或不是影响学业成就的关键因素，呈现一种更为全面的视角。本书首先搜集了134项元分析，提出了一系列关于为什么一些因素会比其他因素更多或更少起到影响作用的共同主题（Hattie, 1992）。自1992年以来，大量其他的元分析不断地补充到最先搜集到的元分析中；在过去的几年当中，我们对这些元分析都进行了编码，在研究层面上，为每个元分析在当前的数据库中设置了一行空间，对研究进行了总结和分类，也注明了本书提到的、计算所需要用到的效应量和标准误（standard errors）。

我们可以对所搜集的800多项元分析进行检索。这些元分析包括了52 637项研究及146 142个效应量。这些效应量是关于学校（学前、小学、中学和大学）的某个项目、政策或者改革对学业成就所带来的影响。有些话题没有包含进来，比如，将英语作为第二语言、有关情感或者身体方面的成果，或者研究数量少于4项的元分析。如果相同的元分析已经被多次发表（比如，学位论文被重写成文章），那么只有最近的或者最容易获取的元分析才被纳入。

可以想象得到，这些效应量涵盖了大部分学科（尽管大多数是阅读、数学、科学和社会研究）、所有年龄阶段的学生以及大量的比较。这些效应量是以数亿学生作为样本，涵盖了主要的影响领域——包括学生、家庭、学校、教师、课程、教学方法和策略。元分析涉及的学生总数是非常大的。其中只有286项元分析包含总体样本容量的说明，但仅仅是这些元分析就总共包括了8 300万名学生。如果使用每项研究的平均样本容量推算，学生总数将达到2.36亿名。然而，很可能有很多学生不止参与了一项研究，因此这是样本容量的粗略估计。即便如此，我们还是可以确信地得出结论，这些研究是以数亿学生作为样本的。

附录A列出了本书中包含的所有元分析，提供了研究的数量、人数和效应量的数量，以及平均效应量、标准误（如果有的话）、通用语言效力。这些元分析按照本书的章节顺序列出。附录B按影响大小的排名顺序列出了这些影响因素。

效应量分布

首先，我们看一下800多项元分析的所有效应量的总体分布（见图2.2）。横轴表示效应量的类别，每根柱对应的纵轴刻度表示每类效应量的数量。

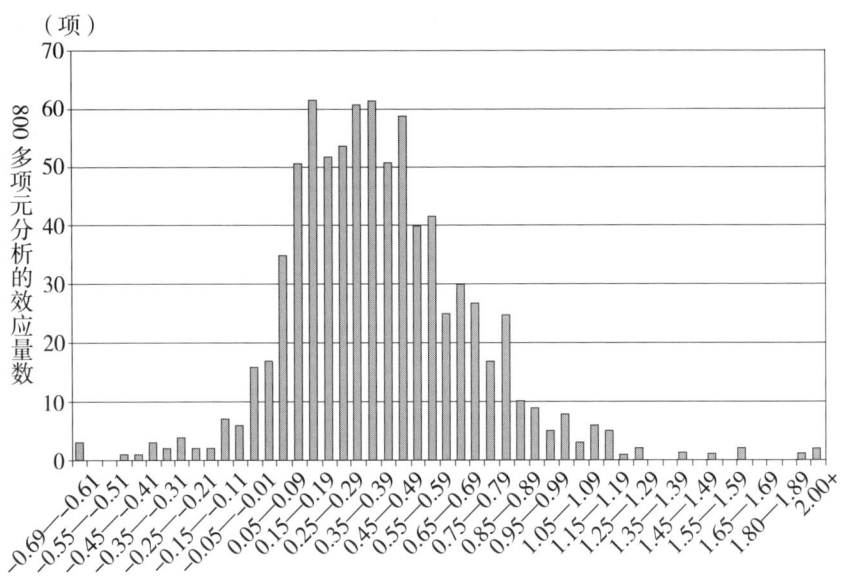

效应量

图 2.2 所有元分析的效应量分布

从图 2.2 中我们可以得到六点直接的启示，这些启示对于本书的论点非常重要：

1. 效应量遵循正态分布。对于那些卷入大规模统计（large-scale statistics）中的效应量来说，这是正常的：当样本容量很大的时候，通常会呈现出正态分布，但也并非绝对。然而，正态分布是数据统计的结果，不是强加的。由于这种正态分布，高于平均效应量和低于平均效应量的影响因素一样多，最重要的是，平均效应量很好地表明了影响学业成就的所有因素。

2. 几乎所有因素都起作用。教育中 90% 的效应量都是正向的，10% 是负向的，这其中大约一半是"预料中的"（比如，爱捣乱的学生的影响）；因此，我们所做的事情中大约有 95% 对学业成就都有正向作用。当教师认为他们对学业成就起正向作用时，或者当一项政策能提高学业成就时，这几乎是一种平庸之见：实际上几乎所有的因素都起作用。只需要一次推动，我们就能提高学业成就。

3. 将标准设置为零是荒谬的。如果我们将标准设置为零，然后要求教师和学校"提高学业成就"，我们实际上设置的是一个极低的标准。毫无疑问，每个教师都可以说他们正在发挥作用；毫无疑问，我们能找到如何提高学业成就的许多答案；毫无疑问，每个孩子都在进步。正如本书开篇提到的那样，很容易找到发挥作用的课程。提高学业成就就是使学习的效应量超过 $d=0.0$，这样低的标准是很危险的，而且很容易造成误导。

4. 在 $d=0.40$ 处设置标准。平均效应量是 $d=0.40$。这个平均值概括了教育中所有可能的影响因素所产生的一般效果，应当作为判断教育效果的基准点。低于 $d=0.40$ 的效应量需要更多的考量，尽管（正如此前讨论的）很难说所有低于 $d=0.40$ 的效应量都没有价值（取决于成本、交互作用，等等）。当然，超过 $d=0.40$ 的效应量是有价值的，本书主要的关注点就是试图理解发挥作用的因素的共性（即，超过 $d=0.40$ 的效应量与低于 $d=0.40$ 的效应量的比较）。整本书中，$d=0.40$ 作为关节点，因为在指示轴上的这个点提供了解释其他影响因素的基点或支点。

5. 需要革新的不仅仅是教学：教师每年对于学生学业成就影响的平均效应量介于 $d=0.20$ 至 $d=0.40$ 之间。这个关节点 $d=0.40$ 并不意味着教学或教师的一般效果。这并不意味着仅仅让教师站在教室前方就会带来改善，达到 0.40 个标准差。本书所总结的大多数研究，都旨在尝试改变、改进、计划、修正和创新。对学校教育效果最恰当的估计是基于纵向研究。比如，美国国家教育进展评估（National Assessment of Education Progress, NAEP, Johnson, Zwick, 1990）调查了美国学校的学生在阅读、写作、公民、美国历史、数学和科学学科领域知道些什么以及能够做些什么。学生被分成了 9 岁、13 岁、17 岁三个年龄组，测试每两年重复一次。六个学科领域每年的平均效应量为 $d=0.24$。在我们自己的国家即新西兰的研究当中，我们估计4—13岁学生（总样本容量为83 751人）在阅读、数学和写作上每年的效应量为 $d=0.35$——尽管这是非线性的，在某些年份、某些学科，或多或少都有增长。本书的推论是，教师一般能达到效应量在 $d=0.20$ 至 $d=0.40$ 之间的年增长量——这被认为是平均值。超过 $d=0.40$ 时，教师取得的成就才被认为超过了平均水平；若超过 $d=0.60$，那么教师就被认为达到了卓越水平。

6. 差异（variance）是重要的。典型效应量 $d=0.40$ 对于所有的学生或者任何影响的所有措施来说可能不是一致的。可能会有许多调节变量。比如，作业的典型效应量是 $d=0.29$，但是对于高中学生来说，效应量会偏高，对于小学生来说则会接近零。"学业成就效果指示表"或"学业成就影响指示轴"最重要的作用是提供解释变化效应的基础，既解释总体效应，也解释被重要的调节变量所打破的效应。

典型效应：关节点

0.40 的效应量设定了一个标准，在这个标准上，革新对学业成就的提升作用是我们可以察觉到的现实差异，它应当成为这类现实变化的基准点。它不是一个神奇数字，不应当成为类似于 $p<0.05$ 的分界点，而是应当成为一个讨论我们能达成什么样的目标的参照指标，如果我们想看到学生发生变化的话。它提供了一个"标准"来评判影响效果：它是基于典型的、现实的影响效果的比较，而非基于最大可能性或者最小可能性的目标的比较。鉴于至少一半的措施、至少一半的学生、至少一半的教师，其影响能够而且确实达到了关节点 $d=0.40$ 的变化，因此这种观点并非是不合理的。

本书的一个目的就是沿着这个指示轴确定与典型效应量 $d=0.40$ 相关的各种影响因素。基本观点是，教育中的影响因素是相关的：我们应当通过与 $d=0.40$（当然不是 $d=0.0$）的比较来判断革新是否成功。回到此前使用过的有关家庭作业的例子，布置家庭作业之后的典型影响低于所有可能的影响因素的典型效应。因此，当家庭作业的影响与一般意义上的零点相比时，那些认为作业有效的人就会说"是的"；但是当未布置家庭作业的班级的效果与其他影响因素的典型效果相比时，家庭作业的影响就远远低于平均效应量——很多其他的革新有更大的效果。教师发现布置家庭作业的效果不像许多提倡者和研究者所承诺的那样效果明显，也许这不足为奇。提倡者和研究者是将结果与零值进行比较，但是我们应当与其他的革新方法比较效应量。零假设（$d=0.0$）不是我们感兴趣的问题，所以其答案毫无疑问是误导性的；几乎任何革新都会比毫无作为要好。在分析开始之前，零假设实际上就是错误的，因此是没有信息含量的（参见 Novick, Jackson, 1974）。

主要的影响因素

表 2.1 呈现了各类影响学习的主要因素的平均效应量。所有效应的平均值与预期非常接近，学校差异对于提升学业成就影响不大：任意挑选两个能力相当的学生，与他们接触的教师、课程或者教学相比，他们就读的学校对其学业成就的影响相对较小。

第二章 证据的本质：元分析的综合

表2.1 各类影响学习的主要因素的平均效应量

影响因素	数量	研究数	研究对象数	效应量数	d	标准误	CLE
学生	139	11 101	7 513 406	38 282	0.40	0.044	29%
家庭	36	2 211	11 672 658	5 182	0.31	0.058	22%
学校	101	4 150	4 416 898	13 348	0.23	0.072	16%
教师	31	2 225	402 325	5 559	0.49	0.049	35%
课程	141	7 102	6 899 428	29 220	0.45	0.076	32%
教学	365	25 860	52 128 719	55 143	0.42	0.071	30%
总计/平均值	816	52 649	83 033 433	146 626	0.40	0.062	28%

图2.3呈现了800多项元分析中与平均关节点 $d=0.40$ 比较的元分析的数量。在许多家庭、学生、课程和教学的影响因素方面，平均关节点以上与以下的影响因素的数量是几乎相等的，教学的效应高于0.40的较多，学校的效应低于0.40的较多。但是平均值会掩盖很多信息。本书后面的内容将逐章论述各类主要的影响因素，旨在更加深入地评估特定的革新带来的高于或者低于平均效应量的内在原因。每章都会论述很多的革新方法和影响因素，充分介绍这些革新方法的细节以便阐明其主张，但是主要目的在于对第三章中提出的总体模型做出推论。

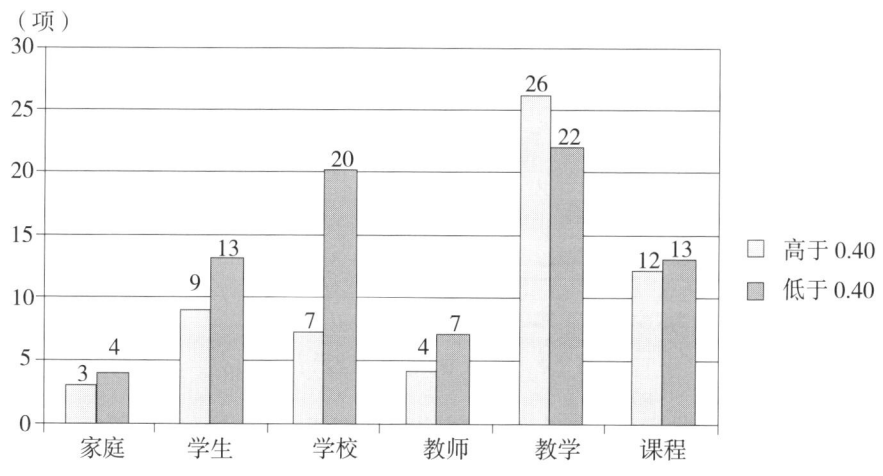

图2.3 关节点以上与关节点以下的元分析数

效应量指示表

我们似乎没有衡量成功或者失败的指示表来展示教育中的哪些因素起作用或者不起作用。确实，我们用很多测验来评价学生是否取得了足够的收获，但这是不够的。一个影响因素可能"起作用"，但是作用有多大，与其他影响因素相比有什么不同？一些革新或行动会比其他措施更有效。与其问"什么起作用"还不如问"什么起最大的作用"，因为这两个问题的答案差别很大。正如已经指出的那样，对于前一个问题的回答是"几乎所有的事情"；而对于第二个问题的回答则较为受限——相对于其他许多可能的因素而言，一些因素作用更大，一些因素作用较小。

我们需要用一个指示表来展示，相对于其他可能的因素而言，各种教学方法、学校改革等等是否有价值。在我们的学校中，我们需要关于优秀的更为明确的标准来激励我们学校中的所有成员，最重要的是，让这些成员知道什么时候达到了这种标准。我们需要用来测量成功的指示表，帮助教师理解学校教育的哪种特性能够帮助学生达到标准。

图2.4展示了一种已经被开发的指示表，该指示表在本书中将会用到。这个指示表最初的设计不是为了回答这种或那种革新是否起作用，而是为了回答某种教学是否比其他可能的教学更为有效；不是为了回答使用这种革新是否比不使用这种革新更能产生积极影响，而是为了回答这种革新所起的作用是否比其他的革新对提高学生学业成就的作用更好。

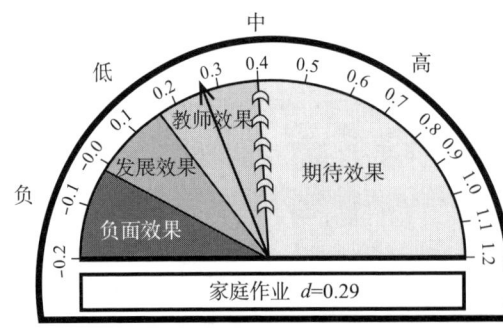

图2.4 效应量的典型指示表

对于本书各章节所探讨的每一个影响因素来说，其平均效应量都会在指示表的一个区域内用箭头指示出来。所有超过关节点（$d=0.40$）的影响因素都会被标记在"期待效果区"（zone of desired effects），因为这些影响因素对于学生的学业成就来说具有最大的影响。此前纵向研究当中提到，教师的典型效应量介于$d=0.20$和$d=0.40$之间。位于这个区间中的任何影响因素都类似于教师在具有代表性的学年当中能够实现的影响。$d=0.0$和$d=0.15$之间的这个区域是学生在没有学校教育的情况下可能获得的成就（在没有或者只有限的学校教育的国家中也可能会发生），仅仅是成熟程度就可以说明学习提升的原因（参见Cahan, Davis, 1987）。因此，任何低于$d=0.15$的效应量都可以被认为具有潜在危害，也很可能不应被采用。最后一类包括负面效果，即降低学业成就——这当然是人们不希望出现的。

箭头指向有关特定主题的不同元分析的平均效应量（图2.4中，有关作业的5项元分析的平均效应量是$d=0.29$）。每个元分析的平均效应量的变异性（或者说是标准误）常常难以确定。通常会出现信息不足的情况，众所周知，方差与研究的样本容量关系紧密（反向相关）——研究越少，方差越大。在所有800多项元分析当中，平均效应量的一般标准误大约是$d=0.07$——为了对方差有个大致的理解，任何影响因素的平均"效应量的离散程度"（spread of effects）低于$d=0.04$被认定为低效，介于$d=0.041$和$d=0.079$之间被认定为中等，高于$d=0.08$则被认定为高效。由于这只是粗略的评估，因此更重要的是阅读和理解对于每个影响因素所进行的讨论，确定是否能够找出方差的重要来源，以便在这个因素的影响范围内来解释其差别效应（differential effect）。在很多情况下，并没有足够的信息用来估计标准误，因此在信息汇总中不会提到标准误。指示表右方的信息能够解释我们对于信息汇总的信心：每类元分析的数量（上述情况是5项），基于161项研究和295个效应量。其中的4项元分析给出的有关样本容量的信息是，研究涉及105 282名学生。平均效应量是$d=0.29$，标准误是0.027（与所有的元分析相比，这是"很低的"）。在这个例子中，家庭作业的效应排在本书所探讨的所有138个影响因素中的第88位（参见附录B）。

效应量与样本容量的关系

漏斗图常常被用于检验一个元分析是否基于有偏样本（biased sample）[①]（Light, Pillemer, 1984）。漏斗图是一种关于效应量和研究数量（在本例中）的散点图，每个数据点都代表着一项元分析。因为一个元分析中的研究数量越多，就能越好地评估效应量，包含较多研究的元分析往往在散点图的顶端排成狭窄的一排，而包含较少研究的元分析（预期的结果方差更大），会在底部的较大区域呈扇形散开——因而形成了一个倒置的漏斗的图像。正如图2.5中表示的那样，研

[①] 样本的有偏性指的是随机变量概率分布的不对称性，偏度为零表示数值相对均匀地分布在平均值两侧。

究的综合的结果显示了一个相当对称的漏斗，表明没有发表性偏倚（publication bias）①。

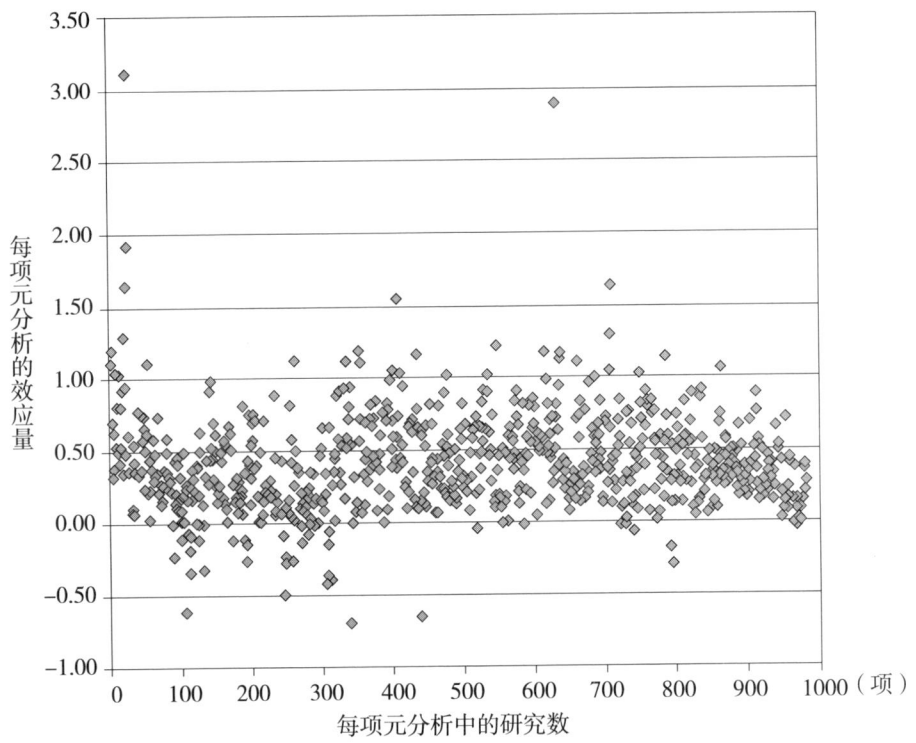

图 2.5　每项元分析的效应量和样本容量的漏斗图

总结性评论

本章为进一步阐释 800 多项元分析奠定了基础，形成了本书要用到的基本数据类型。开发学业成就指示轴，能定位很多影响因素，关节点 $d=0.40$ 的重要性也能得以强调。学业成就影响指示表可以被用来辅助解释是什么因素导致了成功的学习，其效应量超过了关节点 $d=0.40$。

---

① 发表性偏倚又称出版性偏倚，指在同类研究中，阳性结果的论文（或具有统计学意义的研究）比阴性结果的论文（结果无统计学意义的研究）更容易被接受和发表的现象。

第三章 论点：可见的教和可见的学

> 我们在普遍性中进行思考，但却生活在细节之中。
>
> ——怀特海（Whitehead），1943，p.26

本章介绍的主要发现将会在接下来的各章中加以进一步阐述。5万项研究和800多项元分析构成了本书讨论的基础，但本书的目的不是用所有源自这些研究的细节，来窒息我们的读者，而是要建立一个有关学生学习影响因素的解释性的故事，然后通过提供经验证据的方式让读者相信这个故事的性质和价值。这既是理论的生成，也是对理论的评价。任何综合的艺术就在于其要传递的总体观点。本书中绝大多数的综合成果都有一句潜在的简短箴言"可见的教和可见的学"。当学习作为一项明确的目标且具有适度的挑战性时，当教师和学生（用各自不同的方式）试图确定挑战性的目标是否达成及其达成的程度时，当进行旨在掌握目标的刻意练习时，当提供和寻求反馈时，以及当人们（教师、学生、同伴，等等）积极主动地、满怀热情地参与到学习行动当中时，可见的教和可见的学就会发生。教师通过学生的眼睛看学习的过程，学生则将教学看成是他们持续学习的关键。这一证据的最显著特征是：当教师成为他们自己教学的学习者，学生成为他们自己的教师的时候，对于学生的学习就会产生最大的效果。当学生成为自己的教师的时候，他们就会表现出自我调节的特征，这对于学习者来说是最可取的（自我监控、自我评估、自我评价、自我教学）。因此，正是教师和学生们可见的教和可见的学发挥了作用。接下来的各章会为本书所要传递的这一总体观点提供证据。

教师行为非常重要

本书的主要观点非常简单——教师的行为确实重要。然而，这变成了一种陈词滥调，掩盖了这样一种事实，即我们学校系统最大的差异之源与教师相关——他们的行为在很多方面各不相同。还必须附加上这样一个观点:"一些"教师的行为非常重要——尤其是那些以最审慎的和可见的方式进行教学的教师。当这些教师看到学习正在发生或者没有发生的时候,他们就会以经过深思熟虑的可见的方式介入,从而改变学习的方向,以达成各种各样共同的、具体的以及具有挑战性的目标。尤其是,他们会向学生提供多种机会和可选方案,以便形成基于对某些内容或全部内容进行表层和深层学习的学习策略,让学生形成对这种学习方式的概念化理解,而这是教师和学生在将来的学习中要用到的。学习者千差万别,教师要实施这种教学行为是很难的——学生会在不同的时间和地点使用不同的、独特的学习策略,达成不同的、具有适当挑战性的目标。对于教师和学生来说,学习是非常个性化的旅程,尽管这个旅程也有很多共性。这需要教师运用很多技巧向所有的学生证明他们能够了解学生的"观点,并与学生进行交流,以使学生能够在自我评价上获得有价值的反馈,获得安全感,以相同的兴趣和关怀学会理解他人和理解学习内容"(Cornelius-White, 2007, p.23)。

　　教学行为需要加以审慎地干预,确保学生发生认知的改变。因此,关键的因素是认识到学习的目的,知道学生何时成功达到了这些目标,充分掌握学生开始接触学习任务时的理解情况,充分了解学习内容,以便在某种渐进式发展中提供有意义和有挑战性的经验。因此,有经验的教师需要了解多种学习策略,要能够在学生似乎无法理解学习内容的时候,为学生提供学习策略,提供有关需要理解的学习内容的方向或重新定向,从而使得反馈的作用最大化,并且具备一种能够在学生的学习朝着成功标准迈进时适时"抽身"的技巧。

　　当然,这些学习目的和成功标准如果能够为学生所共享、认可和理解,那么就会起到作用。因为只有在充满关怀且新主意层出不穷的环境下,学生才能(正确地或者错误地)尝试学习内容,尝试思考学习内容,并且在不同的观点之间建立联系。对于学生(和教师)来说,一个安全的环境是欢迎并鼓励错误的——因为,我们能从错误和反馈中学到很多,这些反馈产生于错误的学习方向,或者没有完全因循正确的学习方向。同样,教师自己也需要处于安全的环境中,学会如何成功,或者从其他人那里学习教学方法。

　　为了造就这样一个环境,为了掌握多种学习策略,为了有意识地了解教学方法如何促使学生学习,就需要投入和热情的教师。这样的教师需要了解哪些教学策略起了作用、哪些没有起到作用,做好准备以理解和适应学习者及其所处的情境、环境和原有的学习情况；教师还需要以开放、坦率和友好的方式与学生和同事分享学习的经验。

我们很少谈论教育的热情，似乎这么做会使得教师的工作不太严肃、感性多于理性、有些偏颇或者重要性不够。当我们真的考虑热情时，常常会限于在对无关于我们的教学的事情上表达愉悦并积极投入（Neumann, 2006）。对于教师和学习者来说，热情的主要组成要素似乎是作为一名教师或学习者的一种纯粹的兴奋，伴随着教学和学习过程的专注，参与教学和学习活动的感觉，以及为了获得理解进行刻意练习的意愿。热情能够表达学习的兴奋，同样也会反映学习的苦恼——热情能被感染，能被教授，能被塑造，也能被习得。热情是学校教育最具有价值的成果之一，尽管本书所综述的任何研究并未对其进行过研究，但它体现在很多影响因素当中，对学校教育成果起了很大作用。热情要起作用，需要的不仅仅是学科知识、娴熟的教学行为，或者参与度很高的学生（尽管这些都有用）。热情要起作用，还需要对知识的热爱，需要基于伦理关怀的立场，喜欢甚至热爱所教学科并感染他人，需要证明教师不仅在进行教学而且还在学习——通常要了解学生的学习过程以及学习结果。

学习不总是快乐的，也不总是容易的；某些特定内容需要过度学习，需要对连续性的知识进行螺旋式向上和向下的学习，在面对有挑战性的学习任务时与他人建立合作关系。因为这就是刻意练习的力量。学习也需要一种寻求进一步挑战的意愿。这其中存在着在挑战和反馈之间的重要联系，而挑战和反馈是学习的两个要素。一个人面临的挑战越大，他寻求和需要反馈的可能性越大，但更重要的是，有教师提供反馈并能确保学习者成功迎接挑战的路径是正确的。

许多影响因素超过 $d=0.40$ 关节点的关键在于，它们都是通过刻意的干预措施，旨在优化教学和学习。但这不仅仅意味着革新，还意味着当教师进行革新时，我们要学习去了解是什么在起作用。当我们革新的时候，我们更能认识到什么在起作用、什么没起作用，我们会寻找反证，渴望发现任何预期和非预期的影响，我们会深刻认识到革新对教学成果的影响。在这些情境下，教师成为他们自身所产生的效果的学习者！在任何革新中，措施的实施及其效果都会得到仔细关注，都会有一定程度的挑战性，也都会有对反馈的评价。教师获悉他们干预措施的成功或失败是非常重要的：那些成为他们自身所产生效果的学习者的教师，是提升学生学业成就的最有影响力的人物。对于教师来说，寻求对学生的学习产生积极影响（也就是说，$d > 0.40$）应当是一个永恒的主题和挑战。因为学习效果并不会通过运气或意外获得，优秀的教师必须注意在课堂上哪些因素起了作用、哪些因素未起作用。

卓越教学的理念

有一个事例能够说明我所主张的卓越教学。前段时间，我的一位硕士生完成了一项元分析研究。该研究是关于不同项目对于儿童和成人自我概念所产生的影响（Clinton, 1987）。最成功的项目是拓展训练（Outward Bound）或探险项目。这些项目能产生积极影响，有四个主要特征。第一，拓展训练项目强调经验的直接性，并且旨在让这些直接经验影响后续经验。也就是说，要让早期学习经验中的经验、知识和决定有计划、有目的地转化为后续经验（进一步细节，参见 Hattie, Marsh, Neill, Richards, 1997）。第二，拓展训练项目设置了为学习者所知的困难的、具体的目标，并且任务是结构化的，以便参与者能够达成这些目标。该项目设置具有挑战性的和具体的目标（比如通过沿绳下降或套索下降的方式成功完成 60 英尺悬崖的速降）并建构情境（比如充分准备、社会帮助，等等），这样参与者就会共同承诺达成目标。第三，项目增加了反馈的数量和质量，这对于学习过程至关重要。通常，危险和冒险的情境需要反馈，学习目的和成功标准必须绝对明了清晰。具有挑战性的和具体的目标的主要功能在于它们能指出关注点和努力的方向，因此学习者更能意识到并渴望得到与达成这些目标相关的反馈。第四，在拓展训练项目中，指导者强烈意识到理解的需要，而且如果有必要的话，需要重新评价和改变个人的应对策略。这些应对策略可以是认知的（学习策略）、人格的（建立自我效能感、坚持面对挑战）、社会的（求助、合作学习）。这四个主要特征是成功进行教学和学习的关键。

另一个例子是我参与的丛林搜索和救援队项目，这两个项目包含悬崖营救技巧和乐趣的教学。设想一下：我把你带到一栋三层建筑的顶端，教你沿着这栋建筑的外侧垂降。通常情况下，我会向你展示如何系上安全背带、用索环绑上绳结，再向你示范如何向后靠，进而开始下降。根据卓越教学的原则，我会要求你，作为学生，完成这项学习任务。一般来说，这种学习情境会引起学生的关注，加强对同伴所做之事的兴趣，增加求助行为的频率，以保证绳索作业的知识是正确的、背带的固定是无误的。目标是挑战性的、具体的、可见的，学习者会为达成这些目标全力以赴！学习是积极可见的，就会有高水平的反馈和监控过程。学习者常常"寻求"反馈。当一个初学者第一次来到建筑物的边缘时，同伴的教学和学习就会频繁发生：下降的时候向后倒并非自然而然，更多时候是双脚高于头部。当最后学生到达建筑底部时，会非常兴奋，并赏识自己完成了挑战性的目标（成功的标准非常清楚！），这一经验是令人兴奋的，学习完全专注于经验本身。大多数人想要重复这个经验，继续享受达成挑战性目标的乐趣。此外，所有这些行动以及大部分对这项任务的"思考"，对于教师和学习者来说都是可见的。这是本书倡导的成功的教学和学习模式的核心。

可见的教

教和学是可见的，这点非常重要。对于所谓的"教和学"来说，没有什么更深层次的秘密：在成功的教师和学生的课堂上，教和学是可见的；当成功的教和学发生时，在教师和学生表现出的热情里，教和学是可见的；教和学需要教师和学生具备很多技能和知识。教师必须知道学习何时是正确的或者错误的；学会何时进行实验，并从实验中学习；学会监控、寻求并给予反馈；当其他学习策略不起作用时，知道尝试新的学习策略。最重要的是，教学对于学生是可见的，学习对于教师是可见的。越多的学生成为教师、越多的教师成为学生，结果就越是成功。

这种对于可见的教的解释涉及将教师看成促进者（activator）、审慎的变革者以及学习的指导者。这并不是说他们是说教的教学，教师花费一天中80%或者更多的时间进行说教，不管发生什么事都致力于完成课程的教授。有效的教学不是不情不愿的训练和训育。当我观看很多美国最优秀教师的录影带时（通过国家专业教学标准委员会的视频评价任务），让我震惊的是，这些最优秀的教师在课堂上非常活跃，参与度很高——能够很清楚地看出是谁在掌控课堂。活动过程是可见的，并"处于直播当中"；在这些优秀教师的词汇里找不到"被动"这个词——学习并非总是大声的、兴奋的，但是很少有沉默、压抑的时候，常常是紧凑的、富有活力的和冒险的。

可见的教和学的模式将教师中心的教与学生中心的学和认知结合在了一起，而不是将其对立起来。通常，这两种方法被表述为直接教学法与建构教学法的对立（直接教学法被描述为差的方法，而建构教学法被认为是好的方法）。建构主义常常被看作以学生为中心的探究性学习、基于问题的学习和基于任务的学习，其常用术语包括"真实性"（authentic）、"发现"（discovery），以及"内在驱动的学习"(intrinsically motivated learning)。建构主义的教师角色更多地被看作提供便利,为个体学生提供机会,让他们在自己的活动、与其他学习者讨论、反思以及分享意见的过程中获得知识、建构意义,教师提供最小的矫正干预措施(Cambourne, 2003; Daniels, 2001; Selley, 1999; von Glasersfeld, 1995)。这些表述几乎与我们以下各章中要谈到的成功的教与学的诀窍正好相反。

一个学习模型

这里的主要观点是,建构主义不是一套教学理论,而是关于认知和知识的理论,搞清楚建立理解框架的作用是非常重要的。Bereiter(2002)运用了Popper的三个世界理论——物理世界(世界1)、主观或精神世界(世界2)、观念世界(世界3)——来帮助我们理解我们在学校教育中极力争取的东西。这三个世界与学业成就的三个世界是对应的:物理世界的表层知识,主观世界的思维策略和深层理解,以及作为表层和深层认知与理解的结果,学生用来建构自己的知识和现实的方式。世界3常常被强调教授事实和思维能力的热情所遗忘。这个世界完全是由人类自己创造的、是可错的但却是能够被改进的,有其自身的生命力。学生常常是带着已经建构的现实(世界3)走进课堂的,如果作为教师的我们在进行教学之前不理解它们,那么这些建构的现实就会成为继续学习的阻碍。如果我们在教学之前理解了这一现实情况,那么学生建构的现实(基于他们表层的和深层的认知)和他们探索这些世界的热情就能成为教学最重要的财富。世界3的内容并不像书本、雕塑和茶壶那样实在(Bereiter, 2002, pp. 62-63),它们是概念化的。的确,正如Bereiter所说明的,"从工业社会转向知识社会意味着增加的工作量更多是针对概念化的对象,而不是与之相关的物理世界"(Bereiter, 2002, p. 65)。

由于这三个层次的学习常常是随意进行的,因此其区别并非泾渭分明。很多教学指向世界1(观念和知识的世界),另外也有很多是对于深层知识和思维能力(世界2)的重要性的讨论。但如果我们把所有三个层次都包括进来:观念、思维和建构(ideas, thinking, and constructing),那么教与学的任务就能被最好地结合起来。

很多情况下,我们不太可能在对概念制品(conceptual artifact)的认知或思考与对应用概念制品的物质世界的认知或思考之间做出明确区分。……重要的是我们把概念制品看成是真实的东西,把创造和改进它们视为真实的工作,并将理解它们看成是真实的理解。(Bereiter,2002,p.67)

学校教育的真实任务就是创造概念制品或者增加其价值,正如建筑工人以同样的方式增加建筑物的价值一样。这是一个推测、解释、证明、争论和评价的世界。

同样,每种文化也存在一些特殊的文化制品,教育的一个重要方面就是教授文化制品。比如,在新西兰的毛利文化中,家庭、历史和文化规范就非常重要。因此,学校教育的一个重点就是让学习者接纳这些文化制品,将其作为他们概念制品的一个关键部分。这样,文化如何看待世界,他们就会以类似的方式去审视他们自己的世界,去交流世界观和价值观。重要的是,三个层次的学业成就观让理论和观察联系起来了,让个人的和文化的信念和观察联系起来了,也让个人的信念和理论联系起来了。

……不同的理论、不同的现象和不同人对相同现象的解读之间存在着联系。没有一种联系是简单的。它们都是推论性的并且具有高度的不确定性。但这些联系正是人们在建构科学知识时所要探讨的事情。(Bereiter, 2002, p.91)

Bereiter 认为,有很多因素促成了知识的发展:世界 3 并不局限于公认的、已证实的或者重要的知识客体。它还包括受质疑的理论、扭曲的观念、未解决的问题以及有或没有追随者的新观念。在这一点上,"世界 3 比博雅教育的原则更为包容。这种包容性在消除既定知识和学生建设性努力之间的分离上,迈出了很大一步,因为它将学生所创造的观念与来自权威资料的观念置于相同的世界中"(p. 237)。"在概念制品的世界中去发现自己的道路,将为自己开启丰富的可能性,而这种可能性是那些在远处观察世界的人所无法获得的——如果有这样一些人的话。"(p. 238)知识建构直接指向世界 3 的活动,并与概念制品有关。Bereiter 认为,知识建构包括对其他可能性的思考、对批判的思考、提出实验性的测试、从一个对象中引出另一个对象、提出问题、提出解决方案、批判解决方案。它不仅仅涉及认知,还涉及错误的确信或对某些知识对象的怀疑。

教育不仅仅教人思考——也教给人们那些值得学习的东西。好的教学包括建构解释、批判、得出推论、找到实际用途，"教师永远不必想办法往课程中注入更多的思考。那就像是试图向夏尔巴搬运工的生活中再加入有氧运动"（Bereiter, 2002, p. 380）。如果学生没有进行足够的思考，那么就是教学出了严重问题。"如果开展一项活动的唯一理由仅仅是它应该能鼓励或者促进思考的话，那么就放弃它，换一种能够促进学生理解能力发展的活动吧，这种理解能力能促进学生对有益方法的掌握。"（Bereiter, 2002, p. 381）

表层的、深层的和建构的理解

基于上述分析，我们需要做出重要改变，即从对表层信息的过度依赖（世界1）以及教育的目标是深层理解和发展思维能力（世界2）这样一种错误假设，转变为在表层和深层学习之间取得平衡，以便让学生成功建构合理的认知和现实的理论（世界3）。

对很多学生来说，在学校中取得的成功与采用表层方法去理解如何学习以及应该学习什么有关，相反很多教师认为他们教学的目标是促进深层学习（Biggs, Collis, 1982）。比如，Brown（2002）调查了700多名15岁新西兰学生和他们的71位英语、数学和科学学科的教师的学习信念。这些学生认为，对于他们来说，学习主要意味着展现表层知识，这些表层知识就是对教学材料的复制，以此在学业评价中取得最高的成绩。相反，这些学生的教师认为，他们的教学指向深层的学习成果。这些学生更多地被教师和学校所布置的任务、考试所支配，所以，尽管教师那样认为，但学生总是非常策略性地专注于获取表层知识，专注于完成这些任务和考试所需要的任何的深层理解。（当比较大学教师和学生的学习概念时，这现象尤其明显；Purdie, 2001。）

学生之所以能够精于此道，是因为大多数问题和考试（口头的和书面的）与表层知识有关（Marzano, 1991）。比如，Gall（1970）认为，在教师所提的问题中，60%需要对事实性知识进行回忆，20%需要程序性知识，只有20%需要学生思考。其他研究发现，只需表层思考的问题大约占80%及以上（Airasian, 1991; Barnette, Walsh, Orletsky, Sattes, 1995; Gall, 1984; Kloss, 1988）。教师的提问可能无法引起学生的深层思考，因为学生知道，提问是教师领导和控制课堂活动的方式；换句话说，学生知道教师已经知道问题的答案了（Gipps, 1994;

Torrance, Pryor, 1998; Wade, Moje, 2000）。日常课堂教学多是围绕"传递知识"而展开，因此，表层知识就足够了。学生很快就了解到，运用表层策略或者方法（比如，复习、重新阅读和复习学年作业）进行研究或者学习就能成功。相反，教师宣称他们更喜欢深层学习观，通常尤其关注学术和认知发展——尽管与此同时，他们也强调表层的教学方法，并辩称这是为了让学生为参加高风险的资格考试或评价做好准备。对表层方法的强调意味着，在今天的课堂上，学生往往只有极少的机会或需求来体验深层思考。

具体而言，表层学习涉及对观念或事实的认知和理解。相反，深层学习的两个过程——关系加工和精细加工（relational and elaborative）——造成了思维性质的变化，比表层问题在认知上更具挑战性。关系加工的回应需要整合已有知识、信息、事实或观念中的至少两个独立的部分。换句话说，关系加工的问题需要学习者把一种组织模式施于既有材料之上。精细加工或者更为宽泛的抽象的回应需要学习者超越既定的信息、知识或观念，提出适用于所有情况的更为普遍的规则或证明。在这样的情况下，学习者被迫不仅要超越既定的信息去思考，也要引入相关的、先前的或新的知识、观念或者信息，以便创建一个适用于更广泛情境的答案、预测或者假设。从这些表层的和深层的认知和理解当中，学习者能够建构观念或者想法，进而形成他们参与表层和深层学习的方法（建构性理解的世界3）。

这三种类型的理解——表层的、深层的和建构的或者说是概念化的理解——建立在 Biggs 和 Collis（Biggs, Collis, 1982; Collis, Biggs, 1979）有关学生学习的 SOLO 模式①基础之上。这个模式不仅在开发教和学方面，而且在对于评价的理解方面，都极具价值（Hattie, Purdie, 1998; Hattie, Brown, 2004）。这些基于表层知识以发展深层知识的形式，在教育心理学和教育评价研究中正在变得愈发普遍。有趣的是，在对布卢姆目标分类的重要修订（Anderson, Krathwohl, Bloom, 2001）中也提到了四个相似的层次：事实性知识（如何熟悉一门学科或解决学科中的问题）；概念性知识（在一个更大结构中各个元素之间的相互关系，这个结构使得各个元素共同起作用成为可能）；程序性知识（如何做事，探究的方法）；元认知知识（关于一般认知的知识，以及有关个人认知的意识和知识）。

---

① SOLO 模式（Structure of the Observed Learning Outcome），是由 John B. Biggs, Kevin F. Collis 和 Catherine Tang 提出的一种学习模式。他们根据学习结果的复杂性，把它分为五阶段，以对学习结果或者课程目标进行分级和评估。这五个阶段是：非结构化、简单结构化、多重结构化、联系性的整体、扩展性的抽象。

这个修订对于我们所熟知的布卢姆分类法而言是一个巨大进步。未经修订的布卢姆分类法混淆了认知层次和知识形式（Hattie，Purdie, 1988）。

　　需要注意的是，并不是说表层知识必然是差的，深层知识完全是好的。相反，正确的观点是强调在两者之间取得平衡：你需要表层知识以便获得深层知识，你需要表层和深层知识，也需要某一特定情境或者知识领域之中的表层和深层知识以及理解。学习的过程就是一段从观念走向理解再走向建构，并继续往前走的旅程；是一段学习、遗忘所学和过度学习的旅程。当学生能够从一个观念走向多个观念，然后将学到的观念联系起来并进行精细加工——当学生能够调控或者监控这段旅程的时候，他们就会成为自己学习的教师。调控或者元认知，指的是一个人对自己认知过程的认识（知识），以及对这些过程的监控（技能）。正是这种技能的发展，才是很多学习任务的目的，学生可以借以获得一种自我调节感。

对学习成果的提示

　　正如前几章提到的那样，本书重点关注学业成就。现在，这个概念已经扩展到在理解的三个不同世界中的学业成就。在直观上很明显，以表层学习为目的的学习的影响因素往往青睐更具有指导性的、具体的目标，而以深层学习为目的的学习的影响因素则倾向于探究性的方法。但事实并非如此——这过于简单，而且会造成误解。有时，深层概念需要更为具体和直接的教学；而有时，更为表层的概念可以通过探究或问题解决的方法习得。

　　一个主要目的是发展"过度学习"或者达到熟练度。比如，我们大多数人通过"过度学习"学习走路——我们忘了第一次学习走路时的试误以及其中的痛苦；但是，我们可以几乎肯定地记得当我们遭遇重大事故之后，必须挣扎着重新学习走路这种技能的艰苦。我们所渴望的就是对有价值活动达到熟练掌握和过度学习的感觉，并把它作为学校教育的主要成果。当我们细想一个人流利地说一门语言或者演奏一种乐器，或者当我们细想一个学生精通数学、阅读或者科学，就能体会到过度学习。足够的熟练程度会带来其他理想成果，比如在某个领域中能够达成记忆、耐力、稳定和应用。

　　当一个学生高度熟练地掌握了某个主题时，他就会在下一个学习阶段中投入更多的认知资源。当任务对于学生来说非常复杂的时候，元认知技能，而非智力，就成了学习成果的主要决定因素（Veenman, Prins, Elshout, 2002）。"因为学习者不得不即兴发挥和使用探索法，而不是回忆与智力相关的知识和技能。"（Prins, Veenman, Elshiout, 2006, p. 377）初学者更有可能使用试误策略，而拥有很多知识的学生更有可能寻找能发挥作用的所有可能策略（Klahr, 2000）。初学者的目的是生产数据，而专家对解释数据更感兴趣。收集数据先于解释数据。这些观点对于学习者和教师同样适用。

我们的认知结构有其界限：我们一次只能记住有限的东西，我们在学习和解难中只能运用有限的认知加工能力。我们建立高阶概念或图式帮助自己一次性记住更多的东西，我们学习多种策略辅助我们的学习过程。这些界限与认知负荷这一概念有关（比如，Sweller, 2006）。当然，首次学习新材料和新观念时，我们需要有效的学习策略，尽可能多地使用我们所能够激发的认知加工能力。与非专家相比，专家有着更深层的、更多原则指向的问题表征。这使得他们能够进行更好的检索和解析，因而能够展现他们如何有效地使用他们的认知负荷（比如，下象棋、解方程和阅读历史的时候）。然而，专家和新手的一个关键区别在于，是刻意练习而非经验起了作用——也就是说，广泛参与相关的实践活动，改进了行为表现（正如游泳者一圈又一圈地游泳，为的是过度学习划水、转身和呼吸的关键要点）。

这种刻意练习活动：

> 具有适当的挑战性和难度，通过重复、给予犯错和改错的机会、为学习提供有效反馈，从而带来持续的改进……鉴于刻意练习需要学生全力以赴获得高水平表现，因此需要集中精力，并努力坚持更长时间。（van Gog, Ericsson, Rikers, Paas, 2005, p. 75）

所有练习都会导致高水平的有意识的调节和控制，促成更大的改进，以及促成对表层和深层概念的更多的高阶理解（Charness et al., 2005）。刻意练习不是为了重复训练，而是为了改善目标的特定方面，更好地理解如何调控、自我调节、评价表现以及减少错误。

六个因素

本书接下来的七章围绕六个主题展开——分别对以下几个学业成就的影响因素进行评价：

1. 学生；
2. 家庭；
3. 学校；
4. 课程；
5. 教师；
6. 教学方法（两章）。

当然，在这些因素之间很可能会存在相互影响（这属于另外一个研究和元分析很少提及的主题），这将在最后一章中提到。除此之外还可能存在其他调节因素，尽管这些调节因素的影响也比较显著，但它们为数很少。那些影响最大的因素在不同的学科、年龄和情境中是相似的。

学生
学生自身对其学习产生影响的因素包括：

- 先前习得的知识；
- 期望；
- 对经验的开放程度；
- 逐渐形成的有关学习投入的价值的信念；
- 参与；
- 通过参与学习建立自我意识的能力，以及作为一个学习者的荣誉感。

学生带着先前习得的知识进入课堂。这些知识来自于幼儿园、他们的文化背景、电视、家庭和之前的经验。很多先前的知识引发了学生和教师对学习的期望。学生出生、成长在一个充满期望的世界里。这些期望能有力地增加或者减少学校提供的机会。它们来自于父母、家庭、兄弟姐妹、同伴、学校、教师、媒体和他们自己。课堂经验能够有力地促成他们对自己的期望。在 8 岁的时候，很多学生就能够明确自己在学业成就排名当中所处的位置。因此，值得关注的是，本书所提出的影响学生学业成就的最大因素之一就是学生的自评成绩（self-reported grades），即对学业成就的自我评估。学生很善于了解如何评价自己的表现。如果自我评估的排名太低，那么对表现的期望就会限制学生认为自己所能达到的成就。因此，教师设定更有挑战性的目标，让学生参与到达成这些目标的学习当中，以及给予学生自己设置和实现目标的信心是很重要的。学生对自己表现的预测不应当成为他们超越自我的阻碍，尽管有太多学生确是如此。

这些期望表现于学习情境中的一种主要方式就是学生的人格特质。学生主要的人格特质将决定他们对经验开放的程度、逐渐形成的有关学习投入的价值的信念及他们得知可以通过参与学习以建立自我意识的途径。这些人格特质会在学校中发生变化，也会在家庭和游乐场中、在参与非学校活动（看书、看电视）中、尤其在与同伴的交往当中形成和改变。家长和教育者有很多机会塑造学生的人格特质，让这些特质帮助而不是阻碍学生的学习，比如发展学生投入学习的意愿，提升学生通过参与学习而获得荣誉的动机水平，帮助学生将成功归因于努力而非能力，发展学生对学习的积极态度。这些对经验开放的积极态度、投入学习的意愿以及智力参与在学前就能得到培养，然后在学校中得到更高水平的发展——只要我们能够保证学习任务对于学生来说具有适度的挑战性，并且将成功归因于他们的学习投入。这会提升学生的荣誉感——学生在同伴当中形成自我意识和作为"学习者"的荣誉感（Carroll, Hattie, Durkin, Houghton, 2001）。这正是成功之所在。这些人格特质能够对学校教育成果产生显著影响。

正如在第九章中要提到的那样，拥有并且与学生分享挑战性的目标或学习目的是使学习获得成功的一个主要条件，但是除此之外，如果学生具有参与这些目标的责任和意识，那么帮助会更大。很多有关目标影响行为的元分析表明，目标这一因素引起了 28% 的行为变化，当学生能真正掌控其行为时，这一因素的影响最大（比如，Armitage, Conner, 2001, $d=0.24$; Hausenblas, Carron, Mack, 1997, $d=0.23$; Milne, Sheeran, Orbell, 2000, $d=0.20$; Sheeran, 2002, $d=0.27$; Webb, Sheeran, 2006, $d=0.29$）。要达成具有适度挑战性的目标，需要诸多要素，比如责任、参与度、对经验开放以及渴望在同伴中获得作为学习者的荣誉感。Levin（1988）经常提到，对于成人生活中的健康、财富和幸福的最有效的预测，更多地与他们接受学校教育的年限而不是他们的学业成就有关。因此，学校教育的主要目标应当是让我们关注学习（而不管我们最终在学业成就的阶梯上处于何种位置），以及帮助我们对学习中的新经验保持开放。

有很多促进学生参与学习的方法。Steinberg, Brown 和 Dornbusch（1997）认为，只有我们一开始就面对和解决参与性的问题（engagement problem），学校改革才会取得成功——他们还指出，这不仅仅是一个教育问题，同时也是"一个青少年萎靡不振的较为普遍的预警信号"（Steinberg, Brown, Dornbusch, 1997, p. 63）。太多学生"人在心不在"（p. 67）。部分问题在于学生很困惑（无法跟上进度，或者课程内容难度太大），同时还有很多学生感到无聊（太容易，学习收效甚微）。当了解到 Nuthall（2005）的调查结果，即大部分课堂上的教学材料已经为学生所熟知，而且按照 Yair（2000）的观点，学生用 85% 的时间听（或假装听）教师讲课时，我们就很难促进学生的参与和投入（参见 Sirotnik, 1985）。Steinberg 认为，我们需要更好的成功指标、更具挑战性的材料、更高的期望以及更有效的方法指导学生在学校中取得成功，而不是仅仅帮助学生避免不能毕业所带来的不利后果。

家庭

家庭对学生学习产生影响的因素包括：

- 家长对学生的期待和愿望；
- 家长有关学校教育话语的知识。

家庭可以是一个学生成就的孕育场所，也可以是忽视和不利于促进学习的有害场所。然而，很多家长一开始就会对他们的孩子抱有积极的期望，这些期望对于孩子上学之后的成功具有重要的影响。但是，重要的一点在于，家长在多大程度上知道如何"说学校教育的话语"（speak the language of schooling），以便让他们的孩子在学校教育期间获得优势；一些家长不知道这种话语，这就会成为家庭促进孩子获得成就以及实现家长对孩子期望的主要障碍（Clinton, Hattie, Dixon, 2007）。学校在帮助家长了解学校教育话语方面发挥着重要作用，以便家长能够为他们的孩子提供所有可能的帮助，促进孩子的学习及其对学习的热爱，创造达成对学习的共同期望的最大可能性。

学校

学校对学生学习产生影响的因素包括：

- 课堂氛围，比如对错误持欢迎态度、提供安全且充满关怀的环境；
- 同伴影响。

学校的影响通常被夸大了，尤其是在发达国家。以能力相似的两个学生为例，在很多发达国家中，他们在哪个学校上学影响不大。很多学校的影响因素是结构性的（比如，学校建筑、排课表不同）或者与工作条件有关（比如，班级规模、班级分轨或随班就读、学校财务状况）。当然，这些都很重要，但并不决定学生学业成就的差异：这些因素对于学生学业成就造成的有益影响是最小的。但这并没有妨碍这些结构性因素和工作条件成为教育问题的讨论热点。

实际上，我在本书的研究中有一个很有吸引力的发现，即许多最有争议的问题往往是影响作用最小的因素。很有必要问一问，为什么类似于班级规模、分轨制、留级（即学生停留在原有年级）、择校、暑期学校以及校服的问题能够引起如此热烈的讨论并得到强调？这些表面性的或者"油漆式的"改革太常见了。这么多的结构性观点涉及家长（更多家庭作业），带来了更多规则（同时出现了更多破坏规则的人），具有文化迫切性的迹象（要求安静和服从），也通常包括对常识的呼吁（缩小班级规模明显是好事！）。然而，学校中最有力的影响与学校之内的特点有关，比如课堂氛围、同伴影响以及班级里没有爱捣乱的学生——所有这些都允许学生和教师犯错、提升作为学习者的荣誉感，同时也能吸引学生学习。

Purkey（Movak, Purkey, 2001; Purkey, 1992）提出了一个名为"邀请学习"（Invitational Learning）的理论。这个理论的作用正如"邀请"的含义——"提供有助于思考的东西"。他认为，我们需要建立的学校应当邀请或者热情地鼓励学生参与到学习过程中。这个模式基于以下四个论点：

- 信任：需要说服而不是强迫他人参与我们想让他们认为是有价值的活动；
- 尊重：对待他人要采用关怀和恰当的行为；
- 乐观：寻找他人身上未开发的潜能和独特性；

- 意向性（intentionality）：设计一些项目以邀请学生学习。

这一理论操作起来并不是非常容易，但却是一种更多地信赖教师和学校，使学习能够持久地令人兴奋、让人乐于参与的方法。在那些存在学校差异的地方，这类因素的影响就是最有力的。

教师
教师对学生学习产生影响的因素包括：

- 教学质量——为学生所感知的教学质量；
- 教师期望；
- 教师对教学、学习、评价和学生的观念，这关乎教师的这样一些看法：是否所有学生都能取得进步、是否所有人的成就都是可变的（或者固定的），以及是否理解和清晰表述了学生的进步；
- 教师的开放度——教师是否准备好接受"意外"；
- 课堂氛围——一个温暖的充满社会交往和情感的氛围，不仅容忍而且欢迎错误；
- 教师清晰表达成功的标准和成就；
- 促进努力；
- 所有学生参与和投入。

当前有句流行的话：教师带来改变！正如上面谈到的，这个观点，就像大多数简单的观点一样，并不是完全正确的。一些教师使用具有适度挑战性的课程，实施某些教学行为，向学生展示如何发展与课程有关的思考方式和策略。不是所有的教师都起作用，不是所有的教师都是专家，也不是所有的教师对学生都有很大的影响。需要重点考虑的是，他们对学生的学业成就产生了多大的影响，以及什么因素起到了最大的作用。

教师影响学生学习的最重要方面，是被其学生所感知的教学质量。Irving（2004）基于美国国家专业标准委员会（National Board for Professional Standards）有关规定建立了一套学生对高中数学教师的评价体系（www.nbpts.org）。他在新西兰完成了一项有关心理测验学工具的研究之后，选取了一组通过了美国国家委员会认证（National Board Certification），的美国高中数学教师，以及一个没有通过该认证的对照组。他让学生对两组教师进行评价。学生是非常优秀的评价者，能做出准确的评价，辨别经验丰富的专家型教师和有经验但非专家型的教师。最有助于这种辨别的维度集中体现在对数学课程内容的认知参与以及数学思维和推理方式的发展上。正是教师让学生在课堂上所做的事情，而不是教师自己特意要做的事情，构成了高水平教师所有技能中作用最大的成分。学生必须积极地参与到学习当中，关注问题解决的多种路径。这些教师还鼓励学生作为数学问题的思考者和解决者，不仅要成功解决问题，而且要对解决方案进行解释和分析。自始至终，教师都鼓励学生高度重视数学和他们的数学功课，并鼓励他们常常检查他们所做功课的质量，争取达到最高标准。正如Irving所说，我们不应当忽略那些无疑最有资格评价教师的人——天天与教师在课堂上共处的学生。那种认为学生反复无常，通常会给教师打高分的流言，并未得到该研究的支持（Irving, 2004）。高分评价并不是轻易就能获得的（Bendig, 1952; Tagomori, Bishop, 1995）。

下一个与教师有关的影响因素，其效应则小了很多：教师的期望和教师的教学观念。孩子们生在一个充满期望的世界里，他们同样带着自己的期望进入课堂、面对教师，教师也对他们有着期望。教师也带着对教学、学习、评价和学生的观念走进课堂。我们需要更好地理解这些观念，因为这似乎对于教师教学的成功来说是强有力的调节因素。对于学生成功的低期望是一种自我实现的预言，这种低期望很少受到学生之间的特征差异所影响（比如，性别、种族），但是在一个班里的所有学生身上都能看到这种期望（Rubie-Davies, 2006, 2007; Rubie-Davies, Hattie, Hamilton, 2006; Weinstein, 2002）。重要的是，有关教学、学习、评价的观念；教师对于所有学生都能取得进步的期望；教师对于所有学生的成就都可变（而非固定）的期望；教师能够理解和清晰表述所有学生的进步的期望。正是对经验持有开放的态度、从错误中学习、从学生那里寻求反馈并从反馈中学习的教师，能够促进学生努力学习，清晰表述教学目标，引导学生积极参与学习。

课程

课程对学生学习产生影响的因素包括：

- 开发一种旨在最佳地平衡表层理解和深层理解的课程;
- 确保重点关注开发学习策略以进行意义建构;
- 具备规划良好和深思熟虑的策略,具备教授具体技能和深层理解的明确有效的项目。

从之后章节的很多研究中似乎都能够看出,影响学业成就的主要因素存在于课程的所有领域中。更重要的特征就是在每门学科范围内取得表层和深层理解之间的平衡,进而导向概念清晰。重要的是,开发一系列学习策略以帮助学生从文本中建构意义、发展学生从数学中理解意义的能力以及使学生掌握原理。这些策略必须经过深思熟虑的、明确的规划,而且必须具备有效的项目,以便传授某一学科的具体技能和深层理解能力。这些策略要能够让学生进一步参与到课程之中,进而发展学生的问题解决能力,享受到掌控自己学习的乐趣,进而深入发展学习策略以掌握并理解学习内容。一个关键的特征在于,很多策略只能在某个知识领域中得以加强和改善,迁移的可能性不大(Hattie, Biggs, Purdie, 1996)。尤其是当学习深层理解和发展概念理解时,更是这样。

教学方法

教学方法对学生学习产生影响的因素包括:

- 有意识地关注学习目的和成功标准;
- 设置挑战性的任务;
- 提供许多刻意练习的机会;
- 了解(教师和学生)何时成功达到目的;
- 理解教授适合的学习策略的重要性;
- 规划和讨论教学;
- 保证教师持续寻求有关教学成功的反馈信息。

本章详述的教和学的模型是建立在具有特定的学习目的和成功标准的基础之上的,因为这些构成了设置挑战性任务的程度和框架、教学的目的和目标。让各种策略有效发挥作用的共同点是,制定有约束力的规划,尤其是教师之间相互讨论教学和计划,有意识地关注学习目的和成功标准,不断努力确保教师寻求关于教学成功的反馈信息。要使这些策略产生效果，教师就要通过基于课堂的证据批判性地反思自己的教学。如果教师在安全的、充满关怀的环境中与同事讨论教学问题，那么就会实现效果的最大化。

总结性评论

教师需要积极地参与和热爱教学与学习。他们需要认识到并且更新其对学生的看法和期望。在教学中，他们必须给学生以指导，对学生施加影响，并让自己的教学对学生可见。教师需要为学生提供多种机会和选择，以发展建立在表层和深层学习基础之上的学习策略，引导学生对自己的学习进行建构。教师必须清楚每个学生在想什么、知道些什么，能够根据这种了解建构意义和有意义的经验，熟练地认知和理解教学内容中的进展，进而提供有意义且适当的反馈。

教师应当知道每节课的学习目的和成功标准，知道他们帮助所有学生的学习达到了怎样的标准，并且根据学生的当前知识和理解与成功标准之间的差距，能够知道接下来应当做什么。教师的成功在于他们能够让学生从单一的观念转化到复杂的观念，然后将这些观念联系、扩展，这样学习者就可以建构和重建知识和观念。不是知识或者观念本身，而是学习者对知识和观念的建构才是至关重要的。学习的提升是概念重建与获取信息的结果。

学习的提升也需要学校领导和教师能够创造这样一个学校、办公室和课堂环境，即在这样的环境中，教师能够共同讨论教学，错误和困难被看作重要的学习机会，纠正错误的知识和理解会受到欢迎，教师能够安心学习、再学习（re-learn）并探索其个人的教学知识和理解。教师必须能够公开地讨论三个关键性的反馈问题："他们要去哪里？""他们如何去？""他们接下来去哪里？"（这里的"他们"既指教师也指学生。）

学习者的行为也同样重要。在课堂上，学生常常成为被动的接受者，但是就像本书中的元分析所证明的那样，上课的目的是让学生积极参与到学习过程当中——通过教师和其他人的行为——直到学生成为他们自己的教师，找到学习新材料和新观点的最佳方法，寻找资源帮助自己学习，以及设置一系列适当的和较有挑战性的目标。学生应当参与到制定成功标准、设定较高期望的过程中来，并且愿意对有关认知和问题解决的不同方法的新经验保持开放。这样就可以提高作为学习者的信念和荣誉感，参与自我评价、自我评估、自我调节、自我学习以及对重要领域的表层学习、深层学习和概念学习。Kember 和 Wong（2000）对积极学生和被动学生进行了区分，并考察了两类学生对好的教学的感知情况。他们发现，被动的学生更喜欢组织性强的教师，这些教师组织结构清晰、能够明确指出清晰的学习目标；而积极的学生更喜欢能够促进课堂互动的教师，这些教师使用各种教学方法，表现出极高的热情。学校教育的目的之一应当是增加积极学生的数量，但是这要求教师能够通过学生的视角来认识学习，知道怎样使学生参与到有利于目标实现的学习中来。

正如此前提到的那样，可见的教和可见的学非常重要。这一观点包括指导和激活，涉及多种行动和内容，并需要和学生协作，这样他们的学习就是可见的，可以受到调控、得到反馈，当学习成功的时候，也可以得到信息。Fenstermacher 和 Soltis（2004）把教师想象成执行者（executor），运用最好的学习方法和技巧，推进学习过程。这与 Salomon 和 Perkins（1989）的观点相仿，后者认为，主动学习和深层学习对成功和信息迁移极为重要； Sheerens 和 Bosker（1997）也提出类似的观点，"强调测验和反馈的高度组织的学习或者直接教学，似乎又作为最有效的教学形式出现了"（p. 219）。他们认为，为了实现迁移，就需要深层的、有联系的知识结构。也就是说，认知和理解需要"在概念上是深层的、一致的，并且与其他主要观念、相关的先前知识、多重表征和日常经验发生联系"（Pugh, Bergin, 2006, p. 148）。当学生了解自己知道和不知道什么（元认知意识），以及当他们运用认知加工和元认知策略的时候，就会更加有效。由于个人参与度高，并由此促进了学习策略的优化，动机因素也深刻影响着学习的成功。

本章的主要观点是，在教与学可见的情况下，学生更有可能达到更高水平的学业成就。这需要非常优秀的教师，他们了解很多学习策略，以帮助学生建立表层和深层的认知、理解以及概念理解。教师需要根据学生对学习内容理解的情况，提供或者改变方向，从而使反馈的作用最大化。同时当学习正在向成功标准迈进时，教师需要具有适时"抽身"的能力。教师和学生有责任寻求挑战性更大的任务——这样就在挑战和反馈这两个学习的必备要素之间建立起主要的联系。挑战越大，寻求和需要反馈的几率就越高，而且愈加重要的是，教师要确保学生正走在成功应对挑战的学习道路上。

第四章　来自学生的影响

每个儿童大约有 13 年、每年大约有 220 天、每天有 5—6 小时是在学校中度过的，每天 9—10 小时是在家里和社区中度过的，每天有 8—9 小时用来睡觉。如果加上周末和假期的时间，学生在一生当中大约有 1.5 万个小时是在学校度过的，相当于 30% 醒着的时间用在了接受教育上。在接受教育的年份里，他们在家的时间是在校时间的两倍（2.9 万个小时），并且在接受正式的学校教育以前（直到 5—6 岁）的 2.6 万个小时是在父母和看护人的照料之下度过。对于处于少年时期的儿童来说，学校教育的影响很可能是巨大的，但他们在入学时以及随后的每一天带进课堂里的东西，对教育成果的影响也同样重要。这些学校以外的影响来自于家庭、文化和社区。本章将概述儿童带进学校的一些主要特征：（1）背景情况，比如先前成就和人格特质（personality dispositions）；（2）态度和特质（dispositions）；（3）身体影响；（4）学前经验（见表 4.1）。

表 4.1　学生影响因素的元分析的信息汇总

学生	元分析数	研究数	研究对象数	效应量数	d	标准误	CLE	排名
背景								
先前成就	17	3 607	387 690	9 209	0.67	0.098	48%	14
皮亚杰项目	1	51	6 000	65	1.28	—	91%	2
自评成绩	6	209	79 433	305	1.44	0.030	102%	1
创造力	1	21	45 880	447	0.35	—	25%	78
态度和特质								
人格	4	234	—	1 481	0.19	0.007	14%	109
自我概念	6	324	305 859	2 113	0.43	0.010	30%	60
动机	6	327	110 373	979	0.48	0.047	34%	51
注意力/毅力/参与度	5	146	12 968	587	0.48	0.032	34%	49
减少焦虑	4	121	83 181	1 097	0.40	—	28%	66
对数学/科学的态度	3	288	732 994	664	0.36	—	26%	75
身体影响								
早产儿体重	2	46	4 489	136	0.54	—	14%	38
少生病	2	13	—	13	0.23	—	16%	102

续表

学生	元分析数	研究数	研究对象数	效应量数	d	标准误	CLE	排名
饮食	1	23	—	125	0.12	0.037	8%	123
锻炼/放松	4	227	1 306	1 971	0.28	0.040	20%	90
药物	8	467	13 161	1 839	0.33	0.036	24%	81
性别	41	2 926	5 594 832	6 051	0.12	0.034	9%	122
对种族的积极态度	1	9	2 661	9	0.32	0.003	23%	84
学前经验								
早期干预	16	1 704	88 047	9 369	0.47	0.041	33%	52
学前教育项目	11	358	44 532	1 822	0.45	0.065	32%	55
总计	139	11 101	7 513 406	38 174	0.40	0.044	29%	—

本章的基本论点是，学生不仅仅将他们先前的成就（来自于学前教育、家庭和遗传）带入学校，而且将一系列对于学校教育成果有显著影响的人格特质也带入学校。毫无疑问，学校能够影响学业成就和学习特质，然而这两者往往在儿童踏进校园之前就已经形成了。对于学业成就来说，其影响因素有来自于基因和早期发展的，也有来自于早期家庭养育、社会经验的，还有从出生到5岁期间的学习机会（比如，学前教育和其他早期干预）。其中关键的性向要素包括：儿童对新经验的接受方式，儿童逐渐形成的关于学习投入的价值的信念，以及他们了解可以通过不断参与学习进而建立自我意识的方式。

尽管这些人格特质（当然还有学业成就）是儿童带到学校中去的，但亦能经由学校而发生变化——事实上往往变化很大。本书的一个主要论点是学校和教师（以及研究者）可能需要更加明确地指出，这些有关学习的特质应该成为衡量学校教育成果的重要指标。很多教师认为，如果学业成就提高了，那么这些特质也会随之发生变化。然而这种论断是站不住脚的，因为这些特质确实会成为进一步学习的推力或阻力，所以需要有计划地干预。

这种特质能够在学校中得到培养，其中一个例子是Feist（1998）进行的一项关于科学家和非科学家、有创造力的科学家和创造力较低的科学家、艺术家和非艺术家之间人格差异研究的元分析。有创造力的人更加自主、内向、对新经验保持开放、质疑常规、自信、自我接纳、驱动力强、雄心勃勃、强势、怀有敌意、容易冲动——一种强有力的混合体。艺术家更加容易情绪不稳定，比科学家更加倾向于反对群体规范；有创造力的科学家则更加严谨、质疑常规、思想开放。在这些人格特质当中，对新经验保持开放的特质对这些学习者的成功是至关重要的。对新经验保持开放的特质包括乐于尝试新观念（这是一个积极的过程）、跳出常规进行思考、不被单一思维方式所束缚。它也包括探索新思想、投入学习过程的动力。

开放性和投入学习的意愿是本章所要描述的对元分析的综合的主题，这种投入的意愿在很多儿童接受学校教育的头几年就能见到。持续的学校经验能对学习者获得自信和身为学习者的荣誉感的意愿发挥越来越大的影响。这都是些可教的能力。荣誉感的提升在青春期早期的作用特别显著，也通常是在这些年当中，儿童做出了继续学业或放弃学业的"决定"（参见 Carroll, Hattie, Durkin, Houghton, 2001）。Goff 和 Ackerman（1992）（另见 Ackerman, Goff, 1994）以"典型的智力参与"为题对这种现象进行了研究，他们提供了很多关于学业成就和参与度之间关系的证据，并且表明这种参与是由学生在发展技能和知识中比其他人投入更强的动机所促成的。

本章其余部分涉及了来自于学生自身的四个主要因素：背景、态度和特质、身体、学前经验。每个因素都有很多子因素，每个子因素都有一个指示表来展示其影响的平均效应量（以及相关信息）。在阐明这些主题以后，本章将把这些主题结合起来进行总结。

背　景

先前成就

儿童每一年带进课堂的东西与他们前几年的学业成就紧密相关。比较聪明的儿童会获得较高的学业成就，不太聪明的儿童则会获得较低的学业成就。这不足为奇，因为能力和学业成就之间具有很高的相关性。Hattie 和 Hansford（1982）的研究表明，智力的测量值与学业成就之间的平均相关系数为 $r=0.51$（效应量 $d=1.19$）。很多研究者用所谓的"马太效应"来解释这种很高的相关性（往往带有一种惊奇的语气）。"马太效应"出自于《圣经》里的典故，富者愈富，贫者愈贫，或者所获甚少。从学前教育中获得的成就能预见学校教育最初几年的成功（Duncan et al., 2007；La Paro, Pianta, 2000；Schuler, Funke, Baron-Boldt, 1990），从高中的成绩能预见学院或大学的成绩（Kuncel, Hezlett, Ones, 2001），从大学的成绩能预见成年以后的成功（Bretz, 1989；Samson, Graue, Weinstein, Walberg, 1984），从学校成绩就能预见往后的工作表现（Roth, BeVier,

Switzer, Schipppmann, 1996）。

先前成就是一个贯穿整个教育系统的强有力的预测指标。Schuler, Funke 和 Baron-Boldt（1990）发现，先前学业成就是学业成功最为有效的单一预测指标。Fleming 和 Malone（1983）指出，学生特征中的一般能力、语言能力和数学能力与科学成就呈最强的正相关关系（Lapadat, 1991）。这些发现在各年级都是一致的。DeBaz（1994）也有类似的发现，即科学成就和能力变量（比如，先前学业能力、科学能力和认知推理能力）之间存在较高的相关性（另见 Boulanger, 1981; Piburn, 1993）。先前成就的总体效应量是 $d=0.67$，是本书对元分析的综合中效应量最高的因素之一，尽管通用语言效力（CLE，参见第二章）提醒我们，先前成就平均在 48% 的情况下能带来学业成就的改善，但仍然有很大一部分未能用先前成就来进行解释（100%-48%=52% 未能被解释），因此除了学生自身的先前经验和成就以外，学校还有很大的发挥作用的余地。可以确定的是，当学生踏进学校的时候，家庭、学前教育或基因等因素已经扮演着重要的角色，并导致了后来学业成就的差异。本书通过对元分析的综合，得出了最令人振奋的结论：学校能实施比先前成就的影响力更大的措施。

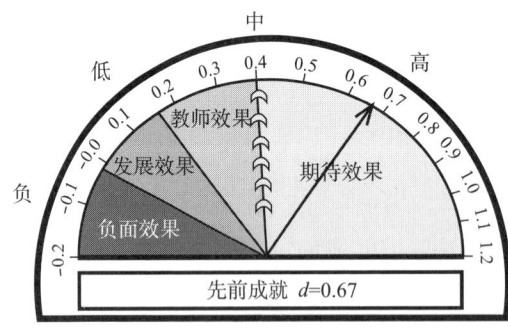

注解	
标准误	0.098（高）
排名	14
元分析数	17
研究数	3 607
效应量数	9 209
研究对象数（8）	387 690

Duncan 等人（2007）发现，只有学前教育的数学（数字和顺序的知识），以及其次的阅读（词汇、认识字母、单词、字首音和字尾音），能够预示今后学校学习的成功。行为（比如外显或内隐的问题行为）和社交能力与之后的学业成功没有相关关系。Feinstein（2003）尽管没有进行元分析，但他利用 1970 年出生队列研究（1970 Birth Cohort Survey）[①]——一个长期追踪 1.7 万多名英国儿童的数据库，重新评议了关于学前成就影响的证据。研究将焦点放在了儿童

---

① 出生队列研究是将同一年代出生的人划归一组，称为出生队列（birth cohort）。

在 32 个月、42 个月以及 5 岁、10 岁和 26 岁时的表现。儿童在 22 个月时的能力测量（比如，穿鞋、画线、人脸识别）能很好地预测他们在 26 岁时的成就。在 22 个月大的儿童中，处于底部的 25% 的低成就者"获得各种资格证书的机会，要显著少于处于顶部的 25% 的高成就者"，这表明"儿童在进入学校以前，大量有关其教育进程的信号已经显露出来"（Feinstein, 2003, p. 82）。社会阶层（基于父母的职业）的效应在儿童 22 个月大的时候就已经表现出来了，而且这种差异还会随着时间的推移而拉大。早期成就和社会经济资源的双重影响在很大程度上决定了儿童带到学校中去的东西。

缺乏学业成功

特殊教育学生和普通教育学生的主要差别（正如人们所期望的）与学业成就相关（Kavale, Nye, 1985; McLinden, 1988; Rush, 1992）。当我们采用"危机"（at risk）和"辍学"（drop out）等标签时，这个差别就变得不是那么明显了。Rush（1992）曾为找到区分危机学生和辍学学生的原因而展开了一项调查。在众多变量中，只有智商、教育愿望和控制点（locus of control）[①] 能将危机学生、辍学学生与普通学生区分开来。这在美国不同地区间存在差异，然而这些差异并不是体现在类似于危机学生和辍学学生是什么样的概念上，而是体现在这些标签的社会建构上。当这些学生升入高中之后，其他一些变量，比如较低的自尊和消极的应对策略（coping strategy），将会成为他们的新标签。这很可能是早期缺乏学业成功的结果，而且会进一步导致出勤问题、留级以及其他负面结果，甚至会被贴上一些新的标签，比如阅读障碍、注意力不集中症（ADHD）、阿斯伯格综合征（Asperger Syndrome）[②]，等等（后者的确存在，但却经常被当作简便的标签而过度使用，Conrad, 2007; Hattie, Biggs, Purdie, 1996）。

Kavale 和 Nye（1985）研究了学习障碍影响学业成就、语言、神经心理和社会/行为方面的参数。他们的结论是，学习障碍是一个非常复杂、多维的现象，是由多个要素共同造成的，其中每个要素都有重要的影响。对学习障碍群体和正常群体的比较发现，大约四分之三的学习障碍学生明显与正常学生不同，他

[①] 控制点这一概念，最初是由美国社会学习理论家朱利安·罗特（Julian Rotter）于 1954 年提出的一种个体归因倾向的理论，旨在对个体的归因差异进行说明和测量。

[②] 阿斯伯格综合征是一种泛自闭症障碍，其重要特征是社交困难，伴随着兴趣狭隘及重复特定行为，但相较于其他泛自闭症障碍，仍相对保有语言及认知发展。

们表现出来的缺陷限制了他们的学业能力。Sabornie, Cullinan, Osborne 和 Brock（2005）对 58 项关于"高出现率身心障碍"（high incidence disabilities）[①]的研究进行分析，结果显示在学习障碍儿童与轻度智能障碍儿童之间存在较大的效应量差异，但在许多与学校相关的行为方面，被贴上这些标签的学生之间并没有差异。大约 75% 被归类为有学习障碍和轻度智能障碍的学生在学业成就上要优于那些有情绪和行为障碍的学生。

皮亚杰项目

Jordan 和 Brownlee（1981）发现，皮亚杰提出的认知发展阶段（前运算阶段、具体运算阶段、形式运算阶段）与学业成就之间有非常高的相关性（$r=0.54$，$d=1.28$）。在数学方面尤为如此（$d=0.73$），阅读方面要低于数学方面，但依然很高（$d=0.40$）。其中排序能力或熟练进行连续思考的能力（要求对一页纸上的单词进行解码和按顺序数数）与这两门学科成就的相关性最高。因此，了解学生的思维方式以及这种思维是如何受制于不同的认知发展阶段，对教师选择材料和任务，在不同的任务中体现出有难度和有挑战性的概念，以及发展连续和同步的思维都是最为重要的（Naglieri, Das, 1997; Sweller, 2008）。

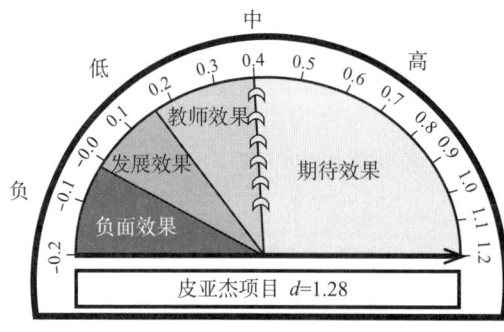

注解	
标准误	na
排名	2
元分析数	1
研究数	51
效应量数	65
研究对象数（1）	6 000

自评成绩

先前成就的另外一种形式是学生对他们自己表现的评估——通常形成于学生过去的学习经验中的典型特征。学生对他们的成就水平的判断是相当精准的。Kuncel, Crede 和 Thomas（2005）发现，高中生能准确地判断他们所有学科的成

[①] 身心障碍类别通常根据盛行率进行排列。"高出现率身心障碍"是指出现此类障碍的人数比较多，一般症状较为轻微，可以在普通学校系统中进行学习和治疗，比如学习障碍、语言障碍、情绪障碍和行为障碍。"低出现率身心障碍"通常症状较为严重，障碍人数较少，比如智能障碍、自闭症、聋哑、盲、多重残疾等。

就水平（r=0.80+）。大多数学生都是如此，只有少数族裔学生的自评成绩要低于非少数族裔学生，他们在对成就的自我评估或自我理解上更可能出现偏差。但在总体上，学生非常清晰地了解他们获得成功的机会。一方面，这表明了在课堂里学生的成就具有高度的可预测性（开展过多测验的必要性应当受到质疑，因为学生似乎已经具备了测验可能要提供的信息）；但在另一方面，这些对成功的期望（往往低于学生可以达到的水平）可能会成为某些学生的阻碍，因为他们可能只按照对自己能力的期望来行动。

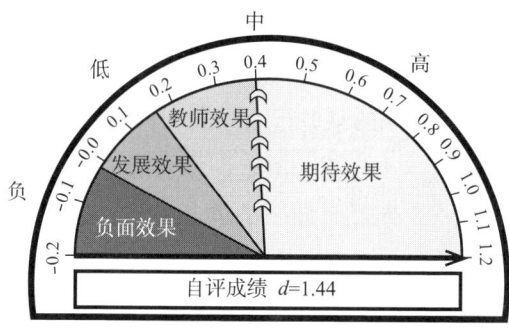

注解	
标准误	0.030（低）
排名	1
元分析数	6
研究数	209
效应量数	305
研究对象数（4）	79 433

创造力

创造力是对学业成就的另外一项先前影响，而反过来学业成就也几乎肯定会对创造力产生影响（Hattie, Rogers, 1986; Kim, 2005）。Murphy 和 Alexander（2006）评估了知识、信念和兴趣对于概念转变的影响。总体效应量是很高的（d=0.80），其中最高的是专业知识（d=1.31），还有主题信念（d=0.89）、概念知识（d=0.69）、主题知识（d=0.63）。涉及更多动手操作的项目，效果要优于采取较为被动方法（比如视频或概念任务）的项目。那些直接强调学生初步理解的活动，比那些更关注精确科学信息的呈现但不太关注学生现有理解的活动有效得多。

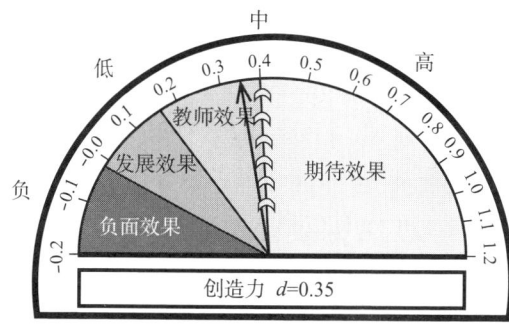

注解	
标准误	na
排名	78
元分析数	1
研究数	21
效应量数	447
研究对象数（1）	45 880

态度和特质

人格影响

有大量元分析关注了人格对学业成就的影响,以及自我概念、自评能力、动机、注意力和参与度对学业成就的影响。成就与许多被研究的人格变量(包括焦虑程度、固执程度、外倾性、控制点和情绪性)的总体相关性接近于零。然而,自我效能感、自我概念、动机、毅力和学业成就之间有较高的相关性。

O'Connor 和 Paunonen(2007)认为,人格变量之所以能对学业成就产生影响,主要有三个原因。首先,人格特质所反映出来的某些行为倾向(比如,毅力、尽责、善谈)可以影响某些习惯,进而影响到学业成就。第二,认知能力反映了一个人能做的事情,而人格特质则反映了一个人愿意做的事情。第三,随着学生年龄的增长,人格(尤其是与动机相关的人格变量)和认知能力相结合能更好地预测后续表现。为了评估人格对学业成就的影响,O'Connor 和 Paunonen 把人格的"五大"因素(Big Five)与学业成就联系起来。这"五大"人格因素是情绪性($d=-0.06$),外倾性($d=-0.10$;Boyd, 2007),对经验的开放性($d=0.10$),随和性($d=0.12$),尽责性($d=0.44$,参见 McCrae, Costa, 1997)。尽管对经验的开放性对于学业成就影响具有较大的变异性,这表明在某些情况下,它可能对提高学业成就起关键作用,但是总体而言,除了尽责性以外,其他因素的相关性都很小。尽责的学生被认为更倾向于在学业上表现良好,通常更加有计划、刻苦、勤奋、自律和具有成就取向。

Lyubomirsky, King 和 Diener(2005)对认知和快乐之间的关系进行了研究。平均效应量($d=0.54$)表明长期处于快乐和良好的情绪状态下的人更可能有创造力和成为高效的问题解决者。但是这里存在一个主要的调节变量,似乎"处于快乐情绪中的人能够更好、更快地解决复杂问题,进而释放出更多的认知能力去应对其他挑战"(Lyubomirsky, King, Diener, 2005, p. 839)。当处于一种"良好的情绪时,如果不是紧要关头,我们更倾向于做出冒险的决定,但在可能出现实际损失时,我们就会变得更加保守"(p. 839)。尽管在这项分析中并未包括学业成就这一方面的成果(因此它也没有被列入附录 A 中),但 Writter, Okun, Stock 和 Haring(1984)评估了教育对主观幸福感的效应量。从 556 项研究当中,他们发现正式的学校教育对主观幸福感的平均效应量是 $d=0.14$,其中对生活满意度的效应更大，而对于快乐的效应较小（另见 Csikszentmihalyi, 1997; 2000; 2002）。

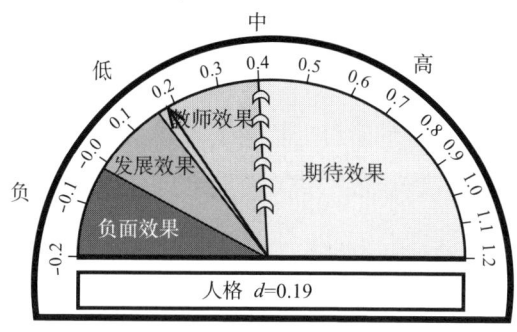

自我概念

我曾经指出，自我概念与认知评价有关，可以用我们对自己的规范、期望或描述等术语来表达（Hattie, 1992）。后来，我用"绳索"的比喻来提炼了它的定义。如同一根绳索，自我概念包含了很多互相缠绕和交织的纤维或层次，而不是自我概念的某个成分压倒其他部分（Hattie, 2005）。绳索模型的第一个假设与 Wittgenstein（1958）的格言相关，即"一段绳索的强度，不取决于任何一根能够贯穿始终的纤维，而在于很多纤维之间的相互交织"（第 67 节）。第二个假设是自我概念的不同"线束"担当着初始动机，然后将会唤醒自我在不同情境下的具体取向（或"纱线"），比如自我效能感、焦虑、表现或者学习取向。反过来，这些特定情境的取向促使我们选择不同的自我策略（"纤维"）作为自我动机，并且因此使我们对自我概念和自尊的感觉变得有意义和可预测。因此，绳索模型运行的模式是大量纱线互相交织形成纤维，进而缠绕成线束并形成绳索——或者说我们的自我连贯感。这个绳索模型的基本论点是自我概念更多地与我们如何选择和诠释我们所接受和呈现的信息相关。

教师常常断言自我概念和学业成就之间的关系；普遍的论断是高成就学生有较积极的自我概念，因此教师的任务之一是使学生积极地看待自己，这样高成就自然会实现。这样的论断预设了自我概念和学业成就高度相关。Hansford 和 Hattie（1982）研究了各种自我测量和学业成就之间的关系，发现两者呈较弱的正相关（$r=0.20$）；美国的 Holden, Moncher, Schinke 和 Barker（1990），还有欧洲的 Muller, Gulling 和 Bocci（1988）也得出了相同的结论。尽管总体上能力的自我概念（self-concept of ability）和学业成就之间存在更强的相关性，但是常常被混淆，因为对能力的自我概念的测量更多的是对能力的自我评估的测量，而非能力的自我概念（还应该包括自豪、价值感、自信等概念）。然而，在自我测量中，自我效能感和学业成就之间的相关性是最高的之一（Multon, Brown, Lent, 1991）。其中自信感是学校教育尤为强大的先导因素，同时也是学校教育最好的成果。这种自信感在应对逆境时特别重要，比如当事情没有往正确方向进展或者犯错误的时候。高度的自信——"我能做"、"我想做"——有助于跨越重重障碍。

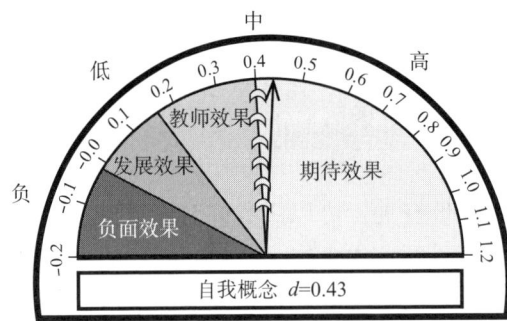

Valentine, Du Bois 和 Cooper（2004）对已有的三个关于自我概念和学业成就之间关系的因果模型进行了元分析：（1）技能发展模型，认为学生学业成就影响自我概念；（2）自我提升模型，认为学生的自我概念影响学业成就；（3）交互影响模型，认为学业成就和自我概念交互影响。他们发现，相对于其他两个模型，自我概念和学业成就之间因果关系的相互影响模型具有更多的证据支撑。Valentine, Du Bois 和 Cooper（2004）总结道，"这些结果给予了社会认知理论更多的支撑，确切来说就是情感、认知和环境变量以一种交互影响的方式共同决定着人类的行为"（p.28）。鉴于自我概念和学业成就之间较低的协方差（covariance）[1]，这并不足为奇。

继续进行这样的因果研究不可能最终解决这个定向性问题（directionality）[2]。相反，某些自我策略与学业成就之间可能存在更强的相关性。当学生更关注学习而不是表现策略，接受而不是忽视反馈，设定较高的标准而不是简单的目标，将自己的学业成就与学科标准而不是其他同学进行比较，拥有较高的而不是较低的学习效率，能够更有效地自我调节和个人控制而不是在学习情境中表现出

---

[1] 协方差在概率论和统计学中用于衡量两个变量的总体误差。
[2] 定向性问题即变量之间谁决定谁的问题。

习得性无助,那么,其学业成就更有可能得到提高。乐于投入学习,获得作为一名学习者的荣誉感,对经验保持开放,是影响学业成就的关键人格特质。可能正是这些策略的选择,而不是自我概念的水平,成为学业成就进步的先兆,并且反过来学业上的成功也很可能会加强这些自我策略的选择。因此,教师也许难以改变那些使用非支持性自我策略的学生的学业成就水平,这并不足为奇;如果他们在试图直接提高学业成就之前就强调这些支持性策略,或许能获得更多的成功。

动机

20 世纪 60 年代,英国哲学家 Richard Peters (1960) 质疑了"动机"这个概念的价值。他认为,动机这个概念含有"推或拉"的隐含意思,然而儿童一直都在决定去做这件事而不是那件事。儿童自身就处于运动和变动当中,因而对"推或拉"的讨论暗含了一个错误的假设——儿童是静止的存在。确实,教育的一个重要任务就是去问"为什么要学习数学而不是台球?""为什么要花费精力在作业而不是棒球上?""为什么我的知识足以通过考试却还要学习?"极小极大定理——以最小的付出获得最大的收益——是最具策略性的,但却难以获得真正的提高。然而,学校却总是会提出更多的要求,学生几乎可以从每位教师口中听到这种要求,这种过分的要求也常常被他们抵制。关于动机的讨论的一个重要方面是,它需要与意向和目标、学习目的和挑战、学生的个人努力联系起来,也需要与任务的内在特征和是谁提出的要求联系起来。

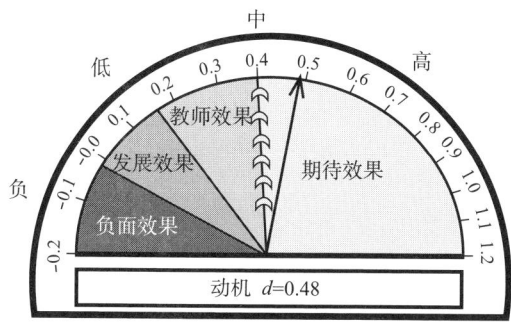

当学生的动机水平达到峰值时,就会产生更多的价值预期(value anticipating)。Dörnyei(2001)指出,当学生具备足够的能力、有充分的自主空间、设定有价值的目标、接受反馈、得到他人认可时,他们的动机水平是最高的。他也要求教育者去认真思考学生动机消失(demotivation)的原因,比如当众羞辱、极其糟糕的测验成绩，或是与教师或同伴的冲突。对很多人来说，动机消失比动机的影响更大。动机消失会直接影响到为实现目标的努力程度，消除接受反馈的意愿和效果，降低参与度。教师很容易就能使学生变得消极倦怠，却往往需要加倍努力才能激发他们的动机——使他们在学习上更有动力。

一个人对学习有掌控感很重要。Ross（1988）评议了相关证据，发现学生在多大程度上懂得如何掌控他们的学习（当他们完成科学学习时）与学习成果高度相关。这种对学习的掌控感，或者"一个人对掌控生活事件的信念"（Findley，Cooper, 1983, p. 419）常常成为研究的对象。能对诸如学习等生活事件承担个人责任的学生，可以被称为"内控者"（internal），而那些认为学习不在他们掌控范围之内的人则是"外控者"（external）。通常的研究结论是，内控信念的强弱与学业成就有关。其对男性的影响比对女性的影响大，对青少年的影响比对儿童和成人的影响大（Findley, Cooper, 1983; Kalechstein, Nowicki, 1997），尽管也有一些研究认为并不存在这样的差异（Sohn, 1982）。Frieze, Whitely, Hanusa 和 McHugh（1982）的元分析发现，无论成果如何，男性都倾向于将失败归咎于能力，而女性则稍微倾向于将失败归咎于运气。学业成就的提升是我们努力和对其感兴趣的结果，这种观念对于成功是至关重要的——例如，假若我们不相信我们的努力能够发挥作用的话，那么对学习的投入或准备就是毫无意义的。当然，兴趣会影响学科选择和努力程度，正如 Schiefele, Krapp 和 Winteler（1992）发现的那样，兴趣也与学业成就有关（$d=0.62$）。在兴趣对学业成就的效应上，女性（$d=0.70$）比男性（$d=0.50$）更大，自然科学（$d=0.68$）比社会科学（$d=0.48$）更大，但在不同年级之间是相似的。Twenge, Zhang 和 Im（2004）发现，过去的两代学生认为学习更多是外控，而不是内控。他们认为，学生变得更加玩世不恭，采取无效的压力管理策略，同时也表明了不断增多的强调外部问责的测验模式并没有发挥作用。

注意力、毅力和参与度

对学校作业（school work）持积极的态度可能对更高的参与度、获得有价值的结果产生先导作用。似乎成就加上努力，再加上参与度是在学校中取得成功的关键。然而我们不应该由于学生看上去很投入、似乎很努力，而错误地认为他们一定在进步；忙碌地独自奋斗，却不见起色——这是很多课堂里经常上演的一幕。贯穿本书的一个观点是，清晰的学习目的、明确的成功标准以及使学习能被学生看见，是使学生参与学习的关键因素。

Kumar（1991）的元分析将参与度定义为在规定的科学课堂里面，一个学生积极参与学习的有效时间——比如实验、听讲、参与讨论、提问、回答和做笔记等。其总体效应量确实非常高（$d=1.09$）。参与度与专注于任务的程度之间同样有非常强的相关性（Datta, Narayanan, 1989）。Feltz 和 Landers（1983）认为，一种提高注意力的方法是在头脑中将任务所涉及的过程和策略形象化：那些在头脑中模拟各种动作任务的学生比不这么做的学生要更有效率（$d=0.48$）。

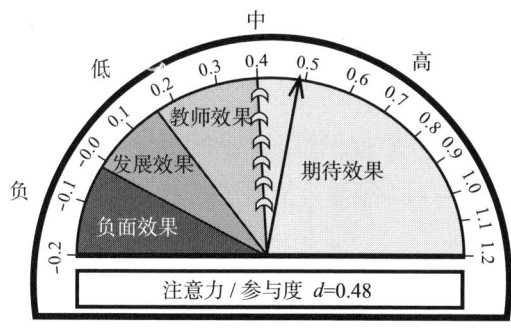

注解	
标准误	0.032（低）
排名	49
元分析数	5
研究数	146
效应量数	587
研究对象数（3）	12 968

参与度和注意力在不同种族群体间的效应是相似的。Cooper 和 Dorr（1995）发现，非裔美国人和白人学生之间在对学业成就的渴望、个人期待、无助感、对个人努力重要性的否认和缺乏毅力等方面没有差异。

减少焦虑

Spielberger（1972, p.1）将焦虑形容为"包括压力源、对威胁的感知、对状态的反应、认知重评和应对在内的一系列连锁反应"的结果。教育上的元分析常常关注焦虑的两种主要形式：考试焦虑和数学焦虑。数学学科特别能产生焦虑感，表现形式包括紧张和厌恶（态度特征），担忧、无助和心理紊乱（认知特征），恐惧（情感特征）。焦虑的结果包括逃课、对该门学科表现出无能（Ma, 1999）。这里讨论的 4 项元分析是关于焦虑对学业成就的影响，而这些影响反过来也表明，如果焦虑有所减少，学业成就便会随之提高。

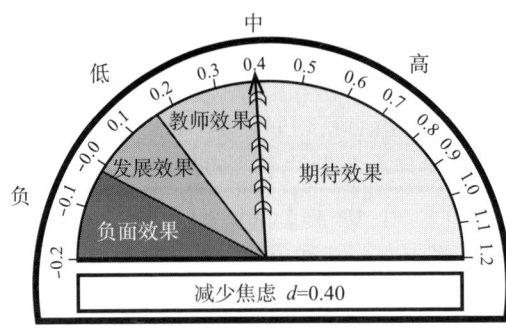

减少焦虑 d=0.40

注解	
标准误	na
排名	66
元分析数	4
研究数	121
效应量数	1 097
研究对象数（3）	83 181

比如，Seipp（1991）发现，焦虑和表现之间的效应量为 $d=-0.43$（$r=-0.21$），并且注意到男性和女性的情况都是相似的。担忧（$d=-0.44$）比情绪化（$d=-0.30$）的负面效果更为明显，考试焦虑（$d=-0.46$）比普通焦虑（$d=-0.32$）的削弱作用更大。Hembree（1988）认为，考试焦虑与三年级以上学生的学业成就密切相关。与情绪化相比，担忧与学业成就更为相关。那些有较高或较低自我概念（与中等程度的自我概念相比）的学生更容易产生考试焦虑，并且与学生害怕负面评价、抗拒和厌恶考试有直接的关系。考试的某些特征能引起更高的焦虑水平，包括采用"以上均不对"作为多项选择的选项，带有文字题的曲解的图片，在文字题中出现无关信息（Hembree, 1987; Ma, 1999）。教师需要设法减少焦虑，因为焦虑会是学习的一个重要障碍。

对学校学科的态度

对学校的态度包括很多方面，比如积极或是消极的感觉，参与或者逃避学校活动的倾向，对自己能否很好地完成学校作业的信念，以及对学校教育是否有用所持有的信念（Aitken, 1969; Ma, Kishor, 1997; Neale, 1969）。与前文更一般性的人格变量一样，学生对数学的态度能对数学成就产生巨大的影响，当然，这种影响会潜在地受到教师影响的修正（Ma, Kishor, 1997）。这种影响在不同性别和年级之间没有显著差异（Ma, Kishor, 1997），尽管女生对数学表现出稍多的焦虑（$d=-0.18$）和较少的自信（$d=-0.12$）（Etsey, Snetzler, 1998）。

尽管发展对学校和学科的积极态度是学校教育的一个理想成果，但显然这种态度也与学业成就相关，这表明态度和学业成就之间能互相促进。

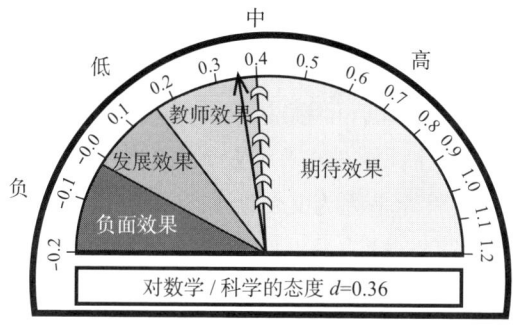

对数学/科学的态度 d=0.36

注解	
标准误	na
排名	75
元分析数	3
研究数	288
效应量数	664
研究对象数（2）	732 994

身体特征

有很多背景因素在儿童入学之前就能影响到他们——有些不受控制，比如出生体重或者疾病；有些则与营养、锻炼和药物使用更为相关。其中有两个身体特征是被讨论最多的影响学业成就的调节变量，即性别和种族。

早产儿体重

Bhutta, Cleves, Casey, Cradock 和 Anand（2002）发现，与足月新生儿相比，早产儿更可能在学龄期获得较低的认知得分。并且无论是早产还是足月出生，儿童的认知得分都与他们的出生体重成正比。认知能力测量的最佳年龄在8—10岁。鉴于发育不全的大脑所表现出来的发展脆弱性以及其他因素，比如早产儿更可能出现严重的疾病、生理不稳定、更容易遭遇早期不良经历等，他们认为，这种认知能力递降现象是不足为奇的。当然，这个研究也有局限性，因为社会经济地位、营养和其他家庭因素等的多重效应（之后会提及）会影响到这些结论。

Corbett 和 Drewett（2004）调查了那些未能在出生后头几个月里茁壮成长的儿童，尽管效应量不如早产儿高，但婴儿期的生长障碍也将导致以后的不良后果。然而，通过成功的干预，这些早期影响极有可能得到改善。

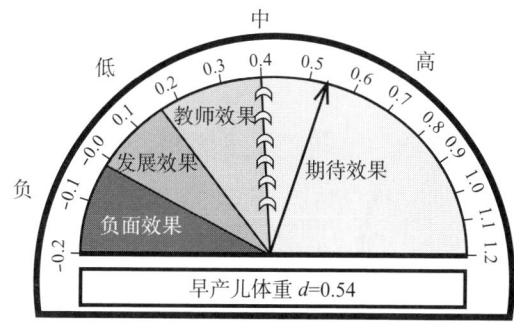

早产儿体重 d=0.54

注解	
标准误	na
排名	38
元分析数	2
研究数	46
效应量数	136
研究对象数（2）	4 489

疾病

慢性疾病对于学业成就的影响是负面的，但是影响很小（Sharpe, Rossiter, 2002, $d=-0.20$）。当要求父母去评估慢性疾病对儿童学业成就的影响时，他们的回答比儿童自己的评估更加消极，这可能是因为父母更加有保护意识，而儿童却不认为这些负面影响与他们的疾病有直接关系。疾病的负面影响不仅涉及认知成果（$d=-0.20$），也涉及同伴活动（$d=-0.29$）、心理机能（$d=-0.22$），但疾病对自我概念的负面影响较小（$d=-0.06$）。不同的慢性疾病之间差异不大：癌症 $d=-0.28$、糖尿病 $d=-0.23$、贫血 $d=-0.26$、肠道疾病 $d=-0.32$、脊柱裂 $d=-0.26$，但是心脏病是 $d=0.20$。这样的差异也能够反映在缺课上。

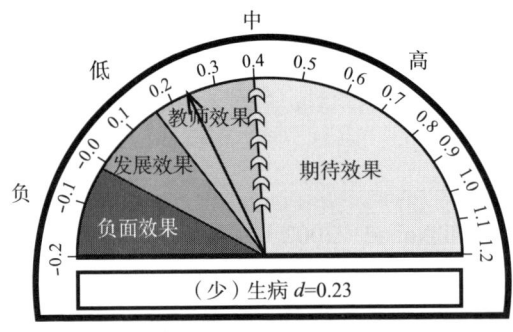

饮食干预

很多人持这样的观点，即挑食或者食物添加剂会影响儿童的学业成就。Kavale 和 Forness（1983）在一项针对多动症和饮食治疗的元分析中发现，Feingold 和 Feingold（1979）的观点——减少人工食品添加剂（色素和香精）并不是多动症的有效干预措施。这种干预措施的治疗效果只比随机预期略高，几乎可以忽略不计。Kavale 和 Dobbins（1993）也得出类似的结论，即饮食干预对学生行为的影响十分有限，即使公众青睐这种观点。

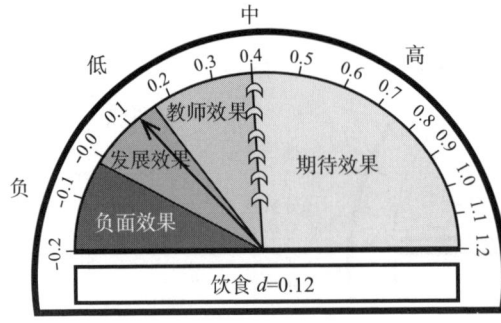

锻炼和放松

体育健身与认知功能的发挥之间的相关性较弱,但却是正向的(Etnier, Nowell, Landers, Sibley, 2006; Etnier et al., 1997)。健身项目的持续时间和强度不会对认知功能产生特别的影响,但一般的放松技巧,或特定的渐进式放松技巧(progressive relaxation technique)会对小学生和大学生在学业上的认知变量产生较小的积极影响(Moon, Render, Pendley, 1985)。Dishman 和 Buckworth(1996)发现,基于行为矫正形式的干预项目对身体锻炼和学业成就会产生更大的影响。与在学校和其他环境中实施的,以及向个人或家庭提供的干预项目相比,在朋友和熟人环境下实施的干预项目和向团体提供的干预项目效果更好。不受监督的体育活动要比受监督的体育活动效果更好。干预项目的效果与其干预时长及后续干预时长无关。

Strong 等人(2005)核实了 850 篇关于体育活动对在校学生的健康和行为成果的影响的文章。大多数干预项目的形式是在监督下进行体育活动,从适度到激烈不等,每周活动 3—5 天,每天持续 30—45 分钟。他们发现,把体育课加入课程计划中,能对学业表现带来一点促进作用,更重要的是,抽取其他学科的一部分时间用于体育锻炼,并不会降低那些学科的成就。另外体育活动还能对注意力和记忆力产生一些积极影响,并且会改善课堂行为。

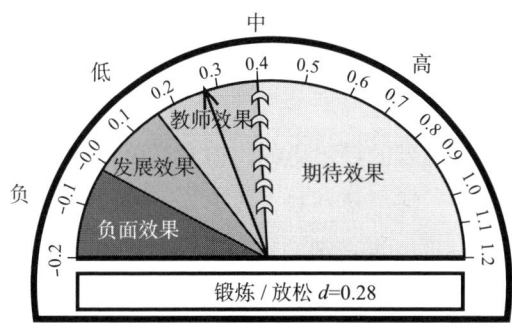

注解	
标准误	0.040(低)
排名	90
元分析数	4
研究数	227
效应量数	1 971
研究对象数(1)	1 306

药物干预

药物经常被视为减少行为问题和提高注意力的有效方法,甚至有人声称药物能提高学业成就。证据是模棱两可的。Purdie, Hattie 和 Carroll(2002)研究了不同药物对患有注意力不集中症/多动症(ADHD/ADD)的学生产生的效果,有证据显示各类药物(包括兴奋剂和抑制剂)似乎可以减少行为问题,至少教师和家长这样认为，尽管在其他学生或独立观察者的眼中，药物对学业成就的影响非常有限（另见 Crenshaw, 1997）。Crenshaw（1997）发现，药物对课堂测验影响的效应量为 $d=0.52$，而对标准化测验的效应量则是 $d=0.25$。在她的元分析中，药物对行为的影响（$d=0.68$）远远大于对学业成就的影响（$d=0.29$）。Ottenbacher 和 Cooper（1983）同样发现，相对于学业表现（$d=0.47$），药物对行为的影响较大（$d=0.90$），并能延长注意力的持续时间（$d=0.84$）（另见 Silva, Munoz, Alpert, 1996; Thurber, Walker, 1983）。

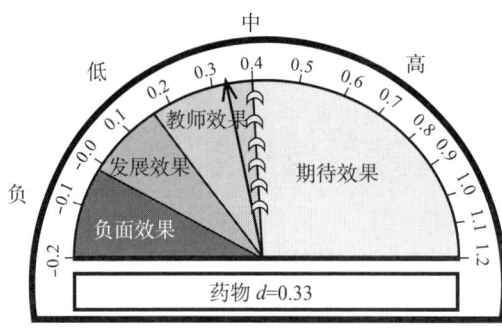

注解	
标准误	0.036（低）
排名	81
元分析数	8
研究数	467
效应量数	1 839
研究对象数（7）	13 161

然而，DuPaul 和 Eckert（1997）发现，校本项目对患有注意力不集中症的学生的学业成就产生的影响要比药物治疗大。他们研究了针对这些学生的校内干预项目，发现这些项目对行为的效应量是 $d=0.78$，对学业成就的效应量是 $d=0.58$。在改善课堂行为方面，权变管理（contingency management）[①]（$d=0.94$）和学业干预（$d=0.69$）比认知行为干预过程（$d=0.19$）更加有效。他们认为后者在提升学业成就方面更加有效。

Kavale（1982）也发现了兴奋剂有类似的积极影响，但对低阶任务（记忆和复述，$d=0.41$）的影响要比对高阶任务（阅读 $d=0.32$，数学 $d=0.09$）的影响大。值得一提的是，Purdie 等人（2002）发现，兴奋剂的作用（$d=0.35$）与校本心理和教育干预（$d=0.39$）、社交技能训练（$d=0.31$）、认知和自我调节项目（$d=0.58$）、家长培训（$d=0.31$）的作用相差不大。

这里似乎有一个三段论式的推理：药物会减少行为问题；当问题行为减少了，学生就更专注；当学生专注了，他们就可能学习。这里的"可能"常常被忽略，而建立起直接的因果关系。患有注意力不集中症和其他后遗症的儿童无疑是存

[①] 教师在管理中根据实际情况随机应变。

在的，但依然需要警惕将一些学习上的障碍泛化成病症。无论造成非学习（non-learning）的病因是什么，学校都应该将重点放在教授和学习的过程上，以促进学生的学习。有很多成功的策略可以训练学生去集中注意力、发展社交技能、参与到学习当中，这些疾病的标签不应该成为学校未取得成功的托词。所有来到学校的学生都是独一无二的，无论他们有多大的差异，我们学校教育的目标都是提供最佳的条件，帮助他们在学习上迈向成功，而不是用各种标签去解释为什么有些学生不如其他人成功（Conrad, 2007）。

性别

对许多人来说，在教育界有一个公认的见解，那就是男性和女性在学业成就上有显著的差异。我们中间很多广为流传的说法是"男人来自火星，女人来自金星"（Gray, 1993），或者"男生擅长数学，女生擅长语言"。有很多观点强调性别差异（男女分班或男女分校，男女生学习不同的课程，等等）。然而这份元分析的综合想要传达的主要信息，却是支持Janet Hyde（2005）关于性别相似性的论点。这个论点认为，男性和女性在大多数心理因素上尽管不完全相同，但却是非常相似的。男女之间的相似多于差异。这种论点有十分确凿的证据支撑。

Hyde（2005）收集了124项元分析，涵盖很多不同的心理层面，尽管本书的主要兴趣是学业成就，但在其他很多方面，男女之间存在很多相似之处。男女在沟通上（插话、善谈、自我表露、面部表情加工）的差异是较小的（$d=-0.15$，女性稍高），社会变量和人格变量（攻击性、协商、帮助、领导力、外倾性）的差异也是较小的（$d=0.18$，男性稍高），以及在幸福感上的差异也是较小的（$d=-0.06$，女性稍高）。对于这些相似之处来说，较大的差异只是例外。男性在运动能力和身体攻击性方面高于女性，而女性在随和性方面高于男性。Hyde也研究了9项关于学业成就成果的元分析（都收录在本书的综合中），得出的效应量为$d=-0.06$（女性稍高）。在本书的综合中，39项元分析的2 745个效应量的平均值是$d=0.12$（男性稍高）。性别的总体差异很小，有力地支持了Hyde提出的性别相似性假设。

因此，唯一的问题是为什么我们长期深陷于关于学业成就的性别差异的争论当中——这些差异根本就不存在。本书的综合表明，即使差异存在，也是非常小的。例如，在口语表达能力上的性别差异几乎为零（Hyde, 1981; Hyde, Linn, 1988），在数学上的性别差异非常小（Freeman, 1984; Friedman, 1989;

Frost, Hyde, Fennema, 1994; Hines, 1989; Hyde, Fennema, Lamon, 1990; Hyde, Fennema, Ryan, Frost, Hopp, 1990; Linn, Hyde, 1989），在科学上的差异也非常小（DeBaz, 1994; Kahl, Fleming, Malone, 1982; Steinkamp, Maehr, 1984）。女生对生物科学和化学有更为积极的动机取向，而男生在物理科学上胜过女生（Becker, Chang, 1986; Haladyna, Shaughnessy, 1982; Steinkamp, Maehr, 1984; Weinburgh，1995）。Whitley（1997）发现，男性比女性更倾向于认为计算机适合自己，男性也认为自己在与计算机相关的任务上有更强的能力和更高的自我效能感。但这些差异都是比较小的。

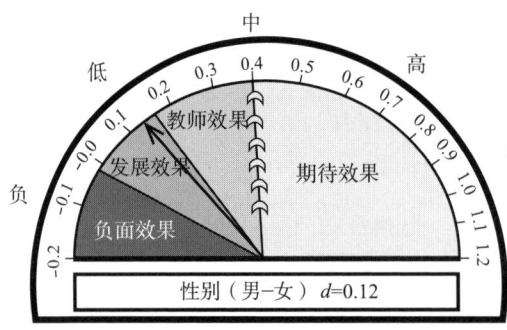

Cohn（1991）对人格发展中的性别差异进行了研究，发现青春期的女生比男生更早地达到发育的里程碑，包括自我发展，但这种差异会随着年龄的增长而缩小。在青春期的早期和中期，这些差异是相对稳定的，在初中生和高中生身上这些差异会稍稍变大，但在大学阶段就会显著缩小，再往后就会完全消失。在一项关于性情的性别差异的元分析中，Else-Quest, Hyde, Goldsmith 和 Hulle（2006）发现，女生在注意力（$d=0.23$）和毅力（$d=0.08$）方面的得分稍微高一点，并且在冲动控制（$d=1.01$）和抑制控制（$d=0.41$）上和男生相比有非常大的差异。因此，女生"在管理调节注意力和抑制冲动方面有较强的能力"（p. 61）。

Lytton 和 Romney（1991）运用元分析研究父母在养育男孩和女孩的模式上是否有系统性的差异。在大部分社会化领域中，效应量都是较小的。在北美地区的研究中，唯一显示出显著影响的是父母鼓励子女参加异性活动，比如玩耍和家务；男孩更容易被体罚，父亲比母亲更倾向于区别对待儿子和女儿。

一项关于团体表现的性别差异的元分析（Wood, 1987）表明，男性群体比女性群体的表现更好，但是差异依旧很小。女性群体成员之间的互动提高了她们在某些任务中的表现，这些任务往往需要积极的社交活动，包括建立友谊、与他人达成一致等；而男性的交流方式则能优化在另外一种类型的任务中的表现，这些任务需要采取任务导向行为，包括给予意见和建议。

对于性别差异的另外一个相关属性——领导风格的研究多集中在成年人（比如校长）而不是适龄学生身上。美国国家中学校长协会（National Association of Secondary Schools Principal）以理想标准对校长展开评估，Pantili, Williams 和 Fortune（1991）研究了其评估的有效性。诸如敏感性、兴趣范围和个人动机等标准对其工作表现几乎没有影响。事实上，无论是性别还是种族对校长评估的核心得分都没有显著影响，对其他维度也是如此。Eagly, Karau 和 Johnson（1992）对50项关于公立学校校长的性别和领导风格的比较研究进行了综述。其中最大的性别差异是，相对于男性校长，女性校长更倾向于采用民主型而不是专制型作风，并更倾向于采用任务导向的领导方式；男性更少采取合作型作风，比女性更为强势，更倾向于发号施令。

总而言之，男女差异不应当成为教育者关注的焦点。男生和女生的组内差异比男女间的差异更大。比如，Hyde（2005）指出，没有任何证据能够证明 Gilligan（1982）的观点，即男女拥有不同的道德声音，男性的道德声音表达公正，女性的道德声音表达关怀，因此也没有理由相信男人或男性教师不懂关爱或女性没有正义感。由于成人（父母和教师）对数学和阅读上的性别差异的固有观念和期望，那些有数学天赋的女生和有阅读天赋的男生往往被忽视了。

种族

很可能只有一项明确涉及种族差异和成就的元分析（尽管反隔离的研究重点关注种族问题，参见下文）。Allen, Bradford, Grimes, Cooper 和 Howard（1999）研究的焦点是种族的群体取向和社交技能，尽管他们也将学业成就作为其中一个成果变量纳入研究之中。种族群体取向是指一个学生对自身种族持有积极态度的程度。研究表明，学生的积极态度能够促进学业成功（$d=0.32$），增强积极的发展性调整（$d=0.40$），减少不良行为（$d=-0.23$），提高社交能力（$d=0.30$）。保持自身文化背景的积极形象无疑是非常有价值的。

然而并没有元分析专门探究种族差异对学业成就的影响。这个非常重要的影响学业成就的调节变量没有成为元分析探究的对象，这非常值得注意。有一些元分析（没有我预期的那么多）将种族作为一个调节变量。总的来说，种族差异对各方面的影响并不明显，包括接受正式学校教育的总量（Willig,

1985，非裔美国人 *d*=0.18，白人 *d*=0.16），父亲是否参与子女教育（Schneider, 1992，非裔美国人 *d*=0.25，白人 *d*=0.25；Albanese, Mitchell, 1993，非裔美国人 *d*=0.24，白人 *d*=0.22），社会接纳程度（Swanson, Malone, 1992，非裔美国人 *d*=0.75，白人 *d*=0.98），以及学业成就需要（Cooper, Dorr, 1995，白人 *d*=0.02，高于1970年后对非裔美国人的研究结果）。唯一的差异是与小组学习相关（Evans, Dion, 1991，白人 *d*=0.48，非裔美国人和拉美裔美国人 *d*=0.97）。

从数量有限的效应量来看，没有理由相信最有效的方法或者第三章描述的模型的基本特征，对非裔美国人和白人学生产生了不同的影响。似乎更为重要的是学生对自己的种族群体有积极态度，并且教育者不使用基于缺陷理论（deficit theorizing）的话语。承认学生带着不同的文化遗产踏进学校，容许和鼓励他们在心中建立自己种族和文化遗产的正面形象，这是对于文化重要性的认可，并且向学生表明他们能被学习环境所接纳和欢迎（参见 Bishop, 2003）。另外，有很多讨论是关于白人学生与有色人种学生之间"统计上的尾部现象"或者是"鸿沟"——但是这样的语言会产生误导，因为每个种族的学生之间都存在着学业成就"差距"，或在平均学业成就之上，或在平均学业成就之下。通常人们只考虑到低于平均学业成就的差距，并且更严重的是，人们会进一步泛化和推论，似乎所有学生的成就都分布在底端（Hattie, 2008）。

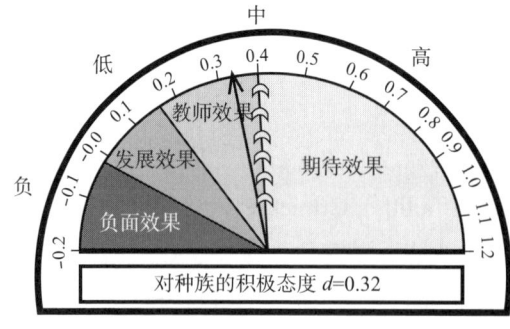

注解	
标准误	0.003（低）
排名	84
元分析数	1
研究数	9
效应量数	9
研究对象数（1）	2 661

学前影响

早期干预

儿童在学校取得成功的一个关键因素是在进入学校以前拥有的学前经验的总量和性质。早期干预（学前时期的任何干预）的总体效应量是 *d*=0.50，学前教育项目（特定项目比如上幼儿园）的总体效应量是 *d*=0.52。大致的结论是，如果早期干预项目是结构化的，且频率较高，有超过 15 名儿童参与其中，并且儿童每周参与 13 小时以上，那么这些项目会更为有效。这种效果的增幅无论是对正常学生，还是对危机学生、残障学生和接受特殊教育的学生都是相似的。但是这些效果会随着时间的推移而减弱，因此要想使早期干预的效益最大化，那么就需要系统地、持续地、不断地专注于增进学习。

早期干预的好处是明显的，表现在一系列的成果变量上（包括智商、动作技能、语言和学业成就），并且对不同的儿童、条件和项目类型都有相似的作用。在这些元分析中，最能对学业成就做出预测的早期指标是注意力分散的程度、内化的行为问题、语言变量和一般认知功能测验（Horn, Packard, 1985）。越是有效的项目，越是高度结构化，并且经由训练有素的人员实施（Innocenti, White, 1993）。很少有证据支持"家长参与可以使早期干预更有效"这种观点（Casto，Mastropieri, 1986; Casto, White, 1985; K.R.White, 1986）。但有证据表明，最有需求的儿童（比如处境不利学生，来自于社会经济水平较低的地区的学生，或者少数族裔学生）收获最多（Collins, 1984; Harrell, 1983）。

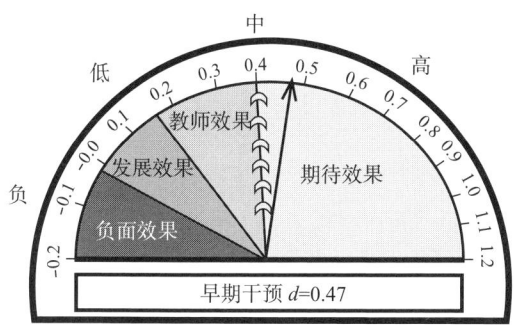

注解	
标准误	0.041（低）
排名	52
元分析数	16
研究数	1 704
效应量数	9 369
研究对象数（5）	88 047

学前教育项目

Goldring 和 Presbrey（1986）针对处境不利儿童的学前干预项目进行了元分析，发现无论实施场所、干预时长和课程模式如何，学前干预项目都会产生积极效果。研究表明，在小学阶段，曾参与过学前干预项目的学生要比没有参与过这些项目的同龄学生的学业成就高出半个标准差。到了高中，这种效果就微乎其微了。Jones（2002）发现，上过全日制幼儿园会对早期学业成就产生很大的影响（d=0.56）——对阅读和语言的影响比对数学的影响大（d=0.60 与 d=0.40 相比较）。La Paro 和 Pianta（2000）也发现，学前的学业成就对幼儿园的学业成就（d=0.43），幼儿园的学业成就对一、二年级的学业成就（d=0.48）

有类似的影响（对社交方面的成果的影响则分别是 d=0.32 和 d=0.29）。

学前教育项目的类型似乎是一个重要的调节变量。Fusaro（1997）发现上过全日制幼儿园的儿童比那些上过半日制幼儿园的儿童能取得更高的学业成就。Applegate（1986）发现，在对父母的依恋上，日托（day care）的效果不如家庭照料的效果，但儿童更少沮丧、哭闹、紧张，对非父母的照管人表现出较少依恋，因而有更多的探索行为，并且更少被责骂。参加日托的儿童在认知（d=0.43）、情绪（d=0.56）和社交行为（d=0.04）等领域都要比被家庭照料的儿童有更大的收获。

很少有证据表明干预项目越早开始越好，并且随着时间推移，任何效果都会迅速消退（Casto, Mastropieri, 1986; White, 1986）。例如，对于处境不利群体而言，立竿见影的效果会快速消退，在 60 个月以后就基本上不存在了（Casto, Mastropieri, 1986; Casto, White, 1984; Kim, Innocenti, Kim, 1996; White, Casto, 1985; White, 1986）。Gilliam 和 Zigler（2000）总结了美国 13 个州的学前教育项目的效果，认为在学前阶段结束时，学业成就方面会出现非常可观的效果（d=0.2—0.3），但这些效果在一年级结束时就已经不明显。

Nelson, Westhues 和 MacLeod（2003）发现，如果学生参与至少一年学前教育项目，这些项目会有更大的效果，特别是对少数族裔学生来说。参与学前教育项目的儿童比没有参与的儿童在标准化数学（d=0.25）和阅读（d=0.20）上有更好的表现。到了高年级（七至十一年级），相对于其他低成就学生而言，更多的曾参与学前干预项目的低成就学生不需要接受特殊教育或留级（Goldring, Presbrey, 1986）。

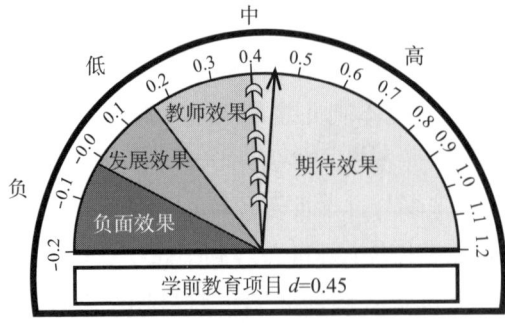

注解	
标准误	0.065（中）
排名	55
元分析数	11
研究数	358
效应量数	1 822
研究对象数（4）	44 532

总结性评论

本章的主题是那些由儿童带进学校的重要影响——他们的先前成就、人格特质和学前经验。同样值得一提的是，性别、饮食和锻炼对学业成就的影响较低或不显著。尽管先前成就中最为早期的影响（无论是由基因、早期家庭养育，还是学前干预所造成的）很少能被学校教育所改变，但学校还是有很多机会去改变其他的一些关键变量，比如投入学习的意愿、学生参与学习能获得的荣誉感的提升程度，以及其他有助于成功的因素，比如归因于努力而非能力，培养对学习的积极态度。

一些最为美好和重要的品质——对经验保持开放、投入学习的意愿以及智力参与等——可以在学前阶段得到培养，并在我们的学校里发展到更高的层次。这可以通过确保任务对学生有恰当的挑战性、把成功归因于他们对学习的投入来实现。这也会提升荣誉感，由此学生可以在同伴之间获得自我感和荣誉感。成功恰恰蕴藏于此。这些人格特质能对学校教育成果产生显著的影响。同样值得注意的是，尽管在学生完成义务教育之后很多人格变量（比如社会支配感、随和性、尽责性和情绪稳定性）的影响都有所增加，但对经验开放这个特质却不是这样，而它在整个学校教育生涯中，是对学业成就影响最大的因素之一（Roberts, Walton, Viechtbauer, 2006）。

很多学前教育项目能对这些人格特质产生影响，同样也会对继时性加工技能（successive processing skills）的早期发展产生影响，后者能为儿童在获取学业成就中提供一个良好的开端。这些继时性技能，包括排序、序列解码、从部分中看到整体，都能通过参与早期干预项目获得极大的提升（Naglieri, Das, 2001; Luria, 1976）。学生在进入正式学校教育以前掌握这些继时性加工技能，当开始进行更加正式的学习时就会拥有更大的优势。

第五章　来自家庭的影响

家庭可以成为培育学生取得学业成就的场所，也可以是一个对学生的学习抱有低期望和缺乏鼓励的地方。然而，大多数家长一开始对他们的孩子还是抱有积极期望的：可以肯定的是，孩子在各种各样的期望中出生，当他们上学之后，这些期望对他们的成功至关重要。需要关注的主要问题是，一部分家长知道如何使用学校教育的话语，因此在孩子上学期间，能够为他们提供有利的帮助；而另一部分家长不知道这种话语，因而在很大程度上阻碍了家庭对于孩子学业成就做出贡献。本章研究了家庭资源、家庭结构和家庭环境、电视、家长参与和家访的影响（见表5.1）。这里将要探讨的主题是，家长对孩子的鼓励和期望对孩子的学业成就能产生十分重要的作用。然而，很多家长难以理解学习的话语，因此不能使用有效的方法去鼓励孩子实现他们的期望。

表5.1　家庭影响因素的元分析的信息汇总

家庭	元分析数	研究数	研究对象数	效应量数	d	标准误	CLE	排名
社会经济地位	4	499	176 915	957	0.57	0.016	40%	32
福利政策	1	8	—	8	-0.12	0.030	-8%	135
家庭结构	13	845	10 147 912	1 733	0.17	0.032	12%	113
家庭环境	2	35	5 831	109	0.57	—	40%	31
电视	3	37	1 022 000	540	-0.18	—	-12%	137
家长参与	11	716	320 000	1 783	0.51	0.178	36%	45
家访	2	71	—	52	0.29	—	20%	89
总计	36	2 211	11 672 658	5 182	0.31	0.058	22%	—

社会经济地位

社会经济地位（socioeconomic status, SES）与个人（或者家庭、家庭成员）在社会等级中的地位有关，并且与家庭中的资源直接相关。这种资源指的是家长的收入、受教育程度以及职业，即SES的三个主要指标。基于499项研究（957

个效应量）的 4 项元分析，其总体的效应量为 $d=0.57$，因此社会经济地位对学生的学业成就具有显著影响。但是，在将其当作一个单维度的概念（unidimensional notion）讨论其作用之前，考虑 SES 的多种亚因素的影响是十分重要的。

Sirin（2005）进行的包括 58 项研究的元分析显示，学生学业成就与家长受教育程度之间的效应量为 $d=0.60$，与家长职业之间的效应量为 $d=0.56$，与家长收入之间的效应量为 $d=0.58$；它们实际上非常接近。此外，学生学业成就与社区资源之间的效应量为 $d=0.50$，与免费或降价午餐（在美国教育研究中 SES 常用的衡量措施）之间的效应量为 $d=0.66$。SES 和不同类型的学业成就之间的效应量差异非常小（语言 $d=0.64$，数学 $d=0.70$，科学 $d=0.54$）。Sirin 发现，从幼儿园到初中，效应量略有增长，但是差别不大：幼儿园 $d=0.38$，小学 $d=0.54$，初中 $d=0.62$，高中 $d=0.52$。农村地区学生（$d=0.34$，学校中 SES 的差异不明显）比郊区学生（$d=0.56$）和城市学生（$d=0.48$）的效应量要低。总体而言，由于 SES 中各种关键因素的效应量之间并没有太大差异，因此问题在于这些 SES 效应量是如何影响学生学业成就的。

很可能社会经济资源的作用在学前和低年级学校教育中更有影响力。比如，Hart 和 Risley（1995）认为，来自于低 SES 群体的学生入学之后平均能说约 250 万个单词，而高 SES 群体的学生能说约 450 万个单词。这表明，学生带入学校的资源是有显著差异的。缺乏资源、教学和学校教育的参与度较低、实现更高期望和鼓励的条件较少、缺乏有关学习话语的知识，都可能意味着低 SES 群体的学生在入学一开始就落后于其他人。

然而，我们需要谨慎看待这些研究中的分析单元：是学校的社会经济地位还是学生的社会经济地位？White（1982）对 SES 和学业成就之间的关系所进行的元分析指出，对基于集成单元（aggregated unit）（比如学校的 SES）的影响和基于个人层面（比如学生的 SES）的影响进行区分是十分重要的。学校层面的总体效应量为 $d=0.73$，而学生个人层面的总体效应量为 $d=0.55$。此外，Sirin 指出，如果 SES 的数据是由学生提供的，那么效应量就会低很多（$d=0.38$）——他们很可能不太能注意到家庭资源差异的不平等——而如果 SES 数据是由家长提供的，效应量则较高（$d=0.76$）。

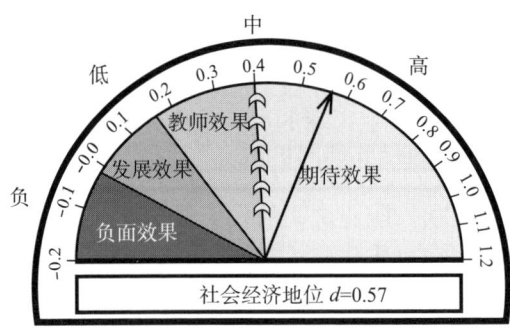

学校的 SES 比个人层面的 SES 更重要，家长的 SES 比学生的 SES 更重要。这就提出了有关学校层面是否有足够的资金支持的问题——也就是说，充足的资源比平等更有利于学生达成最佳的学业成就。因为平等通常意味着消除学生或者家庭层面上的资源差异，但不承认教授弱势背景学生的学校所面临的问题日渐升级。一篇批判许多学校效能的文章认为，学校内的文化和亚文化常常被忽视（Slee, 1998）。当然，学校的文化和政治在解释一个学校为何有效或无效中扮演着重要的角色。本书的一个主要前提是，可见的教与可见的学确实是一个学校内部的现象，它能够被学校内的文化或政治促进或者削弱，而且很可能作为一种学校文化和政治的功能而得到最大化。

体现这种影响的一种方式是，学校教育采用一种很多家庭，尤其是较低 SES 家庭所不熟悉的话语和文化规范。在新西兰，对于 5 所最低 SES 学校的 5 年评估表明，当我们向家长传授学校教育话语时，我们发现了重要的影响（Clinton, Hattie, Dixon, 2007）。这种被称为法莱克斯梅计划（Flaxmere Project）的评估涉及在这 5 所学校之内和之间改善家校关系的一系列改革措施，包括为家庭提供电脑，以及聘用退休教师作为家校联络员。家校联络员让家长学习学校教育的话语，也就是说，家长学习关于当今课堂中有关学习本质的话语，学习如何帮助他们的孩子参与学习，以及学习如何与教师和学校教职人员交流。通过法莱克斯梅计划让家长融入学校，提升了学生在学校教育经历中的参与度，改善了学生的阅读成就和家长的技能与工作，加深了家长对学校教育话语的理解，并且使得他们有更高的期望和满意度，对当地学校和法莱克斯梅社区更加支持（效应量的范围为 d=0.30—0.60，有时甚至在许多其他成果上有更高效应量）。家长有关学校教育和学习话语的知识的增长产生了最高的效应量。

要么努力减少家校之间的障碍，要么通过要求孩子在两个世界活动，即在家庭的世界和话语，以及在学校的世界和话语中活动，来调和家庭对于学生学

第五章 来自家庭的影响

习的影响。对于很多孩子来说，后者的要求太高了。让孩子在两个世界中建立起作为学习者的荣誉感，学会如何在学习中寻求帮助，以及在很大程度上对学习经验保持开放，也是非常困难的。

福利政策

Gennetian, Duncan, Knox, Clark-Kauffman 和 London（2004）在他们的元分析中发现，与没有获得福利的家庭的学生相比，获得福利的家庭的学生的效应量接近零。他们强调指出，获得福利的效应量为 $d=-0.10$，对青少年的影响"极差"。因此，很难想象有可见的影响。例如，在参与福利计划的群体中，只有不到4%的母亲称他们的孩子的成绩超过了平均值，只有大约2%的母亲称她们的孩子留级重读。当然，参与福利计划对这些家庭肯定会有许多其他的有益影响，但似乎还有其他因素比家庭福利状况对学业成就有更大的影响。

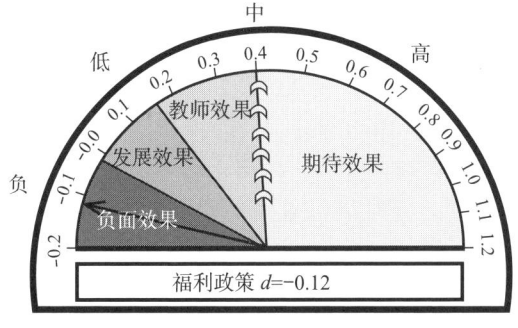

注解	
标准误	0.030（低）
排名	135
元分析数	1
研究数	8
效应量数	8
研究对象数（0）	na

福利政策 $d=-0.12$

家庭结构

家庭的类型很多，与很多其他的影响因素相比，不同家庭类型的影响被认为是较小的。

注解	
标准误	0.032（低）
排名	113
元分析数	13
研究数	845
效应量数	1 733
研究对象数（3）	10 147 912

家庭结构 $d=0.17$

单亲和双亲家庭

在大部分西方国家中，70%—80% 的家庭是双亲家庭，10%—20% 的家庭是单亲家庭，2%—10% 的家庭是其他结构。Pong, Dronkers 和 Hampden-Thompson（2003）发现，单亲现象与学生较低的数学和科学成就相关（尽管影响很小）。他们还注意到，有更多优厚福利政策的国家，比如奥地利，单、双亲家庭学生的学业成就差距最小。最大的差距存在于美国和新西兰这样的国家当中。他们认为，这些国家在提供资金援助、普遍的儿童福利、税收优惠以及单亲和贫困家庭的产假福利方面落后于其他工业化国家。他们认为，"在一定程度上，国家性的家庭资助政策可以解释在单亲家庭孩子的学业进展和改善方面，为何奥地利排在首位，而美国和新西兰排在末位"（p. 695）。

父亲在家生活与父亲不在家生活

关于这个主题的三项元分析都发现，父亲是否在家生活对学业成就有较小的影响。Amato 和 Gilbreth（1999）发现，父亲是否支付孩子的抚养费（$d=-0.13$）、父亲与孩子的接触（$d=0.11$）、感觉亲密（$d=0.06$）和权威型抚养方式（$d=0.17$）对孩子的学业成就有较小的影响。Salzman（1987）发现，与父亲不在家生活相比，父亲在家生活的学生的学业成就效应量为 $d=0.26$。学业成就效应量（$d=0.30$）比能力倾向测试效应量（$d=0.20$）稍高，对小学生和初中生的效应量比对学龄前儿童的效应量稍高，但对于男生和女生或者各个社会经济群体来说是没有区别的。

离异

与父母未离异的孩子相比，父母离异的孩子在学业成就、心理适应、自我概念和社会关系的测试中得分较低（但低得不多）。Amato 和 Keith（1991）使用了 92 项研究对离异单亲家庭的孩子和完整家庭的孩子进行了比较。前一组孩子在学业成就方面的总体效应量要低 $d=0.16$，这个差异在最近的研究中更低（最近的研究 $d=-0.12$，而 30 年前或更早之前的研究中 $d=-0.23$）。其他的效应量为行为 $d=-0.23$、心理适应 $d=-0.08$、自我概念 $d=-0.09$、社会适应 $d=-0.12$。可以看出这些都是较小的影响。教师认为这两类孩子之间没有差异（$d=-0.04$），女生比男生的效应量更大（$d=-0.30$）。Amato 和 Keith 还发现，对于父母一方去世的孩子来说，学业成就的效应量（d=-0.22）是差不多的。

Jeynes（2006）比较了完整家庭和再婚家庭后发现，前者对学业成就的影响比后者高出 d=0.22，但再婚家庭的孩子和离异或者父母一方去世家庭的孩子之间没有差异。他认为，父母双方不断增进交流是有益的，但他也指出，对于孩子来说，经历家庭重组（单亲或离异后再婚）或许十分艰难。Kunz（1995）的研究指出，离异的总体效应量为 d=0.30，离异对学业成就方面的成果的效应量相对更低（学业成就 d=0.25，语言成就 d=0.16，数学成就 d=0.52）。随着孩子年龄增长，离异的效应量会降低。她将效应量的降低更多地与单亲（离异）家庭和双亲家庭的经济差异联系起来。Kunz（2001）对离异对于人际关系的影响更感兴趣。她的 53 项研究表明，经历过父母离异的孩子与母亲或父亲的人际关系不太积极，但与兄弟姐妹的关系较为积极（尽管效应量都非常小）。

收养和非收养的儿童

非收养的儿童比收养的兄弟姐妹有略高的学业成就；收养的儿童比那些学业成就落后的非收养的兄弟姐妹和同龄儿童表现优越；收养的儿童比非收养儿童的在校表现差——但该效应量相对于其他影响因素来说比较小。最重要的是，被收养时的年龄似乎起着明显的作用。在 1 岁被收养没有差异（d=0.09），2 岁被收养，效应量会增大（d=0.32），2 岁之后被收养会继续增大效应量（d=0.42）。尽管关注是否遭到虐待、被忽视或者有营养不良症状的研究很少见，但这些研究所证实的效应量要高得多（d=0.46）。总体而言，van Ijzendoom 和 Juffer（2005）断定，"收养的儿童能够从收养与随后抚养环境的积极变化中获益"（p. 327），但总体效应量较小。

独生子女和非独生子女

Falbo 和 Polit（1986）的一项针对独生子女的定量文献综述发现，独生子女在学业成就和智力上超过了除了头胎出生的和二胎家庭的孩子之外的其他所有学生。此外，独生子女在性格特征的积极性和父母与子女之间关系的积极性方面，超过了所有的非独生子女，特别是那些有三个及以上孩子家庭的子女。独生子女在所有的发展成果方面与头胎出生以及二胎家庭的孩子没有区别。提升父母的注意力和关心程度被认为能促进子女的学业成就、智能和性格的发展。Polit 和 Falbo（1987）进行了一项关于独生子女和其他类型家庭结构中的子女的情感差异的元分析，并认定学业成就动机是主要的差异点（$d=0.17$）。独生子女的动机更强烈，与父母的关系更好（$d=0.13$），而其他很多的情感方面的成果没有差异。

母亲就业

自20世纪80年代以来，大多数美国母亲参加了工作，尽管有个广为人知的观点认为这在某种程度上不利于她们的孩子。Goldberg, Prause, Lucas-Thompson和Himsel（2008）指出，母亲就业对于学业成就的影响实际上是微不足道的（$r=0.032$）。他们没能发现与SES（中/高 $r=-0.043$，低/中 $r=-0.055$）、种族（白人 $r=-0.028$，大多数非裔美国人和拉美裔美国人 $r=0.020$）、孩子年龄（学前 $r=0.020$，小学 $r=0.061$，高中 $r=0.019$）、家庭结构（单亲 $r=0.149$，双亲 $r=-0.009$）以及兼职（$r=0.042$）或全职（$r=-0.005$）有关的差异。母亲是否离家去工作对于孩子的学业成就没有影响。

家庭环境

家庭环境包括家庭当中社会心理环境和智力激发方面的测量。Iverson和Walberg（1982）认为，比起家长的社会经济地位指标，例如职业和受教育程度来说，孩子的学业成就更多与家庭的社会心理环境和智力激发有关。他们并没有明确指出这些家庭指标中哪一项影响最大。Gottfried（1984）进行了一项关于使用"家庭环境观察评定量表"（Home Observation for Measurement of the Environment，HOME）的研究的元分析，这个量表测量了家庭环境中的回应性、约束、惩罚、游戏材料、参与度和多样性。与学业成就最一致的和高度相关的因素是母亲的参与度、多样性和游戏材料（Gottfried, 1984）。

家庭环境 $d=0.57$

注解	
标准误	na
排名	31
元分析数	2
研究数	35
效应量数	109
研究对象数（1）	5 831

电视

电视对于学业成就的总体效应量很小但却是负的;然而,考虑到学生可用技术(电子游戏、电脑和交互技术)的变化,学生对电视的兴趣也会大大降低,电视对于学业成就的影响很可能远远没有其他因素对于学业成就的影响重要。

一项检验看电视的休闲时间对学校学习影响的元分析(Williams, Haertel, Haertel, Walberg, 1982)发现,看电视的时间和学业成就之间的关系很小但却是消极的。此影响在不同的研究样本容量、年份和地点中是一致的。然而,一周看电视时间的总体效应量并不固定。一周看10小时电视有少许积极影响,而超过10小时就会产生负面影响,达到一周35—40小时则负面影响明显增大。再多看的话,影响就几乎不再变化了。这种非线性的影响效果在更多最新研究中也得到了验证(Ennemoser, Schneider, 2007)。这种负面的影响效果对于女性和高智商的人更为明显。

Razel(2001)使用了6个较大的关于电视和学业成就的国家性和全球性的数据库,发现其总体的影响是负面的,与看电视的时间具有同样的非线性影响。每天看2小时以内电视,对学业成就的影响是小而积极的;超过2小时,看电视与学业成就的关系就是消极的。重要的是,最佳的看电视的时长(也就是说,与学业成就的关系至少是积极的)随着年龄增长而缩短。年龄小的孩子能够看更长时间的电视而不受负面影响,但要保持不受负面影响,到了7岁时看电视的时间要降至1小时,到17岁时要变为0小时。

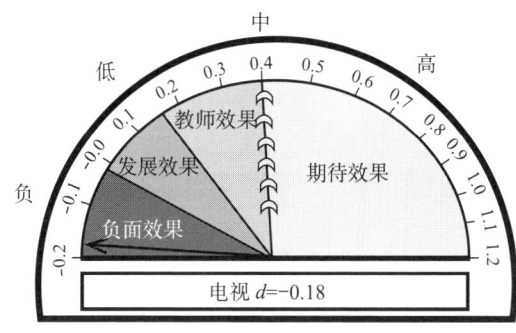

注解	
标准误	na
排名	137
元分析数	3
研究数	37
效应量数	540
研究对象数(1)	1 022 000

Neuman(1988)在一项关于美国8个州的综合中报告了相似的非线性影响(但是没有提供总体效应量)。她总结道,看电视和阅读技能之间存在着曲线关系:看适量电视的孩子(每天两三小时)效应量稍高,而每天看更长时间电视的孩

子的效应量则稍低一些。那些每天看电视超过4小时的孩子的成就会低得多。然而这两组孩子之间的效应量差异很小（d=0.15）。她的观点是，这些差异更多地反映了家长的特点。与那些严格控制孩子看电视的家长相比，对孩子看电视没有限制和监督的家长，往往对孩子不会有太高的期待，教育愿望也更低。她发现，并没有证据支持替代性假设，因为休闲阅读、体育活动和与朋友交往的时间似乎都不会减少用于看电视的时间。电视对于亲社会行为也可能有积极影响（d=0.63），这比对反社会行为的影响要大（d=0.30）（Hearold, 1980）。

家长参与孩子学习

家长参与的影响作用差异很大。如果家长使用监督的方法进行参与，就会产生负面影响，家长的早期干预会产生较小影响。如果家长的愿望和期待较高并且在学习中使用更积极的方法，就会产生高得多的影响。

Casto 和 Lewis（1984）调查了有关家长参与早期干预计划的研究，发现几乎没有证据表明家长参与会带来更为有效的干预。他们认为，虽然有家长参与的计划可能会有效果，但与那些没有家长参与或者家长参与度很低的计划相比，有家长参与的计划不一定更有效果。同样，White, Taylor 和 Moss（1992）检验了关于家长参与早期干预计划的研究，并指出，家长参与能提升影响效果的观点是没有依据的。通常而言，除去学生和教师所造成的差异以后，家长参与的影响是微不足道的（Innocenti, Huh, Boyce, 1992）。

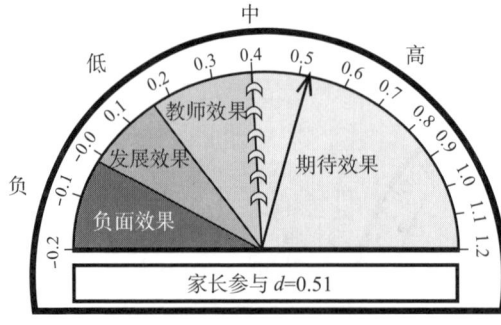

	注解
标准误	0.178（高）
排名	45
元分析数	11
研究数	716
效应量数	1 783
研究对象数（2）	320 000

Hong 和 Ho（2005）发现，家长的愿望是对于孩子学业成就最重要的影响因素，而家长以监督学生做作业、看电视时间、与朋友外出时间的方式进行监管似乎对于青少年学生的教育愿望有负面影响。同样，Rosenzweig（2000）指出，学生学业成就受到家长参与（d=0.56）以及支持性家庭教育（d=0.43）的影响要

大于家长监督家庭作业（$d=0.19$）、参与学校活动（$d=0.14$）、与学校和教师沟通（$d=0.14$）、监督孩子在学校的进步（$d=0.12$）、建立家庭结构（$d=0.00$）以及控制和管教孩子的方式（$d=-0.09$）的影响。这些因素在高 SES 的家庭当中影响最大，在小学比在高中的影响大，在亚洲和拉美家庭当中比在白人和非裔美国人家庭当中的影响大。有趣的是，有些家庭变量与学业成就之间呈负相关。这些因素包括外部奖励、作业监督、消极管制以及对低分数设限。总体而言，"家长对孩子的教育成就希望和期望越高，学生自己的教育期望就会越高，最后，学生的学业成就就会越高"（Hong, Ho, 2005, p. 40）。家长与学生之间的良好交流以及学生对于自己学习的掌控有助于实现这些高期望（另见 Fan, Chen, 2001）。

Crimm（1992）研究了家长参与的问题，发现在幼儿园至小学三年级之间有最大的影响（$d=0.41$），但是这种影响随着年龄增长而降低（小学三至五年级 $d=0.36$，中学 $d=-0.05$）。最成功的参与是辅导（$d=0.49$）以及教师的家访和交流（$d=0.48$），效应量最低的是家长培训（$d=0.15$）。最高的影响方面是阅读（$d=0.40$），而数学则低得多（$d=0.18$）；考虑到家长更可能与孩子一起阅读而不是做数学，这个结果并不令人吃惊。Jeynes（2005）发现，家长参与与学业成就有关（$d=0.74$），影响最大的一项是期望（$d=0.58$），这比家长参与学校活动的影响（$d=0.21$）大得多。Jeynes（2007）在随后对中学生进行的研究中也同样发现，家长的期望的影响（$d=0.88$）比其他与家长有关的因素比如检查作业（$d=0.32$）、制定家规（$d=-0.00$）以及参与学校活动（$d=0.14$）的影响更大。

Senechal（2006）发现，家长越是积极地参与，效果就会越大。比如，有关家长教孩子特定读写技能的研究的效应量（$d=1.15$）是家长听孩子朗读的效应量（$d=0.51$）的两倍，而且远远高于读书给孩子听的效应量（$d=0.18$）。这些影响对于幼儿园至小学三年级的学生是一致的，对于有阅读困难的学生（$d=0.38$）和无阅读困难的学生（$d=0.74$）是一致的，对于不同社会经济地位的家庭也是一致的。

家访

Sweet 和 Appbaum（2004）认为，学校教职员工的家访不仅仅减少了孩子被虐待的情况发生，而且提升了孩子的学业成就。其对认知成果的效应量为 $d=0.18$，对社会情感成果的效应量为 $d=0.10$。Black（1991）更关注家访对于有学习障碍的学生的影响作用。大多数家访是为了提供信息以及提高家长的应对能力和促进孩子发展；一般来说，一年会有 36 次 2 小时的家访。家访对认知成果的总体效应量为 $d=0.39$，对发育成果（出生体重、发展性成果、健康状况）的效应量为 $d=0.13$，对社会行为成果（社会功能、人际交往、自尊）的效应量为 $d=1.01$。这似乎是家庭教育（$d=1.06$）和家长社会功能（$d=1.52$）更为有效的影响结果。

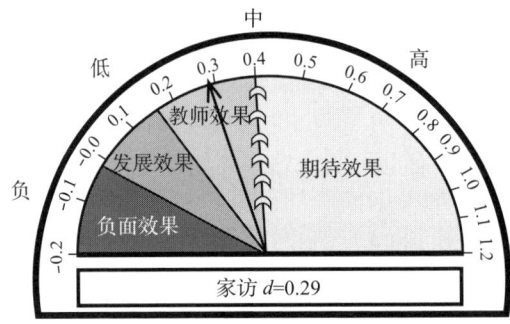

总结性评论

家长对于向孩子传达鼓励和期望来说具有重要的影响作用。然而，很多家长很难理解学习的话语，因此他们很难使用有效的方法去鼓励孩子以实现他们的期望。

在所有的家庭变量中，家长对于孩子学业成就的愿望和期待与学业成就之间具有最紧密的关系（$d=0.80$），而交流（对于家庭作业和学校作业的兴趣、家庭作业的辅导、讨论孩子在学校的进步：$d=0.38$）的影响中等，家长在家对孩子的监督（比如，对看电视时间的规定、有益于做学校作业的家庭环境：$d=0.18$）的影响最弱。因此，家长需要对他们的孩子持有高愿望和高期待，学校需要与家长合作对孩子产生适度的高期望并制定有适当挑战性的目标，与孩子和家庭合作来实现甚至超过这些期望。通常而言，家庭与学校的疏离会降低最初的期望。比如 Flaxmere 的研究发现，当孩子入学时，98% 的家长认为教育对于孩子的未来非常或者极其重要。三分之二的家长期待他们的孩子获得文凭或者学位。在他们小学毕业的时候，家长就不会有这些愿望了，家长主要的愿望变成了希望孩子能够找到一份工作（Clinton et al.，2007）。

家长应当接受学校教育话语方面的教育，这样家庭和学校才能拥有共同的期望，孩子才不会生活在两个世界中——家校之间几乎不能相互理解。一些家长知道如何运用学校教育的话语，因此能够为学龄孩子提供优势；而另一些家长不清楚这种话语，这样就对家庭之于学生学业成就的贡献造成了巨大障碍。家长的期望比很多家庭结构性因素（比如，单亲或者双亲家庭、父亲在家生活或者不在家生活的家庭、父母离异家庭、收养或者非收养孩子家庭、独生或者非独生子女家庭）影响最大。不是家庭结构，而是家庭当中成年人的信念和期望对孩子的学业成就影响最大。

第六章　来自学校的影响

曾有无数研究试图弄清楚多少学业成就的变化可以归因于学校的投入（input）。其中最复杂的是多层模型（multi-level modeling）的研究。这种研究有助于明确这些变化与其他潜在影响因素存在多大的相关性（Fitz-Gibbon, Kochan, 2000; Teddlie, Reynolds, Sammons, 2000）。多层模型能够同时测量学生、班级以及学校三个层面的变量（并且评价三个层面之间的交互影响）。比如，Konstantopoulos（2005）发现，学生学业成就的大部分差异来自学校内部而非学校之间。如果差异来自学校内部，那就表明教师变量等校内因素对学生学业成就的影响远远大于学校产生的影响。"看来学生由哪个教师教比身处哪个学校更为重要。"（p.36）

Alton-Lee（2003）回顾了许多这方面的研究，发现学生学业成就的0%—20%得益于学校层面的变量，16%—60%归功于教师或班级的差异。这个数值范围非常重要，而且似乎与这些数据的不同来源国家的特定政策有关。比如，新西兰受校际变量影响的百分比最低（大约4%，而校内变量占的百分比要高很多）。Scheerens, Vermeulen 和 Pelgrum（1989）使用了第二届国际数学研究（Second International Mathematics Study）的数据，发现新西兰的学校影响是一个不易察觉的变量，而教师之间或者班级之间的差异达到了42%。Harker 和 Nash（1996; Nash, Harker, 1997）发现，新西兰高中生的学业成就所受的学校影响在数学方面仅为5%—10%、在英语方面为9%—10%、在科学方面为5%—7%。这表明，就两个能力相当的学生而言，他们所就读的学校并不重要，重要的是教他们的教师。这倒不是说教师的影响如此之大，而是学校内部的差异反映出某些教师比其他教师的影响更大！

教师的影响比学校大这一观点，在同类文献中受到了广泛认可。Willms（2000）提出，"改革的压力和支持应该针对学校内部特定的教师，而不是简单地针对整个学校"（p. 241）。Muijs 和 Reynolds（2001, p. vii）声称，"学校效能研究共同体得出的所有证据都表明，在决定学生在校表现方面，班级的作用远远超过学校的影响"。Rowe 和 Rowe（1993, p. 15）阐明，"基于到目前为止的研究，可以这样说，只有具备有效教师的学校才称得上有效学校"。Bosker 和 Witziers（1996）的元分析发现，在排除学生之间和学校之间学业成就的初始差异的情况下，大约有 8% 的影响归因于学校层面的变量；如果控制其他因素（如平行班之间和年级之间的差异）的影响，学校变量的影响效果甚至更低。Scheerens 和 Bosker（1997）发现，在排除学生之间初始差异的情况下，学校层面对学生学业成就的差异影响只起到了 8% 的作用。

这种情况因地区差异而有所不同，如在资源匮乏的国家（比如整个非洲）以及学校类型高度分轨（比如分为学术型和职业型）的国家，最大的变量是校际差异（Bosker, Witziers, 1996）。此外，教师变量对于小学生阅读成就的影响较弱，因为家庭和社区的影响相对较大；而与学生的日常经验（尤其是家庭）没有直接关联的数学和其他课程中，教师变量的影响就很大。

从以上的总结中可以得出一个发人深省的结论，发达国家中许多真正对学生学习起作用的影响来自学校内部，来自特定教师、特定课程与教师所使用的教学策略的影响（Grodsky, Gamoran, 2003）。另一个重要的观点是，除了教师因素外，学校内部还有许多其他因素——学校文化、学校风气、校长和班级结构等也产生影响。

本章将分为以下六个主要部分（见表6.1）：

1. 学校属性（如财政、学校类型）；
2. 学校结构的影响（如学校规模、学生流动、随班就读）；
3. 领导力；
4. 班级结构的影响（如班级规模、能力分轨、留级）；
5. 学校课程的影响（如加快学习进度、拓展学习内容）；
6. 课堂的影响（如课堂氛围、同伴影响、干扰行为）。

表6.1 学校影响因素的元分析的信息汇总

学校	元分析数	研究数	研究对象数	效应量数	d	标准误	CLE	排名
学校属性								
学校效应	1	168	—	168	0.48	0.019	34%	50
财政	4	189	2 277 017	681	0.23	—	16%	99
学校类型								
特许学校	1	18	—	18	0.20	—	14%	107
宗教学校	2	71	54 060	71	0.23	—	16%	101

续表

学校	元分析数	研究数	研究对象数	效应量数	d	标准误	CLE	排名
暑期学校	3	105	28 700	600	0.23	—	16%	98
种族融合学校	10	335	6 731	723	0.28	0.060	20%	91
寄宿学校	1	10	11 581	23	0.05	—	3%	130
学校结构的影响								
学校规模	1	21	—	120	0.43	—	30%	59
暑假	1	39	—	62	−0.09	—	−6%	134
学生流动	3	181	185 635	540	−0.34	0.005	−24%	138
校外课程经验	2	52	30 554	50	0.09	—	6%	127
校长及学校领导者	11	491	1 133 657	1 257	0.36	0.03	25%	74
班级结构的影响								
班级规模	3	96	550 339	785	0.21	—	15%	106
开放班级	4	315	—	333	0.01	0.032	0%	133
能力分轨	14	500	—	1 369	0.12	0.045	9%	121
混合年级/混龄班级	3	94	—	72	0.04	—	3%	131
班内分组	2	129	16 073	181	0.16	—	11%	116
小组学习	2	78	3 472	155	0.49	—	34%	48
随班就读	5	150	29 532	370	0.28	—	19%	92
留级	7	207	13 938	2 675	−0.16	—	−11%	136
面向资优学生的学校课程								
资优学生的能力分轨	5	125	—	202	0.30	0.064	21%	87
加速	2	37	4 340	24	0.88	0.183	62%	5
拓展	3	214	36 336	543	0.39	0.018	28%	68
课堂影响								
课堂管理	1	100	—	5	0.52	—	37%	42
课堂凝聚力	3	88	26 507	841	0.53	0.016	38%	39
课堂行为	3	160	0	942	0.80	0.290	56%	6
减少干扰行为	3	165	8 426	416	0.34	0.037	24%	80
同伴影响	1	12	—	122	0.53	—	37%	41
总计	101	4 150	4 416 898	13 348	0.23	0.072	16%	—

学校属性

财政

尽管元分析似乎表明资金并不重要，但这是个误导性的结论。Childs 和 Shakeshaft（1986）的一项关于研究教育经费和学生学业成就的关系的元分析表明，两者之间存在最小的关系，而教学成本比如教师工资和教学设备，与学生学业成就之间存在直接的最大的正相关关系。反过来，教师工资与教学经验的相关性大于与教学质量的相关性。Rolle（2004）也认为，大量投入资金并不是必需的，但必须更加有效地利用现有资源。这与 Hanushek（1989）的观点一致，即教育经费和学生表现之间并不存在一致的统计关系。比如，Hanushek（2003）研究了 23 个国家的高中生均经费与数学成就之间的关系（来自 TIMSS 测试，1998），发现相关系数为 $r=0.06$。通常情况下，资金投入教育系统之后，鲜有人关注教育成果的效率或效益。因此，如何使用资金比资金数额更重要。

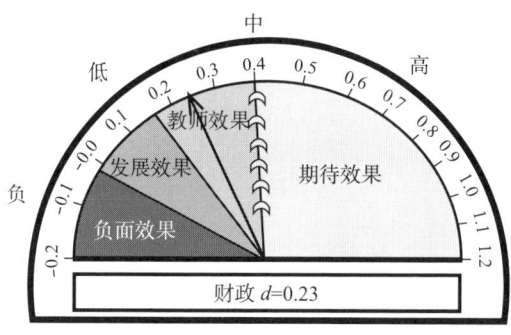

Murdock（1987）认为，高校学生的财政资助对于学生坚持学习会产生微弱但积极的影响，而且对来自低收入家庭的学生与来自其他社会经济阶层的学生坚持学习产生的影响相似。虽然财政资助是帮助学生继续接受高等教育的重要手段，但是其他因素如学校类型、修业年限和学生受助时所处的年级（高年级学生比大一新生获得的效果更好）都会影响到财政资助的效果。

Hedges, Laine 和 Greenwald（1994; Greenwald, Hedges, Laine, 1996）通过分析不同的学校投入对学生学业成就方面的影响，反驳了财政投入的增加只能对学生学业成就产生有限影响的观点。他们的分析表明，教育资源投入与学生学业成就之间存在着系统的、积极的关系模式。如果生均经费增加 500 美元，那么对于学生学业成就的效应量就增加 $d=0.15$，对于教师教育的效应量就增加 $d=0.22$，对于教师经验的效应量就增加 $d=0.18$，对于教师工资的效应量就增加 $d=0.16$，对于师生比的效应量就增加 $d=0.04$。因此，我们可以推测，"如果资源投入的目标是选择（或挽留）更多受教育程度高和富于经验的教师，那么学生的学业成就能获得有可比性的和实质性的提升"（Greenwald et al., 1996, p.380）。然而，几乎没有经验证据表明这里所使用的"实质性的"概念的合理性。不过，这一研究与其他元分析在有关教师（以及促进教学的成本）的重要性方面的观点一致。

从表面上看来，关于财政投入的有限影响与以下几方面的事实有关：（1）大多数研究都是在资源充足的国家（比如美国、英国）开展的，而这些国家学校资源的差异并非实质性的；（2）学校对大部分经费并没有自由支配权，而是固定开支（比如教师工资、校车接送和学校建筑），而且这些开支所占比例在任何国家都不存在校际差异；（3）如果学校结构在校内层面的影响远大于校际层面的影响，那么经费开支会在校内起较大作用，而在学校之间起较小作用（当前关注的重心是校际层面而不是校内层面）。正如 Hanushek（2002；2003）一直认为的那样，很少有激励机制能让教师促使学生的学业成就最大化，因为大部分财政激励机制与学校直接相关，与教师差异没有太大关系。

研究的重心没必要停留在"资金能起作用吗"这种问题上，而是要关注"资金如何起作用，尤其是如何在运营学校的固定开支（运行资金、照明设备、工资）以外起作用"。很难想象资金对这些关键的方面没有影响。Jonathon Kozol（2005）严厉批判美国恢复种族隔离学校教育，他在《国家的耻辱》（*The Shame of the Nation*）中引用了 Deborah Meier 的观点："我相信，直到富人不再为他们自己子女的教育花费这么多资金的那一天，资金才会不对教育产生影响。"

学校类型

特许学校

特许学校是美国发展最快的学校类型之一，并且如支持者所宣称的那样，特许学校致力于提供公立学校无法提供的教育。特许学校由政府负担教育经费，但可以免除部分适用于公立学校的教育管理和法规的约束。作为公立学校的竞争对手，这些自治学校由非营利组织或者大学筹建，并且具有鲜明的特色，经常采用一些创新的教学原则。因此，这些学校被期望对学生学业成就负有更大的责任。

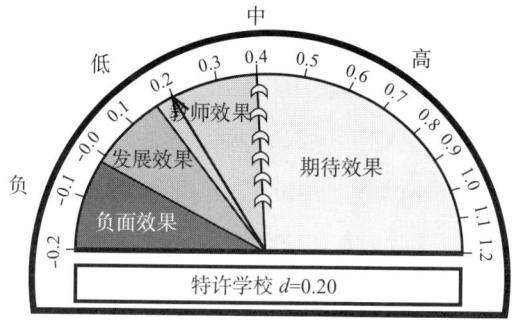

Miron 和 Nelson（2001）将特许学校与常规学校的成就进行了比较，发现效应量为 $d=0.20$，但是如果排除那些低质量的研究，两类学校之间的差异就降为零。他们得出结论，尽管探讨特许学校以及学校改革的问题非常重要，但令人吃惊的是，目前我们对特许学校对于学业成就的影响了解甚少。他们注意到，在 38 个制定特许学校法的州中，只有 8 个州对学业成就的影响做了可用的独立评估。不出所料，由于效应量接近零，其积极影响与消极影响并存，各州之间存在较大差异。特许学校对学业成就的影响远没有预期的宣传和承诺大。

宗教学校

同特许学校一样，人们对宗教学校与公立学校有何差别也谈论很多。实际上也应该如此。很多人认为，宗教学校学生的表现优于公立学校同龄学生的表现，主要因为宗教学校更关注师生关系，更加促进家长与学校的沟通，家校之间具有共同的价值观，拥有关怀和奉献的基本理念及高尚的职业道德（比如，Coleman, 1992; Russo, Rogus, 1998）。人们通常认为，社会经济背景较差的学生就读宗教学校，获益会更大。Jeynes（2002）发现，非裔美国学生和拉美裔美国学生就读宗教学校（主要是基督教学校）比就读公立学校的效应量高 $d=0.25$。他们在阅读（$d=0.25$）和数学（$d=0.25$）方面的效应量相同，而在学校行为（$d=0.32$）方面的效应量更高。不过，这些影响不能归因于社会经济背景的差异。它们在偏向宗教学校方面有着明显的一致性。宗教学校对中学生的影响略微大于小学生。

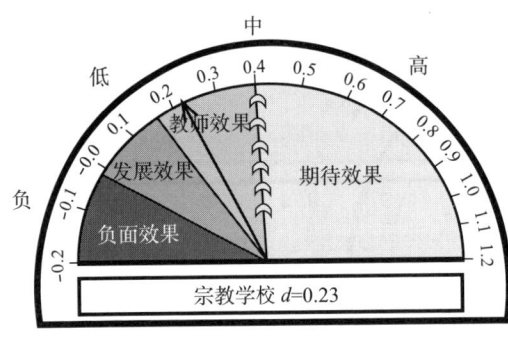

暑期学校

参加暑期学校有用吗？通常而言，暑期学校的作用不大。但是如果暑期学校对于边缘学生（这通常是参加暑期学校的标准）至关重要，那么很难忽视暑期学校的成效，即使成效不大。Cooper, Charlton, Valentine, Muhlenbruck 和 Borman（2000）分析了 93 个暑期项目，参加这些暑期项目的学生比未参加暑期学校的学生得分高出 $d=0.23$，不过来自中产阶级家庭的学生比家庭背景较差的学生受到的积极影响更大。如果家长参与其中，专门为学生量身定制的项目对其数学成就的影响大于对其阅读成就的影响，并且这些项目对所有年级产生的影响相同。Cooper 等人（2000）和 Kim（2002）都发现，补习型（remedial）和加速型（acceleration）的暑期项目往往成效低。

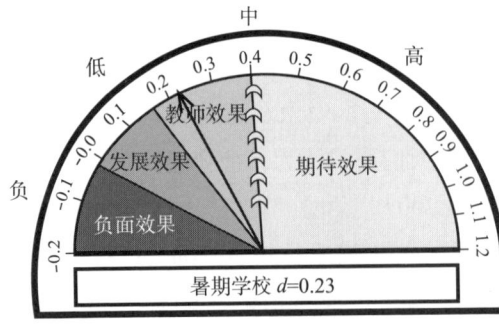

Kim（2002）进行了同样的研究，他发现，致力于不同目的的暑期学校的效应量没有显著差异：补习型 $d=0.16$，拓展型（enrichment）$d=0.16$，为顺利过渡到高中做准备的类型 $d=0.25$，辅助升级的类型 $d=0.21$。以下这些效应量也没有显著差异：暑期学校与学校课程有关（$d=0.22$）或者无关（$d=0.14$），受到监督（$d=0.16$）或者不受监督（$d=0.16$），教师接受过培训（$d=0.21$）或者未接受培训（$d=0.14$），聘用在职教师（$d=0.12$）或者不聘用在职教师（$d=0.17$），提供

餐饮（$d=0.18$）或者不提供餐饮（$d=0.14$），班级规模超过 25 人（$d=0.18$）或者不足 25 人（$d=0.15$），教学时间长（最多 132 小时，$d=0.11$）或者短（$d=0.16$）。成绩好的学生（$d=0.22$）比成绩差的学生（$d=0.12$）效应量高，社会经济地位处于中上层的学生（$d=0.21$）比社会经济地位处于下层的学生（$d=0.12$）效应量高。

种族融合学校

种族融合学校旨在消除种族隔离，这一点在美国尤为典型。20 世纪 60 年代颁布《民权法案》（Civil Rights legislation）之后，这类学校开始兴起。有人认为，美国通过建立种族融合学校更可能实现种族融合的宏伟目标。McEvoy（1982）的元分析比较了种族融合学校对非裔美国学生的影响，他把这些学生分在种族融合与种族隔离两个组别中，他的结论是，种族融合学校学生的学业成就高于控制组（$d=0.20$），但学生在自尊方面没有差异。他发现，有控制组的研究显示出的效应量（$d=0.48$）大于没有控制组的研究的效应量（$d=-0.09$）；超过一年的研究显示出的效应量（$d=0.27$）大于不足一年的研究的效应量（$d=-0.07$）。在数学（$d=0.28$）和言语技能（$d=0.20$）之间、小学生（$d=0.27$）和高中生（$d=0.18$）之间没有显著差异。

Armor（1983）和 Krol（1980）比较了有关种族融合学校产生的积极影响的结论，发现种族融合学校对非裔美国学生的阅读和数学成就几乎没有影响。Crain 和 Mahard（1982）也发现，种族融合学校对提高非裔美国学生学业成就的效应量大约为 $d=0.08$，但只对小学低年级学生的学业成就有显著影响（$d=0.44$）。与测量种族融合学校对学业成就的影响有关的两个方法论因素，一是研究那些仅受到部分种族隔离的学生（即，在接受一年或几年种族隔离学校教育之后，再进入种族融合学校），二是研究控制组。Stephan（1983）发现，种族融合学校能提高非裔美国学生的阅读成就，但是对数学成就不起作用。低年级学生比高年级学生在阅读方面受益更多。少数研究表明，自发的种族融合会显著提升阅读成就；然而，此类研究的数量较少，因此这一发现没有说服力。Miller 和 Carlson（1982）也注意到，虽然他们发现种族融合学校对非裔美国学生的学业成就有较弱的积极影响，但这种影响主要体现在提升言语成就而不是数学成就上。

Wortman 和 Bryant（1985）分析了很多与 Stephan（1983）和 Krol（1980）相同的数据。不过，Wortman 和 Bryant 没有分析那些他们认为研究质量低的文章,因此排除了其中的79篇文章。他们得出的平均效应量为$d=0.45$,但是也提到,"设计较好的准实验的效应量明显偏低"(Wortman, Bryant, 1985, p.304)。对于那些不做筛选的研究来说,平均效应量降低到$d=0.20$。他们发现小学的效应量($d=0.43$)与高中的效应量($d=0.55$)相似,且阅读成就的效应量($d=0.57$)高于数学成就的效应量($d=0.33$)。

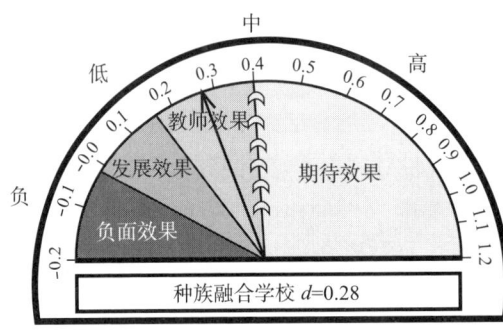

注解	
标准误	0.060(中)
排名	91
元分析数	10
研究数	335
效应量数	723
研究对象数(1)	6 731

在一项不同种族的比较中,Goldring和Addi(1989)研究了以色列的班级的种族构成和学生的阅读理解水平。他们发现,与种族隔离的班级相比,种族融合的班级能为亚、非裔学生和西方血统学生提供更好的学习环境。

总体而言,有关种族融合学校的元分析的效应量呈现多种变化,主要因为元分析所涵盖文章的遴选程序不同。可能有很多比班级结构更重要的因素影响了学业成就。种族融合学校的成功也许可以从它一定程度上提供了更多的学习机会和多样性,而不仅仅从对学业成就产生影响的角度来加以评价。

寄宿学校

在学院和大学中,学生是否住校对其学业成就的影响引起了研究者的研究兴趣。Blimling(1999)发现,无论学生住在校内、家里、兄弟会(fraternity)、姐妹会(sorority)还是校外的住所或公寓,都不会对学业成就产生影响。他认为,效应量为零的现象应该使很多学校(比如寄宿制学校)认真反思自身对学生学习的教育价值。显然,这些学校目前并未增加教育价值。

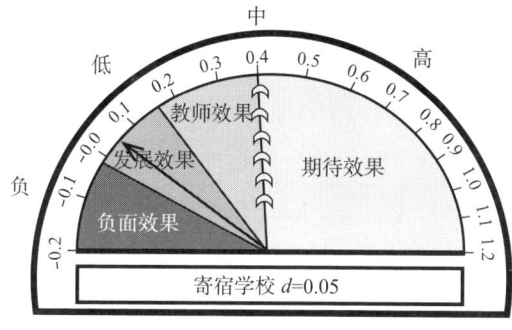

学校结构的影响

学校结构的影响因素包括学校规模、暑假、学生流动和校外课程经验。

学校规模

学校层面的另一个影响是学校的招生规模。Stekelenburg（1991）发现高中规模和学生学业成就之间的效应量为 $d=0.47$，作为结构性影响来说，这个效应量已经相当大了，尽管他认为这个影响相对较小。在他看来，小规模学校办学经费昂贵，而当学生数超过 800 人时，大规模学校的课程优势就会开始下降。他认为，最佳的学校规模是 800 人左右，并且"高中学校规模越小，入学人数的增加与考试成绩的提高似乎越呈正相关。因此，巩固规模小的学校（高中）可能比巩固规模大的学校更重要"（Stekelenburg, 1991, p.111）。

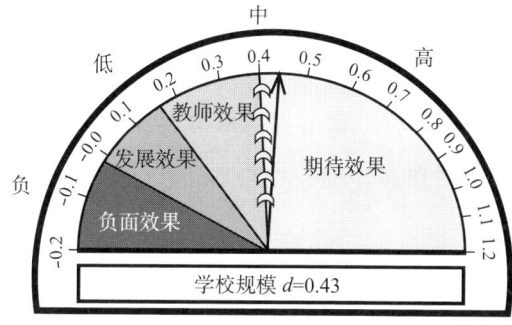

因此，存在一个"最佳"规模的概念，规模太大或太小可能都会降低办学效益。Ready，Lee 和 Welner（2004）探究了超过 800 人的学校的办学效益，得出的结论是在中等规模的高中（有 600—900 名学生），学生的数学和阅读成就最高。同样，Lee 和 Smith（1997）也发现，在中等规模高中（有 600—800 名学生），学生的数学和阅读成就最高。对于有关最佳学校规模的结论，有一个重要的调节变量：一所学校的学生群体越是富裕，那么最佳规模就越大；一所学校少数族裔学生的比例越高，最佳规模就越小（Howley, Bickel, 1999; Lee, Smith, 1997）。在其他组织机构中，规模和效益之间似乎也存在曲线关系。Gooding 和 Wagner（1985）对有关机构规模和经济效益关系的 31 项研究进行了元分析。他们发现，在某一特定的规模基础之上，扩大公司的规模，就会提高总产出，但产出投入比通常保持不变，尤其是在主要依靠人力劳动的组织机构中，比如学校。这一现象出现的主要原因是增加协调成本得不到额外的利益回报。

Newman 等人（2006）认为，尽管生均经费随着学校规模的扩大而减少，但小规模学校的教师和学生对学校环境更有可能持积极看法。Lee 和 Smith（1993; 1997）发现，在 600—900 名学生的高中，教师合作和协同教学形式更多，且教师更关注影响其教学工作的决策。Bryk, Easton, Kerbow, Rollow 和 Sebring（1993）补充了其他的原因，比如师生之间更好的交流、为学生提供更多的领导力体验，以及让学生感受到教师对他们更多的关注。可能更重要的原因是，有 600—900 名学生的学校通常能为所有学生提供有效的核心课程，并且选修课程不太可能会削弱核心课程（Walberg, Walberg, 1994）。

暑假

美国早期正规学校教育的校历（包括暑期长假）是按照农业社会的需求进行设计的（Copper, Nye, Charlton, Lindsay, Greathouse, 1996）。如今，只有大约 3% 的美国人的生活方式还与农业生产周期有关，因此有人呼吁进行改革来减少长期休假对学习、知识的保持和习得的影响。改革的支持者认为 3 个月的休假太长，因为孩子在持续学习的过程中学习效果最好，休假意味着需要花费大量时间来复习以前的知识，以便重新开始学习（Cooper et al., 1996）。

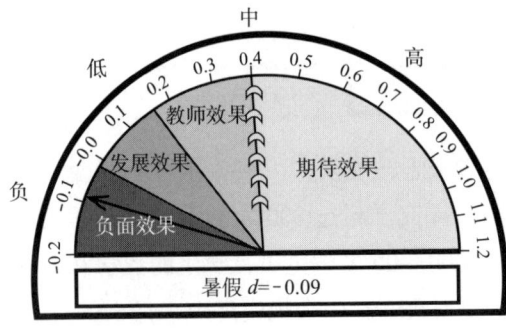

第六章 来自学校的影响

一般说来，这项元分析表明学生在暑假期间会损失一些学业成就（$d=-0.09$），数学方面的损失（$d=-0.14$）稍微大于阅读和语言方面的损失（$d=-0.05$，Cooper et al., 1996）。与其他影响相比，这些影响确实很小。在与其年级水平相当的阅读识别测试中，中产阶级的学生（$d=0.13$）在暑假比下层阶级的学生（$d=-0.14$）收获更大。性别或者种族并不会带来干扰效果，但暑假的负面影响确实会随着年级的提高而增加（参见 Burkam, Ready, Lee, LoGerfo, 2004）。如果教师能更好地针对学生带入课堂的知识和能力水平来教学，那么开学第一个月就可能很快地弥补暑假的损失。

学生流动

校际学生流动的影响非常显著。在不同学校借读或转学已经成为近几十年来的主要趋势。比如在新西兰，40%的学生每年都会换学校（包括从小学到初中，从初中到高中，现在更多的是从初级中学到高级中学）；在美国，每年有20%的学生会迁居。学生流动对阅读（$d=-0.27$）和数学（$d=-0.22$）的成就会产生负面影响（Mehana, 1997）。Jones（1989）发现了类似的影响，他认为就读学校的任何改变都会造成负面影响，虽然学生流动与迁居次数、社会经济地位或种族之间不存在负相关。

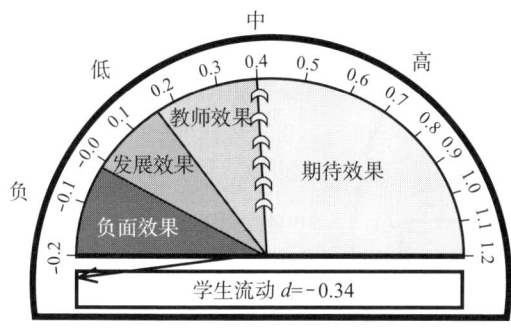

注解	
标准误	0.005（低）
排名	138
元分析数	3
研究数	181
效应量数	540
研究对象数（1）	185 635

学生流动导致学业成就下降的原因很多，但最重要的原因与同伴影响有关。Galton 和 Willcocks（1983）通过纵向追踪学生的学业成就，发现学校的任何改变都会带来负面影响。他们特别关注适应困难的问题，包括交友方式的问题，尤其是对学习有支持作用的友谊。无论何时学校发生重大变化，学生成功的关键因素都是能否在第一个月交上朋友（Galton, 1995; Pratt, George, 2005）。因此，

如果要明显减少学生流动的影响，学校有责任关注学生之间的友谊，并且保证新同学受到班级的欢迎。

校外课程经验

现在的孩子比以前有更多的校外可支配时间。一些家长担心，校外经验中包含有害因素（比如吸毒和参与其他反社会活动）或者没有教育成效（看电视、玩电脑游戏）。另一些家长会让自己的孩子参加私人辅导课程，与过去几十年相比，这种辅导课程显然更为盛行。令人吃惊的是，并没有针对课后辅导，尤其是家教辅导（Bray, 1999）的系统性研究。学校也开始提供正规课堂教学时间之外的课程。Lauer等人(2006)发现，这些校外课程的效果低下，对于阅读($d=0.05$)和数学（$d=0.09$）的效果也不大。短期课程而非长期课程更有成效（阅读短期课程$d=0.23$，长期课程$d=0.05$；数学短期课程$d=0.15$，长期课程$d=0.16$），有成效的课程还包括一对一辅导（阅读$d=0.50$，数学$d=0.22$），其对于低年级小学生（幼儿园至二年级阅读$d=0.22$，数学$d=0.22$）和高中生（阅读$d=0.25$，数学$d=0.44$）也有影响。尽管大多数处于学业危机中的学生参加了有组织的课外辅导，但是，与在正规课堂能使用其他多种教学方法的有效教师所产生的效果相比，课外辅导的总体效应量仍是微不足道的（$d=0.09$）。

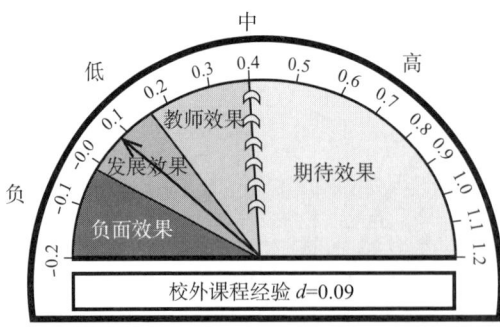

注解	
标准误	na
排名	127
元分析数	2
研究数	52
效应量数	50
研究对象数（2）	30 554

校长及学校领导者

有关领导力的论述很多：成功领导者的七个习惯、领导者的人格特征、重点示范学校能力卓越的领导者的案例研究。但是本书的基本兴趣点在于校长对学生的影响。在有关校长影响的元分析中，一个重要的调节变量就是校长的领导风格。

至少存在两种主要的领导风格：教学型领导和变革型领导。教学型领导是指校长重点关注创造不受干扰的学习氛围、建立清晰的教学目标体系以及对教师和学生都抱有较高的期望。变革型领导是指校长与教师一起，通过激励教师鼓足干劲、提高责任感和道德追求，互助合作战胜挑战并实现远大目标。元分析表明教学型领导在影响学生学业成就方面优于变革型领导。学校的领导者提升了目标的挑战性，然后为教师创设了安全的环境，以便教师能够批评、质疑并支持其他教师共同实现这些对学生学业成就有重要影响的目标。关注学业成就和教学策略的学校领导者是最有效的领导者（Connell, 1996；Henchey, 2001；Teddlie, Springfield, 1993）。更关注教学以及学业成就领域（Hallinger, Murphy, 1986）的领导者能取得更高的治校成效。

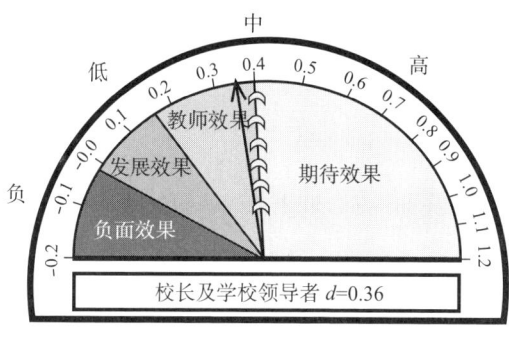

有一个不同领导风格会产生不同效应的例子。Brown（2001）发现，领导者影响学业成就的平均效应量是 $d=0.57$（情感领域的效应量是 $d=0.54$）。在校长所产生的效应中，教学型领导的效应（比如，组织 $d=0.66$）大于变革型领导的效应（思考 $d=0.36$，激励 $d=0.40$）。小学领导者的效应（$d=0.76$）大于初中（$d=0.36$）和高中领导者的效应（$d=0.44$）。Robinson, Lloyd 和 Rowe（2008）提出了类似的结论，教学型领导对于学业成就的影响（$d=0.55$）远远大于变革型领导（$d=0.09$）。教学型领导对学业成就产生最大影响的是以下一些特定的维度：促进和参与教师的学习和发展（$d=0.91$）；规划、调整和评价教学和课程（比如，通过常规的课堂巡视和为教师提供形成性和总结性反馈，来直接参与支持和评价教学，$d=0.74$）；策略性的资源建设（为优先的教学目标调整资源选择和分配，$d=0.60$）；设置教学目标和教学期望（$d=0.54$）；确保有序的和支持性的环境，比如通过减少外部压力和干扰来保障教学和学习时间、在课堂内外创设有序的和支持性的环境（$d=0.49$）。Robinson 等人注意到变革型领导理论较为一般的本质及这种理论对于领导者与跟随者之间关系的关注，而不是致力于改善学习与教学，这可能是变革型领导者对学业成就影响较弱的原因。"领导者越是将自身的影响、自身的学习、与教师的关系集中到教学和学习的核心事业上，他们对学业成就的影响效果可能就越大。"（Robinson et al., 2008, p.23）

有两项元分析专门研究了变革型领导的影响。在 Chin（2007）的元分析中，不清楚是否剔除了教学型领导的研究。比如，她定义的变革型领导包括设置并提升目标和能力以实现重大改进。这种领导风格对教师工作满意度的影响很大（$r=0.71$），与之相比，其对学业成就的影响尽管略小，但也是较大的（$r=0.48$）。Gasper（1992）更关注变革型领导和交易型领导（领导者与"跟随者进行纯粹交易，通过提高跟随者的绩效来促成目标实现"，p.19）的比较，并且揭示了教师工作满意度的差异。显然，教师更喜欢变革型领导，这并不值得大惊小怪，因为变革型领导的目的在于通过共同利益和合作行为鼓励教师的发展和参与。

尽管 Waters, Marzano 和 McNulty（2003）在元分析中没有利用教学型领导和变革型领导风格的差异，却获得了类似的结果。学校领导影响学生学业成就更为重要的方面在于，教师创设一个挑战学校现有成就的对话环境，确保用现成的多种方法解决这些问题，包括教师设计和实施策略来提高学业成就，设置提升学业成就的挑战性目标，并监督反馈给教师和学校领导的有关学生进步和教学有效性方面的信息的应用。这再次强调了教学型领导的特征。

评价校长影响的另一种方法是依据许多校长评价中心（assessment centers for principals）的评价以及校长对学业成就产生的影响，来考察校长多方面的领导能力。在过去的几十年中，美国的校长评价中心在评价成千上万名教职员工并从中选拔和任用校长方面起到了关键作用。Pantili, Williams 和 Fortune（1991）考察了美国中学校长协会（National Association of Secondary Schools Principals, NASSP）对理想的校长标准进行评价的有效性。与提升学业成就关系最紧密的是组织能力和领导能力（$r=0.25$）以及书面沟通能力（$r=0.24$）。变革型领导的标准如敏锐性、兴趣范围以及个人动机等几乎对工作绩效没有影响。同样有趣的是，性别和种族在任何维度上都不影响校长评价中心对于校长的评分。

其他影响学业成就的因素包括校长对学校需要达成的目标的了解程度（$r=0.66$），校长确保教师受到当前的理论和实践的智力激励的方式（$r=0.64$），校长是否愿意积极挑战现状（$r=0.60$），校长是否监督学校实践的效应以及他们对学生学习的影响（$r=0.56$），校长传递学校教育的强烈理想和信念并据以行动的程度（$r=0.50$），以及校长是否通晓当前的课程、教学和评价方面的实践

（r=0.48）。与效应相关性最小的特征是对个人成就的认可和奖励（r=0.30）、与师生进行高品质沟通和互动的可见性（r=0.32）、对教师个人情况的意识的表现（r=0.38），以及领导行为对当前需求的适应（r=0.44）。同样，教学型领导和变革型领导之间存在差别。

从更综合的管理文献（包括对在校学生学业成就的影响）中得出的结论表明，与变革型领导相比（这种领导风格对教师满意度和其他与教师有关的成果的影响更大），更具教学性和目标导向的领导会对学生学业成就起到同样积极的影响。比如，Neuman, Edwards 和 Raju（1989）研究了组织发展的干预措施对满意度和其他态度的影响。组织发展包括"在组织过程中运用行为科学的知识，通过有计划的干预，进行有计划的、广泛组织的、从上至下管理的努力，提升组织效能，促进组织健全"（Beckhard, 1969, p.20）。更为成功的干预措施是目标设置（d=0.22）和团队建设（d=0.30），最不成功的是 Neuman 等人所谓的"技术结构干预"（technostructural interventions），这些干预措施旨在影响工作内容、工作方法和参与者之间的关系（例如，工作再设计、工作多样化）。在为数不多有关管理方法对学业成就影响的一项研究中，Miller 和 Rowan（2006）质疑"有机管理"（organic management）的价值。这种管理模式使更加等级化的管理模式转变为"被称作'控制网络'的模式，即在这个控制模式中，一线员工积极参与组织的决策制定、员工合作和共同掌权，其中以共同掌权作为协调工作并解决技术上的不确定性的手段"（p.200）。他们发现，这些有机方法并不能成为决定学生学业成就的特别有力的因素，"总体而言，几乎没有经验证据表明，有机设计的特点能对学生学业成就产生总体的积极影响"（p.242）。

班级结构的影响

本节关注有关班级规模、开放班级、能力分轨、混龄班级、班内分组、小组学习、特殊学生的随班就读、单一性别班级以及学生留级（学生需重修一年）方面的研究。

班级规模

不难发现，对于缩小班级规模能否提高学生的学业成就，存在两方面的争论。一方认为，缩小班级规模能够实施更个性化、高质量的教学，为实现创新以及以学生为中心的教学提供更多空间,提高教师的斗志,减少干扰,减少学生的不良行为,并且让学生更轻松地参与到学习活动中。另一方面,仍有大量研究并不支持缩小班级规模能提高学业成就这个观点。

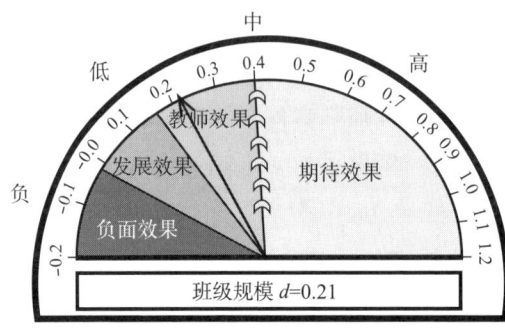

注解	
标准误	na
排名	106
元分析数	3
研究数	96
效应量数	785
研究对象数(X)	550 339

根据元分析和其他有关班级规模研究的更详细的分析证据,我断定(Hattie, 2006),全部的证据表明,班级规模的影响总体上很小;因此,很难把这种小影响与被夸大了的积极的、在许多情况下又是明显的、深远的影响联系起来;那些支持小班教学的研究认为小班教学的效应主要与师生的工作环境有关,而那些不支持小班教学的研究认为小班教学对学生的学习影响不大。缩小班级规模似乎能改善师生的工作环境,但这不一定能转化为对学生学习的积极影响。

表 6.2 总结了很多综合性研究。这些元分析和其他重要的初始研究以及最新研究得出的平均效应量为 d=0.13。因此,班级规模从 25 人减少到 15 人的典型效应量为 d=0.10—0.20。有趣的是,这个值带有典型性,在这些估算中并没有太多变化;可见,这个平均值是对缩小班级规模影响的合理概括。

表6.2 对关于班级规模从 25 人减少到 15 人的主要研究及元分析的综合

作者	年份	研究数	效应量数	班级数	研究对象数	d	成果
Glass & Smith	1977	77	725	14 358	520 899	0.09	学业成就
Smith & Glass	1980	59	371	—	—	0.24	非学业成就
Finn	1988	1	1	79	6 500	0.22	学业成就
	—	1	1	79	6 500	0.12	学业成就(四至六年级)
	—	1	1	79	6 500	0.02	自我概念、动机
McGiverin et al.	1989	10	24	—	—	0.34	学业成就

续表

作者	年份	研究数	效应量数	班级数	研究对象数	d	成果
Molnar et al.	1999	1	1	411	9 790	0.21	学业成就
Hoxby	2000	1	1	14 593	306 453	0.03	学业成就
Blatchford	2005	1	1	368	9 330	0.23	学业成就
Goldstein et al.	2000	9	36	1 178*	29 440	0.20	学业成就
Dustmann, Rajah,& van Soest	2003	1	1	224	3 811	−0.04	学业成就
Akerhielm	1995	1	1	1 052*	24 000	0.15	学业成就
Rice	1999	1	1	8 760	24 599	−0.04	学业成就
Johnson et al.	2003	1	1	168*	3 700	0.00	学业成就
Angrist & Lavy	1999	1	1	1 327	46 455*	0.15	学业成就
Urquiola	2000	1	1	608	10 018	0.20	学业成就
平均值	—	164	1 165	40 728+	948 540+	0.13	—

*估计值

这些来自许多国家（美国、英国、以色列、玻利维亚）针对所有年级的研究，包含元分析、纵向研究、跨队列研究（cross-cohort studies）在内的大量设计，使用了一些最先进的统计方法。很多不同研究的效应量都表现出明显的一致性，典型效应量为 $d=0.10—0.20$。与许多其他可能的干预相比，这个值相对较低。因此，显然不值得花费数十亿美元来减少每个班级的学生数。更重要的问题是，"为什么缩小班级规模对学业成就的影响效果这么小？"

原因之一是小班教师采用与大班教学相同的教学方法，因此即使学生数量少，教师也无法优化小班的课堂教学机会（Finn, 2002）。然而，难以找到调查或证明小班与大班的课堂经验性质是否存在差异的研究。此外，在大班和25—30人的小班中，优质教学的概念有所不同（Hattie, 2006, 探讨了更多细节内容）。对于80人或以上的班级来说，我们可能有必要假定，每个学生都能通过自我调节进行学习，教师的主要职责是呈现和讲解学习内容，评价学生的掌握情况，（稍微）将这些学习内容转化为学生的言语和信念（通过结构性写作或选择题考试）。细致考察学生对这些班级（尤其是大学班级）教学的评价发现，学生对高度组织的课堂和教师抱有高期望，对考试系统、课堂讲义、学习资源以及通过教科书、教学大纲和教学评价获得清晰的指导抱有明确期待。

当班级规模为30—80人时，优质教学的概念更多意味着一种利用粉笔或白板和严格按照讲义进行的教学，课堂禁止发生越轨行为，学生必须不断反复学习课堂行为规范，同时还有更严格的纪律，几乎禁止任何偏离行为，学生要大量抄写和进行强记学习，且整齐坐好，以同样的进度进行学习（Cortazzi, Jin, 2001）。在20—30人的班级中，分组是可能的。有更多机会根据能力（或者行为）对学生进行分组，鼓励学生之间互动交流，允许学生进行不同熟练度的自我调节，根据学生的实际情况调整课程（主题或进度）。关于20—30人班级中优秀教师与资深教师的差别的研究文献十分丰富（比如，Berliner, 1987, 1988; Borko, Livingston, 1989; Chi, Glaser, Farr, 1988; Hattie, Clinton, 2008; Housner, Griffey, 1985; Krabbe, 1989; Leinhardt, 1983; Ropo, 1987; Shanteau, 1992; Smith, Baker, Hattie, Bond, 2008; Sternberg, Horvath, 1995; Strahan, 1989; Swanson, O'Conner, Cooney, 1990; Tudor, 1992; van der Mars, Vogler, Darst, Cusimano, 1995; Westerman, 1991; Yekovich, Thompson, Walker, 1991）。然而，这仍无法让人确信这些特点必定适用于其他规模的班级。

有观点认为，当班级规模发生变化时，需要转变对优质教学的理解——从对大班（80人或以上）学生进行直接教学（最常见的是传授）转变到关注教和学（20—80人），再到与一小群学生合作教学和学习（Chan, 2005）。这种转变不仅需要教师在班级规模改变时调整教学方法，而且要在不同规模的班级中重新定义优秀教师的内涵。

针对缩小班级规模取得的效果低于预期效果的典型回应是，如果班级规模缩小，本书发现的许多强有力的影响将会更有效。小型班级的支持者认为，小型班级会带来更多的反馈、师生之间和学生之间更多的交流，以及更多的学习诊断，等等。可能确实是这样，但目前的证据表明，当班级规模缩小时，即便在小型班级中实施这些影响，其对学生学业成就的影响仍旧不大。这是一个有趣的问题。正如前文所述，学业成就没有发生变化最有可能是因为教师没有转变当前的教学策略。如果教师接受再培训之后再去教授小班，那么很多最优策略就可能奏效；但是，仅仅减少教师面对的学生数量，没有改变教师的教学，教学和学生的学业成就也不会发生改变。应该提醒读者的是，元分析是一种文献综述的方法——缩小班级规模的低效应是对过去缩小班级规模这一教育经验的概括。这些经验表明，缩小班级规模至今还无法成为一种有效的提高学业成就的方法（尽管正面的平均效应量表明，扩大班级规模亦不是明智之举）。

开放班级

尽管开放教育计划是以一套关于学生本性、发展和学习的基本哲学假设为基础,但它们在方式、特征包括组织上存在着广泛差异。有人强调开放空间是有效教学实践的基本特征,也有人强调教学方法(比如个人或小组教学以及充分利用结构化的教学材料)和学生的作用,还有人试图把所有这些特征结合起来。尽管开放教育的全盛期是在20世纪七八十年代,但现在仍有许多开放教育计划正在运行中(我自己的孩子参加了北卡罗来纳州的一个教育计划)。正如许多这样的研究所指出的,开放的班级结构通常不能保证开放的教学原则。

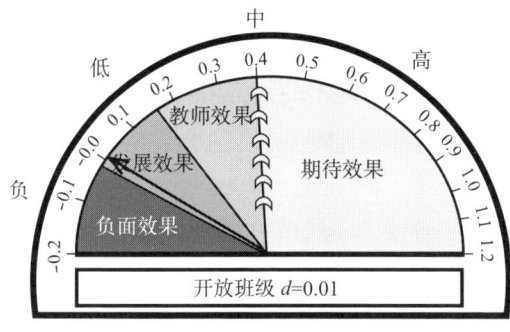

注解	
标准误	0.032(低)
排名	133
元分析数	4
研究数	315
效应量数	333
研究对象数(0)	na

开放班级对学生学业成就的影响甚微。Hetzel, Rasher, Butcher 和 Walberg(1980)发现,总的来说,尽管开放教育比传统教育的教学成效高一点,但并不显著。Peterson(1980)表示,接受传统教学的学生比接受开放教学的学生的学业测试成绩稍高,但是创造力测试成绩较低,并且学生较为缺乏积极的学习态度和自我概念。Madamba(1980)研究了开放与传统这两种学校教育结构对学生发展的影响,发现二者在阅读理解、词汇、语言、自我概念和对学校的态度方面的影响相同。

Giaconia 和 Hedges(1982)致力于确定有效的开放教育的特征。他们的结论加强了 Peterson 的观点,即开放教育计划有助于形成清晰的自我概念、创造力以及对学校的积极态度。能产生这些非学业成就方面成果的有效教育计划具有以下四个特点:

1. 强调学生在学习中的作用;
2. 进行诊断性评价;

3. 使用操作性材料；
4. 实行个性化教学。

混龄小组、开放空间和小组教学不是区分开放教育课程效果大小的因素。此外，能有效产生非学业成就方面成果的开放教育计划，对学业成就的影响低于平均值。

能力分轨

人们通常认为，在美国，20%—40%的初中根据学生的能力将他们分配到各个班级，还有40%的学校实施的是按照学科进行班级分轨，主要是分为阅读和数学学科（Epstein, Mac Iver, 1990; Lounsbury, Clark, 1990; Wheelock, 1992）。美国国家教育纵向研究项目（National Educational Longitudinal Study, NELS）对近1 000所学校的2.5万名学生的研究数据显示，美国约有86%的公立初中和高中学生被分配在分轨的班级中。

根本的问题是这些班级的学生在能力或学业成就方面是同质的还是异质的。高中的高年级分轨通常让学生选择不同的学科，而高中的低年级则通常让学生选择相同的学科，但会对教学目标和教学进度进行区分以满足不同能力水平的学生。在初中，学生很有可能在某些学科（比如英语和/或数学）上进行班级分轨，但是在其他学科上则不进行班级分轨。

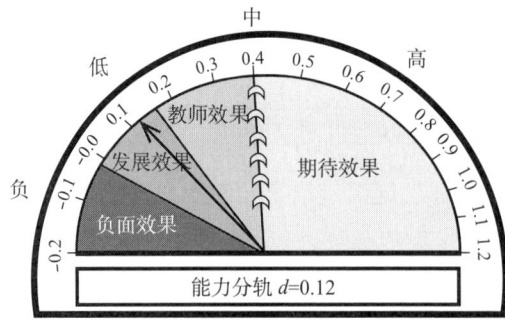

分轨的结果可以大致分为成就效应和公平效应。后者要探讨的问题是，由分轨带来的益处和损失是否均匀分布在所有不同的亚群体中（比如少数族裔学生与非少数族裔学生）。很多研究也关注因亚群体引起的教学进度和教学方法有无差异、是否存在着超越于公开承认的能力分轨的其他分轨变量（比如，在分轨方面是否存在社会阶层变量超越于对学业成就水平的影响）。

元分析研究总结了 300 项以上的有关分轨的研究，这些研究涵盖了广泛的学校教育文化和实践经验、大部分课程学科、所有年龄段和最主要的教育成果，其平均效应量比较低，为 $d=0.11$（更多细节参见 Hattie, 2002; Jaeger, Hattie, 1996; Wilkinson, Parr, Fung, Hattie, Townsend, 2002）。这个结果表明，分轨对学业成就的影响极小，对公平效应有着深远的负面影响。数学和阅读方面的总体效应量同样较小（阅读 $d=0.00$，数学 $d=0.02$），有关自我概念的效应量接近于零，有关对学科的态度的效应量稍高（$d=0.10$）。研究中，三个主要能力水平的总体效应量是：高水平轨道 $d=0.14$，中等水平轨道 $d=-0.03$，低水平轨道 $d=0.09$。没有一轨是有效的和有益的。

　　班级分轨对公平结果的影响更为深远和消极。对分轨班级的教学与学习最具影响力的深入研究是 Oakes（2005）写的《保持分轨：学校是如何使不公平结构化的》（*Keeping Track: How Schools Structure Inequality*）。她的研究基于对 25 个初级和高级中学深入的定性分析。其主要发现是许多低水平轨道的班级处于沉闷的、非教育的环境中。Oakes（1992）认为，"最有力的证据表明，在大多数情况下，分轨无法产生学校看重的成果"（p.13）。能力分轨巩固了被分到同一轨道学生之间的友谊网络，这些群体成员可能会促成在高中形成两极分化的分轨态度，高轨道学生会更富激情，而低轨道学生会感到更加疏离（Oakes, Gamoran, Page, 1992）。在随后的评价中，Oakes 等人（1993）认为，分轨限制了"学生的教育机会、获得成就和生活的机会。非高轨道的学生面临更少的智力挑战、更少的课堂参与和课堂支持、更少训练有素的教师等问题"（p.20）。美国教师联合会（American Federation of Teachers）的主席 Shanker（1993）在评论 Oakes 的研究时，更加坦诚地说道："低轨道孩子常常难以获得有价值的学习任务；他们花费大量时间填写空白的练习册和其他册子。因为我们对他们几乎不抱任何期望，所以他们所学甚少。"（p.24）在一项类似的定性研究中，Page（1991）提供了 8 份低轨道班级日常活动的详细记录，并发现师生都认同如何不给对方施压，从而相互和谐相处，低轨道班级被当作有最严重行为问题学生的"少管所"（holding tanks），教师注重用枯燥、重复的课堂作业来对学生进行补救（参见 Camarena, 1990; Gamoran, 1993）。

　　Oakes 和 Wells（1996）表示，分轨导致了不公平的权利分配，因为白人学生和富裕学生能从高轨道中的高地位的知识（high-status knowledge）中获益，而来自低收入家庭的学生和有色人种学生则被排除在外。Oakes, Ormseth, Bell

和 Camp（1990）分析了美国 1 200 所公立和私立的小学和高中，他们发现，少数族裔学生被认定为低能力学生的可能性是被认定为高能力学生的可能性的 7 倍。分轨的学校总是依据过去的学业成就解释这种种族的亚分轨，从而认为班级分轨最有可能对此进行矫正。如果分轨会使更多社会经济背景较差或特定种族的学生被成比例地分配到低轨道，那么分轨可能会加剧阶级、民族和种族的分化（Haller, Davis, 1980; Rosenbaum, 1980）。在对加利福尼亚州和马萨诸塞州分轨政策的研究中，Loveless（1999）总结指出，现实中存在大量矛盾：低成就学校、贫困学校和城市地区反对分轨；而郊区学校、富裕社区的学校以及高成就的学校仍保持分轨——实际上，他们支持分轨。"这与精英阶层的理念背道而驰，因为他们向社会不利群体强加了一种适得其反的政策。如果分轨是一个糟糕的政策，那么社会精英就是在不合理地将这种政策运用在自己孩子身上。"（Loverless, 1990, p.154）Braddock（1990）发现，拥有超过 20% 的少数族裔学生的学校比少数族裔学生较少的学校更有可能实行能力分轨。

Oakes, Gamoran 和 Page（1992）发现，亚裔学生与考试成绩等同的拉美裔学生相比，更有可能参加高水平课程。社会经济地位低和处境不利的少数族裔学生会被不成比例地分配到低轨道班级和非大学轨道中（National Centre for Educational Statistics, 1985; Oakes et al., 1992; Persell, 1979; Vanfossen, Jones, Spade, 1987）。能力一般但来自优势家庭的学生会因为家长的作用而更有可能分到高轨道班级中，这些家长往往是孩子所受学校教育的有效经理人（effective managers）（Alexander, Cook, McDill, 1978; Baker, Stevenson, 1986; Dornbush, 1994; Lareau, 1987; Useem, 1991, 1992）。此外，如果学校有大量少数族裔学生和社会经济地位低的学生，那么这类学校不太可能开设充足的高水平课程，这会影响学生进入更高年级学习的几率。而且，与少数族裔学生少和社会经济地位高的学生多的学校相比，这类学校的高水平分轨课程往往不太严格，质量不高（Oakes et al., 1992）。

本研究中还有最后一个难题。经验证据得出了分轨的影响接近于零的结论，但定性研究表明低轨道班级和高轨道班级在教学和互动方面存在较大差异。定性研究表明，低轨道课堂更为松散，参与度低，训练有素的教师少。显然，如果这些低轨道班级更富激发性，挑战性更高，由训练有素的教师进行教学，那么这些学生可能会从分轨中受益。但事实并非如此。似乎教学质量和学生互动的性质才是关键问题，而非班级的组成结构。

混合年级 / 混龄班级

混龄班级是指学生不在同一年龄层次，但他们处在同样的班级、由同样的教师教学（也称为混合年级、多龄班级、拼合班级、拼合年级、纵向分组、家庭小组、不分年级班级）。这种班级在小型学校、许多发展中国家以及各个年龄段的学生数量并不均匀的学校中，十分常见。也有学校采用组合班级，因为人们认为，与单一水平的班级相比，组合班级存在一定的教学优势，因为"组合班级允许运用更灵活的分组和学习方式，鼓励学生互帮互助以及共同合作，更能展现出一种'家庭'或'共同体'的氛围"（Trussell-Cullen, 1994, p. 30）。

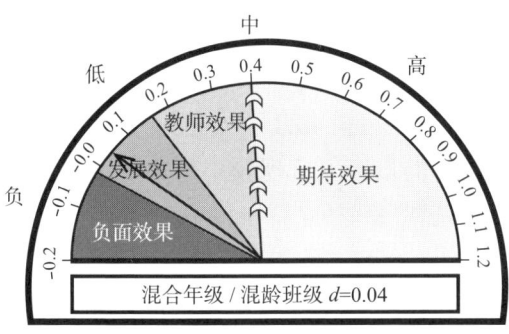

注解	
标准误	na
排名	131
元分析数	3
研究数	94
效应量数	72
研究对象数（0）	na

Kim（1996）对 98 项有关分年级和不分年级的班级的研究进行了分析，发现不分年级的班级往往成效低（$d=0.17$）。这对于学校大多数学科来说情况都是一致的：阅读 $d=0.16$，语言 $d=0.13$，词汇 $d=0.17$，数学 $d=0.10$。更多的研究支持不分年级（non-graded）的班级。他还对不分年级的班级与混合年级（multi-graded）的班级、混龄班级进行了比较，它们的总体效应量都比较低。Veenman（1995）对许多英语和非英语国家的小学混合年级和混龄班级的学生的认知成果和情感成果进行了元分析。在对 34 项比较混合年级和单一年级班级的研究以及 8 项比较混龄班级和单一年龄班级的研究的分析中，Veenman 发现不存在学业成就差异（混合年级班级 $d=0.00$，混龄班级 $d=-0.03$）。在 13 项有关混合年级班级的研究和 8 项有关混龄班级的研究中，他发现在学生对于学校的态度、自我概念和个人通过调整适应班级上的效应很小（$d=0.10$，$d=0.15$）。年级或学业领域(阅读、数学、语言)的成果没有太大差异。因此，Veenman 总结指出，"家长、教师和管理者不需要担心混合年级或者混龄班级中学生的学业进步或者社会情

感适应。与单一年级或者单一年龄班级相比，这些班级既不会更好也不会更差"（Veenman, 1995, p. 367）。他还注意到，尽管提供这类班级教学实践信息的研究少之又少，但确实表明，教师极少充分利用混合年级或者混龄班级的设置来促进学生相互学习（比如，运用合作学习或交互式教学）。教师也不会在班内按年级或年龄对学生进行分组，以使教学更加适合同质群体。

Mason 和 Burns（1996）批判了 Veenman 的结论，认为他关于混合年级班级的效应量为零的发现是人为造成的，一方面是由有利于这类班级的选择偏差（selection bias）造成的，另一方面是由这类班级的低质量教学造成的。在这两者的结合中，这种选择的优势就又被抵消了。他们认为，混合年级班级通常有更优秀的学生以及可能有更优秀的教师；这些选择因素掩盖了由于教师要应付学生之间的较大差异而背负的较高要求所带来的轻微负面影响（Burns, Mason, 1995; Mason, Burns, 1995, 1996; Mason, Doepner, 1998）。Mason 和 Burns（1996）假设，如果控制学生和教师的选择因素，有关混合年级和单一年级班级的学业成就的比较研究将在标准差为 -0.10 的量级上呈现较小的负效应。Mason 和 Burns 还认为，因为混合年级班级的教师需要额外的时间，因而可能会忽视非核心课程，比如科学和社会研究。

Veenman（1995）在对这种批判的回应中公布了运用元分析方法再分析较大样本的研究结果。总体而言，结果再次表明在认知和情感成果方面，混合年级/混龄班级与单一年级/单一年龄班级之间没有明显差异。认知成果的效应量基本为零，但存在微弱的积极效应，情感成果的效应量也趋近于零。他的再分析表明，一至三年级的混合年级班级的学生存在较低但积极的效应量（平均效应量为 $d=0.06$），四至五年级的效应量接近于零（$d=0.01$），六至七年级存在较低的负效应（$d=-0.08$）。也有一些证据支持这种可能性，即学生的科学（平均效应量 $d=-0.19$）和数学（$d=-0.25$）等学业成就受到损害，但没有证据表明，选择因素不起作用的学校会出现负效应（比如，农村学校的平均效应量 $d=0.10$）。

Veenman, Mason 和 Burns 三人的观点似乎达成了某种一致性。他们都指出，教师很少利用混合年级或者混龄班级的设置来促进学生相互学习。相反，教师往往教授截然不同的课程，保持相同的年级水平，为每个年级群体单独授课。在一项有关数学成就的研究中，Mason 和 Burns（1996）比较了 6 个混合年级班级和 18 个单一年级班级的小学教师使用的课程、教学和组织形式——单一班级中有 6 位教师运用班级整体教学、12 位教师运用班内能力分组教学。他们根据班级类型、教师组织学生学习数学的方式、教师指导的方式和教师协调小组自由活动的方式，来对这些教师所授的153节课进行编码。混合年级班级的教师在所有的课上将学生分成两组。此外，在小组自由活动中，混合年级班级的学生不如单一年级班级的学生富有成效，即使把单一年级班级的学生分成两个相似的组也是如此。混合年级班级的学生很少通过合作学习来解决问题并且很少帮助其他需要支援的同学。Mason和Burns指出，尽管混合年级班级能为教师使用创新的、以学生发展为中心的教学方法提供机会，但几乎没有数据表明教师实际利用了这些机会。没有证据表明混合年级班级的学生在社会性发展、同伴指导和独立学习方面机会更多。

总体而言，与单一年龄班级相比，混合年级班级的效应量并不足以证明其相对更有效。无论混龄班级学生的年龄如何分布，教师都采用相似的教学方法，而且混合年级班级常常按照年龄来分组。无论班级结构如何变化，教师的教学原则都根深蒂固。因此就不难理解为什么混合年级班级的效应量接近于零。

班内分组

班内分组可以被定义为"教师在一个班级内将能力相同的学生分组"（Hollifield, 1987, p.1）。这种情况在新西兰十分常见，比如94%的五年级教师会在阅读方面进行班内分组教学，几乎所有的五年级教师都会在数学方面进行班内分组教学（Wagemaker, 1993）。班内分组有两种主要形式——能力/成就分组和小组学习，前者在几周的教学时间里根据某种半永久性的能力基础进行分组，后者是短期的、更自发的且常常是基于特定的任务进行分组。

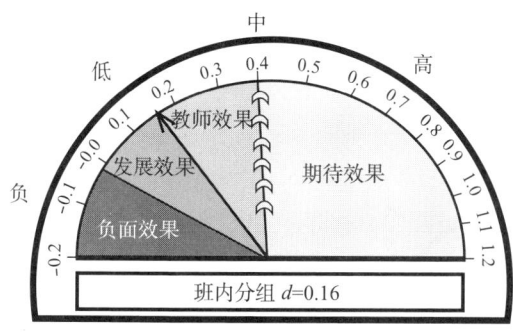

注解	
标准误	na
排名	116
元分析数	2
研究数	129
效应量数	181
研究对象数（1）	16 073

Kulik和Kulik（1992）对19项有关美国班内分组的研究进行了元分析。大体上，班内分组（除了天才班）的平均效应量为d=0.17。这与按能力分轨的学

生的效应量相似：高能力学生组 $d=0.29$、中等能力学生组 $d=0.17$、低能力学生组 $d=0.21$。Kulik 和 Kulik（1992）又继续研究，对 11 项有关班内分组的研究做了进一步的元分析，并使用了不同的研究采纳标准。班内分组的平均效应量为 $d=0.25$，但高能力学生组的效应量（$d=0.30$）比中等能力学生组（$d=0.18$）和低能力学生组（$d=0.16$）稍高。

一项有关能力/成就分组的元分析（Lou et al., 1996）结果表明，与不分组的班级相比，班内分组在促进学生学习方面存在些许优势（平均效应量 $d=0.17$）。此外，这项分析还表明分组的效应量取决于班级规模。大班（超过 35 人）分组的平均效应量是 $d=0.35$，而小班（少于 26 人）的平均效应量是 $d=0.22$，中等规模班级（26—35 人）的平均效应量是 $d=0.06$。小组教学与传统班级整体教学相比较的优势（平均效应量 $d=0.24$）大于与个性化的掌握学习相比较的优势（平均效应量 $d=0.15$），运用合作学习的小组表现（平均效应量 $d=0.28$）比其他小组表现（平均效应量 $d=0.15$）更出色。低、中、高能力的学生都能在小组教学中取得进步（平均效应量分别为 $d=0.37$，$d=0.19$，$d=0.28$）。

小组学习

小组学习与班内分组不同，它通常涉及给每一个小组分配任务，然后期望他们完成这项任务。与此相关的唯一一项元分析是在大学层次进行的。Lou, Abrami 和 d'Apollonia（2001）发现，在学业成就、小组任务完成表现和一些过程和情感成果方面，小组学习明显比个体运用电脑技术的学习更能产生积极效应。在具有小组学习经验或获得指导的情况下，学生能运用特定的合作学习策略，且小组规模小的情况下，小组学习的效应量会显著提高。Springer, Stanne 和 Donovan（1999）还发现，大学生在学业成就、态度和毅力方面的效应量相近，为 $d=0.5$。小组学习也能让大学生获得更多自尊。

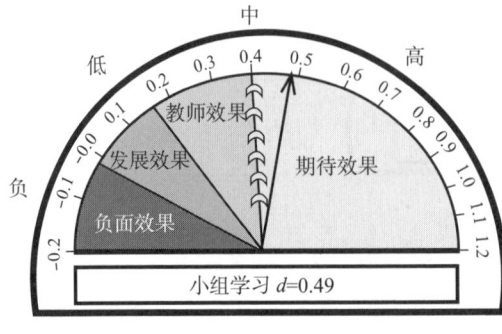

注解	
标准误	na
排名	48
元分析数	2
研究数	78
效应量数	155
研究对象数（1）	3 472

第六章 来自学校的影响

依据学生能力或小组学习对学生进行班内分组或混合的有效性研究表明，必须对教学材料和教学形式加以调整以适合这些特定的分组。简单地把学生放在小的、更加同质的组中是不够的。为了能让分组的成效最大化，教学材料和教学方式必须多样化，且有适当的挑战性，以适应不同能力水平学生的需要。

随班就读

为特殊学生提供限制最少的环境，这一观念意味着让这些学生随班就读（mainstreaming）——也就是说把他们安排在正规学校的班级中。随班就读指的是，残障学生应当最大程度地融入其正常的同辈群体中，让他们在限制最少的环境中学习。随班就读通常被认为是基于平等和社会公正的理由，而不是关注这些学生学习的最佳效应。在特定的情况下，限制最少的环境并不是指随班就读（有些人把它称作回归主流，Chapman, 1988），而是指对学习内容、教学材料、课堂管理、教学技巧和教学策略的修正。完全融入意味着有特殊需求的学生能够而且应当与其他同学一样，在相同的环境中获得恰当的支持以接受教育。提倡者认为，这会使得教师提高对特殊学生的期望，引发更多的同伴互动、更多的学习以及更强的自尊。

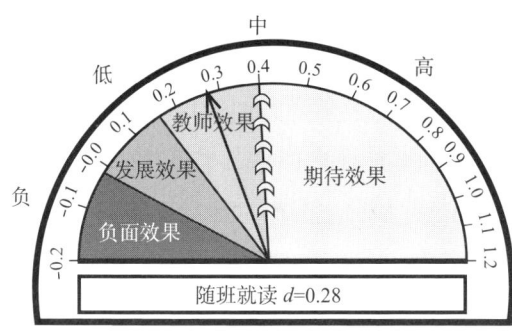

注解	
标准误	na
排名	92
元分析数	5
研究数	150
效应量数	370
研究对象数（2）	29 532

Carlberg 和 Kavale（1980）发现随班就读对特殊班级存在微弱但积极的影响（$d=0.12$），具体而言，学业成就 $d=0.15$，社会/人格发展成果 $d=0.11$。重要的是要注意，这些效应量是特殊班级的学生和随班就读的相似学生之间的比较结果，也就是说，其差异不是在不等组别之间进行测量的结果。Baker（1994）公布了支持随班就读的类似的效应量（$d=0.08$），相比阅读而言（$d=0.12$），在数学方面的影响更为积极（$d=0.22$）。他还发现了智障学生的效应量（$d=0.47$），以及有学习障碍的学生的效应量（$d=0.13$）。Wang 和 Baker（1985）在不同年级中都得出了相近的效应量。

单一性别班级

不断有人对在男女同校的学校中的性别分组重燃研究兴趣。对其感兴趣的研究者援引了教师互动的不同性质、男生对女生的恐吓、评分及评价偏见以及学科内容和呈现等方面的情况，并据此认为性别分组有利于女生的学习（Milligan, Thomson, 1992; Parker, 1985; Willis, Kenway, 1986）。Gillibrand, Robinson, Brawn和Osborn（1999）调查了一个有58名女生的班级中有47名女生选择去单一性别班级学习物理（全部由男教师授课）的原因。其主要原因包括她们期望取得更高的学业成就，避免男生的干扰，希望与朋友一起学习以及渴望体验新奇的事物。相反，女生选择混合性别班级的主要原因是女生班级会让她们丢脸，而且男生无法在学习上帮助她们。Kruse在丹麦进行了广泛研究（Kruse, 1987; 1989; 1990; 1992; 1994; 1996a; 1996b）。他表示女生班级有助于团结，有利于男生的竞争因素会有所减少。Parker和Rennie（1997）发现，尽管单一性别班级对高成就的女生和男生来说益处最小，但教师认为其有利于那些在混合性别班级中受到男生骚扰的女生的发展。他们的总体结论是，效应量的高低更多地取决于教师和教师的期望，而非班级是混合性别还是单一性别。

要比较单一性别班级和混合性别班级对于学生学习的影响，最主要的困难之一在于不等组之间的比较。单一性别班级往往在学生和教师方面有更大的选择空间，很难确定是这些选择因素而不是性别因素导致了差异（Steedman, 1983）。Rowe（Marsh, Rowe, 1996; Rowe, 1988）对单一性别班级和混合性别班级进行了一项最有效的对比研究。他在6个单一性别班级或2个混合性别班级中随机选取了教师和学生进行数学学科教学。在所有测量中，女生班级的女生（或者男生班级的男生）在学业成就上的收获并没有比混合性别班级的女生（或男生）更大。因此，"无论对于男生还是女生，并没有证据支持，单一性别班级的数学课堂具有优势"（Marsh, Rowe, 1996, p.153），并且班级的选择对学生随后的数学学习机会也没有影响。同样，Signorella, Frieze和Hershey（1996）完成了一项对某所私立学校单一性别班级和混合性别班级长达10年的纵向研究。他们得出的结论是，"并没有一致的趋势显示，单一性别班级的学生呈现出更少的性别刻板印象……单一性别班级的女生也并非总比混合班级的女生更占优势"（p.606）。Marsh和Rowe确实发现，聪明的学生从混合性别班级中受益更多。

总的来说，很少有强有力的证据表明单一性别班级或混合性别班级能带来结构性影响。需要注意的是，大多数研究是针对高中生的，很少在小学中开展；尽管没有太多理由怀疑在小学中会产生有意义的差异。能产生更大影响力的主要是教学质量和教师期望，而非班级是单一性别还是混合性别。

留级

留级是指不让学生升入高一年级学习的做法（也就是说，学生必须重复其所在年级的学习），留级依据的理念是学生重复学习其所在年级的学习内容会取得更大的学业进步（Fait, 1982）。留级是为数不多的一个很难找到能证明其产生积极影响（$d>0.0$）的教育研究领域，尽管也确实存在着发现其影响程度略高于零的少量相关研究。总的来说，留级会对学生造成负面影响。从长远来看，如果我们对决定学生升级或留级时的学习成绩和后来的成绩进行比较，学生升级会比留级取得更加积极的效果。

研究发现，留级会在语言艺术、阅读、数学、勤工助学技能、社会研究和平均分数等学业成就方面造成负面影响。在社会和情感适应、行为、自我概念和对学校的态度方面，升级学生比留级学生能获得更高的分数。Jimerson（2001）在基于169个学业成就效应量的有关留级的最新研究中，发现平均效应量$d=-0.39$，而且这种负面影响反映在许多学科上：语言艺术（$d=-0.36$）、阅读（$d=-0.54$），以及数学（$d=-0.49$）。另有246个效应量与社会情感和行为成果有关，这些也都呈现系统性的负面影响（$d=-0.22$）；留级学生的出勤率也更低（$d=-0.65$）。

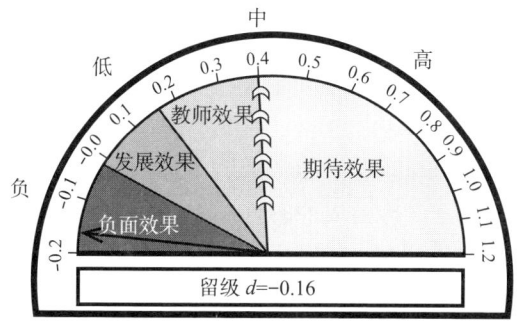

注解	
标准误	na
排名	136
元分析数	7
研究数	207
效应量数	2 675
研究对象数（2）	13 938

Holmes（1983；1989）综合了63项有关留级影响的研究成果，他得出的总体效应量为$d=-0.15$。因此，非升级或者留级学生组在多种学业成就测量方面，在大部分的学业成就和人格发展方面，以及在学生的各个年龄阶段，都比升级

学生这一对照组低 $d=0.15$ 的标准差。这种负面影响会随着时间的推移而增加，比如一年之后，留级组比升入高一个年级进行学习并经常借助要求更高的材料来加以测试的对照组低 0.45 个标准差。这种差异在接下来的每一年都会扩大，留级后 4 年或以上，会达到 0.83 个标准差。此外，留级 1 年几乎会使这个学生的辍学可能性增加一倍，留级 2 年则几乎肯定会辍学。造成这些负面影响的部分原因是学校或教师没有为留级学生提供特殊的干预措施，因此，留级学生不得不参与他前一年无法从中受益的课程计划。另一个原因可能是同伴群体对留级学生的信心带来了负面影响，而且留级学生被迫与不同年龄的学生交往。Holmes（1989）总结指出，很难找到能证明带有如此明确负面影响的其他教育实践（另见 Byrnes, 1989; Cosden, Zimmer, Tuss, 1993; Dauber, Alexander, Entwisle, 1993; Foster, 1993; Grissom, Shepard, 1989; House, 1989; Kaczala, 1991; Mantzicopoulos, Morrison, 1992; Meisels, Liaw, 1993; Morris, 1993; Peterson, DeGracie, Ayabe, 1987; Shepard, 1989; Shepard, Smith, 1989; Tomchin, Impara, 1992）。

留级会对学业成就产生相当消极的影响，考虑到留级必然还会对教育公平产生负面影响，学生留级的情形就更加糟糕。假设两个学业成就相同的学生，那么有色人种（非裔美国人、拉美裔美国人）学生留级的可能性是其他（白人）学生的 4 倍（Cosden et al., 1993; Meisels, Liaw, 1993）。唯一有趣的问题是，在具备表明留级无效的证据的情况下，为什么还会存在留级。

这里引用一些典型的结论：尤其是一些长期的后续研究表明，留级学生和升级学生在学业成就方面没有差异。在教师对阅读和数学的等级评定方面，没有显示组间存在差异。通过教师在第一学年末对社会成熟程度、学习者自我概念或注意力方面的等级评定，并未发现多学一年对留级学生产生有利影响（Shepard, Smith, 1989）。

研究表明，不允许升级的威胁并不能成为激励学生的手段；留级通常也不能提高学业成就或提高发展不成熟的学生的适应能力；从经济学角度来说，留级浪费了教育经费，因为它增加了教育成本（留级生要在公立学校额外多待一年），而且对绝大多数留级学生没有任何益处；社会经济地位低及同伴的课堂行为等特点会影响学生留级的可能性（Byrnes, 1989）。

留级造成的最严重且代价最高的影响之一，可能是增加辍学的风险。虽然留级的目标之一是为孩子提供更加成功的机会，然而在校时间越长，留级带来的副作用会越明显。留级 1 年使学生辍学的可能性增加一倍，留级 2 年就几乎会辍学。事实上，留级是辍学的第二大预兆（Foster, 1993）。

学生以相当随意和不同的方式留级，那些学业失败的学生更有可能是贫困学生、男生以及少数族裔学生，尽管富裕学校或贫穷学校在某种程度上都同样会让学生留级。学业失败的影响会对学生造成直接的心理创伤，留级学生未来的学业成就会更差，许多留级学生会选择辍学。令人难以置信的是，辍学是留级的结果，就像留级是学业成就的结果一样。难以发现其他教育实践能产生如此明显的负面影响（House, 1989）。

面向资优学生的学校课程的影响

本节探讨的学校课程影响因素与为资优和天才学生编制分化的课程经验有关，这些影响因素包括能力分轨、加快学习进度以及拓展学习内容等。这些方法将在下文中依次呈现。对这三种方法的成效进行总体比较发现，影响资优学生学业成就最有效的方法是加快学习进度（$d=0.84$）。拓展学习内容的影响为$d=0.39$，能力分轨的影响为$d=0.30$。这引发了一个问题：为什么在这三种方法中，加快学习进度被运用得最少。

资优学生的能力分轨

这里重要的是，要把面向资优学生的项目与按能力分轨的班级区分开来。后者通常指，当与中轨道和低轨道的学生学习同样的课程框架时，高轨道学生能接受较快节奏的教学和更有挑战性的任务；而前者则常常是指需要学习不同的课程。这里有一个关键区别。如果开设者给学生提供适当挑战的特殊课程，那么学生成功参与学习的可能性就更大。比如，Kulik和Kulik（1984）发现，能力分轨对小学资优学生和天才学生的学业成就有积极的影响（$d=0.49$）。Goldring（1990）发现，与进入常规班级相比，资优学生进入特殊的、含挑战性课程的同质班级会取得更大成就。对于进入特殊班级的学生而言，最大的优势体现在自然科学和社会科学的测试上，最小的优势体现在阅读和写作方面。没有证据表明会出现负面或分化的社会影响。大体上，在自我概念或学生的创造力方面，特殊班级和常规班级的学生没有差异。Vaughn, Feldhusen和Asher（1991）发现各种创造力项目都会对自我概念（$d=0.11$）、学业成就（阅读和词汇，$d=0.65$）和创造性思维（$d=0.44$）产生积极影响。

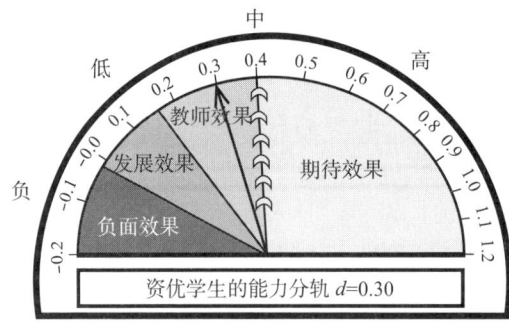

注解	
标准误	0.064（中）
排名	87
元分析数	5
研究数	125
效应量数	202
研究对象数（0）	na

加快学习进度

对特殊班级资优学生的另一种教学方法是通过课程加快学习进度，"加速教学能让聪明的学生与智力相当的同伴共同完成与其能力相符的学习任务"（Kulik, Kulik, 1984b, p.84）。尽管还有很多可选方法，比如课程压缩（curriculum compacting）或浓缩（curriculum telescoping），或开设大学预修课（advanced placement），但通常是通过加快课程的学习进度或者让低年级学生提前学习高年级的课程来促进资优学生的学业进步（Pressey, 1949）。Kulik 和 Kulik 在有关加快教学进度对学生影响的元分析中（Kulik, Kulik, 1984a, 1984b）发现，与年龄、智力等同但未加速学习的学生相比，进度加快的学生几乎高出一个年级水平（d=0.88）。Kulik（2004）回顾了这些包含一定形式的控制设计的研究。将进度加快的学生与同龄控制组进行比较的研究（d=0.80），比将进度加快的学生与年长学生的控制组进行比较的研究（d=-0.04）有更高的效应量。此外，他总结道，进度加快的学生和其所升入的同年级聪明的学生取得的学业成就相同。他还指出，进度加快的学生会有更高的教育志向，但在参与学校活动的比率方面没有什么不同。

George, Cohn 和 Stanley（1979）回顾了有关加快学习进度和拓展学习内容的研究并得出结论，没有研究表明拓展学习内容比加快学习进度更有效；拓展学习内容在最好的情况下只是提供了抵制无聊的一种手段。主要的问题是为什么这么多人抵制加快进度。他们认为，这通常是因为人们对学习进度加快的学生的社会和情感认可程度以及有时间安排障碍方面的偏见和非理性看法。Kulik 和 Kulik（1984a）发现，学生对于学校的态度基本不会受到加速学习项目教学的影响。

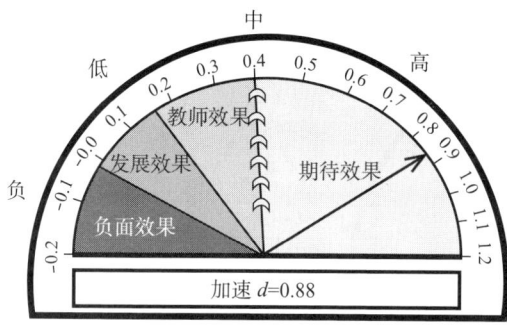

既然加快进度能取得如此成功，为何这种方法极少被用于资优学生身上呢？通常的解释是，加快进度不会使学生在社会和人际交往方面受益。在针对社会影响问题的元分析中，Kent（1992）发现资优学生加快学习进度的平均效应量只有 $d=0.13$。即便加快学习进度能产生影响，也是能产生积极的社会影响，但不加速会造成消极影响。加快学习进度的各种方法之间没有很大差别（浓缩课程的影响最大，$d=0.15$），在性别方面也没有太大差异（男生 $d=0.21$，女生 $d=0.15$）。反而，我们应当质疑不加快学习进度对资优学生造成的负面社会影响。

Levin（1988）问道，如果加快学习进度如此有利于资优学生，为何不将这种方法用于非资优学生呢？因此，他的加快学习进度的计划旨在加快危机学生（at-risk students）的学习进度，以便让他们在小学最后阶段能够达到同年级水平。这些计划包括高期望、达到教育要求的指定期限、激励性的教学计划、所有教师共同规划以及使用所有可利用的社区资源。然而，从元分析的视角来看，证据是有限的：尽管总体效应量只有 $d=0.09$，但 Borman 和 D'Agostino（1995）声称加快学习进度的计划"很有希望取得成效"。

拓展学习内容

拓展学习内容指拓展某些学生群组的教育生活（George et al., 1979）。Wallace（1989）指出拓展学习内容对数学（$d=1.10$）和科学（$d=1.23$）的效应比对阅读（$d=0.59$）或社会学科（$d=0.23$）的效应高。让学生掌握更成熟观念的课程比探究范围更为宽泛的常规课程更有效。拥有多年面向资优学生教学经验的教师（$d=0.88$）比没有这种经验或经验有限的教师（$d=-0.06$）会带来更大的成效。

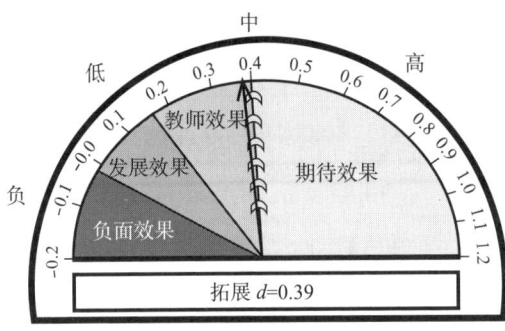

拓展学习内容有很多形式，其中较为常见的一种是 Feuerstein 的辅助性内容拓展项目（Instrumental Enrichment program, Feuerstein, 1980）。这些项目旨在在2—3年的时间里、每周3—5次、每次1小时的课上，通过运用13—15种辅助措施教授批判性思维技巧。每种辅助措施都针对一种特定的认知缺陷，比如含糊不清、以偏概全的感知，未经筹划且冲动的探究行为，缺乏领会性的言语工具（receptive verbal tools），缺乏或者难以感知物体的恒常性比如大小、形状以及数量，缺乏感知的精确性，无法同时思考两个或者更多的信息源，不能完全体验到真实问题的存在并对其进行界定，无法选择和区分相关线索和不相关线索，没有或者只有有限的寻找逻辑性证据的需要，等等。Shiell（2002）述评了 Feuerstein 项目的影响，其对于学业成就的总体效应量为 $d=0.26$。Rommey 和 Samuel（2001）的元分析发现该项目对于学业成就的效应量为 $d=0.35$。

课堂影响

本章的最后一部分讨论课堂中的各种影响因素，比如课堂氛围、爱捣乱学生的存在、减少这些学生对全体学生的干扰，以及同伴影响。

课堂氛围：课堂管理

Marzano（2000）研究了各种课堂管理方式对一系列成果包括学业成就所产生的影响。管理良好的课堂对学业成就的影响为 $d=0.52$，对提高学生的学习参与度的影响可以达到 $d=0.62$。能够保证良好的课堂管理并减少干扰行为的教师的最大特性，是其恰当的心理定势（$d=1.29$），或"明察秋毫"（with-it-ness）（$d=1.42$）；也就是说，教师能够识别并快速处理潜在的行为问题，并且保持情感中立（d=0.71）。这些因素与 Langer（1989）所说的情境意识或情境警觉（situational awareness or mindfulness）有关。第二种最有效的方法是纪律干预（d=0.91），包括教师的语言和肢体动作，向学生表明他们的行为得体或不得体（d=1.00）；群体危机策略（group contigency strategies），即要求一组特定的学生达到行为得体的特定标准（d=0.98）；明确的识别策略，即为学生提供行为得体的标记（token）①或符号（d=0.82）；干预措施，即针对不良行为直接而具体的结果进行干预（d=0.57）。

师生关系在课堂管理中是个强有力的调节变量（d=0.87，另见 Cornelius-White, 2007）。其主要因素有 Marzano（2000）所说的"高度支配"（明确的目标和强有力的指导）以及"高度合作"（关注他人的需求和意见，渴望作为小组的一员而发挥作用）。其原则和程序（d=0.76）包括阐明对有关行为的期望，与学生共同协商并明确表达的规则和程序。

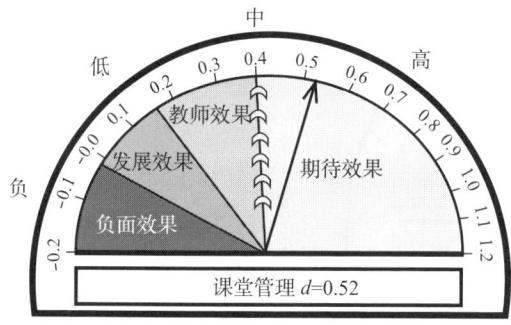

课堂氛围：团体凝聚力

课堂行为是指在班级里发生的任何行为，包括支持或者干扰学生学习任务的能力以及实现学业成就必备的技能。元分析明确得出，积极的课堂氛围的主要影响因素就是课堂凝聚力——即所有人（教师和学生）都朝着积极的学习效果而努力。

在有关课堂氛围的元分析中，所有的研究都发现，以下这些共同特征都能优化学生的学习——目标定向、积极的人际关系和社交支持（social support）。比如，Haertel 和 Walberg（1980）发现，学业成就与凝聚力、满意度、任务难度、规章制度、目标方向以及物质环境之间呈正相关，而学业成就与冲突、小团体

---

① 一种交换手段（如贴纸、弹子），可作为报酬/强化以利于建立和进一步发展期望的学习行为。

主义、冷漠和秩序混乱呈负相关。Johnson 和 Johnson（1987）发现，成人之间的合作有助于提高学业成就、建立积极的人际关系以及获得社交支持和自尊。这些发现与后续几十年的研究是一致的，并不因是个人奖励还是团体奖励、在实验室还是真实情境中，也不因研究时间的长短、所涉及的任务类型以及研究的质量而有所变化。

Evans 和 Dion（1991）总结道，课堂凝聚力和学生表现之间的关系是稳定且积极的。Mullen 和 Copper（1994）认为，这种重要的关系——团体凝聚力——在小的课堂分组中比在大的课堂分组中更牢固；他们将这归因于对完成任务的承诺而不是人际吸引或团体自豪感。在凝聚力更强的情况下，更有可能出现同伴合作学习、容忍并欢迎错误，进而增加反馈，对目标、成功标准的讨论更多，师生关系和生生关系更积极。

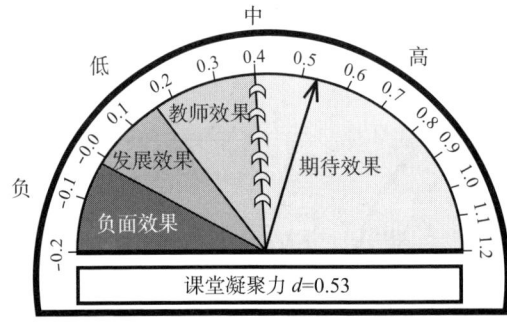

注解	
标准误	0.016（低）
排名	39
元分析数	3
研究数	88
效应量数	841
研究对象数（2）	26 507

课堂凝聚力 d=0.53

减少干扰行为

爱捣乱的学生对其自身以及其他学生的学业成就都会造成负面影响。因此，减少他们的干扰行为应当成为任何一位成功教师的核心能力。这并不是说，这类学生应该被清除，也不是说，他们进入不同班级后就会减少干扰行为。而是说，教师应当具备不让任何学生随意干扰他自己或班上其他学生学习的能力。有关减少干扰行为的不同项目的影响的元分析有很多（尽管未被列入附录 A 中，因为它们并未描述其对学业成就的影响）。比如，Weisz, Weiss, Alicke 和 Klotz（1987）发现对学龄儿童的心理治疗研究的平均效应量为 $d=0.79$；Kazdin, Bass, Ayers 和 Rodgers（1990）在大量研究中发现效应量为 $d=0.77$，尤其是行为干预（$d=0.76$）比非行为干预（$d=0.35$）的效果更明显。自我控制方面的效应量最高（$d=0.87$），其次是对违法行为的治疗（$d=0.42$）、对不合规行为的治疗（$d=0.42$）以及对攻击行为的治疗（$d=0.34$）（另见 Prout, DeMartino, 1986）。

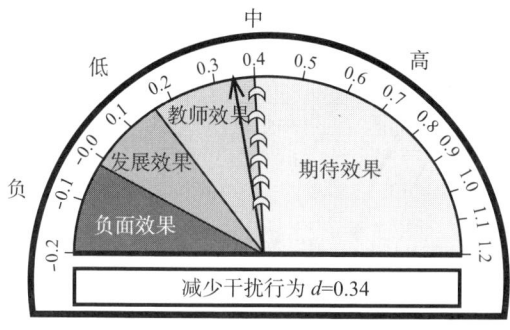

Stage 和 Quiroz（1997）研究了旨在减少公立学校课堂干扰行为的干预措施，他们发现，这些措施对 78% 的被干预学生有效。结果表明，这些干预措施的效果与其他调查心理治疗方法对儿童和青少年影响的元分析研究得出的结论类似。运用教师评价量表的研究与运用行为观察方法的研究相比，前者更不可能提供减少课堂干扰行为的证据。此外，与常规班级的学生相比，在为爱捣乱学生设立的特殊班级中，接受行为干预的学生更少出现干扰行为。同样，Reid, Gonzalez, Nordness, Trout 和 Epstein（2004）发现，治疗项目对情绪障碍学生的效应量为 $d=0.69$。Ghafoori（2000）综合了 20 项成功减少学校干扰行为的认知行为治疗法的研究，其总体效应量为 $d=0.29$；这类治疗对社会经济地位处于最底层的学生的影响更大，但就教师管理与否、学生的种族、是否患有注意力不集中症以及有品行障碍的学生来说，效果都是一样的。

Skiba 和 Casey（1985）发现，对爱捣乱学生进行干预的效应量为 $d=0.91$。针对学业成就的干预措施的效应量最高，针对课堂行为和社会交往的干预措施产生的效果次之。最成功的措施包括社会强化或符号强化（$d=1.38$）、合作（$d=1.05$）、行为咨询（$d=1.09$）以及认知行为矫正（$d=1.0$）；效果最差的方法是社交技能训练（$d=0.44$）。这些结果表明，行为心理学方法是解决课堂干扰问题最有效的方法。

同伴影响

尽管同伴很少参与教学与学习的过程，但同伴影响的作用相当大。在本书中，我们区分了同伴影响学习的多种方式，比如帮助、辅导、建立友谊、给予反馈以及使班级或学校成为学生每天都愿意来的地方（Wilkinson, Fung, 2002）。同伴有助于提供社会比较、情感支持、社会促进、认知重建以及排演的或刻意的（rehearsal or deliberative）练习。

122 | 可见的学习

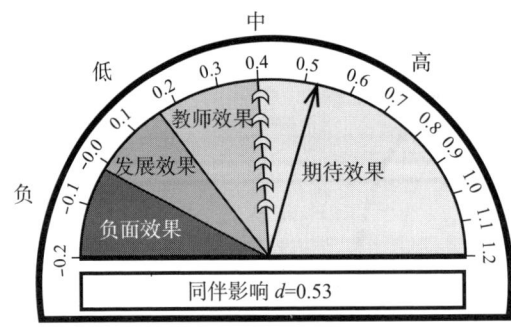

注解	
标准误	na
排名	41
元分析数	1
研究数	12
效应量数	122
研究对象数（0）	na

友谊在课堂环境中的作用重大，因为友谊通常包括更高层次的关怀、支持和帮助，有助于解决冲突，因而带来更多的学习机会，进而提高学业成就（Anderman, Anderman, 1999）。特别是对青少年初期的学生而言，学生之间的社交关系尤为重要。Levy-Tossman, Kaplan 和 Assor（2007）也证实，对于许多表现取向的学生（即他们更看重学习结果并通过与他人比较来证明其学业成就）而言，友谊并不总是以亲密程度为标志，因此对社会比较及印象管理的关注会使他们选择挑战性较小的任务，以确保他们能证明自身的能力；然而，很多成就取向的学生（即他们将学习看作具有内在价值和意义的事情，其学习目的是掌控学习）更关注他们个人的学业发展和成长。友谊的质量越高，朋友的影响就越大。对于处于青少年时期的学生来说，友谊能帮助他们获得作为学习者、不合群者、运动员等的荣誉感；有些荣誉感对个人学业成就的影响可能有利也可能有害（Berndt, 2004）。

Buhs, Ladd 和 Herald（2006）证明了学生得到课堂同伴接纳的程度不高总是与他们的低参与度（Ladd, 1990; Ladd, Kochenderfer, Coleman, 1997）以及学业成就（Buhs, Ladd, 2001）密切相关。这些学生受到负面行为影响，会被课堂同伴活动所边缘化。边缘化意味着课堂同伴活动中社会性和辅助性资源的获得受到了限制。

总结性评论

我们都会认为我们的学校与众不同，比如学校的文化、人、邻里或者特殊地位都是独特的。然而，任何这些独特之处都不会对学业成就产生太大影响。在大多数西方国家中，两个能力相当的学生选择就读哪所学校的影响并不大。这并不是说要停止寻求和研究学校的差异点。我们还是要花大量时间争论学校的结构性问题：学校规模、班级规模、学生分轨以及学校财政，尽管这些因素对学生学业成就的影响都是最小的。这些因素大多牵涉到教师的工作条件，然而我并不建议放弃追求卓越的工作条件，但是我们尤其要关注会妨碍我们争论对学生学业成就产生关键影响的因素。

举一个在学校经常争论的例子：应不应当定制校服。自从美国总统克林顿宣布"我们的公立学校应当要求学生穿校服"，很多学校（大约四分之一的美国公立学校）采纳了这项政策。这些学校通常以增加出勤率、更加安全、提高自尊心以及提升学业成就的名义要求学生穿校服。这种能解决一切问题的万能举措比比皆是。这是一个取悦家长的简单方案。"学生穿校服不是很好看吗？他们肯定以此自豪。" Brunsma（2004）运用了美国两个大型数据库来评价美国公立学校实施校服政策与否所产生的影响，对数据进行了综合。他得出结论，"校服政策没有明显改变八年级学生对学校安全氛围的感知"（p.109），而且对校长感知学校安全氛围造成了消极影响。当初中引进校服后，学生和校长都对学校安全产生了更为消极的看法。

更重要的是，校服政策对于小学生学业成就没有影响，但对高中生学业成就有显著的消极影响。Brunsma 得出结论，"从学校层面分析，校服政策对学业成就的各个方面都造成了消极的影响"。而且当这种政策运用到少数族裔学生占大多数的高中时，"可能更进一步地恶化了这些学校的学业成就问题"（Brunsma, 2004, p.132）。此外，校服政策在学生对学校和同伴的态度、出勤率、自尊心、内外控倾向、问题解决能力、药物滥用或行为问题等方面都没有影响。

校服政策通常规定学生必须穿什么，而着装规范通常指明不能穿什么。对校服政策和着装规范的研究都得到了同样的结论——对学业成就没有影响。

> 从这组分析中没有证据表明，着装规范或者校服政策对学校或学生产生了明确的积极作用，同时，也没有对影响学校和学生（比如，氛围、对学校的积极态度，等等）的过程产生任何作用的证据。(Brunsma, 2004, p.142)

而且，"在某些情况下，甚至会比之前预想的情况更糟"（Brunsma, 2004, p.154）。

在有关学校影响的研究中，一个最吸引人的成果是，证据表明，大量的教育问题对学业成就的影响接近于零，但这些问题总是被激烈地热炒，似乎相关的教育政策是明显有效的。为何类似班级规模、分轨、留级、暑期学校和校服政策的问题会被研究得如此火热且受到高度关注？学校教育的话语远远不止这些方面，而且非常明显，它们通常对学业成就没有影响或起负面影响。这些表面性的或"油漆式的"改革太过常见了！这些结构性的要求牵涉到家长，催生了更多规则（因而也会有更多破坏规则的人），带有文化使命的迹象，包含对常识的呼吁并旨在减少多样性。

对学校最显著的影响与学校自身的特点有关，比如课堂氛围、同伴影响以及课堂中没有爱捣乱的学生。其他有效影响包括调整课程使其具有更适当的挑战性（比如，加快对资优学生的教学进度，或者为他们提供不同的课程），选拔将自己视为教学领导者的校长去掌管学校。特殊学生随班就读、能力分轨、班级规模、开放或传统的课堂、混合年级或混龄班级以及暑期课程这些因素，对提高学业成就的影响几乎为零。留级和学生流动对学业成就有消极影响。

第七章　来自教师的影响

如第三章所言，目前那种认为教师对学生的学业成就起重要作用的"颂歌"具有误导性。不是所有的教师都会起作用，不是所有的教师都是专家，也不是所有的教师都会对学生造成重要的影响（这就是说，由教师引起的变化才是重要的！这里的关键是教师在其作用和影响范围上的变化性）。但是，毋庸置疑，几乎所有的教师都是有影响力的（如果仅仅是拥有积极的学业成就影响的话，即 $d > 0.00$），许多教师的影响在关节点以上（$d > 0.40$）的"期待效果区"。重要的是，教师以哪种方式造成了他们在影响学生学业成就方面的差异——是什么造成了最大的差异呢？

我们来做一个精神实验，请回忆一下，你在上学时，哪些教师真正让你有所改变？我在多种场合对很多人提出过这个问题，每个人的答案通常总是两三位教师。在你上小学、初中、高中期间，你应该接触过 40—60 位教师，但是，只有 4%—6% 的教师给你留下了印象。我们之所以选择这些教师来进行研究，是为了甄别哪些教师使学生对自己所教学科产生了兴趣并愿意接受挑战。当学生被问及谁是他们最好的教师时，他们通常所描述的教师的共同特点是：与学生建立了关系（Batten, Girling-Butcher, 1981），帮助学生以不同的和更好的方法进行学科学习（Pehkonen, 1992），并且表现出给学生讲解材料并帮助他们学习的意愿（Sizemore, 1981）。

在上一章开始时我们就注意到，学校内部的因素，特别是教师的质量，比校际的因素对学业成就变化的影响要大得多。基于调查教师影响大小的 18 项研究，Nye, Konstantopoulos 和 Hedges（2004）指出，有 7%—21% 的学业成就的差异与教师影响的变化有关。这与 $d = 0.32$ 的平均效应量相符，意味着教师影响的变化提高 1 个标准差，应当能够使学生的学业成就提高大约三分之一个标准差。教师影响的变化对数学的影响远比对阅读的影响大（对数学影响的平均值是 11%，而阅读是 7%）。教师经验和教师教育都不能对教师影响的变化做出合理解释（都不超过 5%）。在社会经济地位低的学校里，教师的影响力大得多，这说明，比起社会经济地位高的学校，这些学校的教师影响力的分布存在着更大的不平衡，或者说，"在社会经济地位低的学校，一个孩子拥有什么样的教师更至关重要"（Nye et al., 2004, p. 254）。

在开始讲述有关教师影响的故事之前，让我们先对教师是谁做一个简单说明。一位典型的美国教师是在城市郊区或乡村长大的盎格鲁—撒克逊的中产阶级白人女性。她只讲英语，很少去离家半径100英里之外的地方，希望在一个和她求学过的学校类似的学校里教书。在接受教师教育时，她认为教学就是一门技艺（craft），知道怎样教书（只是寻求一些怎样开始讲课的策略以及怎样管理课堂的建议），其目标是让自己在捍卫自己已有观点时更有技巧（Wideen, Mayer-Smith, Moon, 1998）。Cochran-Smith 和 Zeichner（2005）指出，新教师大多是女性、白人，只懂一门语言，任教于难以招到教师、学生表现差的乡村或城市中心学校。他们的平均年龄比数十年前的教师的平均年龄要大得多（参见 Brookhart, Freeman, 1992）。所有教师中有大约五分之一的人没有所执教学科的教学资格：23%的英语、27%的数学、18%的科学、61%的初级化学、45%的生物学、63%的物理学和24%的社会研究的高中教师，都没有其任教领域的相应资格证书（Ingersoll, 2003; Seastrom, Gruber, Hanke, McGrath, Cohen, 2002）。

本章要回顾的是教师教育项目、教师学科知识的影响以及教学质量、师生关系的质量、专业发展以及教师期望的重要性。

表 7.1 教师影响因素的元分析的信息汇总

教师	元分析数	研究数	研究对象数	效应量数	d	标准误	CLE	排名
教师效应	1	18	—	18	0.32	0.020	23%	85
教师教育	3	53	—	286	0.11	0.044	8%	124
微格教学	4	402	—	439	0.88	—	62%	4
教师的学科知识	2	92	—	424	0.09	0.016	6%	125
教学质量	5	141	—	195	0.44	0.060	31%	56
师生关系	1	229	355 325	1 450	0.72	0.011	51%	11
专业发展	5	537	47 000	1 884	0.62	0.034	44%	19
教师期望	8	674	—	784	0.43	0.081	31%	58
不给学生贴标签	1	79	—	79	0.61	—	43%	21
教师表达的清晰度	1	na	—	na	0.75	—	53%	8
总计	31	2 225	402 325	5 559	0.49	0.049	35%	—

教师教育项目

Arthur Levine（2006, p.109）把教师教育描述为"教育世界的道奇城（the Dodge City），就像那个富有传奇色彩的狂野西部小镇，没有规则，一片混乱。教师培养应该从何处着手准备或者应该如何准备则没有一个标准方法"。Walsh（2006, p.1）也指出，"国家教师教育的领军人物……承认，目前很少有实验证据支持那些用于培训国家教师的方法"。教师教育机构的人士强烈主张，对于未来教师的培养，应该有一个"标准"的方法，应该有一个规则，应该有其应该具备的核心知识和理解力。我也参加过许多会议，会上一些同事商讨决定教师教育应该教授的核心知识和最重要的经验是什么。在每一个地方的每一次会议上，这都是一个长时间争论不休的问题，而且每一次大家定下来的"核心"知识都不一样。没有一套基本的经验是必须传授的，更不用说有一个"正确的"规则来教导学生如何成为教师。而且，令人惊讶的是，新教师的教育似乎明显是在没有数据支持的情况下进行着；或许未来的教师正是由此学会了如何忽视证据、强调技艺、只寻求教师对学生产生影响的直接证据（何处受到了影响、以何种方式影响、对谁产生了影响）。这些学生花费3—4年时间接受教育和培训，似乎就是为了成为复制者，只会模仿其读书期间最喜爱教师的教学方式，几乎只看重工作中以实践为基础的学习。我们总是听到这样的评论："教师教育学院中最好的部分是教学实践"，或者说在教学实践中才发生真正的学习，这正是由于教师教育学院中的理论学习经历缺乏效果（教师教育者通常都会赞同这样的言论，却丝毫没有意识到这样的言论使他们显得多无用）。

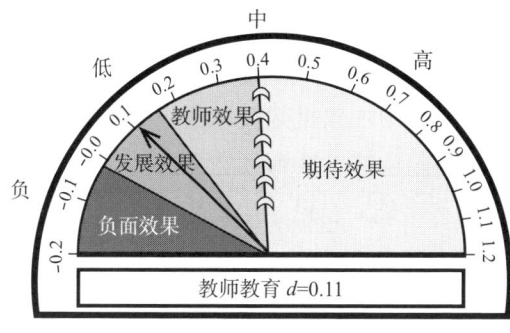

教师教育学院的学生大多直接来自于学校，他们需要开始从以学生的视角

看课堂转变为以教师的视角看课堂。这就意味着他们要以坐在自己面前的学生的眼光来看待学习。Mary Kennedy（1997）认为：

> 教师教育的独特性在于接受教师教育的学生对其所选择的领域已经有了相当的"了解"。而且，在正式的学习中，他们将运用这些已了解的知识来解释他们所学到的每一项新技能或每一个新理论。这个事实意味着新技能或新理论的简单获取不足以改变他们的教学实践。因此，教师教育的核心任务必须是改变这些现有的观念。（Kennedy, 1997, p.13）

需要让他们相信，学校学科不仅仅包括他们作为学生时所学的事实和规则，教学中还有很多复杂和模糊的东西需要学习；教学不仅仅是一些零碎的个人技艺技能和常识；有很多教学观念他们可能从来都没有听说过；形成一种去控制学生行为的强烈愿望，会与很多教学观念的实施不相一致。要先理解教师审视自己成功标准的视角及其在学习和教学中的角色，然后才可以询问他们起了什么作用。教师带着这些关于教学、学习、评价和课程的观念走进课堂，这些观念影响着他们对课堂、学生进步和他们自身教学的感知。教师教育项目对于建构教师的视角和观念会大有作为，可以帮助教师对严格教学做准备，以应对有着25个或更多学生的班级，应对细致而繁重的课程，帮助教师对质疑他们自己的期望做准备，帮助他们珍视与其他教师谈论教学问题的必要性，而且最重要的是，帮助他们以学生的视角来审视学习。这样的"观察学徒期"（Apprenticeship of Observation），正如Dan Lortie（2002）对这个问题所指称的那样，对那些处于接受教师教育时期的学生是一个重要挑战。因为他们必须抛弃从学生的视角看课堂，开始从教师的视角来看课堂。

因此，这里的任务应该是探求教师教育中什么最有效的证据，同时把这些证据置于其他有关教师和学校的类似研究中加以批判性考察。我们在对教师教育机构进行资格认证时，应该要求机构提供其对教师候选人产生影响的证据，例如这些未来教师（student teachers）将来能对自己学生产生哪些影响的证据。的确，在我做教师教育资格认定国家委员会（National Council for Accreditation of Teacher Education, NCATE）的心理测量顾问时，这是至高无上的标准。迄今为止的基于各尽其能的资格认证模式，即教师教育学院是否有合适的教职员工以及合适的任务时间分配，显然已经破产了。相反，新的教师教育资格认定国家委员会（National Council on the Accreditation of Teacher Education, 2000）的模式则要求学院清楚地制定出毕业生的毕业标准，然后提供所有毕业生达到这些标准的证据；这是一个重大的转变。一堆文件、漂亮的文件夹和上课时间的统计都不再作数。相反，教师教育学院需要改变，要使学习方法和评估方法公开透明，需要提供说明其对毕业标准的观念的证据，并据以评估所有学生达到标准的程度。

那些与教师教育相关的元分析显示，教师教育对后来学生学习成果的效应量无足轻重，可以忽略（约 0.10），尽管对一些特殊技能的影响相当高。Qu 和 Becker（2003）的研究表明，教师教育的影响相当微小。他们的研究建立在 24 项研究的基础上，考虑到这个论题是如此重要，显然这个数目不算很多（并且他们承认即使是这些研究也难以找到）。四年制教师教育的影响与拥有其他证书的教师的影响相比是 $d = -0.01$，与持有应急证书的教师[①]相比是 $d = 0.14$。那些在一个领域接受培训但在另一个领域从事教学的教师，其效应量是 $d = 0.09$，但如果与持有完全证书（full certification）并且有若干年教学经验的教师相比较，而不与持有应急证书的教师相比较，其效应量就会升高到 $d = 0.39$。这或许反映出教学经验（教学性的学科知识）而非学科知识本身的影响。Sparks（2004）评论道：对一个如此重要、经过许多讨论且被支持的主题，我们知道得多么少啊！她指出，持有完全证书的教师比那些只持有见习或者应急证书的教师对学生学业成就的影响稍微大一点（数学、科学和阅读，$d = 0.12$）；接受所教领域培训的教师比未接受相关培训的教师的影响更大（$d = 0.38$）。Glazerman, Mayer 和 Decker（2006）的研究不是一项元分析，而是一种小概率的随机对照研究，把学生分配给 44 位持有应急证书的教师和 56 位受过培训的教师，发现在阅读方面的效应量没有什么不同，而在数学方面 $d = 0.15$。他们认为，那些参与"为美国而教"（Teach for America）[②]项目的教师，是"一群聪明且富有魅力的人"（p.95），这尤其是因为这些教师服务于低收入地区中难以招聘到教师的学校。因此，可以得出结论，比起应急证书来说，教师教育项目充其量只有些微的效果。关于这个主题，需要研究的还有很多。

---

① 美国不能达到国家教师要求而只具有短期教学资格的教师。
② "为美国而教"是美国的一个教育项目，由温迪·科普（Wendy Kopp）发起，旨在聚集一批来自一流大学各个专业的优秀毕业生，安排他们在师资薄弱学校任教两年，通过优秀师资的优化配置，让全国的儿童，特别是贫困社区的儿童获得平等的受教育机会；同时它还通过派遣专职工作人员跟踪指导、暑期集中培训、校友会、充分的生活保障制度等使支教大学生在两年的教学工作以及未来的事业中取得成功，培养一批有社会责任感的大学生，从而对美国教育改革产生长远影响。

微格教学

教师教育的某些独特方面具有更大的效果。比如，Metcalf（1995）对有关教师教育在校实践经验（clinical experiences）的研究进行了元分析。他发现，实验教学经验对教师的影响、知识和教学行为产生由中等到强烈的积极效果（$d=0.70$）。这样的经验就包括微格教学（microteaching），即对教学进行分析和反思，对录制下来的角色扮演进行事后解说和讨论。微格教学一般是指那些未来教师给一小组学生（经常在一个实验室）上（微型）课，然后组织课后的讨论。这些课通常都被录制下来，以备后来分析，从而可能对它进行细致入微的研究，就像在显微镜下进行观察一样。与早前的一些研究结论相反，Metcalf（1995）指出，实验教学经验对教师的行为有巨大的影响，并且随着时间的流逝，这种影响不会显著减少。实验教学经验对在职教师也是有效的，但是人们今天已经很少使用这些方法了。

Bennett（1987）研究了教师教育项目中各种不同教学方法的效果，他报告说演示（$d=1.65$）和信息（$d=0.63$）比理论（$d=0.15$）对受训教师的知识有更高的效应量。他发现，对于受训教师的态度也有类似的效应量（分别是 $d=0.48, 0.15, -0.08$），但是在技能方面的效果正好相反：理论（$d=0.97$）、信息（$d=0.35$）、演示（$d=0.26$）。其结论是，要获得较高的效应量，就应该把所有的要素都包括在内：理论、演示和实践，以及反馈和辅导（coaching），而且，分散使用这些方法的效果胜过集中使用。然而，需要注意的是，教师教育大多只关注低水平的技能训练，强化那些已经是培训教师项目组成部分的技能。教学人员似乎很少接触和践行新的教学观念和新的教学方法。

总之，不管是就研究的数量还是几个已有研究所显示的有限效果而言，支持教师教育的证据是不足的。教师教育对这些未来教师的学生影响较小，而对教学的观念影响较大。Brookhart 和 Freeman（1992）报告说，初任教师的教学观念虽然是积极的，但它强调的是人际方面的价值，而把学校教育学业目标的重要性降到了最小。他们的观念是，教学更像是口头讲授（telling），教师的角色是建构讲授的顺序以帮助学生理解复杂的观点。这也引起了我们对本书所介绍的可见的教和可见的学的模式是否值得追求的关注。教学观念需要更密切地联系对具有适当挑战性的学习目的和成功标准的选择，然后通过监控和评估教学的效能，确保学生达到这些目的，同时不断地通过学生的视角来看待学习，创造一个安全和相互合作的氛围，从错误中学习、相互学习（教师、学生和同伴）、优化对学生关于其学习情况的反馈。相比之下，目前流行的模式更像是父母教育子女的模式的延伸，而不是使人成为改变行为的主动者！

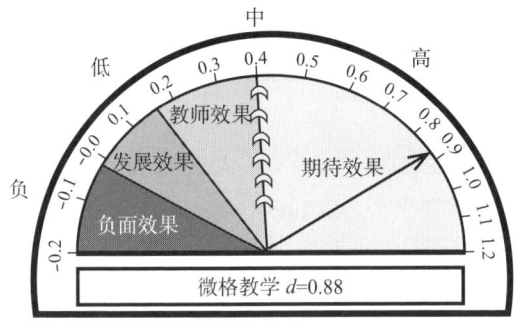

现在需要更多的研究去探讨什么是最好的教师教育项目。Darling-Hammond（2006）研究了典型的教师教育项目并且确定了这些项目的7个特征：

1. 对于什么是好的教学，拥有共同的、清晰的并且渗透于所有课业和实践经验的系统观念。
2. 拥有指导和评估课业和实际工作的、界定良好的实践和表现标准。
3. 拥有建立在关于儿童和青少年发展、学习、社会背景和学科教学法的知识基础之上的课程。
4. 拥有经谨慎发展的广泛的实践经验，以支持体现在密切相关的课业中的观念和实践。
5. 拥有清晰的策略，帮助未来教师挑战他们自己关于学习的根深蒂固的信念和假设。
6. 拥有把所有教导这些未来教师的人员联系起来的牢固关系、共同知识和共享信念。
7. 拥有基于专业标准的评价，通过使用表现性评价和档案袋评价来展示关键性技能和能力，对教学进行评估。

教师的学科知识

关于教师学科知识的重要性有着长时间的争论。一种似乎显然正确的说法是，教师必须了解他们所教授的学科！Shulman（1987）清楚地表达了"作为有效教学基础的教学内容知识"的重要性。根据 Shulman 的说法，教学"开始于教师对教什么和怎样教的理解"（p.7）。尽管这种说法貌似合理，但还没有足够的证据能证明。如果有广泛而持续的系列研究证明教师的学科知识或教学知识对学生的学习成果具有效力，那么这种说法似乎应该能被很好地引证，且不难被发现。但在这个论题上，唯一的元分析是 Ahn 和 Choi（2004）所做的。他们发现，教师了解数学和学生的学习成果之间存在着很小的效应量（$d = 0.12$）。而且，此效应量在小学和高中两个阶段都很小。Daling-Hammond（2006）指出，教师的学科知识影响教学效果的情况可能只是在某些基本技能水平上发生，而其后的影响会较小（另见 Monk, 1994）。

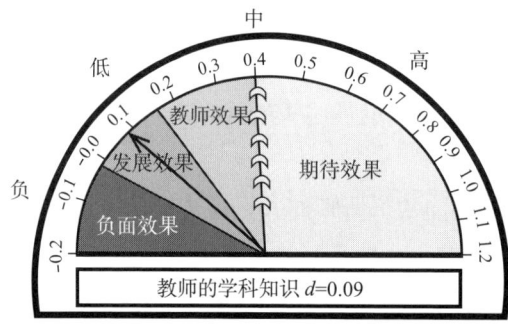

注解	
标准误	0.016（低）
排名	125
元分析数	2
研究数	92
效应量数	424
研究对象数（0）	na

Druva 和 Anderson（1983）在其关于影响学生学习成果的科学教师特征的元分析中，的确发现教学效果与教育课程的数量（$d=0.37$）、学生对教学的打分（$d=0.34$）和教学经验年限（$d=0.33$）之间存在着关系。其他与学生学业成就有关的因素是教师的智力取向（intellectual orientation），这表明更为基本的一般能力更加重要。比如，Greenwald, Hedges 和 Laine（1996）发现，在其分析的 50% 的研究中，教师的学术能力和学生学业成就之间有积极的关系，因此他们认为，教师的智力可能比他们受到的培训更具影响力。Ferguson 和 Ladd（1996）发现，教师在美国大学入学考试（American College Test）中的总成绩和素养考试（literacy examination）之间的关系，比教师在州教师资格考试中的成绩和学生总的标准考试成绩之间的关系更为积极。Ehrenberg 和 Brewer（1995）重新研究了 Coleman（1966）的数据，发现在教师的言语能力和学生学习成果之间存在显著的正相关。正如 Hanushek（1989）所写："也许各项研究最能达成一致的结论是：在言语能力考试中取得好成绩的教师在课堂上也有良好的表现。"

（p.48）这里有一点需要注意，言语能力似乎与很多重要因素有关（通常在这些研究中没有加以测量），诸如灵活性、移情和内容知识，但这样的相关性不应该与原因相混淆。然而，这说明一般性的言语能力水平是后来取得成功的一个关键性决定因素；如果再结合学科知识和本书所谈到的教学技能（可见的教），那么这或许会对学生学业成就产生极好的效果。

教师与学生建立人际关系的技巧也是很重要的。Colosimo（1984）在研究教师初期教学经验中的态度变化问题时发现，如果新教师有过人际关系技巧方面的职前训练，那么他们就会具有更积极的态度和自我概念。相较于对学业成就的影响，这对教师态度的影响是非常明显的（$d=0.30$）。然而，当未来教师从学院毕业开始走上教学岗位时，其自我态度的积极性就会降低，特别是那些在城区学校任教而不是在郊区学校任教的教师。这或许是因为他们对在城区学校任教的准备相对少一些。Colosimo 认为，为了增强新教师的积极态度和自我概念，有必要在传统的教师教育项目中纳入人际交往技巧的发展和心理准备训练。显然，知识、移情和言语能力都需要具备。这三者作为一个整体要比三者的作用累加起来更大；如果缺少其中任何一项，那么其效果将减小不止三分之一。

教学质量

所有对教学质量和学习的关系的元分析都是基于大学和学院学生对教师的评价。学生对教师和教学质量的评价是与学习成果相关联的，尽管学生的这些反馈对于改进教师的教学和课程的效果很少起到作用。Irving（2004）发现，在学生对通过国家委员会认证的和未通过国家委员会认证的中学数学教师的评价之间存在着密切关系。学生的评价能在超过 70% 的教学时间里正确地区分通过国家委员会认证的教师（National Board Certified teachers, NBCT），在大约 60% 的教学时间里正确地区分未通过国家委员会认证的教师。通过这两组教师分别对 5 个学生评价因素影响的比较，可得到如下效应量：对数学教学质量评价的效应量 $d=0.41$，对感知到的教师对学生学习的投入的效应量 $d=0.32$，对课程参与的效应量 $d=0.31$，对建立数学与现实世界的联系的效应量较低，$d=0.14$，对参与家庭和社会的效应量 $d=0.07$。最具相关性的有以下几点：

1. 教师挑战学生（鼓励他们独立或者以小组的形式进行思考或者解决问题

$r=0.64$）；

2. 高期望（鼓励学生重视数学 $r=0.53$）；

3. 监控及评估（让学生反思其学习的性质和质量 $r=0.46$；鼓励学生验证数学理念并发现数学原理 $r=0.40$）；

4. 教授数学的语言、对数学的热爱和数学的细节（帮助学生建构对数学语言和数学过程的理解 $r=0.47$；开发学生的数学思考和推理能力，拥有数学的视角 $r=0.41$）。

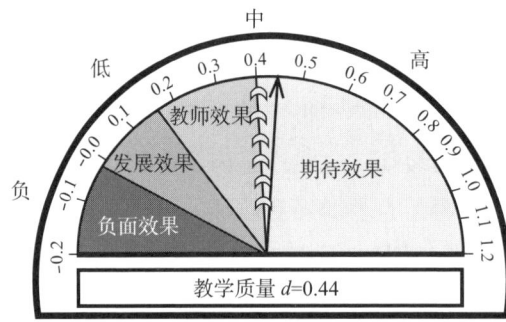

就像学生所评价的那样，优秀教师（quality teachers）对学生提出挑战、对他们具有较高的期望，鼓励学生进行学科学习，并且重视学科的表层和深层方面。

尽管大多数研究都表明利用学生评价来进行教育研究是可靠、可信而有效的（Marsh, 2007），但对此仍有激烈的争论。有些人认为这纯粹是受欢迎程度的竞争。Abrami, Leventhal 和 Perry（1982）对关于教师个性对学生教学评价的影响的研究做了一项元分析。他们发现，教师的表达能力对学生的评价有至关重要的影响，而对学生的学业成就影响不大。相反，教学内容对学生的学业成就有至关重要的影响，但对他们的评价影响不大。

Cohen（1981）发现，对教师的整体评价和学生学业成就之间的平均相关性是 $r=0.43$。其中相关性最强的有：所感知到的教学技能和学科知识（$r=0.50$）；课程的计划和组织（$r=0.47$）；与学习者的良好关系（$r=0.31$）；反馈（$r=0.31$）。但评价与课程的难度没有关联（$r=-0.02$）。正如前面提到的，学生评价他们自己在课业上的进展（$r=0.47$）是相当准确的，这也表明他们对自己的学习以及对教师影响的评价也可能具有准确性。学生评价作为教学和学习的指标，具有重要价值，但令人沮丧的是，教师似乎没有从这个重要的信息资源中学到很多。Cohen（1980；1981）发现，来自学生评价的反馈对学院教学只有中等程度的促进作用（*d*=0.38）。当反馈通过协商过程被扩展的时候，效果就会增强（另见 Hampton, Reiser, 2004; Lang, Kersting, 2007）。

  小学和高中缺少对这种学生评价的利用，值得我们思考。单纯地相信教学质量是高的，或单纯地相信学生太不成熟而不能对教师对其学习的影响做出有意义的判断，其风险就太大了。关键问题不是教师是否优秀，或者是否被同事认为优秀，而是在学生的眼里他们是否优秀。学生坐在教室里，他们知道教师是否以他们的视角在看待学习，他们清楚师生关系的质量。从学生的角度清楚地了解到的状况，需要让教师知道，以便他们更好地理解学习对于学生来说是什么，被感受为什么。当然，学生评价工具的质量是关键，尽管元分析表明这对其结果几乎不会造成影响，无论是否使用学生评价调查问卷。

  另一套有关教学质量的研究是国家专业教学标准委员会（National Board for Professional Teaching Standards, NBPTS，网址为 www.nbpts.org）做出的。这种模式包括教师选择参与一系列的评价（6个月或更长时间），然后判断其作为一名成熟教师（accomplished teacher）是否合格（在特定的教学领域，如学前教育、普通中学教育、少年英语语言艺术、中学数学，等等）（Ingvarson, Hattie, 2008）。这与 NBCT 对学生学业成就影响的叙述有一些相互冲突的地方。Goldhaber 和 Anthony（2004）对北卡罗来纳州的 60 多万名学生进行研究，来调查 NBCT 和非 NBCT 的影响。他们发现 NBCT 的阅读提高的效应量是 d=0.04，而数学是 d=0.05。Lustick 和 Sykes（2006）更感兴趣的是国家委员会认证的过程对教师学习的影响。根据他们的报告，其对促进教师学习的效应量为 d=0.47；在促进学生学习方面有特别明显的实质性效果，其效应量为 d=0.48；在支持教学和学生学习方面，其效应量为 d=0.52；在为学生学习建立有利的环境方面，其效应量为 d=0.44。Vandevoort, Amrein-Beardsley 和 Berliner（2004）比较了亚利桑那州 35 位 NBCT 四年中对学生学业成就的平均影响的表现。对学业成就的总体效应量是 d=0.12，具体在阅读方面是 d=0.14，在数学方面是 d=0.43，在语言方面是 d=0.09。Sanders, Ashton 和 Wright（2005）报告了对 NBCT 和非 NBCT 的比较，在数学方面的效应量是 d=0.09，在阅读方面的效应量是 d=0.04（另见 Cavalluzzo, 2004; Goldhaber, Anthony, 2004）。

  在我们自己关于 NBPTS 的研究中，我们对通过分数线（即高于分数线）的和刚好在分数线之下的 NBCT 做了对比（Hattie, Clinton, 2008; Smith, Baker, Hattie, Bond, 2008）。我们花费了大量时间听这些教师的课，并且从教师和学生那里收集了大量资料信息(包括讲义、课堂观察、对教师和学生的访谈、问卷调查、家庭作业以及学生作业)。这个证据是被独立评估的,教学质量的所有13个指标之间都存在着差异,但最强的指标是教师为学生设定具有适当挑战性的目标:NBCT 比非 NBCT 更有可能以一种系统而持续的方式挑战学生去思考;他们经常布置多样而具有适当挑战性和吸引力的作业($d=1.37$)。其他的区别包括:

1. 验证有关他们教学结果的假设($d=1.09$);
2. 对于他们的教学和对学生学习产生的影响有更深刻的理解($d=1.02$);
3. 有控制意识($d=0.90$);
4. 对于教学和学习有高水平的热情($d=0.90$);
5. 对于他们所教授的学科有深刻的理解($d=0.87$);
6. 娴于即兴发挥($d=0.84$);
7. 有解决教学问题的品质($d=0.82$);
8. 能促进积极的、利于学习的课堂氛围($d=0.67$);
9. 尊重自己的学生($d=0.61$)。

虽然 NBCT 对学生写作成绩的影响远远没有那么大($d=0.13$),然而在学习成果方面关键的差异是,在 NBCT 的班级里,74% 的学生习作样本被认为反映了深层理解的水平(即相关或拓展的抽象概念),26% 反映的是表层理解的水平。与之形成对比的是,在非 NBCT 的班级里,29% 的学生习作样本反映的是深层理解的水平,而 71% 则是表层理解的水平。这说明教师的质量(至少以国家委员会的方法来衡量)对于教师行动和思考的本质有重要影响,但对州测试的实际学业成就则影响较小。NBCT 的确远比非 NBCT 强调和促进了更深层的成果,因而这也可能是因为许多州测试更注重课程领域的表面特征。

从另一方面来看,拥有不合格教师是一种灾难。Sanders 和 Rivers(1996)发现,教学最无效的教师会使学生每年的成绩上升 14 个百分点,然而最有效的教师会使其每年上升 52 个百分点。但更重要的是,"教学相对无效的教师前几年的剩余效应(residual effect)仍能够从后来学生的学业成就分数中加以测量"(p.4)。这些教师的无效教学对班级里所有学生而言都是无效的,"而且几乎没有证据表明这种无效会得到后续年级中教学更加有效教师的补偿"(p.6)。低质量教师对学生的影响会在学生离开这名教师后持续多年(Sanders, Rivers, 1996)。"如果真正认真改善所有学生的学业成就水平,那么显然只有通过减少把学生托付给教学相对无效的教师的可能性来加以实现。"(Sanders, 2000, p. 335)

最近一项有关教师质量的元分析是探讨教师和学生属于同一种族的影响效果。Clotfelter, Ladd 和 Vigdor(2007)发现,师生属于同一个种族或者师生属于不同种族,对学生学业成就的影响没有什么不同,对学生的阅读的影响是 $d=0.02$,对数学的影响是 $d=0.03$。他们还发现,富有经验的教师比有较少经验的教师的教学会更有效(有 21—29 年经验的效应量是 $d=0.12$),其中超过一半的增加值是在教学的头几年发生的。

师生关系

在第一章里,我们提到过 Russell Bishop 和他的同事们对新西兰随班就读毛利学生的研究。当学生、家长、校长和教师被问到是什么影响学生学业成就的时候,除了教师,其他所有人都强调了师生关系。但教师却认为对学生学业成就产生主要影响的是学生的态度、性格、家庭,或者学校的学习条件。在教师看来,不学习的学生,是他们自己有某种缺陷。与学生建立关系则要求教师具有行动力,具有效率,尊重学生(从家庭、文化和同伴那里)带到课堂上的经验,并使学生的这些经验在课堂上得到认可。此外,师生关系的发展还需要教师具有特定的技能,如倾听、移情、关心和对他人的积极态度。

Cornelius-White(2007)找到了基于 2 439 所学校的 14 851 名教师和 355 325 名学生的 119 项研究和 1 450 个研究结果。他发现,在所有以人为本的教师变量和所有学生学习成果(学业成就和态度)之间的相关性为 $0.34(d=0.72)$。以人为本的教师变量和学生学业成就之间最密切的关系是批判性/创新性的思维($r=0.45$)、数学($r=0.36$)、语言($r=0.34$)和年级($r=0.25$)。八个情感成果的效应量如图 7.1 所示。

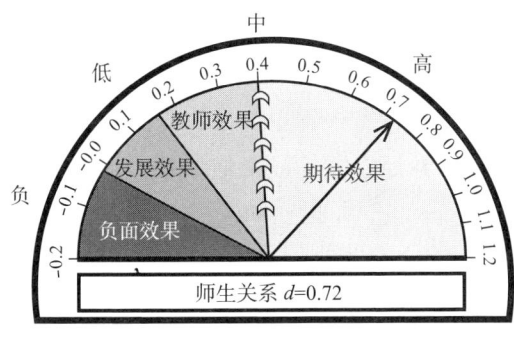

注解	
标准误	0.011(低)
排名	11
元分析数	1
研究数	229
效应量数	1 450
研究对象数(1)	355 325

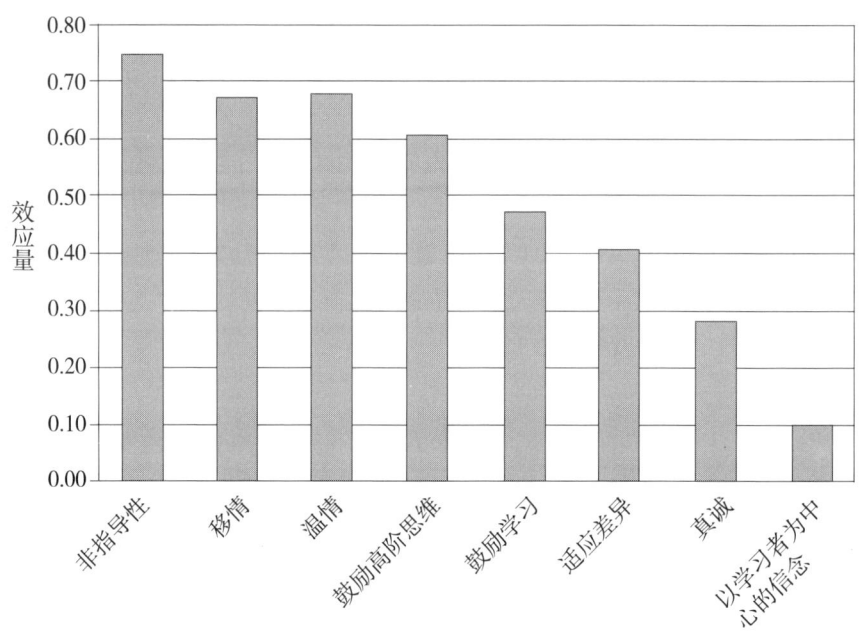

图 7.1 八个师生关系变量的效应量

在以人为本的教师的班级里，学生学习更投入，更自重和尊重他人，抵制行为更少，有更多的非指导性（学生自发和调控自己的活动），学生的学业成就更高。Cornelius-White 注意到大多数不希望上学或者不喜欢学校的学生主要是因为他们不喜欢自己的老师。他认为，"要改善师生关系和收获其良好关系的益处，教师应该学会促进学生的成长和发展"，要表现出他们关注每一个拥有自己人格的学生的学习（从而向学生传递有关他们自己的目的和优先事务的强烈信息），并对学生有着深入的移情，"理解他们的看法，与他们交流，使他们获得其自我评价的有价值的反馈，感到安全，并带着同样的兴趣和关怀去学习理解他人及学科内容"（p. 23）。

教师专业发展

评估教师专业发展的一大困难在于专业发展的成果似乎更多是关于教师的变化，而不是对学生学业成就的影响。比如，Wade（1985）把成果划分为四类：

1. 反应：教师对专业发展是什么感受；

2. 学习：教师所积累的学习量；
3. 行动：教师是否因专业发展而改变了他们的行为方式；
4. 学生学习成果：对学生的影响。

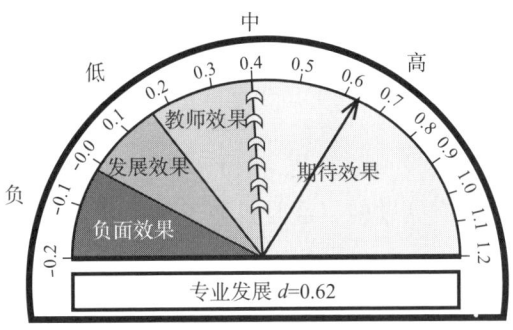

注解	
标准误	0.034（低）
排名	19
元分析数	5
研究数	537
效应量数	1 884
研究对象数（1）	47 000

专业发展更可能是在改变教师的学习（$d=0.90$），但是这些学习对教师的实际行为（$d=0.60$）和对教师对专业发展的反应（$d=0.42$）没有很大的影响，甚至对学生的学习也没有多大影响（$d=0.37$）。对教师的知识和行为影响最大的四种教学类型是：观察实际的课堂教学法；微格教学；视听反馈（video/audio feedback）；练习。讨论、讲授、游戏/模仿和有指导的现场参观效应量最小。辅导、示范和制作印刷品或教学材料所起到的作用也很小。研究发现，在以下方面培训效果更好：高中和小学教师的混合培训组比单独的高中或者小学教师培训组效果更好；培训项目由联邦政府、州政府或者大学发起的比由中小学校或者教师发起的效果更好；培训学员经过选拔效果更好；实践性的培训比理论性的培训效果更好（Wade, 1985）。

Joslin（1980）发现，在职培训项目在改变教师的成就、技能和态度方面是有效的，尽管教师参与这些专业发展项目能否改变学生仍存疑问。Harrison（1980）也发现，专业发展是提高工作表现和满意度的一种有效途径。影响最大的是在提高教师知识水平（$d=1.11$）和情感及满意度（$d=0.85$）方面，对学生学业成就（$d=0.47$）的影响尽管较小但仍然是积极的。

Timperley, Wilson, Barrar 和 Fung（2007）收集了分析专业发展对学业成就影响的 72 项研究。教师专业发展对学业成就的总体效应量是 $d=0.66$，对科学的效应量最高（$d=0.94$），其次是写作（$d=0.88$）、数学（$d=0.50$）和阅读（$d=0.34$）。这些影响与专业发展中每组人数并没有关系（100 人以下，$d=0.84$；100—999 人，$d=0.69$；1000 人以上，$d=0.69$），但对于低成就的或者接受特殊教育的学生（$d=0.43$）

和有天赋的学生（$d=0.31$）的影响大于对普通学生（$d=0.18$）的影响。更重要的是，Timperley和他的同事们运用这些效应量确定了在专业发展中最起作用的七个要点。第一，教师在较长的时间段内都有学习机会，除非强有力的思想观念已经为新实践奠定好基础，并且对学生的学习成果产生很大影响（例如，教师学习如何检查学生的听觉加工问题）。第二，外来专家的介入比校内自发行动更容易取得成功。第三，重要的是让教师充分投入学习过程，深化其知识，提高其改善学生学业成就的技能。第四，最关键的是，只有挑战教师有关学习的既有论证话语和观念（当其论证话语有问题时，通常是基于某些学生群体不能或不愿像其他群体那样好好学习的假设），或者只有挑战教师怎样更有效地教授具体的学科，专业发展才能对学生的学习产生积极影响。第五，教师之间相互谈论教学（参与专业实践共同体）是必要的，但其本身并不足够。这是因为只有当挑战有疑问的信念并检验相互矛盾的观念的有效性时，只有当讨论是基于反映学生学习的作品（artifacts）时，教师才会更注意倾听。第六，学校领导支持教师的学习机会，为教师铺设接触相关专业知识的路径，给教师提供加工处理新信息的机会，教师的专业发展会更有效。第七，提供资金，提供时间，而教师是自愿还是被迫参与，对学生学习成果都没有影响。

教师期望

现今在教育系统中被广泛接受的一个观点是，教师的确拥有对学生的能力和技能的期望，而且这些期望会对学生的学业成就产生影响（Dusek, Joseph, 1985）。这里的问题不是"教师是否抱有期望"，而是"他们是否抱有虚假的和误导的期望，从而导致了学生在学习和学习收获上的损失？对哪些学生会产生这种问题呢？"

在过去50年里，教育界最著名（或名声最坏）的书也许是《教室里的皮格马利翁》（*Pygmalion in the Classroom*）。Rosenthal和Jacobsen（1968）在这本书里认为，教师对学生的期望对其学习的成功有巨大影响力。学生被随机贴上"大器晚成者"标签（称他们"在来年的学习中，会比其他80%的儿童有更大的转变或者更大的进步"；p. 66），结果，在下一学年末，这些学生的学业成就的确有所提高。这本书及其评论带来的有鼓舞、羞辱和震怒。此书的很多结果无法复制，其研究方法论问题也受到了质疑（Spitz, 1999），但人们仍坚信不疑，

第七章 来自教师的影响

教师期望具有强有力的影响。有些人试图找出导致对许多群体（女孩、少数族裔群体、坐在教室后面的学生）不利的期望，也有些人注意到反馈对于矫正虚假期望的作用。Raudenbush（1984）在他的元分析中认为，教师在接受虚假信息之前对学生的情况了解得越少，其对学生的学习成果的影响就会越大。关于教师期望的研究已不像20世纪七八十年代那样流行，但由于Weinstein（2002）及其同事的努力，这方面的研究近来又有所回温。

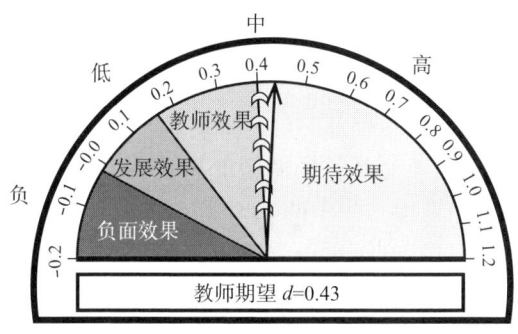

注解	
标准误	0.081（高）
排名	58
元分析数	8
研究数	674
效应量数	784
研究对象数（0）	na

本节讨论的第一组元分析是关于更普遍的人际期望问题（实验者倾向于取得他或她所期望的结果）。Rosenthal和Rubin（1978）总结了345个考察人际期望影响的实验的结果，发现八个不同研究领域的平均效应量是$d=0.70$。这是一个很大的影响。平均效应量因其所考察的研究类型不同而不同，从反应时间和实验室访谈的研究，到对心理物理判断（psychophysical judgements）和动物学习的研究，效应量会由小变到非常大。他们发现，人际期望或者自我实现的预言的效果在日常生活中和在实验室里大致是相当的。对教师来说，这就意味着他们（作为人）更希望让学生达到他们"所期望的"结果，而不管这些期望的准确性如何。

Harris和Rosenthal（1985）考察了135项关于期望对不同行为的影响的研究。他们认为，在期望的传递中，输入因素（学生的性别、年龄、种族）是最重要的媒介（$d=0.26$），其次是输出因素（提问、互动的频次，$d=0.19$）、氛围（$d=0.20$）和反馈（他们考虑的是表扬和批评：$d=0.13$）。这四种因素的组合比任何一个单一因素更重要。他们确实注意到表扬的效应量比较小，并且注意到研究反馈的内容比它的频次、时间或者简单的积极或消极的性质更重要。

在大多数情形下，表扬和批评可能已常规化，甚至几乎已机械化了，如说"很好"或者"不,你错了"。这种反馈对学生来说没有多少信息量;因此,它可能除了让儿童意识到答案是对的或错的,没有给他或她造成什么影响。(Harris, Rosenthal, 1985, p. 377)

Smith(1980)发现,当教师得到关于学生能力的标签信息时,他们会根据这些信息来评估学生的能力、成就和行为。教师的期望会在一定程度上影响他们的教学行为;尤其是,他们会给予那些被寄予厚望的学生更多参与教学的机会。Raudenbush(1984)报告说,教师和学生的先前接触(至少两个星期)会减少负面影响,教师期望对于一、二年级学生的影响比对三、四年级学生的影响要大。

对于哪些特殊的学生群体会差异性地受到教师期望的影响,已经有长时间的研究历史。Dusek 和 Joseph(1983)发现,学生的魅力($d=0.30$)、学生先前的课堂行为、累积的资料信息($d=0.85$)和社会阶层(相对于社会底层而言的上层和中层 $d=0.47$),与教师的期望有着显著的正相关。与之不相关的因素包括在家父母的数量、学生的性别($d=0.20$)、先前受过教育的兄弟姐妹、名字的刻板印象和学生的种族。但是,当给教师提供更多相关信息(如学业信息)时,那么魅力之类的因素就变得不怎么重要了。此外,还要注意的是,大多数得出这些结果的研究,都要求教师对不熟悉的学生做出判断。Jackson, Hunter 和 Hodge(1995)对为什么外表魅力与学生的学业成就有关,得出了不同的解释。他们的元分析支持的观点是,有魅力的人被认为比他们缺少魅力的同伴更聪明能干。就这方面的影响效果而言,男性比女性更明显,但当存在有关能力的证据时,这种影响就会明显减弱,但仍然不会消失。对于成人来说,魅力和成就之间没有关系($d=0.02$),但是对于儿童来说则有关($d=0.41$)。这里似乎存在一种使这些学生受益的魅力偏见。

Dusek 和 Joseph(1983)也提醒说,期望对社交能力和学业成就的影响会很不同,两者不能被混淆。例如,可能会有这种情况,即有魅力的儿童比没有魅力的儿童更倾向于与同学建立良好的关系,因此关于这些社交能力方面的成果,教师的期望不是偏见,而是教师经验的体现。Ritts, Patterson 和 Tubbs(1992)发现,外表有魅力的学生被教师更喜欢从社交技能($d=0.48$)的角度而不是从其智力或学业水平方面($d=0.36$)加以判断。但也有另一种情况,即更有魅力的学生在标准化考试中确实获得了更好的成绩,父母也会在很多行动中对有魅力的孩子表现出偏爱;在研究中有一个关键的问题被提及,也就是在什么时候、在什么地方，魅力的影响开始出现，随着时间的推移，它又是如何变化的？

贴上学习困难的标签也会有负面的效果。Fuchs, Fuchs, Mathes, Lipsey 和 Roberts（2002）通过比较阅读成绩低的学生与被贴上学习困难标签的学生的79项研究发现，$d=0.61$的效应量表明，73%没有被贴标签的差生的阅读成绩高于被贴标签的差生。很明显，贴标签导致了不同的表现。很难理解为什么会如此，因为没有证据证明这些被贴了标签的学生在学习特点方面和没有被贴标签的学生有什么性质上的不同。在哪一点上低成就会变得如此极端以至于它代表真正的失常，从而需要不同的教育反馈？

前面已经注意到，Dusek 和 Joseph（1985）发现种族对教师期望的影响不是很大（$d=0.11$）。然而，在存在种族优越性的地方，白人和亚裔学生会受到青睐。Tenenbaum 和 Ruck（2007）报告，教师对欧裔的美国人比对少数族裔的学生有更积极的期望（$d=0.23$；拉美裔美国人 $d=0.46$，非裔美国人 $d=0.25$，亚裔美国人 $d=-0.17$），对小学生（$d=0.28$）和高中生（$d=0.26$）影响最大，对大学生则影响较小（$d=0.12$）。而且，教师好像更喜欢给少数族裔学生（$d=0.31$）消极的安排（如，特殊教育，纪律处分），给白人学生更积极或中性的话语（$d=0.21$）。但是没有证据证明，相对于非裔学生或拉美裔学生，存在着对白人学生更消极的话语（$d=0.02$）。Cooper 和 Allen（1997）调查了种族对白人和少数族裔学生的课堂经验中互动的影响。其平均效应量是 $d=-0.18$，这说明少数族裔学生与教师之间有着不同类型的互动。特别是，教师对非白人学生有着更多的消极描述（$d=-0.15$），对白人学生则有着更多的积极赞扬（$d=0.09$）。总的来说，与白人学生相比，少数族裔学生与教师之间的互动更少（$d=0.15$）。

现在，我们应该如何解释教师期望对学生学业成就的调节效应？最近的两组研究有助于回答这个问题。首先，Weinstein（2002）对教师期望的影响的研究提出了一个新方向。她指出，学生知道，由于教师的期望不同，他们在课堂上受到不同的对待，他们也准确地知道教师由于对一些学生有更高期望而喜欢这些学生胜过喜欢另一些学生的程度。课堂上存在着差异，教师的目的是为不同的教育途径挑选不同的人才（如内部分轨的学校），与此相对照的是，成就文化（achievement cultures）则旨在发展每一个孩子的天分。教师认为成就是与生俱来的，因而也是难以改变的，这样的课堂与那些教师认为成就是可以改变的课堂相比较，是存在差异的（Dweck, 2006）。Weinstein 进一步指出，很多制度性的实践（如分轨）导致了许多妨碍学习机会的观念的产生："期望形成的过程并不仅仅存在于'教师的头脑里',也根植于我们的机构和我们的社会的结构之中。"(Weinstein, 2002, p. 290)

其次,Rubie-Davies 和她的同事们(Rubie, 2003, 2006, 2007; Rubie-Davies, Hattie, Hamilton, 2006)给教师期望的研究增添了另一个关注的维度。他们发现,当教师只有比较低的期望时,他们对班上所有学生的期望都会比较低。这肯定是一种教师影响。基于这个证据,教师必须停止过分强调能力,而要开始强调进步(跌宕的学习曲线是所有学生拥有的权利,不管他们起点如何),停止寻找证据去验证早前的期望,但要找寻让他们自己惊奇的证据,找寻提高所有学生学业成就的方法,停止开办试图锁定先前成就和期望的学校,通过证据来认识所有学生的天分和成长,鼓励多元并为所有人负责(无论是教师还是学校的期望)。"为惊喜做准备"是避免负面期望影响的准则。如果教师和学校要有期望,那么这些期望应该具有挑战性,是恰当的和可检验的,从而使所有学生都能获得有价值的成长。为此,我们还想补充指出,学生为自己设置低期望(回想一下自评得分的力量)且不相信自己能够超越这些期望,不相信自己能够达到而且享受具有挑战性的学习目的会对学生产生潜在的消极影响。

给学生贴标签

本节探讨的许多元分析并未将学业成就作为结果变量,而是涉及教师(和家长)如何区分特殊学生和普通学生(以及其他很多标签)。如何区分智障儿童和正常儿童的争论往往暗含在关于发展和认识加工过程的观点之中。发展的观点认为智障儿童以相同的方式经历认知发展阶段,但是发展的速度和上限是不同的(Inhelder, Piaget, 1964; Piaget, 1970)。信息加工理论则认为,他们运用于推理中的认知过程是不同的。Weiss, Weisz 和 Bromfield(1986)调查了有关信息加工的研究,发现这些研究是基于这样的假设:"智障"和非"智障"的人以同样的顺序、不同的速度经历皮亚杰(J. Piaget)所主张的认知发展阶段。然而,他们注意到,并不是在所有的学习领域中都能发现差异,在有些领域比如辨别学习领域(词语、图片和三维物体的辨别)存在差异,但是在对话和偶然学习(incidental learning)等领域则没有差异。人们发现,"智障"学生在有关记忆力的某些方面有很大的缺陷:连续和非连续听觉;短时记忆;视觉形象记忆；视觉短时记忆；交叉知觉短时记忆（cross-modal short-term memory）[①]；视觉配对联想学习（visual paired-associate learning）[②]。Swanson 和 Jerman（2006）研究了被归类为有数学学习障碍的学生和学业中等的同龄学生之间的差异。从他们的 28 项研究中，有数学学习障碍的学生在言语问题解决（$d=-0.58$）、念名速度（$d=-0.70$）和语言文字记忆（$d=-0.70$）方面表现都很差，这显示了言语技能在数学学习方面的重要性。他们总结指出，他们的研究结果"和早前的文献综述是一致的，这些文献综述把数学学习障碍归咎于工作记忆缺陷"（Swanson, Jerman, 2006, p. 265），特别是言语工作记忆。

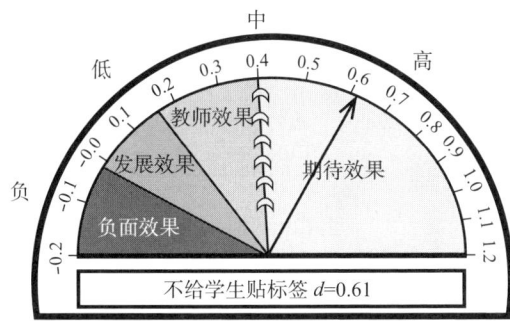

Hoskyn 和 Swanson（2000）发现，阅读成就低的学生与有阅读障碍的学生在自动化程度（快速念名，$d=-0.06$）或现实生活阅读词汇（$d=0.02$）方面没有差异，但在词汇知识（$d=0.55$）、句法知识（$d=0.87$）、视觉空间加工（$d=0.36$）和语音加工（$d=0.25$）方面有很大差异。根据对这些变量的回归分析得出的结果，他们总结道，阅读成就低的学生和有阅读障碍的学生在语音加工（phonological processing）方面存在共同的问题（尽管有阅读困难的学生在其他的阅读测量中表现出认知加工方面的优势）。因此，难怪 Swanson, Carson 和 Sachse-Lee（1996）总结说，语音训练[③]对于这些学生的阅读成就有直接的影响（尤其在拼写和单词认读表现方面）。

然而，许多标签之间的差异并不总是如此明显。Kavale 和 Nye（1985）比较了有学习障碍的学生和正常学生，发现 75% 有学习障碍的学生在所有层面上与正常学生有明显差别，并表现出了阻碍他们学习能力的缺陷。Kavale 和

[①] 两种不同知觉模式联合发生作用而进行的短时记忆。
[②] 以视觉作为条件刺激，与另外的学习内容形成联结，从而实现学习过程的学习方式。
[③] 即自然拼读教学法。

Forness（1983）研究了那些被归类为脑部有损伤的学生和那些更多与家庭文化因素有关的有学习障碍学生的学业成就差异。26项研究得出了241个效应量，这两组学生之间的平均效应量是 $d=0.10$——这两组学生之间的差异体现在知觉动作（$d=0.11$）、认知（$d=0.14$）、语言（$d=0.10$）、行为（$d=0.09$）和智力（$d=0.05$）——这些差异很小。通常，这些标签有助于对这些学生进行"分类"，并且会带来额外的拨款，但不管这些标签是什么，都对回答什么最起作用这个问题无用。

教师表达的清晰度

本书的主题之一是，教师传达上课目的和成功达成这些目的观念非常重要。Fendick（1990）对教师表达的清晰度做了研究，他对清晰度的定义是，教师在组织、解释、举例和指导练习以及评价学生学习方面的语言清晰度，这是教师表达清晰度的先决条件。当学生而非观察员对教师进行评价的时候，相关系数是 0.35（$d=0.75$），效应量也更大；对高校教师比对小学教师的效应量更大；班级规模和所授学科不会产生差异。

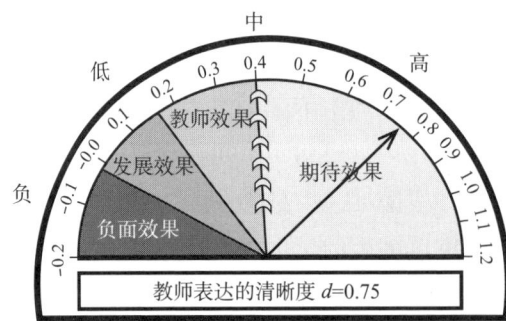

注解	
标准误	na
排名	8
元分析数	1
研究数	na
效应量数	na
研究对象数（0）	na

总结性评论

教师对学业成就的影响的最关键因素是教师的质量以及师生关系的性质。教师期望能给学业成就带来中等程度的影响，特别是在教师对自己所有学生都抱有较低的期望时。教师专业发展对学业成就的影响也是中等程度的。教师教育项目对学业成就的影响较小。从所有效应的汇总表格来看（见附录 A），似乎很少有教师会因为降低学生的学业成就而对学生造成伤害——尽管 Rubie-Davies（2007）已经证实，教师的低期望会全面降低学业成就。然而，本章所要传递的信息是关于教师的作用,如果教师运用特定的教学方法,对所有学生抱有高期望,与学生建立积极的师生关系,那么,其对学生学业成就的影响更有可能高过平均效应量。如前文所述,效应量低于 $d=0.40$ 这个关节点的教师数量与高于它的教师数量差不多,每一学年,学生都要面临巨大的赌博,因为他们不知道谁将出现在他们面前来给他们上课——是一位可以产生重要积极影响的教师还是一位尽管能产生积极影响但其效应量低于平均值的教师?如果任何一位教师每年不能达到 $d>0.40$ 的平均效应量,那我就不想让自己的孩子上他的课!

我们需要从教师做什么和他们对学生产生的影响的角度来探讨优秀教师。在探讨优秀教师具备哪些品质时,我们过多地强调了他们的个人特质和专业特性。也许我们应当把讨论的焦点从教师的质量转移到教师对学生学习的影响效果上。因此,有关教学的讨论比有关教师的讨论更为关键(参见第八、第九和第十章)。

职前教师教育项目对教师如何有效影响学生的学业成就没有多大的效果。可能随后的效应抵消了他们职前接受教育的效果,实际上其效果很有限。只有数量很少且质量不高的证据支持教师教育,应该会让那些不断要求更多年限、更多资源、更大影响的教师教育机构很尴尬。很少有实质性的证据证明职前教师教育的效果。已有的少量证据并不能说明这些机构是能产生重要影响的地方。如果更加强调学习和教学策略,强调把发展教师教学观念作为一种基于证据的活动(既从成功中学习,也从错误中学习),强调建立一个高度信任和依赖基于观察或者录影的反思/评价实践的评估体系,强调当目前的方法不能发挥作用时,就给新教师提供一系列不同的教学方法以供他们使用,那么,教师教育可能会更成功。如果再次引入那些对新教师已经产生明显的积极影响的微格技能(micro-skill)教学方法,增进教师对运用不同方法教授表层的、深层的和概念性知识的理解,说明教师怎样能够与所有学生建立积极的关系,表明学生的评价如何为教师的教学表现、教师对谁教得不好、在哪些方面教师需要再讲解等方面提供强有力的反馈,那么教师教育也有可能会更成功。对教师教育进行根本改造已经远远过时了(参见 Darling-Hammond, 2006),一种面向未来的方法是要求每个教师教育项目都明确地阐述一套毕业标准,然后评估这些标准的恰当性,再对所有学生都达到这些标准的证据的性质和质量进行评估。如果雇主和独立的教育工作者以及负责发展教育项目的专业学者能够坐下来共同制定决策,那么这些项目更有可能转变成专注于培训新教师对学生的学习产生影响。

很难找到证明学科内容知识很重要的相关证据。这是一个费解的难题。可能是因为所有的教师都具备符合数量要求的学科内容知识，因此这方面给学生的学业成就带来的影响没有差异。但是，教师经常教授他们很少接受过培训的内容，这表明在教学能力和更高水平的学科知识需求之间有相互影响的关系。似乎那些具有高水平学科知识的教师能更好地理解教学内容，并能更好地了解对这些教学内容安排表层和深层学习的最佳进度。而且，更加了解教学内容的教师也能更好地为那些正在努力学习的学生提供反馈，帮助他们加深对当前内容的理解并建构更丰富的观点。可以预见，学生一旦掌握了某门学科的内容，就更有可能对这门学科产生热情并热爱这门学科；这与那些以各种方式通过考试、完成作业，然后继续完成下一个指定任务的学生相反。但是，这些观点缺少证据，我们可能需要问："一位出色的教师最少需要具备多少学科内容知识？我们如何能够优化那些具有更多学科内容知识的教师的教学策略？"也许探究那些具备较少的学科内容知识的教师如何对他们的学生产生积极影响，同样是有趣的。

教师是带着有关教学、学习、课程、评价和他们的学生的观念走进课堂的（Brown, 2004）。我们需要更好地理解这些观念，因为它们似乎是影响这些教师获得成功的强有力的调节变量。对学生的成功抱有低期望是一个自我实现的预言。比起教师是否对所有学生抱有期望（高或低）来说，期望更少受到学生特点（性别、种族等）的影响。如何唤起高期望似乎是关键，这可能要求在校内对各年级的适当期望基准进行更多的讨论，在新学年开始之前就要认识到学生表现的证据（Nuthall, 2005, 表明任何一节课的所有教学知识的一半已经被学生掌握了）；在学年初的大部分时间里，教师都是在试误中了解学生对知识的掌握程度。其实，这些信息可以通过查看学生的学习记录以及与他们的前任教师进行讨论而更便捷地获得。正如我在新西兰对10万名学生的学业成就进行的分析中提到的那样，进一步提高学生的学业成就所面临的唯一最重要的问题是，教师需要有一个关于进步的共同观念。当学生被从一位教师转交给另一位教师的时候，并不能保证他或她将接受更大的具有挑战性的任务，也不能保证另一位教师与前一位教师对于如何促进课程学习有相似的（最好是更高的）期望，也不能保证遇到一位能从他或她的现有知识水平出发来对其进行教学的教师，相反的情况是，教师会从他所认为的学生应该在学年开始时达到的知识水平出发来进行教学。

为了拥有高期望和一个共同的进步观念，教师需要关注自己和学生的关系的性质。我的同事 Russell Bishop 在各班问学生："你的老师喜欢你吗？"很多（新西兰）少数族裔学生都回答"不"，但是白人学生回答"是"！当给教师展示调查结果（包括这个问题）时，他们通常很惊讶——主要是因为他们以为自己与学生的关系是积极的，找寻一切都好的线索，却很少以学生的眼光来看课堂。Bishop 的这个研究的重要影响在于，在看了这些调查结果之后，教师很快就改变了他们的做法。积极的师生关系对于学习的发生是至关重要的。这个关系涉及向学生展示教师关心他们的学习，能够"理解他们的观点，与他们进行交流，好让他们获得有价值的反馈，进行自我评价，获得安全感，并以同样的兴趣和关切去理解他人和所学的内容"（Cornelius-White, 2007, p. 123）。那么，这样就激活和促进了在课堂里建立一个更温暖的社会情感氛围、鼓励学生努力学习和促进所有学生参与的力量。这也要求教师带着特定的有关进步、关系和学生的观念走进课堂。它要求教师将他们的角色看作变革者——所有的学生都能够学有所得而且获得进步，所有学生的学业成就都是可以改变的而不是固定的，向所有的学生表明教师关心他们的学习。这种影响是强有力且有效的。

第八章　来自课程的影响

本章综述了各种不同的课程以及一些特殊类型的课程项目。由于关注的是读写能力和算术能力，因此这两方面作为文献中的主要成果也就不足为奇了，但本章还包括与写作、戏剧/艺术、科学、价值观和综合课程项目相关的元分析。这一章还将评述一些特殊的项目，如创造力项目、双语项目、职业生涯干预、户外项目、道德教育项目、知觉动作项目、触觉刺激项目和游戏。表 8.1 对研究数据做了一个概括。

表 8.1　课程影响因素的元分析的信息汇总

课程	元分析数	研究数	研究对象数	效应量数	d	标准误	CLE	排名
阅读								
视知觉项目	6	683	379 400	5 035	0.55	0.033	39%	35
词汇项目	7	301	—	800	0.67	0.108	47%	15
自然拼读教学法	14	425	12 124	5 968	0.60	0.221	43%	22
语句组合项目	2	35	—	40	0.15	0.087	10%	119
反复阅读项目	2	54	—	156	0.67	0.080	47%	16
理解力项目	9	415	11 585	2 653	0.58	0.056	41%	28
整体语言教学法	4	64	630	197	0.06	0.056	4%	129
置身于阅读之中	6	114	118 593	293	0.36	0.090	25%	76
二次/三次机会项目	2	52	5 685	1 395	0.50	—	35%	47
写作项目	5	262	31 189	341	0.44	0.042	31%	57
戏剧/艺术项目	10	715	5 807 883	728	0.35	0.090	25%	77
数学和科学								
数学	13	677	8 565	2 370	0.45	0.071	32%	54
计算器的使用	5	222	—	1 083	0.27	0.092	19%	93
科学	13	884	243 505	2 592	0.40	0.018	29%	64
其他课程项目								
价值观/道德教育项目	2	84	27 064	97	0.24	—	17%	94
社交技能项目	8	540	7 180	2 278	0.40	0.031	27%	65
职业生涯干预	3	143	159 243	243	0.38	0.050	27%	69
综合课程项目	2	61	7 894	80	0.39	0.050	28%	67

续表

课程	元分析数	研究数	研究对象数	效应量数	d	标准误	CLE	排名
知觉动作项目	1	180	13 000	637	0.08	0.011	6%	128
触觉刺激项目	1	19	505	103	0.58	0.145	41%	27
游戏项目	2	70	5 056	70	0.50	—	35%	46
创造力项目	12	685	23 299	837	0.65	0.097	47%	17
户外/探险项目	3	187	26 845	429	0.52	0.035	37%	43
课外项目	5	102	—	68	0.17	0.072	12%	114
双语项目	7	128	10 183	727	0.37	0.140	26%	73
总计	144	7 102	6 899 428	29 220	0.45	0.071	32%	—

课程项目：阅读

阅读是最具争议的课程领域之一，有许多教育家对什么是最好的阅读教学法提出了明确有力的主张。不管最好的方法是什么，如果学生不在小学的中间阶段发展足够的阅读敏锐感，他们在其他课程的学习方面就会遇到障碍——因为在学校教育中不会花很长的时间教学生从学习阅读到通过阅读去学习（from learning to read to reading to learn）。最近国家阅读研究小组（National Reading Panel, NRP）发布的研究综述（Langenberg, Correro, Ferguson, Kamil, Shaywitz, 2000）所引起的热烈争论，以及澳大利亚读写能力报告（Australian Literacy Report）（Rowe, 2005），都显示了研究人员和教师对阅读教学通常所具有的根深蒂固的看法。将自然拼读法（phonics）和整体语言法（whole language）的差异两极化是很常见的，而且两者各自支持的声音都不少。甚至仅仅是关于阅读的界定，都能反映出两极分化的观点。Anderson 等人（1985, p.7）主张"阅读是从书面文本中建构意义的过程"，而 Wixson, Peters, Weber 和 Rober（1987）则青睐更为整体性的语言定义，主张把阅读界定为通过以下三方面的"动态交互"（dynamic interaction）来建构意义：

1. 原有知识；
2. 文本呈现的信息；
3. 阅读情境。

本节基于2 000多项针对大约500万名学生的阅读研究，概括了50项元分析，其平均效应量为 0.51，并且说明了获得一系列学习策略以从文本中建构意义的重要性。这些元分析的结论表明，在所有的学校教育年限中积极地教授阅读技能和策略是十分重要和有价值的。需要有计划的、审慎的、明确的和积极的项目来教授特定的技能。成功的阅读要求解码技能的发展、词汇和理解能力的发展以及对具体策略和过程的学习。很明显，某些项目是成功的，特别是那些基于技能和策略的项目，而其他对此不予关注的项目却收效甚微。进一步发展一个人的阅读熟练度取决于对这些技能的掌握，取决于学会获取意义并且经常从阅读能力中获得乐趣。

视知觉项目

视知觉是指组织和理解一页文本上面的字母的过程，经常被视为早期阅读的一个重要方面。Kavale 和 Forness（2000）发现，听知觉和视知觉对正常学生（$d=0.36$）和有学习或者阅读障碍的学生（$d=0.38$）都是重要的阅读预测因素。在借助不同的听知觉能力（听觉理解 $d=0.40$，记忆 $d=0.38$，联结 $d=0.38$，辨别 $d=0.37$）或者视知觉能力（记忆 $d=0.47$，闭合 $d=0.43$，辨别 $d=0.39$，联想 $d=0.38$，运动整合 $d=0.36$，空间关系 $d=0.33$）来对阅读熟练程度进行预测时，其准确度几乎没有差别，但是对于图形—背景的辨别（$d=0.25$）来说，预测的准确度就要低一点了。另外，整合知觉刺激的能力似乎不比单独的听觉能力或视觉能力与阅读能力的关系更为密切。更重要的是，各种听知觉能力和视知觉能力的影响都与词汇识别和阅读理解有关。

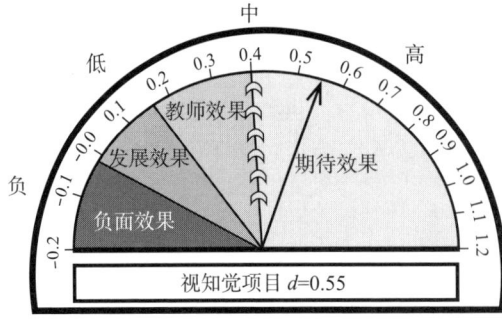

注解	
标准误	0.033（低）
排名	35
元分析数	6
研究数	683
效应量数	5 035
研究对象数（6）	379 400

然而，由于用于检测视知觉的测验不同，差异是存在的（Kavale, 1982a）。在阅读成就的预测上，与许多其他有关视觉—动作能力和视觉—空间关系的测验〔例如，本德尔和伊利诺伊心理语言能力测试的视觉亚测验（Bender and

Illinois Psycholinguistic Abilities visual subtests）]相比，被广泛应用的傅若斯蒂视知觉发展测验（Frostig development test）和与之相随的培训项目明显没那么成功。其结论是，傅若斯蒂视知觉发展测验或项目对于鉴别年轻学生的阅读准备性或对于矫治学生的视知觉缺陷来说，都不是特别有效。

词汇项目

Stahl 和 Fairbanks（1986）发现，词汇教学和词义知识通常有助于提高学生的阅读理解水平。其平均效应量为 0.97 表明，接受了词汇教学的学生在包含已学词汇的文本阅读理解水平方面有很大的进步；对阅读理解的总体测量（global measure）的效应量为 $d= 0.30$。最有效的词汇教学方法包括提供定义性的和语境性的信息、让学生进行深加工，以及让学生不止一两次地接触他们将要学习的词汇。关键词记忆法（mnemonic keyword method）也对定义记忆和语句理解有积极影响（另见 Mastropieri, Scruggs, 1989）。这种方法要求学生先学习一个具体的单词（word）而不是某些类似于目标单词（target word）的发音，然后创造一幅图像将目标词语与其定义联系起来。比如，就 angler（垂钓者）一词来说，关键词可以是 angel（天使），交互式图像可以是一个天使在抓鱼。Klesius 和 Searls（1990）也发现这种关键词方法具有相似的高效应量，但也发现这种影响作用会快速消退，延迟后测的最高效应量只有 $d=0.19$。Fukkink 和 de Glopper（1998）也研究了从上下文语境中推导词义的教学结果，并认为这种词义推导对教学确实合适，甚至是相对较短时间的教学也会产生积极的影响。

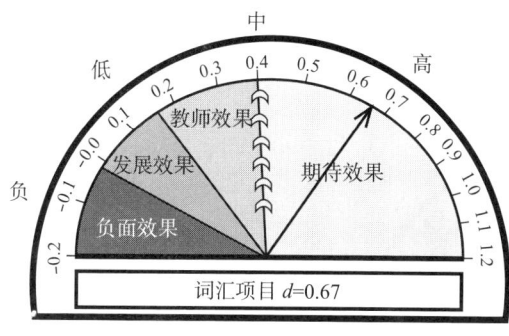

注解	
标准误	0.108（高）
排名	15
元分析数	7
研究数	301
效应量数	800
研究对象数（0）	na

Arnold, Myette 和 Casto（1986）发现，语言干预项目给智障的学前儿童带来了直接的积极收获，并且这种收获不随被干预儿童的人口统计信息、治疗前的语言水平、障碍类型和病史等主体特征而变化。对于有严重神经功能缺陷的

儿童来说，干预效果则会减弱。Nye, Foster 和 Seaman（1987）发现，临床的语言干预对有语言障碍的儿童是有效的，作为干预的结果，被试者语言恢复的百分比从50%上升到85%。这种干预方法对于有语言障碍的儿童比对于有学习或阅读障碍的儿童更有益。语言干预使儿童在句法结构方面显示出最大程度的进步，但是在实际的语言运用方面则影响不大。示范方法（modeling appoach）比其他方法（比如，集中刺激和理解）对于语言有更大程度的改善作用。Kavale（1982b）发现，心理语言训练项目受到皮博迪语言开发工具包（Peabody Language Development Kit，PLDK；为增强一般言语能力而设计的高度结构化的课程序列）的影响，要多于受到伊利诺伊心理语言能力测验（Illinois Test of Psycholinguistic Abilities）或者其他类型的训练活动（如，知觉运动法）的影响。PLDK 的结构化和序列性的特性被认为是其产生较大影响的关键因素。

这些元分析表明，词汇项目对于阅读技能和阅读理解的培养是有益的。

自然拼读教学法

自然拼读教学法给阅读初学者教授字母编码（alphabetic code）和如何运用这种知识去阅读单词。在系统的自然拼读项目中，一套设计严整的语音元素是循序渐进进行教授的。这套语音元素包括辅音字母与其读音，短元音、长元音字母与其读音，元音与复合辅音等等之间主要的对应关系……其中也包括形成单词中更大子单元的字母—读音的混合形式。（Ehri, Nunes, Stahl, Willows, 2001, p. 394）

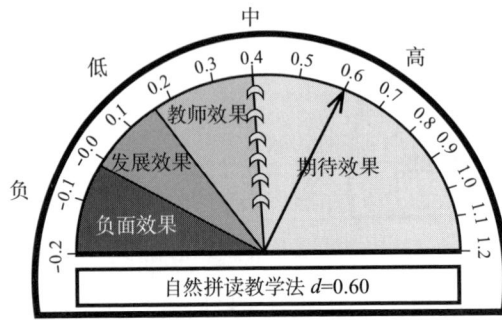

注解	
标准误	0.221（高）
排名	22
元分析数	14
研究数	425
效应量数	5 968
研究对象数（5）	12 124

由国家阅读研究小组（Langenberg et al., 2000）公布的元分析显示，对于阅

读学习来说，音素意识（phonemic awareness）扮演着重要的角色。他们总结指出，通常有很多任务用于评估和提高音素意识，诸如：音节划分（paste 的首音节是什么？）；辨识（在 bike, boy 和 bell 中哪个音相同？）；分类（按顺序识别 bus, bun 和 rug 的读音）；联结（哪一个词的读音是 s/k/u/l？）；分节（ship 有几个音素？）；删除（如果把 smile 中的 s 拿掉将变成什么词？）。研究小组认为学习阅读的关键部分包括：

> 学习字母系统，即字母和读音对应以及拼写模式，并且学会怎样在阅读中运用这种知识。系统的自然拼读教学法是教授阅读的一个方法，它强调的是掌握字母和读音之间的相互对应及其在阅读与拼写单词中的运用（Harris, Hodges, 1995）。自然拼读教学法是为小学阶段的初学者和阅读学习有困难的儿童设计的。（Langenberg et al., 2000, pp. 2−89）

国家阅读研究小组发现，自然拼读教学法成果的总体效应量为 $d=0.86$，在阅读成果方面为 $d=0.53$，在拼写成果方面为 $d=0.59$。聚焦在一种或两种音素意识的教学比教更多种音素意识的教学效果好；用字母处理音素的教学比不使用字母处理音素的教学更有效；综合自然拼读项目强调的是教学生把字母转换成声音，然后联结声音形成可识别的单词，接着分析并联结单词和音素的更大的子部分。不管在课堂上由教师进行教学还是运用电脑，这些音素意识的效果都会得以展现；对学前儿童比对较高年级的学生影响更大（即在阅读学习方面更有效）；不管是通过辅导、小组教学还是班级教学，也都是有效的。

国家阅读研究小组的调查结果极具争议，部分原因在于他们只从大量可用的阅读研究中使用了少数几项研究。然而，其他有关阅读教学的元分析的发现与国家阅读研究小组的结论并无不同。比如，Bus 和 van Ijzendoorn（1999）对语音意识（phonological awareness）训练项目和早期阅读进行了元分析。他们断定，语音意识训练应该被视为阅读学习的一个因果关系因素。随机设计和配对设计语音意识和阅读相结合的效应量分别为 $d=0.73$ 和 $d=0.70$。他们注意到，在语音意识和阅读技能两方面，长期研究都比短期研究的影响效果小。同时，语音训练（phonemic training）效果在平均 18.5 个月之后仍然是可识别的。其他的研究发现包括：以分组的形式训练语音意识比个别训练的效果更好；把语音和字母结合在一起的训练项目比单独进行语音训练的项目效果更好；用后测评估简单的解码技能的训练比用真词识别测验的效果更好；学前儿童似乎在语音训练方面比小学生受益更多，随着年龄的增长，其效果反而减小。Stuebing, Barth, Cirino, Francis 和 Fletcher（2008）再次分析了国家阅读研究小组的数据，其结论为，含有附加语言活动和读写活动的语音训练是最有效的。核心要素是语音（phonics）、流畅和理解。

Ehri, Nunes, Willows, Schuster, Yaghoub-Zadeh 和 Shanahan（2001）只考虑了包含关于阅读学习的自然拼读教学法的对照实验。他们的结论是：

> 音素意识教学的益处在实验当中得到了反复多次的验证，因此，这使我们坚信，音素意识教学会比其他形式的教学或者不进行音素意识教学、不帮助儿童获得阅读和拼写技能的教学更为有效。（Ehri et al., 2001, p. 274）

音素意识对社会经济地位高、中、低的学生的影响一样巨大（与 Dressman, 1999 的观点相反）。而且，音素意识的确会增强阅读理解能力（$d=0.34$）。Thomas（2000）针对幼儿园学生（这或许导致了他较高的总体效应量）的研究结论指出，最成功的音素意识项目教授的是词汇识别技能，在持续 8 周多的时间里，每天教学超过 1.5 个小时（$d=1.02$）。

直接教学法在教授语音技能方面的效果是最大的。Swanson（1999）综合了对有学习障碍学生进行阅读干预的研究的实验证据，发现运用直接教学法和教给学生词汇识别策略这两种模式都会改善他们的阅读理解表现。Swanson 及其同事（Swanson, Trainin, Necoechea, Hammill, 2003）还发现，诸如快速念名（rapid naming）[①]和字母识别的方法与阅读密切相关——特别是阅读理解能力。对阅读理解的最佳预测方法是真词阅读和拼写能力，其次是猜测词义技能（word attack skills）。

总之，自然拼读教学法在阅读学习的过程中是十分有效的——对阅读技能和阅读理解都是如此。

语句组合项目

语句组合是一种要求学生把一个或多个句子组合成一个复合句、复杂句或

[①] 快速念名是一种在保证较少错误的情况下以尽量快的速度对熟悉客体刺激进行命名的技能。

并列复合句的教学策略（参见 Fusaro, 1993, p. 228），其影响效果很小。Neville 和 Searls（1991）发现，作为一种教学技巧，语句组合在小学远比在高中有效，但是 Fusaro（1993）发现，在阅读理解方面，语句组合的影响在各年级都是不明确的。在所有有关阅读的元分析当中，语句组合的方法似乎在阅读教学的"工具箱"中并没有显示出很高的价值。

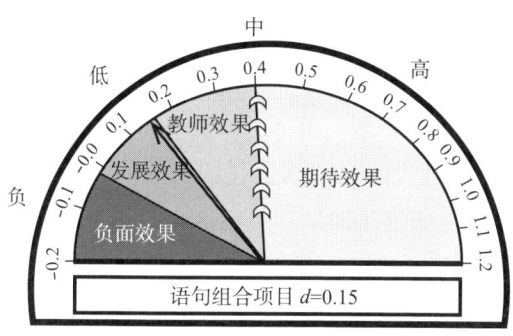

注解	
标准误	0.087（高）
排名	119
元分析数	2
研究数	35
效应量数	40
研究对象数（0）	na

反复阅读项目

反复阅读是指重读一段短小而有意义的段落直到达到令人满意的流畅水平。在有关反复阅读项目的元分析中，Chard, Vaughn 和 Tyler（2002）发现了许多变量。他们认为，这些变量能够解释阅读学习效果的变化。造成学习效果发生变化的最大原因是测试的方式。限时测试比不限时测试的影响大，他们认为，这是因为限时测试更有可能评估一个学生自动应用词汇识别和解码技能的能力。这种自动性通常会在二年级和三年级之间自然发展，但是对有学习障碍的学生来说，它是单独的一套需要教授的技能。的确，需要高度自动化的任务，如快速念名，是对有学习障碍和没有学习障碍的儿童最具鉴别力的任务。其中反映的信息很清楚：词汇识别和解码的自动化技能（从准确的词汇阅读到自动的词汇阅读的变化）需要进行专门的评估和教学，尤其是对那些有学习障碍的学生来说。也许不足为奇的是，这样的自动化或过度学习在很多二次/三次机会阅读项目（second- and third-chance reading program）中是一个主要特征（参见下文）。Therrien（2004）发现，反复阅读在阅读理解和阅读流畅性上有同样显著的积极效果——对近迁移（即刻的影响和理解）（$d=0.76$）比对远迁移（流畅地阅读或者理解新文本的能力）（$d=0.50$）的影响大，尽管对后者的影响仍然是显著的。

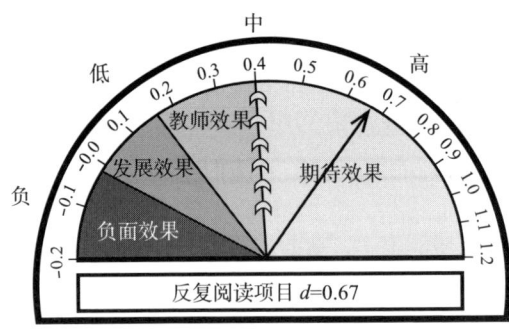

注解	
标准误	0.080（高）
排名	16
元分析数	2
研究数	54
效应量数	156
研究对象数（0）	na

理解力项目

Rowe（1985）进行了一项最早和最大的有关阅读理解研究的元分析。她发现，有关词汇的项目（$d=1.77$）比有关阅读理解的项目（$d=0.70$）影响大，并且将词汇用作分析单元（$d=1.28$）进行的测量比运用整个文本（$d=0.82$）进行的测量所得到的影响效果要大。一般来说，对于更具体的、结构性更强的成果影响更大，对于阅读能力差的人（$d=0.80$）和阅读能力强的人（$d=0.74$）来说影响是相似的。注重加工策略的阅读理解项目（如推理论证、做总结的策略和文本组块）比文本项目（text program，如概念复述、清晰性，$d=0.77$）和任务项目（task program, $d=0.69$）能产生更大影响（$d=1.04$）。

Sencibaugh（2005）评述了两个主要的项目：依赖视觉策略项目和依赖听觉或语言策略项目。依赖视觉策略项目涉及运用图片来改善阅读理解，而依赖听觉或语言策略则涉及在课前阅读或者课后阅读活动中为帮助理解而使用听觉和语言。前者的平均效应量为$d=0.94$，而后者为$d=1.18$，但关键问题是这些影响的增加仅仅是因为教师为加强学生的阅读理解而教过这些特殊的策略。Pflaum, Walberg, Karegianes 和 Rasher（1980）研究了关于不同的阅读教学方法几乎不会造成学业成就差异的观点。他们发现，大多数情况下确实如此，如果排除发音符号联结法的优势（单一发音或字母被分开教授，然后再混合在一起）。他们认为，从这种系统性的自然拼读法中获得的支持似乎是强有力的，即把与字母相关联的单个发音加以综合似乎比很多其他方法更有优势。

Guthrie, McRae 和 Klauda（2007）评述了一个加强阅读理解的特殊项目——概念取向的阅读项目。这个项目是基于阅读参与者有内在的阅读动机这样的前提假设。因此，该项目的目标是激发学生的参与兴趣，除了阅读教学策略外还使用动机策略。阅读参与者在认知上积极地运用策略，试图将旧信息与新信息联系起来;在行为上积极地参与任务、付出努力、面对困难并坚持不懈;经常为了消遣和学习而阅读。概念取向的阅读项目提供持续12周的干预措施,每一节课都分为不同的部分:朗诵、有关理解策略的微型课(推理、在阅读中提问、总结以及理解监控)、独立写作和阅读,以及教师引导的小组阅读(示范学习、提供支架以及指导性练习)。在以下这些方面其效果是积极的:对多重文本的理解(d=0.93),流利程度(d=0.73),故事理解(d=0.65),以及动机成果(好奇心 d=0.47,接受挑战的意愿 d=0.31,任务取向 d=0.28,自我效能感 d=0.49)。

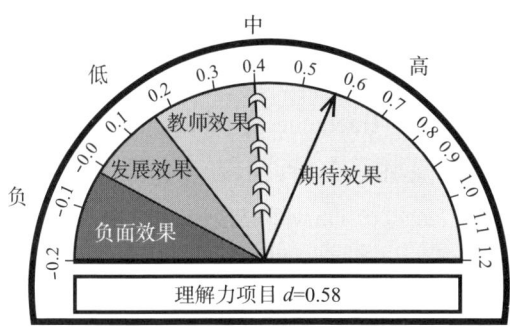

注解	
标准误	0.056(中)
排名	28
元分析数	9
研究数	415
效应量数	2 653
研究对象数(6)	11 585

很多人认为词汇是在阅读中不经意学到的,这是那些认为阅读能力是通过大量阅读经历得到提高者的主要前提假设。有人针对在正常阅读中不经意学到词汇的研究进行了元分析。结果显示,在正常阅读中,学生只能学到大约15%的他们碰到的生词(Swanborn, de Glopper, 2002)。文本中生词密度低比生词密度高能产生更高的生词学习效果。学生能够在阅读中不经意地学习词汇;其效果不仅小,而且其中还有阅读能力的影响。年龄大、学习能力更强的学生在阅读中能够学到更多的词汇意义,因此,如果一个学生阅读能力差,就不太可能仅仅通过要求他进行阅读来提高词汇的学习成果。

整体语言教学法

阅读的整体语言教学法是基于这样的理念,即"阅读技能的获得取决于这些技能所呈现的语境。单独的词汇在一个特定语境中,更容易被流利地掌握。这些词汇会从周围的其他词汇和故事结构中获得意义"(Gee, 1995, p.5)。Gee发现,这种阅读的整体语言教学法对于阅读成就有积极的影响。他证实了这个发现,因为他注意到,样本容量较大的研究产生的是较小的效果,少于一年的干预由于没有提供足够深入的教学而没有产生明显的效果。

初看起来,有关整体语言教学法的4项元分析的总体效应量有显著差异。与Jeynes和Littell(2000)研究的平均效应量相比较,Gee研究的平均效应量有一个总体上积极的效果,而前者则有一个总体上消极的效果。在这两项元分析中所使用的文章有很多是重叠的,其效应量之间的差异可以追溯到对一些主要研究的不同分类以及对于组成整体语言的要素的编码。关于后者,Gee纳入了以系统性自然拼读法和词汇学习作为整体语言项目的项目,因此他考虑的是一个更"平衡的"两套技能系列项目。比如,Tunmer和Nesdale(1985)的研究被分类到了整体语言一类,但这与Tunmer和Nesdale对他们的项目所声称的类属是相反的。根据Gee的说法,Tunmer和Nesdale的三个整体语言类别包含"对语音编码技能教学的重点强调"(p. 421)。Trachtenburg和Ferruggia(1989)的研究也被Gee归类到整体语言中,其中运用了包括词汇表、字母—发音命名和解码技巧等各种不同的策略。同样,Gee也把Uhry和Shepherd(1993)的研究归到了整体语言一类中,他们运用的是分节与拼写教学、一堂10—20分钟的自然拼读课以及抄写词汇。如果对这三个研究重新加以分类,使它们不被纳入整体语言的研究当中,那么Gee的平均效应量就从$d=0.65$变成接近零——所有整体语言元分析中的平均效应量为$d=0.06$,排在138个效应量中的第129位。

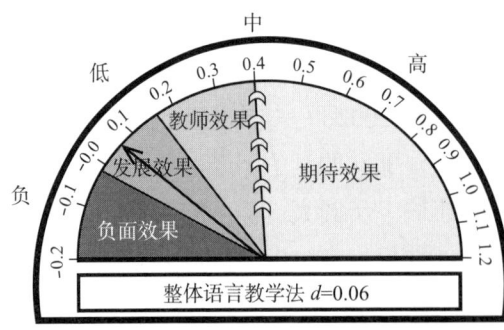

注解	
标准误	0.056(中)
排名	129
元分析数	4
研究数	64
效应量数	197
研究对象数(1)	630

Stahl和Miller(1989)从整体语言项目中所得到的效应量也为零(词汇识别为$d=0.17$,阅读理解为$d=0.09$)。整体语言教学法可能在幼儿园比在一年级效果要好,这些方法对于词汇识别的测量比对于阅读理解的测量所产生的效果更好(但仍旧接近于零),使用这些方法取代阅读准备项目会更为有效。他们把这些效果与基础阅读项目(basal reading programs)做了一个比较,基础阅读项目的效果更好。Stahl, McKenna和Pagnucco(1994)对Stahl和Miller(1989)

在整体语言教学方面的元分析做了更新,再次得出了一个很小的效应量。他们补充道,整体语言教学法在改善儿童阅读态度方面是有效的,并认为测量解码的传统方法会略有优势。

最近的研究发现,与基础阅读项目相比,整体语言干预和阅读学习项目之间呈现出显著的负相关。Jeynes 和 Littell(2000)调查了整体语言教学对于幼儿园到三年级社会经济地位较低学生的读写能力的影响,发现学习了基础阅读项目的社会经济地位较低的学生,比那些接受了整体语言教学的社会经济地位较低的学生的表现要好。

总之,整体语言项目在阅读学习方面的作用微乎其微——无论是对词汇认知还是对阅读理解。这样的方法或许对以后的阅读是有价值的,但是肯定不会对学习阅读的过程有所帮助;阅读策略似乎需要审慎地教授,特别是对于那些有阅读困难的学生。

置身于阅读之中

让儿童置身于阅读之中会有怎样的影响?答案似乎取决于谁在阅读——参与到阅读乐趣之中的父母,把大声朗读当作教学工具的教师,或者是似乎没有任何影响的志愿者。Blok(1999)注意到很多案例中的一个普遍做法,即教师几乎每天都读书给学生听。这通常涉及"与孩子谈话和对孩子说话",因为阅读大大促进了朗读者、儿童和文本之间的交流。这在口语方面的总体效应量为 $d=0.63$,在阅读方面为 $d=0.41$。当小组成员少的时候(利于更多互动),对于年龄较小的学生来说,效果更大。然而,不仅是纯粹置身于阅读之中,而且阅读教学也起到了作用。持续的默读、单纯的阅读时间以及父母自己阅读收效都低得多。

父母读书给自己的孩子听会对阅读产生积极的效果,特别是在词汇习得方面。有关读写能力代际传递的元分析证实了父母—儿童之间的交流对于提升儿童读写能力会产生积极的影响(Bus, van Ijzendoorn, Pellegrini, 1995)。父母与学前儿童共同读书的经历被证实会对语言发展($d=0.67$)、早期读写能力($d=0.58$)和阅读成就($d=0.55$)产生积极的影响。这对所有社会经济群体都一样。这种影响虽然不局限于学前儿童,但是随着儿童独立阅读能力越来越强,其影响效果确实会减小。

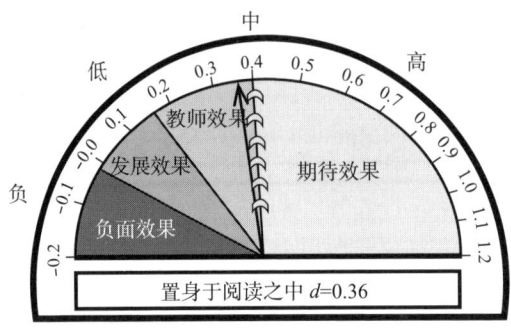

注解	
标准误	0.090（高）
排名	76
元分析数	6
研究数	114
效应量数	293
研究对象数（3）	118 593

然而，读书给儿童听不足以让他们成为有能力的读者，教学也是需要的。Torgerson, King 和 Sowden（2002）调查了无偿课堂志愿者对儿童学习阅读提供额外帮助的影响效果。几乎一半的研究显示，这产生了负面的影响，总体相关性也很小。他们的结论是"几乎没有充分的证据能够证明，鼓励志愿者帮助儿童学习阅读的政策是有效的"（p.443）。置身于阅读之中和听别人阅读是不够的。Lewis 和 Samuels（2003）发现，更多的阅读与阅读收益之间的关系极小（$d=0.10$）。对于一至三年级的学生、第二语言的学生、有学习障碍的学生和阅读能力低于年级平均水平的学生来说，阅读的效果稍微大一些。练习阅读的帮助是极小的，是不够的。类似地，Yoon（2002）发现，持续的默读对阅读态度几乎没有影响，而且这种影响在三年级之后会降到零。当默读的时候，那些阅读有困难或者不喜欢阅读的学生几乎得不到阅读指导；对他们来说，这种活动又一次证明了阅读没有乐趣。

二次 / 三次机会项目

阅读矫正项目（Reading Recovery program）由新西兰奥克兰大学教授 Dame Marie Clay 提出。阅读矫正是一个二次机会项目，在持续 12—20 周的特定时段内实施。当儿童被认可已准备好返回常规课堂的时候，他们就终止参与这个项目。D'Agostino 和 Murphy（2004）发现，参与阅读矫正项目学生的表现优于控制组学生，尤其是在观察计划所涉及维度的测量上（这个项目的关键部分）。他们认为，阅读矫正"达到了提升表现最差的一年级学生的阅读和写作技能这一基本目标，使他们赶上同班同学的水平"（p.35），而且"至少到二年级期末的时候，对泛读技能会产生持续的影响"。

研究发现，那些完成了阅读矫正项目而原本面临阅读失败的危机学生比那些同样处于危机但没有接受这种干预的学生表现得更好（Elbaum, Vaughn, Hughes, Moody, 2000）。阅读矫正项目效果明显（d=0.96），当它作为一个补充的项目，而不是替代课堂教学的时候，其效果最好。它对于阅读理解（d=0.67）、解码（d=0.56）和单词朗读（d=0.69）的影响都很大。Elbaum等人认为，"良好的设计、忠实的执行和一对一的干预非常有助于提升许多因为阅读技能薄弱而处于学业失败危机中的学生的阅读成就"（p.617）。

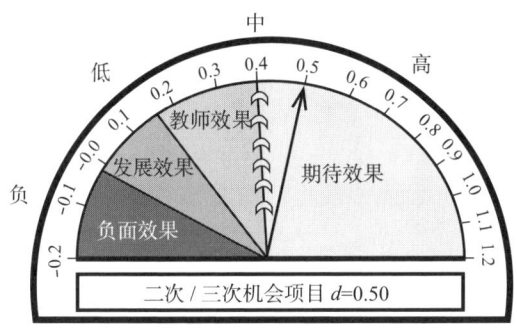

对于阅读元分析的总体评价

好的阅读教学有5个支柱：音素意识、自然拼读法、流畅性、词汇和理解——注意所有的这5个支柱远比只教其中任何一个而否定其他支柱重要得多。教授阅读最有效的项目首先是要注意视知觉能力和听知觉能力。接着伴随着反复阅读的机会，把词汇、理解和自然拼读教学法结合在一起，这是最有影响力的一套教学方法。效果最差的方法是整体语言、语句组合以及假定学生会在阅读过程中不经意学到词汇。如果在一开始的时候阅读项目没有取得成功，那么二次机会项目如阅读矫正将是最有效的。这种典型的争议也可以总结为，一个使用整体语言教学法的教师比使用自然拼读教学法的教师在自己的教学中至少需要发挥10倍的效果才能获得同样的提高词汇量、阅读技能和阅读理解的成果。一个将词汇、自然拼读和理解方法合在一起使用的教师，其教学将远比单独运用自然拼读法或者整体语言法的教师有效。

我们注意到，大多数研究都习以为常地把注意力集中在早期的阅读上，对于其后的阅读教学则没有相关的元分析，只有一些很有限的研究证据。在对新西兰三至十二年级的课堂情况所进行的研究中（N=40 000），我们发现小学高年级学生的阅读能力较稳定，学生进入高中之后则加速发展（Hattie, 2007）。在五年级，有超过80%的学生等于或者大于期望值，但到了八年级，则有近半数学生低于期望值,到了十一年级,则又有大约 80% 的学生在期望值以上(见图 8.1)。

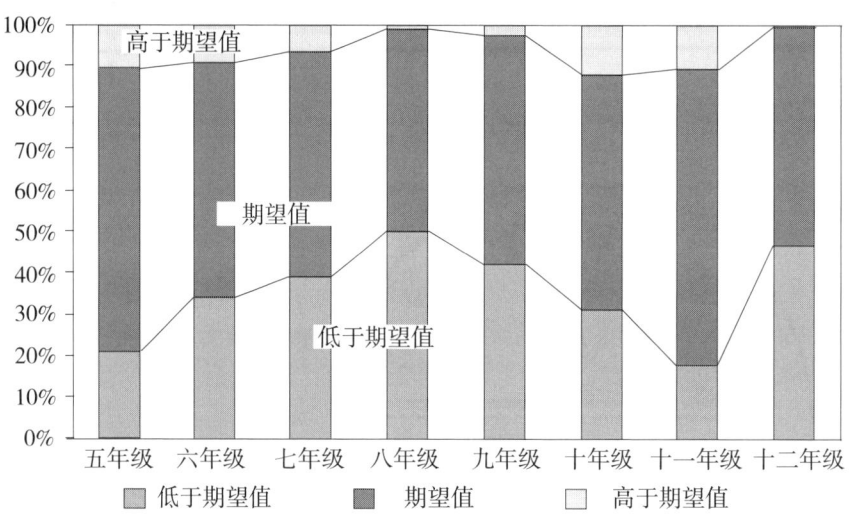

图 8.1　表现低于、达到和高于各年级期望值的学生的百分比

Chall(1983;1996)认为,阅读从开始阶段达到成熟而富有技能的阶段,其水平在这个过程中并不是一成不变的,而是一个随着阅读者能力增强、熟练度提升而逐渐变化的过程。然而,我们没有发现如 Chall 所说的"四年级的阅读衰退"——没有衰退;只是在小学高年级阶段没有提升和进步。对于这种"高原效应"有几种可能的解释(Hattie, 2007),包括教师没有在这些年级中对阅读学习形成一个共同的进步观念;大多数课程不关注阅读能力的发展;过于强调早期的阅读学习,以至于我们没有建立一种感知上的需求,然后继续在早期开端的基础之上发展追求卓越的项目。其他引起"高原效应"的因素可能是,早期的词义缺乏将意味着阅读者不能充分利用词义的深度和广度来持续提升阅读水平;流畅性和自动性(即快速准确地识别词汇和短语)的缺乏可能会阻碍对最初阅读学习成效的超越;这些高年级的学校教育不太强调解码和推理,而是更强调解释性测试(expository test)中的阅读。儿童之前"不重要"的阅读困难也可能会在五年级的时候第一次显现,因为他们此时开始需要接触更多的推理、理解、生僻词汇、关联和领会等信息材料和多种文本类型(Snow, Burns, Griffin, 1998)。最后,当学生进入高中之后,他们的阅读水平从平稳状态开始发生倾斜,

我们需要学习高中教师的做法（例如，要求学生在读写能力和文本理解领域运用他们的技能——更高水平的阅读技能，查找信息、关联、推理和领会）。

写作项目

Graham 和 Perin（2007）完成了一个最大的写作项目研究。他们建议教授学生设计、校订和编辑作文的策略，这是有效的（$d=0.82$），特别是对于那些写作有困难的学生来说。不同策略的效应量分别为：归纳阅读材料（$d=0.82$），合作设计、起草、修改和编辑（$d=0.75$），给学生的作品制定清楚而具体的目标（$d=0.70$），使用文字处理软件（$d=0.55$），教学生写愈发复杂的句子（$d=0.50$）。这些结果证实了以下策略的功效：教授学生写作当中的程序和策略，师生以有组织的方式共同组织写作教学，以及制定明确而具体的目标，特别是每篇作文的写作目的。

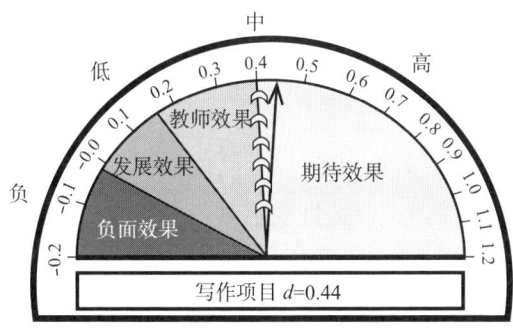

注解	
标准误	0.042（中）
排名	57
元分析数	5
研究数	262
效应量数	341
研究对象数（3）	31 189

Bangert-Drowns, Hurley 和 Wilkinson（2004）也发现了一些支持开发更为信息化、个人化、充满想象力的以及对写作任务进行元认知反思的写作项目的证据。Gersten 和 Baker（2001）发现，写作策略的教学对于有学习障碍的学生来说具有相似的影响效果。他们公布了表达性写作项目的效应量为 $d=0.81$，其中学生与教师的合作练习的效应量为 $d=0.76$，与同伴合作练习的效应量为 $d=0.70$、教师在示范中使用策略的效应量为 $d=0.68$，使用程序提示（procedural prompts）的效应量为 $d=0.86$，使用电脑的效应量为 $d=0.64$。其重点在于写作过程中关键步骤的清晰教学、写作体裁的一般规定和提供指导性反馈。他们指出：

> 教师或同伴在写作的整体质量、缺失要素和优点方面向学生经常性地提供反馈。当反馈与写作过程或文本结构的教学相结合时，共同语言就产

生了，从而使得教师和学生有可能以一种有意义的方式投入到对话中。这势必会提高作品质量。这种对话有助于为教师或同伴提供适当反馈和具体建议。（Gersten, Baker, 2001, p. 266）

Atkinson（1993）公布了写作教学工作坊的效应量为 $d=0.52$，电脑支持为 $d=0.32$，探究技能的教学为 $d=0.45$。工作坊共同的成功因素是团队形成与运用、同伴反馈和协同写作。教授探究技能方法的效果与 Hillocks（1984, $d=0.56$）的报告相近，这通常包括各种不同写作策略的探究和系统学习。Atkinson 还认为，这些措施可能是与"读者"的关系所产生的结果，"或是因为一个真实而又切近的读者在写作工作坊中的存在，或是因为与他人协作来完成任务的必然需要"（p.105）。她强调在教学中提示写作目的的重要性。

戏剧／艺术项目

Kardash 和 Wright（1987）发现，创造性的戏剧活动对于小学生口语技能、自尊、道德推理、角色扮演能力和戏剧表演技能方面的成就有积极的影响。Conard（1992）对于经验研究的元分析探讨了创造性戏剧对获得认知技能的影响。他发现，如果把创造性戏剧作为教学工具加以使用，其效应量为 $d=0.48$。创造性戏剧对学前儿童和小学生比对年长一点的学生影响更大。一般学生和需要补习的学生似乎都能从创造性戏剧中获益，并乐在其中。Butzlaff（2000）认为，阅读音乐符号的练习会使阅读语言符号变得更容易；这是因为聆听音乐的技能要求对音调的差异有一种敏感性，这能够帮助学生对语音的差别也变得敏感；阅读不断重复的而由此可以预测的歌词有助于阅读技能的培养；在音乐小组中合作会激发和唤醒个人的责任感，这种责任感反过来会提高人在学业上的责任感和表现。然而，他更为谨慎地对待参与音乐项目和阅读成就之间的效应量，认为根据他的元分析，两者的因果关系是不确定的。

Hetland（2000）把大学生听音乐与空间—时间推理能力的提高联系了起来（$d=0.49$），但是她很难从这个结果来引出对于教育而言的任何重要性。她注意到这种联系的可变性非常大，最多是暂时的。这两种技能——听音乐和空间推理——可能是有关系的，因为它们依赖于某些相似的基本技能。Moga, Burger, Hetland 和 Winner（2000）做了三项关于艺术学习和创造性思维之间联系的研究。

艺术学习与形象创造力中度相关，而与言语/概念创造力没有关系。

当任务差异小的时候，我们发现存在某些迁移：从含有视觉艺术的经验迁移到绘画测试的表现。当任务差异变大的时候，我们则发现没有迁移：从艺术的经验到要求一个人形成观点、概念或者语言的测试表现。（Moga et al., 2000, p. 102）

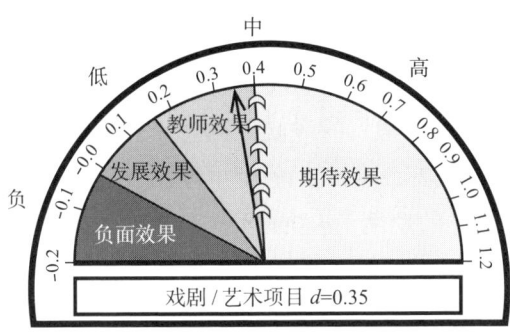

Standley（1996）对有208个效应量的98项研究进行了分析，发现当学生成功地完成一个活动时，音乐对于促进实现教育和治疗目标有显著的效果（$d=2.90$）。这项元分析的问题是，许多更极端的影响效果是来自治疗而不是教育——尽管教育的影响效果也很大。具体来说，运用音乐（主要作为奖赏）改善了各个不同能力组学生的行为（比如，生理或者用药才能治愈的缺陷为$d=2.25$；情感缺陷为$d=2.38$，正常为$d=2.99$，智力缺陷为$d=3.16$），对于学业成就的效应量仍旧很高$d=2.18$（$N=24$）。他们得出结论说，"音乐作为一个增加理想行为或者减少不良行为的可能因素是非常有效的，在增加理想行为方面的效果略微显著一些。为了实现这种可能性，中途插入音乐的程序比一开始就使用音乐更为有效"（p.124）。

Vaughn（2000）发现，自愿学习音乐和数学成就中度相关，但器乐或者声乐训练产生的影响要小得多。在学生参加数学测试时播放背景音乐只会产生很小的积极效果，或许最多是一种激励性的效果。Winner和Cooper（2000）发现，学习艺术和学业成就之间有着非常小的相关性（$d=0.10$）；与言语的相关性（$d=0.39$）比与数学的相关性（$d=0.20$）要大一些。他们非常谨慎，试图不做因果关系的假设；他们暗示学习艺术可能会使学生更多地参与到学校教育中去，相应地也会带来更高的学业成就。

数学项目

有关数学的元分析主要涉及辅助设备的运用,诸如计算器、操作材料（manipulative materials）和绘图辅助设备。在这些研究中有三大主题,其中许多创新措施的效果是最大的:当能力较低学生与能力较高学生加以比较时;当为了减少认知负荷而提供辅助设备（如在解决问题时使用计算器减轻计算的负担）时;当教师给予学生以及学生给予教师反馈时。

Baker, Gersten 和 Lee（2002）强调了学生学习数学时反馈的效果。他们发现,当教师提供反馈数据或者对学生提出建议的时候,就会产生最高的效应量（d=0.71）,其次是同伴辅助学习（d=0.62）、明确的教师主导式教学（d=0.65）、直接教学（d=0.65）和向家长提供具体的反馈（d=0.43）。当教师强调数学在真实世界的应用的时候,就会产生最低的效应量（d=-0.04）。他们注意到了一个一致性的发现,即向教师和学生提供关于每一个学生表现如何的具体信息,似乎可以持续提升学生的数学成就。

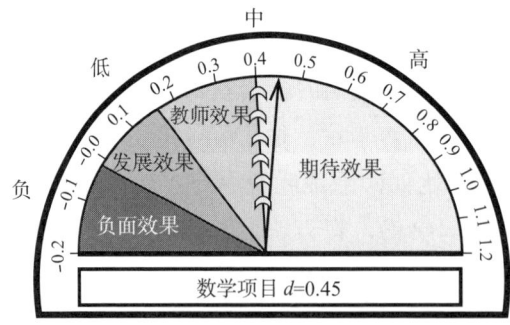

注解	
标准误	0.071（高）
排名	54
元分析数	13
研究数	677
效应量数	2 370
研究对象数（4）	8 565

就像大多数课程领域一样,存在许多关于如何教授一个学科的设想和看法。"现代"数学或者新数学被称为一个重大突破。它让数学更多地与真实世界的问题联系在一起,涉及对操作材料的高水平使用。通常情况下,其对学校教育中所有年级的总体效应量（d=0.24）都是相似的,但对于幼儿园和高中之后的阶段来说则低一些（Athappilly, Smidchens, Kofel, 1983）。它对于能力较低的学生（d=0.35）比对于能力中等的学生（d=0.25）或者能力较高的学生（d=0.21）产生的影响效果更明显。教授概念（d=0.36）和计算（d=0.31）的效应量更高,但教学应用（d=0.06）却效应量较低;教授代数（d=0.43）比教授算术（d=0.21）和几何（d=0.14）的效果更为明显。总之,操作材料的使用没有减少,但对数学

学习没有产生太大的积极影响（Mitchell, 1987）。然而，还有比使用操作材料更有效的方法。在调查高中代数的不同教学方法的研究中（Haas, 2005），效果最明显的是直接教学（$d=0.55$）和问题解决（$d=0.52$），而效果最小的则是技术辅助（$d=0.07$）和交流以及学习技能方法（$d=0.07$）。中度的影响来自合作学习（$d=0.34$）和操作表征、建模表征以及多重表征（$d=0.38$）。Haas认为，直接教学之所以更有影响力，是因为它专注于所期待的学习效果、有关教学进度和课程重点的决定以及强调努力提升所有学生的学习水平。

在对能力较低学生进行数学教学的研究中发现，反馈和策略教学也同样非常有效。Lee（2000）调查了有学习障碍的和低成就学生的数学能力的影响因素。影响效果最大的项目是基于策略的方法（$d=0.85$）、指导性练习（$d=0.86$）、同伴指导（$d=0.76$）、教师示范（$d=0.73$）、使用具体的反馈形式（$d=0.62$）、运用掌握标准（$d=0.63$）、序列化的例子（$d=0.58$）以及基于反馈调整教学（$d=0.42$）。影响效果最小的是在同伴小组中共同工作（$d=0.15$）、在独立练习中使用技术（$d=0.16$）、使用可选择的表征方式（$d=0.26$）以及识别和教授相关的前技能（$d=0.28$）。同样，Sowell（1989）和Parham（1983）发现，在数学中使用操作材料对于具体而非抽象的教学内容影响最大。

计算器的使用

"操作性"辅助的一个主要形式是使用计算器，对于这方面已有很多争议。有一个例外，元分析显示，在数学教学中使用计算器会产生微弱但积极的（大约是$d=0.20$）的影响。以下这些关键的发现似乎能够支持计算器的使用：（1）计算器用以计算、训练和实践工作以及检验工作；（2）计算器用以减少学生的认知"负荷"，使他们能够注意到其他更多的数学概念；（3）计算器用于一种教学目的，是教学和学习过程中的重要因素。

注解	
标准误	0.092（高）
排名	93
元分析数	5
研究数	222
效应量数	1 083
研究对象数（0）	na

计算器的使用 $d=0.27$

Ellington（2000）发现，计算器对能力较低学生的作用最大（$d=0.30$），对能力一般学生的作用变化最大（$d=0.20$），而对能力较高的学生有负面效果（$d=-0.23$）。其观点是，计算器能够帮助减轻学习能力较低学生的认知负荷，但能力较高的学生在学习数学的时候不太容易受到了解计算的额外需求的限制。而且，Ellington 发现，当计算器用于教学过程的时候，其影响要大得多；比如，用于解决合成问题时，其效应量为 $d=0.72$，"与那些不使用计算器的学生相比，使用计算器的学生能够解决更多的问题，并且就解决问题的方法做出更好的选择"（Ellington, 2003, p.169）。Ellington（2006）特别研究了图形计算器（graphing caculators），其总体效应量很低，尽管与程序性技能（$d=0.52$）相比，对概念性技能（$d=0.72$）的学习有更大的影响。当学生被允许使用计算器作为教学的一部分但测验时不能使用的时候，其效果是负面的（$d=-0.21$）。因而结论是，对于学生的总体数学成就来说，计算器既不是帮手也不是障碍物，至少它们可以帮助减轻认知负荷并改善对数学的学习态度。Smith（1996）也宣称，计算器对于学习态度（$d=0.37$）有积极影响，但对于计算技能（$d=0.21$）、概念发展（$d=0.19$）、问题解决（$d=0.15$）和绘图技能（$d=-0.05$）的影响则较小。他发现，相比于小学生来说，计算器对高中生的影响更大，但在高中使用图形计算器的情况是个例外。Nikolaou（2001）发现，使用计算器对于解决问题技能的影响（$d=0.49$，特别是在准代数课中）更大。他发现，与学生的社会经济地位、性别、年级、能力水平、种族或者计算器专业知识有关的影响效果没有差异。

Hembree 和 Dessart（1986）发现，教学中使用计算器有助于提高学生在完成练习和解决问题这两方面的基本技能。对于所有年级（特别是五年级以上，当计算器变得更常用的时候）和所有能力水平的学生来说，使用计算器对于操作特别是解决问题方面的基本技能有很大的影响。对于问题解决的影响似乎关系到提升计算能力和降低认知负荷的要求。他们还发现，与那些不使用计算器的学生相比，使用计算器的学生对数学有更好的态度，并且在数学方面具有特别高的自我概念。他们的建议是这种态度上的提升很可能是因为计算器的使用有助于缓解学生过去对文字题的排斥（通过减轻计算以及解决问题的认知负荷）。

总之，呈现反馈、直接教学、基于策略的方法、高难度的挑战和熟练程度对于数学学习有很大的影响。也就是说，在数学教学中，直接教学会起到作用。使用操作材料和计算器有助于减轻学生的认知负荷并使得他们能够集中精力解决问题。

科学项目

许多有关科学教育的元分析研究了具有争议的科学课程。Shymansky（1984）分析了这些新的科学项目，其中绝大部分都是在 20 世纪 60 年代和 70 年代早期开发的。这些项目通常强调分析能力和过程技能，把实验活动整合为班级常规活动、较高认知技能和崇尚科学之不可分割的一部分。这与传统的课程形成了鲜明的对照，传统的课程强调的是有关科学事实、法则、理论和应用方面的知识。一般而言，参与技能项目的学生在态度、过程技能、分析技能和学业成就方面的表现优于学习传统课程的学生（Kyle, 1982）。Shymansky, Kyle 和 Alport（1983）发现，除了自我概念，科学项目对于所有成果都有积极的影响，特别是对于涉及较高认知技能（批判性思维、问题解决、创造力、逻辑思维）的领域有更大的影响，并且对于阅读、数学和交流技能也有更大的影响，在生命科学、普通科学、物理和生物方面的影响是积极的，但在化学或地球科学方面并非如此。Kyle（1982）还注意到，有关生物学的新科学课程产生了最大的积极影响，而化学和地球科学的积极影响则最小。

实验室的使用以及更多亲自动手的活动产生了混合的结果。Rubin（1996）区分了两种形式的实验室活动。第一种形式的目标在于质疑、解释和鼓励更高水平的思考，并且运用不同的资源找寻问题的答案。第二种形式使用"实验室"来验证此前的发现。当对两种形式进行比较的时候，Rubin 发现这两种形式产生的影响有显著差异（d=0.57），第一种效果更好。Kyle（1982）宣称，与较多强调实验活动的科学课相比，学生在不怎么强调实验活动的科学课上有更高的学业成就。Rubin 通过引入一个重要的调节变量，在一定程度上解释了这些较小的影响——实验活动对学业成就的提升更多地与操作技能相关（d=1.26），而不是与推理能力（d=0.06）或者概念和学科学习（d=0.33）相关。

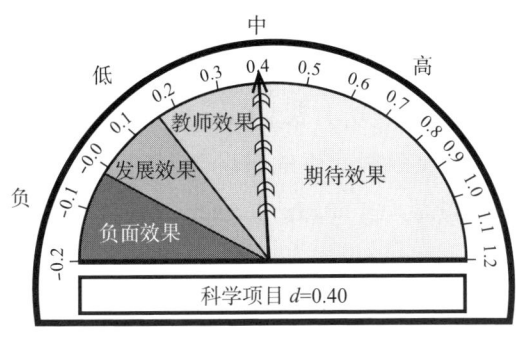

注解	
标准误	0.018（低）
排名	64
元分析数	13
研究数	884
效应量数	2 592
研究对象数（5）	243 505

许多较新开发的课程强调的是策略和过程,因此,这就要求教师运用这些方法,而不是更多地讲授教学。Yeany 和 Padilla(1983)进行了一个研究综合,比较了为培训科学教师运用更好的教学策略而实施的不同方法的效果。他们发现所有方法都对科学教师的行为有积极的影响,所有策略分析训练方法也是如此。这个研究表明,培训越正式化,效果就越大(Shymansky et al., 1983 年再次进行了验证)。结合反馈的分析是最有效的培训技巧;观察或者分析示范教学的影响程度中等;仅仅研究一个分析系统和自我分析的影响最小。最大的变化更多是关于概念的理解。最大的影响效果体现在创新和中立的测验中,对偏重传统科学内容的测验的影响要小得多(Weinstein, Boulanger, Walberg, 1982)。然而,Bredderman(1983)警告说,对于小学生来说,这些基于活动的课程的优势在后来进入采用更多传统教学方法的课堂之后可能会消失。

Wise 和 Okey(1983)研究了不同的科学教学策略对于学业成就的影响。实验性的科学教学技巧一般来说会比传统技巧提高三分之一个标准差。其结果说明,所谓有效课堂就是学生在其中时刻都清楚教学目标,并且获得他们在这些目标上所取得进步的反馈。学生也需要有机会与教学材料亲身互动,并且参与到一系列活动中去。聚焦于教学计划的言语互动是有效的,比如对课堂上的问题进行认知定位。总之,有效的科学课反映出教师计划的重要程度,学生则要承担一些有关任务界定的责任。

Schroeder, Scott, Tolson, Huang 和 Lee(2007)也研究了不同的科学教学策略对学业成就的影响。最有效的是内容强化策略(比如,把主题与先前的经验或者学习联系起来并引起学生的兴趣,$d=1.48$)、合作学习策略($d=0.67$)、探究策略($d=0.65$)、操作策略($d=0.57$)、评估策略($d=0.51$)和教学技术策略($d=0.48$)。他们总结说:"如果学生能够置身于一个环境中,他们在其中可以主动把教学与自己的兴趣和当前的理解联系在一起,并且有机会在有效教师的指导下进行合作的科学探究,那么他们的进步就会加快。"(p.1452)

在科学课中有很多引起概念转变的成功方法。Guzzetti, Snyder, Glass 和 Gamas(1993)发现,在减少阅读科学文献时产生的错误概念方面,学习图表($d=0.43$)、讨论网络($d=0.51$)和强化激活(augmented activation)($d=0.43$)比激活原有知识($d=0.10$)和提问—回答—解释的方法($d=0.02$)更有效。如果文献是驳斥性的,或者用于与其他引起认知冲突的策略相结合,那么这些文献都是减少错误概念最有效的途径。这些驳斥性的文献在学生的思维中产生某种形式的认知失调,因此,学生才可能学着去解释为什么错误概念不正确,"强化激活的活动通过引导读者关注文献中的矛盾信息或者通过提供会引起与现有信念发生冲突的说明性内容来促进认知冲突"(Guzzetti et al., 1993, p. 134)。Horak(1985)也发现,学生阅读那些帮助他们遴选书面材料中重要内容的科学文献,以及阅读那些有助于他们与文本材料建立内在联系的文献,都会产生积极的效果($d=0.57$)。

Wise(1996)研究了很多教学策略,并发现了以下影响效果:教师提问($d=0.58$)、聚焦策略($d=0.57$)、操作策略(针对实物的工作或实践,$d=0.58$)、优化材料(教师对教学材料的修正,$d=0.52$)、即时性或解释性反馈的使用($d=0.32$)、探究策略($d=0.28$)、优化背景策略(如实地考察旅行、游戏、自定步调学习,$d=0.26$),以及教学媒体($d=0.18$)。他总结说,"当科学教师运用策略要求学生身心都投入时"(Wise, 1996, p. 338),积极的意义建构最常发生。

价值观和道德教育项目

品格教育对于很多项目来说是一个上位术语:公民训练、健康教育、冲突化解训练、生活技能、服务学习、道德推理、道德教育、价值澄清、伦理和宗教教育。Berg(2003)研究了29个基于价值观的品格教育项目。这些项目通常与品格教育、公民训练、生活技能、价值澄清、道德推理、伦理和宗教教育有关,"几乎任何学校都可能试图提供学业之外的东西,特别当其目的是帮助儿童成长为好人的时候"(Kohn, 1997, p. ⅩⅩ)。大部分效果与行为和态度($d=0.24$)有关,但也有一些效果与这些项目对学业成就的影响有关($d=0.20$)。

道德教育项目的主要成果是提升道德判断力,即人们界定其决定或者行动在道德上是对还是错的方法(Schlaefli, Rest, Thoma, 1985),由于这不是通常严格意义上所界定的成就,因此没有被包含在本书的附录表格中。道德教育项目的总体效应量为0.28,强调道德两难问题讨论的道德教育项目($d=0.41$),比那些基于人格发展的项目的效应量($d=0.36$)稍微高一些。这个影响效果对于成人($d=0.61$)来说比对大学生($d=0.28$)、高中生($d=0.23$)和初中生($d=0.22$)高一些。

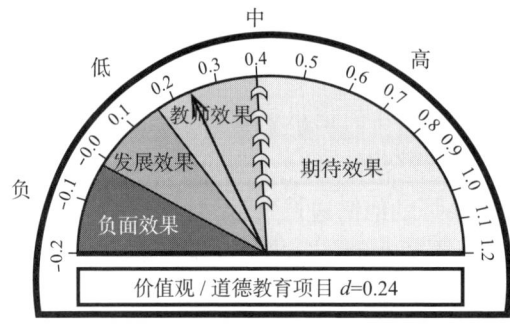

社交技能项目

社交技能或者社会能力（social competence）项目通常面向那些行为特别内向或者特别外向的学习者（比如，社交孤独症、孤僻症或者好出风头者）。其目标是提升社会适应性、社交问题解决技能、自我控制或者社会视角训练。所有涉及社交技能项目的元分析都显示，它对加强同伴关系（d=0.80 至 d=0.90）和社交成就（大约是 d=0.5 至 d=0.6）的效果较强；当学生一开始就被认定有社交问题的时候效果较差（d=0.20）；当学业成就作为社交技能项目的成果时效果最差（d=0.10 至 d=0.20）。有学习障碍的学生的社交技能低于没有学习障碍的学生的社交技能（d=0.60 至 d=0.70）。在所有这些项目中，大多都是短期的收获，这表明需要提供定期且持久的社交技能训练。

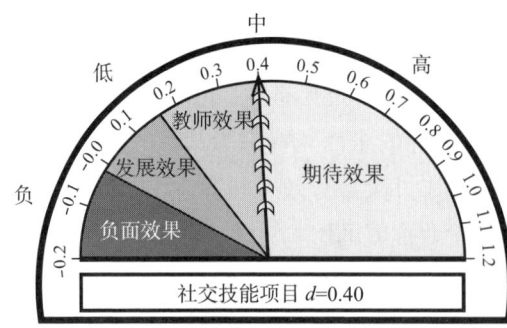

有三项元分析更加关注社交技能训练对社交成就的影响。Beelmann, Pfingsten 和 Loesel（1994）发现，社交能力训练对于儿童（3—15 岁）的短期社交成就来说是一个有效的干预（d=0.61）。它在社交认知技能方面的影响效果最大（d=0.77），相比之下，社交互动技能（d=0.34）、社交调适（d=0.18）和自我认知（比如，自我概念、控制信念）方面的效果较小，对处于危机中的儿童和年轻学生的影响最大，较大的效应量只会在对社交认知技能等直接目标准则进行评价时出现。对于更广泛的构念（construct）比如社交调适来说，只有很小的影响。而且，长期的影响是微弱的。社交技能项目能够对社交成就产生积极的影响，特别是社交问题解决项目。Denham 和 Almeida（1987）对人际社交认知问题解决（interpersonal social cognitive problem solving，ICPS）的影响作用特别感兴趣，他们发现了相似的影响（$d=0.62$）（另见 Beelmann et al., 1994）。在 ICPS 技能方面的提升，关系到行为调适的改善，特别对小学阶段的儿童更是如此。更有效的项目是行为项目，即师生针对解决社交问题展开对话，干预持续 40 个课时或者更多。Hanson（1988）对有关社交技能训练的文献进行了研究。他发现，在一个社交技能训练项目中，普通的参与者在社交技能水平方面超过了 74% 没有接受过训练的人（$d=0.65$）。基于行为观察的方法有更大的影响，其次是自评和角色扮演，之后才是教师评价。

社交技能训练最有影响的领域与学生中的同伴关系有关（Schneider, 1992, $d=0.98$）。Schneider 发现，社交技能训练总体上具有短期的中度效应。运用辅导和示范的项目更有效，特别是针对个别的同伴关系问题时。他们认为，接受社交技能训练的学生可能在减轻社交焦虑、提高社交情境的舒适感或者提升积极性这些方面受益，让他们感到社交行为上有意义的改进是其力所能及的。社交技能训练在学业成就方面的影响是很低的（$d=0.19$）。

两项元分析更关注社交训练对有特殊问题（情感或行为障碍）学生的影响。Quinn, Kavale, Mathur, Rutherford 和 Forness（1999）特别关注有情感障碍或者行为障碍的学生，并且不出意外地发现了较低的总体效应量（$d=0.20$）。当由教师、学生自己、同伴、实验者或者家长来评价时，其效果是相似的；对于亲社会行为（社交关系、行为、问题解决、能力）、问题行为（家庭关系、学校社交行为、社会交往和干扰行为）以及特定社交成果（焦虑、调适、合作、自我概念和攻击性）的效果也是相似的。干预的持续时间不会产生什么影响；是否为特定的群体设立、公布或者创建这一项目也没有什么影响。Forness 和 Kavale（1996）发现，当实施为有学习障碍的儿童和社交技能缺乏者而设计的社交技能项目时，效应量同样较低（$d=0.21$）。而且，干预时间的长短，是同伴、教师还是学生自己的评价，以及对于所有其他的社交成果来说都没有什么影响——只有一个例外：在社交技能项目中，学生相信他们的社会地位提升了。Forness 和 Kavale 发现，最有效的社交技能训练包括示范、辅导和强化项目的结合，特别是当社交技能训练直接与学生的社交技能缺陷相关的时候。尽管随着时间的推移,这些效果的持久性是不确定的。

以上两项元分析更加关注学习障碍组和无学习障碍对照组在社交技能方面的差异。Kavale 和 Forness（1996）发现两组之间在社交技能方面有很大的差异。这种差异十分明显（*d*=0.65）。他们认为,有学习障碍的学生通常会被评定为有社交技能缺陷者,无论评价他们的人是谁——教师、同伴或者学生自己（尽管自我评价在某种程度上更为苛刻）。教师声称,如果学生的学习能力较低,特别是如果他们还有社交技能方面的缺陷,那么教师就会把他们认定为有"学习困难"的学生。在社交技能中,教师最看重的是互动、适应、极度活跃和注意力分散,最不看重的是攻击性、行为障碍、依赖性和性格问题。有学习障碍的学生更有可能受到同伴排斥和有限的接纳,特别是对那些社交能力差的学生来说。有学习障碍的学生不太受欢迎,通常没有人愿意与之交友,被视为缺乏合作性。Swanson 和 Malone（1992）发现,在社会环境中,有学习障碍的学生比没有学习障碍的学生更容易被同伴拒绝,更不受欢迎,更可能被认定为具有攻击性和不成熟,被视为有性格问题以及难以保持学习状态。有学习障碍的儿童对他们自己在班级里的状况会有准确的感知!

职业生涯教育项目

职业生涯教育包含一些被设计用来提高学生对职业本身、培训途径、求职技能和决策策略（包括工作、家庭、休闲和社区角色的整合）的认识的活动和经历（参见 www.career-symposium.org/act_Defs.html, 2005 年 4 月 14 日）。职业生涯教育项目似乎对学生学业成就有积极的影响（Baker, Popowicz, 1983）。Oliver 和 Spokane（1988）发现,职业生涯咨询通常有积极的效果,课堂干预效果最好但需要的时间最长。个别咨询与其他的干预模式相比,每小时都会给咨询者带来更多的收益。增加干预强度对于获得更积极的成效来说是唯一重要的方法。Evans 和 Burck（1992）发现职业生涯教育干预的确对学业成就有积极影响,但这种干预对于学生学业水平提升的效果只比其他条件或控制条件平均高出 *d*=0.16。一般能力的小学生在学业成就上受益最多,特别是在以下情境中:把他们随机分组;在干预的同时配以数学和语言艺术学科;每一学年项目实施的平均时间是 151—200 小时。

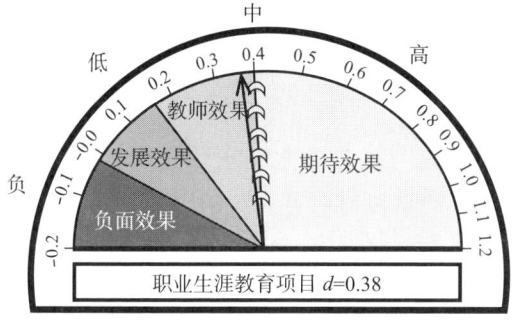

综合课程项目

Hartzler（2000）调查了 30 项使用综合课程的研究，发现对于不同的学科有不同的影响效果：科学（$d=0.61$）、语言艺术（$d=0.42$）、社会研究（$d=0.38$）和数学（$d=0.42$）。在综合课程项目中最重要的因素是主题教学（$d=0.46$）以及对于过程技能（$d=0.36$）的强调。相比高中（$d=0.27$），综合课程项目的实施在小学（$d=0.56$）和初中（$d=0.57$）更有成效；相比于中等或者更高成就的学生，对较低成就的学生更有成效；对种族多样的学生群体更有成效；当更有经验的教师实施这些项目的时候更有成效。

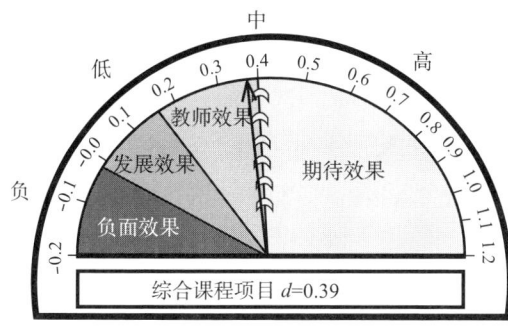

Hurley（2001）调查了综合数学学科和科学学科的课程项目。数学（$d=0.37$）比科学（$d=0.27$）的效果好。他得出结论，把数学整合进科学可能对科学学科的教学有利，但按顺序教授科学，特别是科学教学先于数学教学的话，对于数学的效果会更大——因为在最后教授的学科效果最好（很可能是因为从开始到最后，课程的综合水平越来越高）。

知觉动作项目

知觉动作训练是一种经常用于有学习困难学生的干预方式。这在20世纪50—70年代非常流行,现在仍然在一些学校可以见到。项目通常包括视觉背景和图形背景辨别的教学、视觉动作能力、视觉空间知觉以及平衡和身体意识。在运用180项探究知觉动作训练对于有学习障碍儿童的影响效果的研究中,Kavale 和 Mattson(1983)发现,整体的知觉动作干预在改善学业和认知学习方面是无效的。在知觉/感觉动作的成果方面没有什么重要改善。他们确实注意到有关知觉动作训练的研究质量较低,并且这些低质量的研究得出了最高的效应量。在感知觉动作的成果方面有相对较高的影响力(大动作技能 $d=0.21$,精细动作技能 $d=0.18$,视知觉 $d=0.15$),但是对学业成就的影响较小(阅读 $d=-0.04$,数学 $d=0.10$,语言 $d=0.03$,拼写 $d=0.02$,书写 $d=0.05$)。因此,这样的项目可能对加强知觉动作技能是有价值的,但是对于学业成就的影响几乎为零。的确,Kavale 和 Mattson 总结道:"一个接受知觉动作训练的儿童很可能获益甚少,即便有的话,他也可能会在与没有接受这种干预的儿童相比较的时候丧失其统计上的地位。"(p.171)

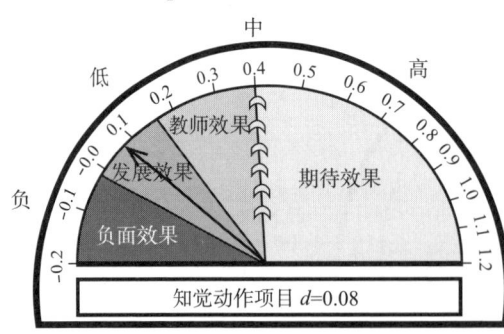

注解	
标准误	0.011(低)
排名	128
元分析数	1
研究数	180
效应量数	637
研究对象数(1)	13 000

触觉刺激项目

触觉刺激是一种用于婴儿,通常是那些处于发育迟缓危机之中的婴儿的一种感觉丰富化(enrichment)或刺激,以便促进他们的发展。用于婴儿和幼儿的触觉刺激作为刺激感觉早期干预的一种形式,其效果的经验证据表明了这种干预的有效性。在各种测量结果上,那些接受某种形式的控制性触觉刺激的学生比那些没有接受干预的学生表现更好（Ottenbacher et al., 1987）。触觉刺激对社会和个人成就的影响最大（$d=0.61$），其次是生理（$d=0.54$）、运动/反射（$d=0.53$）、认知/语言（$d=0.36$），影响最小的是视觉/听觉（$d=0.18$）。较弱的实验控制设计产生了最大的干预效应，而对内部效度更为严格控制的设计则产生了较小的平均效应。

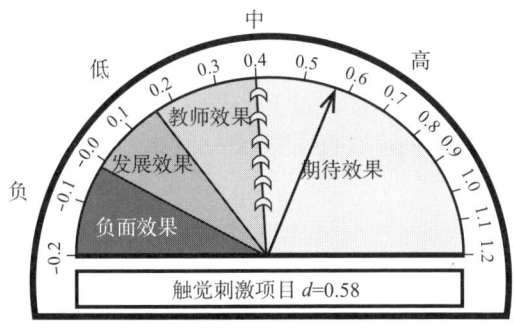

游戏项目

在提高学业成就方面，游戏的地位早已被提到过，甚至今天它似乎仍然有很大的作用。Spies（1987）研究了幼儿的游戏、问题解决和创造力，发现面对熟悉的物体时，游戏和创造力之间存在很小的关系，但面对不熟悉的物体时则不然，而游戏对于问题解决没有影响。Fisher（1992）在对游戏之于发展的作用所进行的研究中发现，有强有力的证据表明游戏能够提升已被改善的认知—语言和情感—社会领域的表现成果。他发现游戏在某种程度上对思维的流畅性（联想的创造力或灵活性，创造性想象的发散性思维特点）和换位思考（与更大的合作行为、社会性以及提高同伴群体的欢迎度有关的移情角色假设）有较大的影响。Fisher发现不同类型的游戏会产生不同的影响效果，社会戏剧游戏的效果最明显，而想象类游戏效果最小。成人指导的游戏相对于其他游戏条件没有表现出更大的效果。因此，对于年幼儿童来说，游戏会起作用。其差异可能与下面的几个方面有关：学习了解同伴关系，学习怎样向同伴学习，面对和接受挑战，游戏中刻意练习的结果，在游戏过程中做决定或意识到学习目的和成功标准的满足感。

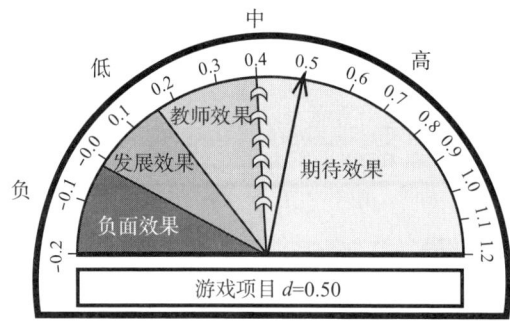

特别的课程项目

创造力项目

自20世纪50年代以来,一系列教学技能和教学材料被开发出来用以促进创造性思维。创造力项目基于一个共同的理念,即创造性思维技能的训练、练习和激励能够提高个人运用创造性思维技巧的能力,如流畅地、灵活地思考,以及使用一些不同寻常的方式回应和解决问题(Cohn, 1986; Rose, Lin, 1984)。总之,创造力项目对各项成果具有明显的、积极的影响。

就像其他大多数项目一样,对于教学策略和直接教学的强调会使创造力项目起到更为显著的作用。例如,Scope(1998)研究了教学变量对于创造力的影响作用。他认为,创造力项目在组织($d=0.80$)、质疑($d=0.73$)和回应学生的质疑($d=0.70$)方面都有很高的效应量。这些效果在所有的学科领域当中都是一致的。Higgins, Hall, Baumfield 和 Moseley(2005)对于加强思维能力和创新能力的项目进行了更为完整的评论。所有成果的效应量是 $d=0.74$,认知成果是 $d=0.62$,课程成绩是 $d=0.62$,情感成果是 $d=1.44$。元认知策略($d=0.96$)、认知加速($d=0.61$)以及工具丰富化(instrumental enrichment, $d=0.58$)的影响最显著。在所有课程领域当中,产生最大影响的领域是数学($d=0.89$),其次是科学($d=0.78$)和阅读($d=0.48$)。这个团队完成了对不同策略的广泛研究,开发了一个包含四部分的思维模型(见图8.2)。思维包括信息收集、建构理解、创造性思维以及策略性和反思性思维。他们认为,策略性和反思性思维的发展是学校教育的一个主要目标,其他三者是能够以未经计划和非反思性的方式得以发展的认知技能(Higgins et al., 2005)。

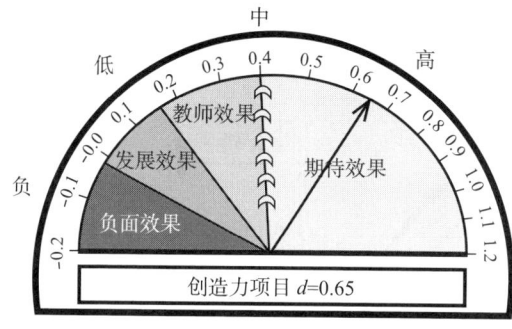

注解	
标准误	0.097（高）
排名	17
元分析数	12
研究数	685
效应量数	837
研究对象数（2）	23 299

策略性与反思性思维
利用价值性思维(包括批判性思维)，
来参与和管理思维/学习

信息收集
体验
识别和回顾信息
记录信息

建立理解
提升意义
利用模式和规则指导学习
形成概念
组织观点

创造性思维
推理
了解因果
系统探究
问题解决
创造性思维

图 8.2　Higgins 等人的四部分思维模型

包含明示教学（explicit instruction）在内的创造力项目是最成功的（Bangert-Drowns, Bankert, 1990）。Cohn（1986）证实，最成功的项目是那些基于发展思维策略的项目；提升流畅度比提高创造力更容易。他认为，当提供旨在设置和达到高期望的活动时，创造力训练会得到加强。Cohn 认为，这可能表明，直接训练不影响能力，而是仅仅改变我们决意做出优异表现的动机（另见 Kardash, Wright, 1987）。Rose 和 Lin（1984）研究了创造力训练项目的长期影响，也证明了大多数这样的项目会改善言语创造力，特别是创造性问题解决项目。Bertrand（2005）还发现在言语方面的成就比在形象思维方面的成就要高。Berkowitz（2006）发现，各种不同的交流策略会提升批判性思维的成就，比如，参与公众演讲课程（d=0.29）、参与辩论形式的课程（d=0.26），以及不同类型的有关创造性地思考问题的竞争性辩论练习法（competitive forensics methods）（d=0.41）。

户外项目

我的一个学生完成了一项有关增强自尊心项目的元分析（Clinton, 1987）。

由教师开展的项目成功率最低，基于认知的项目比基于情绪或情感的项目更成功。在所有的项目中，成体系的最成功的项目是拓展训练或探险项目。

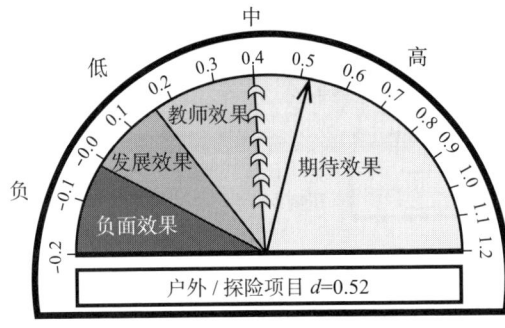

注解	
标准误	0.035（低）
排名	43
元分析数	3
研究数	187
效应量数	429
研究对象数（3）	26 845

Hattie, Marsh, Neill 和 Richards（1997）评述了 96 项研究，发现户外项目对于所有成就的提升而言，平均效应量为 0.34。也许最令人兴奋的是，这是教育中少数几个后续效应是积极的（$d=0.17$）并且能够增加项目后期效应（0.34+0.17=0.51）的领域之一。从教育干预中很少发现这种后续效果增加的现象，因为有太多干预的效果会出现逐渐消退的现象。特别是探险项目对于学业成就的影响是 $d=0.46$，对于领导力的影响是 $d=0.38$，对于自我概念的影响是 $d=0.28$，对于人格的影响是 $d=0.37$，对于人际关系的影响是 $d=0.32$。然而，不同项目之间有很大的差异。澳大利亚的项目效果远远胜过美国的项目——我们的看法是前者更倾向于"教学"（比如，只有那些拥有社会科学学位的人才能够被聘为教师），而后者更倾向于获取户外经验。有些探险项目是专门为在学业成就领域的收效而设立的，其本身也是一种将教学、常规的学校作业以及探险经历整合在一起的项目。这些经历有助于提升问题解决技能，促进同伴合作学习，并且有助于即时反馈水平的提高。其成功的一个重要原因在于组织强调极具挑战性学习目的的活动；成功标准是清晰的；同伴的支持被充分优化；在项目进展中，不仅是给予反馈，而且是参与者还主动寻求反馈。当学生参与项目时，他们所具备的许多应对策略都被发现是有缺陷的，而且需要被其他认知策略和同伴支持的策略所替换，以确保团队克服众多挑战。

Cason 和 Gillis（1994）发现，持续时间较长的项目更有效，而年轻的参与者比年长的参与者从户外项目中收获更多。与年级相关的影响是 $d=0.61$，上课出勤率方面的影响是 $d=0.47$，这超出了 $d=0.31$ 这个总的平均效应量。Laidlaw（2000）发现野外活动的影响是 $d=0.49$，而学校露营项目的影响是 $d=0.39$，持

第八章 来自课程的影响

续较长时间的项目影响更显著。我们也发现，长过20天的项目比更短时的项目成功得多（Hattie, Brown, Keegan, 2005）。学习面对挑战、寻求反馈、适应同伴合作学习、加强有关个人技能和优势的自我调节，这些作用似乎延续到了户外经验以外。

课外活动

学生不仅仅通过学校提供的课程而学习，很多人都会参与课外活动。Lewis（2004）发现了41项调查这些活动影响的研究，在学业成就方面最直接的相关性的效应量是 $d=0.47$（这是本书少数几个使用随机效应模型的元分析之一，因此与本书中其他大多数元分析相比，这个效应量可能是被提高的）。他还指出，课外活动对于参与度的影响是 $d=0.33$，对于减少危险行为的影响是 $d=0.29$，对于身份形成（identity formation）的影响是 $d=0.23$。类似地，他发现了参加运动对于学业成就的影响是 $d=0.10$，对参与度的影响是 $d=0.16$，对减少危险行为的影响是 $d=-0.16$，对身份形成的影响是 $d=0.15$。参与工作（participation in work）对于学业成就的影响是零（$d=-0.01$），对参与度的影响是 $d=0.07$，对增加危险行为的影响是 $d=0.29$，对认同形成的影响是 $d=0.35$。这样看来，如果我们希望学生提高学业成就，那么与学业活动相关的课外活动就是最理想的，而运动对于大部分成果来说影响最小；这是Lewis（2004）重复研究的发现。必须考虑的是，许多参加运动和工作的学生并不期待对学业成就产生影响，只是因为喜欢参加。这些运动和工作吸引了他们，并使得许多孩子（就像我自己的儿子们）愿意待在学校——在学校他们能获得更多学科教学的成效。

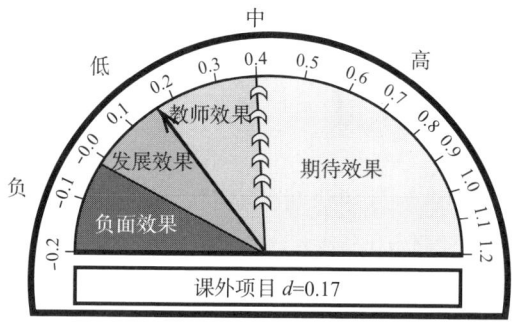

注解	
标准误	0.072（中）
排名	114
元分析数	5
研究数	102
效应量数	68
研究对象数（0）	na

对于学业成就最大的影响来自于参与校本课外活动，其次是亲社会活动（诸如童子军露营、志愿者活动和教会活动）；参与表演艺术活动在所有方面都产

生了最小的影响。"社区活动对出勤率、对学生对于学校和学业成就的兴趣以及投入水平的影响和那些常规的学校活动效果相同。"（Lewis, 2004, p.79）Lewis声称，来自工作和运动的影响，更多地与身份形成和在同伴间的自尊相联系——这在青少年时期的确是特别重要的关键因素。Lewis认为，最有效的课外活动项目都具有高度的组织性和结构化特点，而且是正规的，强调培养愈加复杂的技能以及设定目标的能力，包含一个或更多有能力成人的领导。这样的项目促进了归属感的发展，提供了建立社会网络的机会，提供积极的强化和学业成就取向，允许参与者承担领导角色，并提供给学生与其年龄相符的期望和目标。

双语项目

双语教育项目是以两种语言作为教学媒介，与此相反的是对学生只用一种语言进行教学的结构化的浸入式项目。在双语教育中，对于所有的课程表和课程来说，语言使用的分配和组织可能有很大不同。在这些研究中，可变程度很高，这反映了项目的多样性（Willig, 1985）——有些是为移民设置的补习项目（Oh, 1987），有些是教授第二语言的项目，有些是关系到文化原则保护的项目（比如，在新西兰Kura Kaupapa学校，用毛利语进行的教学）。这些项目效应量的差异似乎与教学能力的质量和明确关注教授学习策略有关。

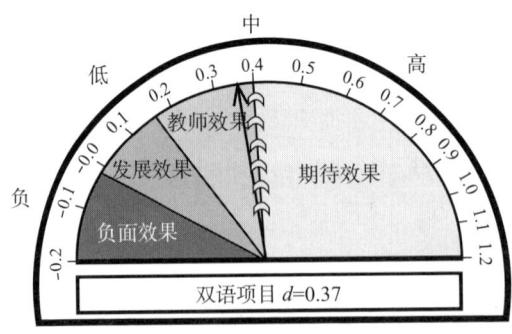

注解	
标准误	0.140（高）
排名	73
元分析数	7
研究数	128
效应量数	727
研究对象数（3）	10 183

Willig（1985）发现，使用英语和西班牙语进行测试时，与完全使用英语的项目相比，参与双语教育项目有从低等到中等程度不等的优势。如果使用英语进行测试，双语教育对阅读、语言技能、数学以及总体学业成就都会产生积极的影响。如果使用其他语言进行测试，双语教育对阅读、语言、数学、写作、社会研究、听力理解和对自我与学校的态度的影响，也显示出了支持性的效果。

针对（美国）圣达菲（Santa Fe）双语教育项目结果进行的元分析发现，这个项目起初的影响对于低年级是更显著的。双语教学方法对数学成就具有重要影响,但是对于阅读成就的影响较小。总之,研究结果证实了双语教育对学生学业成就的促进作用(Powers, Rossman, 1984)。当实验组和对照组学生住所邻里的语言相同的时候,双语组项目的效应量是积极的。当对照组住所邻里的语言是英语而实验组住所邻里的语言是西班牙语时,那么这两组之间的差别就很小。

总结性评论

相比于教师用于实施课程的教学策略来说,课程内容对于学生借以获得的学习进步,没有那么重要。教师分享有关怎样在课程学习中取得进步的观念是重要的(这有助于减少学生流动和变换班级所产生的负面影响),同样重要的还有教师要确保具有适当挑战性的表层的、深层的和概念性的知识和理解。如此频繁的课程变革更多是表面化的而不是真正的变革。变革为的是把特定目标纳入高阶概念(high-order concepts)之中,但通常基本的目标不会发生变化。当人们指称教学方法时,通常是指更消极的或者建构性的教学方法——这恰恰是最不成功的方法(不管它们看起来是多么受人欢迎)。通常情况下,人们很少注意到如何针对贯穿课程学习的所有学年的进步建构一个共同的观念(Hattie, 2006)。这使得教师教学更加为难,因为他们要创造自己对于进步的观念,这可能与其他教师的观念相差甚远,即便他们是同一所学校里同一个年级的教师。然而,课程某些方面的系统性变革的确会对学生的学习造成合理的而且是实质性的影响。这种变革通常关系到包容和强调课程背后多样的教学策略,并且与内容领域中对学习策略和技能发展的强调有关。

教师需要帮助学生发展一系列能够使他们从文本中建构意义、从数字中发展理解能力、在科学中学习基本原理的学习策略。这些策略的教学必须经过计划,达到审慎且明确,并且必须是教授具体技能和深层理解的活动项目的一部分。这样的策略可以引导学生进一步参与课程,发展他们解决问题的技能,以及产生某种掌控个人学习的乐趣。这至少涉及理解的两个层面:表层知识(诸如阅读中的词汇项目、自然拼读教学法)和深层理解(诸如创造力项目)。这两个层面都是必需的,通常在应用它们时有一个简单的次序:我们需要先了解某些事,然后才能对其加以思考。因此,自然拼读经常先于理解,并且在习得前者之前,对于后者强调得太多（就像许多整体语言项目那样）是无效的。就学生学习而言，必须有最低限度的学习时间、接受教学、参与师生合作练习以及获得练习机会。如果学生第一次没有跟上教学进度，就必须有第二次和第三次机会项目，因为它们在矫正第一次学习中学生产生的缺陷方面是有效的。对于这些低成就学生来说，减轻认知负荷的革新技术是有效的（比如，使用计算器等辅助设备）。对于所有学生来说，都需要识别和消除错误概念（在阅读、数学和科学方面），这强调的是教师寻找负面因素的重要性——确认儿童不知道什么，判断儿童已经具备或者没有具备的学习策略是什么。

社交技能和社会能力项目的重要性很可能关系到随后增多的学习机会，这些机会产生于同伴共同学习、班级合作以及干扰最少化。社交技能训练最大的效应量与所有学生的同伴关系有关。同样，社交问题解决的技能、自我控制、社交焦虑的缓解和一般的社交技能都是学校教育的重要成果。不应该设想所有的学生都具有这些技能或者他们不能从系统的社交技能干预中获益。有关学习社交技能而取得进步的更多研究，对学校教育的成果都会大有益处。尽管大多数学生在社会和学术的情境中学习解决问题的技能，但显然这些技能也能在校外活动中得到发展（例如户外探险项目）。在这样的情境下，经常会有一个被感知到的高风险，为了生存或者表现，会出现高水平合作，以及发展其他应对策略的机会（特别是认知的而不是情感的策略）。这些经验能够加以概括和推广，并且被应用到其他情境之中。这样的项目也证实了清晰的学习目的、成功标准以及更多更恰当的反馈的作用。

第九章　来自教学方法的影响（上）

　　为了保持适当的篇幅，我们把有关各种教学方法的内容，随意地分为上下两章来加以讨论。本章讨论的是目的、成功标准和促进学生参与的问题。下一章则讨论直接教学、学校范围的项目、技术的运用、校外学习等其他教学方法。本章采用的是 Clarke（2001; Clarke, Timperley, Hattie, 2003）的教学和学习模式，在这里，学习目的和成功标准决定了一堂课的目的和所面临的挑战。这种目标导向的课要获得成功，必须运用适当的反馈，考虑到学生对学习过程的看法，保证学生积极参与监督他们自己的学习，并发展他们的元认知技能。

　　在对一所学生过去很难达成较高学业成就，而且不喜欢学校教育的示范学校的描述中，Pressley, Gaskins, Solic 和 Collins（2006）指出了教给这些学生各种学习策略的效用。他们声称，当教师批判性地反思"能力思维"（competent thinking）概念，然后教给学生多种学习策略时，更可能使学生积极去参与获取程序性和陈述性的知识，并实际运用这些知识。这所示范学校强调学生参与学习过程，教师清楚地阐述教学策略并且关注学习理论，作为基础设施的学校建筑也支持这种教学。教师持续提供"脚手架"和示范，每天观察学生，寻求对他们教学的反馈，同时也很关注自己分配具有适当挑战性任务的决定，并且从其他专业人员（如辅导员和导师）那里征求促进学生积极参与学习的意见。除此之外，还有更多，但"什么是对教学和学习具有战略意义的关键因素"与教师找到吸引和激发学生学习的方法有关，与在不同课程领域背景下教授适当的策略有关，也与持续不断地寻求关于其教学怎样才能对所有学生都产生效果的反馈意见有关。Pressley 等人的描述为本章和下一章的讨论做好了准备。他们的描述强调布置挑战性任务的重要性，了解一个人（教师和学生）成功地达成这些目标的时刻、反馈的作用，以及教授适当学习策略的关键作用。

表9.1 教学方法影响因素的元分析的信息汇总

教学方法	元分析数	研究数	研究对象数	效应量数	d	标准误	CLE	排名
强调学习目的的策略								
目标	11	604	41 342	820	0.56	0.057	40%	34
行为组织者/先行组织者	11	577	3 905	1 933	0.41	0.040	29%	61
概念构图	6	287	8 471	332	0.57	0.051	40%	33
学习层级	1	24	—	24	0.19	—	13%	110
强调成功标准的策略								
掌握学习	9	377	9 323	296	0.58	0.055	41%	29
凯勒的个人化教学系统	3	263	—	162	0.53	—	37%	40
样例	1	62	3 324	151	0.57	0.042	40%	30
强调反馈的策略								
反馈	23	1 287	67 931	2 050	0.73	0.061	52%	10
测验的频率和效果	8	569	135 925	1 749	0.34	0.044	24%	79
测验训练/辅导	10	267	15 772	364	0.22	0.024	16%	103
提供形成性评价	2	30	3 835	78	0.90	0.079	64%	3
提问	7	211	—	271	0.46	0.068	32%	53
教师的即时反馈	1	16	5 437	16	0.16	—	8%	115
强调学习中的学生视角的策略								
任务时间	4	100	—	136	0.38	0.101	27%	70
分散练习和集中练习	2	63	—	112	0.71	—	—	12
同伴指导	14	767	2 676	1 200	0.55	0.103	39%	36
辅助	2	74	10 250	74	0.15	0.047	11%	120
强调学生元认知/自我调节学习的策略								
元认知策略	2	63	5 028	143	0.69	0.181	49%	13
学习技能	14	668	29 311	2 217	0.59	0.090	41%	25
出声思考/自我提问	3	113	3 098	1 150	0.64	0.060	45%	18
学生掌控学习	2	65	—	38	0.04	0.176	5%	132
性向与处理交互作用	2	61	1 434	340	0.19	0.070	14%	108
学习风格的匹配	8	411	29 911	1 218	0.41	0.016	29%	62
个性化教学	9	600	9 380	1 146	0.23	0.056	16%	100
总计	155	7 559	386 353	16 020	0.45	0.071	31%	—

强调学习目的的策略

学习目的这一部分内容包括教学策略的:

1. 目标/目的;
2. 行为组织者/先行组织者;

3. 概念构图；
4. 学习层级。

学习目的描述的是在任何特定的单元或者课中，我们想要学生学习的技能、知识、态度和价值观。学习目的应该是清晰的，能够指导教师教什么，帮助学习者意识到他们应当从课程中学到什么，并且为评价学生已经学到了什么和评价教师对每一个学生已经教了什么奠定基础。备课需要聚焦于这些目的，抛弃那些学生可能喜欢的、经常"忙忙碌碌"的，但与学习目的没有多少关系的活动。

Clarke, Timperley 和 Hattie（2003）已注意到一些有关学习目的和备课的重要方面：

1. 在课堂上不是所有的学生都有同样的水平，所以使学习目的适合所有学生是很重要的。

2. 不应该对所有学习目的都分配相同的时间量，应该根据它们是否有助于发展概念、技能或者知识而定。概念或深层学习可能比所谓的知识或者表层信息的获得需要更多的时间。

3. 学习目的和活动可以组合在一起，因为一个活动不止有助于实现一个学习目的，或者，要让学生完全理解一个学习目的，可能需要好几个活动或者使学生多次接触这些活动。

4. 当学习目的是我们想让学生学习的内容的时候，学生可能也会学习计划外的其他内容，我们需要意识到这些非预期的结果。

一个更具体的学习目的的类型是"掌握目标"（mastery goal）。Ames（1992）解释说，所谓掌握目标，就是个体倾向于发展新的技能，试图理解他的工作、提高他的能力水平，或者追求基于自我设置的标准的掌控感。Elliott 和 Dweck（1988）进一步区分了掌握目标和学习目标。他们把学习目标定义为比掌握新事物还要多的目标，并且主张鼓励学生运用学习目标、保持对学习任务的专注，以及保持有效解决问题的策略，而对自己的智力少一些担心。符合这一目标结构的是 Brophy（1983）的有关"学习动机"的描述，即个人借此致力于掌握和理解学习内容，并且表明参与学习过程的意愿。

学习目的的另一个重要方面是明白它们怎样被实施。学习目的所采取的形式是"我想要达到 X"，而且教师和学生通过阐明他们怎样计划达到"X"，来表达"实施目的"（implementation intention）。Gollwitzer 和 Sheeran（2006）

完成了一项元分析来检验这样一个观念，即实施目的有助于教师和学生达到目标。"实施目的应该提高师生主动、坚持、脱离、再继续追求更高目标的能力，从而增加强烈的目标意图被成功实现的可能性。"（p.20）他们运用了63项研究，其效应量是 d=0.65。不仅学习目的的呈现以及对学习做出的承诺（commitment）有助于目标的实现，而且最重要的是"如果—那么"的意识有助于目标意图的实现。因此，教学的艺术在于设定具有适当挑战性的目标、做出达到这些目标的承诺，并且加强实施策略以达成这些目标的意愿。

目标

Locke 和 Latham（1990）提供了一组具有说服力的证据，包括许多指出目标对于提升表现非常重要的元分析（但是以学业成就作为成果的却很少）。他们认为目标发挥着多种不同的功能，这在教学过程中是必不可少的：目标管理行动，而且能解释过去和未来之间联系的性质；目标假定人的行为由有意识的目标和目的所引导，尽管这并不假定人的所有行为都是在完全有意识的控制下进行的（正如我们后文要看到的）。他们的一个主要发现是，教师要把学生的学业成就提高到就学生当前的能力而言具有挑战性的目标水平，而不是把"尽你所能"作为目标。

具有适当难度的目标之所以更加有效，一个主要原因是它们指向一个有关成功的更清晰的观念，并且把学生的注意力引导到相关的行为或结果上来，而"尽你所能"适合很宽泛的目标范围。对于成功至关重要的不是目标的具体性而是目标的难度。在目标的难度和表现之间有直接的线性关系。有5项元分析与这个论点有关（见表9.2），其总体效应量很大，为 d=0.67（这些不是所有的学业成就成果，因而并未包含在本书的附录里）。那些对学科的学习制定了最具有挑战性目标的学生的表现，比那些只制定了最容易目标的学生的表现要高出250%以上（Wood, Locke, 1997）。

表9.2 目标难度和表现之间的关系

作者	年份	研究数	效应量数	d
Chidester & Grisgby	1984	12	1 770	0.52
Mento, Steel, & Karren	1987	70	7 407	0.55
Tubbs	1986	56	4 732	0.82
Wofford, Goodwin, & Premack	1992	3	207	0.90
Wood, Mento, & Locke	1987	72	7 548	0.58
总计	—	213	21 664	0.67

而且，具有适当难度的目标比"尽你所能"或没有制定目标的效果要好得多。任何以"尽你所能"为校训的学校都应该立刻把它换成"面对挑战"或者"力争最好"。下面的5项元分析与这个论点有关（见表9.3）。这是因为"尽你所能"目标容易达成——在某种意义上，你做任何事都能说你尽了全力。相反，教师和学习者应该制定具有挑战性的目标。

表9.3 高难度目标与"尽你所能"目标的比较

作者	年份	研究数	研究对象数	d
Chidester & Grigsby	1984	17	2 400	0.51
Guzzo, Jette, & Katzell	1985	na	na	0.65
Hunter & Schmidt	1983	17	1 278	0.80
Mento, Steel, & Karren	1987	49	5 844	0.42
Tubbs	1986	48	4 960	0.50
Wood, Mento, & Locke	1987	53	6 635	0.43
总计	—	184	21 117	0.66

如果目标对于学生来说具有适当的挑战性，那么目标会具有自我激励的效果，即能够激励学生尽力克服目标的困难或达到目标的要求。对于目标来说，承诺是有帮助的，但对于目标的达成却不是必需的——除了接受特殊教育的学生，因为对他们来说承诺会产生很不同的效果。Klein, Wesson, Hollenbeck 和 Alge（1999）发现，在目标承诺和随后表现之间有很密切的关系（$d=0.47$）。由于具有适当难度的目标发挥了作用，因而在承诺和成果之间的效应量会增大。Donovan 和 Radosevich（1998）发现，目标承诺的效果比他们所预期的要低，但仍然是相当高的（$d=0.36$）。

因此，目标会提示个人：

> 应该要达成何种类型或水平的表现，使之能够据以指导和评估他们的行为和努力。反馈能让他们树立合理的目标并追踪他们与目标相关的表现，以便对努力、方向甚至策略做出必要的调整。（Locke, Latham, 1990, p. 23）

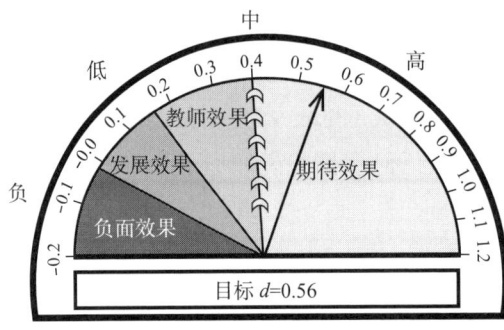

这就要求有效教师设置具有适当挑战性的目标，然后组织情境以便学生能够达成这些目标。如果教师能够鼓励学生分享他们对达成这些挑战性目标的承诺，并且如果学生正在为实现目标而努力，而教师能提供关于如何取得学习上成功的反馈，那么目标就更有可能实现。

因为指定的目标会给个人提供有关表现的期望水平的标准信息，这对于自我效能感和信心的增加有重要的影响，反过来，它会影响对目标难度的选择。表9.4汇总了有关较高水平的自我效能感和目标达成之间的关系的元分析（平均效应量为 $d=0.92$）。

表9.4 自我效能感与目标达成的关系

作者	年份	研究数	d
Ajzen & Madden	1986	169	0.57
Ajzen & Madden	1986	90	0.44
Bandura & Cervon	1986	88	0.43
Garland	1985	127	0.39
Hollenbeck & Brief	1987	47	0.49
Locke, Frederick, Lee, & Bobko	1984	181	0.54
Meyer	1988	90	0.69
Meyer & Gellatly	1988	56	0.62
Meyer & Gellatly	1988	60	0.48
Silver & Greenhaiis	1983	56	0.29
Taylor	1984	223	0.20
Weiss & Rakestraw	1988	80	0.60
Wofford, Goodwin, & Premack	1992	6	1.06
Wood & Locke	1987	517	0.32
总计	—	1 784	0.46

许多有关学生自我评价、自我评估、自我监督和自我学习的观点的基础，

是学生对他们在哪里、去哪里、到了那里之后会怎样，以及下一步将去哪里有合理的理解：也就是说，他们有清晰的目标、学习目的以及成功标准。Martin（2006）认为，帮助学生设立任务具体的（task specific）和情景具体的（situation specific）目标的方法之一，是运用"个人最佳成就"（personal bests）观念。任务具体的目标给学生提供的是有关他们在最近的未来所试图达成的目标的清楚信息（即具体性和挑战的程度），情景具体的目标提供给学生的是想达到一个特定成果的理由（用这个目标超越之前的成就水平）。他发现，树立个人最佳成就对于教育愿望、对学校的热爱、在课堂上的参与，以及对任务的坚持都有很大的积极影响。个人最佳成就最显著的特征是目标的具体性和挑战程度，目标被视为与自我改善有关。个人最佳成就结合了最好的掌握目标（mastery goals）和表现目标（performance goals）的特征。个人最佳成就"主要反映了掌握取向，因为它是以自我参照和自我改善为基础的，而且也保持着表现取向的一部分，因为学生与他或她自己以前的表现展开竞争"（Martin, 2006, p. 816）。

当教授特殊教育的学生时，具有挑战性的目标也是有效的。Fuchs 和 Fuchs（1986）报告了长期目标的效应量为 $d=0.63$，而短期目标的效应量为 $d=0.67$。更重要的是，挑战性目标与成果测量具有交互影响。对于更多测试之类的成果来说，挑战对于短期目标的影响是最大的（$d=0.85$，与 $d=0.41$ 相对比），然而，就一般成果而言则相反（短期目标 $d=0.45$，长期目标 $d=0.92$）。因此，这表明要为表层学习成果设立具有适当挑战性的短期目标，同时也要为深层学习成果设立具有适当挑战性的长期目标。

应该注意到"挑战"是一个相对的词语——相对于学生当前的表现和理解，也相对于来源于学习目的的成功标准。考虑到学生的自我效能感或信心的程度，挑战不应该过难以至于目标不可企及；相反，教师和学生必须知道达成挑战性目标的途径，包括理解这个目标或目的的策略，实施计划以达成目标，并且最好还包括对达成这个目标做出承诺。Burns（2002）的做法很特殊：他运用元分析来确定已知任务和未知任务的最佳比率（但这个练习任务是教师能够吸引学生参与的一套特定任务）。他发现，比率的不同取决于学生是处于习得阶段（aquisition）还是处于熟练阶段（proficiency）（前者与知识和信息的习得有关，而后者与准确性和熟练程度的增加有关）。他还认为有一个保持、归纳或者应用的阶段，但并没有调查这个阶段适当比率的相关研究。比起熟练阶段（$d=0.39$），练习的比率更适用于习得阶段（d=1.09）；任务试题中已知题目对未知题目的最佳比率似乎至少是 9∶1（d=1.19），但肯定不能少于 5∶5（d=0.49）。Gickling（1984）指出，在阅读学习中，文本应该有 95% 的已知单词，未知单词只能占 5%。对于教师来说，依据这些比率选择任务也是重要的，因为这比学生自己选择比率会产生更大的效果。尽管没有研究，但我们要给出的建议是，当希望进行深层学习而不是获得表层知识时，可能需要更高的比率。

行为目标和先行组织者

先行组织者（advance organizer）可以被"宽泛地定义为从读者原有的知识到应该学习的知识之间的桥梁；它们应该比具体的学习材料更抽象，更富包容性，并且为组织新材料提供工具"（Stone, 1983, p. 1994）。

先行组织者旨在连接和贯通新、旧信息。由于它们会在学习之前呈现，因此会有助于学习者组织和解释即将进行的教学。同样，行为目标描述的是实施教学以后学生应该能够达到的要求（Popham, Eisner, Sullivan, Tyler, 1969），但是它们往往更多地用于表层知识而不是深层知识的学习。总体效应量显示出诸多变化，但当教学有着清楚的目的、清晰的成功标准并且都与学生共享时，其效应量是最高的。当行为目标主要是为了教师，或通常是只在教案之中，或主要是为了表层学习而不包括任何深层学习时，那么效应量是最低的。Kozlow（1978）发现，当行为目标涉及与一些表现标准做对比，而不是在本质上只作为一种说明性的陈述时，行为目标更有效。

Luiten, Ames 和 Ackerman（1980）发现，先行组织者对学习和记忆都稍有促进作用，随着时间的推进，其效应量是增长的（d=0.21）。同样，Stone（1983）发现，先行组织者与促进对教学材料的学习和记忆有关。利用先行组织者介绍新材料，在它与原有的知识之间架设一座桥梁，的确有助于长期学习，但相比于非书面的先行组织者，书面的先行组织者的效应量比较低。当先行组织者被用于对具有较低能力和较少知识的学习者进行教学时，则不会产生效果。先行组织者和行为目标往往非常具体，没有涉及挑战，也不包含达到成功标准的任何观念。

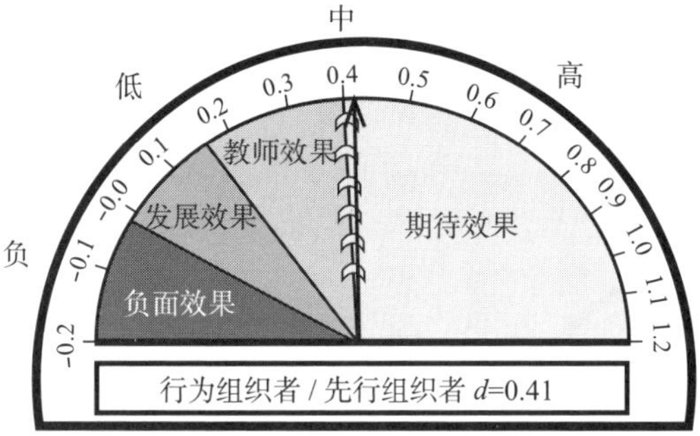

第九章　来自教学方法的影响（上）

注解	
标准误	0.040（低）
排名	61
元分析数	11
研究数	577
效应量数	1 933
研究对象数（2）	3 905

行为组织者 / 先行组织者 $d=0.41$

概念构图

概念构图（concept mapping）的意思是建立图示来表征所要学习的内容的概念结构。因此，它可以被当作学习目的的一种形式，因为它经常用优先次序和高阶概念来说明所要学习的材料。正如行为目标和学习层级一样，概念构图源于 Ausubel（1968）的观点。Ausubel 认为，认知结构中的概念能够以层级的形式加以组织，如果所要学习的概念能够与学生已经具有的概念地图联系起来的话，那么它就有助于促进学习（另见 Novak, 1977）。概念构图和其他组织方法（比如，行为目标、学习层级）之间的差异在于它让学生参与组织工具的构建。

概念构图的重要性在于它强调总结学习内容的主要观点——尽管只要学生对构图（通常是深层的）概念的表层知识有所熟悉就可以了。概念构图有助于综合与确认主要观点、主题和相互关系——特别对那些还没有组织技能和综合技能的学习者来说。Kim, Vaughn, Wanzek 和 Wei（2004）认为，信息的这种可视化展示，比如那些由概念构图提供的信息，加强了学习困难学生的阅读理解能力，因为这可能通过帮助这些学生组织言语信息，改善他们的记忆。

Moore 和 Readance（1984）指出，当学生对材料熟悉之后（不是在学习之前或者学习过程之中）再进行概念构图，会产生更大的效果（另见 Kang, 2002）。Nesbit 和 Adesope（2006）发现，如果强调对所探讨主题的核心理解而不是细节，概念构图的效果会更好。Nesbit 和 Adesope 还发现，在概念构图和要求学生建构主题大纲（$d=0.19$）之间几乎没有什么区别，但当与该主题的讲座或讨论相比较的时候，概念构图的效果会更明显（$d=0.74$）。概念构图的重要特点是其启发式的组织和综合过程，它不过是许多方法中的一种——但它是一个有效的方法。至于谁来构图（学生单独、在小组里，或者教师）都没有关系（Horton et al., 1993），但无论谁设计这个图，当学生为构图而提供概念时效果最大。然而，

Kim 等人（2004）发现教师设计构图比学生更有效，而 Nesbit 和 Adesope（2006）发现让学生自己进行概念构图（d=0.81），而不仅仅是学习概念构图（d=0.37）效果更好。

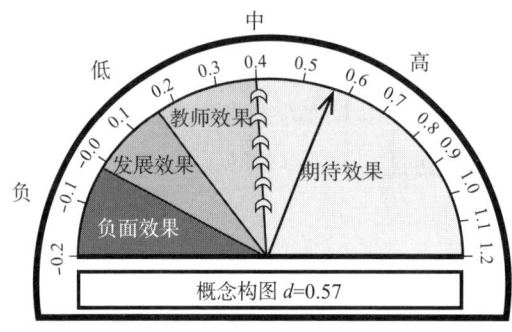

注解	
标准误	0.051（中）
排名	33
元分析数	6
研究数	287
效应量数	332
研究对象数（3）	8 471

多位研究者发现，对于那些最不可能了解低阶概念和高阶概念之间关系的学生来说，也就是说，对于低能而不是高能或者语言能力很强的学生来说，概念构图的效果是最大的（Horton et al., 1993; Nesbit, Adesope, 2006; Vasquez, Caraballo, 1993）。就像 Nesbit 和 Adesope（2006）总结的，许多收获可能是"因为学习者更加投入，而这种更加投入是因为概念构图（concept mapping）……而不是概念地图（concept map）作为一种信息媒介的属性导致的"（p.434），尽管有人指出概念构图的效果比学习文本段落、列表（lists）和大纲的效果更大。因此，他们认为，这些效果不仅仅是概念地图的"总结/整合"特性造成的，或许也是因为概念地图减轻了认知负荷，因为它"在两个维度空间安排节点来表征关联性，用一种标识把所有的提示点归结为一个概念，并且清楚地注明联结以确定其关系"（p.434）。

学习层级

学习目的的一个不同形式是把学习建构成某种有层级的形式，这样就能更有效地获得一系列支持后续学习的技能。Horon 和 Lynn（1980）发现，学习层级能够促进学习（d=0.19），并且能够把学习时间缩短很多（d=0.09）。分层教学（hierarchical instruction）在小学阶段（d=0.44）比在高中阶段（d=0.07）更能有效地改善学习，但其总体效应量是很低的。

注解	
标准误	na
排名	110
元分析数	1
研究数	24
效应量数	24
研究对象数（0）	na

学习层级 $d=0.19$

强调成功标准的策略

设立成功标准的目的，或者"我们在寻求什么？"是让学生理解教师把什么作为判断他们工作的标准。当然，要确保教师清楚了解这个标准，因为它将决定学习目的是否已经成功达到。通常，学生可能知道学习目的，但是并不知道教师将如何判断他们的表现，或者在什么时候他们是成功的，或者他们是否取得了成功。比如，一个"学会有效地运用形容词"的学习目的不会给学生清晰的标准，他们也不知道自己将如何被判断。成功的标准，或"我们将怎样知道？"需要尽可能准确地陈述什么是学生和教师愿意看到的。在这种情况下，可能有两种选择："你所要追求的是至少使用五个有效的形容词"，或者"你所要追求的是至少有四次在一个名词前面运用了一个形容词，这将帮助你描绘一幅详细的图景，好让读者能够理解丛林的光和你对丛林的感受"。重要的是，成功的标准要尽可能清楚和具体（在表层或深层水平或者两者都要如此），因为教师（和学习者）需要在整个教学过程中监控学生的学习进程，以保证他们理解预期的意义。有三组相关的强调成功标准的概念：掌握学习、凯勒的个人化教学系统（Keller's Personalized System of Instruction, PSI）和样例的提供。

掌握学习

掌握学习的基本主张是，当给所有孩子提供清楚的关于"掌握"所教内容意味着什么的解释的时候，他们都能够习得。其他有关特点包括：适当的课堂学习条件，比如同学之间密切合作；通过运用诊断形成性测验获得频繁的、具体的、高水平的教师反馈；以及对学生在学习过程中所犯的错误定期纠正。掌握学习需要大量的反馈循环，这基于界定明确的适当排序的成果单元。Bloom

（1968）依据行为目标来定义掌握，并实施辅以反馈或纠正机制的课堂教学。Willett, Yamashita 和 Anderson（1983, p. 408）补充道，"单元目标的测试再加上对没有达成的目标的补充教学，以及达成目标的具体水平要清楚界定"。在掌握学习中，重要的变量是达到目标水平所需的时间。其观点是学习任务应该保持稳定，而时间应该可以变化，而不是相反。相反的情况在传统教学中是常见的。教师决定教学的进度，并主导着相应的反馈以及纠正程序（Guskey, Pigott, 1988）。材料被分为相当小的学习单元，每一个都有它们自己的目标和测评。每一个单元之前都有简短的诊断性测验，这为确定差距和优势提供了信息。在掌握以前的材料或者更基本的、必须先要具备的知识之前，学生都不会继续学习新的内容。

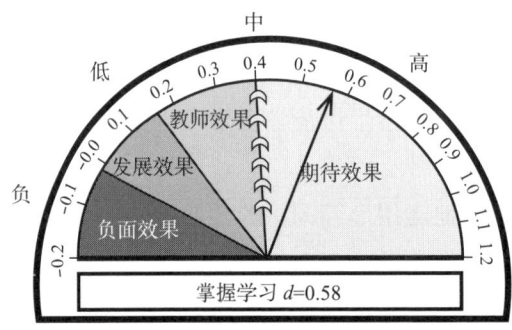

Willett 等人（1983）评述了十几个不同的教学策略方法改革，发现掌握学习具有最好的效果。他们认为掌握学习是最成功的创新体系，其次是凯勒的个人化教学系统（参见下一小节）。Guskey 和 Gates（1986）发现，掌握学习在小学（$d=0.94$）、高中（$d=0.72$）和学院（$d=0.65$）有相似的高效应。Guskey 和 Piggott（1988）有关分组使用掌握策略的后续研究表明，其对学生的认知和情感成果具有持续的积极影响。Kulik 和 Kulik（1986）确定，为确认掌握而进行的测试（testing for mastery），不管是在大学还是在大学预科阶段（$d=0.52$）对学生的学业成就都能产生积极的效果。它对于能力较低的学生效果特别强（$d=0.96$）。他们认为，这种测试平均增加了25%的教学时间。然而，他们的证据并不支持 Bloom 的预测：运用掌握测试方法（mastery testing procedures）会让学生学业表现的变化减少到近乎为零。

Kulik, Kulik 和 Bangert-Drowns（1990）发现掌握学习项目对大学、高中和小学高年级学生的考试成绩有积极效果，能使考试成绩提高约0.5个标准差，特别是对那些能力较低的学生来说。掌握学习项目在学生对于课程内容和教学的态度方面有积极的效果，但学生花费在教学任务上的时间会增加。通常，在大学课堂上自定步调的掌握学习项目会降低完成率。

对于掌握学习项目的积极效果的研究中，仅有的例外是 Slavin（1987）所做的元分析。他发现，在标准化的学业成就测量中，没有证据支持分组掌握学习的有效性。Slavin 研究的一个特点是那些不符合他标准的研究都被排斥在外，这就只剩下 7 篇文章——在一大堆备选的研究中所选的数量太少。他的标准包括：学生至少每 4 周要接受一次掌握测试，只有学生以整个小组的形式接受教学的研究才算数，研究不能使用反馈—纠正这样的循环，干预必须至少持续 4 周，而且必须使用至少两个实验组和两个控制组。

凯勒的个人化教学系统

具体实施掌握学习的是个人化教学系统。该系统作为一种程序教学形式，由 Keller 和 Sherman 在 20 世纪 60 年代开发。它利用高度结构化、以学生为中心的方法来设计课程，强调自定步调和掌握（Keller, 1968; Keller, Sherman, 1974）。其主要特点包括：学生按照自己的节奏来修课；学生在下一步学习之前要证明自己已经掌握了前一步的课程内容；教学材料以及教师和学生之间的其他沟通在很大程度上都是基于文本的；教师更多是给予辅导性支持，以及激发学生完成作业和达到目标的动机和积极性。这种效果与其他的掌握学习项目十分相似。元分析显示，使用个人化教学系统的学生比传统课堂中的学生分数更高，且对学习的满意度更高，但是这两类课堂中学生的学习时间是差不多的（Kulik，Kulik，Cohen, 1980）。

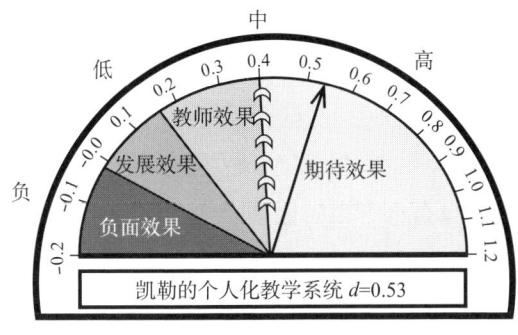

注解	
标准误	na
排名	40
元分析数	3
研究数	263
效应量数	162
研究对象数（0）	na

样例

另一个向学生说明什么是"成功"以及他们的学习目的是什么的方式，是给他们提供有效的样例（Crissman, 2006）。样例（worked example）一般包括一个问题的陈述和解决问题的适当步骤。提供这种样例的原因是它们能减轻学生的认知负荷，好让学生把注意力集中在过程上，以便纠正答案而不仅仅是给出答案（这答案或许正确，或许不正确）。一个典型的样例由三部分组成：介绍阶段（展示样例）、习得或训练阶段、测验阶段（评价学习）。大多数研究遵照这种模式，尽管可能稍有偏差，比如包含预测验或者推迟习得阶段或测验阶段的引入，或者两者都有。被用来进行元分析的研究包括使用样例来减轻学习者的认知负荷。总体效应量是 $d=0.52$，大多数项目接近这个平均值：样例内特征（如多个样例、故事演变、样例/问题搭配）的效应量是 $d=0.52$；传统样例的效应量是 $d=0.49$；综合信息来源（如图表、文本）的效应量是 $d=0.52$；渐减提示法（在样例中省略一些步骤）的效应量是 $d=0.60$；包含子目标的效应量是 $d=0.52$；在他们运用样例时自我解释步骤的效应量是 $d=0.57$。各种运用样例的教学通常都有助于减轻学生的认知负荷。

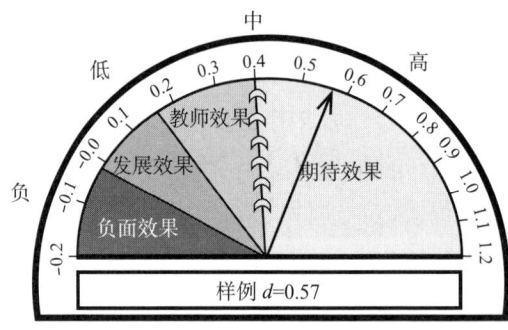

注解	
标准误	0.042（中）
排名	30
元分析数	1
研究数	62
效应量数	151
研究对象数（1）	3 324

给学生提供样例，的确能产生有价值的效果，但如果要找到给教师提供样例（经常被称为 exemplars，即范例）的效果的证据，则比较困难。Peddie, Hattie 和 Vaughan（1999）对研究范例的效果的证据进行了彻底搜索，发现了很多关于范例重要性的说辞和断言。当我们要求 50 多个开发范例的组织送来它们的研究时，它们送来了成箱的范例，但没有一个组织能够送来它们的效果的证据。

强调反馈的措施

本节概括的是反馈的意义、不同类型的反馈的效果、借助频繁测验的反馈、教授应试技能、给教师提供形成性评价、用提问的方式给教师和学生提供反馈，以及反馈的即时性。

反馈

在完成有关所有可能对学业成就产生作用的影响因素的 134 项元分析的第一份综合后（Hattie, 1992），我很快就清楚地认识到，反馈是对学业成就影响最大的因素。大多数效果最好的项目和方法是基于大量的反馈。当我在香港发布这些早期的研究结果时，有人问我反馈的意思是什么。从那个时候起，我就一直努力去理解反馈的概念。我在课堂里花了很多时间（我注意到反馈的缺乏，尽管最好的教师确信他们在持续不断地提供反馈），我与学生一起工作，以增强他们的自助能力（但是很少成功），也尝试了很多提供反馈的不同方法。我所犯的错误是把反馈当作某种教师提供给学生的东西。他们通常并未提供反馈，尽管他们声称他们一直在提供反馈。他们提供的很多反馈都是社会性的和行为性的。只有当我发现学生对教师的反馈的效果才是最强的时候，我才开始对它有了更好的理解。当教师寻求学生的反馈或者至少向学生的反馈保持开放时，也就是当教师了解这些来自学生的反馈，即学生知道什么、理解什么、错在什么地方、什么时候有错误的观念，以及在什么时候不够投入，此时教学和学习才能是同步和有效的。学生对教师的反馈有助于让学习可见。

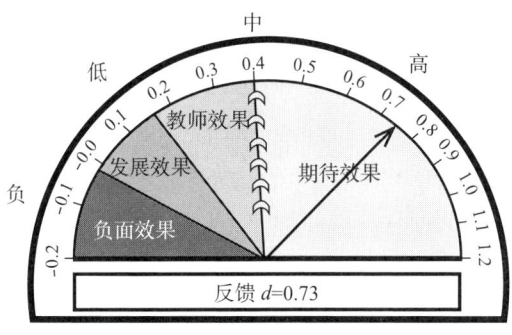

注解	
标准误	0.061（中）
排名	10
元分析数	23
研究数	1 287
效应量数	2 050
研究对象数（10）	67 931

最近，我和一位同事发表了一篇有关反馈的效力的论文，提供了一个比本书中所呈现的更深刻的解释（Hattie, Timperley, 2007）。总的来说，反馈是由行动者（如教师、同伴、书本、家长或者个人经验）提供的有关某人的表现或者理解的信息。例如，教师或者家长能够提供纠正的信息，同伴可以提供替代策略，一本书可以提供澄清观点的信息，父亲或母亲可以提供鼓励，学习者可以查找答案以评价回答的正确性。反馈是表现的"结果"。

为了理解反馈的目的、效果和类型，把教学和反馈当成是一个连续体是很有用的。在这样的连续体的一端，我们可以清晰地看到教学和反馈之间的差别。然而，当反馈与纠错评论相结合的时候，反馈和教学就交织在了一起，直到"过程本身呈现出新的教学方式，而不是仅仅告诉学生正确与否"（Kulhavy, 1977, p. 212）。要呈现这种教学目的，反馈需要提供有关学习任务或过程的明确信息，填补已知和应知之间的差距（Sadler, 1989）。这可以用多种不同的方式来做，比如，可以通过情感过程，诸如更多的努力、动机或者投入。或者，该差距可能通过多种不同的认知过程而得以缩小，包括帮助学生想出不同的观点，向学生确认他们是正确或不正确的，提示更多可用或需要的信息，指出学生能够追求的方向，指明理解特定信息的可选策略。Winne 和 Butler（1994）做出了一个极好的总结。他们主张，"反馈是信息，凭借这种信息，学习者可以确定、增加、改写、调整或者重组他们记忆中的信息，无论信息是专业知识、元认知知识、关于自我或者任务的信念还是认知的技术和策略"（p. 5740）。

有关反馈的元分析所描述的效应量显示出很大的变动性。这表明有些类型的反馈比其他类型的反馈效果更好。最有效的反馈方式能给学习者提供线索或强化，它是以视频、音频或者计算机辅助教学这样的方式提供反馈，或者把反馈与学习目标联系起来。另外，值得注意的是，反馈要被学生所接受并产生作用，这是很关键的。许多教师声称他们给学生提供了足够多的反馈，但问题是，学生是否接受和理解了反馈信息。在最好的情况下，所有学生在一天中都能够接收到反馈（Nuthall, 2005; Sirotnik, 1983）。Carless（2006）问学生和教师，是否教师提供详细的反馈会帮助学生改善他们的下一次作业。大约 70% 的教师声称他们经常或者总是提供这样详细的反馈，但只有 45% 的学生同意他们教师的说法。而且，Nuthall（2005）发现，学生一天在课堂上获得的大部分反馈都是来自别的学生，而且这种反馈大部分都是不正确的。

程序教学、表扬、惩罚以及外部奖励等反馈形式对提高学生的学业成就的效果是最小的。的确，奖励究竟是否应该被认为是反馈，这是值得怀疑的。Deci, Koestner 和 Ryan（1999）将有形的奖励（贴纸、奖品等）描述为偶然发生的活动，而不是反馈，因为它们包含很少的任务信息。在反馈对动机的效果的元分析中，这几位研究者发现外部奖励和任务表现之间呈负相关（$d=-0.34$）。有形的奖励大大地削弱了内在动机，特别是对有趣的任务而言（$d=-0.68$），与之对照的是无趣的任务（$d=0.18$）。而且，当使用控制的方式提供反馈时（比如类似这样的话语：学生的表现要遵循他们"应该"表现的那样），效果甚至更糟（$d=-0.78$）。因此，Deci 等人总结道，外部奖励通常是负面的，因为它们"破坏了人们自我激励或自我调节所担负的责任"（Deci et al., 1999, p. 659）。相反，外部奖励是一个控制策略，通常导致更大范围的监控、评估和竞争。所有这些都会削弱学生参与的积极性和自我调节的能力（Deci, Ryan, 1985）。

提供反馈不是给予奖励，相反，是提供有关任务的信息。Cameron 和 Pierce（1994）探询了外部奖励和强化对内部动机的因果效应（这项元分析不包括在本书的附录里，因为其结论并不包括学业成就本身）。结果显示，奖励并不显著地影响内部动机：奖励对用于任务的自由时间的效应量是 $d=-0.06$，对于态度的效应量是 $d=0.21$，对于自由时间内的表现的效应量是 $d=0.08$，对于学习意愿的效应量是 $d=0.05$。当内部动机是由对于一个任务的态度来衡量时，受奖励人员的内部动机比没有受奖励人员的内部动机要高。口头奖励似乎能产生积极的效果，而有形的奖励则显示出负面效果。那些被给予口头表扬或者积极反馈等奖励的人员显示出更强的内部动机，并且一旦这些奖励被撤回，会比没有受到奖励的人花费更多的时间在任务上。然而，这里关键要注意的是，这些效果是那么小，因此得出结论说奖励和表扬是或不是至关重要，似乎毫无意义。

对于不同类型反馈的效果最有系统的研究是由 Kluger 和 DeNisi（1996）发表的。他们的元分析包括反馈干预的研究，这些干预没有掺杂其他的控制措施，而只是包含至少一个控制组、表现测量以及至少 10 位参与者。尽管他们的许多研究不是基于课堂或者学业成就，但他们的研究所传递的信息非常有趣。从 131 项研究中，基于 12 652 位参与者，他们估计了 470 个效应量，其平均效应量是 $d=0.38$，有 32% 的效应量是负值。特别是，当反馈提供正确的信息而不是错误的信息，以及当它建立在此前所追踪的变化上的时候，它就会更有效。反馈的效果也受目标和任务难度的影响。当目标具体且具有挑战性，而任务的复杂性很小的时候，其效果是最大的。对完成一个任务给予表扬似乎是无效的，不用对此大惊小怪，因为它包含非常少的与学习有关的信息。当参与者感觉到对自尊只是稍微有些而不是很大威胁的时候，反馈会更有效，这大概是因为参与者在较小威胁的条件下会注意到反馈。

图 9.1 呈现的是一个可以考察反馈的框架。这个框架说明反馈的主要目的是减小当前的理解和表现与学习目的或目标之间的差距。学生和教师用以减小这种差距的策略，部分取决于反馈所发挥作用的水平。这些水平包括任务表现水平、

理解怎样执行任务的过程水平、调节的或者元认知过程水平以及自我或个人水平（与任务的细节没有关系）。在这些水平上，反馈有不同的效果。

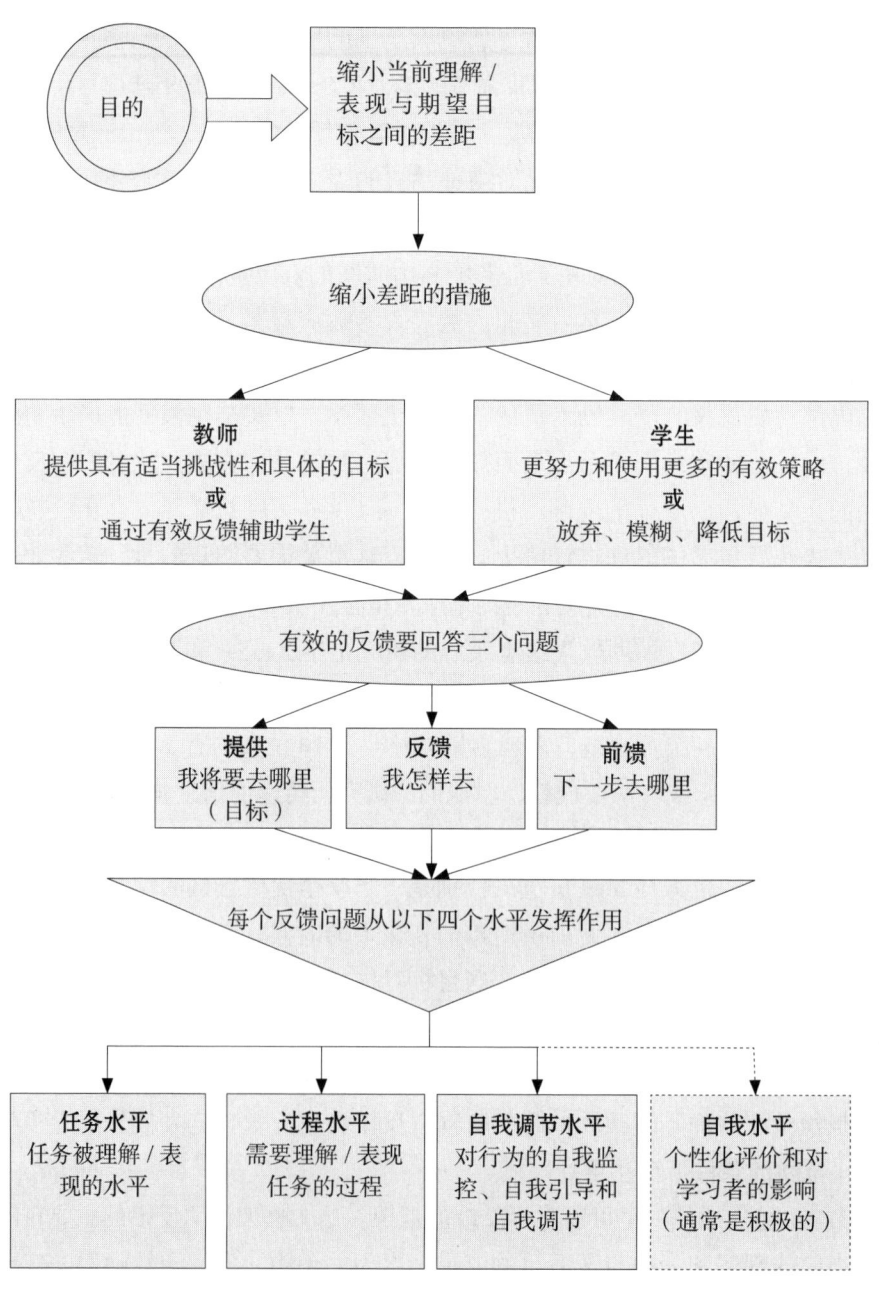

图 9.1　一种反馈模型

主要的反馈问题是"我将要去哪里？"（学习目的/目标/成功标准），"我怎样去？"（自我评估和自我评价），以及"下一步去哪里？"（进展、新的目标）。如果教师和学生都去寻找这里列举的每一个问题的答案，那么理想的学习环境或理想的学习经验就会出现。这三个问题在四个水平（任务水平、过程水平、自我调节水平和自我水平）中的每一个层次上都不能孤立地发挥作用，而通常是联系在一起发挥作用的。关于"我怎样去？"的反馈能有力地促进执行下一步的任务或提出"下一步去哪里？"和"我将要去哪里？"。正如Sadler（1989）令人信服地指出，正是缩短学生在哪里和他们要去哪里之间的差距，导致反馈产生作用。

到目前为止的探讨，似乎一切顺利，但当反馈在上述的四个水平发挥作用的时候，就遇到了问题。第一，反馈可能是关于任务或者成果，诸如工作是正确或不正确的。这个反馈水平可能包括要求更多的、不同的或者正确的信息指示，如"你需要更多关于《凡尔赛条约》的内容"。第二，反馈可能是针对生产成果或完成任务的过程。这种反馈更直接地针对信息的加工或者针对要求理解或完成任务的学习过程。比如，一位教师或同伴可能对一个学习者说："你需要通过处理所使用的描述词（descriptor）来修改你的作文，以便读者能够清楚地理解你的意思的微妙之处"，或者"如果你能运用此前我们谈到的理解策略，就会更好地理解这页文字"。第三，对学生的反馈可以集中在自我调节的水平上，包括更高的自我评估能力，或者进一步投入任务的信心。例如："你已经知道展开一个论证的关键特征。核查一下，看看你是否把它们纳入到了你的第一段中。"这种反馈对于自我效能感、自我调节的熟练程度、学生作为一个学习者的自我信念能产生重大影响，因此，学生被鼓励或者被告知怎样更好和更轻松地继续执行任务。第四，在反馈针对"自我"这个意义上而言，它可以是个人的。这将在下文中被谈到，它通常与任务表现无关。这种反馈的例子包括"你是个很棒的学生"，"做得很好！"

反馈的艺术在于要在学生学习所处的或者略高的水平上提供正确的反馈形式。但有一个例外，在自我或个人水平上的反馈（通常是表扬）很少有效力。表扬很少关乎前三个水平的反馈问题，因此它在促进学习方面是无效的。当反馈把注意力集中在自我的水平上，学生就会试图避免被卷入有挑战性的作业的危险，他们只做最小的努力，对失败怀有高度的恐惧感（Black, Wiliam, 1998），尽量把对自己的危险降到最小。因此，在理论上，教学和学习的关注点从学习任务转移到对任务必要的加工和理解，进而继续超越它，迈向更有挑战性的任务和目标。这个过程会使学生产生更强的自信心和付出更大的努力。这通常要在学生对所学内容更加熟练掌握时才会发生。

然而，我们需要谨慎。反馈不是有效教学和学习的"答案"；相反，它只是许多答案中的一个强有力的答案。对于无效的学习者或处于习得（不熟练）阶段的学习者，教师通过教学为其提供详细的讲解，效果要比对其知之甚少的概念提供反馈要好。如果反馈是针对适当的水平，它就能够帮助学生理解、投入或者发展有效的策略去加工所要学习的信息。要产生效果，反馈必须是清晰的、有目的的、有意义的，要与学生的原有知识相匹配，并且要提供有逻辑性的联系。它还要求促进学习者进行积极的信息加工，要使任务不太过复杂，要与具体的和清晰的目标相关联，不要给学生带来在自我水平上的威胁。主要的分界线是反馈是否清楚地针对不同水平的任务、过程或者自我调节，而不是针对"自我"这个水平。这些条件强调课堂氛围的重要性，因为良好的课堂氛围能促进同伴评价和自我评价，并且允许从错误中学习。我们需要开发具有犯错勇气的课堂。

因此，当反馈与课堂内的有效教学相结合的时候，它就能有力地促进学习。正如 Kluger 和 DeNisi（1996）指出的，这需要为一个熟悉的包含支持学习线索的任务提供反馈干预，吸引人们注意反馈和所设标准在任务水平上的差异，反馈干预不包含把注意力指向自我的任何线索，这样就可能会大大促进学生的学业成就表现。然而，重要的是要注意，在特殊的环境下，教学比反馈更有效。反馈只能建立在某事物基础之上；当学习尚未开始或者不具备表层信息的时候，它的作用很小。总之，反馈是一种次生行为，是对学习最有影响的方式之一，它很少发生，需要对其进行更充分的定性和定量研究，以调查反馈在课堂上和学习过程中如何起作用。

测验的频率和效果

另一种反馈形式是反复测验，但只有在测验给教师带来反馈的情况下才有效，因为教师可以借以改进教学并关注学生学业成就中的优势和差距。尽管学业成就随着频繁测验而提高，但学业成就进步的幅度会随着测验次数的增加而减小（Bangert-Drowns, Kulik, Kulik, Morgan, 1991）。在一个持续 15 周的学期里，至少参加一次测验的学生在关于标准的考试中的成绩，比没有参加过测验的学生高出大约 0.5 个标准差。当两组学生回答完全相同的测验问题的时候，表现优秀的是那些回答过大量短测验（short test）中的问题的学生，而不是回答过少量长测验（long test）中的问题的学生。需要注意的可能不是测验的频率，而是频繁测验使学习目的和成功标准更具体和透明。Clariana 和 Koul（2006）发现，多次尝试的反馈（multiple-try feedback）对于表层成果的效果较小（$d=-0.22$），但是对高阶成果更有效（$d=0.10$）。"对于错误的多次尝试的反馈要求学习者对课上的问题有更多的思考，除非学习者只是由于失望或不耐烦而仅作随意猜测。"（p. 261）类似地，Kim（2005）发现实施表现评价的时间越长，它越有效，因为此时学生和教师已变得更善于完成这种评价。

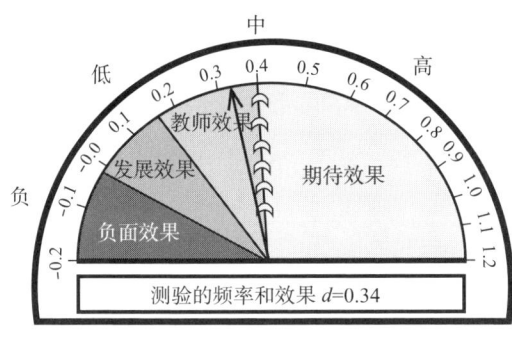

效果不仅仅来自频繁的测验，而且也来自从测验中学习。比如，Gocmen（2003）发现频繁测验的效应量是 $d=0.41$，而测验伴随着反馈（$d=0.62$）比没有反馈（$d=0.30$）的效果要好。Lee（2006）调查了州范围内的高风险测验（high-stakes testing）和美国以测验驱动的问责政策（从 1990 年起）在阅读和数学成就方面的效果。他发现了一个 $d=0.36$ 的效应量（阅读是 $d=0.29$，数学是 $d=0.38$），但是这样的效果只出现在小学（$d=0.44$）和初中（$d=0.35$），而在高中没有效果（$d=0.03$）。多年来，实施最强有力的问责项目的州比那些实施较弱的问责项目的州取得了更大的成就。但是 Lee 指出，这些成就进步在把这些问责政策纳入法律之前的数年里表现出了类似的轨迹！他得出结论说，"只有当学校教育条件和实践有了实质性的改善后，认为采取强硬的问责政策的州显著地提高了学生学业成就的观点，才具备说服力"（p.26）。

在美国有许多州有高风险测验，而且也有与《不让一个孩子掉队》（No Child Left Behind）法案密切相关的测验。一直有争论说频繁测验与辅导的效果是相似的，而另一些人认为任何成就都是由于窄化课程、实施应试教育而得来的，也由于有太多也许表现不太好的学生被排除在外。Amrein 和 Berliner（2002）

对18个有高风险测验系统的州的表现的分析提出了很多争议。他们发现，这些系统对学生学业成就的影响是很小的。这个结论受到了质疑（如，Braun, 2004; Raymond, Hanushek, 2003; Rosenshine, 2003）。Lee（2006）运用元分析比较了不同的州在国家教育进展评估考试方面的政策。他发现，有6项研究支持实施高风险测验的州，5项研究对实施高风险测验和低风险测验的州都支持，而只有一项研究支持实施低风险测验的州。其效果是极为不同的（从 $d=-0.67$ 到 $d=1.24$），尽管它在对问责制的关注方面没有造成什么不同——也就是说，不管把学校和学生作为一个整体加以关注（$d=0.38$），还是只关注学校（$d=0.39$），还是只关注学生（$d=0.31$），效果都一样。对数学产生的效果（$d=0.38$）比对阅读产生的效果（$d=0.29$）稍微大一些，而且对于小学（$d=0.44$）和初中（$d=0.35$）的效果要大于对高中的效果（$d=0.03$）。

测验训练和辅导

"辅导"（coaching）一词是指开展各种考试准备活动，以提高学生的测验分数。通常，辅导是为准备测验所进行的教学或者练习（Cole, 1982）。DerSimonian 和 Laird（1983）评估了辅导在学业能力倾向测验（Scholastic Aptitude Test，SAT）分数方面的影响。他们发现，虽然结果显示，辅导对 SAT 分数的确有积极的影响，但匹配研究或随机研究结果显示，辅导的效应量太小以至于实际上并不重要。无对照组研究比匹配研究或随机研究显示出更多受辅导影响的效应方面的差异，且总体上具有较高的值。

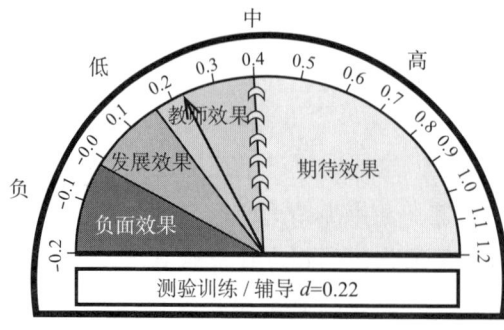

注解	
标准误	0.024（低）
排名	103
元分析数	10
研究数	267
效应量数	364
研究对象数（1）	15 772

Bangert-Drowns, Kulik 和 Kulik（1983）发现，辅导对提高学业成就测验分数的效应量为 $d=0.25$。干预的水平对效应量有影响，对短期测验项目的效应量较小，对于更广泛的项目则效应量更大，而对于为了对更广泛的认知技能产生

影响而设计的单一长期项目来说,效应量最大。对有关辅导对于能力测验的影响的 14 项研究的考察(Kulik, Bangert-Drowns, Kulik, 1984)发现,辅导能提高 SAT 分数,也能提高智力和其他能力测验的分数。SAT 分数提高了 $d=0.15$ 的标准差,能力和智力测验的分数提高了 $d=0.43$ 的标准差。训练项目的时长似乎也是重要的。Samson(1985)报告,持续 5 周或更长时间的项目比那些短时项目所产生的效果要大。Samson 也注意到,测验训练项目对于高年级学生产生的效果比对低年级学生产生的效果要大,对于处于较低社会经济地位的学生产生的效果也比较大。

Hausknecht, Halpert, Di Paolo 和 Gerrard(2007)发现,当第二次实施测验的时候,总体效应量是 $d=0.22$,但当第三次重复测验时,效应量就变小了。更具体地说,他们发现练习的范围与学生接受辅导的时长呈正相关($d=0.26$),练习对于完全相同的测验($d=0.46$)比对交替形式的测验效果要大($d=0.24$),对于分析性测验($d=0.32$)和定量测验($d=0.30$)的效果是相似的,最重要的是,有某种形式的测验辅导($d=0.70$)比没有辅导的效果($d=0.24$)要大得多。

对学生参加 SAT 进行辅导,对提高学生的 SAT 分数能产生适中的效果,对 SAT 数学方面比对 SAT 语言方面产生的效果要好(Becker, 1990)。Becker 认为,对有关辅导的研究进行考察的结果之所以有很大变动性,是因为并非所有的辅导都是有效的。研究表明,包含有关回答具体问题的练习和教学的辅导干预,其效果要明显胜过只进行完整测验练习或者对一般的应试技巧进行教学的效果。当结合前测开展辅导项目时(Witt, 1993),以及当测验题目采用一个更复杂和不经常使用的形式时(Powers, 1993),辅导的效果更大。

另一种辅导形式是熟悉考试流程和主考官,特别是在一对一测验的情形下。在这些情形中,减少对测验环境的焦虑会很有用。Fuchs 和 Fuchs(1985)发现,熟悉主考官能提高测验表现 $d=0.35$ 的标准差。当学生处于较低的社会经济地位、参加相对较难的测验以及学生与主考官相识时间较长的时候,熟悉主考官的学生表现的差异将会很大。有关与主考官熟悉程度对学生测验表现的影响的一项进一步元分析(Fuchs, Fuchs, 1986)支持了他们 1985 年的发现。这项元分析也证明,当学生由熟悉的主考官而非不熟悉的主考官进行测验时,学生的测验分数会更高。导致彼此熟悉的活动的时间长短对效应量有很强的积极影响。此外,社会经济地位低的学生在熟悉的主考官面前要表现得更好,而社会经济地位高的学生不大受到主考官这个条件的影响。

教学的形成性评价

本书的一个主要观点是，给予教师有关在他们的课堂上正在发生什么的反馈是很有效的，这种反馈使他们能够确定"我怎样去"达到给学生设立的学习目的，这样他们就能够为学生决定"下一步去哪里"。形成性评价提供的就是这样的一种反馈。Fuchs 和 Fuchs（1986）调查了教师的系统的形成性评价的效果。他们发现，这个方法能提高有轻微学习障碍的学生的学业成就（d=0.70）。形成性评价是有效的，并且独立于学生年龄、实施的时间长短、测验的频率和特殊需要的类型。要求教师使用数据和基于证据的模型，比通过教师对数据的判断来评价的效应量要高。而且，用图形表示数据比仅仅记录数据的效应量要高。

正是对教师的反馈有助于解释为什么大多数更强的效果（d=0.40）要高于所谓的"一般教师的效果"（d=0.25）。正是对于创新目的的关注，为促进教学创新而寻找负面证据的意愿（即寻找有关学生做得不好的证据），对所有学生的学业成就产生影响的热切期望，以及对新经验的开放态度，带来了效果。干预不是"为改变而改变"，因为不是所有的干预都能成功。对于教师来说，主要的信息是注意自己教学的形成性影响，因为正是寻求对其项目效果（有意的或者无意的）进行形成性评价才造就了卓越的教学。

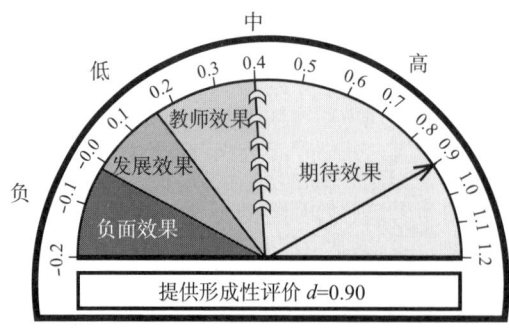

注解	
标准误	0.079（中）
排名	3
元分析数	2
研究数	30
效应量数	78
研究对象数（1）	3 835

提问

反馈也能通过教师对学生的提问来进行，尽管众所周知，教师已知道大多数他们所提问题的答案。运用问题尤其是高阶问题，经常被认为是一个有价值的教学策略："提问开启了意义的可能性"（Gadamer, 1993, p. 375）；"提问对形成理解是一个强有力的策略"（Mantione, Smead, 2003, p. 55）；"好问题能促进学生对材料的理解、学习和记忆"（Craig et al., 2006, p. 567）。对于教师提问行为的频率、分类和训练的研究，是基于这样一个观点，即教师富于技巧的提问能够引导学生得出深思熟虑的和反思性的答案，有利于获得更高水平的学业成就（Samson, Strykowski, Weinstein, Walberg, 1987）。

有很多课堂时间用于教师对学生进行提问。例如，Cotton（1989）考察了相关证据，发现提问是教师第二个最常采用的方法（排在教师讲解之后），教师花费35%—50%的教学时间提问（如，Long, Sato, 1983; van Lier, 1998），每小时大约提100个问题（Mohr, 1998）。教师对学生回答问题的回应是某种形式的判断或者纠正，主要是强化、确定、重申和巩固学生的答案。Brualdi（1998）认为，教师每天提300—400个问题，大部分是低水平的认知问题——60%是回忆事实的，20%是程序性质的（Wilen, 1991）。这些问题不是开放的、探究性的问题，因为学生明白教师已经知道答案了（它们是"展示的"问题，82%的问题都是这样的，Cotton, 1989）。这么多提问的原因与许多教师所持有的教学观念有关，即他们的角色是传授学科的知识和信息，而学生的学习是通过重复、记忆和回顾来习得这些信息。因此，如此多的提问是为了检验学生是否已经记住这些信息。

提问的总体效应量是有变化的，而主要的调节变量是问题的类型——低阶问题能促进表层认知，而高阶问题能加强深层理解。Samson, Strykowski, Weinstein 和 Walberg（1987）运用14项研究来对比大多数高认知问题和大多数事实性问题的效果。研究发现，高认知提问策略对学习测量能产生小的积极效果。如果直接与要学习的文本或者材料有关的话，那么事实性的前问题（pre-question）能够促进学习（如果所问的问题与所要学的文本材料没有关系，则会产生负面效果，Hamaker, 1986）。高阶问题对于直接的、没有关联的材料会更有效——"这些结果表明高阶问题比事实性的附属问题可能会多少产生更宽泛的普遍效果"（Hamaker, 1986, p. 237）。

注解	
标准误	0.068（中）
排名	53
元分析数	7
研究数	211
效应量数	271
研究对象数（0）	na

提问 d=0.46

对提问进行训练是很重要的。Gliessman, Pugh, Dowden 和 Hutchins（1988）发现，他们的研究所考察的提问技巧通过训练是很容易改变的。对于提问技巧的习得有显著影响的变量有：训练的普遍效果、在训练方法中受训者的学术水平、受训者资格水平和实践中所教学生的一致性，以及标准教学环境和实践的一致性。Redfield 和 Rousseau（1981）也发现，当教师受到提问技巧方面的训练时，学生的学业成就才有望提高。他们指出，如果针对的是表层信息，较低水平的问题更有效，如果针对的是深层信息和理解，那么结合较低和较高水平的问题则更有效。旨在为项目的实施提供监控的研究显示出 0.66 的效应量，而那些不受监控的项目显示出副作用（-0.10）。教师注意监控自己的行为是有效的（Gliessman 等人在 1988 年也有这样的相关报告）。

或许比教师提问更重要的是分析学生所问的问题。就像我和我的同事在"派迪亚"（Paideia）项目中关于苏格拉底式发问的研究所证明的，旨在诱导、教授和倾听学生提问的课堂组织是有效的（Hattie et al., 1998; Roberts, Billings, 1999）。

教师的即时反馈

即时（immediacy）、切近（closeness）地回应学生，是向学生表示教师正在倾听和回应他们。"在教育环境中应用即时性的反馈表达了一种理念，即教师通过运用某些暗示能够减少教学者和学习者之间的感知距离，从而影响某些课堂效果，尤其是影响学生的学习。"（Allen, Witt, Wheeless, 2006, p.22）这种即时性能被学生感知为对他们积极投入学习的一种认可，它能减少教学者和学习者之间的感知距离，被视为对学生的奖励，并且能增加他们对学习任务的热情或投入水平（Christophel, Gorham, 1995）。教师即时反馈对于学生情感学习的影响是非常大的，比如它对学生对于教师、课程的态度或在学习经验中的投入（$d=1.15$）的影响，远远大于对学业成就的影响（$d=0.16$）。Allen 等人（2006）根据这些结果以及情感学习和学业成就之间的关联得出结论说，"教师的即时反馈能够预示或者引起情感学习。反过来，情感学习也能预示或者引起认知思考……教师能带来激发性的情感成果，进而有助于促成认知成果的产生"（p.26）。他们认为，即时反馈也提供了一个反馈来源，即教师对学生的学习兴趣、关心和参与的反馈。

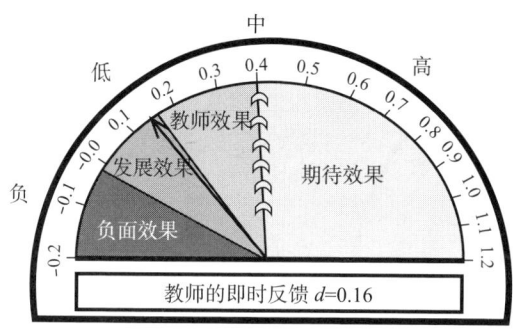

注解	
标准误	0.042（中）
排名	115
元分析数	1
研究数	16
效应量数	16
研究对象数（1）	5 437

强调学习中的学生视角的措施

下一组话题关系到从学生的视角来看学习。我们将从任务时间、分散练习和集中练习、同伴指导和辅助四个方面来加以探讨。

任务时间

有个典型的说法是熟能生巧。当我决定一年中大部分早晨都打高尔夫球时，我认同了这个说法。当我打高尔夫球的得分急速下降时，有段时间我意识到我的练习还不够。要么是需要专业辅导，要么是需要改变某种身体姿势。而且，如果学习是不积极的，我们一定不想花更多时间在上面，否则，就像是要求一个不健康的胖子只管多吃点！学习时间包括：更长的在校时间、更长的学习年限、过程中的时间、非任务时间、任务时间，等等。对于有多少时间实际用在"投入性"的学习上，有各种不同的观点。比如，Berliner（1984）认为，大约有40%的课堂时间是投入性的，其中更少的投入性时间是有效时间（即学生发现学习有成效的时间）。那么，在课堂上是怎样的情形呢？Yair（2000）给865个学生（来自33所学校）戴了手表，这个手表被设计成一周内每天8次发出信号（"哔哔"声）。当"哔哔"的声音响起的时候，就要求学生记录自己在从事什么活动，并记录他们的思想和情绪（共积累了28 193个这样的日常经验）。学生投入到他们功课中的时间大约是总课堂时间的一半；男生和女生投入的时间是相近的，但是随着年级的升高，投入的时间会减少。在数学方面投入的时间比在英语和社会科学方面投入的时间要多；当教师在讲解或者学生被要求看电视的时候，投入的时间最少；当学生以小组形式或者在实验室活动的时候，投入时间最多。学生越是感觉到"挑战以及被提出更高的学业要求，就越会投入到教学当中，更少被外部事物分心"（Yair, 2000, p.256）。

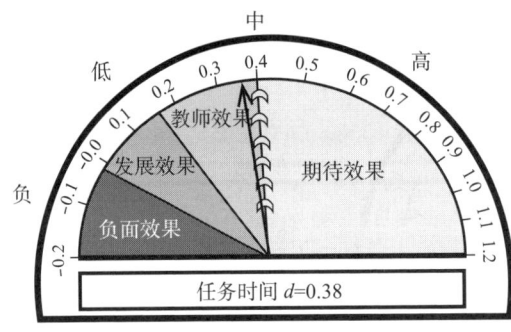

注解	
标准误	0.101（高）
排名	70
元分析数	4
研究数	100
效应量数	136
研究对象数（0）	na

因此，学生最多只有一半的课堂时间投入在课堂活动之中——也许并不奇怪，因为有这么多时间花费在倾听（或者假装倾听）教师讲话上！许多人由此认为，让可用的在校时间更富有成效才是促进学习的关键，而不仅仅是增加在校时间或者延长学习年限（Karweit, 1984; 1985），"增加在校时间，而不增加有效学习的时间，是不太可能改善教育表现的"（Walberg, Niemiec, Frederick, 1994, pp. 98–99）。

Fredrick（1980）从 35 项研究中探究了"投入性"教学时间和教学成果之间的关系，得出了一个 $d=0.34$ 的效应量。Lewis 和 Samuels（2003）发现，在阅读方面更多的练习与阅读能力呈正相关，但是其效应量只有 $d=0.10$。对于一至三年级的学生、第二语言的学生、有学习障碍的学生和阅读能力低于年级平均水平的学生，其效果稍微大一点。这说明，练习能发挥作用，但并不够。

更重要的是练习需要刻意为之（deliberate），特别是当第一次学习新材料的时候。Van Gog, Ericsson, Rikers 和 Paas（2005）认为，不是在一个领域的经验或练习的多少有重要意义，而是刻意努力的程度决定了学业表现的提高。刻意练习（deliberate practice）是指旨在提高学业表现而进行的相关的练习活动，它需要处于"有适当挑战性的难度水平上，能够通过允许反复练习，给予犯错和改错的空间，对于学习者提供有针对性的反馈来获得持续的改进"（p.75）。Van Gog 等人进一步指出，这样的练习要求学生扩展自己更高的表现水平，并且要求学生更加集中精力、做长时间的努力，通常要在很多天里以固定的次数练习。Feltz 和 Landers（1983）研究了心智练习对动作技能学习和表现的效果，并得出结论说，心智练习的效果不但存在于学习的最初阶段，而且存在于学习的后期阶段。比起动作任务和力量任务来说，认知任务在相对短时的练习和进行少数几次试验后，通常更能产生大的效应量。

分散练习和集中练习

能对学习产生作用的是尝试不同机会的频率,而不是仅仅在任务上花费"更多"时间。所以,教师需要考虑增加对刻意练习机会的回应的正确率,直到达到掌握程度(以成功标准为准)的最低水平(Walker, Greenwood, Hart, Carta, 1994)。这个发现有助于我们理解本书中很多有效教育实践的共同特性,诸如直接教学、同伴指导、掌握学习和反馈。这不是为了过度学习而过度学习。刻意练习不仅为提高掌握程度也为提高熟练程度〔精确教学(precision teaching)①的核心〕增加了机会。这不是"操练(drill)和练习(practice)","操练和练习"经常是:枯燥和重复;包含最少的反馈;不拓展、不提供多种不同的经验;不提供促进学习迁移的充分变化的情境;不置于深层的和概念性的理解(作为总体学习经验的一部分)的背景之中;经常满足于把目标放在表层知识上。刻意练习涉及具体的技巧和复杂的表现。成功标准的达成是激励性的,而且一定能导致对有时过度学习的表层和深层知识更长时间的记忆(Péladeau, Forget, Gagné, 2003)。

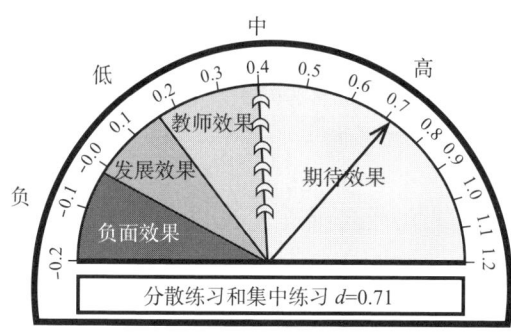

注解	
标准误	na
排名	12
元分析数	2
研究数	63
效应量数	112
研究对象数(0)	na

Nuthall(2005)认为,在具备发生学习的合理的可能性之前,学生通常需要对学习有 3—4 次的接触——通常连续好几天。这与分散练习而不是集中练习的效果是相符的。Donovan 和 Radosevich(1998)总结道,学生在分散练习的条件下比在集中练习的条件下有更好的表现($d=0.46$)。习得($d=0.45$)和记忆($d=0.51$)是被分散练习而不是集中练习加强的。分散练习的间隔长度的有效性与任务的复杂性和挑战性有关。研究发现,简单任务伴随着相对短暂的休息时间,

---

① 一种旨在改善行为的授课方式,它以图表形式展示可视化学习结果的每日评价以及完成情况,作为对学习的强化来使用。

具有更好的效果，而复杂的任务需要较长的休息时间（至少24小时）。

同伴指导

总的来说，在课堂上由同伴做助教（自己的或者别人的）的总体效果是相当好的。如果教育的目的是教学生自我调节并掌控自己的学习，那么他们必须从学生的角色转化为做自己教师的角色。达到这个目标的一种方法是使用同伴指导——太多人认为这是年长学生教有学习困难的年幼学生的一种手段。当为此目的而运用这种方法时，其主要的影响在于它是一种教学生成为自己的教师的极好方法。有关指导的文献综述显示，同伴指导对于那些指导者和被指导者都能带来许多学业的和社交的益处（Cook, Scruggs, Mastropieri, Casto, 1985）。大多数关于这个主题的元分析，其总体效应量通常都在 d=0.40 以上。

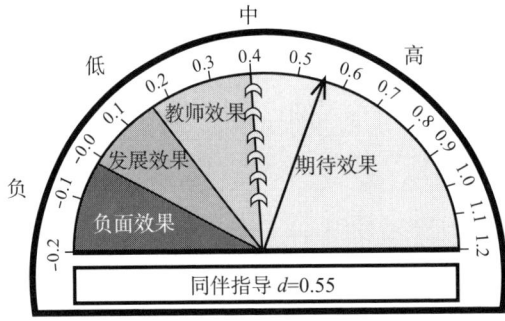

在对不同教学模式所产生的数学成就的效果所做的元分析中，Hartley（1977）发现，同伴指导是她所对比的不同条件中最有效的方法（d=0.60）。当用作对教师角色的补充而不是替代的时候，同伴指导是最有效的。跨年龄的指导者（d=0.79）比同龄的同伴（d=0.52）和成人指导者（d=0.54）能产生更大的效果。她也发现了一个经普遍报道的结论：同伴指导对指导者的效果（d=0.58）与对被指导者的效果（d=0.63）并没有太大差异（另见 Cook et al., 1985，指导者作为教师角色的补充 d=0.96，指导者作为教师角色的替代 d=0.63）。

同伴指导通常用在有学习障碍的学生身上。Elbaum, Vaughn, Hughes 和 Moody（2000）发现，不管是有学习障碍的学生还是没有学习障碍的学生来扮演指导者或者进行教学，同伴指导的效果大小并没有差异。Cook, Scruggs, Mastropieri 和 Casto（1985）回顾了一些研究。在这些研究中，有特殊需要的学生作为其他有特殊需要的学生的指导者。他们发现，那些被指导者的收获（d=0.53）

与那些指导者的收获（$d=0.58$）差不多。Mathes 和 Fuchs（1991）发现，同伴指导比这些学生通常经历到的教学更有效。Kunsch, Jitendra 和 Sood（2007）报告，对于有学习障碍的学生来说，这些以同伴为中介的干预手段总体上（$d=0.56$）要比他们在特殊课堂上（$d=0.32$）的效果好。Phillips（1983）发现，在学生学习的习得阶段而不是熟练阶段，以及当以明确的标准测量（成功标准）作为目标时，同伴指导这一方法最有效。

Rohrbeck, Ginsberg-Block, Fantuzzo 和 Miller（2003）发现，大多由学生自己控制的同伴干预（同伴参与设立目标、监督表现、评估表现和选择奖励），比主要由教师控制的干预效果要好。当学生对他们自己或者别人的学习进行自我管理的时候（在同伴指导的情况下），这种自治会给学生的学业成就带来更好的效果。

因此，当学生变成别人的教师的时候，教学者和学习者的所学一样多。当他们能够掌控或者自治这种教学的时候，效果更好。在教授新的表层知识的时候，这种效果很可能更明显，尽管指导者很可能需要像有效教师那样更深刻地理解所要教授的材料。目前的文献还没有很好地探讨这种推测，需要进行进一步的研究。我们经常听到教师有这种说法："当我们要教别人时，我们自己学得更多。"但是，一旦教师走进课堂并把学生当作教学和学习的接受者而不是生产者，他们显然已经忽视了自己的说法。

辅助

辅助是同伴指导的一种形式，尽管它一般涉及年长者（经常是成人）对年幼者提供学业的或社会的协助，或者两者兼有——但它也应用于成人的工作环境中，来促进职业发展。这种辅助的假设是，与年长者保持支持性的关系，辅助对于年幼者的人格、情感、认知和心理成长都是很重要的。辅助通常很少（如果有的话）涉及教学，它更是一种基于社会经验和行为榜样的"学徒"模式。辅助对于表现成果的效应量几乎为零（$d=0.08$），而在态度（满意度 $d=0.6$，学校态度 $d=0.19$）、动机和参与度方面（$d=0.11$）效应量更高（Eby, Allen, Evans, Ng, DuBois, 2008）。也就是说，在态度方面比在学业成就方面有更大的变化，这很可能是因为"态度更易受影响，而学业成就更具情境依赖性"（p.16）。有一个情况是，对于学业的辅助比对于年轻人（处于危机中、与家庭相关）和工作的辅助的效果更好。

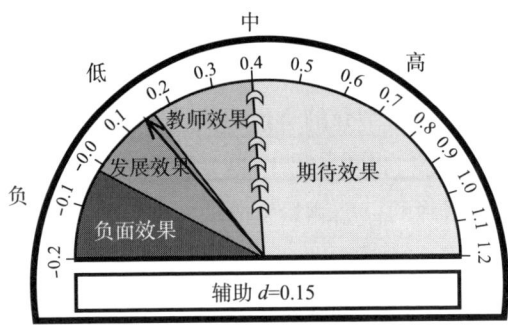

注解	
标准误	0.047（中）
排名	120
元分析数	2
研究数	74
效应量数	74
研究对象数（1）	10 250

DuBois, Holloway, Valentine 和 Cooper（2002）研究了辅助所产生的许多效果。在他们的所有 575 个效应量中，关于学业成就的平均值是 $d=0.18$，当进行一对一或分组的项目时，效应量是很低的；辅助所带来的效应量，在学校比在职场要低，对于接受过培训的辅助者比对于没有接受过培训的辅助者要高，但是与接触的频率或辅助者与年轻人之间关系所保持的时间长短没有关系。对于情感或者心理方面的成果（$d=0.20$）、问题行为和高危行为（$d=0.19$）、社会能力（$d=0.16$）以及职业和就业方面成果（$d=0.19$）的效果都很相近，而且效应量较低。

有关学生元认知和自我调节学习的措施

元认知是对思考的思考。本节概述基于教授各种不同的元认知策略的一系列项目，包括学习技能、出声思考、自我提问、性向与处理交互作用、学习风格的匹配和个性化教学。

元认知策略

Newell（1990）指出，问题解决分两个层面：针对问题而应用策略，选择和监控策略。这里的"对思考的思考"涉及问题解决的第二个层面，最近已经被"元认知"一词所替代。元认知指高阶思维，包括主动地控制参与学习的认知过程。元认知活动包括计划如何着手处理一个指定的学习任务、评估进展以及监控理解。一项对有效元认知培训项目的综合发现（Chiu, 1998），这种培训在小组教学中、针对高年级学生和学习落后学生、在不太精深的项目中实施效果更好。Haller, Child 和 Walberg（1988）评估了元认知教学在阅读理解方面的效果，得出其效应量为 $d=0.71$（另见 Chiu, 1998）。最有效的元认知策略是对文本不一致之处的意识以及运用自我提问。在整堂课中，越是使用不同的教学策略，学生越会受到更多的影响。

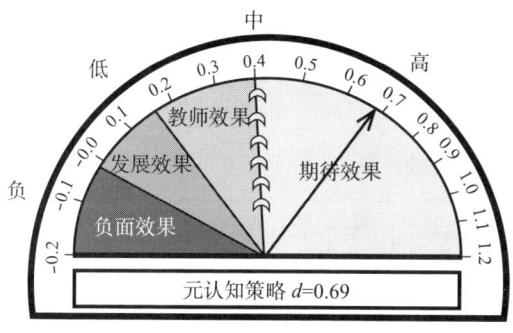

注解	
标准误	0.181（高）
排名	13
元分析数	2
研究数	63
效应量数	143
研究对象数（2）	5 028

学习技能

学习技能的干预是一种能改善学生学习的方法，但一般是在教师的日常教学过程之外加以运用。干预可以被分为认知的、元认知的和情感的。认知干预注重与任务相关的技能的发展，诸如做笔记和做总结。元认知干预注重自我管理学习的技能，如计划、监控，以及在何处、何时怎样使用技巧和策略。情感干预注重非认知的学习特征，如动机和自我概念（Hattie, Biggs, Purdie, 1996）。本节的观点是，在教学中单独使用学习技能就能对表层信息的习得产生影响，但要对深层理解产生作用，则需要把学习技能与内容结合起来。

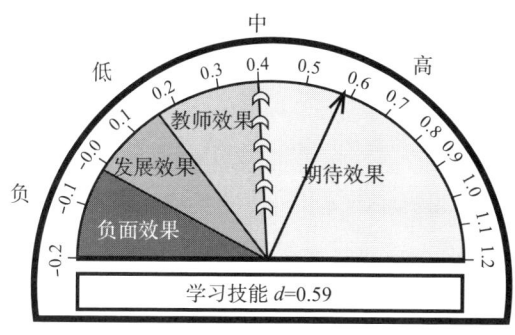

注解	
标准误	0.090（高）
排名	25
元分析数	14
研究数	668
效应量数	2 217
研究对象数（8）	29 311

Lavery（2008）在对元认知学习技能的干预中发现了有关学业成就的效应量为 $d=0.46$。她发现，针对学习的"早期阶段"的策略，其效果是最佳的，比如目标设定和计划、自我指导以及自我评估（见表9.5）。该策略是这个学习模式的"早期阶段的主要部分（它发生在学习者参与任务之前），并且被证明是干预的关键方面"（Greiner, Karoly, 1976, p. 497）。自我指导发生在学习模式的表现阶段，这对于通过集中注意力和运用适当的策略来引导学习者是一个非常宝贵的手段。自我评估通过允许学习者去自我反思与之前设定的目标有关的表现，

来为这个循环模式收尾。虽然自我监控非常有效,但它没有自我评估的效果那么好,这说明,如果学习者更进一步,对他们自我监控的事物做出实际评价,那么,自我监控就其本身(比如脱离已完成的任务)而言可以得到很大的改善。

表9.5 不同的元认知策略及其效应量(Lavery, 2008)

策略	定义	描述	效应量数	d	标准误
组织和转化	公开或隐蔽地重组教学材料以改善学习	写论文前拟提纲	89	0.85	0.04
自我奖惩	学生对学业成败的奖惩措施的自我安排和想象	在完成任务前放弃娱乐	75	0.70	0.05
自我指导	自我默念完成指定任务的步骤	自我默念解决数学问题的步骤	124	0.62	0.03
自我评估	为自我判断设置标准并应用	交作业前检查一遍	156	0.62	0.03
寻求帮助	向同伴、教师或其他成人寻求帮助	找一名学习伙伴	62	0.60	0.05
保存记录	对学习任务相关信息的记录	做课堂笔记	46	0.59	0.06
复述和记忆	通过公开或隐蔽的策略记忆材料	写数学公式直到记住	99	0.57	0.04
目标设置/规划	设置教育目标或规划子目标并规划好任务顺序、时间安排、完成相关活动	列学习任务清单	130	0.49	0.03
复习笔记	重读笔记、试卷、课本,为下次课或测验做准备	上课前复习课本	131	0.49	0.03
自我监控	观察和追踪自己的表现和成果,并做好记录	记录学习成果	154	0.45	0.02
任务策略	分析和确定具体的或有益的学习方法	创造记忆术以记忆事实性知识	154	0.45	0.03
形象化	创立或回想生动的心理图像以辅助学习	想象学业失败的后果	6	0.44	0.09
时间管理	预估所用时间	安排日常学习和家庭作业时间	8	0.44	0.08
环境调整	选择或安排物理环境以方便学习	在安排好的场所学习	4	0.22	0.09

最高等级的策略,即组织和转化的策略,也已经被证实是很多干预措施的一个重要组成部分(Hattie et al., 1996)。包含在该范畴中的策略类型(如总结和改写),可能会为促进学习任务的完成提供一个更加有效的方法。然而有几个策略,像保存记录、形象化描述、时间管理以及重构学习环境则是等级较低的,这可能是因为这几个策略意味着对学习内容的被动、消极参与。

就大学生而言,对相关效应量的仔细考察表明,学习的持续时间越短(几天而已),效应量越小(在某种情况下是负值)。考虑到经常被认定为在学习上有困难的大学生,或者被学校视为"处于危机中"的学生,他们似乎需要更长时间的干预。如前文所言,也有可能对于年长学生来说,其学习习惯在某种程度上更"根深蒂固",因此造成他们更抗拒改变(Hattie et al., 1996)。这个观点也体现在 Nist 和 Simpson(1989)做的元分析所包含的一项研究中。在实施干预措施之后,起初成绩会下降,这说明需要有更长时间的计划,至少对于大学生是如此。在新的学习发生之前,需要在某种程度上遗忘之前的学习技能。

对于那些尽力开始理解的学生和学业成就低的学生,以及那些想获得更高学业成就的学生,教授学习技能是有益的。比如,Shrager 和 Mayer(1989)认为,做笔记对那些比较缺少技能的学习者来说可能会有助于其获得更好的测验表现,但是对具备较高技能的学习者并非如此。Mastropieri 和 Scruggs(1989)发现,对有特殊需要的学生进行学习记忆法培训,效应量最高(另见 Crismore, 1985; Kobayashi, 2005; Rolheiser-Bennett, 1986; Runyan, 1987),尽管对那些努力的大学生来说,学习技能项目的效应量相当低(Burley, 1994; Kulik, Kulik, Shwalb, 1983)。关键词记忆策略包含把不熟悉的言语刺激联系到听觉上类似的表征上,借以将其变成关键词来记忆(如,用 Roy G. Biv 来记忆彩虹颜色)。他们的确注意到,为了使得知识迁移和学习持续的可能性最大化,当学生首先能够阅读文本并且能确定什么需要重点记忆,能够决定最佳记忆策略,能够正确地回想和实施策略调整的适当步骤,并且能够自我测试、监控,以及能够在适当的情况下正确地应用所学知识的时候,效果是最好的。

Kobayashi(2005)发现,当学生能得到教学者的笔记时,做笔记的效应量是很高的($d=0.82$),因为教学者的笔记为学生自己做笔记提供了范例和注释。与教学者不提供笔记相比($d=0.19$),教学者提供笔记的效应量较高($d=0.41$),并且复习笔记($d=0.45$)比做笔记的效应量要高。他并没有发现与复习时长、能够引起做笔记的陈述(presentation)时长或者陈述的形式(视频、音频或直播)

相关的调节效应。

　　Hattie, Biggs 和 Purdie（1996）根据培训任务和成果测量之间迁移的程度，以及它们更多地是在学科之外还是在学科背景之内迁移，把学习技能项目分为近迁移项目和远迁移项目。他们发现，通常有关低阶思维任务（如，记忆 d=1.09）的学习技能项目比有关再创性表现（reproductive performance）（d=0.69）的学习技能项目的效果更大，而有关迁移性表现（transformational performance）的学习技能项目的效果则更差（d=0.53）（但仍然算是高的）。如前所述，包含主要直接教授记忆策略的项目，对于大多数学生都特别有效，而且传统的学习技能训练对于有关低认知水平任务的近迁移也是有效的。在学科背景之外所提供的项目（更一般的学习技能项目），只有在以学习表层知识作为成果时，才是有效的；相反，在学科背景之内提供的项目（与所学学科密切相关）对于表层和深层的认知和理解是最有效的。我们得出这样的结论："当策略训练是元认知的层面的，并有适当的动机支持和背景支持的时候，能产生最好的结果。"（Hattie et al., 1996, p. 129）我们还质疑，未纳入所学学科背景中的"学会学习"项目会有多大价值。来自元分析的三个建议是，训练应该：（1）置于背景内；（2）应该在与目标内容相同的领域中运用任务；（3）提升学习者的活动水平和元认知意识。"策略训练应该被视作一个平衡的系统，在这个系统中运用个人的能力、洞察力和责任感，以便能够使用适合于当前任务的策略。"（Hattie et al., 1996, p. 131）学生需要了解适合于当前任务的不同策略：怎样、何时、在何处和为什么运用。策略训练需要被置于教学情境之中。

　　学习技能也有助于学生获得他们作为学科"学习者"的信心。Robbins, Lauver, Le, Davis, Langley 和 Carlstrom（2004）发现，平均成绩点数（grade point average, GPA）的最佳学习技能预测指标是学业自我效能感（d=0.38），而且信心对于高中的 GPA（d=0.41）、成就动机（d=0.26）、社会参与（d=0.12）和学业目标（d=0.16）都同样具有影响力。同样，Ley 和 Young（2001）发现，自我效能感是 GPA（d=0.50）和成就动机（d=0.30）的最佳预测指标，并且它比社会经济地位、学业成就和预示大学成果的高中 GPA 能产生更大的作用。他们认为，让学习管理在教学中发挥支持作用，有如下四个原则：

1. 引导学习者准备和组织有效的学习环境；
2. 组织教学和活动以辅助认知和元认知过程；

3. 运用教学目标和反馈给予学生监控学习的机会；
4. 给学习者提供连续的评价信息和自我评价的机会。

这四个原则可以指导我们将对学习技能的支持引入各种各样的教学媒体和情境中。

出声思考和自我提问

自我提问（self-questioning）是自我调节的一种形式。从前文的评论来看，自我提问对于那些处于技巧习得早期和中期阶段以及能力较低和能力中等的人更有用（参考 de Bruin, Rikers, Schmidt, 2007）。

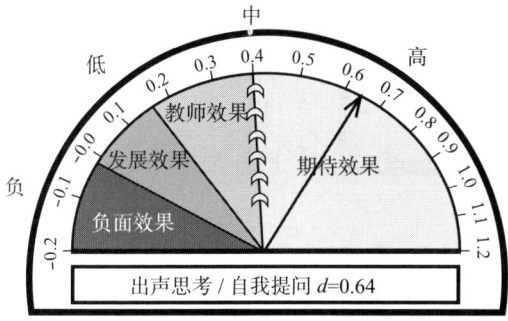

注解	
标准误	0.060（中）
排名	18
元分析数	3
研究数	113
效应量数	1 150
研究对象数（2）	3 098

Duzinski（1987）研究了许多教授学生学习策略或者认知调节策略的方法。出声思考（self-verbalization）是这些策略中最有效的一个，它对任务取向的技能（如，写作或者数学）有更好的效果。Huang（1991）对学生自我提问的研究发现，它对能力较弱的学生更有效果。同样，Rock（1985）发现，自我指导训练对于很多接受特殊教育项目的学生是有效的。

Huang 还指出，自我提问方法的运用有助于搜索所需要的信息，因而能够增强学生对所学材料信息的理解。学习能力较强的学生很可能已经运用了各种自我调节策略，自我提问可能对于他们来说不是那么有效。与分散在课堂中的问题（$d=0.52$）相比，课前提问（$d=0.94$）和课后提问（$d=0.86$）的效果更好；延后提问（$d=0.72$）比立即提问（$d=0.54$）效果更好；教师示范提问（$d=0.69$）比没有教师示范的提问（$d=0.47$）效果更好。

学生掌控学习

学生选择和掌控学习在动机方面的效果（d=0.30）比在随后的学生学习方面的效果（d=0.04）要好（Niemiec, Sikorski, Walberg, 1996; Patall, Cooper, Robinson, 2008）。的确，更多与教学不相干的选择具有较高的效应量（比如，使用的钢笔的颜色，学习时听什么音乐）。这些不相干的选择不需要努力就能获得，而且不会对学习产生重要影响，然而，选择太多也许会导致负担过重。

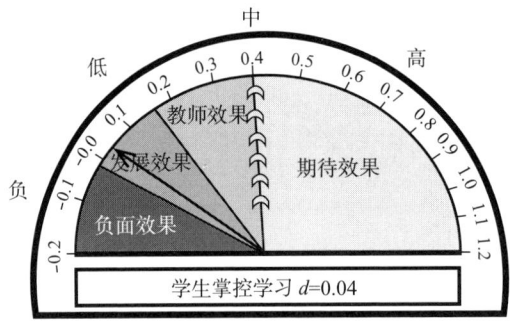

注解	
标准误	0.176（高）
排名	132
元分析数	2
研究数	65
效应量数	38
研究对象数（0）	na

性向与处理交互作用

很多人主张，教学应该因材施教。关于这一主题极为丰富的文献资源通常使用"性向与处理交互作用"（aptitude-treatment interaction，ATI）的概念。对于ATI的研究有很长的历史。在Cronbach和Snow（1977）关于这个话题写了一部力作之后，许多研究者随即对其失去了研究兴趣。尽管他们很看好这种交互作用的重要性，而且这种交互作用很容易被发现，但他们仍然得出结论说："对于ATI的实质性发现是缺乏的"（p.5），而且Glass（1970）声称他不"知道许多人多次证实了另一个主张"（p.210）。从那以后，研究还在继续，许多新的ATI在诸如"学习风格"（参见下一小节）或者"差异对待"这类标题下出现了。所有的研究都以寻求使教学适应个体差异为前提。

一般说来，很少有元分析提供关于ATI的证据，这可能是因为大多数元分析关心的是主要效应。把有关交互作用的信息纳入进来的元分析是很少见的。许多元分析包括调节变量（如性别、年龄），但很少有元分析包括中介变量（mediator），而后者是ATI的核心（Cronbach, Snow, 1977）。Whitener（1989）运用标准交互作用项（standardized interaction terms），从11项研究中去寻找一个加权平均回归系数——这是对出现ATI的最好的测量。平均斜率差（average slope difference）大约是 $d=0.11$。经过各种不同的仔细分析，她发现了支持这个观点的证据，即已经具备较高学业成就的学生比只具备较低学业成就的学生从教学支持增加方面受益更多。也就是说，"具备较高学业成就的学生能利用更大的支持，增加了他们与较低学业成就的学生之间的表现差异"（p.78）。重要的是要意识到，$d=0.11$ 这个效应是去除先前成就和处理这两个因素对学习产生的主要效应之后的效应量。这是值得考虑的（由于它是一个 ATI 的效应量，所以不能与本书的其他效应量相比较）。Pintrich, Cross, Kozma 和 McKeachie（1986）认为，很难富有信心地用有关 ATI 的研究来建构教学设计的一般原则。这呼应了 Cronbach 和 Snow（1977）早前的结论（基于对于当时所有可得的研究所做出的一个非常全面的回顾），即"没有任何有关性向与处理之间的交互作用被很好地确认，从而可以直接用来作为教学的指南"（p. 492）。

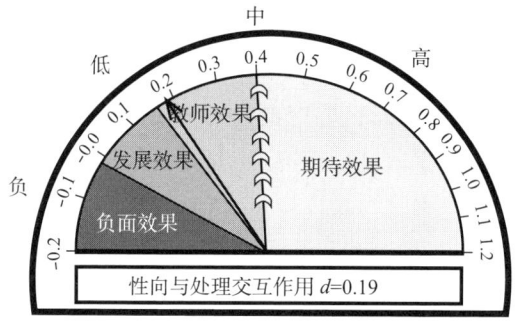

注解	
标准误	0.070（中）
排名	108
元分析数	2
研究数	61
效应量数	340
研究对象数（1）	1 434

学习风格的匹配

学习风格是性向与处理交互作用的一种特殊类型，它假定不同的学生偏好不同的学习方式。通常的说法是，当教学符合学生偏好的或主导的学习风格时，学生的学业成就就能得到提高。例如，Dunn 和他的同事（Dunn, Griggs, Olson, Beasley, Gorman, 1995）认为，带有很明显的学习风格（诸如听觉的、视觉的、触觉的或者动觉的风格）的学生，对其进行适合的教学干预，他们会比那些偏好混合型学习风格或者偏好不明显的学生获得更高的学业成就。他们的模型有五个维度：生物的（学习时偏爱温暖或凉爽）、情感的（学习时保持连续性或需要休息）、社会的（小组学习或者单独学习）、生理的（学习的时候摄入食物或需要移动）以及心理的（综合型或分析型的加工风格）。这一观点认为，当对他们偏好的学习风格加以重视时，教学更有效——尽管其他人提出了相反的说法：我们应该教给学生他们所不具备的学习风格（Apter, 2001）。

226 | 可见的学习

有些元分析中的意思是很难辨别的。有一个结论说，因为平均效应量是 $d=0.41$，所以学习风格在某种程度上是重要的。但进行深入探究时，这个模型包含杂糅的属性，尤其是混淆了学习风格与学习策略。而且，许多元分析把学习风格与学业成就联系起来。这样一来，它们研究的既不是性向与处理交互作用，也不是指向学习风格的教学干预。许多研究不过是在说学生的学习与学业成就是相互关联的。比如，Kavale 和 Forness（1987）对于有学习困难的学生感兴趣，他们发现很少有证据支持这样的观点，即当基于学生在听觉的（$d=0.18$）、视觉的（$d=0.09$）或动觉的（$d=0.18$）偏好方面某种设想的优势来教学生的时候，能带来更大的学业成就。的确，他们评论道，"从表面上看，小组是根据对学校模式的偏好来加以区分的，实际上却表现出相当多的重叠，是否所设想的偏好都真的被视为偏好，是值得怀疑的"，而且"当教学方法与学生偏好的学习形式相匹配时，学业成就很少（或没有）提高"（p.237）。Iliff（1994）发现，没有一种风格对学业成就的预示比其他风格要好：发散型学习者是 $d=0.28$，同化型学习者是 $d=0.29$，聚合型学习者是 $d=0.28$，顺应型学习者是 $d=0.29$。他得出结论说："由于这个研究发现学习风格量表（learning styles inventory, LSI）不能预示学习者学业成就和专业选择，研究者将被建议停止这种枘圆凿方的做法。"（p. 76）

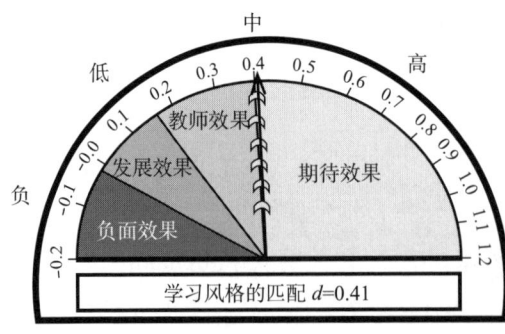

注解	
标准误	0.016（低）
排名	62
元分析数	8
研究数	411
效应量数	1 218
研究对象数（6）	29 911

有两项元分析似乎不同于其他元分析，包含着许多应该排除的错误。Dunn, Griggs, Olson, Beasley 和 Gorman（1995）的元分析主要基于博士论文。许多博士论文是作者自己审核，绝大多数涉及态度方面的成果，并且许多是基于成人样本。在这项元分析里有一些不常见的方面。一些效果很大，比如，Rowan（1988）基于是否与教师的学习风格以及对一天中教学时间的偏好相匹配，来确定教师在职培训课程。其效应量是 $d=22.29$！这转换成学习风格和学业成就

之间的关系是 $d=0.996$。这超出了人的想象！仅次于它的相关性是来自 Lashell（1986）的 $d=0.887$。她安排 48 名学生作为控制组，42 名学生作为实验组，评估学生的阅读风格并且把教学策略介绍给每一名学生（比如这样一些方面的偏好：语音—语言学、全文—单词、个人化经验或语言经验）。Lashell 做了一个回归分析，调查了年级、实验组或控制组、性别、干预前的阅读分数、教师的教学年限以及其他因素对阅读成绩的影响。其复相关系数（Multiple R）是 $R=0.887$，而 Dunn 等人错误地把这个 R 作为效应量。干预前的贝塔值（beta-weight）①毫无疑问是最大的预测指标，实验组超出控制组的效果相对来说是很小的。

在这项元分析的许多其他研究中也存在相似的问题。有些样本容量太小。Zippert（1985）给课程安排了 9 个成人来匹配他们的（未指明的）学习风格，另外 8 个人被安排在控制课程里。两种课程由相同的教师来教，效应量是 $d=2.5$。Hutto（1982）要求 4 个教师教 3 个班，要求他们把教学与学生的学习偏好相匹配，而另外 3 个班的教学则与学生的学习偏好不那么匹配。尽管提供了许多统计上的检验，但他只挑选了一个出来进行解释——在三年级，匹配组胜过控制组（这在元分析中被指出了）。Ingham（1989）给 314 个员工（外勤人员、技师和管理员）上了两堂课：一堂是对图片资料的听觉策略，另一堂是对图片资料的触觉/动觉策略。当教学与员工的偏好相匹配时，他们对待公司培训项目的态度是不同的。

总的来说，在 Dunn 等人的元分析中，学习风格的匹配与情感的相关性是 $r=0.26$、与社会是 $r=0.23$、与环境是 $r=0.24$、与生理和学业成就是 $r=0.46$。考虑到后面这个组的研究，它似乎将学习与学生一天中偏好的学习时间、摄入物偏好（食物、小吃）、易变的和被动的环境以及听觉的偏好相匹配起来。但是这些效果的相关性在很多情形下高于 $r=0.60$ 是不可信的。基于相同的理由，我们应该忽略 Sullivan（1993）的元分析。Dunn 的一个学生综合分析了 42 项研究，但几乎所有的研究与 Dunn 等人的论文都是相同的，包含同样的分析缺陷。Kavale, Hirshoren 和 Forness（1998）也评论了 Dunn 等人的元分析，并得出结论说，"薄弱的基础、奇怪的步骤、重大遗漏、有局限的解释都应该引起警惕"，该研究具有"绝望地尝试拯救一个失败的学习风格模式的所有特征"（p.79）。

很难想象，某些单一因素（诸如你是否更喜欢吃零食，或者端正地坐着）

---

① 贝塔值是确定两个变量之间关系的统计量值。

像本书中很多其他影响因素一样，能够解释更多学业成就上的变化。比如，Mangino（2004）注意到，参加补习课程的学生的最高学业成就与以下偏好有关：动觉型学习风格（做、接触、互动，$r=0.64$），在学习中需要一致性的策略而不是运用几种方法（$r=0.44$），对于摄入物有强烈偏好（边学习边吃喝，$r=0.41$），并且在学习时有一个权威人士在场（$r=0.34$）。取得较高学业成就的学生偏好几种不同的学习方法（$r=0.31$），一个权威人士的在场（$r=0.28$），需要框架（$r=0.38$），没有声音（$r=0.40$），一个正式的姿态（端正坐着学习；背部保持90度角，$r=0.47$），往往有更强的动机（$r=0.25$）。这表明学习者需要教师（权威人士），如果是在补习课堂上，则需要较小的认知负荷，如果是在一般的课堂上，则需要多种学习方法。我完全无法理解这个关于需要零食和端坐的观点。

另一种解释是，当学生乐于学习的时候，其学业成就会更高。因此，在什么条件下他们最乐于学习是有关系的，但至关重要的是乐于学习，而不是条件。这可以解释不同环境因素和学业成就之间的关系。比如，Lovelace（2005）做了一系列混合研究。这些混合研究将学业成就与教室环境的改变联系起来：结构化或非结构化情境、单独学习或配对学习、一天中不同教学时间的效果、个性化教学方法与其他教学方法的对比。她认为，相比起偏好与声音、温度、设计或者动觉相匹配来说，偏好与移动、光线、听觉、触觉或者吃零食相匹配时，学业成就会显著提高。

Slemmer（2002）对技术辅助学习环境如何适应学生的学习风格尤为感兴趣。然而，她发现学习风格对于学业成就的影响很小，当对所有的学生一视同仁，而不是根据其学习偏好而改变教学的时候，效果是最大的。Tamir（1985）讲述了三种认知偏好和学习的关系，并指出记忆的效应量是$d=-0.28$（接受信息，不考虑其实施、应用或者局限），原则的效应量是$d=0.32$（接受信息，因为它例证或者阐释了一个基本的原则、概念或关系），对有关信息完整性、概括性和局限性的批判质疑的效应量是$d=0.24$，应用和强调信息在普遍的、社会的或者科学的背景下的实用性和适用性的效应量是$d=-0.06$。具有较低学业成就的学生偏好记忆，而更高的学业成就与对原则、批判质疑和应用的偏好相关。

很难不怀疑这些有关学习偏好的主张。Holt, Denny, Capps和de Vore（2005）探讨了教师是否能够更准确地觉察到学生的学习偏好而不是对其随意地猜测。他们发现，教师能够准确评估30%的学生的学习偏好，而无意中猜对的是

25%。这不是教师确定学生学习偏好的能力的显著证明。Coffield, Ecclestone, Moseley 和 Hall（2004）对各种不同学习风格模式进行了广泛的分析。很少有研究能达到他们最低的可接受标准。他们对该领域提出了很多批评：太多夸大的叙述；薄弱的问题/试题和评价；低效度和对实践微不足道的影响；有关这方面的宣传多是为了商业目的。学习策略，有效；乐于学习，有效；学习风格，无效。

个性化教学

个性化教学基于这样的理念，即每一个学生都有独特的兴趣和过去的学习经验，因此，对于每一个学生来说，个性化教学项目允许在教学方法和动机策略上有一定的弹性，以适应个体差异。然而，支持个性化教学的证据不是很充分。通常每个班级有 20 个或者更多的学生，因此，教师主要的技能之一就是管理这样的班级，充分利用同伴共同教学（虽然这不是很普遍），并且利用学生的共性与差异。

Hartley（1977）关于不同教学模式对数学成就影响的元分析发现，个性化学习和程序教学的效果仅仅比常规课堂教学的效果稍微好一些。相反，同伴指导和计算机辅助教学在学业成就提高方面更有效（$d=0.60$）。同样，Bangert, Kulik 和 Kulik（1983）发现，个性化教学体系的运用对高中生的学业成就只产生了很小的效果。个性化教学项目的实施，对于学生的自尊、批判性思维能力或对学科的态度所产生的作用是有限的。

Waxman, Wang, Anderson 和 Walberg（1985a；1985b）认为，个性化教学能产生更好的效果，但要注意的是，重要的不是通过很多个性化项目教授学生，而是调整教学方法，使其满足学生的不同需要；保证这些需要建立在对每一个学生能力的评估基础上；使用允许学生以自己的步调取得进步的材料和步骤；使用告知学生其对知识掌握程度的定期评估；包括评价掌握程度的自我责任感；让学生可以选择教育目标；旨在让学生在追求个人目标时相互协助。然而，还没有任何原因能够说明为什么这些特征不会出现在小的或者甚至更大的小组里。

个性化教学常常被放在数学和科学项目中加以研究。Horak（1981）研究了小学和高中的个性化教学对数学成就的影响，发现对于较大的组群并没有显著性差异。同样，Atash 和 Dawson（1986）研究了一个名为中介科学课程研究（Internmediate Science Curriculum Study, ISCS）的半程序化个性化课程，发现参加该课程的学生的学业成就很少超过那些参加传统初中科学课程的学生的学业成就（d=0.09）。Aiello 和 Wolfle（1980）对于高中到大学个性化教学的元分析也发现，个性化教学与传统的讲授方式所产生的效果几乎相同（d=0.08）。

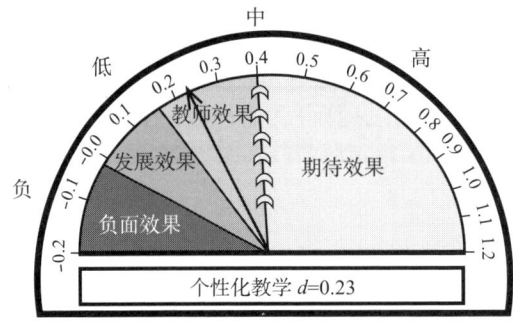

总结性评论

本章所捍卫的观点是，成功的学习基于价值性的、清晰的学习目的，具体的要求和成功标准；运用多种适当的教学策略和特别强调呈现针对正确教学水平（习得或者熟练阶段）的反馈的效力；从学生的角度看待学习和教学；依赖于对学习技能和学习策略的教学。本章还指出，强调学习风格、测验辅导、同伴指导和个性化教学是没有效果的。

重点应该关注学生能做什么，以及学生能够了解他们要做什么，具备学习的多种策略，以及知道他们什么时候达到目标。教师拥有旨在改善被认为是课堂教学成果的学生学习的教学策略；教师还能提供适当的反馈以缩短学生在现状和目标之间的距离。学生和教师都需要设立具有挑战性的目标，这样就有了一个完成任务的标准高度（至少把目标定在0.40的关节点或者更高的效应量上）。要达到这个高度，具有挑战性的学习目的、清晰的成功标准和反馈是必要的。设定具有挑战性的目标是在什么会让学习变得富有成效的总公式中很重要的一部分。学习目的的设立产生了一个"差距—创造的过程"，即在当前表现和你希望达成的目标之间通常有一段距离（这涉及教师和学生都要了解他们目前身在何地、将往何处、如何前往、下一步该做什么，以及如何才能缩短这个距离）。然而，Latham 和 Locke（2006）注意到，在制定目标方面有各种不同的陷阱，本章也强调了其中很多有价值的因素。当学生缺少达成目标的知识和技能时，给他们设定一个具有挑战性的目标，有时会比告诉他们尽力去做所取得的效果更差。如果未能达到一个具体的具有挑战性的目标，学生因此而受惩罚，那么目标可能对冒险和挑战精神起到反作用。失败和错误的开端通常是成功的先兆。"对错误的积极的自我言语（'我已经犯了错，很好。我从中吸取了教训。'）有助于把我们的注意力集中在学习任务上而不是自身（'我怎么这么笨？'）。"（p. 335）

本章的中心思想是学习目的、成功标准、不但容忍而且欢迎犯错的课堂环境、对任务挑战性的关注、为减少差距而提供反馈，以及在学习任务中的满足感、进一步的投入、对于成功的坚持不懈。这里对成功的教学与学习的概述，针对的是所有学生——就像我的另一个英雄，Edmund Hillary 先生，谈到自己时他说：他是一个能力平平之人，但他把自己的能力与决心相结合，就会迈向成功。

第十章 来自教学方法的影响（下）

本章研究的是教学策略、全校范围的项目、技术实施以及校外学习方面的内容。正如上一章我们所提到的一样，以上诸方面的成功都取决于一些共同的主题——提前计划、高度关注学习目的和成功标准，以及不断努力让教师获得有关其教学是否成功的反馈。

表10.1 教学方法影响因素的元分析的信息汇总

教学方法	元分析数	研究数	研究对象数	效应量数	d	标准误	CLE	排名
强调教学策略的实施								
教学策略	14	5 667	1 491 369	13 572	0.60	0.058	42%	23
交互式教学法	2	38	677	53	0.74	—	52%	9
直接教学法	4	304	42 618	597	0.59	0.096	41%	26
辅助材料法	4	73	9 409	258	0.37	0.043	26%	72
归纳教学法	2	97	3 595	103	0.33	0.035	23%	83
探究式教学法	4	205	7 437	420	0.31	0.092	22%	86
问题解决教学法	6	221	15 235	719	0.61	0.076	43%	20
基于问题的学习	8	285	38 090	546	0.15	0.085	11%	118
合作学习	10	306	24 025	829	0.41	0.060	29%	63
合作与竞争学习	7	1 024	17 000	933	0.54	0.112	39%	37
合作与个别学习	4	774	—	284	0.59	0.088	42%	24
竞争与个别学习	4	831	—	203	0.24	0.232	17%	97
强调全校范围的教学改革的实施								
综合教学改革	3	282	41 929 152	1 818	0.22	—	15%	105
针对有学习障碍学生的综合干预	3	343	5 664	2 654	0.77	0.030	54%	7
学院专项项目	2	108	—	108	0.24	0.040	17%	96
合作教学/协同教学	2	136	1 617	47	0.19	0.057	13%	111
技术应用的实施								
计算机辅助教学	81	4 875	3 990 028	8 886	0.37	0.059	27%	71
基于网络的学习	3	45	22 554	136	0.18	0.124	12%	112
交互式视频法	6	441	4 800	3 930	0.52	0.076	36%	44

续表

教学方法	元分析数	研究数	研究对象数	效应量数	d	标准误	CLE	排名
视觉/视听方法	6	359	2 760	231	0.22	0.070	16%	104
模拟	9	361	6 416	482	0.33	0.092	23%	82
程序教学	7	464	—	362	0.24	0.089	17%	95
校外学习的实施								
远程教育	13	839	4 024 638	1 643	0.09	0.050	6%	126
家校项目	1	14	—	14	0.16	—	11%	117
家庭作业	5	161	105 282	295	0.29	0.027	21%	88
总计	210	17 253	51 742 366	39 123	0.37	0.077	26%	—
教学方法总计	365	25 860	52 128 719	55 143	0.42	0.071	30%	—

强调教学策略的实施

教学策略有很多。本部分强调一些大家耳熟能详的策略，有些研究特别针对如何给教师提供不同的教学策略或者增加他们所掌握策略的总数。我们就从这些研究开始，然后讨论交互式教学法、直接教学法、辅助材料法、归纳教学法、探究式教学法、问题解决教学法，以及合作—竞争—个别教学法。

教学策略

策略的教学涵括了非常宽泛的方法领域，有较高的效应量，尽管大部分元分析都与接受特殊教育或者有学习困难的学生有关。作为方法多样性的一个例子，Swanson和Hoskyn（1998）归纳了以下诸多教学要素：解释、详细说明，以及指导任务表现的计划；教师的示范，包括口头示范、提问以及演示；运用某种策略或程序的提示；分步提示或多进程的教学；教师与学生之间的对话；来自教师的提问；必要的教师协助等。他们的元分析只包括针对有学习困难的学生进行实验性干预的研究。他们发现了一些具有较高效应量的教学模式，其中包括直接教学和策略教学。他们发现循序渐进、反复训练以及策略教学最为有效，在阅读理解（$d=0.82$）、词汇（$d=0.79$）和创造力（$d=0.84$）方面的效应量尤其突出。

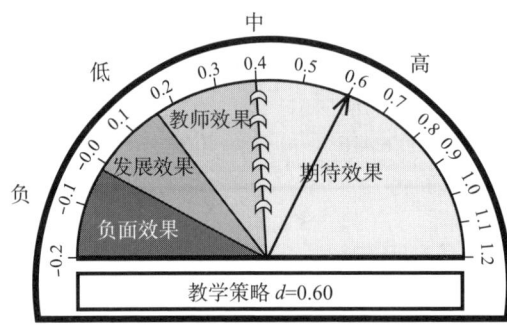

注解	
标准误	0.058（中）
排名	23
元分析数	14
研究数	5 667
效应量数	13 572
研究对象数（7）	1 491 369

Seidel 和 Shavelson（2007）完成了基于各种教学策略的元分析，包括大量的欧洲研究文献。他们指出，当前对大部分教学研究的综合都是以结果—过程（product-process）学习模式为框架的。这些模式涉及与学生特征（如先前知识）、环境变量（如家庭和家长）相互作用的各种教学过程。这些过程相互作用产生了结果（学业成就）。然而，在早先的数十年里，研究者的重点多以整体的模式（holistic patterns），而非单一的教学行为，来分析教学模式或教学政策。这样的研究更加关注不同课程和知识领域的具体过程，其结果是更加复杂的多层次分析不断增多，大型数据集不断涌现（尽管在我的印象中，以往的研究中定性研究占主导地位，经常利用少数几个学生和一两位教师来做研究。对于这些定性研究的综合分析——类似元分析——是非常必要的）。因此，Seidel 和 Shavelson 运用了更加关注认知加工和学习要素的模式来整合他们的结果。

他们选取了 112 项研究，并且运用 Bolhuis（2003）建立的一个模型来呈现教学的各种特征（见表 10.2）。他们获得的效应量比同样针对这些主题的其他大多数元分析明显要低一些（比如在本书中所介绍的其他元分析），对此他们给出的解释是，一方面他们所涉及的研究具有一些特殊性（如使用欧洲的研究，这些研究因为翻译成本很高而很少包括在元分析中；再比如，只使用控制了学生先决条件的研究），另一方面，他们所使用的特征分类方法是以这个新教学模式为基础的。

表 10.2　不同教学策略的效应量（Seidel, Shavelson, 2007）

	所有成果		学习过程		动机和情感		认知	
	研究数	效应量数	d	效应量数	d	效应量数	d	效应量数	d
学习时间	34	178	0.08	8	0.29	13	0.24	157	0.06
学习组织	17	121	0.02	9	0.02	26	0.12	86	0.00
社会背景	20	113	0.08	6	−0.06	35	0.02	72	0.10
目标设置和定位	33	133	0.06	38	0.18	19	0.14	98	0.04
学习活动的执行									
社会/直接经验	33	202	0.02	21	0.22	24	0.26	157	0.00
基本过程	29	213	0.04	21	0.10	41	0.16	151	0.02
特定领域的学习过程	18	112	0.43	19	0.32	15	0.42	78	0.45
学习评估	10	87	0.02	—	—	15	0.00	72	0.04
调整/监控	32	171	0.03	17	0.10	40	0.16	114	0.02

最为关键的维度是特定领域的学习过程（domain-specific processing），即"对于某一领域的知识获取是必要且最适宜的学习活动"（Seidel, Shavelson, 2007, pp. 460–461）。Seidel 和 Shavelson 认为，无论在什么领域（阅读、数学、科学）、在学校教育的什么阶段，还是何种学习成果，这种特定领域的活动"一直代表了对学生学习产生最重要影响的教学活动，从而使其从其他要素中凸显出来"（2007, p. 483）。这与我和我的同事们在使用学习技能方面的研究发现是一致的——表层学习策略在所有领域都可以习得，但是对于更深层次的策略来说，只有在该领域内直接教给学生才能更好地被学生接受（Hattie, Biggs, Purdie, 1996; 另见 Baenninger, Newcombe, 1989）。

Marzano（1998）从我 1987 年的元分析综合中包含的 134 项研究入手，并补充了更多的文章，包括 4 000 个不同教学方法的效应量（见表 10.3）。总的效应量是 $d=0.65$，这在他的四个主要成果中是具有代表性的：知识（$d=0.60$）、认知系统（$d=0.75$）、元认知系统（$d=0.55$）和自我系统（$d=0.74$）。当教学技巧是为学生而设计时，其效应量（$d=0.73$）比为教师而设计时（$d=0.61$）更高。

Marzano（1998）总结说："有效教师具有清晰的教学目标，这些目标与学生和家长都是有过沟通的。这些教学目标包含知识范围的因素，也包含认知、元认知和自我系统的因素"（p.135），而且这对教师理解不同领域的相互关系是最重要的。

表10.3　不同教学策略的效应量（Marzano，1998）

	研究数	d	标准误
存储和检索过程			
提示	7	1.13	0.43
问题	45	0.93	0.14
直接图式激活	83	0.75	0.08
信息处理功能			
匹配	51	1.32	0.18
观点陈述	708	0.69	0.03
信息泛化	237	0.11	0.01
信息详述	242	0.38	0.02
观点陈述			
先行组织者	358	0.48	0.03
做笔记	36	0.99	0.17
操作性材料	236	0.89	0.06
知识运用			
问题解决	343	0.54	0.03
实验探究	6	1.14	0.47
元认知系统			
目标详述	53	0.97	0.13
过程详述和监控	15	0.30	0.08
性向监控	15	0.30	0.08
自我系统			
自我归因	15	0.74	0.19
自我效能感	10	0.80	0.20

交互式教学法

交互式教学法是一种教给学生认知策略的教学过程设计，它可能会改善学生的学习成果（最初用于阅读理解）。它强调的是教师能够让学生学习和运用认知策略，诸如总结、提问、澄清和预测，而且这些是"通过学生与教师之间的对话来试图理解文本的意义而进行的"（Rosenshine, Meister, 1994, p. 479）。这时候，每个学生摇身一变，成了"教师"，教师和学生经常轮流主持文本中一个小节的对话。学生通过提出问题和总结材料来检查他们自己对所接触材料的理解。专家支持（expert scaffolding）对于其认知发展是非常关键的，学生通过成人的反复示范从观察者转向参与者。因此，交互式教学法的目的就是帮助学生积极地理解书面文字的意义，并协助他们学会监控自己的学习和思维。

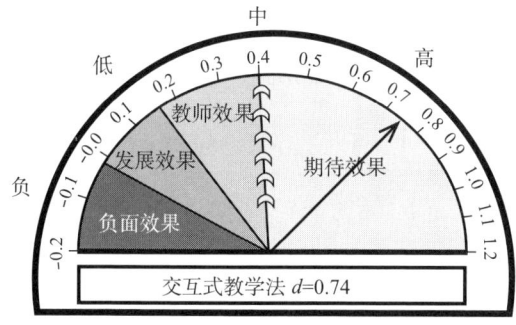

来自两项元分析的效应量都是很高的：$d=0.74$。这两项研究都发现，若是教师能够跟研究者以相同程度的效果在课堂上实施交互式教学法，不管由谁施加干预，其高效应量都是明显的。Rosenshine 和 Meister（1994）指出，年级高低、课时多少、教学组的大小、所教策略的多少以及研究人员或教师是否接受过培训，对于结果都没有多大的影响。尽管简答题和概述题产生的结果相似，但当阅读评价是由实验者本人开发（$d=0.88$）时，其效果比运用标准化测验（$d=0.32$）要好。如果在开始交互式教学法对话之前就有意识地进行认知策略教学，则效应量最高。这就证明了示范和练习，以及在学生使用策略之前教给学生学习策略是很重要的。在使用这些策略的时候，有意识地进行认知策略教学并结合内容进行刻意练习，会产生重大的作用。

直接教学法

每一年我在给接受教师教育的学生做讲座的时候，都会发现他们的头脑中被灌输的"建构主义好，直接教学法不好"的想法已经根深蒂固。当我给他们展示这些元分析的结果时，他们很震惊。对于被灌输反对直接教学法的一系列所谓公认的事实和戒律，他们常常很愤怒。批评者眼中所谓的直接教学法，往往是指由教师主导而在学生面前说教的教学；这不应该与 Adams 和 Engelmann（1996）描述的非常成功的"直接教学法"相混淆。直接教学法因为错误的缘由而蒙受骂名，特别是当它与说教式教学法（didactic teaching）相混淆的时候。事实上，直接教学法的一些基本原则产生了最大的效果。

238 | 可见的学习

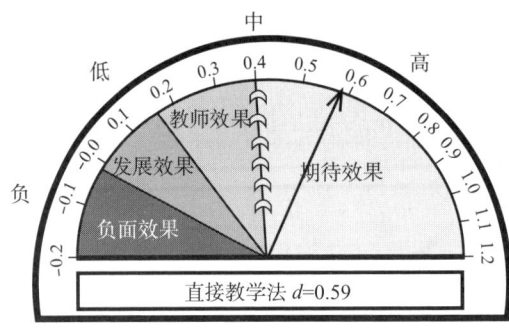

注解	
标准误	0.096（高）
排名	26
元分析数	4
研究数	304
效应量数	597
研究对象数（1）	42 618

直接教学法包含以下七个主要步骤：

1．在备课之前，教师应该清晰地认识到学习目的是什么。具体而言，作为教学成果，学生应该最终能够做什么、理解什么和关心什么。

2．教师需要知道自己所期望的学业成功标准是什么，什么时候学生要对课程/活动负责任，负怎样的责任。学生需要被告知的学业标准是什么。

3．在学习任务中，需要建立承诺和投入。用直接教学法的术语来讲，这有时被称为抓住学生注意力的"钩子"（hook）。其目的是把学生带入一个准备接受的思想状态之中，把学生的注意力集中在课上，分享学习目的。

4．提出教师应该怎样上课的指南——包括输入、示范和检查理解等观念。输入是指通过讲解、电影、录音带、录像、图片等等，给学生提供需要的信息，使其获得知识或技能。示范是教师给学生展示最后希望达成的成果范例。学习中的关键因素是通过标记、分类以及对照所期望的范例来加以诠释的。检查理解包括监督学生是否在开始行动之前就"已经掌握它"了。重要的是学生练习做得正确（do it right），因此，教师必须在开始练习之前就要知道学生是否理解了所教的内容。如果对学生是否理解抱有疑虑，那么就要在开始练习之前，再教一遍某些概念或者技能。

5．有指导的练习（guided practice），指让每个学生都有机会在教师的直接指导下，通过活动或者练习，展示他们对新学习内容的掌握程度。教师在课堂里走动，以了解学生的掌握水平，并提供反馈和个人所需要的纠正。

6．课堂必须有一个结尾部分。课堂的结尾包括那些由教师精心设计的、对课堂呈现的内容进行恰当总结的言语和行为。其目的是教师帮助学生在头脑里对所学内容进行整合，并明白其含义。"有任何问题吗？没有。好，让我们继续。"这样的话不是结尾。结尾是用来提示学生他们已到达一堂课的重点环节，或者是一堂课的结束,用来帮助学生安排自己的学习,帮助他们形成一幅连贯的图像,以巩固知识,消除混乱与挫败感等,并以此来巩固所要学习的重点内容。因此,课堂结尾包括回顾和阐明一堂课的关键点,试着把它们综合在一起形成一个有机整体,确保它们能够被学生加以运用,而且成为学生概念网络中的一部分。

7. 有独立练习(independent practice)。一旦学生掌握了课程内容或技能,那就是给他们提供巩固练习的时候了。安排学生反复进行练习,这样他们不至于忘记所学内容。这种练习可以是家庭作业或者小组或个人的课堂练习。非常值得一提的是,这种练习有助于去情境化:提供大量不同的情境,使某种技能或概念能够应用于任何相关的情境中,而不仅仅局限于最初的学习情境。比如,如果一堂课是关于阅读一篇有关恐龙的文章,依据其中的信息进行推理,那么对应的练习应该是阅读另一个主题,如对有关鲸鱼的文章中信息的推理。直接教学法的支持者认为,在这第七步上失败,是绝大多数学生不能将其所学加以应用的原因。

一言以蔽之,教师决定学习目的和成功标准,让学生对此明了于心,通过示范给学生演示,通过检查理解来评估学生是否理解了所教的内容,并且通过在结尾时的汇总复述前面所讲的内容(参见 Cooper, 2006)。Carnine(2000, p.12)对"接续方案"(Follow Through)[①]的发现是这样总结的:

> 只有在直接教学模式中,学习者在数学和语言方面接近或达到了国家课程标准,在阅读方面也几乎达到国家课程标准。学生在……其他"接续方案"的教学模式(发现学习、语言经验、与发展相适应的练习和开放教育)中的表现经常比控制组表现要差。尽管每一年有数万美元的额外资金提供给每一个班级,但其表现还是差强人意。(Carnine, 2000, p.12)

Adams 和 Engelmann(1996)在直接教学法和加速学习之间做了一个有益的联结。由于直接教学法的主要目标就是通过教学加速学生的学业成就进步,也就是说,在有限的时间里教更多的内容,其目的是超越死记硬背,促进概括和迁移,并且持续不断地监督学生的表现,使他们达成具有挑战性的目标。

[①] 美国政府为学前阶段受歧视儿童开展的项目和研究(1967—1995年),其目标是识别有效的教学方法(如直接教学法)。这个项目有来自 170 个学区的 75 000 名学习者参与,花费约 10 亿美元。

对直接教学法比较普遍的批评之一是，直接教学法只适用于教授低水平的或具体的技能，针对的是能力较低或最年幼的学生。来自元分析的发现证明并非如此。直接教学法的效果对普通学生（$d=0.99$）、特殊教育学生和能力较弱学生（$d=0.86$）的效果是相似的，对于阅读（$d=0.89$）的效果比对于数学的效果（$d=0.50$）好，对于低水平的词义猜测（$d=0.64$）和高水平的理解（$d=0.54$）效果相似，对于小学和高中的效果也相似（Adams, Engelmann, 1996）。同样，1997年对特殊教育学生的干预项目的综合分析研究发现，直接教学法是有可靠证据证明的七个有效干预之一（Forness, Kavale, Blum, Lloyd, 1997）。为了证明直接教学法的效果不仅仅是教师带来的效果，Fischer 和 Tarver（1997）研究了录像讲授的数学课，并发现其效果接近 $d=1.00$。

直接教学法的元分析所传递的信息强调了阐明学习目的和成功标准，再促进学生朝着这个目标去努力的重要性。教师需要激发学生主动学习，多给他们提供刻意练习和示范，并提供适当的反馈以及多种学习机会。学生需要独立练习的机会，也需要有机会在不同于其直接被教的背景中，学习内在于学习目的的技能或者知识。

辅助材料法

有关辅助材料法（adjunct aids）提高学业成就的研究并不多见，现有的研究大多是关于辅助材料如何以及在什么地方在文本中加以使用，以及在使用辅助材料时学习者的熟练程度方面的问题。Hoeffler 和 Leutner（2007）发现，动画的效果要优于静止图片的效果（$d=0.46$），但动画是用于装饰目的（$d=0.29$），还是用于再呈现目的（$d=0.89$）——这是概念学习的关键，其效果大不相同。尽管动画为学生需要学习什么提供了重要的线索，但动画是否写实对学习效果没有影响。Levie 和 Lentz（1982）比较了学生阅读有插图的文本和没有插图的文本的成果，得出以下结论：

> 当学习测验不是关注只有插图或没有插图的文本信息时，不要认为插图的增加会妨碍学习，也不应期望插图总会促进学习。尽管如此，附有插图的文本学习在大多数情况下效果都更好一些。（Levie, Lentz, 1982, p. 206）

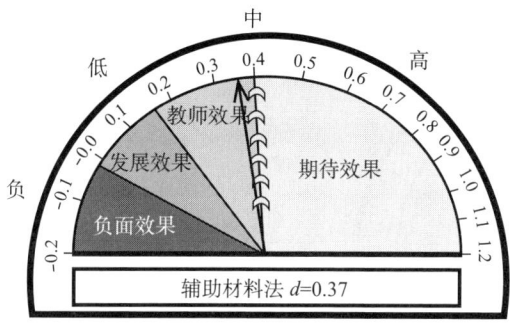

注解	
标准误	0.043（中）
排名	72
元分析数	4
研究数	73
效应量数	258
研究对象数（2）	9 409

更有趣的问题是，插图如何促进学习。

尽管效应量没有超过 d=0.40 这个关节点，但如果辅助材料法能够吸引和引导学生的注意力，突出文本的主要观点和含义，如果文本能够帮助读者注意到插图中的具体信息，那么辅助材料法确实能够促进学习。

归纳教学法

归纳通常被描述为从具体到普遍的转化，而演绎则开始于普遍，结束于具体。Lott（1983）的元分析比较了在科学教育中归纳教学法与演绎教学法的不同。他认为当教育经验（如举例或者观察）发生在构建一般规律之前时，归纳教学就发生了；而当一般规律的形成先于任何解释性的实例的时候，教学就具有了演绎的特征。从总体的效果来看，按哪一种顺序来学习并不会造成什么不同，在许多学习成果中都是如此，无论是知识、应用、过程、迁移、理解还是问题解决。

Klauer 和 Phye（2008）对所有学科领域通用的归纳推理更感兴趣。他们的元分析涉及若干旨在教授发现普遍原理、规则或者规律性的项目。他们开发了一系列非言语训练（non-verbal training）的材料，然后分析了74项运用这些方法的研究。总体效应量（d=0.59）是相当高的，说明教授这些技能具有积极效果，并且支持了这样的观点：如果超越背景来进行教授的话，那么"进行比较和对比"的教学是可以改善和提高的。但他们注意到当学生获得归纳推理技能之后，还存在这样一个要点，即学生还需要更丰富的知识和理解才能更充分地利用这些方法。

注解	
标准误	0.035（低）
排名	83
元分析数	2
研究数	97
效应量数	103
研究对象数（1）	3 595

归纳教学法 d=0.33

探究式教学法

探究式教学法（inquiry-based teaching）是一种开发具有挑战性情境的方法，要求学生观察现象并向其提问；对学生观察到的现象加以解释；设计和进行实验，在实验中收集数据以支持或者否定学生的理论；分析数据；从实验数据中得出结论；设计和构建模型；或者把这些活动进行某种组合。这样的学习是开放式的。在这种情境中，学生不是为了获得特定问题的单个"正确"答案，而是为了更多地参与到观察和提问的过程中，参与实验或探索，学会分析和推理。

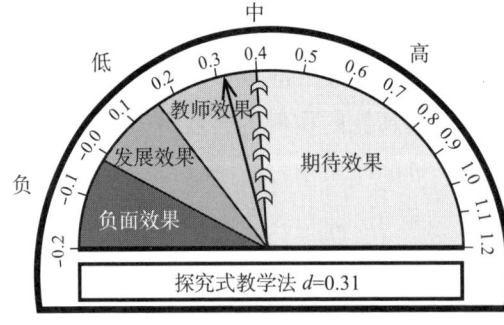

注解	
标准误	0.092（高）
排名	86
元分析数	4
研究数	205
效应量数	420
研究对象数（1）	7 437

探究式教学法 d=0.31

探究式教学法经常在科学教育的背景中被加以研究。比如，Bredderman（1983）指出，当运用探究/活动式方法的时候，平均效应量为 d=0.35。这些活动包括直接经验、实验和观察，作为主要的信息来源，尽管他也指出不同课堂有很大不同。科学过程的效果（d=0.52）比科学内容的效果（d=0.16）要大得多。Bredderman（1985）研究了实验项目对小学生学习的效果。这些项目与传统的科学项目不同，不使用教科书，并且聚焦于实验活动的运用。Bredderman 解释说，这些项目改善了学生在很多学科领域的表现。除此之外，探究项目的使用增加了学生实验活动的数量，而且减少了课堂上由教师主导的讨论。

Shymansky, Hedges 和 Woodworth（1990）也发现，探究式教学法对过程的

效果(d=0.40)比对内容的效果(d=0.26)要大,与化学(d=0.10)相比,生物(d=0.30)和物理(d=0.27)方面的效应量较高。在小学阶段效果最好,随着学生年级的升高,其效果会减小。如果科学教师接受了探究式教学法的在职培训,那么其学生的表现会明显胜过那些参加传统项目的学生。Smith(1996)发现,探究式教学法对批判性思维技能(d=1.02)比对学业成就(d=0.40)的影响更大,而对实验技能(d=0.24)和过程技能(d=0.18)的影响较小。Sweitzer和Anderson(1983)更加关注探究式教学法对教师教育中科学教师的知识和实践方面的效果。他们发现,许多教师教育项目,无论是职前还是在职培训项目,无论涉及何种背景(大学抑或中小学),都使教师的知识、课堂行为和态度发生了改变。此外,过程方面的效果是内容方面效果的两倍。

Bangert-Drowns和Bankert(1990)发现,探究式教学法能够促进批判性思维。他们指出,有两个因素与批判性思维的效应量有关:文化因素和教师因素。有些文化因素似乎可以解释为什么四个最高的效应量都来自一些非典型的群体的研究。在这些群体中,学生的思维以前并没有被评估过。探究式教学法似乎对那些本来具有批判性思维认知能力,但是之前没有被鼓励这样思考的学生具有很强的效果。总之,探究式教学法被证实有利于培养学生可迁移的批判性思维技能,对学科领域大有裨益,有利于提高学业成就并改善学生对所学学科的态度。

问题解决教学法

问题解决包括界定或者确定问题的原因;确定、优化和选择备选的解决方案;或者运用多元视角揭示与一个具体问题相关的议题,设计干预计划,然后评估结果。Melinger(1991)考察了在问题解决中培养认知灵活性(flexibility)的研究。在所有研究中所使用的成果测量工具都是托兰斯创造性思维测验(Torrance tests of Creative Thinking)中用到的言语和图形灵活性量表。总体效果很好——对言语灵活性的影响(d=0.81)远远大于对图形灵活性的影响(d=0.40)。Hembree(1992)也发现,问题解决技能与其他基本技能,特别是与基础数学技能之间有着重要的直接关联。完整的问题描述并辅以图表、图解或者提纲,与学生更好的表现具有直接关系。对学生的表现最有积极效果的教师特征,是教师接受启发式方法的专门培训(d=0.71)。这些方法包括Pólya(1945)提出的四个阶段:(1)理解问题;(2)获得解决方案的计划;(3)实施该计划;(4)验证所获得的解决办法。

Marcucci（1980）关于教授数学问题解决方法的研究的元分析也证实了教授启发式问题解决方法的重要性。Curbelo（1984）发现，数学领域内的问题解决有相似的效果，这些效果是科学领域内问题解决效果的两倍。问题解决方法也对人际关系成果有积极的影响。Almeida 和 Denham（1984）报告了人际认知问题解决技能在行为调整和社会行为方面的积极影响（另见 Denham, Almeida, 1987）。

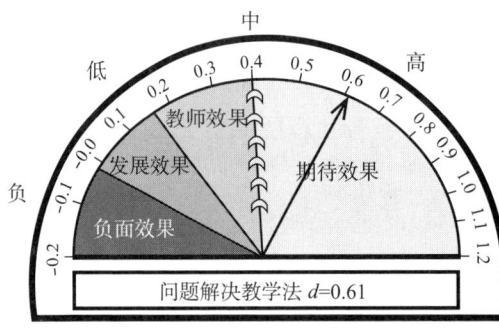

基于问题的学习

Gijbels（2005）概括了基于问题的学习的六个核心特点：

1. 学习是以学生为中心的。
2. 学习发生在小组内。
3. 教师作为督促者或引导者在场。
4. 在学习的开始就把真实问题呈现出来。
5. 所遭遇的问题被当作工具，用来获得问题最终解决所必需的知识和问题解决技能。
6. 通过自我导向学习获取新信息。

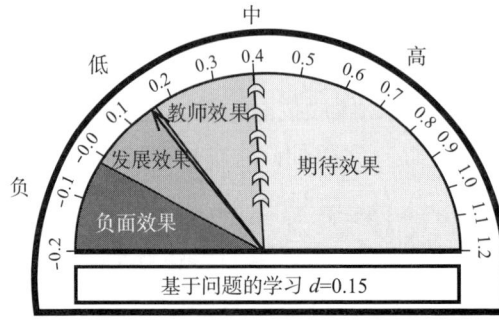

后面将会看到，把基于问题的学习对表层认知和理解的效果，与对深层认知和理解的效果区分开来是很重要的。对于表层知识来说，基于问题的学习效果可能是有限的甚至是消极的，然而对于深层学习来说，当学生已经具备表层知识的时候，基于问题的学习可能会有积极的效果。这应该不足为奇，因为基于问题的学习更多强调的是意义和理解而不是复制、习得或者表层知识。

比如，Vernon 和 Blake（1993）发现，较为传统的教学方法比基于问题的学习（$d=-0.18$）在提高学业成就方面更有效，但这些研究中的学习成果主要是基本的科学事实性知识。Dochy, Segers, Van den Bossche 和 Gijbels（2003）发现，在知识获得方面，基于问题的学习与传统学习环境相比较而言，总的来说，效果是消极的（$d=-0.78$），但他们注意到，基于问题的学习在技能方面有积极的效果（$d=0.66$）。的确，运用基于问题的学习方法教出来的学生所获得的知识较少，但是他们更擅长回忆他们所具备的知识。这很可能是因为在基于问题的学习中，知识经常被更加详细地加以阐述，结果学生对他们的知识就有了更好的记忆。同样，Gijbels, Dochy, Van den Bossche 和 Segers（2005）发现，基于问题的学习在概念学习方面的效果是零（$d=-0.04$），但在应用（$d=0.40$）和原理方面（$d=0.75$），其效果是积极的。他们总结道："当评价的关注焦点在于理解联结概念的原理这个层次时，也就是说处于知识结构的第二个层次时，基于问题的学习有着最佳的效果。"（Gijbels et al., 2005, p.45）也就是说，受基于问题的学习影响最大的是知识的应用和知识背后的原理，而不是概念和知识本身。知识的应用而不是知识的形成是基于问题的学习成功的关键。Smith（2003）也发现，与单纯为解决问题而学习（$d=0.30$）相比较，基于问题的学习在自我导向学习（$d=0.54$）和学习态度（$d=0.52$）方面的效果更好。Newman（2004）发现，在"事实积累"（accumulation of facts）方面，基于问题的学习的效果是消极的——这是大多数应用这种教学方法的研究所获得的主要成果。

合作学习、个别学习、竞争学习及异质性的课堂环境

有四组元分析涉及合作学习：

1. 合作学习与异质性课堂的比较研究（$d=0.41$）；
2. 合作学习与个别学习的比较研究（$d=0.59$）；
3. 合作学习与竞争学习的比较研究（$d=0.54$）；
4. 竞争学习与个别学习的比较研究（$d=0.24$）。

合作学习和竞争学习都比个别学习的方法更有效，这再次说明学习中同伴的重要性。

合作学习的有效性似乎是放之四海而皆准的共识，特别是把它与竞争学习和个别学习相比较的时候。我特别喜欢新西兰教育系统中的一个特点：与其他国家相比，新西兰在学校内的合作方面居于榜首，其竞争性也居首位。"合作与竞争可以相得益彰"这个观念似乎经常被遗忘，因为很多研究都把其中一个与另一个对立起来。而且，一旦为合作学习创设了高水平的同伴参与环境，它就会对增强兴趣和问题解决产生最好的效果。当然，不是所有学生都能在合作学习方面取得成功，甚至喜欢合作学习环境，重要的不是学生是否享受这些合作学习环境，而是这些学习环境能否产生更高的学业成就以及更深刻的领悟和理解。

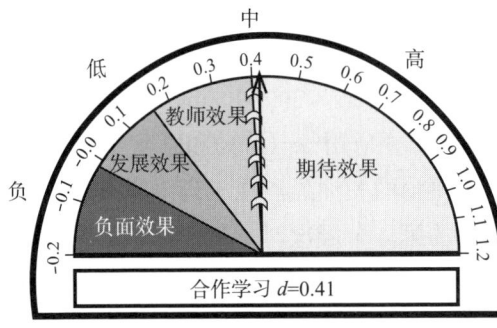

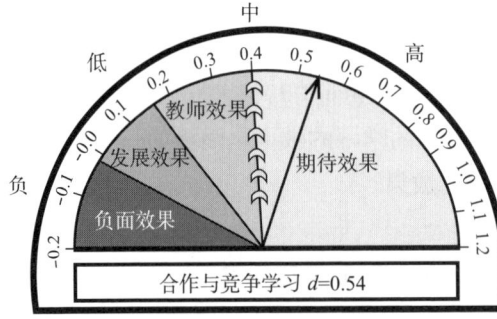

两位 Johnson 和他们的同事的许多元分析都显示了较高的效应量，而其他元分析的效应量则徘徊在小到中的效应量范围之内。Johnson, Maruyama, Johnson, Nelson 和 Skon（1981）认为，在多个学科领域（语言艺术、阅读、数学、科学、社会研究、心理学和体育），对于所有年龄段的群体（尽管对于小学生和高中生的效果比对于大学生的效果更强），对于观念的获得、言语问题解决、分类、

空间问题解决、记忆、动作表现,以及猜想—判断—预测等任务,合作在促进学业成就提高方面,其效果都好过竞争。而且,小组间存在竞争的合作比个人间竞争和个人独自努力的效果要好,如果有切实的奖励,或者为了最大限度地完成任务,合作学习特别有效。

Johnson 和 Johnson(1987)还发现,合作对成人非常有效,合作能够提高绩效,促进积极的人际关系,增进社会支持以及提升自尊。数十年来的研究发现,无论是为了获得对个人或小组的奖励,无论是在实验室还是在实际场所,无论是一个小时的学习还是几个月的学习,抑或是不同类型的任务,合作的效果都非常相似,而且不受不同研究性质的影响。Qin(1992; Qin, Johnson, Johnson, 1995)发现,参与合作学习的学生在四种问题解决方面——语言问题、非语言问题、定义明确问题以及定义不明确问题——比那些参与竞争学习(d=0.55)的学生更为成功。Johnson, Johnson 和 Maruyama(1983)发现,合作经验有助于改进不同种族背景的个人之间以及残障人和正常人之间更为积极的关系。

表层学习和深层学习似乎都受到合作学习或竞争学习的影响。Howard(1996)指出,脚本,即实施合作学习期间的正式指南,在新材料被加以组织和加工(深层加工相比于表层加工)时,特别有效。合作学习在阅读方面(Hall, 1988, d=0.44)比在数学方面(d=0.01)更有效。但 Johnson 等人(1981)发现,对于死记硬背以及改错任务来说,合作似乎并不更胜一筹。此外,合作的效果随着年龄的增长而增加:Hall(1988)报告说,合作的效果随着学生从小学(d=0.28)、初中(d=0.33)到高中(d=0.43)而逐步增强。Stevens 和 Slavin(1991)发现,当有个人问责和团体奖励的时候,效应量就高。

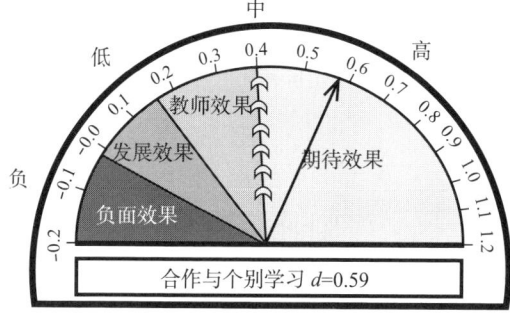

Roseth, Fang, Johnson 和 Johnson(2006)研究了合作学习对初中生的影响。他们发现,合作学习比竞争学习(d=0.46)、合作学习比个别学习(d=0.55),

以及竞争学习比个别学习（d=0.20）更能获得研究支持。同样，对于人际吸引来说，合作学习的效果最好，合作学习超过竞争学习，竞争学习超过个别学习。他们总结说，在合作的条件下，人际关系对学业成就有最强的影响，这毫无疑问指出了友谊在学业成就总公式中的重要性。就像他们所总结的，"如果你想提高学生的学业成就，就给每一个学生一位朋友"（p.7）。学校中的友谊不仅对学生的幸福感尤为重要，而且也提升学生对学校的归属感，给他们提供一种价值感，因此，它是学生对学校产生积极感受的重要源泉（Hamm, Fairclough, 2007）。当然，对于很多青少年来说，如果友谊传达的是"学习不怎么好玩"这样的信息，那么友谊可能有相反的效果。

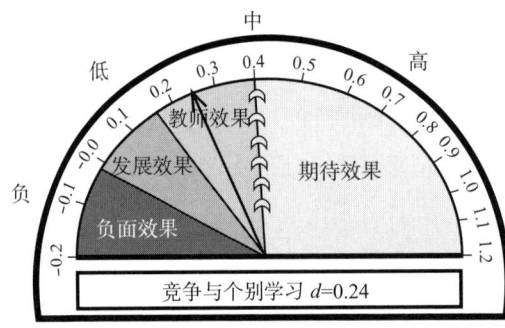

	注解
标准误	0.232（高）
排名	97
元分析数	4
研究数	831
效应量数	203
研究对象数（0）	na

同伴学习可能是重要的——不管是合作学习还是竞争学习。就如 Nuthall（2007）已经证明的那样，学生收到的大多数反馈来自别的学生（尽管大多数反馈是不正确的），有关同伴指导的文献已经强调了同伴作为教学者和促进者的影响力。当同伴学习具有某种结构和组织时（就如大多数合作学习和竞争学习所表现的那样），那么同伴的影响力就能被释放出来。作为群体，学生易于认识到错误，也更善于从错误中学习，而且他们的相互对话可以帮助小组内所有成员理解某一堂课的教学目标、学习目的和成功标准。

竞争学习

当学习者为达到一个目标而竞争时，就形成了竞争性的学习环境。这种竞争可以是与其他学生的竞争，也可以是针对学习者自己之前的表现所做的竞争。竞争性可以是"超越"某个标准——或者是个人的最好标准，或者是课程标准（争相达到一个目标）。相反，在个别学习的情形中，其他人的学习成果是被忽略的，因为他人的成果与学习者获得的成果并不相干（Johnson et al., 1983）。如上所述，合作学习比竞争学习有更好的效果，且两者又都好于个别学习。

强调全校范围的教学改革的实施

Borman, Hewes, Overman 和 Brown（2003）在一项雄心勃勃的元分析中，回顾了综合学校改革项目的成效。他们注意到，很多综合项目以前所未有的速度"扩张"（scaled up），这些项目涉及数以百万计的学生，在很多学区付诸实施。此类综合改革被认为能够系统解决改善教学的问题，从而吸引了众多学监和学校官员。因为应邀去评估一个被强行引入北卡罗来纳州一个学区91所学校中的项目，我对这种强加给很多学校的改革有着亲身经历。在我看来，这个新方法似乎注定要失败，因为我永远不会低估教师的这一技能：他们会继续按照自认为有效的方式教学，抵制他们不愿参与的改革。然而，学区不断给学校输入资源，安排好培训时间，这些都构成了强大的推动力，让每一所学校都成为运用派迪亚方法（Paideia method）的学校（Roberts, 1998; Roberts, Billings, 1999）。让我吃惊的是，这种方法获得了成功——甚至我认识的一些"中下水平"的教师都有所改进，并且在州学业测试中获得了期望中的成就提升。但是，当学监离开该学区的时候，这些学校又回到它们原来的方法上去了。

最关键的影响是对我自身教学经历的影响；如果这个方法这么好，我自己为什么不试试它？派迪亚方法包括三种亚方法。第一种是讲授教学法，因此，我在一节3小时的课上讲授了Messick（1990）的效度概念，引发学生对我的提问给出了一些极好的答案，下课之后，我带着自信离开教室，自认为我的教学水平很高。第二种是"派迪亚研讨会"，让学生相互提问，就彼此理解和不理解的问题进行对话（作为教师，我不参与提问，也不给出答案，我的目的是促进学生之间的互动）。提问的质量和一些答案的武断让我担心，他们显然没有理解我自认为完美讲授的内容。我意识到我已经具备了一定的技巧，去针对我刚刚讲授的内容进行提问，发现愿意复述我所讲内容的学生（总会有一些这样的学生）以及发现在适当的时候点头的学生（这样我才能继续讲下去）；学生对这种游戏规则了然于胸。当然，学习发生在学生学习的时候，而不是在教师满足于自己教学的时候。（第三种是作品辅导法。）

Borman等人（2003）注意到，由项目开发者自己所进行的研究的效应量系统性地偏高，社会经济资源对其效果没有造成什么不同，学科造成的差异也很小，在项目实施后的第五年，效果变得最明显。他们认为直接教学法（$d=0.21$）、科默尔（Comer）的学校发展项目（$d=0.18$）和"让每个人成功"（Success for All）项目（$d=0.18$）是最具有系统证据证明其有效性的项目。其他项目（十几个效应量）都列在表10.4中。

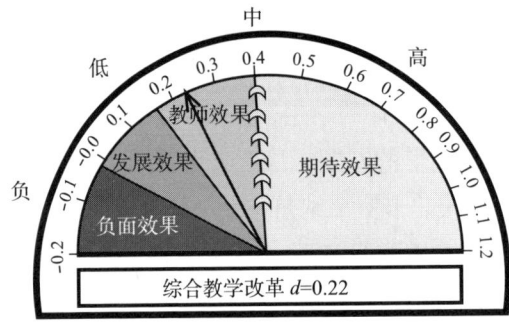

	注解	
标准误		na
排名		105
元分析数		3
研究数		282
效应量数		1 818
研究对象数（2）		41 929 152

Borman等人（2003）注意到，这些项目中大约有一半都只由其开发者进行评估，它们是有成本效益的（特别对那些较穷的学校来说），因为开发这个项目的花费已算投资了，但其成果仍然有很大变数。这些项目的关键组成部分是持续的专业发展、可评估的目标和学生学习参照标准、教职工投票以增加模式被认可和采用的可能性、具体且创新的课程材料的使用，以及计划改善教学和学生学习的教学实践。

表10.4 综合教学改革的效应量汇总（Borman et al., 2003）

项目	研究数	效应量数	d	标准误	年龄	关注领域
根与翼	6	14	0.38	0.04	K–6	学生
有效高中	45	64	0.30	0.01	9–12	课程
微型社会	3	32	0.29	0.03	K–8	学生
现代红色校舍	6	23	0.26	0.03	K–12	课程
走向卓越Ⅱ	4	13	0.25	0.03	K–12	课程
美国人的选择	2	27	0.22	0.02	K–12	标准
学习网络	3	38	0.22	0.02	K–8	教学
直接教学	49	182	0.21	0.02	K–8	学生
远征学习扩展训练学生	6	40	0.19	0.03	K–12	
让每个人成功	42	173	0.18	0.01	K–8	学生
学校发展项目	10	25	0.15	0.03	K–12	社区
有效学校中心	1	26	0.13	0.01	K–12	学生
跃进学校	6	50	0.09	0.02	K–8	学生

续表

项目	研究数	效应量数	d	标准误	年龄	关注领域
爱迪生	5	209	0.06	0.01	K–12	学校
合作自助项目	5	42	0.04	0.02	K–12	课程
社区学习中心	5	17	0.03	0.03	K–8	课程
核心知识	6	58	0.03	0.02	K–8	课程
高/范围	4	23	−0.02	0.04	K–3	课程

引进这些综合改革的一个共同目标是缩小学业成就差距。Borman 和 D'Agostino（1996）提供了证据表明"Title Ⅰ"项目[①]的有效性，这种资助的目的是帮助当地教育委员会改善美国低收入家庭儿童的学业成就。他们的报告认为，参与"Title Ⅰ"项目的学生总体学业成就提高了（$d=0.12$），数学比阅读的进步更大。针对早期补救的项目比针对后期补救的项目更有效，而比起没有参加"Title Ⅰ"项目的学生来说，消极效果在暑假期间更加明显。在常规学年中，对这些学生来讲，随后每年的收获"可能不会维持在他们在秋季/春季所获得的学业成就的相对较大提高的水平之上"（p.323）。这些低效应量当然无法让人相信这些项目本身能够缩小危机学生与处于优势地位的同伴之间的学业差距。但是在最后的评论中应该能找到安慰，"如果没有这个项目，30多年来这些孩子会在学业上落后得更远"（p.324）。

针对有学习障碍学生的综合干预

针对有学习障碍学生的不同干预所产生的效果可以写一整本书，的确，Swanson, Hoskyn 和 Lee（1999）就出版过这样一本书。他们总结了基于群组和单一主题设计的研究。对于群组设计研究，他们探究了180项研究，平均效应量为 $d=0.56$。更成功的干预包括元认知（$d=0.98$）、归因（$d=0.79$）、单词认知项目（$d=0.71$）、阅读理解（$d=0.82$）、拼写（$d=0.54$）、记忆/回忆（$d=0.81$）、数学（$d=0.58$）、写作（$d=0.84$）、词汇（$d=0.79$）、态度/自我概念（$d=0.68$）、一般阅读（$d=0.60$）、自然拼读（$d=0.70$）、创造力（$d=0.84$）、社会技能（$d=0.46$）和语言（$d=0.54$）。对于85项单一主题设计而言（这类研究中一项罕见的元分析），效应量很高（$d=0.90$），在大多数领域都很高。Swanson 等人从他们广泛

[①] "Title Ⅰ"项目，即薄弱学校改造项目，是美国1965年的《初等和中等教育法案》中建立的为低收入受教育者集中的地方教育机关和学校提供财政援助的项目。

的比较分析中总结出，结合直接教学法和策略教学模式"对于补救学习障碍是一个有效的过程"（Swanson et al., 1999, p.218）。这两种方法在某种程度上是独立的，因此，综合使用两者，把对学业成就的影响最大化，就显得非常重要。其中重要的教学元素包括"关注循序渐进、训练—重复—练习、把信息分解成不同的部分或单元再加以整合、通过提示和线索控制任务的难度、运用技术手段、对问题解决的步骤进行系统建模，以及利用小的互动小组"（p.218）。他们还指出，强调准确识字、解码和字母意识的"自下而上"（bottom-up）的教授阅读的方法，比把阅读视为依赖于读者的认知和语言能力（包括熟悉所讲述的话题）的"自上而下"（top-down）方法，效果要好得多。更重要的是，直接教学法和策略教学模式既胜于"自下而上"模式，也优于"自上而下"模式。

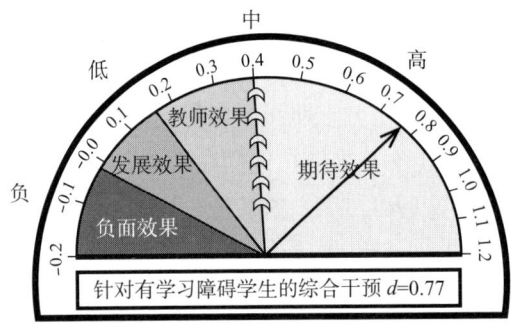

注解	
标准误	0.030（低）
排名	7
元分析数	3
研究数	343
效应量数	2 654
研究对象数（2）	5 664

Swanson（2000）还发表了一篇重要文章，回顾了能够帮助有学习障碍的学生提升各种学习策略的教学方法。他发现，学生自学已确定的20多种策略（$d=0.72$）或者不强调策略的直接教学法（$d=0.72$）都非常有效，当策略训练与直接教学法相结合的时候，效应量更高（$d=0.84$）。对于学业成就有最大影响的策略包括控制难度或者任务加工的要求（脚手架）、有指导的回应和提问（苏格拉底式教学、引导学生提问）、循序渐进（分解任务，按步骤提示）、训练—重复—练习—回顾、分解以及策略提示。它们在阅读方面的效果（$d=0.82$）强于数学方面的效果（$d=0.58$）。Swanson（2001）研究了提高有学习障碍青少年的高阶加工技能的项目。这些项目包括拓展的刻意练习，产生了更大的成果，其中最强的教学因素是拓展练习。在元认知领域（比如，计划、自我提问、策略行为的访谈）和理解文本（比如，推论性理解、主题性理解、内容知识）上有最好的效果。最难以变革的领域关系到习得的自我归因（如自我效能感和努力）。O'Neal（1985）针对脑瘫学生所做的研究也证明有相似的大收获。

Forness 和 Kavale（1993）完成了一项关于策略训练研究的元分析，该训练专注于有学习障碍学生的记忆和学习缺陷。他们发现，策略训练，特别是言语精加工、中介、形象化和言语复述，对于有轻微智力障碍的儿童是有益的。所有儿童都得益于策略训练，不管是否有智力障碍。Xin 和 Jitendra（1999）研究了教学对有学习问题的儿童解决数学文字题的作用。他们发现，策略训练（$d=0.77$）对于促进掌握问题解决技能是有效的。这个研究的结果也支持使用直接教学法、认知策略以及目标导向的策略来促进学生的学习。有关解决文本任务的教学似乎在技能保持和泛化方面有积极的效果。

研究者发现，即使是对所有能力水平的学生进行元分析，策略训练对能力低的学生仍然有大的效果。Fan（1993）研究了针对学生所有的能力，特别是阅读能力的策略训练的影响效果，并发现，其对高中生（$d=0.85$）和大学生（$d=0.62$）产生的效果要好于对小学生产生的效果（$d=0.55$），对具备较低能力（$d=0.89$）或中等能力（$d=0.71$）的学生的效果要好于对具备较高能力的学生（$d=0.28$）的效果。交互式教学法（$d=0.82$）和直接教学法（$d=0.55$）的效应量都很高，这些项目的影响在所有课程领域都很明显。他们的结论是，"为了促进所有课程中的阅读，元认知策略应该是阅读课程的必要一环……（而且）阅读教师和学科教师也应该共同设计促进阅读和学习的元认知阅读项目"（Fan, 1993, pp.117–118）。

学院专项项目

有许多为学院学生开设的补救项目。Kulik, Kulik 和 Shwalb（1983）认为，为高危学生而设的学院专项项目会使他们在学院里待得久一点（实验组和控制组的比例分别是 62% 和 52%，尽管，如研究者注意到的，这是一个很小的效果）。较成功的项目与学业技能（$d=0.28$）和指导时长（$d=0.41$）有关，但是补救项目的效果已趋近于零效应量（$d=0.05$）。在新项目中，效果较强，而在制度化的项目中则较弱，因此，学院显然应该更娴为高危学生建立新项目，而不是维持这些项目。

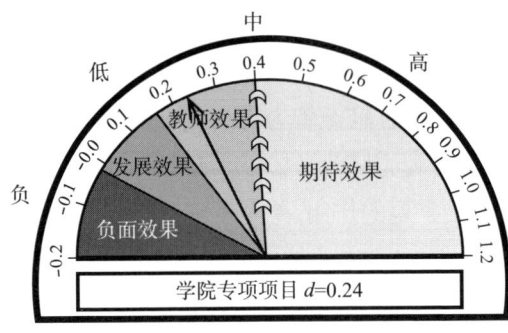

注解	
标准误	0.040（低）
排名	96
元分析数	2
研究数	108
效应量数	108
研究对象数（0）	na

合作教学 / 协同教学

合作教学指两位教师在同一个物理空间里共同进行教学，其形式丰富多样：一个人教学，另一个人协助；站点教学（station teaching）[①]；平行教学；交替教学；协同教学。偏爱协同教学的典型主张包括协同教学结合了两位教师的力量，它激发创造力，因为教师不得不一起制定教学计划，彼此激励，使得教师对学生个体关注更多（Armstrong, 1977）。然而，几乎没有文献研究协同教学的效果，这或许也反映出它在我们学校中的缺位。

Murawski 和 Swanson（2001）研究了随班就读学生的（mainstreamed students）常规教师和特殊教育教师之间的合作教学。他们只找到 6 篇文章，但是这些文章报告的所有效应量都接近平均值 d=0.31。Willett, Yamashita 和 Anderson（1983）总结了协同教学对科学学科的效果的元分析，但是没有发现较多的支持证据（d=0.06）。我们与 Armstrong（1977）的结论一致："人们非常诧异，对这些问题的本质，现有的研究……没有能够提供哪怕是尝试性的答案。很明显，协同教学是一种没有经过真正深入和系统研究的教育实践……在这种形势下，不管是协同教学的批评者还是它最热情的支持者，都很少在研究文献中找到安慰。"（p. 83）

---

① 合作教学的一种形式。学生参加不同的站点，教学人员在给某个站点提供指导的同时，学习者在另一个站点独立进行学习。

第十章　来自教学方法的影响（下）

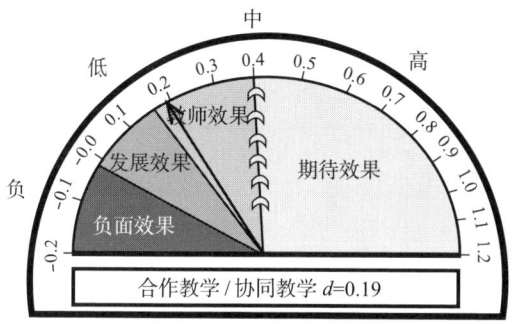

注解	
标准误	0.057（中）
排名	111
元分析数	2
研究数	136
效应量数	47
研究对象数（1）	1 617

技术应用的实施

计算机辅助教学

正如很多研究和元分析所指出的那样，计算机是最热门的研究话题之一。"计算机"一词现在包括多重意义和手段：从大型主机到台式机，到各种便携设备，再到互联网等。有些主要的应用包括辅导、管理、模拟、丰富化（enrichment）、程序化和问题解决（Kulik, 1994）。在所有76项有关计算机辅助教学的元分析中，涉及4 498项研究、8 096个效应量，以及大约400万名学生。但是这个领域与大多数其他领域相比，其元分析当中出现了许多重复的文章（因此也包括被重复计算的学生）。在所有研究中，平均效应量是 $d=0.37$（标准误为0.02），通用语言效力的平均值是25%；也就是说，当运用计算机辅助教学的时候，每100次中有25次会产生积极的效果。如图10.1所示，在这些元分析之间，有适度的差异。

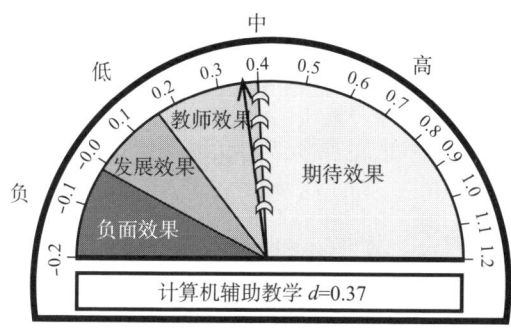

注解	
标准误	0.059（中）
排名	71
元分析数	81
研究数	4 875
效应量数	8 886
研究对象数（18）	3 990 028

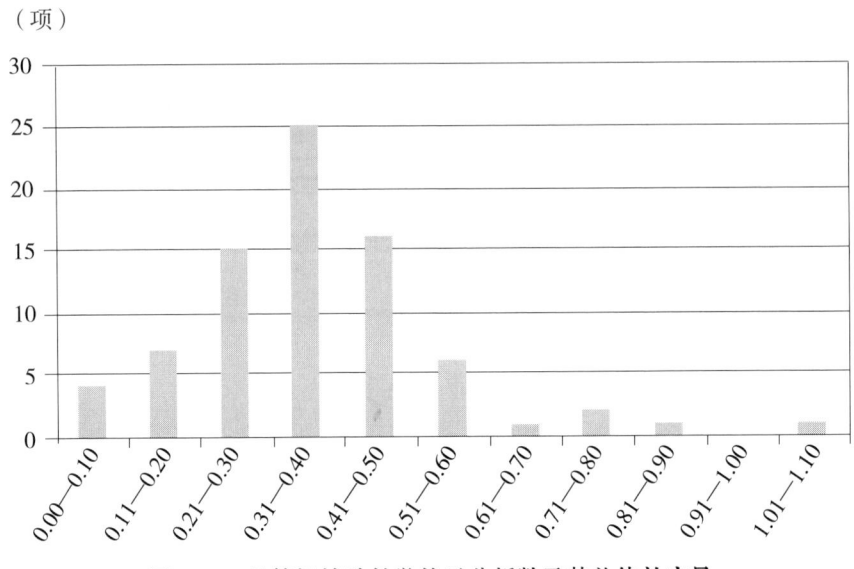

图 10.1 计算机辅助教学的元分析数及其总体效应量

效应量与研究年份没有关系,这就反驳了一个典型的主张,即计算机的效果是随着科技的成熟而增长的(见图 10.2,$r=0.05$)。

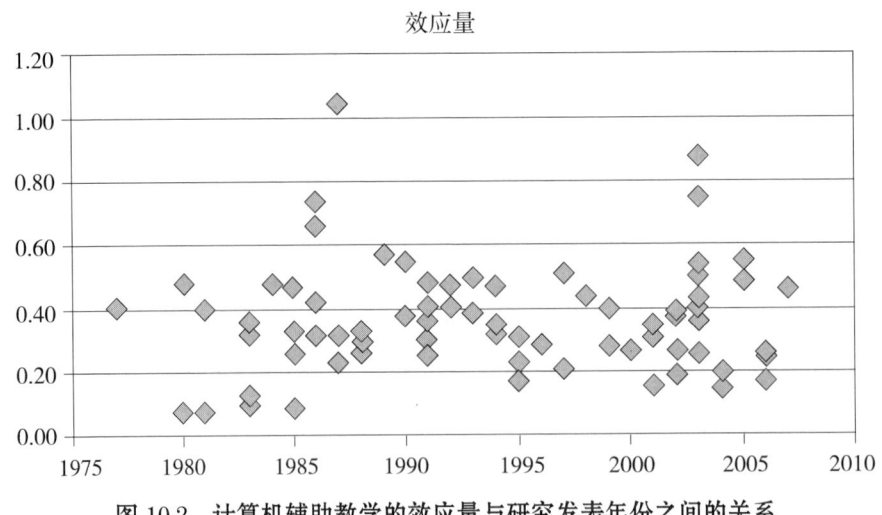

图 10.2 计算机辅助教学的效应量与研究发表年份之间的关系

在各项元分析中,年级或者学生的能力水平不会造成什么不同(见表 10.5)。学科之间略有不同,但不具备任何意义,并且计算机干预的时间长短也不会造成什么不同。计算机的使用有助于提高学生的参与度,养成对学习和学校的积极态度。

表 10.5 计算机辅助教学的效应量汇总

年级	元分析数	效应量数	d
幼儿园	5	128	0.46
小学	25	2 710	0.42
初中	26	592	0.33
高中	9	342	0.46
中学后	12	745	0.38
性别	元分析数	效应量数	d
男	7	139	0.33
女	7	121	0.25
能力水平	元分析数	效应量数	d
低	12	818	0.35
中	11	258	0.38
高	10	223	0.33
学科	元分析数	效应量数	d
词汇	2	33	0.48
语言艺术	3	36	0.38
阅读	8	200	0.35
理解	2	46	0.35
拼写	2	24	0.73
写作	4	74	0.35
数学	11	1 250	0.21
科学	5	52	0.32
问题解决	4	68	0.57
时间	元分析数	效应量数	d
小于 4 周	12	315	0.45
4—8 周	12	715	0.41
9—12 周	13	588	0.39
13—26 周	11	620	0.35
大于 26 周	4	487	0.36
态度	元分析数	效应量数	d
对计算机的态度	4	55	0.18
对学习/学科的态度	11	391	0.28

计算机无数的潜在用途让许多人为计算机的前景大唱赞歌。有些人认为计算机辅助教学将对教学和学习产生革命性的影响，也有人说计算机只是被当作

闲置的摆设罢了（Cuban, 2001）。我自己的观点是，就像教育中的许多结构性革新一样，计算机能够增加学习的可能性，但是拥有计算机、使用计算机和学业成就之间没有必然的联系。

然而，毋庸置疑，计算机在课堂上的使用范围甚广，尽管大多数研究是探讨教师如何在教学中使用计算机，很少有关于学生在学习中使用计算机的研究。也就是说，现有研究通常关注在教学中使用和不使用计算机的比较（在这方面的某些变化），而不是学生在使用计算机时不同学习方式的比较。大多数效应量的范围在 $d=0.20$ 和 $d=0.60$ 之间；此类研究有一些共同的主题，本节内容就按照这些主题来加以组织。

一项关于在学校中使用计算机的元分析表明，在以下情况中使用计算机比较有效：（1）运用多种教学策略时；（2）计算机被用来作为教学和学习工具而进行预先培训时；（3）有多种学习机会时（比如，刻意练习、增加任务时间）；（4）由学生而不是教师"掌控"学习时；（5）同伴学习被充分利用时；（6）反馈被充分利用时。考虑到本书其他一些观点，这个列表并不令人惊讶，因为它们也是在强调"可见的教—可见的学"这个信息。

运用多种教学策略会使计算机的使用更为有效

计算机的一个优势是其运用的教学方法很可能与教师教学生时运用的教学方法有所不同——学生经验到至少两种不同的教学策略，并被要求在学习知识和概念方面进行"刻意练习"。许多元分析都认为计算机的优势是作为教师教学的补充（$d=0.45$, $N=162$），而不是替代（$d=0.30$, $N=100$；见表10.6）。然而，相同的（$d=0.36$, $N=522$）或者是不同的教师（$d=0.41$, $N=344$）用两种方式（计算机和传统的）教授学生，其效果并没有什么不同（见表10.7）。

表10.6 计算机作为教师教学的替代和补充的效应量汇总

作者	年份	替代		补充	
		效应量数	d	效应量数	d
Bayraktar	2000	27	0.18	81	0.29
Cohen & Dacanay	1992	28	0.36	9	0.56
Hsu	2003	9	0.35	22	0.44
Kuchler	1998	17	0.28	42	0.51
Lee	2004	na	0.29	na	0.41
Yaakub & Finch	2001	19	0.32	8	0.49

表 10.7 相同教师或不同教师使用计算机的效应量汇总

作者	年份	相同 效应量数	d	不同 效应量数	d
Gordon	1991	43	0.22	79	0.32
Kulik & Kulik	1986b	68	0.23	31	0.32
Kulik, Kulik, & Bangert-Drowns	1985	7	0.44	21	0.48
Liao	2005	20	0.59	17	0.71
Kuchler	1998	13	0.62	48	0.40
Fletcher-Flynn & Gravatt	1995	33	0.23	36	0.30
Banger-Drowns	1993	8	0.16	7	0.28
Bayraktar	2000	33	0.22	37	0.21
Cohen & Dacanay	1994	28	0.35	8	0.60
Chen	1994	269	0.58	60	0.51

对教师进行职前培训，把计算机作为教和学的工具加以使用会更有效

一个有意思的发现是，教师是计算机的频繁使用者——但这种使用更多是个人的和行政上的；很难知道教师如何把计算机与他们具体的教学观念关联起来（Cuban，2001）。当今天的许多教师还是学生的时候，计算机还不是很普遍，很多人那时在教师学院接受培训时，他们的老师在其教学和学习的过程中更是很少使用计算机。对于许多教师来说，利用计算机资源进行教学不是其"学校教育的语法"的一部分。Abrami 等人（2006）注意到，很多教师"仍然处在理解怎样最大化地挖掘技术潜能来设计课程的门槛上"（p.32）。因此，要想有效地在教学和学习中使用计算机，需要事先对教师做一些培训。

Jones（1991）注意到了教师职前培训在使用计算机的教学效果上产生的变化。在所有的报告中，他发现了 $d=0.31$ 这个效应量，10 小时以上的职前培训产生了最高的效应量（$d=0.53$）。更重要的是，他认为"10 小时以下的培训不仅没有效果，而且起反作用。那些接受了这种短期培训的教师所教的课堂效果大大低于一般使用计算机的课堂效果，而那些接受了 10 小时以上培训的教师的课堂效果比一般使用计算机的课堂效果高出 72%"。然而，要注意的是，培训时间最好是集中在几个星期或者更短时间内，如果培训课程拖延太久，则效应量会下降（小于 4 周 $d=0.67$；4—8 周 $d=0.52$；8—14 周 $d=0.57$；大于 14 周 $d=0.32$）。同样，Ryan（1991）得出了 $d=0.53$ 这个 10 小时以上的培训所产生的效应量，但是5—10小时培训的效应量只有 *d*=0.19，而少于5小时培训的效应量是 *d*=0.14（另见 Lou, Abrami, d'Apollonia, 2001）。

有多种学习机会的时候（如刻意练习、增加任务时间），计算机的使用会更有效

一旦有多种学习机会，使用计算机辅助学习的方法就很多。表10.8总结了一些主要的用途，效应量范围很广，计算机用于辅导模式时效应量很高，计算机用于问题解决和模拟时效应量较低。

表10.8 计算机在课堂上的主要用途汇总

方法	元分析数	效应量数	*d*
计算机辅导	8	78	0.71
编程	2	43	0.50
文字处理	2	47	0.42
训练和练习	9	506	0.34
模拟	5	94	0.34
问题解决	7	197	0.26

计算机辅导包括结构化的学习经验，与其他计算机管理的方法相比，其效应量最高。似乎很多计算机学习程序（computer packages）比起很多教师的教学方法，具有更高的教学质量。正如 Fletcher-Flynn 和 Gravatt（1995）所认为的，这是因为这些计算机学习程序更加重视方法的多样化，以便有效地在许多学科范围和教学场景加以运用。

非常有趣的是训练和练习的效果。尽管许多成人对此有抱怨，但是学生需要更多的训练和练习。然而，训练和练习并不意味着枯燥无趣，而且它们的确应该是有趣和有益的。训练是练习的一种委婉说法：反复学习材料直到掌握——在掌握学习中这是关键的因素，许多更有效的方法在本书中有所罗列，包括刻意练习。不必觉得训练和学习不共戴天，对于很多教师来说，一个关键的技能是让刻意练习更具吸引力并且真正有价值。Luik（2007）把145个用计算机进行训练的特征分为六类：激发学习者的积极性、学习者的控制、信息的呈现、问题的特点、回应的特点和反馈。能产生最佳效果的关键特征包括学习者的控制、始终关注学习目标，以及针对训练正误的即时反馈。

大体上许多计算机游戏都需要投入高水平的训练和练习，许多学生都能够被激发去积极地投入并重复这些游戏，以获得更高的技术水平，从而通过游戏获得更大进步。计算机游戏包括很多引人入胜的训练和练习，其挑战水平也随之提高，而这通常是通过反复的学习或者从事高级的训练和练习才能掌握的。有很多证据证明，使用计算机进行刻意练习，特别是当学生努力初学一个新概念时，具有积极的效果。元分析也已经多次证明，通过计算机所进行的训练和练习活动比传统教学更有效（Burns, Bozeman, 1981）。也许教师应当停下来仔细想想为什么他们的传统教学比很多计算机训练和练习项目缺少效力。

由学生而不是教师"掌控"学习时，使用计算机更有效

在阅读很多有关计算机辅助教学的元分析时，我的一个主要发现是，当学生"掌控"他们自己的学习（节奏、达到掌握的时间分配、教学材料呈现的顺序和节奏、练习题的选择、复习）时，效果要好于教师"掌控"学生的学习（Niemiec, Sikorski, Walberg, 1996）。Abrami 等人（2006）得出结论说，掌控技术对于学生比对于教师来说更重要。同样，学习者掌控而不是系统掌控时，效应量更高。当软件大多是学习者掌控（$d=0.41$）而不是系统掌控（$d=-0.02$）时，如果学生以小组为单位学习，效果是积极的（Lou, Abrami, d'Apollonia, 2001）。当计算机学习程序由学生确定学习节奏时，Cohen 和 Dacanay（1994）得出了一个 $d=0.49$ 的效应量，而当由教学者确定节奏时，得出的是 $d=0.34$ 的效应量；当学生掌控节奏时，效应量是 $d=0.60$，当学生不掌控节奏时，效应量是 $d=0.20$。

学生掌控自己学习的一个很好的例子是文字处理软件的使用。当使用这类软件时，与在纸上写作相比，学生倾向于写更多的文字，写作的质量也提高了，特别是那些写作水平较低的学生（Bangert-Drowns, 1993）。这里"更多"不是指更多的低质量文本，因为写作的质量和长度呈高度正相关。学生更有可能进行修改、写得更多并且犯更少的错误（Goldberg, Russell, Cook, 2003; Schramm, 1991）。Torgerson 和 Elbourne（2002）完成了一项对于 1992—2002 年有关计算机和学生写作研究的元分析。他们发现，通常，在写作时，使用计算机的学生与在纸上写作的学生相比，在写作中不但更投入、更积极，而且写作长度更长、质量更好（$d=0.40$）。

同伴学习被充分利用时，使用计算机更有效

配对使用计算机远比单独使用或者在一个较大的群体中使用计算机有效。同伴可以参与问题解决、给予建议并尝试新的策略，然后再完成下一步可能的步骤。正如在前面关于小组学习（合作或竞争）的那一节提到的那样，学生在一起学习的时候，学习是最有效的，因为合作使他们接触不同的观点，修正他们的思考，为解决问题提供各种不同的解释，有更多的反馈和订正错误的可能性，也能使他们用其他方法建构认知。当小组变得太大的时候，就会减少个人探索对所要学习内容的信念和假设的机会，导致低水平的学习和认知的（重新）建构。在较大的小组里尝试新想法和探索其他可能性的机会较少，可能存在支配现象，更多成员变得顺从，这样的小组会削弱学习的有效性。

Lou, Abrami 和 d'Apollonia（2001）发现，配对比个人或者超过两个人的小组效果更好。Liao（2007）也发现较小的小组（$d=0.96$）比个人（$d=0.56$）或者较大的小组（$d=0.39$）效果更好。Gordon（1991）发现，与单独学习（$d=0.25$）相比，配对学习（$d=0.54$）的效应量更大；Kuchler（1998）指出，配对的效应量是 $d=0.69$，而个人是 $d=0.29$。Lou, Abrami 和 d'Apollonia（2001）报告指出，比起那些使用计算机单独学习的学生，配对学习的学生和同伴的积极互动频率更高（$d=0.33$），使用适当的学习或任务策略的频率更高（$d=0.50$），对学习任务更加坚持不懈（$d=0.48$），有更多的学生获得成功（$d=0.28$）。单独学习的学生（$d=0.67$）比那些以小组形式学习的学生（$d=0.16$）需要得到教师更多的帮助，比小组完成任务的速度更快。然而，在对计算机的态度或者对学习的态度方面，单独学习或者以小组形式学习没有什么不同。当学生有小组学习或者教学的经验，以及运用特定的合作学习策略的时候，小组学习的效果会显著增强。从 71 项研究的 198 个效应量中，Lou（2004）发现，使用计算机以小组形式学习的学生会尝试更大量的学习任务（$d=0.15$），运用更多的学习策略（$d=0.36$），而且对于小组学习有更积极的态度（$d=0.54$），但对教学的态度（$d=0.07$）只是稍有不同，小组学习比单独学习完成任务所需要的时间更多（$d=-0.21$）。这些结果说明，使用计算机学习应该把重点放在相互讨论上，对每个学生来说，与同伴一起清晰表达、解释和理解多样化的可能假设和解决方案也非常重要。

基于这些发现，Lou, Abrami 和 d'Apollonia（2001）给出了以下建议：

- 当让学生通过计算机辅导，或者由系统控制的（system-controlled）、封闭式的（close-ended）练习项目进行学习时，让学生配对学习比单独学习在认知和情感上更为有效。
- 当让学生参与探索性的项目，通过模拟以及超媒体资源进行发现学习，或者使用通用工具（如，文字处理软件）进行写作时，应当把重点放在讨论上，并且创造机会让每个成员使用学习策略并学会清晰表达、解释和理解多样化的可能假设和解决方案。
- 当学生在一个小组里使用计算机进行学习的时候，重要的是给他们提供具体的合作学习框架并且鼓励他们通力协作，运用适当的和多样的学习策略。
- 应该训练学生去发展小组学习经验。
- 当组织小组的时候，异质（$d=1.15$）而非同质的小组（$d=0.51$）是更有益的——但是两种类型的小组都比单独学习更有效。

反馈被充分利用时，使用计算机更有效

计算机还有一个益处就是它会对所有学生做出回应，不管是什么样的学生——男或女、黑皮肤或白皮肤、学习速度慢或快。教师宣称他们善于灵活预测学生的反应并且决定什么时候、给谁提供反馈，但考虑到大多数课堂上的反馈是低水平的，很明显，这种灵活性意味着很多学生都被忽视了。相反，计算机给予的反馈对学生而言没有风险，能够以更程式化的方式发生（Blok, Oostdam, Otter, Overmaat, 2002）。

如前文所述，反馈的类型众多，当任务具有适当挑战性时，反馈最为有效。Timmerman 和 Kruepke（2006）发现，解释（$d=0.66$）和矫正（$d=0.73$）比仅仅提供正确答案（$d=-0.11$）要有效得多（另见 Cohen, Dacanay, 1994）。Lou, Abrami 和 d'Apollonia（2001）发现当任务具有挑战性时，效果会更好（$d=0.13$），要好过具有轻微挑战性的任务（$d=-0.34$）或者没有挑战性的任务（$d=-0.57$）。除非有某种挑战，否则就没有理由让学生投入到计算机辅助的教学活动中。

Gillingham 和 Guthrie（1987）的元分析提供了所有计算机辅助教学研究的最高平均效应量，但它只是在 13 项研究的基础上得出的结论。他们建立了三个重要的原则：教师需要使用计算机辅助教学吸引学习者的注意力和积极性；教师需要使用计算机辅助教学向学习者呈现新的学科内容和学习策略；教师需要使用计算机辅助教学指导学习者进行练习和积极参与。

Mukawa（2006）进行了一项元分析，评估了Chickering和Ehrmann（1996）关于在线学习良好做法的七个原则。他们评估的效果比Gillingham和Guthrie（1987）发现的效果要差得多，但传递的信息是相似的。他们发现，最高的效应量与计算机辅助教学鼓励学生和教师更多接触（$d=0.14$）、学生相互合作（$d=0.10$）、积极主动地学习（$d=0.10$）、尊重不同的学习方法（$d=0.09$），以及强调任务时间即积极的学习时间（$d=0.07$）等因素相关。

基于网络的学习

在我们的课堂上，万维网的使用是最近才有的现象。在过去的10年里，万维网已经成为许多学生生活中更加重要的一部分，但是很多教师对这个领域还没有学生那么熟悉。学生可以生活在一个他们创造和控制的世界，只要点击一下鼠标就可以获取知识。教学生如何翻阅百科全书、参考书以反复学习细节知识等比较老的教学观念似乎已经远不如教他们如何做布尔检索（Boolean searches）、评价知识的可靠性以及综合他们目前可以接触到的海量信息。

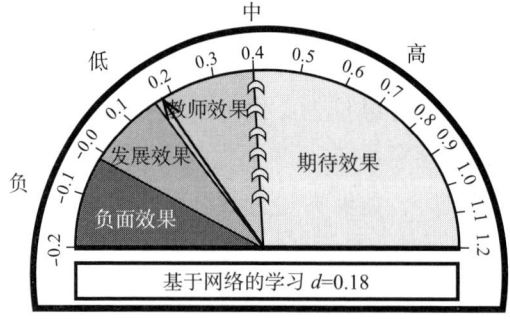

注解	
标准误	0.124（高）
排名	112
元分析数	3
研究数	45
效应量数	136
研究对象数（2）	22 554

基于网络的学习 $d=0.18$

Olson和Wisher（2002）注意到，有些人认为万维网的使用经常忽略教学设计的基础——例如互动和适时反馈。15项研究的平均效应量很小（$d=0.24$），但相互之间差异非常大。他们注意到，一般来说，这些效应量比其他基于计算机的干预的效应量要低得多。他们提醒说，这个领域是新的，在更多的研究完成之后，平均效应量才可能会变得更稳定。他们注意到，许多万维网的早期使用者都是来自不同专业领域的教职人员，他们不一定接受过教学设计的训练。其希望在于，"随着教学实践的改进、学习内容结构化的项目标准的升级，以及网络带宽的改善，基于网络的教学的潜力也将进一步发挥出来"（p.13）。

交互式视频法

交互式视频（interactive video），是计算机辅助教学和视频技术的结合体，被用来作为授课和培训的教学媒体（Herschbach, 1984）。McNeil 和 Nelson（1990）研究发现，在交互式视频方面研究的效应量不是同质的，说明来自交互式视频教学的认知成果受到许多变量的影响，诸如教学内容的性质、环境因素、教学方法和学习材料。程序控制的交互式视频比学习者控制的交互式视频效果更好。McNeil 和 Nelson 也注意到，就项目效果而言，小组教学的效果更好，有许多因素可以解释这一差异：教师在练习量、反馈的程度和类型、矫正程序的性质等方面的决定。Blanchard, Stock 和 Marshall（1999）运用元分析分析了超过 10 个基于视频游戏的多媒体课程的实施。他们发现，无论是数学（$d=0.13$）还是语言艺术（$d=0.18$），多媒体方法运用的质量是高（$d=0.23$）还是低（$d=0.16$），总体效应量都非常低。

Baker 和 Dwyer（2000）比较了可视化（visualization）教学和交互式视频非可视化教学的效果（$d=0.71$），认为可视化课堂能够呈现所要学习的信息的精髓（另见 Fletcher, 1989）。Clark 和 Angert（1980）对于图像的效果进行了元分析研究，并聚焦教学材料中静态图像的使用。研究对象包括四个主要变量：插图、节奏、年级水平和学业成就。插图的五个技术特征是：制作、底纹（shading）、背景、装饰和色度。有插图的材料比单纯言语描述的材料更为有效（对高中学生尤为有效），彩色插图比黑白插图更有效。

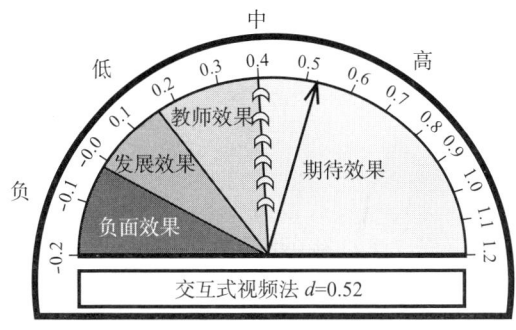

交互式视频法 $d=0.52$

注解	
标准误	0.076（中）
排名	44
元分析数	6
研究数	441
效应量数	3 930
研究对象数（1）	4 800

Mayer（1989）更关心提高科学成就的多媒体设计原则的研究。如果多媒体信息设计给工作记忆造成视觉或言语负载，其影响会明显降低，更加重要的是教师（或文本）要帮助学生把言语解释和视觉阐释结合起来。对于学生来说，

更有效的是接受视觉和言语两方面的材料，因为"当只有言语材料被呈现的时候，学习者所建构的视觉心智模型可能是贫乏的，不足以与言语心智模型整合起来"。同时拥有两种模型使得学生得以构建和保持更为恰当的视觉和言语模型。

超媒体包含两个基本的概念：多样化的信息呈现和使用者与信息之间的互动。通常来讲，这涉及多媒体和计算机辅助教学。Liao的超媒体研究包含互动多媒体、多媒体计算机模拟和交互式视频。Liao（1998）考察了超媒体教学和传统教学对于学生学业成就的影响，发现超媒体教学优于传统教学，有积极的影响。运用超媒体的普通教育教师与特殊教育教师相比、小学与高中相比、用于辅助常规教学与替代常规教学相比，前者效果更大一些。Liao注意到超媒体被用作对传统学习的补充时，效果更大一些。

视觉/视听方法

基于视觉的教学包括广泛运用视觉媒体，如电视、电影、视频和幻灯片。Willet, Yamashita 和 Anderson（1983）发现以下方法的影响很小：电视 d=0.05，电影 d=-0.07，幻灯片 d=-0.47 和录像带 d=-0.27。Blanchard, Stock 和 Marshall（1999）从他们的多媒体应用中发现了类似的低效应量（d=0.15）。此外，提供课程的录音带对大学生的课程成绩总体影响较小，对学生的课程评价或者课程的完成，没有大的影响（Kulik, Kulik, Cohen, 1980）。Shwalb, Shwalb 和 Azuma（1986）在日本进行的研究发现，提供录音带的效应量更低，与其他所有被比较的方法相比，其总体效果是最差的。

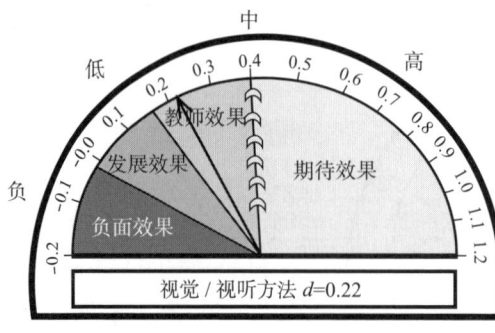

注解	
标准误	0.070（中）
排名	104
元分析数	6
研究数	359
效应量数	231
研究对象数（1）	2 760

模拟

模拟和游戏通常涉及对模型或游戏的运用（诸如角色扮演、做决策），目的是让学生投入学习中（尽管有些游戏不吸引人或并不有趣）。Szczurek（1982）

第十章 来自教学方法的影响（下）

把模拟定义为：

> 一种基于物理现实或社会现实的简化模型或表征的教学方法：学生在其中根据一套已确立的规则或约束，为获得一定的成果而竞争。这种竞争可能是学生之间作为个人或者小组的竞争，或者个人或小组基于某种具体的标准而展开的活动。（Szczurek, 1982, p. 27）

许多模拟不是竞争性的，但的确旨在模拟真实世界的问题。

VanSickle（1986）发现，模拟对于回忆事实知识、概念和原理来说效果较小（$d=0.12$），而随着时间的推移，对记忆保持的效果是 $d=0.18$。他总结指出，这些结果证明模拟和游戏相对于其他的教学技术来说有很小的积极效果，尽管与纯粹的讲授（$d=0.32$）相比，在某种程度上有较高的效应量。Dekkers 和 Donatti（1981）发现，模拟和游戏对于学业成就的效果稍微大一些（$d=0.33$），对记忆保持有相似的效果（$d=0.15$），但是对态度的效果要好很多（$d=0.64$）。McKenna（1991）发现了相似的效果（$d=0.38$），而且也指出在不同年龄群中没有什么差异，但是模拟对于能力较低的学生比对能力较高的学生更为有效。然而，Lee（1990）发现，对高年级学生而言，模拟和游戏对提高学业成就有更好的效果。McKenna 的发现，与 Dekkers 和 Donatti 的发现类似，即较短时间的干预（最长一周）比较长时间的干预更有效。Remmer 和 Jernsted（1982）研究了模拟游戏在高中和学院教学中的效果。其在学业成就方面的效果较小，因此他们得出结论说，模拟游戏的运用在学业成就和记忆保持方面并不比传统的教学更有效。Armstrong（1991）发现，在基于计算机的模拟和传统教学之间的总体效应量为 $d=0.29$，对于低水平的思维、高水平的思维和记忆保持的效果都是相似的。

注解	
标准误	0.092（高）
排名	82
元分析数	9
研究数	361
效应量数	482
研究对象数（1）	6 416

模拟 $d=0.33$

LeJeune(2002)在科学课程中运用了交互式、基于视频的模拟和计算机模拟实验。这些计算机程序模拟真实世界的现象或者复制传统实验室活动。他把成果分成表层成果(d=0.34)和深层成果(d=0.38),发现对态度(d=-0.03)或至少保持两个星期的记忆没有效果(d=0.19)。在学院实施的效果(d=0.49)远比在基础教育阶段实施的效果(d=0.14)要好。在表层成果方面,模拟技术被用来巩固学生已学过的知识(d=0.44)与允许学生在学习中进行探索(d=0.27)相比,前者的效果更大,但在深层思维成果方面没有大的差别(d=0.35 比 d=0.41)。他的结论是,这些模拟提高了低水平的成就,诸如学习科学事实、理解科学的过程以及把知识应用于日常现象的能力;也提高了深层成果,诸如解决问题的能力和其他高水平的思维能力。

程序教学

程序教学是一种按照控制步骤级别顺序给学生呈现新的学科内容的教学方法。例如,一本书的程序教学可以是先提出一个问题,然后,学生根据对基于材料提出的问题的回答,从几个可供选择的答案中选择一个,该答案会指示他们参考这本书的具体页数,查找自己为什么是对的或错的,再进入这个问题的下一环节。在许多方面,程序教学是很多计算机控制的分支程序(branching program)和阶段程序(pacing program)的先驱。与很多其他方法进行比较时,程序教学的效果经常落在近乎最底层。Hartley(1977)针对各种教学模式对数学成就的影响效果进行了元分析,发现指导是最有效的,其次是计算机辅助教学,两者都远比个性化学习程序及程序教学效果好。同样,Aiello 和 Wolfle(1980)发现,与计算机辅助教学、凯勒的个人化教学系统、音频教程相比,程序教学效果是最差的。Willett,Yamashita 和 Anderson(1983)研究了科学教育中不同的教学系统——程序教学又被排在最差效果之列。

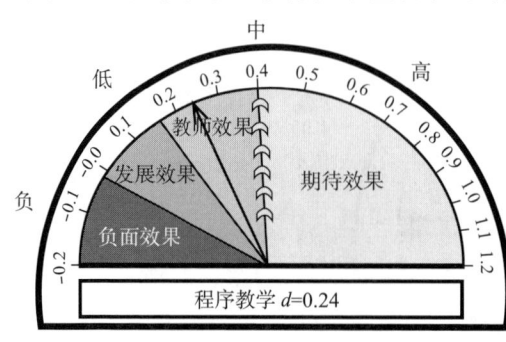

注解	
标准误	0.089(高)
排名	95
元分析数	7
研究数	464
效应量数	362
研究对象数(0)	na

Kulik, Schwalb 和 Kulik（1993）发现，程序教学的效果特别差，尤其是在数学和科学方面。Kulik, Cohen 和 Ebeling（1980）发现，对于高等教育阶段的学生来说，程序教学的效应量同样也很小，并指出没有证据证明学生喜欢这种教学方式。Boden, Archwamety 和 McFarland（2000）发现了一个高效应量 $d=0.40$，他们认为这仅仅是在那些更能对学习进行自我调节的年长学生身上所产生的效果。

校外学习的实施

这里探讨三个涉及校外学习的项目：远程教育、家校项目和家庭作业。

远程教育

作为学者，我的第一个10年是在一所专门提供远程教育的大学中度过的。对我来说，这是非常了不起的学习经历：我得认真地准备所有的课程（因为我们必须在课程开始前几个月就把它们打印出来，然后寄送出去），我们还得认真指导学生写论文（那时都通过写信的方式进行，不得不写信帮助大多数学生弄懂他们的问题到底是什么——这样指导学生也变得容易得多，因为大多数时间里学生对教师的期望就是倾听并解决他们的问题；这也能揭示他们会不会"写作"）。本节所讨论的元分析显示，无论学生是否接受远程教育，其效应量都没有差别——当然，这里传递的信息绝不是"远程教育无效"。媒介本身不会传递信息。其他通过远程学习增加学习者受教育机会的更新的技术也同样如此。构成远程教育的必要因素是一些包括各种媒介类型的教学特征，例如电视教学和视频会议等（Allen, Bourhis, Burrell, Mabry, 2002; Machtmes, Asher, 2000）。Machtmes 和 Asher（2000）对于远程教育中的电视教学课程的效果进行了元分析，发现没有播控设备（studio equipment）的传统课程和有播控设备的远程课程之间没有什么不同。

Cavanaugh（2001）的元分析只研究了网络传播的基础教育远程项目，并总结指出，这样的项目和传统的面对面课堂教学项目有相似的效果（$d=0.15$）。远程教育没有与学业内容、年级水平、学校类型、远程学习经验的频率、教学进度、教学时间、教师对远程教育的准备和经验，或者学生所处的场景等方面相关的调节效应。结论是学生使用远程交流手段的学习与在课堂环境中的学习相比，可以获得相似水平的学业成功。

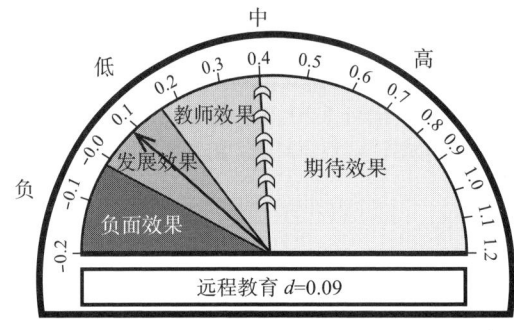

注解	
标准误	0.050（中）
排名	126
元分析数	13
研究数	839
效应量数	1 643
研究对象数（7）	4 024 638

一项比较高等教育学生对于远程教育和传统课堂教育的满意程度的研究，发现学生稍微偏爱现场课堂环境，而在满意程度方面几乎没有什么不同（Allen et al., 2002）。对于包括互动环节和非互动环节的远程教育的方法，其满意程度也没有什么不同。部分证据表明，相对于书面教学，视频教学更受欢迎。

Bernard 等人（2004）认为，有两种截然不同的远程教育类型：一种是源于早前闭路电视应用的同步远程教育，另一种是不同地点的两个或者更多的课堂实时连接在一起，同步参与来自信号源的教学。我们评估了北卡罗来纳州数学和科学学校的一个此类项目（Hattie et al., 1998）。他们通过闭路电视把许多学校和北卡罗来纳州有着最优秀科学教师的学校连在一起。这个项目的净效应是指，一旦解决技术问题并且为之付费，其效应量就取决于教学的质量了。

同步远程教育的各种形式包括音频和视频交互远程会议（audio and video interactive teleconferencing），这在美国的大学中已经成为发展最快的远程教育形式（Mottet, 1998; Ostendorf, 1997）。这与非同步远程教育相反。非同步远程教育是函授教育派生出来的，学生独立学习，并由一位指导者或辅导员给予支持。通常在完成作业和获得反馈之间有一些滞后（邮局邮件、电子邮件）。Bernard 等人发现，在学业成就方面同步（$d=-0.10$）和非同步（$d=0.05$）的效应量都近乎为零，态度（$d=-0.19$，$d=-0.00$）和保持记忆（$d=0.00$，$d=-0.09$）方面的效应量都是从负值到零。Lou, Bernard 和 Abrami（2006）特别研究了同步远程教学（$d=-0.02$）和非同步远程教学（$d=0.06$），得出的结论是，教学的媒介并不重要，重要的是这些媒介如何被用于支持教学并促进有效的学习。

第十章 来自教学方法的影响（下）

> 如果媒体被同样的教师用来同步传递同样的教学，并且运用同样的课堂活动和材料，那么我们没有理由期望远程站点与实时站点的本科生在学习上有什么不同……现场课堂和远程站点的课堂之间没有什么不同。（Lou et al., 2006, p. 162）

Zhao, Lei, Yan, Lai 和 Tan（2005）发现，在1998年之前和之后远程教学的效果有很大不同，其理由是现在的很多技术可以很方便地帮助学生和教师之间以及学生之间进行互动。"学生是否与同伴及教师互动、互动是否频繁，似乎能够造成远程教育在质量上的差别。"（p.1861）

家校项目

Penuel 等人（2002）对于运用技术促进学生学习过程中家庭和学校的联系非常感兴趣，他们专门研究了使用笔记本电脑、为在家庭和学校使用而开发的特定教学软件项目以及使用台式电脑进行学习的项目。这些项目对于阅读的效果很小（$d=0.10$），对于数学的效果稍微好点（$d=0.18$），对于写作效果最好（$d=0.34$）；没有很多证据证明加强家校交流或者增加家长的干预会影响学生的学习。

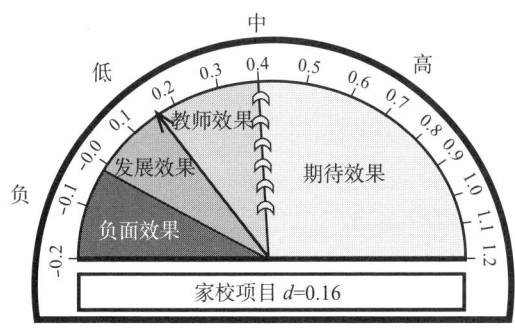

注解	
标准误	na
排名	117
元分析数	1
研究数	14
效应量数	14
研究对象数（0）	na

家庭作业

家庭作业是指"学校教师布置给学生的、在上学时间之外完成的任务"（Cooper, 1989, p.7）。它是一个非常有争议的领域，我的经验是很多家长通过家庭作业的频率或作业量来判断学校的教学效果——尽管除了愿意为学生提供一个清静和安逸的空间，他们自己不希望更进一步地参与到学习中去，因为他们相信对于深层而有意义的学习来说，这些是正确的条件。家庭作业的总体效果是积极的,但是也有一些重要的调节因素。

　　Cooper(1989)对家庭作业做了很多研究并且进行了一系列元分析。他认为,家庭作业对于高中的效应量是初中的两倍,对于初中的效应量是小学的两倍。效果最差的是在数学上,而在科学和社会研究方面的效果最好,英语处于中间。家庭作业的积极效果与做家庭作业的时间成反比(另见 Trautwein, Köller, Schmitz, Baumert, 2002)。家庭作业越少越好,但是对于小学生来说,据 Cooper, Lindsay, Nye 和 Greathouse(1998)估算,做家庭作业花费的时间和学业成就之间的关系接近零($d=-0.04$)。学生对于家庭作业的态度与家庭作业的完成率或者分数没有关系,家长的督促与学生对家庭作业的态度也没有关系,"家长对学生自主行为的支持对于学业成就有积极的关系,而直接的教学干预与学业成就呈负相关"(Cooper, Jackson, Nye, Lindsay, 2001, p. 197)。我认为,Cooper 的研究结果表明更多任务取向的家庭作业比深层学习以及问题解决型家庭作业有更高的效应量。可能的解释是,这种现象体现了教学周期中保证适度的学习、反馈和监督(特别是对深层学习)的重要性,而基本技能(表层知识)的训练只需要最低限度的教师监督就能做到。

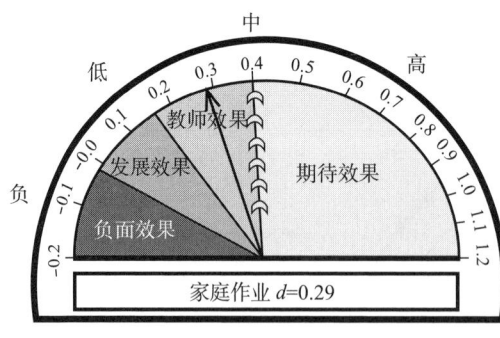

注解	
标准误	0.027(低)
排名	88
元分析数	5
研究数	161
效应量数	295
研究对象数(4)	105 282

家庭作业 $d=0.29$

　　家庭作业的性质也会造成效果的不同。在数学方面效果是最好的,而在科学和社会研究方面则效果最差。如果材料不复杂或者比较新颖,效果也更好。涉及较高水平概念思维的作业和基于项目的作业,其效果是最差的。Trantwein, Köller, Schmitz 和 Baumert(2002)试图确定造成家庭作业效果差异的关键因素,他们尤其强调要理清家庭作业和学生特点之间的相互作用。他们发现,家庭作业太多,加上缺少监督,使得布置家庭作业成为一种无效的教学方法。他们警告道,家庭作业会削弱学生的动机并内化错误的套路。他们赞成少量且密集的家庭作业,而且教师要密切监督。或许在学校教师的密切关注下,其效果会更好。

对学生的学习而言，教师的确非常重要。家长参与的方式可能会导致不同的结果，也可能不会导致什么差异。

能力较强的学生与能力较弱的学生相比，年长学生与年幼学生相比，家庭作业对前者产生的效果更好。对许多学生而言，家庭作业会强化以下印象：他们不能自己独立学习，他们做不了学校作业。对于这些学生，特别是对小学生而言，家庭作业会削弱动机、内化错误的套路和策略、强化无效的学习习惯。小说家 Richard Russo 这样总结很多学生的观点：

> 她花了好一阵子费力地做家庭作业，但没有达到预期的效果，因为她总是做错。对她来说，做错家庭作业比不做还坏，因为做家庭作业需要耗费时间和精力，并且产生了和不做家庭作业一样的结果，不做家庭作业还不需要耗费时间和精力呢。她说："而且，我们的老师已经提前断定谁会获得高分，谁会不及格。"（Russo, 2007, p. 157）

小学生（$d=0.15$）与高中生（$d=0.64$）相比，家庭作业的效应量明显不同，这或许反映出高级学习技能通常出现在高中。然而，值得注意的是布置家庭作业并不能帮助学生培养管理时间的技能——没有证据表明这会发生。高中教师更喜欢布置与所学学科相关的家庭作业；不管是哪门学科，如果家庭作业涉及背诵、练习或者复述学科内容，其效应量总是最高。家庭作业在小学阶段的效应量比较低的原因可能是年幼儿童比年长儿童更缺乏无视环境中无关信息和刺激的能力，缺少有效的学习习惯，（从教师或家长那里）得到的支持较少（Muhlenbruck, Cooper, Nye, Lindsay, 1999）。

总结性评论

许多教学策略都会对学生的学习产生重要的影响。这样的教学策略包括解释、精加工、指导任务表现的计划、序列化、反复训练、提供策略提示、特定学科的认知加工以及清晰的教学目标。这些策略都能运用诸如交互式教学法、直接教学法和问题解决教学法等方法实现。如上所述，如果教师确定了学习目的和成功标准，让学生对它们有清楚的了解，通过示范给他们演示，通过检测他们的理解来评估他们是否理解自己所学，并通过综述和总结给他们复述所学内容，有效教学就会发生。这些有效教学策略在很大程度上需要教师之间通力合作、一起预先计划和讨论、充分利用同伴学习，并提出清晰的学习目的和成功标准。

正如交互式教学法、运用计算机进行的配对学习以及合作学习与竞争学习（与个别学习相对）的策略中所证实的那样，同伴扮演着很重要的角色。其中许多策略也可以帮助学生减轻认知负荷，使学生得以关注学习中的关键方面，当被给予多种机会进行刻意练习的时候，这就特别有用。

资源的使用如辅助材料和计算机，能够提升学习的效果。它们增加了教学策略的多样性，为练习和学习提供了替代机会，并且改善了对学习者和教师反馈的方式，增加了反馈的频率。然而，这些资源也的确需要我们学习如何充分使用它们。

但是，有一点也很清楚，是教师的差异造成了学生学习的差异。如果没有教师积极地参与到学生的家庭作业中去，那么家庭作业对学生的学习就不会有贡献；同样，如果没有教师的参与，运用或者不运用技术（如远程学习）对学习也没有明显的效果。与教师的这些影响相关的是，许多综合教学改革中的教学干预效应量较低。许多这样的改革是"自上而下"的改革，这可能意味着教师没有评估这些改革对他们有没有作用。因此，坚守这些教学策略，反复学习怎样运用这些方法（通过专业发展，参见第七章）就显得非常重要了。

第十一章　结语：如何把所有这些放在一起

要到哪里找回遗失在知识中的智慧？
又到哪里找回淹没在信息中的知识？

——Eliot, 1934

任何一本对元分析进行综合的书，从本质上来说都是一种文献综述，因此它建立在前人的研究和学术成果之上。本书的一个重要目的是在成千上万项研究和800多项元分析的基础之上，建立一个成功的教与学模式。其目的不仅仅是对这些研究求一个平均数，并呈现一大堆数据。这并非一件罕见的事情，经常有人指责元分析仅仅是捣鼓数字的练习而已，一本综合了800多项元分析的书更是容易受到那样的批评。我本意并非如此。相反，我意在建立一种以"可见的教—可见的学"为主题的模式（见图11.1），它不仅是对现有文献的综述，而且使以一种新的视角审视文献成为可能。

我们似乎不是需要另外一剂成功的秘方，或是对确定性的另一种追求，或是对真理的另一种揭示。这仅仅是因为，这样的研究已足够多了，人们不应该被要求去阅读这类图书了。多一剂秘方不会引起多大变化，把政策制定建立在另外一剂秘方之上也不会产生多大益处。建立在数亿名学生样本之上的800多项元分析，确实可以被视为"基于证据"决策的缩影。但是现在人们着迷于"基于证据"，往往忽视了研究者使用的视角——正是这个视角决定了哪些证据被包含在内、哪些被排除在外，以及如何组织这些证据去讲述背后的故事。而这个故事将注定做出令人叹服的贡献——它就是我借以考察有关证据的视角。

Michael Scriven认为在研究中更为困难的任务之一是做出解释，而不是确定因果关系。我可能经常不知不觉地在假设或推测因果关系——在某些情况下这是合理的。的确，在元分析中的基本概念即效应量，意味着因果作用（a对于b会产生什么样的效果？），但这种论断并非无懈可击。本书的观点更加倾向于提供一种解释——在证据的基础上建立一套合理的结论。它更接近于溯因推理，而不单单是归纳推理或演绎推理（Haig, 2005）——它是能给出一套合理理论的解释或故事，一套根据我对许多研究进行的分析和诠释而做出的最佳解释的推论。我希望这个故事足够大胆，甚至可能被证明是错误的。我的任务是以很多（可驳倒的）推测，去呈现一系列有高度解释力的观点。

在目前的情况下，这个故事讲述的是教和学的可见性；它讲述的是充满激情和技能熟练的教师的潜力和力量，他们专注于学生对其所教授内容的认知参与。它是关于在教授那些教师希望学生掌握的内容时，教师千方百计帮助学生发展思维方式、推理能力，并且强调问题解决能力和策略。它关注的是教师使学生有能力去做多于教师为学生所做的事；它关注的是新知识和理解的传授，然后思考和监测学生如何熟悉和精通这些新知识，如何构建这种认知和理解的概念。它关注的是教师和学生如何策划、思考、玩味和构建那些有价值的知识和理解的概念。在这个过程中，监测、判断和评价所取得的进步，就会带来反馈的力量——它在学习上处于第二重要的位置。学生获得的反馈，包括学生已经理解了什么、误解了什么和建构了什么，这些有关学习任务的信息和理解将使学习发生真正的变化；教师从学生身上获得的反馈，包括教师对学生的学习已经理解了什么、误解了什么和建构了什么，这些信息和理解将使教学发生真正的变化。因此，为了建立关于课堂目标是什么的信念和知识，教师通过学生的视角去看待学习是非常重要的。这从来不是一帆风顺的，也不总是那么轻而易举，而是需要学习、反复地学习，也需要一定数量的反馈，还需要大量刻意练习，但不免会磕磕碰碰或者误入歧途，这也需要对先前知识和概念的顺应和同化，需要一种兴奋感和使命感去认识、理解，并且带来真正的变化。

在这里，我再次列出引领教育通往卓越的六个路标：

1. 教师是学习最大的影响因素之一。

2. 教师需要发挥其指导作用，有影响力，有爱心，并且有积极参与到教与学当中的热情。

3. 教师需要注意到每一个学生的所思所知，并以此来建构意义和有价值的经验，精通他们所教的内容并有深度的理解，提供有意义和适当的反馈，使每个学生通过不同水平的课程获得持续的进步。

4. 教师需要了解他们课程的学习目的和成功标准，知道他们在多大程度上帮助所有学生达到这些标准，并且依据学生已有的知识和理解与成功标准之间的差距,知道下一步该往哪里去,即回答三个问题:"你要去哪里?""你怎么到达那里?""下一步去哪里?"

5. 教师需要从单一观念迈向多元观念,并把这些观念联系起来然后予以扩展,使学习者能建构并重构知识和观念。重要的不是知识和观念,而是学习者自己对这些知识和观念的建构。

6. 学校领导和教师需要营造一个良好的学校、办公室和课堂环境,在那里,错误受到欢迎,被视作一种学习机会;在那里,放弃不正确的知识和理解是被鼓励的;在那里,参与者能有安全感地去学习、重新学习以及探索知识和理解。

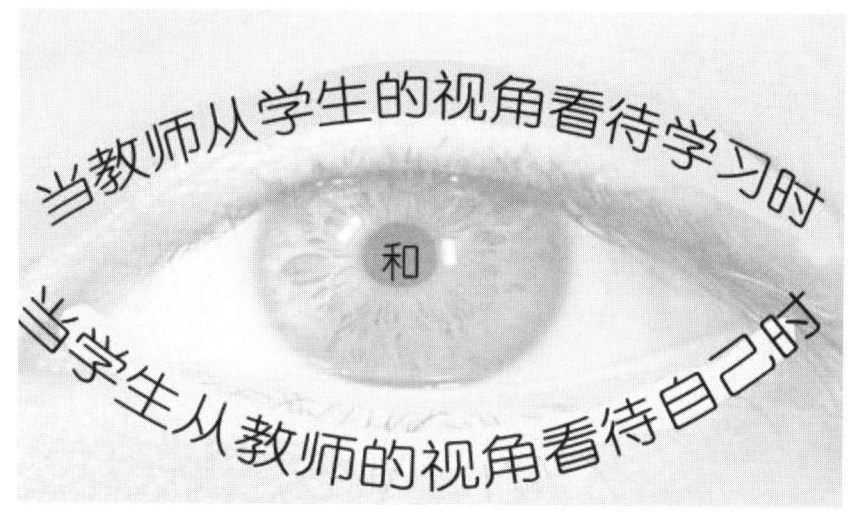

图 11.1 "可见的教—可见的学"模型

在这六个路标中,"教师们"这个词是经过仔细斟酌才挑选出来并加以强调的,因为教师之间的会面是重要的:他们聚在一起根据关于其成功、教学策略,以及有关进步和适度挑战的观念的反馈证据,讨论、评估和规划他们的教学。这不仅仅是批判性反思,而且是建立在其教学的证据之上的批判性反思。

请注意本书没有提到的东西。本书没有提出对其他结构性资源的要求,尽管如果没有缺乏资源的阻碍,毫无疑问有利于上述目标的实现。本书没有讨论班级规模,本书也没有提及哪一类特定的学生应该出现在哪类学校或班级中、应该被教授哪一类学科——有效教学能够以类似的方式发生在所有学生、所有种族和所有学科之中。本书也没有讨论校际差异,在发达国家中这并不是主要的影响因素。本书很少提到教师和学生的工作和学习环境——尽管它们能产生少量的积极影响,其积极影响意味着我们不能让这些工作环境变糟糕。

如果学生都是努力的学习者,都能安静下来并善于接受知识,都有高水平的自我调节能力,都有经济富裕的父母,对学校来说的确有莫大的裨益。这样的愿望往往是支持择校政策的基础。通常的论调是,只有父母有权(比如教育券)去选择最好的学校,那么教育的质量才会得以提高。这种择校的观点暗示着表现较差的学校将会被关闭或改革,而那些选择不把孩子从邻近学校中送走的父母只是他们"不想"。新西兰的教育券系统已经实施十多年了,顶尖学校和底层学校之间的差距显著地拉大了。父母将他们的孩子从社会经济欠发达地区送往社会经济发达地区;大部分白人都涌向社会经济发达地区,而少数族裔的儿童却越来越集聚在社会经济欠发达地区的学校里。其原因并不是白人要把孩子转移到学生成绩较好的学校(在新西兰不存在这方面的信息),而是因为他们想"从少数族裔人数比例较高的学校中逃离出去"(Fiske, Ladd, 2000, p. 201)。处于有利地位的家庭的儿童无疑是教育券系统的最大受益者(同时也是呼声最大的支持者)。但是,我们必须一视同仁地教授所有在我们面前的儿童。

证据将起作用吗?

贯穿本书的主题是我们需要质疑教师已有的信念和观点——不是因为他们是错的(或者是对的),而是因为良好的教学的关键是,教师的期望和观点必须经过争论、辩驳和探讨。只有那样,学生的学业成就才会取得大的进步。我们需要询问促使教师做出以下决定的教学观念是什么:

- 下一步最好教授什么,却不密切关注学生已经知道什么;
- 选择什么教学材料,(除了先前使用过的教学材料)完全不理会关于什么才是最好的教学材料(通常都是教师在家里制作的)的证据;
- 如何使学生参与其中并忙碌不已,但又不能保证他们在真正地学习;
- 什么活动最能激起学生的兴趣,而不是询问什么活动能使学生付出努力(对教学活动重要的是努力程度,而不是兴趣高低);
- 如何最大化地提高学习目的的挑战性,建立使学生通过挑战去学习的模式,而不是组织材料,使其更加容易学习。

第十一章 结语：如何把所有这些放在一起

我们可以为每一项措施或者是每一年，设定一个进步的标准（更好是 $d=0.40$，至少是 $d=0.30$，肯定不能低于 $d=0.20$，对于每个学生都一样）。我们可以在学习目的和成功标准上达成一致，我们可以定下成为优秀教师的标准，即能系统地使学生发生如下变化：使学生参与学习并对学科产生兴趣，让他们受到启发，向他们传达对学习的热情。我们也需要意识到学习有时候是枯燥乏味、不断重复的，使学生对这部分学习产生兴趣需要同样的激情。就像我学习做面包的时候，或者教别人打板球，为了过度学习某些技能，有很多任务似乎需要无休止地反复练习。只有这样才能解放我的认知资源，从而使之能够运用于其他任务——特别是对面包或者是板球比赛形势的预期和理解。在训练板球时，我需要关注整个过程，而不仅仅是表现结果——我的目标是做一个教练，而不是一个记分员。

教师和校长需要在他们的学校中收集效应量，然后问"现在什么能发挥最大作用？""为什么能发挥最大作用？""它对谁没有产生作用？"（比如，参见 Petty, 2006; Schagen, Elliot, 2004）。这将使教师之间产生关于教学的对话。这需要一个充满关怀和支持的办公室，宽容错误，从别的教师那里学习，教师之间形成一种积极参与、互相信任、共享和热情的同伴文化，等等。能对学生学习产生作用的因素，在教师身上同样适用。Bryk 和 Schneider（2002）发现，那些有高度信任水平的学校，通常最后都被列入学业成就正在提高的名单里，而不是在没有进步的群体内（在阅读上的进步是 $d=0.61$，在数学上的进步是 $d=0.64$）。他们传递的信息是，信任尽管并不直接影响学生的学习，但是它改善了整个组织的状态。信任降低了教师在接受新的和不确定的改革任务时所承受的脆弱感；它促使教师努力去改革他们的课堂以形成更加有效的教学，促进学校内部公共事务的问题解决；创造了一种工作伦理，带来责任感和更大的努力去推动改革成功（Bryk, Schneider, 2002, p. 117）。同时，信任也使得错误得以最大可能地暴露，从而使反馈的运用发挥有力的影响。要使改革能带来真正的变化，需要一些推动因素，主要是教师去了解他们的教学，了解什么能产生作用和对谁产生作用，分享其方法的有效性的证据。目前盛行的"反思性教学"往往忽略了反思需要基于证据，而不是事后将其合理化。我们能够更进一步，正如我和我的同事们正在尝试的那样，提供一个计算机化系统，帮助教师基于学生的先前成就去设定目标，让校长和教师对这些目标是否可取进行对话，密切监控达成这些目标的程度（Hattie et al., 2007）。这自然就是"可见的教—可见的学"的主题。

学习的个性化特征

Olson（2003）把它讲得很简单——最终是学生自己，而不是教师，决定学生要学什么。因此，我们必须留意学生在想什么，他们的目标是什么，以及为什么他们要学习学校所提供的知识。无论是对教师还是学生来说，学习都是个人的事情。就算我们把学生集结成组（班级和班级内的小组），对于我们每一个人来说，教育隐含的意义依然是个人的。这并不意味着我们需要进行个性化教学，而是需要关注到每一个学生在知识和理解上的进展，关注他们如何自主学习，向同伴学习，向成人学习，同时也要意识到他们从家庭和所属文化中所带入课堂的东西。在课堂里面至少存在着三个世界（Nuthall, 2005）：公共世界，包括在教师带领下进行的讨论和学习任务；私人社交世界，包括非正式的同伴互动、窃窃私语和传纸条；私人个人世界，包括自言自语和思考。每个世界都有其特有的行为模式、互动体系、习惯、规则、角色、期望和话语。

Nuthall（2005）将传声器安装在课堂中每一个学生身上，并监控和评估他们的对话。他花费了很多年进行此类研究。这是一种以学生的视角去理解教与学的有效方法——Nuthall 认为，仅仅观察是不够的，在学生中多达 40% 所发生的事情被观察者所遗漏而未留下观察记录。难怪教师很少能够进行充分的批判性反思。他的主要结论是："教师对课堂上发生的事知道得是多么少啊！"（p.902）因此，"教师经常感到学习成果不可预测、不可思议和无法控制"（Kennedy, 1999, p. 528）也是不足为奇的。Nuthall 发现，学生在课堂中通常是生活在私人社交世界中，他们至少已经知道教师想让他们学习的 40% 的内容，每个学生有三分之一的学习内容不是在课堂上完成的，他们学会了教师怎样和什么时候注意到他们，以及如何表现出正在积极参与的样子，学生学习的四分之一的具体概念和原则主要是通过私下的同伴谈话、自己设计的活动，或者使用资源来习得的（Nuthall, 2005）。对于学生个人眼中的学习世界和课堂，教师常常是一无所知的——因此本书一再重申的重要观点是，教师是如此有必要去花费更多的时间和精力，用学生的眼光去理解学习。

Nuthall 发现，教师是通过学生是否积极参与到学习活动中来判断他们的教

第十一章 结语：如何把所有这些放在一起

学是否进展顺利，而不是以学生的视角去观察学习。"他们监察着学生的眼神、兴致、疑惑和问题。在大多数教师的心中，学习成功的标准等同于课堂管理成功的标准。"（Nuthall, 2005, p.916）当教师策划和扮演他们的课堂角色的时候，他们一心想着的是让学生卖力地参与到那些能产生有形成果的活动中。再者，尽管学习活动本该引发学习，但无论是教师还是学生都从不谈论学习。相反，教师谈论的是教学资源，谈论的是一个活动该持续多久，以及如果他们不能按时完成会有什么后果。

> 教师几乎完全被切断了关于个体学生在学习什么的信息。教师被迫依赖次要的指标，比如学生被什么激励、对什么感兴趣的迹象。然而，有一个共同的信念支撑着他们，那就是，如果学生把大部分时间都用在适当的活动中，那么某种学习就会发生……教师依赖少数重要学生的反应作为指标，而对课堂上大多数学生的认知和理解依旧茫然无知。（Nuthall, 2005, pp. 919–920）

学生在学习任务中的谈话都是关于同样的事情。当学生被问到他们在想什么的时候，"他们最常见的反应是他们正在思考如何尽快结束谈话，或者花最小的力气去给出答案"（Nuthall, 2005, p. 918）。

Nuthall（2007）发现，能力较弱和能力较强的学生的经验是相似的。能力较弱的学生和能力较强的学生从经验中学习的方式完全相同。对于这两类学生来说，他们学习经验中的很大一部分都是自主选择的，或者是自发生成的，甚至是在传统课堂中获得的。与那些忠实地按别人的要求去做，却不愿意或不懂得去自己创造机会的学生相比，那些利用课堂和其他活动去增进兴趣和达成目标的学生，不管先前的能力如何，总要学得更多。大概需要"三或四次与相关信息互动的经验，才能在工作记忆中建构出新知识，然后转化成长时记忆"（Nuthall, 2000, p. 93）。这不是简单的重复，而是有机会以不同的方式去习得这些所要学习的材料。在学习的过程中，学生需要大量刻意的分布练习（distributing practice）。这样的分布练习，而不是第九章所提到的分散练习，在心理学上已经得到充分的研究。Cepeda, Pashler, Vul, Wixted 和 Rohrer（2006）进行了一项关于分布练习效果的元分析，结果显示"将练习分别安排在不同的日期里（而不是将很多学习项目安排在同一天），很大程度地增加了能在记忆中保持很长一段时间的材料的数量；文献清楚地表明了这样的分布练习很可能会显著地改善学生对课程材料的记忆"（p.371）。由于文化和种族上的差异，那些在参与学习活动时遭遇困难的学生，不仅无法掌握他们需要理解的知识以及获取更多知识，而且他们会"习得"这样的一种观点：他们获取知识的能力是低人一等的。这样的"缺陷思维"（deficit thinking）会被持有相同观点的教师进一步强化（Bishop, 2003）。

Nuthall 认为，教师应该注意去直接观察学生经验的实际情况，以及学生在发展知识和技能时所经历的过程。这需要对学生经验的主观和客观事实做出明确、精确和能复现的解释。这是借助教师而形成的个性化教学和个性化学习，因为只有这种理解才可以最大限度地促进学生个性化的学习。

对解释的实证探究

本书旨在提供一个关于积极进取和富有激情的教师的阐释性故事，这与辅助型方法和探究式方法形成鲜明的对比。那些热衷于做出改变的教师更有可能真正地改变教学。思考一下教师作为"指导者"（activator）和作为"辅助者"（facilitator）之间的差异。在"指导者"模式下，教师是表 11.1 左边一栏的所有干预措施的关键实施者，而在右边一栏的干预措施中，教师的角色更加偏向于辅助型。两者在效果上的差别是显著的——从平均 $d=0.60$ 到平均 $d=0.17$。

表 11.1　教师作为指导者和作为辅助者的效应量

教师作为指导者	d	教师作为辅助者	d
交互式教学法	0.74	模拟和游戏	0.32
反馈	0.72	探究式教学法	0.31
教会学生出声思考	0.67	缩小班级规模	0.21
元认知策略	0.67	个性化教学法	0.20
直接教学法	0.59	基于问题的学习	0.15
掌握学习	0.57	性别区分式教学	0.12
目标挑战	0.56	基于网络的学习	0.09
频繁测验/测验效果	0.46	整体语言—阅读	0.06
行为组织者	0.41	归纳教学法	0.06
教师作为指导者的平均效应量	0.60	教师作为辅助者的平均效应量	0.17

第十一章 结语：如何把所有这些放在一起

这些结果表明，积极指导型的教学要比非指导的辅助型教学有效得多。Kirschner, Sweller 和 Clark（2006）对大量相关研究进行了综述，即为什么教学中只提供最小程度的指导不奏效。他们对比了指导型模式（比如直接教学法）和指导最小化的方法（比如发现学习、基于问题的学习、探究式学习、体验学习和建构学习）。他们认为后者是基于两个主要假设。首先，他们让学习者去解决"真实的"问题，是基于学习者能够建构他们自己的解决方案的假设；第二，获取知识最好的途径是通过基于学科过程的经验（比如，促进对数学的理解过程，而不是学习数学技能）。他们注意到，这些方法的每一批新支持者似乎都没有意识到，或者是不感兴趣于已有的证据——这些非指导型方法的成效并未得到验证。不管学生是否喜欢指导更少的方法，他们从这些方法中学到的东西都是较少的（Clark, 1989）。学生能从各种学习策略的简易性、积极运用和灵活应变中获益（Samuelstuen, Bråten, 2007），对多种策略的运用是很多领域中的专家的主要特征（Lundeberg, 1987; Pressley, Afflerbach, 1995）。建构主义是一种认知方式，而不是教学方式，重要的是不要把建构概念知识与目前流行的建构主义混为一谈（Bereiter, 2002; Small, 2003）。建构概念知识需要从学习者的角度来思考学习；从这样的前提出发，即所有学习者都是积极的，意识到他们所学的东西是社会建构起来的，并且理解到学习者需要创造或者再创造自己的知识（Phillips, 1995）。如果这是从学习者视角得到的建构主义的意义，那么更为直接和积极的教学方法似乎是达成此类学习的最优方案。将这种建构性思维运用于教学上的唯一方法是用于教师自己身上——他们"建构"关于他们如何教和学生如何学的概念、信念和模型。正如这项元分析的综合所确认的那样，那些最有效的方法在教与学的过程中会激发非常积极和直接的参与以及高度的能动感。这样的教学会产生学习者（无论是学生还是教师）的更高层次的学习、自主性和自我调节。

另外一项对比是在积极和优质的教学策略和工作环境之间展开的，其平均效应量分别是 $d=0.68$ 和 $d=0.08$（见表 11.2）。教育结构和工作环境对于学生学习的影响主要是间接的或者是或然的（Barr, Dreeben, 1983）。也就是说，这些结构性的影响（如，分轨、班级规模、男女混合学校、财政）会被大量的教学和结交同伴的过程所调和。此类结构的存在或者不存在能够改变这些过程发生的可能性（进而影响到学生学习）。因此，例如，缩小班级规模不会直接影响学生的学习。准确来说，缩小班级规模仅仅增加一种可能性，那就是环境结构能被更好地规划，以充分利用各种教学和同伴的影响（比如提高自我效能感、增强学习荣誉感和改变成功期望）。缩小班级规模很少能直接影响到教育成果。我在第六章提及很多例子，当改变这些班级结构时并不会改变教师设置互动的方式，不会改变课程的性质和教师运用的教学策略，不会改变学生之间的互动（Hattie, 2007）。因此，我认为，学校和班级结构的影响至多改变了建立促进学习成功的条件的可能性。然而，对州政府和联邦政府政策的任一考察都会表明，很少有政策能直接影响到教学。大多数政策都是关于结构性问题，比如资源、更小的班级规模、择校（或者你想把自己的孩子送到谁的学校去）、课程、考试和高风险评估。很少见到关于教学的政策。

表 11.2　教学或工作环境的效应量

教学	d	工作环境	d
教学质量	0.77	班内分组	0.28
交互式教学法	0.74	增加财政预算	0.23
师生关系	0.72	缩小班级规模	0.21
提供反馈	0.72	能力分轨	0.11
教会学生出声思考	0.67	混合年级/混龄班级	0.04
元认知策略	0.67	开放班级	0.01
直接教学法	0.59	暑期课程	−0.09
掌握学习	0.57	留级	−0.16
平均	0.68		0.08

教和学的策略

本书所要传达的信息与前面提及的六个路标有关，而不是倡导某些特定的方法。运用这些路标以及其他关于什么能更好地改变教与学的信息，以改进其他平均效应量没有超过关节点 $d=0.40$ 的方法，这是可能的。比如，协同教学的总体效应量很低（$d=0.19$），但是如果协同教学能更加关注那些从学生传达到教师、从每个教师传达到其他人的反馈，以及设定有适当挑战性的目标等等，那么效果可能会更好。"方法"本身并不比有效教与学的原则重要。Fullan, Hill 和 Crévola（2006）曾经向我们提醒过那种被他们称为"指令性陷阱"（prescription trap）的现象。这种指令性规定"以提高学生表现的承诺（有些情况下是确凿的

第十一章 结语：如何把所有这些放在一起

证据）来给教学赋予某种具体性"（Fullan et al., 2006, p. 9）。他们认为，像直接教学法之类的指令性方法，往往能在那些师资严重不足、长期陷入失败、混乱而无序的学校发挥作用。但这种方法难以为继，特别是由于学生无法在面临新任务时成为独立的学习者。这不是我对这份文献的解读，而是 Fullan 等人所提出的关于一套特定教学方案的"指令"的观点值得注意。真正能带来变化的并不是某个特定的方法，或者是特定的规定，而是对个性化学习的关注，对学生如何在学习上取得进步有更加准确的把握，保证教师的专业学习，使他们懂得怎么样和什么时候去提供不同的或者更有效的教与学策略。

这些原则不应该与传授式教学或者像 Ben-Ari 和 Eliassy（2003）所说的传统讲台式教学（frontal instruction）策略相混淆。传授式策略主要是教师主导了整个班级的教学任务，在实施方式上表现出高度的统一性。这种教学的难度通常被调整到满足中等或更高成就的学生的需要，教学的进度则根据低成就学生的反馈来安排。"结果，所有学生都饱受煎熬，步子快的学生不能得到足够的激励，而步子慢的学生可能感到沮丧；随之而来的可能就是动机的减弱和课堂分心行为的出现。"（Ben-Ari, Eliassy, 2003, p.145）这也会导致教师将他们的角色定位为设计更吸引人的任务而不是更有挑战性的任务，更多地站在学生前面讲授和提出他们已经知道答案的问题，降低学生的自我调节，学生学习的进步主要依赖于由教师主导的方法和任务。

相反，主动教学包括更多的逆向设计（backward design）。主动教学不是从教科书、喜欢的课程和时间密集的活动中出发，而是倒过来——从想要达到的结果出发（与学习目的有关的成功标准）（van Gog, Ericsson, Rikers, Paas, 2005; Wiggins, McTighe, 2005）。其目标是帮助学生形成清晰的认知图式，进而学会自我调节和自主学习知识并达成理解，使其意识到为什么他们需要大量的刻意练习，然后帮助教师去评估他们所选择的教科书、受欢迎的课程、方法和活动能否成功地实现这些目标。主动教学旨在使学生学会自主学习的技能——自我调节他们的学习。

学习策略显然能产生重要影响。学习策略通过表层、深层以及建构的认知和理解这三个"世界"而使进步得以实现。这些策略有助于减轻认知负荷（比如，对表层信息的过度学习有助于发展学习策略和进行启发式教学，Shah, Oppenheimer, 2008）。它们也会导致刻意练习（既依赖于也能产生"我能做"的期待）、借助挑战带来的发展以及对反馈的重视。要使刻意练习发挥作用，需要有各种前提条件,其中最为重要的是这些练习必须被结合到一系列的高阶学习当中——脱离更有挑战性的目标,练习本身是枯燥乏味、不断重复的,并且阻碍了学生对学习的投入。其他前提条件包括意识到学习目的、目标、先行组织者、展示样例,以及练习前的导入和定向。相关条件包括刻意练习的有效性(包括反馈),可供选择的学习策略,以及同伴指导和协助(参见 Cannon-Bowers, Rhodenizer, Salas, Bowers, 1998)。

Bransford, Brown 和 Cocking(2000)最近进行的一项重要的研究述评,界定了关于人是如何学习的三个重要原则,其结论与上面介绍的元分析的结果是相符的。第一,学生带着关于这个世界如何运作的已有观念走进课堂,教师需要了解学生的先入之见,否则学生可能会难以掌握新的概念和信息。第二,教师要想发展学生的能力,学生必须有一个有关事实性知识的坚实基础,理解在一个概念框架的背景中的观点,并采用有助于提取和应用的方式去组织知识。第三,教学的元认知方法能够帮助学生学习如何通过确立目标和监控他们实现目标的进度来掌控自己的学习。关键的问题是:"我们将去哪里?""我们将怎样去?"以及"下一步去哪里?"

这也与 Vosniadou(2001)所总结的"儿童如何学习"的原则是一致的:学习需要学习者积极地参与;学习主要是一个社会活动;新知识建立在已有的理解和信念之上;我们运用有效和灵活的策略来学习,这些策略能帮助我们理解、推理、记忆和解决问题;学习者必须懂得如何规划和监控自己的学习,如何设立自己的学习目标,以及如何改正错误;有时候先前知识会阻碍新知识的习得,因而在必要的时候,学生必须学会如何去解决内在冲突,重组已有的观念;学习需要花费大量的时间并需要长期的练习,这样才能建构某个领域的专业知识。

这意味着教师需要成为"具有适应能力的学习专家"(adaptive learning expert)(Bransford et al., 2000; Hatano, Inagaki, 1986),他们不但需要运用本书所概述的很多有效策略,而且还需具备很强的灵活性以使他们能在常规方法不够有效的时候进行创新。当学生不在学习的时候,教师能清楚地知道下一步该走向哪里,能利用资源和策略去帮助学生达到有价值的学习目的,并且能重塑或改变课堂氛围以达成这些学习目标。"具有适应能力的学习专家也知道如何不断地拓展他们的专业知识,在面临新挑战时能重构自己的知识和能力。"(Darling-Hammond, 2006, p.11)他们拥有"表达关心和站在学生的立场看问题"所必需的移情能力,"包括认知领域和情感领域的移情"(Tettegah, Anderson,

2007, p. 50）。这个过程包括聆听"他人话语背后的意图和情感，并且通过释义去对当事人做出回应"（Woolfolk, Hoy, 1998, p.466）。此外，教师需要特别注意儿童定义、描述、解释现象和问题解决情境的方式，并且尝试从学生这个独特的视角去理解这些经验（Gage, Berliner, 1998）。

设定具有挑战性的学习目的能带来多重影响。与低要求条件相比，这可以促使学生付出更大的努力，投入更多的时间和精力。这样的智力参与（intellectual engagement）表现为对参与和理解这个世界的渴望，对各种事物有广泛的兴趣，不因复杂和有挑战性的难题而退却（Goff, Ackerman, 1992）。学习速度与目标难度有直接关联，为达成困难目标而持续坚持的程度也是一样。如果学生也致力于追求这些目标，那么它一定有所帮助（当然他们首先要对这些目标有所了解）。"为了吉佩尔赢一回"（one for the Gipper）或者是"尽你所能"这样的做法或许在某些情况下有用，但却难以维持对学习的兴趣。

有挑战性的目标提高了效率并增加了对反馈的需要。如果目标的达成过于容易，那么反馈就不是必要的；但是如果目标的达成是困难的，那么就需要更多的反馈。正如 Locke 和 Latham 所说：

> 反馈告诉人们事实是什么；目标告诉人们什么是合意的。反馈涉及信息；目标涉及评价。目标告诉个体应该去达到何种类型和程度的表现，从而可以相应地指导和评价他们的行动和努力。反馈使他们能制定合理的目标，并监控与其目标相关的表现，从而他们的努力、方向甚至策略能根据需要加以调整。目标和反馈能被视作动机行为控制和认知行为控制产生共同效应的一个范例。（Locke, Latham, 1990, p.197）

课堂环境是多元的

前文从未暗示过课堂文化不重要。本书的所有章节都十分强调关系、信任、关心和安全的重要性，也强调了教师选择有价值和适当挑战性的任务的重要性。而这里强调的是课堂氛围和决定什么是有适当价值的道德规范。证据不会为我们带来行动的规则，而只会为智力问题的解决提供假设以及为思考我们的教育目的提供材料（Dewey, 1938）。需要探讨的关键问题包括："什么最有效？""与之相比较的可替代方案是什么？""什么时候？""为了谁？"以及"希望得到什么结果?"仅仅问"什么在起作用?"是无效的(Glass, 1987)。我希望本书所传递的信息能突出教师强大的力量,他们使用的某些方法所具有的神奇功效,教师所需具备的精通于决策和判断的重要品质,与学生以及在学生之间建立起关怀关系的迫切需要,以及不断询问"教学"的理想结果是什么的需要——所有这些都指向教学的道德层面。

任何关于"什么最有效"的建议都会引起关于文化问题的争论,因为这些文化因素影响和改变着课堂的互动和话语模式。比如,想一下在课堂上"谈话"的作用。在Alexander(2003)对许多国家的课堂研究中,他发现法国、俄罗斯、英国和美国的教师表达和践行着三种不同的价值观:

- 个人主义(这种观点认为知识和表达是个人的,并且是独一无二的);
- 共同体主义(这种观点认为学习和做事是在分享和关怀的氛围中共同合作的过程);
- 集体主义(带着共同的理想和知识,共同学习而不是小组学习)。

新西兰的课堂似乎更接近于Alexander对英国和美国课堂的描述,非常明显是一对一的监督,并伴随着私下的、通常是窃窃私语式的交流;用他的话来说,这些课堂都有着共同的个人主义和共同体主义的价值观。在英国课堂上"错误"是"令人尴尬的",教师尽量避免儿童在公众场合的"错误",以免他们"丢脸",而是倾向于强调给出"正确"答案和获得教师的认可。相反,在俄罗斯,与"正确"或令人满意的回答一样,课堂问题和"错误"都属于公共领域。集体和公共话语主导了课堂。俄罗斯的教师在建立和维持对话交谈上发挥着主导的作用,而英国和美国的教师则注重"经营"(run)课堂,因而对话是"相互参与的"并被视为"民主的",教师只组织但不控制学生之间的讨论,使不同的声音得以表达,而不是采取策略拓展意义建构。一项录像研究对七个参与PISA项目的国家的数学课堂进行了对比,结果显示这些国家的课堂有高度的一致性,学生会被要求去解决问题,通常是以个人或者整个班级(很少分成小组)的形式进行,充分利用教科书和作业单,教师讲话比学生多8倍(Hiebert et al., 2003)。

我的同事Alison Jones说我对课堂的理解能精确到小数点后两位,实在是太令人惊叹了。她的评论提醒我们不要忽略了课堂文化背景的重要性,以及从文化和社会的角度来看学生和教师将什么东西带进了课堂。将课堂简化成一个指数（效应量），可以被认为是类似于将整个社会简化成失业率指数、智力商数或者货币汇率。这种"指数"在20世纪50年代备受争议，因此非常值得牢记的是，对它们的使用必须谨慎（Guilford, 1954）。围绕效应量的常规值的变动同样含有很多有用的信息（正如家庭作业的例子所显示的）。那些未被解释的变动值得去探究，因为它限制了所希望的变动的重要性（因此，强调质性评估和研究设计的重要性）。参照点也是非常重要的（正如前文的结论，$d=0.40$这个关节点要比常规的$d=0.00$更为重要），并且变量间的交互作用能很大程度地改变结论（正如学习风格这个例子）。有关指数的讨论最为重要的是"竞争性的合理假设"。这本书所讲述的关于可见的教和可见的学的"故事"，是一套可以从现有数据中引出一个合适模式的合理假设。当然，也欢迎其他的合理假设。

理解层次的概念

正如这本书一开始的时候所提到的，焦点将会放在学业成就上——但学校教育还有很多其他有价值的成果。我们惊奇地发现，当成就能够在很多内容领域被加以解释的时候，我们很难在众多的元分析中找到由学科造成的不同效果。很多高中的学科沙文主义可能会借助所欲求的学业成就的性质得以合理化，但良好的教学和对学生学业成就的最大影响似乎在所有领域都是类似的。让人有些惊讶的是，没有太多的证据支持学科或教学内容知识的重要性。后者不仅仅包括学科内容（经常有人去研究这个方面）和教学内容的知识（知道如何去教），而且教师还要知道学习者是否理解、犯错误等等（参见Deng, 2007，他在这些问题上做了一个最有价值的讨论）。其中一类很少被研究的内容知识可能是至关重要的——教师对学科新进展的感知，把握干预时机的知识，学习理论的知识，以及对采取其他方法教授学科内容的经验持开放态度。这些方面都值得更加深入研究。

第三章提出过，成就能在三个层次上加以讨论：表层、深层，以及概念或建构的理解。除此以外，还有流畅性、记忆、应用、毅力和问题解决策略等学习成果。同样，也有对发展概念理解至关重要的不同类型的"思维"和理解：收集信息、理解建构、创造性思维、反思性思维、策略管理思维，以及评价性思维（Moseley et al., 2004）。本书所采用的模式建立在Biggs和Collis的SOLO模式（Biggs, Collis, 1982）之上，类似于Bereiter（2002）所采用的Popper对三个世界的划分——物理世界、主观世界和观念世界。因此，学业成就具有多重意义，比如表层、深层和认知建构。正是因为这样，这些元分析研究所进行的诸多测验在评估表层特征时特别有效，评估深层特征时还算是有效的，但在评估学生从他们的课堂经验中建立的结构表征时却鲜有成效。在一个活动的第三种意义中，认知是一个动态的过程，而不是静止的，它是在个人、环境和教师三者的相互作用和影响下建立起来的，而不能简单地用一次性测验对其进行客观定义（Barab，Roth, 2006）。很多研究者都致力于探索如何使测量更好地适用于第三个世界，这是令人兴奋的事（Gierl, Zheng, Cui, 2008; Luecht, 2006; Luecht, Gierl, Tan, Huff, 2006; Mislevy, 2007）。本书很多结论的局限性在于它们更多地与表层和深层认知联系起来，而很少涉及概念理解。

零点与关节点

即便是用来解释这些研究发现的故事也不是很具有说服力，运用"关节点"（h-point，d=0.40）来区分各种学校改革的预期价值也是至关重要的。采用零点没有太大价值，相比较之下，判断学校是否成功的最低标准更应该设定为d=0.40左右。任何改革、任何教学项目以及所有的教师对学生学业成就产生的效应量都应该超过d=0.40。这个关节点不仅仅是很多改革需要达到的，而且应该是一个平均值，而不是最大的效应量。很多学生的进步都可以达到d=0.40的效应量，这主要是因为卓越的教学；但为什么不是所有人都能达到呢？！

进步常常是通过活动和事件来衡量，而不是通过基于课程基本概念的不断增多的具有挑战性的要求来加以评判。进步常常是通过考试分数而不是根据考试分数所要测量的熟练程度和实际能力来定义的。在学校中，学生的学业成就常被拿来与他们前一学年（或者在补救措施实施之前）的学业成就相比较，而教师的论调往往是"它有效果"，"我对其很满意"，"当我把所有的学生移交给下一位教师时，他从来没有批评过我对这些学生的教学"，"是的，有些学生不是很有能力，那是由他们带进课堂的东西所造成的，不是我教学的结果"。事实上，这些论调往往是站不住脚的。

对教师的一个有趣的提问是："在你班上有多大比例的学生在这一年退步了？"这里的"退步"不仅仅是说他们的学业成就还不如刚开始的时候（这种情况的确存在），而且是说他们在一年当中没有取得应有的适当进步。与他们力所能及的学业成就相比，那些人之所以会掉队或者退步，是因为教师对他们的期望很低。根据在美国的一个大城市里的调查，我们发现某些学校80%的学生都在退步——在九年级的数学课上，他们首次接触代数，他们遇到极大的困难，甚至挣扎在放弃数学的境地，导致了在数学上表现较差的无力感，而且常常缺席数学课（Hattie et al.，2007）。许多人很少会考虑这个"退步"的问题，这降低了教师关注这些学生的几率，因此，学生就被置于其所面临的问题前面，而无法把问题解决了抛掷脑后。

我将进一步阐述为什么那些没有达到$d=0.40$的最低限度进步的学生其实是在退步——将他们与那些超过这个平均值的学生相比较。然而目前的标准更倾向于使用零点作为基准，或许这正可以解释为什么很难找到低于平均值的教师，为什么每一位教师都被视为是有效的，为什么在他们身上都能找到"增加价值"的证据（即超过$d=0.00$）。此外，常常有这样的观点：如果教师质量存在差异的话，那也是很小的——教学中一个最大的迷思就是所有教师都是同等的。但是教师的有效性的确存在明显的差异（比如，这可以用校际差异往往很小来印证）。我们确实可以宣称所有教师都表现得很好，但并非所有学生都会赞同。

如果成功标准是达到效应量大于零，那么几乎所有教师都可以被认为是有效的。但是，"有进步总比没有好"，这是一个错误的比较和假设！学生更能甄别教师的好坏，正如第七章中所提到的，Irving（2004）证明了学生对教师的判断通常是准确的。难怪在学生的参与度上出现越来越多的问题。正如Steinberg，Brown和Dornbusch（1997）所说的，这么多学生都是"人在心不在"（p.67）。他们还引证指出，大约40%的学生纯粹是在"走过场"，这些学生从来不去努力，也不专心听课。这么多学生逃学旷课，这么多学生承认靠作弊来通过考试，这么多学生因为跟不上而对学习失去兴趣，这么多学生因为学习缺乏适当挑战而对学习感到厌倦，这么多学生没有察觉到仅仅能力是不够的，努力才是关键。大约有一半辍学学生认为课堂无趣或者不能吸引人，三分之二的辍学学生认为没有一位教师对其在学校学习上取得成功感兴趣（Bridgeland，Dilulio，Morison，2006）。并不是所有人对教师、教学和学校教育都持乐观态度。

要清醒地认识到我们拥有的教师队伍是很普通的，至少在大多数学生眼里是这样的。要清醒地认识到每一个儿童只会遇到少数几位他们认为将对他们产生持续而积极影响的教师。要清醒地认识到这些教师之所以被记住，不是因为他们教授了社会研究还是数学，而是因为他们着意去将他们对学科的激情传递给学生，给予学生为学和为人的自信，将学生视为拥有独立人格的个体，唤醒和激发学生对学科的热爱。

但是，教师声称他们在竭尽全力履行自己的职责；校长在用心地实施力所能及的最好的教学项目；教育系统旨在设计力所能及的最大效果的政策。本书的一个重要主题是，这些意图——落实我们已知的最好的东西——往往难以实现，因为我们对这些决策的比较是不恰当的，也没有联系可替代方案进行充分评估，因为它们更多地与教育结构和工作环境而不是教学策略和观念联系在一起，因为它们使用只关注其成功、忽略其失败的模型来加以评价（往往只要是大于零就被认为是成功）。为了解决这个问题，我建立了一个对成功进行评价的更加有效的指示表模式，教育者可以运用这个指示表更有效地反思他们的抉择所带来的影响是否成功。

"革新"有什么特别之处？

通常教师的效应量在 $d=0.15$ 到 $d=0.35$ 之间。当实施干预或者改革的时候，效应量会明显提高。这并不意味着我们需要为变化而变化，因为问题在于"那些效应量超过平均水平的革新有什么特点"。变革不会仅仅因为它是新近的或者是与众不同的而发生。只有当教师有意识地引入一种不同于其平常使用的（而不一定是新的）教学方法、课程或策略，变革才会发生。其目的在于鼓励教师根据一系列相关的实验设计去分析他们的教学，然后提高对成果的关注的好处就会增加。很多将指示表的效果指针推向顶端的改革措施可以被视为"教学实践干预"（clinical treatment）——比如直接教学法、交互式教学法、早期阅读矫正项目（reading recovery）。引用一个对关于补救教学中重要的转变因素的150篇文章的元分析（Holly, 2002）作为比较，是很有意思的。这些重要的转变因素（按照其重要性排序）是：知识与技能；行动计划；克服困难的策略；高度的自信；对进步的监控；达成目标的决心；社会与环境的支持；最后是自由、控制或选择。

革新有很多不同的阶段，比如开始、实施和评估——真正的"革新"变化最常发生在实施阶段。然而，其最为重要的特征是，当进行一项革新时，我们会更加关注它的效果、给教师关于这项革新效果的反馈、关于革新的学习目的以及成功标准。革新要承担失败的风险，革新帮助我们从在身边产生的、结构化的生活和图式中解脱出来。它涉及寻找那些不起作用的事物和那些没有取得成功的学生；它涉及提高寻求反馈的意识，更加关注评价原则（分辨其优点和价值），聚焦于如何寻求表明教学方法未达预期的证据，从而做出改进。在探寻科学如何取得进步时，Karl Popper（1963）认为，关键是寻找"证伪"（因为我们常常到处都能找到成功的证据）。当教师去寻找其教学可能没有取得成功的证据时，那么他们就会掌握对成功来说必要的合适视角。教学未必对所有学生来说都是成功的，未必达到所有的学习目的，未必在每个方面都达到了成功的标准；甚至我们的目标、挑战的难度，以及努力投入和行为参与的过程，可能都需要不断地被质询。

为什么他们不能改变？

这里的"他们"是指教师、政策制定者、教师教育者，时常也指父母。我开篇就说道，使学习尽可能有效的解决方法有数百种。教师愿意做出改变，尽管他们也可能对改变感到厌倦。他们经历的大多数变化都是在教育结构和工作环境上的。但是，如果变化是针对他们自身的教与学的观念并朝着本书所建议的方向，情况又会怎样呢？这需要对新观念保持开放，以及愿意去犯错误。换言之，教师要愿意通过评估改革对学生学习产生的影响，去寻找比其现在所做的更好的替代方案。进行任何改革都意味着放弃熟悉的实践。

关键问题不在于如何改变，而是为什么我们没有改变。在一个有趣的研究中，Shermer（1997）探讨了为什么我们总是（往往是狂热地）对某些观念深信不疑，即便是它们失效的时候。他把这种现象归咎于人们对无稽之谈的过度信任，归咎于人们总是用科学外衣或教学语言和行话来装点他们的信念，归咎于人们大胆地断言，依赖自己过去的经验而不是其他人的经验，认为自己的经验已足以为证，并且做循环论证（我这样做，因此它就一定有用）。他也引证了各种让我们将自己所做的事情视为"最好"的心理过程：对确定性、掌控感和简单性的需要；寻求肯定我们当前方法的例证；缺乏对证明方法无效的证据的寻求；将学生的不学习归咎于学生，将学生的学习归功于教师；对新的或与众不同的想法和做事方法产生抵触（虽然有些新想法的确很古怪）。"人们往往倾向于抵制，而不是张开双臂去欢迎这些教学中具有革命意义的新想法，因为每个成功教师都有根深蒂固的精神、社会，甚至经济上的利益去维持现状。如果我们对每个具有革命意义的新想法都张开双臂去欢迎的话,其结果只会是完全混乱。"(Cohen, 1985, p. 35)我们面临的任务并不轻松。

在一项报告教师课堂经验的分析中,Little(2007)注意到教学主要是在其他教师不在场的情况下完成的,因此往往会有一种依赖叙事陈述去建构一种共同理解的倾向。教师经常依赖"辛酸史"(war stories)、个人经历,并且依据他们自身的经验去为他们的个人偏好做辩护。如果将这种"辛酸史"的交换视为教师之间专业对话的最佳途径,那么本书所期待的教师需要与他们的同事分享他们教学上的证据,可谓是前景黯淡。Little还继续展示了如何使这些对话变得更富有成效。关键是把教师的课堂经验(我还要加上"学生和教师取得的成果")的证据发展为"理解学生更好的行为模式和成就模式的有效资源",因为这些资源将帮助他们"根据班级和课程的特殊情况进行学习和教学上的决策"(Little, 2007, p. 237)。通过相互提问、情境重演和复述、运用这些叙述中的经验证据、提供和修正解释,教师就能"基于他们已有的概念框架和他们独有的经验建立起教学实践的普遍原则"(p.231)。但是这需要教学上强有力的领导,并营造一个安全和信任的环境,教师才能进行这样的互相批评,致力于共享教学效果的证据,并且对新经验保持开放。对学生"什么最有效"的信息,同样适用于对教师"什么最有效"。

这些研究发现的共同主题是,教师所使用的视角是取得成功的关键,因而它必须被仔细地加以检查,从"他者"的角度进行思考,并且检验是否所有学生都以足够的速度获得了所欲求的课程结果的相关证据。如果教师的视角可以转换过来,以学生的视角去观察学习,这将会是一个极好的开端。这包括教师去寻找教学有效性的反面证据,探索他们思维和知识中的错误,观察学生如何依赖学习的先前知识和概念,探询在学习中是否有足够的挑战和投入,以及理解学生在学习和面临困难时运用的策略。

另外一个缺乏变化的原因是过分依赖教师的判断而不是证据。很多领域当中往往更依赖"专业判断"而不是证据,这是由来已久的。自从Meehl(1954)发表《临床预测与统计预测》(*Clinical Versus Statistical Prediction*)一书以来,这样的争论就蔓延开来了。在这本书中,他发现,在所有20项研究中,除了其中一项,统计方法都要比临床方法更准确或同等准确。临床预测是指运用非正式或直觉过程去进行决策的判断。Aegisdottir等人(2006)研究了过去56年里公开发表的69项研究中的173个效应量,结论是统计方法比临床预测稍微更准确。类似地，Martin, Quinn, Ruger 和 Kim（2004）发现，统计方法对美国最高法院判决结果的预测，比 83 位法律专家做出的一系列单独预测更为有效。这个研究领域最为有趣的地方是这些发现对于临床实践几乎没有什么影响，这已经被多次证实了。从业者经常对于评估和统计方法缺乏了解，经常对证据表示怀疑，更加看重人际线索，认为统计方法是非人性化的，认为个体差异要多于集体共识，并且受制于"确认偏误"（confirmatory biases）影响，因此，他们总回忆起他们预测正确的例子，而没有回想起那些独立证据更为精确的情况。

另外一个原因是，学校可能的革新对学生成果的关注不如对教与学的工作和结构性条件的关注那么多。Hanushek（1997）已经讨论过教师更多地根据他们从"工作做得很好"中得到的满足感，以及家长和校长潜在的认可或者反对来判断他们是否成功，而不管实际的成功或者失败。很少有与学生表现相关的直接激励因素，而且通常如 Hanushek 认为的，教师"仅仅是对现有的、不强调学生表现的激励机制做出回应"（p.305）。

很多年以前，Alessi（1988）综述了超过 5 000 名儿童由于学业失败而需要接受学校心理咨询的案例。没有一例将问题归结于糟糕的教学项目、糟糕的学校实践、糟糕的教师，或者其他与学校有关的事物。教师声称这些问题都与学生自身及其家庭相关。正如 Engelmann（1991）所说的"一个傲慢的体制将所有问题都推卸到儿童的缺陷之上，没有一个问题是由体制缺陷造成的"（p.298）。相反，Engelmann 质问教师和学校：

- 你到底在哪里真实地看到了这个实践取得了富有成效的结果？
- 你到底在哪里真实地看到了你对教师的培训就会导致他们一致地按照培训的要求去执行工作？
- 哪里有数据能证明你所取得的成就要高于通过其他成功项目所取得的成就（而不只是与学校当局上一次不成功的尝试相比较）？
- 你在哪里吸收了那些曾经取得成功的教师的教学方法（他们学生的表现超过了人口统计上的预期）？

令人沮丧的消息是，"改革越是深入到学校教育的核心，就越不太可能对教与学产生大范围的影响"（Elmore, 1996, p.4），相反，越是远离教与学的改革就越可能成为国家政策。问题不在于通常会发生的对改革的抗拒或者是学校改革遭遇挫折，Elmore认为，学校总是不断地发生变化。像我一样，他将抗拒归结于教师所共有的教与学的观念。"别来打扰我，让我按照自己的方法来教"是常见的口号。于是我们看到了越来越多的学生由于自身、家庭或者社会的原因而不是因为教师或者学校，对学习失去兴趣。通过立法来改变教与学的观念近乎不可能——正因如此，教师专业发展变得越发重要。政策的变动常常收效甚微或者根本不起作用。风暴对大海的影响是，"虽然表面波涛汹涌，海底却是沉稳宁静（尽管有些浑浊）。在政策层面，我们常常看到剧烈运动激起了表面上剧烈的变化……然而表面之下的深处，生活之流依然故我地继续着"（Cuban, 1984, p.234）。

当没有任何证据支持那些关于"什么最有效"的论断时，为什么我们依然去相信它们，这应该成为教育研究的一个重要议题（Yates, 2008）。最明显的是班级规模，大多数人似乎相信缩小班级规模会对学生学业成就产生很大的影响。事实并非如此。但如果人们对此提出经验证据，那么这些主张的信奉者又会转而以或然性的论断对其进行讨论——无疑缩小班级规模会带来很多令人满意的收益（更多的反馈、更多的个性化、更好地倾听学生）。的确有这种可能性，令人疑惑的是当我们缩小班级规模时，为什么这些收益并没有增加（Hattie, 2006）。即便有大量相反的证据，依然有那么多的教师和家长对这种说法深信不疑。

教师在过去的200多年里几乎都没有改变其教学方法。只要课堂"行为"的主要模式依然是提问、回忆以及大量地获取表层知识，只要课堂还追求单纯的投入和忙碌，那么这本书为改变这种传授模式而概述的关于教学本质的建议也不太可能引起人们的关注。对工作环境——缩小班级规模、薪水、建筑、延长在校时间或者在校天数——或者是安抚家长的措施（比如，计算机、择校、特许学校、更多的考试）进行讨论并寻求经费要容易得多。我们有一段很长的教育改革史，但只有特定几次改革能真正触动人心。本书的观点是否能产生重要影响，很大程度上取决于学校是否会求助于基于证据的结论，就像医学看重基于证据的结论一样。对教师和学校的要求是学习至少要比上一年提高$d=0.30$，更好的是要比进行任何被认为是值得保持或实施的干预之前提高$d=0.40$。将这样的挑战明确地刻写在学校或政府部门的桌子上，将会是最有希望的变革机制。

证据的性质

"证据"不是中立的。比如，Biesta（2007）基于一系列的理由批评了诸如本书所采用的基于证据的方法。首先，她认为什么才算是"有效"，主要取决于对教育追求什么的判断。学业成就属于教育的关键追求之一。还有很多其他的重要成果，比如情感方面的成果、毅力和参与度、身体方面的成果，以及符合社会规范的行为和技能。这些我都赞同。

其次，基于证据的方法似乎提供了一个中立的框架，可以在很多不同的领域（比如教育或者医药）中得到运用，并且这种方法的核心在于有效干预的概念。然而，教育从来不是中立的，并且它的基本目标是干预或者是行为变化。正是这样使得教学成为一种道德专业，带着类似这样的基本问题："为什么要教这个而不是那个？""一个人如何以一种正当的、合乎道德的方式进行教学？"Snook（2003）已经提及过，教学需要建立亲密的个人关系：师生之间、学生之间和教师之间。教学肩负着以某种方式去改变一个人的使命。这样的教学发生在有层级控制和需要遵守规则的学校里。在这些互动和争论中，"权力"是非常真实的。因此，Snook认为，教学的目标、方法和关系中都包含着道德的考量。他认为，教师的角色包含着对自主权和理性的尊重。他告诫说："当我们听到太多技术型教师、胜任的教师、有技能的教师时，我们应当提醒自己，教育在本质上是一项道德事业。在这项事业中，有道德的教师扮演着核心角色。"（p. 8）在本书中，元分析是优先被考虑的。对非元分析研究的综述能够使证据的陈述更为翔实和细致。我将这种综述方式留给其他人去完成，尽管我尝试将这些非元分析的观点融入到本书的每一处总结当中。定性综合分析这种新兴的方法论肯定会增加我们文献的丰富性（Au, 2007; Thorne, Jensen, Kearney, Noblit, Sandelowski, 2004）。

改革的成本和效益

需要注意的是，仅仅基于效应量的证据会导致糟糕的决定。对于任何选择来说，都要付出代价，也会获得益处。当决定什么最有效的时候，不同干预的财政成本也应该被考虑在内。如果干预的效果是积极的，我们可以进行成本更低的干预，这优于某些成本更加高昂的干预。问题在于教育需要付出多种成本：成本最小化，即优先选择成本最低的干预；成本效益，即成本和效益之间的权衡（根据效应量、实施的简易程度、与先前教师的实践相连贯、与项目目标相吻合）；同时也有平均成本效益与增量成本效益之间的考量。本书中的平均成本效益可以被视为与平均效应量 d=0.40 相关，而增量成本效益或边际成本效益则要考虑从你现在所做的事情转换到其他干预上所要付出的成本。可能更为重要的是，这也包括学生丧失了学习或参与其他真正带来变化的教育活动的机会成本——而许多同龄学生正从中受益！这也包括被卷入效果最差的干预所要付出的"痛苦成本"——无论教师此前是否实施过这种干预、多么喜欢它，或者戴上有色眼镜（比如寻找其积极之处）和从无稽之谈中找出支撑它的证据。正如 Hanushek（2005）和其他人已经反复证明的那样，我们花费了数百万美元（如果没有数十亿的话）投资到教育创新、改革和政策之上，却没有太多证据可以证明投资给学生的学业成就带来了变化。这些投资可能改变了教师和学生的工作环境和学习环境，但却未能改变学业成就。

在过去的 100 年里，美国的教育经费以每年 3.5% 的速度稳步上升，其中的大部分（60%）用在了教学上。Odden（2007）认为，在教学上不断增加的经费不太可能对学生学习产生影响。相反，表现成倍提升的学校，则运用一系列类似的策略，比如设定高目标（如，90%—95% 的学生达到学业熟练程度），分析学生数据以更深入地了解学生在校的表现状况，利用形成性评价，共同研讨良好教学的证据，更高效地运用时间，以及领导者提供教学上的指导。

相对来说，改革的成本效益确实是一个未被探索的领域。至多，生产函数被用于评估不同学校支出的成本和教育成果之间的关系（通常试图控制背景特征的差异）。这样的模型很少包括非购买性和非货币性的投入的影响（比如同伴效应, Hanushek, 1998; Subotnik, Walberg, 2006）。在其中一个更有趣的模型中，Walberg（1980）提出运用 Cobb-Douglas（1928）的生产函数，因为它含有很多有价值的特性。资本和劳动的边际产量都是正向的，这意味着更多的教学可以带来更多的收获（在一定范围内）。然而，边际回报是不断递减的，因此双倍的学习时间不意味着双倍的学习成果，或者说施加的影响和方法越多，收获的成果却越少。在教学情境中添加更多的东西所带来的回报未必多于选择最优化的、数量更少的，但更能直接带来学习成果的方法。这个模式同样强调了互动效应（interaction effect）的重要性，或者说，更重要的是确保多种干预以合适的配额合理地组合在一起,从而确保积极的互动效应。

本书中所记录的很多效应不可能都是叠加的(additive)——简单地将某些效应结合在一起,并不意味着我们可以仅仅将效应"叠加"在一起,然后期待改变的发生。在某些情况下有些效应是可以叠加的(比如,家庭效应加上学校效应),但正如上面提到的,体验性教育项目(adventure-program)也出现叠加的效应,这是很不寻常的。

成本比较也可以提供非常有益的信息。例如,将班级规模从 30 人缩小到 15 人,其产生的效应量将在 $d=0.10$ 和 $d=0.20$ 之间。Buckingham(2003)估计新西兰的小学和高中的总体平均生师比减少 1 名学生(分别减少到 18.4 和 14.5)的成本大约是每年 1.13 亿新西兰元(尽管减少生师比不完全等同于缩小班级规模)。如此大的成本只能使每个班级平均减少 1 名学生,而且将会是一项持续性的投入,而不是一次性投资,因为它只会带来额外的人员开销。其他额外的成本包括建设更多更小的教室,提供额外的教室资源和持续的专业培训,还需要招聘更多的合格教师(另见 Greenwald, Hedges, Laine, 1996)。Brewer, Krop, Gill 和 Reichardt(1999)估计,把美国一至三年级的班级规模缩小到 18 人,将要额外聘请 10 万名教师,每年成本将达到 50 亿—60 亿美元,还需要额外增加 55% 的教室。如果要从 18 名学生减少到 15 名,每年需要再支出 50 亿—60 亿美元。他们估计,这样的投资,若用于提高每位教师的工资,每年将提高 2 万美元(另见 Blatchford, Goldstein, Martin, Browne, 2002)。问题的正确提法应该是,"如何充分利用这些资源"或者"如果将这些资源用于对学生学业成就产生更大效果的其他改革上,将可以达到什么目标?"

有一项研究比较了引进教科书、建立广播教学和缩小平均班级规模对学业成就产生影响的相对重要性,Jamison(1982;另见 Heyneman, Jamison, Montenegro, 1983)估计,学校必须将平均班级规模从每位教师教 40 名学生减少到 10 名学生,才能获得通过不断增加成本以提高教科书的可获得率(availability)所带来的同样的成就收益。Fuller 总结道:"在大多数情况下,为了提高学业成就而缩小班级规模并非是一个有效的策略。"(1987, p. 276)同样,Levin(1988)比较了四种改革在提高学生小学阶段的阅读和数学成就上的成本效益:延长在校天数、计算机辅助教学、跨龄辅导和缩小班级规模。其中,跨龄辅导的成本效益最高。延长在校天数和缩小班级规模(减少 5 名学生)的回报是最低的。计算机辅助教学的收益处于中等水平。

这些分析不是为了说明改进的成本是低廉的。Pressley 等人（2006，另见第七章）已经提到，实施那些似乎对学生学习产生最大影响的改革将要付出高昂的成本。这些成本大部分是教师和学校领导者的努力成本，也是学生的努力成本。这些努力成本常常被认为是免费的，或者是从教师的私人生活中获得的。但改变教师的观念并不是那么容易和廉价的。例如，Rogers（1962）提议用"S 型学习曲线"来解释教师和教学的这种变化。他的改革扩散模型表明，最初只有少数教师（通常是对变化保持开放、受过更良好的教育、有更大的知识储备、自信，以及并不很顾虑他人制定的规范的教师）开始尝试改革。当达到一定的关键阶段时，将会有更多人开始改革，但最后 20% 以上的人依然很难去接受。教师不会直接从拒绝转变为接受某种新行为，他们要经历不同的决策阶段。Rogers（2003）将这些阶段称为：察觉、了解、说服、决定、实施和确认。这些阶段之间的界限不是很清晰，也不是都会发生，但他的观点是，采纳改革是一个过程，而非一个割裂的事件。让教师察觉到新思想的方式有很多种，但要完成这个过程并加快教师对改革的采纳，通常需要利用人际关系进行推广。社交网络的作用十分强大，但有时又会成为改革最大的障碍。Rogers 的观点照应了第一章中提及的 Cuban 和 Tyack（1995）对过去 200 年来教学的研究：85% 的人抗拒改变他们自以为有用的教学方法；10% 的人愿意做出改变以使其教学变得更有效；5% 的人愿意尝试新的改革。因此，利用问责制、政府施压、强迫和惩罚都很难改变教师的观念或视角。本书建议采取的措施都是成本不菲的，但是它们是充分运用我们的资源的正确途径。

对政策的启示

在很多课堂和学校中，充斥着低效应量的证据，使用着糟糕的方法和策略，深信着"辛酸史"和无稽之谈，容忍着不同的、有时是糟糕的教学。我们恳请这些教师要基于证据去行事，但如此之多的政府机构和部门、教师教育者和其他人都不是基于证据进行决策的。如果证据与当前政策发生矛盾，他们都不愿意去接受证据。他们偏爱去改变教育结构和工作环境。学校的委托人包括政府官员和家长（选民），家长希望他们子女的学校教育要比他们经历的要好，这是很常见的。人们偏爱适合最新意识形态的教学方法，但这些方法很少通过证据加以评估。就如本书证据所显示的那样，我们在学校里会造成伤害——我不

第十一章 结语：如何把所有这些放在一起

只是说那些教师长年以来取得的都是零收益或负收益；我的意思是那些教师和学校没有把达到效应量的关节点（d=0.40）作为目标，但我们很多儿童的确达到了这个关节点。其他儿童却被陷于平庸和缺乏机会的境地。这些高效应量是能够达成的——我们学校的很多教师都达到了。这不是一个遥不可及的梦想，它对于很多学生都是如此真实。但同样对于很多学生来说，现实是如此平庸——这个故事里的魔鬼不是消极的、罪恶的或者无能的教师，而是普通的教师。让我们完成课程，好好表现，保持忙碌，"在这里我们都是好朋友"——这些教师丝毫没有意识到他们正在制造伤害。

政策制定者不运用或者不采信证据的最著名例子，或许是开始于20世纪60年代末的"接续方案"（Project Follow Through）。它的实施超过10年，7.2万名学生参与其中，有超过22位发起人，在超过180个地点进行工作，试图去寻找最有效的教育革新，以通过改善学生学习打破贫穷的循环。这些革新包括直接教学法、整体语言教学法、开放教育和与学生发展相适应的练习（参见Carnine, 2000; House, Glass, McLean, Walker, 1978，了解其历史）。将参与这些项目的学生与控制组的学生进行对比（Stebbins, 1976; Stebbins, St. Pierre, Proper, Anderson, Cerva, 1977），除了其中一项，其他所有项目的效应量都近乎零（有些甚至有负面效果）。只有直接教学法对基本技能、深层理解测试、社交能力测试和情感测试有积极效果。Meyer（1984）一直跟踪研究这些学生，直到他们学校教育的结束。那些参与直接教学法项目的学生高中毕业的几率是那些没有参与该项目的同龄人的两倍，并在阅读（d=0.43）和数学（d=0.28）上取得了更高的分数——直接教学法项目的效果能产生长期的显著差异。然而，这个研究的结果并没有使直接教学法得到更大范围的实施，而是将更多的资源消耗在鲜有效果但深受教育者青睐的教学方法上。Carnine（2000）评论道，像发现学习这样的浪漫主义观点比教师发明的能切实带来变化的方法（这种方法需要关注到细节，有意识地改变行为和教授特定的技能）要更具影响力。拒绝直接教学法，转而支持卢梭式的启发方法，"这是一个专业不成熟的典型案例，缺乏坚实的科学依据，更重视意见和意识形态而非证据"（p.12）。

请思考一下以下引文：

> 在人类的追求中，很难想象缺乏科学性的事业。事实上，任何能够被构想出来的治疗方法都需要接受一次或多次验证，一旦得以验证，就会持

续使用数十年甚至数个世纪，直到它被抛弃。回顾历史，它是最轻率和最不负责任的人体实验，只是建立在试误基础之上，除此无他，常常只是恰好得到那种结果而已。（Thomas, 1979, p.159）

Thomas 在这里指的是医学研究，他注意到循证医学是如何成为破除教条主义的机制，因为教条本身并不会自取灭亡。很多人受到医学专业差劲的服务质量的负面影响，他们的愤恨和施压最终促成了医学界的基于证据的革命。关于不同种族之间结果公平的诉讼案例、教师的糟糕服务、新兴的教育治疗的临床试验，以及对学校教育成果的一套国际化标准和期望，这些都可能是教育变革和改进的催化剂。更多地去做相同的事情肯定不能提供答案。关键的问题在于教学能否从一个不成熟的专业转变为一个成熟的专业，从意见转变为证据，从主观判断和个人经验转变为对判断的批判。

这一切能做得到吗？

有两项研究使本书的观点得到印证。首先，最近的一系列研究描绘了这样一幅学校图景：这些学校取得了很好的成就，尽管它们之前遭遇过失败。Pressley, Mohan, Raphael 和 Fingeret（2007）运用扎根理论，在访谈、考试成绩分析和对学校的深入研究的基础上，勾勒出这样的画面。他们总结道：

> 有效的小学教师，特别是那些能有效提升学生阅读和写作能力的教师，往往会采取以下措施：他们把很多课堂时间用于学习活动，让大部分学生都持续地投入到活动中，这些活动要求他们在阅读、写作和讨论的时候进行思考。有效教师运用技巧去实施明示教学（必要时重教一遍），这种教学需要示范和讲解技能，紧接着是指导学生的练习。也就是说，有效教师呈现出对技能教学、整体性阅读和写作活动三者的有效平衡。教师提供的支架和再教学的作用是很显著的，教师大部分的努力都倾注于此。有效教师将学科内容学习（即社会研究、科学和数学）与阅读和写作教学结合起来。有效教师对学生有很高的期望并提高对学生的学业要求（比如，不断地鼓励学生去尝试阅读稍微难一些的书籍，写更长和更复杂的故事）。从进入学校的第一天起，有效教师就对学生的自律能力抱有很高的期望，让学生

对自己的行为和学业负责。(Pressley, Mohan, Raphael, Fingeret, 2007, p.222)

第二，我曾参与到一项对大批教师课堂的深入调查当中，这些教师有的通过了国家委员会认证（参见第七章），有的没有通过。我们的目的是对有经验的专家和非专家之间的差异进行评估。我们参观了很多教师的课堂，观察和收集了很多人工材料、讲义、访谈、调查问卷和学生习作（Smith, Baker, Hattie, Bond, 2008）。我们选择了两组：一半的教师通过了严格的评审（超过及格分数线）成为NBCT，另外一半申请了但没有通过（低于及格分数线；参见 NBPTS, 2003; http://www.nbpts.org/about/ index.cfm）。我们通过对有经验的专家和非专家的文献综述得到了 13 个维度，每一组证据都是根据这 13 个维度进行独立编码。这两组教师之间有显著的差异，逐步判别函数分析（stepwise discriminant function analysis）显示，其中 3 个维度（挑战、深层表征、监控和反馈）足以区分这两个组别（见图 11.2）。

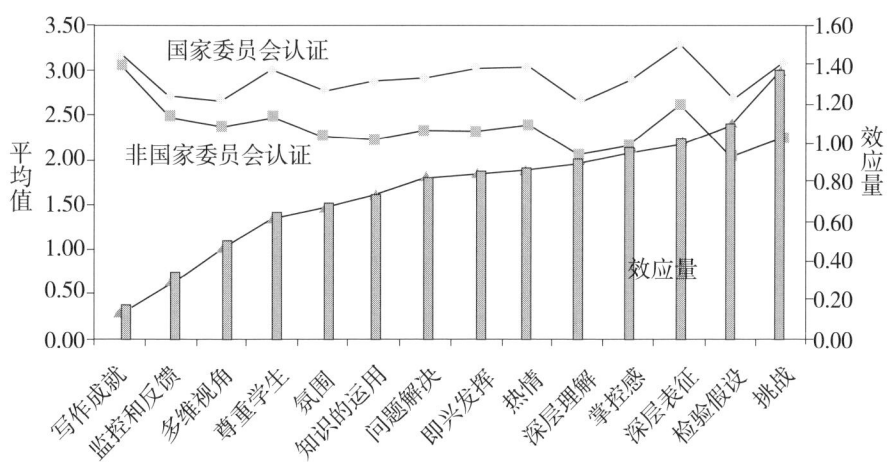

图 11.2　国家委员会认证教师（NBCT）和非国家委员会认证教师（non-NBCT）的平均效应量，以及这两类教师之间的效应量差异

我们以 SOLO 标准对所有学生习作进行了编码。在获得认证的教师的班级里，74% 的学生习作样本被列为反映出深层理解水平，26% 反映出更为表层的理解水平。相比之下，在未获得认证的教师的班级里，29% 的学生习作样本被归类为深层理解水平，71% 被归类为表层理解水平。专家对深层理解水平的影

响是最大的（见图11.3）。

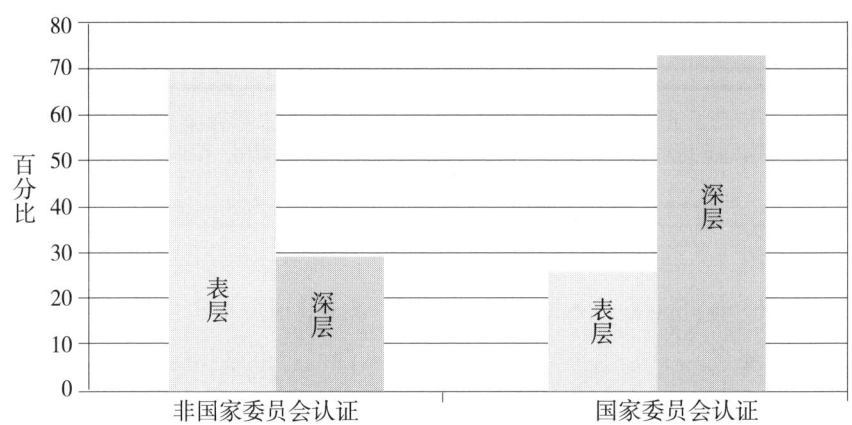

图11.3 NBCT班级和非NBCT班级里的学生习作被归类为表层学习或深层学习的百分比

结论似乎清楚了：有经验的专家拥有教学内容知识，可以灵活地和创新地运用到教学上；他们更善于根据课堂情境的背景特征进行即兴发挥和改变原有的教学计划；他们能从更深的层次去理解学生个体在任何规定的学业任务中的成功与失败的原因；他们如此了解学生，使得他们更能设计出适合学生发展需要的学习任务，吸引、挑战甚至是激发学生，而不是让学生感到单调乏味或者难以企及；他们更能为那些可能在学习新概念时遭遇困难的学生做出预测和规划；当事情进展不顺利时，他们能够更加容易地及时做出调整；他们更能对学生的成功和失败的原因生成准确的假设；他们带着明确的激情投入教学工作。

多年来，与国家委员会的教师一同工作，作为一名教师教育者，作为一位父亲，也作为一名学生，我遇见过极具魅力的教师，他们以本书所概括的原则进行教学，并且切切实实地带来了变化。他们按照这里概括的原则而进行教学工作。他们反思自身，为学生没有取得适当的进步而担忧，他们寻找成功和差距的证据，当教学上有需要的时候他们会寻求帮助。未来是充满希望的，因为在我们的学校里有很多这样的教师。他们经常在学校里埋头苦干，常常没有被家长列为更优秀的教师，但是学生都知道并且很喜欢他们的课堂。本书所传达的信息是对教师和教学美好未来的希冀，这不仅仅基于我对超过14.6万个效应量的解读，更是由于在我们的专业领域里已经有许多优秀的教师，使我们得以宽慰。

我想用我的朋友兼同事 Paul Brock 的下面这段话作为我最后的寄语：

> 因此，不仅仅是作为专业的教育者，而是作为父亲，我想让我的 Sophie 和 Millie 将来会遇到的所有教师都遵守三个基本原则，我相信它们将夯实每一所公立学校教与学的基础。
>
> 首先，培育和挑战我女儿的智力和想象力，使她们达到一种不被自我实现的极低期望所蒙蔽的境界。不要用迎合大众口味的"牛奶冻"伪装成知识和学习，来保护和监护她们，也不要用枯燥乏味的教学法粉碎她们对学习的热爱。不要用无需开动脑筋的"繁忙工作"给她们当头棒喝，也不要仅仅是为了逼迫她们去不断重复地完成永不结束的作业单，去限制她们探索不断进化的知识世界。确保每一天学习都能有适当的进步，然后是每个星期、每个月、每个学期以及每一年都能有适当的进步。
>
> 第二，用仁爱和移情去关怀 Sophie 和 Millie，因为这些茁壮成长的小生命值得用真正的尊重、开明的纪律和想象力去加以引导。
>
> 第三，为了以后的学校教育、成人教育、培训和就业，也为了生活质量本身，请致力于最大程度地发掘她们的潜能，使她们能够贡献和共享澳大利亚社会生活的成果，那就是公平、正义、包容、荣誉、博学、繁荣和幸福。
>
> 当所有这些都说到做到，这肯定是每一位父母和每一名学生都期望从学校教育中获得的东西。这不仅是对新南威尔士州每一所公立学校的期望，也不仅是对澳大利亚每一所学校的期望，同时也是对全世界所有学校的期望。（Brock, 2004, pp. 250–251）

附录 A 元分析列表：按主题分类

编号	领域	作者	年份	研究数	总量	效应量数	平均值	标准误	CLE	变量
	先前成就									
1	学生	Boulanger	1981	34	—	62	1.09	0.039	77%	科学学习的相关能力
2	学生	Hattle & Hansford	1983	72	—	503	1.19	—	84%	智力与成就
3	学生	Samson, Graue, Weinstein, &Walberg	1984	35	—	209	0.31	—	22%	学业和职业表现
4	学生	Kavale & Nye	1985	1 077	—	268	0.68	—	48%	预测特殊教育学生的能力构成
5	学生	Cohen	1984	108	—	108	0.37	0.015	26%	大学成绩和成年后的成就
6	学生	McLinden	1988c	47	2 220	47	0.61	—	43%	盲人和视力正常者在空间任务中的表现
7	学生	Bretz	1989	39	26 816	39	0.39	—	28%	大学对成年后成功的影响
8	学生	Schuler, Funke, & Baron-Boldt	1990	63	29 422	63	1.02	—	72%	高中成绩对大学成绩的影响
9	学生	Lapadat	1991	33	825	275	0.52	0.060	37%	特殊教育学生语言能力对成就的影响
10	学生	Rush	1992	100	236 772	404	0.48	—	34%	危机学生的差异
11	学生	Piburn	1993	44	—	186	0.80	—	57%	先前能力对科学成就的影响
12	学生	La Paro & Pianta	2000	70	7 243	63	1.02	0.370	72%	学前教育对入学最初几年的影响
13	学生	Ernst	2001	23	1 733	32	0.41	—	29%	早期认知能力和学业成就
14	学生	Kuncel, Hezlett, & Ones	2001	1 753	82 659	6 589	0.52	0.005	37%	高中成绩对大学成绩的影响

编号	领域	作者	年份	研究数	总量	效应量数	平均值	标准误	CLE	变量
15	学生	Murphy & Alexander	2006	20	—	50	0.80	—	57%	知识、信念和兴趣对概念转变的影响
16	学生	Trapmann, Hell, Welgand, & Schuler	2007	83	—	83	0.90	—	64%	高中成绩对大学成绩的影响
17	学生	Duncan et al.	2007	6	—	228	0.35	—	24%	学前教育对入学最初几年的影响
	皮亚杰项目									
18	学生	Jordan & Brownlee	1981	51	6 000	65	1.28	—	91%	皮亚杰任务和阅读及数学
	自评成绩									
19	学生	Mabe & West	1982	35	13 565	35	0.93	—	65%	对成就的自我评估
20	学生	Falchikov & Boud	1989	57	5 332	96	0.47	—	33%	大学里的自我评价
21	学生	Ross	1998	11	—	60	1.63	—	115%	第二语言的自我评价
22	学生	Falchikov & Goldfinch	2000	48	4 271	56	1.91	—	135%	大学里的自我评价
23	学生	Kuncel, Crede, & Thomas	2005	29	56 265	29	3.10	0.026	219%	大学 GPA 的自我评价
24	学生	Kuncel, Crede, & Thomas	2005	29	—	29	0.60	0.034	42%	自我评分和记录分数之间的差异
	创造力									
25	学生	Kim	2005	21	45 880	447	0.35	—	25%	创造力和成就之间的关系
	态度和特质									
	人格									
26	学生	Hattie & Hansford	1983	115	—	1 197	0.07	—	5%	人格对成就的影响
27	学生	O'Connor & Paunonen	2007	23	—	108	0.10	—	7%	"五大"人格因素和成就
28	学生	Boyd	2007	50	—	130	0.06	—	4%	外倾性对成就的影响
29	学生	Lyubomirsky, King, & Diener	2005	46	—	46	0.54	—	38%	幸福感对成就的影响
	自我概念									
30	学生	Hansford & Hattie	1982	128	202 823	1 136	0.41	—	29%	自我概念
31	学生	Muller, Gullung, & Bocci	1988	38	—	838	0.36	—	25%	自我概念
32	学生	Holden, Moncher, Schinke, & Barker	1990	25	—	26	0.37	—	26%	自我效能感
33	学生	Multon, Brown, & Lent	1991	36	4 998	38	0.76	—	54%	自我效能感

续表

编号	领域	作者	年份	研究数	总量	效应量数	平均值	标准误	CLE	变量
34	学生	Wickline	2003	41	48 038	41	0.35	—	24%	自我概念
35	学生	Valentine, DuBois, & Cooper	2004	56	50 000	34	0.32	0.010	23%	自我概念
动机										
36	学生	Uguroglu & Walberg	1979	40	36 946	232	0.34	0.070	24%	动机
37	学生	Findley & Cooper	1983	98	15 285	275	0.36	0.039	25%	内控点
38	学生	Whitley & Frieze	1985	25	—	25	0.56	—	40%	成败归因
39	学生	Ross	1988	65	—	65	0.73	0.093	52%	掌控个人的学习
40	学生	Schiefee, Krapp, & Schreyer	1993	21	—	121	0.65	0.02	46%	兴趣和成就
41	学生	Kalechstein & Nowicki	1997	78	58 142	261	0.23	0.010	16%	内控点
注意力/毅力/参与度										
42	学生	Feltz & Landers	1983	60	1 766	146	0.48	—	34%	心智训练对动作技能学习的影响
43	学生	Datta & Narayanan	1989	23	—	45	0.61	—	43%	对成就的关注
44	学生	Kumar	1991	16	4 518	102	1.09	0.035	77%	对科学的参与度
45	学生	Cooper & Dorr	1995	19	6 684	26	0.21	0.030	15%	种族对成就需要的影响
46	学生	Mikolashek	2004	28	—	268	0.03	—	2%	危机学生的可塑性
减少焦虑										
47	学生	Hembree	1988	46	28 276	176	0.22	—	16%	减少测验焦虑
48	学生	Seipp	1991	26	36 626	156	0.43	—	30%	减少焦虑对成就的影响
49	学生	Bourhis & Allen	1992	23	—	728	0.37	—	26%	没有沟通焦虑
50	学生	Ma	1999	26	18 279	37	0.56	—	40%	减少对数学和成就的焦虑
对数学/科学的态度										
51	学生	Willson	1983	43	638 333	280	0.32	—	23%	对科学的态度
52	学生	Bradford	1990	102	—	241	0.29	—	20%	对数学的态度
53	学生	Ma & Kishor	1997	143	94 661	143	0.47	—	33%	对数学的态度

附录 A 元分析列表：按主题分类 | 309

续表

编号	领域	作者	年份	研究数	总量	效应量数	平均值	标准误	CLE	变量
身体影响										
早产儿出生体重										
54	学生	Bhutta, Cleves, Casey, Cradock, & Anand	2002	15	3 276	15	0.73	—	52%	足月儿与早产儿的出生体重
55	学生	Corbett & Drewett	2004	31	1 213	121	0.34	—	24%	婴儿期是否茁壮成长
疾病										
56	学生	Sharpe & Rossiter	2002	7	—	7	0.20	—	14%	（少）慢性疾病对成就的影响
57	学生	Schatz	2003	6	—	6	0.25	—	18%	贫血与否对成就的影响
饮食										
58	学生	Kavale & Forness	1983	23	—	125	0.12	0.037	8%	人工食用色素的减少
锻炼/放松										
59	学生	Moon, Render, & Pendley	1985	20	—	36	0.16	0.088	11%	放松和成就
60	学生	Etnier, Salazar, Landers, Petruzzelo, Han, & Nowell	1997	134	—	1 260	0.25	0.019	18%	身体健康和锻炼
61	学生	Sibley & Etnier	2002	36	—	104	0.36	—	25%	体育活动对成就的影响
62	学生	Etnier, Nowell, Landers, & Sibley	2006	37	1 306	571	0.34	0.013	24%	有氧健身和认知表现
药物										
63	学生	Ottenbacher & Cooper	1983	61	1 972	61	0.47	0.038	33%	兴奋剂对成就的影响
64	学生	Kavale	1982	135	5 300	984	0.58	0.019	41%	针对多动症的兴奋剂药物干预
65	学生	Thurber & Walker	1983	20	1 219	20	0.23	0.038	16%	兴奋剂干预对成就的影响
66	学生	Kavale & Nye	1984	70	—	401	0.30	0.038	21%	药物干预
67	学生	Crenshaw	1997	36	1 030	36	0.29	0.042	21%	药物干预（ADHD）对认知成就的影响
68	学生	DuPaul & Ekert	1997	63	637	63	0.31	0.038	22%	学校干预对 ADHD 的影响
69	学生	Purdie, Hattie, & Carroll	2002	74	2 188	266	0.28	0.038	20%	药物干预（ADHD）对认知成果的影响
70	学生	Snead	2005	8	815	8	0.20	—	14%	行为干预、药物对成就的影响

续表

编号	领域	作者	年份	研究数	总量	效应量数	平均值	标准误	CLE	变量
		性别—成就（男生—女生）								
71	学生	Hattie & Hansford	1980	72	—	503	-0.02	—	-1%	性别和成就
72	学生	Hyde	1981	16	65 193	16	0.43	—	30%	性别和认知成就
73	学生	Hyde	1981	27	68 899	27	-0.24	—	-17%	阅读和性别
74	学生	Kahl, Fleming, & Malone	1982	169	—	31	0.12	—	8%	大学预科科学和成就
75	学生	Steinkamp & Maehr	1983	83	—	107	0.19	—	13%	科学中的性别差异
76	学生	Freeman	1984	35	—	35	0.09	0.050	6%	数学中的性别差异
77	学生	Meehan	1984	53	—	160	0.14	—	10%	形式运算和性别
78	学生	Johnson, E	1984	9	—	9	0.45	—	32%	问题解决中的性别影响
79	学生	Linn & Peterson	1985	172	—	263	0.40	—	28%	空间成就和性别
80	学生	Becker & Chang	1986	42	—	42	0.16	—	11%	科学和性别
81	学生	Tohidi, Steinkamp, & Maehr	1986	70	—	70	0.32	—	23%	认知功能和性别
82	学生	Born, Bleichrodt, & Van der Flier	1987	17	—	772	0.08	—	6%	智力中的性别影响
83	学生	Hyde & Linn	1988	165	1 418 899	165	-0.11	—	-8%	性别差异对言语成就的影响
84	学生	Friedman	1989	98	227 879	98	0.02	0.016	1%	数学和性别
85	学生	Hines	1989	30	—	260	0.01	—	1%	数学和性别
86	学生	Becker	1989	29	17 603	67	0.16	0.020	11%	科学中的性别差异
87	学生	Stumpf & Klieme	1989	18	171 824	18	0.48	—	34%	空间成就和性别
88	学生	Hyde, Fennema, & Lamon	1990	100	3 217 489	259	0.20	—	14%	性别和认知成就
89	学生	Cohn	1991	65	9 000	113	-0.61	—	-43%	性别对自我提升的影响
90	学生	Frost, Hyde, & Fennema	1994	100	—	254	0.15	—	11%	数学和成就
91	学生	DeBaz	1994	67	7 026	9	0.26	—	18%	性别和成就
92	学生	Schram	1996	13	4 134	18	-0.08	—	-6%	应用统计和性别
93	学生	Yang	1997	25	—	25	-0.34	0.054	-24%	数学和性别
94	学生	Lietz	2006	139	—	139	-0.19	—	-13%	阅读和性别

续表

编号	领域	作者	年份	研究数	总量	效应量数	平均值	标准误	CLE	变量
		性别—态度								
95	学生	Cooper, Burger, & Good	1980	10	219	10	−0.10	—	−7%	控制信念和性别
96	学生	Haladyna & Shaughnessy	1982	49	—	17	0.36	—	25%	科学和性别
97	学生	Hyde, Fenemma, Ryan, Frost, & Hopp	1990	70	63 229	126	0.15	—	11%	数学和性别
98	学生	DeBaz	1994	67	89 740	25	0.30	0.027	21%	科学和性别
99	学生	Weinburgh	1995	18	6 753	18	0.20	—	14%	科学和性别
100	学生	Whitley	1997	82	40 491	104	0.23	—	16%	计算机和性别
101	学生	Elsey & Snetzler	1998	96	30 490	304	−0.01	—	−1%	数学和性别
		性别—领导力								
102	学生	Wood	1987	52	3 099	19	0.38	—	27%	团队表现和性别
103	学生	Wood	1987	52	3 099	45	0.39	—	28%	团队表现和性别
104	学生	Eagly & Johnson	1990	370	32 560	370	−0.11	—	−8%	领导力和性别
105	学生	Pantilli, Williams, & Fortune	1991	10	—	47	0.18	—	13%	评价中心和性别
106	学生	Eagly, Karau, & Johnson	1992	50	8 375	125	−0.01	—	−1%	校长领导力和性别
		性别—动作成果								
107	学生	Eaton & Enns	1986	90	8 636	127	0.49	—	35%	动作活动和性别
108	学生	Thomas & French	1985	64	100 195	445	0.62	0.040	44%	动作活动和性别
		性别—行为成果								
109	学生	Gaub & Carlson	1997	18	—	17	0.13	—	9%	ADHD 和性别
110	学生	Hall	1980	42	—	75	−0.32	—	−23%	情感暗示和性别
111	学生	Lytton & Romney	1991	172	—	717	−0.02	—	−1%	社会化和性别
		种族								
112	学生	Allen, Bradford, Grimes, Cooper, & Howard	1999	9	2 661	9	0.32	0.003	23%	积极看待自己的种族

续表

编号	领域	作者	年份	研究数	总量	效应量数	平均值	标准误	CLE	变量
	学前影响									
	早期干预									
113	学生	Exceptional Child Center	1983	156	—	1 436	0.43	0.023	30%	残障和处境不利学生
114	学生	Harrell	1983	71	—	449	0.42	—	30%	开端计划
115	学生	Collins	1984	67	—	271	0.27	—	19%	开端计划
116	学生	Horn & Packard	1985	58	59 998	138	0.90	—	64%	学习问题的早期预测
117	学生	Casto & White	1985	126	—	663	0.43	0.040	30%	危机儿童
118	学生	Ottenbacher & Petersen	1985	38	1 544	118	0.97	0.083	69%	对残障学生的早期干预
119	学生	White & Casto	1985	326	—	2 266	0.52	—	37%	残障—长期
120	学生	White & Casto	1985	162	—	1 665	0.44	0.026	31%	残障和处境不利
121	学生	McKey, Condelli, Ganson, Barrett, McConkey, & Plantz	1985	72	—	17	0.31	—	22%	开端计划
122	学生	Casto & Mastropieri	1986	74	—	215	0.68	0.050	48%	残障
123	学生	Murphy	1991	150	—	104	0.46	—	33%	芝麻街
124	学生	Innocenti & White	1993	155	—	797	0.60	—	42%	早期干预
125	学生	Kim, Innocenti, & Kim	1996	80	—	659	0.25	0.024	18%	早期干预
126	学生	Mentore	1999	77	16 888	319	0.48	0.040	34%	早期干预
127	学生	Crosby	2004	44	2 267	196	0.14	—	10%	对残障或智力发育迟缓儿童的早期干预
128	学生	Bakermans-Kranenburg, van Ijzendoorn, & Bradley	2005	48	7 350	56	0.20	—	14%	家庭中的早期干预
	学前教育项目									
129	学生	Snyder & Sheehan	1983	8	—	182	0.48	—	34%	学前项目
130	学生	Goldring & Presbrey	1986	11	1 267	11	0.25	—	18%	学前项目
131	学生	Applegate	1986	13	—	114	0.42	0.094	30%	日托
132	学生	Lewis & Vosburgh	1988	65	3 194	444	0.43	—	31%	基于幼儿园

附录 A 元分析列表：按主题分类

续表

编号	领域	作者	年份	研究数	总量	效应量数	平均值	标准误	CLE	变量
133	学生	Nelson	1994	21	—	135	0.42	0.037	30%	父母教育计划
134	学生	Fusaro	1997	23	—	23	1.43	—	101%	全日制和半日制幼儿园
135	学生	Gilliam & Zigler	2000	13	—	22	0.17	—	12%	13个州的幼儿园
136	学生	Violato & Russell	2000	101	32 271	101	0.14	—	10%	日托与家庭照料
137	学生	Jones	2002	22	—	22	0.56	—	40%	全日制幼儿园
138	学生	Nelson, Westhues, & Macleod	2003	34	—	721	0.53	—	37%	学前预防计划
139	学生	Timmerman	2006	47	7 800	47	0.10	—	7%	家庭照料与日托
	社会经济地位									
140	家庭	White	1982	101	—	620	0.66	—	47%	社会经济地位和成就
141	家庭	Fleming & Malone	1983	273	—	21	0.50	—	35%	学生特点和科学成就
142	家庭	DeBaz	1994	67	47 001	9	0.50	—	35%	家庭中的资源利用
143	家庭	Sirin	2005	58	129 914	307	0.61	0.016	43%	SES和成就之间的关系
	福利政策									
144	家庭	Gennetian, Duncan, Knox, Clark-Kauffman, & London	2004	8	—	8	−0.12	0.030	−8%	家庭接受福利对学业成就的影响
	家庭结构									
145	家庭	Falbo & Polit	1986	115	—	115	0.17	0.023	12%	独生子女和非独生子女
146	家庭	Salzman	1987	137	9 955 118	273	0.26	—	18%	父亲在家生活和父亲不在家生活
147	家庭	Amato & Keith	1991	39	—	39	0.16	—	11%	完整家庭和离异家庭
148	家庭	Wierzbicki	1993	66	—	31	0.13	0.041	9%	收养和非收养儿童的成就
149	家庭	Kunz	1995	65	—	65	0.30	—	21%	完整家庭和离异家庭
150	家庭	Amato & Gilbreth	1999	63	14 471	52	0.12	—	9%	跟父亲居住不跟父亲居住
151	家庭	Amato	2001	67	—	177	0.29	—	21%	跟父亲居住不跟父亲居住
152	家庭	Reifman, Villa, Amans, Rethinam, & Telesca	2001	35	—	7	0.16	—	11%	完整家庭的儿童和离异家庭儿童

续表

编号	领域	作者	年份	研究数	总量	效应量数	平均值	标准误	CLE	变量
153	家庭	Pong, Dronkers, & Hampden-Thompsom	2003	22	—	22	0.13	—	9%	单亲和双亲家庭对数学和科学成就的影响
154	家庭	vanIjzendoorn, Juffer, & Poelhuls	2005	55	—	52	0.19	—	13%	非收养和收养儿童
155	家庭	Goldberg, Prause, Lucas-Thompson, & Himsel	2008	68	178 323	770	0.06	—	5%	母亲就业对儿童成就的影响
156	家庭	Jeynes	2007	61	—	78	0.22	—	16%	完整家庭和父母再婚家庭对儿童成就的影响
	家庭环境									
157	家庭	Iverson & Walberg	1982	18	5 831	92	0.80	—	56%	家庭环境与学校学习
158	家庭	Gottfried	1984	17	—	17	0.34	—	24%	家庭环境与早期成就
	电视									
159	家庭	Williams, Haertel, Haertel, & Walberg	1982	23	—	227	-0.12	—	-8%	空闲时间看电视
160	家庭	Neuman	1986	8	—	8	-0.15	—	-11%	电视对阅读的影响
161	家庭	Razel	2001	6	1 022 000	305	-0.26	—	-18%	电视对成就的影响
	家长参与									
162	家庭	Graue, Weinstein, & Walberg	1983	29	—	29	0.75	0.178	53%	家庭辅导的效果
163	家庭	Casto & Lewis	1984	76	—	754	0.41	—	29%	家长参与幼儿和学前项目
164	家庭	Crimm	1992	57	—	57	0.39	—	28%	家长参与和成就
165	家庭	White, Taylor, & Moss	1992	205	—	205	0.13	—	9%	中度到广泛的家长参与
166	家庭	Rosenzweig	2000	34	—	474	0.31	—	22%	家长参与和成就
167	家庭	Fan & Chen	2001	92	—	92	0.52	—	37%	家长参与和成就
168	家庭	Comfort	2004	94	—	43	0.56	—	40%	家长培训对认知/语言的影响
169	家庭	Jeynes	2005	41	20 000	41	0.74	—	52%	城市地区的家长参与（小学）
170	家庭	Senechal	2006	14	—	14	0.68	—	48%	家庭参与阅读
171	家庭	Earhart, Ramirez, Carlson, & Beretvas	2006	22	—	22	0.70	—	49%	家长参与和成就
172	家庭	Jeynes	2007	52	300 000	52	0.38	—	27%	城市地区的家长参与（高中）

续表

编号	领域	作者	年份	研究数	总量	效应量数	平均值	标准误	CLE	变量
	家访									
173	家庭	Black	1996	11	—	11	0.39	—	28%	对有学习障碍学生的家访
174	家庭	Sweet & Applebaum	2004	60	—	41	0.18	—	13%	家访
	学校效应									
175	学校	Scheerens & Bosker	1997	168	—	168	0.48	0.019	34%	学校效应
	财政									
176	学校	Childs & Shakeshaft	1986	45	2 205 319	417	0.00	—	0%	教育经费
177	学校	Murdock	1987	46	71 698	46	0.06	—	4%	对大学持续的财政补助
178	学校	Hedges, Laine, & Greenwald	1994	38	—	38	0.70	—	49%	每个学生 500 美元补助对成就的影响
179	学校	Greenwald, Hedges, & Laine	1996	60	—	180	0.14	—	10%	每个学生 500 美元补助对成就的影响
	学校类型									
	特许学校									
180	学校	Miron & Nelson	2001	18	—	18	0.20	—	14%	特许学校
	宗教学校									
181	学校	Jeynes	2002	15	54 060	15	0.25	—	18%	宗教和公立学校教育对成就的影响
182	学校	Jeynes	2004	56	—	56	0.20	—	14%	宗教信仰对成就的影响
	暑期学校									
183	学校	Cooper, Charlton, Valentine, Muhlenbruck, & Borman	2000	41	26 500	385	0.28	—	20%	补习型暑期项目
184	学校	Cooper, Charlton, Valentine, Muhlenbruck, & Borman	2000	7	2 200	60	0.23	—	16%	加速型暑期项目
185	学校	Kim	2002	57	—	155	0.17	—	12%	学业型暑期项目
	种族融合学校									
186	学校	Krol	1980	71	—	71	0.16	0.049	11%	美国种族融合和隔离班级
187	学校	McEvoy	1982	29	—	29	0.20	—	14%	美国种族融合和隔离班级
188	学校	Miller & Carlson	1982	19	—	34	0.19	0.028	14%	美国种族融合和隔离班级

续表

编号	领域	作者	年份	研究数	总量	效应量数	平均值	标准误	CLE	变量
189	学校	Walberg	1982	19	—	19	0.88	—	32%	美国种族融合和隔离班级
190	学校	Armor	1983	19	—	51	0.05	—	4%	美国种族融合和隔离班级
191	学校	Bryant	1983	31	—	31	0.45	0.122	32%	美国种族融合和隔离班级
192	学校	Crain & Mahard	1983	93	—	323	0.08	0.013	6%	美国种族融合和隔离班级
193	学校	Wortman	1983	31	—	98	0.45	0.089	32%	美国种族隔离和非隔离班级
194	学校	Stephan	1983	19	—	63	0.15	—	11%	美国种族隔离和非隔离班级
195	学校	Goldring & Addi	1989	4	6 731	4	0.15	—	11%	以色列种族隔离和非隔离班级
	寄宿学校									
196	学校	Blimling	1999	10	11 581	23	0.05	—	3%	寄宿学校
	学校结构的影响									
	学校规模									
197	学校	Stekelenburg	1991	21	—	120	0.43	—	30%	高中学校规模对成就的影响
	暑假									
198	学校	Cooper, Nye, Charlton, Lindsay, & Greathouse	1996	39	—	62	−0.09	—	−6%	暑假对成就的影响
	学生流动									
199	学校	Jones	1989	93	51 057	141	−0.50	—	−35%	学生流动与成就
200	学校	Mehana	1997	26	2 889	45	−0.24	0.005	−17%	学生流动与成就
201	学校	Diaz	1992	62	131 689	354	−0.28	—	−20%	从社区学院到四年制机构
	校外课程经验									
202	学校	Lauer, Akiba, Wilkerson, Aphthorp, Snow, & Martin-Glenn	2006	30	15 277	24	0.10	—	7%	放学后项目对阅读和数学的影响
203	学校	Lauer, Akiba, Wilkerson, Aphthorp, Snow, & Martin-Glenn	2006	22	15 277	26	0.07	—	5%	暑期学校项目对阅读和数学的影响
	校长/学校领导者									
204	学校	Neuman, Edwards, & Raju	1989	126	—	238	0.159	0.034	2%	组织发展干预

附录 A 元分析列表：按主题分类

续表

编号	领域	作者	年份	研究数	总量	效应量数	平均值	标准误	CLE	变量
205	学校	Pantli, Williams, & Fortune	1991	32	10 773	32	0.41	—	29%	校长的考评等级和工作表现
206	学校	Gasper	1992	22	—	25	0.81	—	57%	变革型领导
207	学校	Bosker & Witziers	1995	21	—	65	0.04	—	3%	校长对学生成就的影响
208	学校	Brown	2001	38	—	339	0.57	0.028	40%	领导力对学生成就的影响
209	学校	Wiseman	2002	59	16 326	59	−0.26	—	−18%	教学管理对学生成就的影响
210	学校	Witziers, Bosker, & Kruger	2003	61	—	377	0.02	—	1%	校长对学生成就的影响
211	学校	Waters, Marzano, & McNulty	2003	70	1 100 000	70	0.25	—	18%	校长对学生成就的影响
212	学校	Waters & Marzano	2006	27	—	27	0.49	—	35%	学区的教育督导对学生成就的影响
213	学校	Chin	2007	21	6 558	11	1.12	—	79%	变革型领导
214	学校	Robinson, Lloyd, & Rowe	2008	14	—	14	0.39	—	28%	校长对学生成就的影响

班级结构的影响

班级规模

215	学校	Glass & Smith	1979	77	520 899	725	0.09	—	6%	班级规模
216	学校	McGiverin et al.	1999	10	—	24	0.34	—	24%	班级规模
217	学校	Goldstein,Yang, Omar, & Thompson	2000	9	29 440	36	0.20	—	14%	班级规模

开放 / 传统班级

218	学校	Peterson	1980	45	—	45	0.12	—	8%	传统和开放班级
219	学校	Madamba	1980	72	—	72	−0.03	—	−2%	传统和开放班级
220	学校	Hetzel, Rasher, Butcher, & Walberg	1980	45	—	45	−0.13	—	−9%	传统和开放班级
221	学校	Giaconia & Hedges	1982	153	—	171	0.06	0.032	4%	传统和开放班级

能力分轨

222	学校	Kulik	1981	41	—	41	0.13	—	9%	能力分轨对高中生的影响
223	学校	Kulik & Kulik	1982	52	—	51	0.10	0.045	7%	能力分轨对高中生的影响
224	学校	Kulik & Kulik	1984	23	—	23	0.19	—	13%	小学年级中的能力分轨
225	学校	Bangert-Drowns, Kulik, & Kulik	1985	85	—	85	0.15	—	11%	班级之间的能力分轨

续表

编号	领域	作者	年份	研究数	总量	效应量数	平均值	标准误	CLE	变量
226	学校	Noland & Taylor	1986	50	—	720	−0.08	—	−6%	能力分轨
227	学校	Slavin	1987	14	—	17	0.00	—	0%	小学年级中的能力分轨
228	学校	Henderson	1989	6	—	6	0.23	—	16%	小学年级中的能力分轨
229	学校	Slavin	1990	29	—	29	−0.02	—	−1%	能力分轨对高中生的影响
230	学校	Gutierrez & Slavlin	1992	14	—	14	0.34	—	24%	不分年级的小学
231	学校	Kulik & Kulik	1992	56	—	51	0.03	—	2%	能力分轨
232	学校	Kim	1996	96	—	96	0.17	—	12%	肯塔基州不分年级的学校
233	学校	Mosteller, Light, & Sachs	1996	10	—	10	0.00	—	0%	能力分轨
234	学校	Lou,Abrami, Spence, Poulsen, Chambers, & d'Apollonia	1996	12	—	12	0.12	—	8%	能力分轨
235	学校	Neber, Finsterwald, & Urban	2001	12	—	214	0.33	—	23%	同质班级和异质班级对资优学生的影响
	混合年级/混龄班级									
236	学校	Veenman	1995	11	—	11	−0.03	—	−2%	混龄班级
237	学校	Veenman	1996	56	—	34	−0.01	—	−1%	混合年级班级
238	学校	Kim	1996	27	—	27	0.17	—	12%	不分年级和混合年级/混龄班级
	班内分组									
239	学校	Kulik	1985	78	—	78	0.15	—	11%	班级之间的能力分轨
240	学校	Lou, Abrami, Spence, Poulsen, Chambers, & d'Pollonia	1996	51	16 073	103	0.17	—	12%	班内分组
	小组学习									
241	学校	Springer, Stanne, & Donovan	1997	39	3 472	116	0.46	—	33%	大学里的小组合作
242	学校	Springer, Stanne, & Donovan	1999	39	—	39	0.51	—	36%	科学课程中的小组合作
	随班就读									
243	学校	Carlberg & Kavale	1980	50	27 000	50	0.12	0.092	8%	常规班级和特殊班级安置
244	学校	Baker	1994	13	2 532	129	0.08	—	6%	常规班级和特殊班级安置

续表

编号	领域	作者	年份	研究数	总量	效应量数	平均值	标准误	CLE	变量
245	学校	Dixon & Marsh	1997	70	—	70	0.65	—	46%	常规班级和特殊班级安置
246	学校	Baker, Wang, & Walberg	1994	6	—	6	0.20	—	14%	常规班级和特殊班级安置
247	学校	Wang & Baker	1986	11	—	115	0.33	—	23%	常规班级和特殊班级安置

留级

248	学校	Holmes	1983	7	—	527	-0.42	—	-30%	留级和非留级
249	学校	Holmes & Matthews	1984	44	11 132	575	-0.37	—	-26%	留级对所有小学生的影响
250	学校	Holmes	1986	17	—	217	-0.06	—	-4%	留级和非留级
251	学校	Holmes	1989	63	—	861	-0.15	—	-11%	留级对所有学生的影响
252	学校	Yoshida	1989	34	—	242	-0.38	—	-27%	留级对小学生的影响
253	学校	Draney & Wilson	1992	22	—	78	0.66	—	47%	同一学年留级和非留级
254	学校	Jimerson	2001	20	2 806	175	-0.39	—	-28%	留级和非留级

面向资优学生的学校课程

资优学生的能力分轨

255	学校	Barget-Drowns, Kulik, & Kulik	1985	25	—	25	0.25	—	18%	课堂组织对资优学生的影响
256	学校	Goldring	1986	23	—	146	0.35	0.059	25%	资优学生的能力分轨
257	学校	Rogers	1991	13	—	13	0.43	—	30%	分物对资优学生的影响
258	学校	Vaughn, Feldhusen, & Asher	1991	8	—	8	0.47	0.070	33%	资优学生的分离促进项目
259	学校	Kulik & Kulik	1992	56	—	10	0.02	—	1%	课堂组织对资优学生的影响

加快学习进度

| 260 | 学校 | Kulik & Kulik | 1984 | 26 | — | 13 | 0.88 | 0.183 | 62% | 对资优学生学业成就的影响 |
| 261 | 学校 | Kulik | 2004 | 11 | 4 340 | 11 | 0.87 | — | 62% | 加速学生和同龄资优学生控制组 |

拓展学习内容

262	学校	Wallace	1989	138	22 908	136	0.57	0.010	40%	资优学生的学习内容拓展项目
263	学校	Romney & Samuels	2001	40	13 428	47	0.35	0.025	24%	Feuerstein资优学生辅助性内容拓展项目
264	学校	Shiell	2002	36	—	360	0.26	—	18%	Feuerstein资优学生辅助性内容拓展项目

续表

编号	领域	作者	年份	研究数	总量	效应量数	平均值	标准误	CLE	变量
	课堂影响									
	课堂管理									
265	学校	Marzano	2003	100	—	5	0.52	—	37%	课堂管理对成就的影响
	课堂凝聚力									
266	学校	Haertel, Walberg, & Haertel	1980	12	17 805	403	0.17	0.016	12%	课堂氛围
267	学校	Evans & Dion	1991	27	—	372	0.92	—	65%	团体凝聚力
268	学校	Mullen & Copper	1994	49	8 702	66	0.51	—	36%	团体凝聚力
	课堂行为									
269	学校	Bender & Smith	1990	25	—	124	1.101	0.13	78%	残障学生和有学习障碍学生的课堂行为
270	学校	DuPaul & Eckert	1997	63	—	637	0.58	0.450	41%	针对ADHD的学校项目
271	学校	Frazier, Youngstron, Glutting, & Watkins	2007	72	—	181	0.71	—	50%	针对ADHD学生的项目
	减少干扰行为									
272	学校	Skiba & Casey	1985	41	883	26	0.93	—	66%	课堂干扰行为
273	学校	Stage & Quiroz	1997	99	5 057	289	0.78	0.034	55%	减少干扰行为
274	学校	Reid, Gonzalez, Nordness, Trout, & Epstein	2004	25	2 486	101	−0.69	0.040	−49%	情绪/行为干扰
	同伴影响									
275	学校	Ide, Parkerson, Haertel, & Walberg	1980	12	—	122	0.53	—	37%	同伴影响对学业成就的影响
	教师效应									
276	教师	Nye, Konstantopoulos, & Hedges	2004	18	—	18	0.32	0.020	23%	全体教师的效果
	教师教育									
277	教师	Wu, Becker, & Kennedy	2002	24	—	192	0.08	0.044	6%	完全证书教师和其他证书教师
278	教师	Wu, Becker, & Kennedy	2002	24	—	76	0.14	—	10%	传统证书教师和应急证书教师

续表

编号	领域	作者	年份	研究数	总量	效应量数	平均值	标准误	CLE	变量
279	教师	Sparks	2004	5	—	18	0.12	—	8%	传统和应急或见习证书教师培训
		微格教学								
280	教师	Butcher	1981	47	—	47	0.55	—	39%	教师培训对教师技能的影响
281	教师	Yeany & Padilla	1986	183	—	183	1.18	—	83%	教师培训对科学教师技能的影响
282	教师	Bennett	1987	112	—	126	1.10	—	78%	教师培训对教师技能的影响
283	教师	Metcalf	1995	60	—	83	0.70	—	49%	教师教育中实验室经验对教师技能的影响
		教师的学科知识								
284	教师	Druva & Anderson	1983	65	—	360	0.06	—	4%	教师的科学知识背景
285	教师	Ahn & Choi	2004	27	—	64	0.12	0.016	8%	教师的数学知识
		教学质量								
286	教师	Cohen	1980	22	—	22	0.33	—	23%	来自学生评价的反馈
287	教师	Cohen	1981	19	—	19	0.68	—	48%	学生对教师的评价
288	教师	Cohen	1981	41	—	68	0.48	—	34%	学生对教师的评价
289	教师	Abrami, Leventhal, & Perry	1982	12	—	12	0.29	—	20%	教师的表达能力
290	教师	Cohen	1986	47	—	74	0.44	0.060	31%	学生对教师的评价
		师生关系								
291	教师	Cornelius-White	2007	229	355 325	1 450	0.72	0.01	51%	师生关系对成就的影响
		专业发展								
292	教师	Joslin	1980	137	47 000	902	0.81	—	57%	教师继续教育
293	教师	Harrison	1980	47	—	47	0.80	—	56%	职员发展
294	教师	Wade	1985	91	—	715	0.37	—	26%	教师继续教育对成就的影响
295	教师	Tinoca	2004	35	—	37	0.45	0.007	32%	科学教师的专业发展
296	教师	Timperley, Wilson, Barrar, & Fung	2007	227	—	183	0.66	0.060	47%	教师专业发展对学生成就的影响
		教师期望								
297	教师	Rosenthal & Rubin	1978	345	—	345	0.70	0.200	49%	教师期望

续表

编号	领域	作者	年份	研究数	总量	效应量数	平均值	标准误	CLE	变量
298	教师	Smith	1980	46	—	149	0.82	—	58%	教师期望
299	教师	Dusek & Joseph	1983	102	—	102	0.39	—	28%	教师期望
300	教师	Raudenbush	1984	18	—	33	0.08	0.044	6%	教师期望
301	教师	Harris & Rosenthal	1985	53	—	53	0.41	—	29%	教师期望
302	教师	Ritts, Patterson, & Tubbs	1992	12	—	12	0.36	—	25%	外表吸引力和对成就的期待
303	教师	Jackson, Hunter, & Hodge	1995	59	—	51	0.47	0.042	33%	外表吸引力对成就的影响
304	教师	Tenebaum & Ruck	2007	39	—	39	0.23	0.040	16%	教师期望
	不给学生贴标签									
305	教师	Fuchs, Fuchs, Mathes, Lipsey, & Roberts	2002	79	—	79	0.61	—	43%	阅读成就低的正常学生和有阅读障碍的学生
	教师表达的清晰度									
306	教师	Fendick	1990	na	—	na	0.75	—	53%	教师表达的清晰性对成果的影响
	课程 阅读、写作和艺术									
	视知觉项目									
307	课程	Kavale	1980	31	4 400	101	0.70	0.102	49%	视听整合
308	课程	Kavale	1981	106	—	723	0.767	—	54%	听知觉
309	课程	Kavale	1982	161	325 000	1 571	0.81	0.008	57%	阅读方面的视知觉能力
310	课程	Kavale	1984	59	—	173	0.09	0.014	6%	Frostig 的有关阅读的发展培训
311	课程	Kavale	1984	59	—	173	0.18	0.028	13%	视知觉能力
312	课程	Kavale & Forness	2000	267	50 000	2 294	0.76	0.012	54%	视听过程
	词汇项目									
313	课程	Kavale	1982	36	—	240	0.38	—	27%	心理语言训练
314	课程	Stahl & Fairbanks	1986	41	—	41	0.97	0.127	69%	词汇干预
315	课程	Arnold, Myette, & Casto	1986	30	—	87	0.59	0.090	42%	语言干预
316	课程	Nye, Foster, & Seaman	1987	61	—	299	1.04	0.107	74%	语言干预
317	课程	Poirier	1989	61	—	61	0.5	—	35%	语言干预

续表

编号	领域	作者	年份	研究数	总量	效应量数	平均值	标准误	CLE	变量
318	课程	Marmolejo	1990	33	—	33	0.69	—	49%	词汇干预
319	课程	Klesius & Searls	1990	39	—	39	0.50	—	35%	词汇干预
		自然拼读教学法								
320	课程	Wagner	1988	16	—	1 766	0.38	—	27%	语音加工能力
321	课程	Fukkink & de Glopper	1998	12	—	21	0.43	0.120	30%	从上下文语境中推导词义
322	课程	Metsala, Stanovich, & Brown	1998	17	1 116	38	0.58	0.060	41%	按语音规则拼读和阅读
323	课程	Miller	1999	18	882	18	1.53	0.231	108%	音素意识项目
324	课程	Bus & van Ijzendoorn	1999	70	5 843	1 484	0.73	—	52%	语音意识训练
325	课程	Thomas	2000	8	715	10	1.02	—	72%	音素意识
326	课程	National Reading Panel	2000	52	—	96	0.53	—	37%	音素意识
327	课程	National Reading Panel	2000	38	—	66	0.44	—	31%	自然拼读教学法
328	课程	National Reading Panel	2000	14	—	14	0.41	—	29%	流畅性
329	课程	Ehri, Nunes, Stahl, & Willows	2001	34	—	66	0.41	—	29%	系统的自然拼读教学法
330	课程	Ehri, Nunes, Willows, Schuster, Yaghoub-Zadeh, & Shanahan	2001	52	—	72	0.53	—	37%	音素意识对阅读的影响
331	课程	Swanson, Trainin, Necoechea, & Hammill	2003	35	3 568	2 257	0.93	0.473	65%	快速念名，语音意识
332	课程	Camilli, Vargas, & Yirecko	2003	40	—	40	0.24	—	17%	自然拼读教学法
333	课程	Torgerson, Brooks, & Hall	2006	19	—	20	0.27	—	19%	自然拼读教学法
		语句组合项目								
334	课程	Neville & Searls	1991	24	—	29	0.09	—	7%	语句组合对阅读的影响
335	课程	Fusaro	1993	11	—	11	0.20	0.087	14%	语句组合的效果
		反复阅读项目								
336	课程	Therrien	2004	33	—	28	0.65	0.080	46%	反复阅读
337	课程	Chard, Vaughn, & Tyler	2002	21	—	128	0.68	—	48%	在没有示范的情况下反复阅读
		理解力项目								
338	课程	Pflaum, Walberg, Karegiances, & Rasher	1980	31	—	341	0.60	—	43%	阅读教学

续表

编号	领域	作者	年份	研究数	总量	效应量数	平均值	标准误	CLE	变量
339	课程	Rowe	1985	137	—	1 537	0.70	0.044	49%	阅读理解干预
340	课程	Yang	1997	39	—	162	0.33	—	23%	加强阅读流畅性的项目
341	课程	O'Shaughnessy & Swanson	1998	41	1 783	161	0.61	0.069	43%	正常学生和有学习障碍学生的信息记忆过程
342	课程	Swanborn & de Glopper	1999	20	2 130	20	0.15	—	11%	不经意的词汇学习
343	课程	Swanson	1999	112	3 895	334	0.77	0.055	54%	阅读干预
344	课程	Burger & Winner	2000	9	378	—	0.10	—	7%	视觉艺术项目对阅读的影响
345	课程	Sencibaugh	2005	15	538	23	1.15	—	81%	提高理解能力的视觉或听觉项目
346	课程	Guthrie, McRae, & Klauda	2007	11	2 861	75	0.78	—	55%	概念取向的阅读项目
	整体语言教学法									
347	课程	Stahl & Miller	1989	15	—	117	0.09	0.056	6%	整体语言教学法的效果
348	课程	Gee	1995	21	—	52	0.65	—	46%	整体语言教学法的效果
349	课程	Stahl, McKenna, & Pagnucco	1994	14	—	14	0.15	—	11%	整体语言教学法的效果
350	课程	Jeynes & Littell	2000	14	630	14	−0.65	—	−46%	整体语言教学法的效果
	置身于阅读之中									
351	课程	Bus, van Ijzendoorn, & Pellegrini	1995	29	3 410	33	0.59	—	42%	亲子共读
352	课程	Blok	1999	11	—	53	0.63	0.140	45%	给幼儿读书
353	课程	Torgerson, King, & Sowden	2002	8	—	8	0.19	—	13%	志愿者帮助阅读
354	课程	Yoon	2002	7	3 183	7	0.12	0.040	8%	持续默读
355	课程	Lewis & Samuels	2003	49	112 000	182	0.10	—	7%	阅读时间
356	课程	Burger & Winner	2000	10	—	10	0.52	—	37%	视觉艺术对阅读准备的影响
	二次/三次机会项目									
357	课程	Elbaum, Vaughn, Hughes, & Moody	2000	16	—	16	0.66	—	47%	阅读矫正项目
358	课程	D'Agostino & Murphy	2004	36	5 685	1 379	0.34	—	24%	阅读矫正项目
	写作项目									
359	课程	Hillocks	1984	60	11 705	73	0.28	0.020	20%	写作教学

附录A 元分析列表：按主题分类

编号	领域	作者	年份	研究数	总量	效应量数	平均值	标准误	CLE	变量
360	课程	Atkinson	1993	20	—	55	0.40	0.063	28%	写作计划
361	课程	Gersten & Baker	2001	13	—	13	0.81	0.031	57%	表达性写作
362	课程	Bangert-Drowns, Hurley, & Wilkinson	2004	46	5 416	46	0.26	0.058	18%	基于学校的通过写作来学习的干预
363	课程	Graham & Perin	2007	123	14 068	154	0.43	0.036	30%	写作项目
		戏剧/艺术项目								
364	课程	Kardash & Wright	1987	16	—	36	0.67	0.090	47%	创造性戏剧
365	课程	Podlozny	2000	17	—	17	0.31	—	22%	戏剧对阅读的影响
366	课程	Moga, Burger, Hetland, & Winner	2000	8	2 271	8	0.35	—	24%	艺术项目对创造力的影响
367	课程	Winner & Cooper	2000	31	—	24	0.06	—	4%	艺术项目对成就的影响
368	课程	Keinamen, Hetland, & Winner	2000	527	69 564	527	0.43	—	30%	舞蹈对阅读的影响
369	课程	Butzlaff	2000	30	5 734 878	30	0.35	—	24%	音乐项目对阅读的影响
370	课程	Hetland	2000	15	1 170	15	0.80	—	56%	音乐项目对空间推理的影响
371	课程	Hetland	2000	15	—	15	0.06	—	4%	音乐项目对智力的影响
372	课程	Vaughn	2000	20	—	20	0.30	—	21%	音乐学习/聆听和数学的关系
373	课程	Hetland	2000b	36	—	36	0.23	—	16%	听音乐
		数学和科学								
		数学								
374	课程	Athappilly	1978	134	—	810	0.24	0.030	17%	现代数学和传统数学
375	课程	Parham	1983	64	—	171	0.53	0.099	37%	操作性材料
376	课程	Fuchs & Fuchs	1985	16	—	17	0.46	0.009	33%	绘图纸的使用
377	课程	Moin	1986	na	—	na	0.23	—	16%	微积分的自学方法
378	课程	Friedman	1989	136	—	394	0.88	—	62%	数学里的空间效应
379	课程	LeNoir	1989	45	—	135	0.19	—	14%	操作性材料
380	课程	Sowell	1989	60	—	138	0.19	—	13%	操作性材料
381	课程	Fischer & Tarver	1997	7	277	22	1.01	—	71%	通过视频光盘来进行数学教学

续表

编号	领域	作者	年份	研究数	总量	效应量数	平均值	标准误	CLE	变量
382	课程	Lee	2000	61	5 172	97	0.60	0.100	42%	针对有学习障碍学生的数学项目
383	课程	Baker, Gersten, & Lee	2002	15	1 271	39	0.51	—	36%	低成就学生的反馈和同伴指导
384	课程	Haas	2005	35	—	66	0.38	0.141	27%	代数的教学方法
385	课程	Malofeeva	2005	29	1 845	29	0.47	0.047	33%	针对K-2的数学项目
386	课程	Hembree	1987	75	—	452	0.16	—	11%	非内容变量
	计算器的使用									
387	课程	Hembree & Dessart	1986	79	—	524	0.14	—	10%	高中生对计算器的使用
388	课程	Smith	1996	24	—	54	0.25	—	17%	计算器的使用
389	课程	Ellington	2000	53	—	305	0.28	—	20%	大学预科生对计算器的使用
390	课程	Nikolaou	2001	24	—	103	0.49	0.092	35%	计算器的使用对问题解决的影响
391	课程	Ellington	2006	42	—	97	0.19	—	13%	非自动化图形计算器的使用
	科学									
392	课程	El-Nemr	1979	59	—	250	0.17	—	12%	生物的传统和探究方法
393	课程	Bredderman	1980	50	—	17	0.12	—	8%	教科书和过程性课程
394	课程	Weinstein, Boulanger, & Walberg	1982	33	19 149	33	0.31	—	22%	科学课程的效果
395	课程	Bredderman	1983	57	13 000	400	0.35	—	25%	基于活动的方法
396	课程	Shymansky, Kyle, & Alport	1983	105	45 626	341	0.43	—	30%	新科学课程
397	课程	Wise & Okey	1983	160	—	400	0.34	—	24%	科学教学策略
398	课程	Shymansky	1984	47	6 035	43	0.64	—	45%	生物科学课程
399	课程	Horak	1985	40	—	472	0.57	—	40%	通过文本材料学习科学
400	课程	Guzzetti, Snyder, Glass, & Gamas	1993	23	—	35	0.29	—	21%	阅读中的错误概念
401	课程	Guzzetti, Snyder, Glass, & Gamas	1993	70	—	126	0.81	—	57%	科学概念转变
402	课程	Wise	1996	140	—	375	0.32	—	23%	科学教学的策略
403	课程	Rubin	1996	39	—	39	0.22	0.018	16%	大学科学实验室设备
404	课程	Schroeder, Scott, Tolson, Huang, & Lee	2007	61	159 695	61	0.67	—	47%	科学教学策略

续表

编号	领域	作者	年份	研究数	总量	效应量数	平均值	标准误	CLE	变量
		其他课程项目								
		价值观/道德教育项目								
405	课程	Schlaefli, Rest, & Thoma	1985	55	—	68	0.28	—	20%	道德判断的影响
406	课程	Berg	2003	29	27 064	29	0.20	—	14%	品格教育项目对知识的影响
		知觉/动作项目								
407	课程	Kavale & Mattson	1983	180	13 000	637	0.08	0.011	6%	知觉/动作项目对有学习障碍学生的影响
		综合课程项目								
408	课程	Hartzler	2000	30	—	30	0.48	0.086	34%	综合课程项目
409	课程	Hurley	2001	31	7 894	50	0.31	0.015	22%	科学和数学综合项目
		触觉刺激项目								
410	课程	Ottenbacher, Muller, Brandt Heintzelman, Hojem, & Sharpe	1987	19	505	103	0.58	0.145	41%	触觉刺激
		社交技能项目								
411	课程	Denham & Almeida	1987	70	—	70	0.62	—	44%	社会问题解决项目
412	课程	Hanson	1988	63	—	586	0.65	0.034	46%	社交技能训练
413	课程	Schneider	1992	79	—	12	0.19	—	13%	加强同伴关系
414	课程	Swanson & Malone	1992	39	3 944	366	0.72	0.043	51%	正常学生与有学习障碍学生的社交技能项目
415	课程	Beelmann, Pfingsten, & Losel	1994	49	—	23	-0.04	—	-3%	社交能力训练对成就的影响
416	课程	Forness & Kavale	1996	53	2 113	328	0.21	0.034	15%	针对学习困难者的社交技能项目
417	课程	Kavale & Forness	1996	152	—	858	0.65	0.015	46%	正常学生与有障碍学生的社交技能项目
418	课程	Quinn, Kavale, Mathur, Rutherford, & Forness	1999	35	1 123	35	0.20	0.03	2%	有情感或行为障碍学生的社交技能项目

续表

编号	领域	作者	年份	研究数	总量	效应量数	平均值	标准误	CLE	变量
		创造力项目								
419	课程	Rose & Lin	1984	158	—	158	0.47	0.054	33%	长期的创造力项目
420	课程	Cohn	1986	106	—	177	0.55	—	39%	创造力训练的成效
421	课程	Bangert-Drowns & Bankert	1990	20	—	20	0.37	—	26%	对创造力的明示教学
422	课程	Hollingsworth	1991	39	—	39	0.82	—	58%	创造力项目
423	课程	Conard	1992	na	—	na	0.48	—	34%	创造性戏剧
424	课程	Scope	1998	30	—	40	0.90	0.188	64%	教学对创造力的影响
425	课程	Scott, Leritz, & Mumford	2004	70	—	70	0.64	—	45%	创造力项目
426	课程	Bertrand	2005	45	—	45	0.64	0.10	45%	创造力项目
427	课程	Higgins, Hall, Baumfield, & Moseley	2005	19	—	19	0.62	—	44%	思维项目对成就的影响
428	课程	Huang	2005	51	—	62	0.89	0.098	63%	创造力项目
429	课程	Berkowitz	2006	23	5 000	39	0.46	0.050	—	多种创造性沟通策略
430	课程	Abrami, Bernard, Borokhovski, Surkes, Wade, & Zhang	2006	124	18 299	168	1.01	—	71%	提高批判性思维技能的干预
		户外项目								
431	课程	Cason & Gillis	1994	43	11 238	10	0.61	0.051	43%	户外教育对高中成就的影响
432	课程	Hattie, Marsh, Neill, & Richards	1997	96	12 057	30	0.46	—	33%	拓展训练
433	课程	Laidlaw	2000	48	3 550	389	0.49	0.020	35%	户外教育对成就的影响
		游戏								
434	课程	Spies	1987	24	2 491	24	0.26	—	19%	游戏对成就的影响
435	课程	Fisher	1992	46	2 565	46	0.74	—	52%	游戏对成就的影响
		双语项目								
436	课程	Powers & Rossman	1984	16	1 257	16	0.12	—	8%	双语项目
437	课程	Willig	1985	16	—	513	0.10	—	7%	双语项目
438	课程	Oh	1987	54	6 207	115	1.21	0.140	86%	针对纽约的亚洲学生的双语项目
439	课程	Greene	1997	11	2 719	11	0.18	—	13%	双语项目

附录 A　元分析列表：按主题分类

编号	领域	作者	年份	研究数	总量	效应量数	平均值	标准误	CLE	变量
440	课程	McField	2002	10	—	12	0.35	—	25%	双语项目
441	课程	Rolstad, Mahoney, & Glass	2005	4	—	43	0.16	—	11%	亚利桑那州的双语项目
442	课程	Slavin & Cheung	2005	17	—	17	0.45	—	32%	双语和纯英语阅读项目
	课外项目									
443	课程	Scott-Little, Hamann, & Jurs	2002	6	—	—	0.18	—	5%	放学后的看护项目
444	课程	Lewis	2004	10	—	10	0.47	0.101	33%	常规活动
445	课程	Lewis	2004	5	—	5	0.10	0.058	7%	体育对成就的影响
446	课程	Lewis	2004	8	—	8	-0.01	0.058	5%	工作对成就的影响
447	课程	Durlak & Weisberg	2007	73	—	45	0.13	—	9%	放学后的项目
	职业生涯干预									
448	课程	Baker & Popowicz	1983	18	—	118	0.50	0.050	35%	职业生涯教育评价对成果的影响
449	课程	Oliver & Spokane	1988	58	—	58	0.48	—	34%	职业生涯教育干预
450	课程	Evans & Burck	1992	67	159 243	67	0.17	—	12%	职业生涯教育干预
	教学	强调学习目的的策略								
		目标								
451	教学	Chidester & Grigsby	1984	21	1 770	21	0.44	0.030	31%	目标难度
452	教学	Fuchs & Fuchs	1985	18	—	96	0.64	—	45%	长期目标和短期目标
453	教学	Tubbs	1986	87	—	147	0.58	0.030	41%	目标难度，具体性，反馈
454	教学	Mento, Steel, & Karren	1987	70	7 407	118	0.58	0.018	41%	目标难度
455	教学	Wood, Mento, & Locke	1987	72	7 548	72	0.58	0.149	41%	目标难度
456	教学	Wood, Mento, & Locke	1987	53	6 635	53	0.43	0.063	30%	目标具体性
457	教学	Wright	1990	70	7 161	70	0.55	0.018	39%	目标难度
458	教学	Donovan & Radosevich	1998	21	2 360	21	0.36	—	25%	目标认同
459	教学	Klein, Wesson, Hollenbeck, & Alge	1999	74	—	83	0.47	—	—	目标认同
460	教学	Burns	2004	55	—	45	0.82	0.089	58%	挑战水平
461	教学	Gollwitzer & Sheeran	2006	63	8 461	94	0.72	—	51%	目标意图对成就的影响

续表

编号	领域	作者	年份	研究数	总量	效应量数	平均值	标准误	CLE	变量
		行为组织者/先行组织者								
462	教学	Kozlow	1978	77	—	91	0.89	0.017	63%	先行组织者
463	教学	Luiten, Ames, & Ackerman	1980	135	—	160	0.21	—	15%	先行组织者
464	教学	Stone	1983	29	—	112	0.66	0.074	47%	先行组织者
465	教学	Lott	1983	16	—	147	0.24	—	17%	科学中的先行组织者
466	教学	Asencio	1984	111	—	111	0.12	—	8%	行为目标
467	教学	Klauer	1984	23	—	52	0.40	—	28%	有意学习
468	教学	Rolheiser-Bennett	1986	12	1 968	45	0.80	—	57%	先行组织者
469	教学	Mahar	1992	50	—	50	0.44	—	31%	先行组织者
470	教学	Catts	1992	14	—	80	-0.03	0.056	-2%	无意学习
471	教学	Catts	1992	90	—	1 065	0.35	0.013	25%	有意学习
472	教学	Preiss & Gayle	2006	20	1 937	20	0.46	—	33%	先行组织者
		概念构图								
473	教学	Moore & Readence	1984	161	—	161	0.22	0.050	16%	数学中的图形组织者
474	教学	Vasquez & Caraballo	1993	17	—	19	0.57	0.032	40%	科学中的概念构图
475	教学	Horton, McConney, Gallo, Woods, Senn, & Hamelln	1993	19	1 805	19	0.45	—	32%	科学中的概念构图
476	教学	Kang	2002	14	—	14	0.79	—	56%	在阅读中有学习障碍的图形组织者
477	教学	Kim, Vaughn, Wanzek, & Wei	2004	21	848	52	0.81	0.081	57%	阅读中的图形组织者
478	教学	Nesbit & Adesope	2006	55	5 818	67	0.55	0.040	39%	概念和知识地图
		学习层级								
479	教学	Horon & Lynn	1980	24	—	24	0.19	—	13%	学习层级
		强调成功标准的策略 掌握学习								
480	教学	Block & Burns	1976	45	—	45	0.83	—	59%	掌握学习
481	教学	Willett, Yamashita, & Anderson	1983	130	—	13	0.64	—	45%	科学中的掌握学习

续表

编号	领域	作者	年份	研究数	总量	效应量数	平均值	标准误	CLE	变量
482	教学	Guskey & Gates	1985	38	7 794	35	0.78	—	55%	基于小组的掌握学习
483	教学	Hefner	1985	8	1 529	12	0.66	—	47%	掌握学习/基于能力的方法
484	教学	Kulik & Kulik	1986	49	—	49	0.54	0.055	38%	掌握学习
485	教学	Slavin	1987	7	—	7	0.04	—	3%	掌握学习
486	教学	Guskey & Pigott	1988	43	—	78	0.61	—	43%	基于小组的掌握学习
487	教学	Hood	1990	23	—	23	0.56	—	40%	掌握学习
488	教学	Kulik, Kulik, & Bangert-Drowns	1990	34	—	34	0.52	—	37%	掌握学习
	凯勒的个人化教学系统									
489	教学	Kulik, Kulik, & Cohen	1979	61	—	75	0.49	—	35%	个人化教学系统与成就
490	教学	Willett, Yamashita, & Anderson	1983	130	—	15	0.60	—	42%	科学中的个人化教学系统
491	教学	Kulik, Kulik, & Bangert-Drowns	1988	72	—	72	0.49	—	35%	大学生中的个人化教学系统
	样例									
492	教学	Crissman	2006	62	3 324	151	0.57	0.042	40%	样例对成就的影响
	强调反馈的策略									
493	教学	Lysakowski & Walberg	1980	39	4 842	102	1.17	—	83%	课堂强化
494	教学	Wilkinson	1980	14	—	14	0.12	—	8%	教师赞赏
495	教学	Walberg	1982	19	—	19	0.81	—	57%	提示和强化
496	教学	Lysakowski & Walberg	1982	54	15 689	94	0.97	—	69%	提示、参与和校正反馈
497	教学	Yeany & Miller	1983	49	—	49	0.52	—	37%	大学科学中的诊断反馈
498	教学	Schimmel	1983	15	—	15	0.47	0.034	33%	来自计算机教学的反馈
499	教学	Getsie, Langer, & Glass	1985	89	—	89	0.14	—	10%	奖励和惩罚
500	教学	Skiba, Casey, & Center	1985	35	—	315	0.68	—	48%	非厌恶法
501	教学	Menges & Brinko	1986	27	—	31	0.44	0.115	31%	作为反馈的学生评估
502	教学	Rummel & Feinberg	1988	45	—	45	0.60	—	42%	外部反馈奖励
503	教学	Kulik & Kulik	1988	53	—	53	0.49	—	35%	反馈的时机

续表

编号	领域	作者	年份	研究数	总量	效应量数	平均值	标准误	CLE	变量
504	教学	Tenenbaum & Goldring	1989	15	522	15	0.72	—	51%	提示和强化
505	教学	L'Hommedieu, Menges, & Brinko	1990	28	1 698	28	0.34	—	24%	来自大学生评价的反馈
506	教学	Bangert-Drowns, Kulik, Kulik, & Morgan	1991	40	—	58	0.26	0.060	18%	来自测试的反馈
507	教学	Wiersma	1992	20	865	17	0.50	0.086	35%	内部和外部奖励
508	教学	Travlos & Pratt	1995	17	—	17	0.71	0.010	50%	结果性知识
509	教学	Azevedo, R., & Bernard, R.M.	1995	22	—	22	0.80	—	57%	计算机提供的反馈
510	教学	Standley	1996	98	—	208	2.87	—	203%	作为强化手段的音乐
511	教学	Kluger & DeNisi	1996	470	12 652	470	0.38	0.028	27%	反馈
512	教学	Neubert	1998	16	744	16	0.63	—	45%	目标和反馈
513	教学	Swanson & Lussier	2001	30	5 104	170	1.12	0.093	79%	动态评价（反馈）
514	教学	Baker & Dwyer	2005	11	1 341	122	0.93	—	66%	场独立和场场依存
515	教学	Witt, Wheeless, & Allen	2006	81	24 474	81	1.15	—	82%	教师的即时反馈
	测验的频率和效果									
516	教学	Kulik, Kulik, & Bangert	1984	19	—	19	0.42	0.080	30%	练习测验
517	教学	Fuchs & Fuchs	1986	22	1 489	34	0.28	—	20%	熟悉考官的影响
518	教学	Bangert-Drowns, Kulik, & Kulik	1991	35	—	35	0.23	—	16%	频繁测验
519	教学	Gocmen	2003	78	—	233	0.40	0.047	29%	频繁测验
520	教学	Kim	2005	148	—	644	0.39	0.016	28%	形成性评价
521	教学	Kim	2005	148	—	622	0.39	—	28%	表现性评价对成就的影响
522	教学	Lee	2006	12	—	55	0.36	0.061	25%	考试驱动的外部测验
523	教学	Hausknecht, Halpert, Di Paolo, & Gerrard	2007	107	134 436	107	0.26	0.016	18%	练习和重测的效果
	测验训练/辅导									
524	教学	Messick & Jungeblut	1981	12	—	12	0.15	—	11%	SAT 辅导
525	教学	Bangert-Drowns, Kulik, & Kulik	1983	30	—	30	0.25	—	18%	应试技巧的训练
526	教学	DerSimonian & Laird	1983	36	15 772	36	0.07	—	5%	辅导对 SAT–M/V 的影响
527	教学	Samson	1985	24	—	24	0.33	0.039	23%	应试技巧的训练

附录 A　元分析列表：按主题分类

续表

编号	领域	作者	年份	研究数	总量	效应量数	平均值	标准误	CLE	变量
528	教学	Scruggs, White, & Bennion	1986	24	—	65	0.21	—	15%	应试技巧的训练
529	教学	Kalaian & Becker	1986	34	—	34	0.34	0.010	24%	SAT 辅导
530	教学	Powers	1986	10	—	44	0.21	—	15%	大学入学辅导
531	教学	Becker	1990	48	—	70	0.30	—	21%	SAT 辅导
532	教学	Witt	1993	35	—	35	0.22	—	16%	应试技巧的训练
533	教学	Kulik, Bangert-Drowns, & Kulik	1984	14	—	14	0.15	—	11%	SAT 辅导
		为教师提供形成性评价								
534	教学	Fuchs & Fuchs	1986	21	3 835	21	0.70	—	49%	形成性评价
535	教学	Burns & Symington	2002	9	—	57	1.10	0.079	78%	教师小组对特殊教育的干预
		提问								
536	教学	Redfield & Rousseau	1981	14	—	14	0.73	—	52%	教师提问
537	教学	Lyday	1983	65	—	65	0.57	—	40%	提出附加问题
538	教学	Hamaker	1986	61	—	121	0.13	0.009	9%	事实性附加问题
539	教学	Samson, Strykowski, Weinstein, & Walberg	1987	14	—	14	0.26	0.086	18%	教师提问
540	教学	Gliessmann, Pugh, Dowden, & Hutchins	1988	26	—	26	0.82	—	58%	教师提问
541	教学	Gayle, Preiss, & Allen	2006	13	—	13	0.31	0.108	22%	教师提问
542	教学	Randolph	2007	18	—	18	0.38	—	27%	针对性的答题卡
		教师的即时反馈								
543	教学	Allen, Witt, & Wheeless	2006	16	5 437	16	0.16	—	8%	对认知成果的即时反馈
		强调学习中的学生视角的策略								
		任务时间								
544	教学	Bloom	1976	11	—	28	0.75	—	53%	任务时间
545	教学	Fredrick	1980	35	—	35	0.34	—	24%	任务时间
546	教学	Catts	1992	18	—	37	0.19	0.101	13%	任务时间
547	教学	Shulruf, Keuskamp, & Timperley	2006	36	—	36	0.24	—	17%	布置更多的作业

续表

编号	领域	作者	年份	研究数	总量	效应量数	平均值	标准误	CLE	变量
	分散练习和集中练习									
548	教学	Lee & Genovese	1988	—	—	—	0.96	—	—	分散和集中练习
549	教学	Donovan & Radosevich	1999	63	—	112	0.46	—	—	分散和集中练习
	同伴指导									
550	教学	Hartley	1977	29	—	50	0.63	0.089	44%	数学中受指导者的影响
551	教学	Hartley	1977	29	—	18	0.58	0.201	41%	数学中指导者的影响
552	教学	Cohen, Kulik, & Kulik	1982	65	—	52	0.40	0.069	28%	受指导者的影响
553	教学	Cohen, Kulik, & Kulik	1982	65	—	33	0.33	0.090	23%	指导者的影响
554	教学	Phillips	1983	302	—	302	0.98	—	69%	保守的指导训练
555	教学	Cook, Scruggs, Mastropieri, & Casto	1985	19	—	49	0.53	0.106	37%	残障指导者
556	教学	Cook, Scruggs, Mastropieri, & Casto	1985	19	—	25	0.58	0.120	41%	残障受指导者
557	教学	Mathes & Fuchs	1991	11	—	74	0.36	—	25%	阅读中的同伴指导
558	教学	Elbaum, Vaughn, Hughes, & Moody	2000	32	1 248	216	0.41	—	29%	阅读中的同伴指导
559	教学	Elbaum, Vaughn, Hughes, & Moody	2000	29	325	216	0.67	0.067	47%	阅读中的一对一指导项目
560	教学	Rohrbeck, Ginsburg-Block, Fantuzzo, & Miller	2003	90	—	90	0.59	0.095	42%	小学生中的同伴辅助学习
561	教学	Erion	2006	32	—	32	0.82	0.156	58%	家长指导孩子
562	教学	Ginsburg-Block, Rohrbeck, & Fantuzzo	2006	28	—	26	0.35	0.040	25%	同伴指导学习
563	教学	Kunsch, Jitendra, & Sood	2007	17	1 103	17	0.47	—	33%	数学中针对有学习障碍学生的同伴支持教学
	辅助									
564	教学	Eby, Allen, Evans, Ng, & DuBois	2008	31	10 250	31	0.16	0.04	11%	辅助对表现性成果的影响
565	教学	DuBois, Holloway, Valentine, & Cooper	2002	43	—	43	0.13	0.05	9%	辅助对学业成就的影响
	强调学生元认知/自我调节学习的策略									
	元认知策略									
566	教学	Haller, Child, & Walberg	1988	20	1 553	20	0.71	0.181	50%	阅读中的元认知训练项目
567	教学	Chiu	1998	43	3 475	123	0.67	—	47%	阅读中的元认知干预

附录 A 元分析列表：按主题分类 | 335

编号	领域	作者	年份	研究数	总量	效应量数	平均值	标准误	CLE	变量
		学习技能								
568	教学	Sanders	1979	28	6 140	28	0.37	—	26%	阅读学习项目
569	教学	Kulik, Kulik, & Shwalb	1983	57	—	57	0.27	0.042	19%	学习技能准备项目
570	教学	Crismore	1985	100	—	100	1.04	—	74%	概括策略
571	教学	Henk & Stahl	1985	21	—	25	0.34	0.129	24%	做笔记
572	教学	Rolheiser-Bennett	1986	12	1 968	78	1.28	—	90%	记忆力训练
573	教学	Runyan	1987	32	3 698	51	0.64	—	45%	关键词记忆项目
574	教学	Mastropieri & Scruggs	1989	19	—	19	1.62	0.18	115%	关键词记忆项目
575	教学	Burley	1994	27	7 285	40	0.13	—	9%	针对准备不足者的大学项目
576	教学	Hattie, Biggs, & Purdie	1996	51	5 443	270	0.45	0.030	32%	学习技能
577	教学	Purdie & Hattie	1999	52	—	653	0.28	0.007	20%	自我调节策略
578	教学	Robbins, Lauver, Le, Davis, Langley, & Carlstrom	2004	109	476	279	0.41	0.240	29%	大学中的学习技能
579	教学	Lavery	2008	30	1 937	223	0.46	0.060	33%	自我调节学习
580	教学	Kobayashi	2005	57	—	131	0.22	—	16%	做笔记的效果
581	教学	Dignath, Buettner, & Langfeldt	2008	30	2 364	263	0.69	0.030	49%	自我调节策略
		出声思考/自我提问								
582	教学	Rock	1985	47	1 398	684	0.51	0.060	36%	特殊教育学生的自我指导训练
583	教学	Duzinski	1987	45	—	377	0.84	—	59%	出声思考教学训练
584	教学	Huang	1991	21	1 700	89	0.58	—	41%	学生自我提问
		学生掌控学习								
585	教学	Niemiec, Sikorski, & Walberg	1996	24	—	24	-0.03	0.149	-2%	计算机辅助教学中的学生掌控学习
586	教学	Patall, Cooper, & Robinson	2008	41	—	14	0.10	0.027	7%	掌控学习对后续掌控学习的影响
		性向与处理交互作用								
587	教学	Kavale & Forness	1987	39	—	318	0.28	—	19%	模态测试和教学
588	教学	Whitener	1989	22	1 434	22	0.11	0.070	8%	

续表

编号	领域	作者	年份	研究数	总量	效应量数	平均值	标准误	CLE	变量
	学习风格的匹配									
589	教学	Tamir	1985	54	—	13	0.02	—	1%	认知偏好
590	教学	Garlinger & Frank	1986	7	1 531	7	-0.03	—	-2%	场独立/场依存对成就的影响
591	教学	Sullivan	1993	42	3 434	42	0.75	—	53%	Dunn 及其成就匹配的学习风格
592	教学	Iliff	1994	101	—	486	0.33	0.026	23%	与成就匹配配对的 Kolb 的学习风格
593	教学	Dunn, Griggs, Olson, Beasley, & Gorman	1995	36	3 181	65	0.76	—	53%	与学习风格匹配的干预对成就的影响
594	教学	Slemmer	2002	48	5 908	51	0.27	—	19%	技术支持环境中的风格
595	教学	Mangino	2004	47	8 661	386	0.54	0.006	38%	Dunn 及其成人学习风格
596	教学	Lovelace	2005	76	7 196	168	0.67	—	47%	Dunn 及其成就匹配的学习风格
	个性化教学									
597	教学	Hartley	1977	51	—	139	0.16	0.091	11%	数学中的个性化教学
598	教学	Kulik & Kulik	1980	213	—	213	0.33	0.034	23%	个性化教学中的大学成就
599	教学	Horak	1981	60	—	129	-0.07	—	-5%	数学中的个性化教学
600	教学	Willett, Yamashita, & Anderson	1983	130	—	131	0.17	—	12%	科学课程个性化教学
601	教学	Bangert, Kulik, & Kulik	1983	49	—	49	0.1	0.053	4%	高中的个性化教学
602	教学	Waxman, Wang, Anderson, & Walberg	1985	38	7 200	309	0.45	—	32%	调整方法（个性化、持续性评价、定期评估）
603	教学	Atash & Dawson	1986	10	2 180	30	0.09	0.046	6%	科学课程的个性化教学
604	教学	Dacanay & Cohen	1992	30	—	30	0.37	—	26%	医学教育中的个性化教学
605	教学	Elbaum, Vaughn, Hughes, & Moody	1999	19	—	116	0.43	—	30%	阅读中的特殊教育
	强调教学策略的实施 教学策略									
606	教学	Rosenbaum	1983	235	—	99	1.02	—	72%	受情绪干扰学生的干预项目

续表

编号	领域	作者	年份	研究数	总量	效应量数	平均值	标准误	CLE	变量
607	教学	O'Neal	1985	31	—	96	0.81	0.155	57%	针对患脑瘫的学生
608	教学	Baenninger & Newcombe	1989	26	—	26	0.51	—	36%	空间策略对空间成果的影响
609	教学	Forness & Kavale	1993	268	8 000	819	0.71	0.122	50%	针对低能力学生的教学
610	教学	Fan	1993	41	3 219	223	0.56	—	40%	元认知训练对阅读理解的影响
611	教学	Scheerens & Bosker	1997	228	—	545	0.20	0.030	14%	多种策略对成就的影响
612	教学	White	1997	222	15 080	1 796	0.39	0.046	28%	在阅读中针对有学习障碍学生的认知学习策略
613	教学	White	1997	72	8 527	831	0.20	0.039	14%	在数学中针对有学习障碍学生的认知学习策略
614	教学	Marzano	1998	4 000	1 237 000	4 000	0.65	0.014	46%	课堂教学技巧
615	教学	Swanson & Hoskyn	1998	180	38 716	1 537	0.79	0.013	56%	针对低能力学生的教学
616	教学	Xin & Jitendra	1999	14	—	653	0.89	—	63%	阅读中的文字问题解决
617	教学	Swanson	2000	180	180 827	1 537	0.79	0.013	56%	针对特殊教育学生的学习策略
618	教学	Swanson	2001	58	—	58	0.82	0.087	58%	提高问题解决能力的项目
619	教学	Seidel & Shavelson	2007	112	—	1 352	0.07	—	5%	教与学的过程
	交互式教学法									
620	教学	Rosenshine & Meister	1994	16	—	31	0.74	—	52%	交互式教学法
621	教学	Galloway	2003	22	677	22	0.74	—	52%	交互式教学法对阅读理解的影响
	直接教学法									
622	教学	White	1988	25	—	24	0.83	0.133	59%	特殊教育中的直接教学法
623	教学	Adams & Engelmann	1996	37	—	372	0.75	—	53%	直接教学法对阅读理解的影响
624	教学	Borman, Hewes, Overman, & Brown	2003	232	42 618	182	0.21	0.020	15%	综合学校改革中的直接教学法
625	教学	Haas	2005	10	—	19	0.55	0.135	39%	代数学中的教学方法
	辅助材料法									
626	教学	Readence & Moore	1981	16	2 227	122	0.45	0.020	32%	阅读中的辅助图片
627	教学	Levie & Lentz	1982	23	7 182	41	0.55	—	39%	文本摘图

续表

编号	领域	作者	年份	研究数	总量	效应量数	平均值	标准误	CLE	变量
628	教学	Catts	1992	8	—	19	0.01	0.067	1%	辅助材料
629	教学	Hoeffler, Sumfleth, & Leutner	2006	26	—	76	0.46	—	33%	动画和静态图片教学
		归纳教学法								
630	教学	Lott	1983	24	—	24	0.06	—	4%	科学中的归纳教学法
631	教学	Klauer & Phye	2008	73	3 595	79	0.59	0.035	42%	归纳教学法
		探究式教学法								
632	教学	Sweitzer & Anderson	1983	68	—	19	0.44	0.154	31%	科学中的探究式教学
633	教学	Shymansky, Hedges, & Woodworth	1990	81	—	320	0.27	0.030	19%	科学中的探究式方法
634	教学	Bangert-Drowns	1992	21	—	21	0.37	—	26%	探究式教学对批判性思维的影响
635	教学	Smith	1996	35	7 437	60	0.17	—	12%	科学中的探究式方法
		问题解决教学法								
636	教学	Marcucci	1980	33	—	237	0.35	—	25%	教学中的问题解决
637	教学	Crubelo	1984	68	10 629	343	0.54	0.037	38%	问题解决对数学和科学的影响
638	教学	Almeida & Denham	1984	18	2 398	18	0.72	0.136	51%	人际交往的问题解决
639	教学	Mellinger	1991	25	—	35	1.13	0.060	80%	增强认知灵活性
640	教学	Hembree	1992	55	—	55	0.33	—	23%	问题解决教学法
641	教学	Taconis, Ferguson-Hessler, & Broekkamp	2001	22	2 208	31	0.59	0.070	42%	科学中的问题解决
		基于问题的学习								
642	教学	Albanese & Mitchell	1993	11	2 208	66	0.27	0.043	19%	医学中基于问题的学习
643	教学	Vernon & Blake	1993	8	—	28	-0.18	—	-13%	大学层次中基于问题的学习
644	教学	Dochy, Segers, Van den Bossche, & Gijbels	2003	43	21 365	35	0.12	—	8%	基于问题的学习对知识和技能的影响
645	教学	Smith	2003	82	12 979	121	0.31	—	22%	医学中基于问题的学习
646	教学	Newman	2004	12	—	12	-0.30	—	-21%	医学中基于问题的学习
647	教学	Haas	2005	7	1 538	34	0.52	0.187	37%	代数的教学方法

续表

编号	领域	作者	年份	研究数	总量	效应量数	平均值	标准误	CLE	变量
648	教学	Gijbels, Dochy, Van den Bossche, & Segers	2005	40	—	49	0.32	—	23%	基于问题的学习对评价成果的影响
649	教学	Walker & Leary	2008	82	—	201	0.13	0.025	9%	跨学科中基于问题的学习
	合作学习									
650	教学	Johnson, Maruyama, Johnson, Nelson, & Skon	1981	122	—	183	0.73	—	52%	合作学习
651	教学	Rolheiser-Bennett	1986	23	4 002	78	0.48	—	34%	合作学习
652	教学	Hall	1988	22	10 022	52	0.31	—	22%	合作学习
653	教学	Stevens & Slavin	1990	4	—	4	0.48	—	34%	合作学习
654	教学	Spuler	1993	19	6 137	19	0.54	—	38%	数学中的合作学习
655	教学	Othman	1996	39	—	39	0.27	—	19%	数学中的合作学习
656	教学	Howard	1996	13	—	42	0.37	—	26%	照本宣科的合作学习
657	教学	Bowen	2000	37	3 000	49	0.51	0.050	36%	高中化学中的合作学习
658	教学	Neber, Finsterwald, & Urban	2001	12	—	314	0.13	—	9%	资优学生的合作学习
659	教学	McMaster & Fuchs	2002	15	864	49	0.30	0.070	21%	合作学习
	合作与竞争学习									
660	教学	Johnson, Maruyama, Johnson Nelson, & Skon	1981	122	—	9	0.56	—	40%	针对组间竞争的合作学习
661	教学	Johnson, Johnson, & Marayama	1983	98	—	83	0.82	0.093	58%	合作与竞争学习
662	教学	Johnson & Johnson	1987	453	—	36	0.59	0.165	42%	合作与竞争学习
663	教学	Hall	1988	18	—	83	0.28	—	20%	合作与竞争学习
664	教学	Qin, Johnson, & Johnson	1995	46	—	63	0.55	—	39%	合作与竞争学习
665	教学	Johnson, Johnson, & Stanne	2000	158	—	66	0.55	0.059	39%	合作与竞争
666	教学	Roseth, Johnson, & Johnson	2008	129	17 000	593	0.46	0.130	33%	合作与竞争学习
	合作与个别学习									
667	教学	Johnson & Johnson	1987	453	—	70	0.68	0.139	48%	合作与个别学习
668	教学	Hall	1988	15	—	77	0.26	—	18%	合作与个别学习
669	教学	Johnson, Johnson, & Stanne	2000	158	—	82	0.88	0.066	62%	合作与个别学习

续表

编号	领域	作者	年份	研究数	总量	效应量数	平均值	标准误	CLE	变量
670	教学	Roseth, Fang, Johnson, & Johnson	2006	148	—	55	0.55	0.060	39%	中学里的合作与个别学习
671	教学	Johnson, Maruyama, Johnson, Nelson, & Skon	1981	122	—	163	0.09	—	6%	竞争学习
		竞争与个别学习								
672	教学	Johnson, Johnson, & Marayama	1983	98	—	16	0.45	0.288	32%	竞争与个别学习
673	教学	Johnson & Johnson	1987	453	—	12	0.36	0.271	25%	竞争与个别学习
674	教学	Johnson, Johnson, & Stanne	2000	158	—	12	0.04	0.138	3%	竞争与个别学习
		强调全校范围的教学改革的实施								
		综合教学改革								
675	教学	Borman & D'Agostino	1996	17	41 706 196	657	0.12	—	8%	联邦 Title I 项目的评估
676	教学	Friedrich	1997	33	—	50	0.38	—	27%	针对危机青年的选修课程
677	教学	Borman, Hewes, Overman, & Brown	2003	232	222 956	1 111	0.15	—	11%	综合学校改革
		针对有学习障碍学生的综合干预								
678	教学	Swanson, Carson, & Sachse-Lee	1996	78	—	324	0.85	0.065	60%	针对有学习障碍学生的项目
679	教学	Swanson, Hoskyn, & Lee	1999	180	4 871	1 537	0.56	0.017	40%	组间设计
680	教学	Swanson, Hoskyn, & Lee	1999	85	793	793	0.90	0.008	64%	单学科设计
		学院专项目								
681	教学	Kulik, Kulik, & Shwalb	1983	60	—	60	0.27	0.040	19%	针对高危学生的大学项目
682	教学	Cohn	1985	48	—	48	0.20	—	14%	经济学中的创新教学和传统讲座
		合作教学/协同教学								
683	教学	Murawski & Swanson	2001	6	1 617	6	0.31	0.057	22%	合作教学
684	教学	Willett, Yamashita, & Anderson	1983	130	—	41	0.06	—	4%	科学中的合作教学
		技术应用的实施								
		计算机辅助教学								
685	教学	Hartley	1977	33	—	89	0.41	0.062	29%	CAI 对成就的影响
686	教学	Aiello & Wolfe	1980	115	—	182	0.08	—	6%	高中科学中的 CAI

续表

编号	领域	作者	年份	研究数	总量	效应量数	平均值	标准误	CLE	变量
687	教学	Kulik, Kulik, & Cohen	1980	312	—	278	0.48	0.030	34%	大学中的 CAI
688	教学	Burns & Bozeman	1981	40	—	40	0.40	—	28%	数学中的 CAI
689	教学	Leong	1981	22	—	106	0.08	—	6%	高中数学中的 CAI
690	教学	Athappilly, Smidchens, & Kofel	1983	134	—	810	0.10	—	7%	现代数学和传统教学中的 CAI
691	教学	Kulik, Kulik, & Bangert-Drowns	1985	51	—	51	0.32	—	23%	CAI 对高中生的影响
692	教学	Kulik, Bangert, & Williams	1983	97	—	97	0.36	0.035	25%	针对高中生的 CAI
693	教学	Willett, Yamashita, & Anderson	1983	130	—	130	0.13	—	9%	科学中的 CAI
694	教学	Kulik et al.	1984	25	—	25	0.48	0.063	34%	小学的 CAI
695	教学	Bangert-Drowns	1985	74	—	74	0.33	—	23%	针对大学预科生的 CAI
696	教学	Bangert-Drowns, Kulik, & Kulik	1985	42	—	42	0.26	0.063	18%	高中中的 CAI
697	教学	Clark	1985	42	—	42	0.09	—	6%	学校的 CAI
698	教学	Kulik, Kulik, & Bangert-Drowns	1985	32	—	32	0.47	0.055	33%	针对小学生的 CAI
699	教学	Kulik & Kulik	1986	48	—	48	0.32	0.061	23%	大学中的 CAI
700	教学	Kulik, Kulik, & Shwalb	1986	23	—	23	0.42	0.110	30%	针对成人的 CAI
701	教学	Schmidt, Weinstein, Niemic, & Walberg	1986	18	—	48	0.67	0.048	47%	针对特殊儿童的 CAI
702	教学	Shwalb, Shwalb, & Azuma	1986	104	—	4	0.74	0.069	52%	日本的 CAI
703	教学	Gillingham & Guthrie	1987	13	—	13	1.05	—	74%	基于计算机的教学
704	教学	Kulik & Kulik	1987	199	—	199	0.31	—	22%	CAI 对成就的影响
705	教学	Niemiec, Samson, Weinstein, & Walberg	1987	48	—	224	0.32	—	23%	针对小学生的 CAI
706	教学	Cunningham	1988	37	—	37	0.33	—	23%	计算机生成图形对成就的影响
707	教学	Roblyer, Castine, & King	1988	85	—	85	0.26	—	18%	针对小学生的 CAI
708	教学	Wise	1988	26	—	26	0.30	—	21%	科学中的 CAI
709	教学	Kuchler	1988	65	—	65	0.44	0.068	31%	高中数学中的 CAI
710	教学	McDermid	1989	15	—	15	0.57	—	40%	CAI 对有学习障碍学生或智障学生的影响

续表

编号	领域	作者	年份	研究数	总量	效应量数	平均值	标准误	CLE	变量
711	教学	Bishop	1990	40	—	58	0.55	—	39%	小学的 CAI
712	教学	Wem-Cheng	1990	72	—	243	0.38	0.037	27%	小学和高中的 CAI
713	教学	Gordon	1991	84	—	83	0.26	0.030	18%	计算机绘图，数学和问题解决
714	教学	Jones	1991	40	—	58	0.31	—	22%	CAI 对小学生的影响
715	教学	Kulik & Kulik	1991	248	240	248	0.30	0.029	21%	CAI 对成就的影响
716	教学	Liao & Bright	1991	65	—	432	0.41	0.020	29%	计算机编程对成就的影响
717	教学	Palmeter	1991	37	—	144	0.48	0.055	34%	CAI/Logo 语言对更高认知过程的影响
718	教学	Ryan	1991	40	—	58	0.31	—	22%	微型计算机应用
719	教学	Schramm	1991	12	836	12	0.36	0.110	25%	文字处理对写作的影响
720	教学	Cohen & Dacanay	1992	37	—	37	0.41	—	29%	基于计算机的健康教育
721	教学	Liao	1992	31	—	207	0.48	0.163	34%	CAI 对成就的影响
722	教学	Bangert-Drowns	1993	32	—	32	0.39	—	28%	文字处理对写作的影响
723	教学	Ouyang	1993	79	—	267	0.50	0.038	35%	小学的 CAI
724	教学	Chen	1994	76	—	98	0.47	0.071	33%	基于计算机的数学教学
725	教学	Kulik & Kulik	1994	97	—	32	0.35	0.04	25%	CAI 对成就的影响
726	教学	Kulik & Kulik	1994	97	—	97	0.32	—	23%	高中的 CAI
727	教学	Christmann	1995	35	3 476	35	0.23	—	16%	学校的 CAI
728	教学	Fletcher-Flynn & Gravatt	1995	120	—	120	0.17	—	12%	CAI 对成就的影响
729	教学	Hamilton	1995	41	—	253	0.66	0.033	46%	学校的 CAI
730	教学	Ianno	1995	—	—	—	0.31	—	22%	CAI 对有学习障碍学生阅读的影响
731	教学	Cassil	1996	21	—	349	0.29	—	21%	便携式计算机
732	教学	Chadwick	1997	41	8 170	41	0.51	—	36%	高中数学中的 CAI
733	教学	Christmann, Badgett, & Lucking	1997	27	—	27	0.21	—	15%	高中的 CAI
734	教学	King	1997	30	—	68	0.20	—	14%	大学数学中的 CAI
735	教学	Christmann & Badgett	1999	11	5 020	11	0.28	—	20%	高中的 CAI

续表

编号	领域	作者	年份	研究数	总量	效应量数	平均值	标准误	CLE	变量
736	教学	Soe, Koki, & Chang	2000	17	—	33	0.27	0.022	19%	阅读中的CAI
737	教学	Woolf & Regian	2000	233	—	233	0.39	—	28%	CAI对成就的影响
738	教学	Lou, Abrami, & d'Apollonia	2001	100	11 317	178	0.16	0.041	11%	小组中的CAI
739	教学	Lou, Abrami, & d'Apollonia	2001	22	—	39	0.31	0.117	22%	小组中的CAI
740	教学	Yaakub & Finch	2001	21	2 969	28	0.35	—	25%	基于CAI的技术教育教学
741	教学	Akiba	2002	21	—	21	0.37	—	26%	CAI对成就的影响
742	教学	Bayraktar	2002	42	—	108	0.27	—	19%	科学教育中的CAI
743	教学	Blok, Oostdam, Otter, & Overmaat	2002	42	—	42	0.19	—	13%	CAI对早期阅读的影响
744	教学	Roberts	2002	31	6 388	165	0.69	—	49%	CAI对成就的影响
745	教学	Torgerson & Elbourne	2002	7	—	7	0.37	—	26%	CAI对拼写的影响
746	教学	Waxman, Connell, & Gray	2002	20	4 400	138	0.39	—	28%	技术和传统教学对成就的影响
747	教学	Chambers	2002	57	64 766	125	0.51	—	36%	小学和高中课堂中的CAI
748	教学	Chambers & Schreiber	2004	25	—	25	0.40	—	28%	小学和高中课堂中的CAI
749	教学	Torgerson & Zhu	2003	212	—	43	0.26	0.094	18%	CAI对读写能力的影响
750	教学	Goldberg, Russell, & Cook	2003	26	1 507	26	0.50	—	35%	CAI对写作能力的影响
751	教学	Hsu	2003	25	—	31	0.43	—	30%	统计学中的CAI
752	教学	Kroesbergen & Van Luit	2003	58	10 223	58	0.75	—	53%	针对特殊教育的CAI和数学教学
753	教学	Kulik	2003	12	—	12	0.88	—	62%	CAI对大学的影响
754	教学	Torgerson & Zhu	2003	17	—	17	0.36	—	25%	CAI与读写能力成果
755	教学	Waxman, Lin, & Michko	2003	29	7 728	167	0.54	0.061	38%	CAI对成就的影响
756	教学	Bernard, Abrami, Wade, Borokhovski, & Lou	2004	232	3 831 888	688	0.20	—	14%	远程教育中的CAI
757	教学	Lou	2004	71	—	399	0.15	—	11%	小组和个人的CAI教学对任务尝试的影响
758	教学	Liao	2007	52	4 981	134	0.55	—	39%	台湾的CAI

续表

编号	领域	作者	年份	研究数	总量	效应量数	平均值	标准误	CLE	变量
759	教学	Pearson, Ferdig, Blomeyer, & Moran	2005	20	—	89	0.49	0.078	35%	技术对阅读的影响
760	教学	Abrami, Bernard, Wade, Schmid, Borokhovski, Tamin, Surkes, Lowerison, Zhang, Nicolaidou, Newman, Wozney, & Peretiatkowics	2006	17	—	29	0.17	—	12%	加拿大的在线学习
761	教学	Sandy-Hanson	2006	23	9 897	23	0.28	—	20%	CAI对成就的影响
762	教学	Shapiro, Kerssen-Griep, Gayle, & Allen	2006	12	—	16	0.26	—	—	课堂上的演示文稿
763	教学	Timmerman & Kruepke	2006	118	12 398	118	0.24	0.020	17%	针对大学生的CAI
764	教学	Onuoha	2007	38	3 824	67	0.26	—	18%	科学中基于计算机的实验室
765	教学	Rosen & Salomon	2007	32	—	32	0.46	—	33%	建构主义技术强化学习
	模拟									
766	教学	Dekkers & Donatti	1891	93	—	93	0.33	—	23%	模拟和成就
767	教学	Remmer & Jernstet	1982	21	—	21	0.20	—	14%	计算机模拟
768	教学	Szczurek	1982	58	—	58	0.33	—	23%	模拟游戏
769	教学	Vansickle	1986	42	—	42	0.43	—	30%	教学模拟游戏
770	教学	Lee	1990	19	—	34	0.28	0.114	20%	模拟对成就的影响
771	教学	McKenna	1991	26	—	118	0.38	0.070	27%	经济学中的模拟
772	教学	Armstrong	1991	43	—	43	0.29	—	21%	计算机、模拟和游戏
773	教学	Lee	1999	19	—	19	0.40	—	28%	计算机模拟
774	教学	Le Jeune	2002	40	6 416	54	0.34	—	24%	科学中的计算机模拟实验
	基于网络的学习									
775	教学	Olson & Wisher	2002	15	—	15	0.24	0.150	17%	基于网络的学习
776	教学	Sitzman, Kraiger, Stewart, & Wisher	2006	96	19 331	96	0.15	—	11%	基于网络的课堂和传统的课堂
777	教学	Mukawa	2006	25	3 223	25	0.14	0.099	10%	基于网络的学习原则

附录 A 元分析列表：按主题分类

编号	领域	作者	年份	研究数	总量	效应量数	平均值	标准误	CLE	变量
		交互式视频法								
778	教学	Clark & Angert	1980	23	4 800	1 000	0.65	—	46%	多媒体手段对成就的影响
779	教学	Angert & Clark	1982	181	—	2 607	0.51	—	36%	多媒体视频磁盘技术
780	教学	Shwalb, Shwalb, & Azuma	1986	104	—	33	0.49	0.055	35%	日本的技术
781	教学	Fletcher	1989	24	—	47	0.50	0.080	35%	交互式视频磁盘技术
782	教学	McNeil & Nelson	1991	63	—	100	0.53	0.097	37%	多媒体技术
783	教学	Liao	1999	46	—	143	0.41	0.073	29%	超媒体教学和传统教学
		视觉/视听方法								
784	教学	Kulik, Kulik, & Cohen	1979	42	—	42	0.20	—	14%	基于视觉的教学
785	教学	Cohen, Ebeling, & Kulik	1981	65	—	65	0.15	—	11%	基于视觉的教学
786	教学	Willett, Yamashita, & Anderson	1983	130	—	100	0.02	—	1%	科学中的视觉教具
787	教学	Shwalb, Shwalb, & Azuma	1986	104	—	6	0.09	0.110	6%	日本基于视觉的教学
788	教学	Blanchard, Stock, & Marshall	1999	10	2 760	10	0.16	0.030	11%	借助个人和电子游戏的多媒体
789	教学	Baker & Dwyer	2000	8	—	8	0.71	—	50%	视觉教具在学习中的使用
		程序教学								
790	教学	Hartley	1977	40	—	81	0.11	0.111	8%	数学中的程序教学
791	教学	Kulik, Cohen, & Ebeling	1980	57	—	57	0.24	—	17%	针对大学生的程序教学
792	教学	Kulik, Kulik, & Cohen	1980	56	—	56	0.24	—	17%	大学的程序教学
793	教学	Kulik, Schwalb, & Kulik	1982	47	—	47	0.08	0.070	6%	高中的程序教学
794	教学	Willett, Yamashita, & Anderson	1983	130	—	52	0.17	—	12%	科学中的程序教学
795	教学	Shwalb, Shwalb, & Azuma	1986	104	—	39	0.43	0.028	30%	日本的程序教学
796	教学	Boden, Archwamety, & MacFarland	2000	30	—	30	0.40	0.146	28%	高中程序教学
		校外学习的实施								
		远程教育								
797	教学	Mac htmes, & Asher	2000	19	—	19	−0.01	—	−1%	电视课程的成效
798	教学	Cavanaugh	1999	19	—	19	0.13	—	9%	交互式远程学习对成就的影响

续表

编号	领域	作者	年份	研究数	总量	效应量数	平均值	标准误	CLE	变量
799	教学	Cavanaugh	2001	19	929	19	0.15	0.106	10%	交互式远程教育
800	教学	Shachar & Neumann	2003	72	15 300	86	0.37	0.035	26%	远程教学和传统教学
801	教学	Allen, Mabry, Mattrey, Bourhis, Titsworth, & Burrell	2004	25	71 731	39	0.10	—	7%	远程课堂和传统课堂
802	教学	Cavanaugh, Gillan, Knomrey, Hess, & Blomeyer	2004	14	7 561	116	−0.03	0.045	−2%	远程课堂
803	教学	Williams	2004	25	—	34	0.15	—	11%	健康的远程教育项目
804	教学	Bernard, Abrami Lou, Wozney, Borokhovski, Wallet, Wade, & Fiset	2004	232	3 831 888	688	0.01	0.010	1%	远程教育
805	教学	Bernard, Lou, Abrami, Wozney, Borokhovski, Wallet, Wade, & Fiset	2004	155	—	155	−0.02	0.015	−1%	现场与非现场：非同步与同步
806	教学	Zhao, Lei, Yan, Lai, & Tan	2005	51	11 477	98	0.10	—	7%	远程课堂和传统课堂
807	教学	Allen, Bourhis, Mabry, Burrell, & Timmerman	2006	54	74 275	54	0.09	—	7%	远程课堂和传统教学
808	教学	Lou, Bernard, & Abrami	2006	103	—	218	0.02	—	1%	大学生的远程教育
809	教学	Zhao, Lei, Yan, Lai, & Tan	2005	51	11 477	98	0.10	0.090	7%	远程课堂和传统课堂
810	教学	Penuel, Kim, Michalchik, Lewis, Means, Murphy, Korbak, Whaley, & Allen	2002	14	—	14	0.16	—	11%	家校同的手提电脑项目
	家校项目									
811	教学	Paschal, Weinstein, & Walberg	1984	15	—	81	0.36	0.027	25%	家庭作业对学习的影响
812	教学	Cooper	1989	20	2 154	20	0.21	—	15%	家庭作业对成就的影响
813	教学	DeBaz	1994	77	41 828	77	0.39	—	27%	科学家庭作业
814	教学	Cooper	1994	17	3 300	48	0.21	—	15%	家庭作业对学习的影响
815	教学	Cooper, Robinson, & Patall	2006	32	58 000	69	0.28	—	20%	1987—2004 年研究的家庭作业

附录 B 影响因素排名

排名	领域	影响	效应量
1	学生	自评成绩	1.44
2	学生	皮亚杰项目	1.28
3	教学	提供形成性评价	0.90
4	教师	微格教学	0.88
5	学校	加速	0.88
6	学校	课堂行为	0.80
7	教学	针对有学习障碍学生的综合干预	0.77
8	教师	教师表达的清晰度	0.75
9	教学	交互式教学法	0.74
10	教学	反馈	0.73
11	教师	师生关系	0.72
12	教学	分散练习和集中练习	0.71
13	教学	元认知策略	0.69
14	学生	先前成就	0.67
15	课程	词汇项目	0.67
16	课程	反复阅读项目	0.67
17	课程	创造力项目	0.65
18	教学	出声思考/自我提问	0.64
19	教师	专业发展	0.62
20	教学	问题解决教学法	0.61
21	教师	不给学生贴标签	0.61
22	课程	自然拼读教学法	0.60
23	教学	教学策略	0.60
24	教学	合作与个别学习	0.59
25	教学	学习技能	0.59
26	教学	直接教学法	0.59
27	课程	触觉刺激项目	0.58
28	课程	理解力项目	0.58
29	教学	掌握学习	0.58
30	教学	样例	0.57
31	家庭	家庭环境	0.57

续表

排名	领域	影响	效应量
32	家庭	社会经济地位	0.57
33	教学	概念构图	0.57
34	教学	目标	0.56
35	课程	视知觉项目	0.55
36	教学	同伴指导	0.55
37	教学	合作与竞争学习	0.54
38	学生	早产儿体重	0.54
39	学校	课堂凝聚力	0.53
40	教学	凯勒的个人化教学系统	0.53
41	学校	同伴影响	0.53
42	学校	课堂管理	0.52
43	课程	户外/探险项目	0.52
44	教学	交互式视频法	0.52
45	家庭	家长参与	0.51
46	课程	游戏项目	0.50
47	课程	二次/三次机会项目	0.50
48	学校	小组学习	0.49
49	学生	注意力/毅力/参与度	0.48
50	学校	学校效应	0.48
51	学生	动机	0.48
52	学生	早期干预	0.47
53	教学	提问	0.46
54	课程	数学	0.45
55	学生	学前教育项目	0.45
56	教师	教学质量	0.44
57	课程	写作项目	0.44
58	教师	教师期望	0.43
59	学校	学校规模	0.43
60	学生	自我概念	0.43
61	教学	行为组织者/先行组织者	0.41
62	教学	学习风格的匹配	0.41
63	教学	合作学习	0.41
64	课程	科学	0.40
65	课程	社交技能项目	0.40
66	学生	减少焦虑	0.40
67	课程	综合课程项目	0.39
68	学校	拓展	0.39
69	课程	职业生涯干预	0.38

续表

排名	领域	影响	效应量
70	教学	任务时间	0.38
71	教学	计算机辅助教学	0.37
72	教学	辅助材料法	0.37
73	课程	双语项目	0.37
74	学校	校长及学校领导者	0.36
75	学生	对数学/科学的态度	0.36
76	课程	置身于阅读之中	0.36
77	课程	戏剧/艺术项目	0.35
78	学生	创造力	0.35
79	教学	测验的频率和效果	0.34
80	学校	减少干扰行为	0.34
81	学生	药物	0.33
82	教学	模拟	0.33
83	教学	归纳教学法	0.33
84	学生	对种族的积极态度	0.32
85	教师	教师效应	0.32
86	教学	探究式教学法	0.31
87	学校	资优学生的能力分轨	0.30
88	教学	家庭作业	0.29
89	家庭	家访	0.29
90	学生	锻炼/放松	0.28
91	学校	种族融合学校	0.28
92	学校	随班就读	0.28
93	课程	计算器的使用	0.27
94	课程	价值观/道德教育项目	0.24
95	教学	程序教学	0.24
96	教学	学院专项项目	0.24
97	教学	竞争与个别学习	0.24
98	学校	暑期学校	0.23
99	学校	财政	0.23
100	教学	个性化教学	0.23
101	学校	宗教学校	0.23
102	学生	少生病	0.23
103	教学	测验训练/辅导	0.22
104	教学	视觉/试听方法	0.22
105	教学	综合教学改革	0.22
106	学校	班级规模	0.21
107	学校	特许学校	0.20

续表

排名	领域	影响	效应量
108	教学	性向与处理交互作用	0.19
109	学生	人格	0.19
110	教学	学习层级	0.19
111	教学	合作教学/协同教学	0.19
112	教学	基于网络的学习	0.18
113	家庭	家庭结构	0.17
114	课程	课外项目	0.17
115	教学	教师的即时反馈	0.16
116	学校	班内分组	0.16
117	教学	家校项目	0.16
118	教学	基于问题的学习	0.15
119	课程	语句组合项目	0.15
120	教学	辅助	0.15
121	学校	能力分轨	0.12
122	学生	性别	0.12
123	学生	饮食	0.12
124	教师	教师教育	0.11
125	教师	教师的学科知识	0.09
126	教学	远程教育	0.09
127	学校	校外课程经验	0.09
128	课程	知觉动作项目	0.08
129	课程	整体语言教学法	0.06
130	学校	寄宿学校	0.05
131	学校	混合年级/混龄班级	0.04
132	教学	学生掌控学习	0.04
133	学校	开放班级	0.01
134	学校	暑假	−0.09
135	家庭	福利政策	−0.12
136	学校	留级	−0.16
137	家庭	电视	−0.18
138	学校	学生流动	−0.34

参考文献

Abrami, P. C., Bernard, R. M., Borokhovski, E.,Wade, A. C., Surkes, M. A.,Tamim, R., et al. (2008, May). *Instructional interventions affecting critical thinking skills and dispositions: A stage one meta-analysis*. Paper presented at the eighth annual international Campbell Collaboration Colloquium, Vancouver, BC, Canada.

Abrami, P. C., Bernard, R. M.,Wade,A. C., Schmid, R. F., Borokhovski, E.,Tamim, R., et al. (2006). *A review of e-learning in Canada:A rough sketch of the evidence, gaps and promising directions*. Montreal, Quebec, Canada: Centre for the Study of Learning and Performance, Concordia University.

Abrami, P. C., Leventhal, L., & Perry, R. P. (1982). Educational seduction. *Review of Educational Research, 52*(3), 446–464.

Abt Associates. (1977). *Education as experimentation: A planned variation model*: Vol. IV-B. Effects of Follow Through Models. Cambridge, MA: Abt Associates.

Ackerman, P. L., & Goff, M. (1994). Typical intellectual engagement and personality: Reply to Rocklin (1994). *Journal of Educational Psychology, 86*(1), 150–153.

Adair, J. G., Sharpe, D., & Huynh, C.L. (1989). Hawthorne control procedures in educational experiments: A reconsideration of their use and effectiveness. *Review of Educational Research, 59*(2), 215.

Adams, G. L., & Engelmann, S. (1996). *Research on direct instruction: 20 years beyond DISTAR*. Seattle, WA: Educational Achievement Systems.

Aegisdottir, S.,White, M. J., Spengler, P. M., Maugherman, A. S., Anderson, L. A., Cook, R. S., et al. (2006).The meta-analysis of clinical judgment project: Fifty-six years of accumulated research on clinical versus statistical prediction. *Counseling Psychologist, 34*(3), 341–382.

Ahn, S., & Choi, J. (2004, April). *Teachers' subject matter knowledge as a teacher qualification: A synthesis of the quantitative literature on students' mathematics achievement*. Paper presented at the American Educational Research Association, San Diego, CA.

Aiello, N. C., & Wolfle, L. M. (1980, April). *A meta-analysis of individualized instruction in science*. Paper presented at the Annual Meeting of the American Educational Research Association, Boston, MA.

Airasian, P.W. (1991). Perspectives on measurement instruction. *Educational Measurement: Issues and Practice, 10*(1), 13–16, 26.

Aitken, J. R. (1969). *A study of attitudes and attitudinal change of institutionalized delinquents through group guidance techniques*. Unpublished Ed.D.,The University of Southern Mississippi, MS.

AJHR. (1939). *Appendices to the Journals of the House of Representatives, E1*. Wellington: New Zealand Government Printer.

Ajzen, I., & Madden, T. J. (1986). Prediction of goal-directed behavior: Attitudes, intentions, and perceived behavioral control. *Journal of Experimental Social Psychology, 22*(5), 453–474.

Akerhielm, K. (1995). Does class size matter? *Economics of Education Review, 14*(3), 229–241.

Akiba, M. (2002). Computer-assisted instruction. In Z. Barley, P.A. Lauer, S.A.Arens, H.A.Apthorp, K. S. Englert, D. Snow & M. Akiba (Eds.), *Helping At-Risk Students Meet Standards: A Synthesis of Evidence-Based Classroom Practices* (pp. 97–109).Aurora, CO: Mid-Continent Research for Education and Learning.

Albanese, M.A., & Mitchell, S. (1993). Problem-based learning: A review of literature on its outcomes and implementation issues. *Academic Medicine, 68*(1), 52–81.

Alessi, G. (1988). Diagnosis diagnosed: A systemic reaction. *Professional School Psychology, 3*, 145–151.

Alexander, K. L., Cook, M., & McDill, E. L. (1978). Curriculum tracking and educational stratification: Some further evidence. *American Sociological Review, 43*(1), 47–66.

Alexander, P.A. (2003).The development of expertise:The journey from acclimation to proficiency. *Educational Researcher, 32*(8), 10–14.

Allen, M. (1995, February). *Research productivity and positive teaching evaluations:*

Examining the relationship using meta-analysis. Paper presented at the Annual Meeting of the Western States Communication Association.

Allen, M. (1996). Research productivity and positive teaching evaluations: Examining the relationship using meta-analysis. *Journal of the Association for Communication Administration, May*(2), 77–96.

Allen, M. (2006). Relationship of teaching evaluations to research productivity for college faculty. In B. M. Gayle, R.W. Preiss, N. Burrell & M.Allen (Eds.), *Classroom communication and instructional processes:Advances through meta-analysis*. Mahwah, NJ: Lawrence Erlbaum Associates.

Allen, M., Bourhis, J., Burrell, N., & Mabry, E. (2002). Comparing student satisfaction with distance education to traditional classrooms in higher education: A meta-analysis. *American Journal of Distance Education, 16*(2), 83–97.

Allen, M., Bourhis, J., Mabry, E., Burrell, N.A., & Timmerman, C. E. (2006). Comparing distance education to face-to-face methods of education. In B. M. Gayle, R. W. Preiss, N. Burrell & M. Allen (Eds.), *Classroom communication and instructional processes: Advances through meta-analysis* (pp. 229–244). Mahwah, NJ: Lawrence Erlbaum Associates.

Allen, M., Bradford, L., Grimes, D., Cooper, E., Howard, L., & Howard, U. (1999, November). *Racial group orientation and social outcomes: Summarizing relationships using meta-analysis.* Paper presented at the Annual Meeting of the National Communication Association, Chicago.

Allen, M., Mabry, E., Mattrey, M., Bourhis, J., Titsworth, S., & Burrell, N. (2004). Evaluating the effectiveness of distance learning: A comparison using meta-analysis. *Journal of Communication, 54*(3), 402–420.

Allen, M.,Witt, P. L., & Wheeless, L. R. (2006). The role of teacher immediacy as a motivational factor in student learning: Using meta-analysis to test a causal model. *Communication Education, 55*(1), 21–31.

Almeida, M. C., & Denham, S. A. (1984, April). *Interpersonal cognitive problem-solving: A meta-analysis.* Paper presented at the Annual Meeting of the Eastern Psychological Association, Baltimore.

Alton-Lee, A. (2003). *Quality teaching for diverse students in schooling: Best evidence synthesis iteration*. Wellington, New Zealand: Ministry of Education.

Amato, P. R. (2001). Children of divorce in the 1990s: An update of the Amato and Keith (1991) meta-analysis. *Journal of Family Psychology, 15*(3), 355–370.

Amato, P. R., & Gilbreth, J. G. (1999). Nonresident fathers and children's well-being: A meta-analysis. *Journal of Marriage and Family, 61*(3), 557–573.

Amato, P. R., & Keith, B. (1991). Parental divorce and the well-being of children: A meta-analysis. *Psychological Bulletin, 110*(1), 26 – 46.

Ames, C. (1992). Classrooms: Goals, structures, and student motivation. *Journal of Educational Psychology, 84*(3), 261–271.

Amrein, A. L., & Berliner, D. C. (2002). High-stakes testing and student learning [Electronic Version]. *Education Policy Analysis Archives, 10*. Retrieved 28 April 2008 from http://epaa.asu.edu/epaa/ v10n18/.

Anderman, L. H., & Anderman, E. M. (1999). Social predictors of changes in students' achievement goal orientations. *Contemporary Educational Psychology, 24*(1), 21–37.

Anderson, L.W., Krathwohl, D.R., & Bloom, B.S. (2001). *A taxonomy for learning, teaching, and assessing*: *A revision of Bloom's taxonomy of educational objectives* (Abridged ed.). New York: Longman.

Anderson, R. C., Hiebert, E. H., Scott, J. A., & Wilkinson, I. A. G. (1985). *Becoming a nation of readers: The report of the Commission on Reading.* Washington, DC: National Academy of Education, National Institute of Education, and Center for the Study of Reading.

Anderson, R. D., Kahl, S. R., Glass, G.V., & Smith, M. L. (1983). Science education: A meta-analysis of major questions. *Journal of Research in Science Teaching, 20*(5), 379–385.

Anderson, S. A. (1994). *Synthesis of research on mastery learning*. ERIC document 382 567.

Angert, J.F., & Clark, F.E. (1982, May). *Finding the rose among the thorns: Some thoughts on integrating media research*. Paper presented at the Annual Meeting of the Association for Educational Communications and Technology, Research and Theory Division, Dallas, TX.

Angrist, J. D., & Lavy, V. (1999). Using Maimonides' Rule to estimate the effect of class size on scholastic achievement. *Quarterly Journal of Economics, 114*(2), 533–575.

Applegate, B. (1986, November). *A meta-analysis of the effects of day care on development: Preliminary findings*. Paper presented at the Annual Meeting of the Mid-South Educational Research Association, Memphis, TN.

Apter, M. J. (2001). *Motivational styles in everyday life: A guide to reversal theory* (1st ed.). Washington, DC: American Psychological Association.

Aristotle. (350BC/1908). *The Nicomachean ethics of Aristotle* (W. D. Ross, Trans.). Oxford, UK: Clarendon Press.

Armitage, C. J., & Conner, M. (2001). Efficacy of the theory of planned behaviour: A meta-analytic review. *British Journal of Social Psychology, 40*, 471–499.

Armor, D. J. (1983). *The evidence on desegregation and Black achievement*. Washington, DC: National Institute on Education.

Armstrong, D. G. (1977). Team teaching and academic achievement. *Review of Educational Research, 47*(1), 65–86.

Armstrong, P. S. (1991). *Computer-based simulations in learning environments: A meta-analysis of outcomes*. Unpublished Ph.D., Purdue University, IN.

Arnold, K. S., Myette, B. M., & Casto, G. (1986). Relationships of language intervention efficacy to certain subject characteristics in mentally retarded preschool children: A meta-analysis. *Education and Training of the Mentally Retarded, 21*, 108–116.

Asencio, C. E. (1984). *Effects of behavioral objectives on student achievement: A meta-analysis of findings*. Unpublished Ph.D., The Florida State University, FL.

Atash, M. N., & Dawson, G. O. (1986). Some effects of the ISCS program: A meta-analysis. *Journal of Research in Science Teaching, 23*(5), 377–385.

Athappilly, K., Smidchens, U., & Kofel, J. W. (1983). A computer-based meta-analysis of the effects of modern mathematics in comparison with traditional mathematics. *Educational Evaluation and Policy Analysis, 5*(4), 485–493.

Athappilly, K. (1978). *A meta-analysis of the effects of modern mathematics in comparison with traditional mathematics in the American educational system*. Unpublished Ed.D., Western Michigan University, MI.

Atkinson, D. L. (1993). *A meta-analysis of recent research in the teaching of* writing:Workshops, computer applications, and inquiry. Unpublished Ph.D., Purdue University, IN.

Au, W. (2007). High-stakes testing and curricular control: A qualitative metasynthesis. *Educational Researcher, 36*(5), 258–267.

Ausubel, D. P. (1968). *Educational psychology:A cognitive view*. New York: Holt, Rinehart, and Winston.

Azevedo, R., & Bernard, R. (1995). Assessing the effects of feedback in computer-assisted learning. *British Journal of Educational Technology, 26*(1), 57–58.

Baenninger, M., & Newcombe, N. (1989). The role of experience in spatial test performance: A meta-analysis. *Sex Roles, 20*(5–6), 327–344.

Baker, D. P., & Stevenson, D. L. (1986). Mothers' strategies for children's school achievement: Managing the transition to high school. *Sociology of Education, 59*(3), 156–166.

Baker, E. T. (1994). *Meta-analytic evidence for noninclusive educational practices: Does educational research support current practice for special needs students?* Unpublished Ph.D., Temple University, PA.

Baker, E.T.,Wang, M. C., & Walberg, H. J. (1994).The effects of inclusion on learning. *Educational Leadership, 52*(4), 33–35.

Baker, R. M., & Dwyer, F. (2000).A meta-analytic assessment of the effect of visualized instruction. *International Journal of Instructional Media, 27*(4), 417–426.

Baker, R. M., & Dwyer, F. (2005). Effect of instructional strategies and individual differences: A meta-analytic assessment. *International Journal of Instructional Media, 32*(1), 69.

Baker, S., Gersten, R., & Lee, D. S. (2002).A synthesis of empirical research on teaching mathematics to low-achieving students. *Elementary School Journal, 103*(1), 51–73.

Baker, S. B., & Popowicz, C. L. (1983). Meta-analysis as a strategy for evaluating effects of career education interventions. *Vocational Guidance Quarterly, 31*(3), 178–186.

Bakermans-Kranenburg, M. J., van Ijzendoorn, M. H., & Bradley, R. H. (2005). Those who have, receive:The Matthew Effect in early childhood intervention in the home environment. *Review of Educational Research, 75*(1), 1–26.

Bandura, A., & Cervone, D. (1986). Differential engagement of self-reactive influences in cognitive motivation. *Organizational Behavior and Human Decision Processes, 38*(1), 92–113.

Bangert, R. L., Kulik, J. A., & Kulik, C. L. C. (1983). Individualized systems of instruction in secondary schools. *Review of Educational Research, 53*(2), 143–158.

Bangert-Drowns, R. L. (1985). Effectiveness of computer-based education in secondary schools. *Journal of Computer-Based Instruction, 12*(3), 59–68.

Bangert-Drowns, R. L. (1985, March-April). *Meta-analysis of findings on computer-based education with precollege students*. Paper presented at the Annual Meeting of the American Educational Research Association, Chicago.

Bangert-Drowns, R. L. (1991). Effects of frequent classroom testing. *Journal of Educational Research, 85*(2), 89–99.

Bangert-Drowns, R. L. (1992). *Meta-analysis of the effects of inquiry-based instruction on critical thinking*. Paper presented at the Annual meeting of the American Educational Research Association, San Francisco, CA.

Bangert-Drowns, R. L. (1993).The word processor as an instructional tool:A meta-analysis of word processing in writing instruction. *Review of Educational Research, 63*(1), 69–93.

Bangert-Drowns, R. L., & Bankert, E. (1990, April). *Meta-analysis of effects of explicit instruction for critical thinking*. Paper presented at the Annual Meeting of the American Educational Research Association Boston, MA.

Bangert-Drowns, R. L., Hurley, M. M., & Wilkinson, B. (2004).The effects of school-based writing-to-learn interventions on academic achievement: A meta-analysis. *Review of Educational Research, 74*(1), 29.

Bangert-Drowns, R. L., Kulik, C. L. C., Kulik, J.A., & Morgan, M.T. (1991).The instructional effect of feedback in test-like events. *Review of Educational Research, 61*(2), 213–238.

Bangert-Drowns, R. L., Kulik, J. A., & Kulik, C. L. (1985). Effectiveness of computer-based education in secondary-schools. *Journal of Computer-Based Instruction, 12*(3), 59–68.

Bangert-Drowns, R. L., Kulik, J. A., & Kulik, C. L. C. (1983). Effects of coaching programs on achievement test performance. *Review of Educational Research, 53*(4), 571–585.

Bangert-Drowns, R. L., Kulik, J. A., & Kulik, C. L. C. (1991). Effects of frequent classroom testing. *Journal of Educational Research, 85*(2), 89.

Barab, S. A., & Roth, W.-M. (2006). Curriculum-based ecosystems: Supporting knowing from an ecological perspective. *Educational Researcher, 35*(5), 3–13.

Barley, Z., Lauer, P. A., Arens, S. A., Apthorp, H. A., Englert, K. S., Snow, D., et al. (2002). *Helping at-risk students meet standards: A synthesis of evidence-based classroom practices*. Aurora, CO: Mid-Continent Research for Education and Learning.

Barnette, J. J., Walsh, J. A., Orletsky, S. R., & Sattes, B. D. (1995). Staff development for improved classroom questioning and learning. *Research in the Schools, 2*(1), 1–10.

Barr, R., & Dreeben, R. (1983). *How schools work*. Chicago: University of Chicago Press.

Batten, M., & Girling-Butcher, S. (1981). *Perceptions of the quality of school life: A case study of schools and students* (No. ACER-RM-13). Hawthorn, Victoria, Australia: Australian Council for Educational Research.

Batts, J. W. (1988). The *effects of teacher consultation: A meta-analysis of controlled studies*. Unpublished Ph.D., University of Kentucky, KY.

Bayraktar, S. (2000). *A meta-analysis on the effectiveness of computer-assisted instruction in science education*. Unpublished Ph.D., Ohio University, OH.

Bayraktar, S. (2001–2002). A meta-analysis of the effectiveness of computer-assisted instruction in science education. *Journal of Research on Technology in Education, 34*(2), 173–188.

Bear, G. G., Minke, K. M., & Manning, M. A. (2002). Self-concept of students with learning disabilities: A meta-analysis. *School Psychology Review, 31*(3), 405–427.

Becker, B. J. (1989). Gender and science achievement: A reanalysis of studies from two meta-analyses. *Journal of Research in Science Teaching, 26*(2), 141–169.

Becker, B. J. (1990). Coaching for the scholastic aptitude test: Further synthesis and appraisal. *Review of Educational Research, 60*(3), 373–417.

Becker, B. J., & Chang, L. (1986, April). *Measurement of science achievement & its role in gender differences*. Paper presented at the Annual Meeting of the American

Educational Research Association, San Francisco, CA.

Beckhard, R. (1967).The confrontation meeting. *Harvard Business Review, 45*(2), 149–155.

Beckhard, R. (1969). *Organization development: Strategies and models*. Reading, MA: Addison-Wesley.

Beelmann, A., Pfingsten, U., & Losel, F. (1994). Effects of training social competence in children: A meta-analysis of recent evaluation studies. *Journal of Clinical Child Psychology, 23*(3), 260–271.

Bellini, S., & Akullian, J. (2007). A meta-analysis of video modeling and video self-modeling interventions for children and adolescents with autism spectrum disorders.(Brief article). *Exceptional Children, 73*(3), 264–287.

Bellini, S., Peters, J. K., Benner, L., & Hopf, A. (2007). A meta-analysis of school-based social skills interventions for children with autism spectrum disorders. *Remedial and Special Education, 28*(3), 153–162.

Ben-Ari, R., & Eliassy, L. (2003). The differential effects of the learning environment on student achievement motivation: A comparison between frontal and complex instruction strategies. *Social Behavior and Personality: An International Journal, 31*(2), 143.

Bender,W. N., & Smith, J. K. (1990). Classroom behavior of children and adolescents with learning disabilities: A meta-analysis. *Journal of Learning Disabilities, 23*(5), 298–305.

Bendig,A.W. (1952).The use of student-rating scales in the evaluation of instructors in introductory psychology. *Journal of Educational Psychology, 43*(3), 167–175.

Bennett, B. B. (1987). *The effectiveness of staff development training practices:A meta-analysis*. Unpublished Ph.D., University of Oregon, Oregon, United States.

Benseman, J., Sutton, A., & Lander, J. (2005). *Working in the light of evidence, as well as aspiration: A literature review of the best available evidence about effective adult literacy, numeracy and language teaching*. Wellington: Ministry of Education and Auckland UniServices, Ltd.

Bereiter, C. (2002). *Education and mind in the knowledge age*. Mahwah, NJ: Lawrence Erlbaum Associates.

Berg, H. K. M. (2003). *Values-based character education: A meta-analysis of program effects on student knowledge, attitudes, and behaviors*. Unpublished M.A., California State University, Fresno, California, United States.

Bergstrom, B. A. (1992, April). *Ability measure equivalence of computer adaptive and pencil and paper tests: A research synthesis*. Paper presented at the Annual Meeting of the American Educational Research Association, San Francisco, CA.

Berkowitz, S. (2006). Developing critical thinking through forensics and communication education: Assessing the impact through meta-analysis. In B. M. Gayle (Ed.), *Classroom communication and instructional processes: Advances through meta-analysis* (pp. 43–59). Mahwah, NJ: Lawrence Erlbaum Associates.

Berliner, D. C. (1984). The half-full glass: A review of research on teaching. In P. L. Hosford (Ed.), *Using what we know about teaching* (pp. 51–84). Alexandria, VA: Association for Supervision and Curriculum Development.

Berliner, D. C. (1987). Ways of thinking about students and classrooms by more and less experienced teachers. In J. Calderhead (Ed.), *Exploring teachers' thinking* (pp. 60–83). London: Cassell Educational Limited.

Berliner, D. C. (1988). *The development of expertise in pedagogy*. Washington, DC: AACTE Publications.

Bernard, R. M., Abrami, P. C., Lou, Y., Borokhovski, E., Wade, A. C., Wozney, L., et al. (2004). How does distance education compare with classroom instruction? A meta-analysis of the empirical literature. *Review of Educational Research, 74*(3), 379 – 439.

Bernard, R. M., Abrami, P. C., Wade, A. C., Borokhovski, E., & Lou, Y. (2004, October). *The effects of synchronous and asynchronous distance education: A meta-analytical assessment of Simonson's "equivalency theory"*. Paper presented at the Association for Educational Communications and Technology, Chicago, IL.

Berndt, T. J. (2004). Children's friendships: Shifts over a half-century in perspectives on their development and their effects. *Merrill-Palmer Quarterly, 50*(3), 206–223.

Bertrand, J. R. (2005). *Can individual creativity be enhanced by training? A meta analysis*. Unpublished Ph.D., University of Southern California, CA.

Bhutta, A. T., Cleves, M. A., Casey, P. H., Cradock, M. M., & Anand, K. J. S. (2002). Cognitive and behavioral outcomes of school-aged children who were born preterm: A meta-analysis. *Journal of the American Medical Association, 288*(6), 728–737.

Biddle, B. J., & Berliner, D. C. (2002). *What research says about small classes and their effects*.Tempe,AZ: Education Policy Studies Lab, Arizona State University.

Biesta, G. (2007). Why "what works" won't work: Evidence-based practice and the democratic deficit in educational research. *Educational Theory, 57*(1), 1–22.

Biggs, J. B., & Collis, K. F. (1982). Evaluating the quality of learning: The SOLO taxonomy (structure of the observed learning outcome). New York: Academic Press.

Bishop, L. K. (1990). *Meta-analysis of achievement effects of microcomputer applications in elementary schools*. Unpublished Ph.D.

Bishop, R. (2003). Changing power relations in education: Kaupapa Māori messages for "mainstream" education in Aotearoa/New Zealand. *Comparative Education, 39*(2), 221–238.

Bishop, R., Berryman, M., & Richardson, C. (2002).Te Toi Huarewa: Effective teaching and learning in total immersion Māori language educational settings. *Canadian Journal of Native Education, 26*(1), 44–61.

Black, M. M. (1991). Early intervention services for infants and toddlers:A focus on families. *Journal of Clinical Child Psychology, 20*(1), 51–57.

Black, P., & Wiliam, D. (1998).Assessment and classroom learning. *Assessment in Education: Principles, Policy and Practice, 5*(1), 7–74.

Black,T. L. (1996). *Home visiting for children with developmental delays:An empirical evaluation*. Unpublished M.S., Utah State University, UT.

Blanchard, J., Stock,W., & Marshall, J. (1999). Meta-analysis of research on a multimedia elementary school curriculum using personal and video-game computers. *Perceptual and Motor Skills, 88*(1), 329–336.

Blank, R. K. (1989, May). *Educational effects of magnet high schools*. Paper presented at the Conference on Choice and Control in American Education, Madison,WI.

Blank, R. K. (1990). Analyzing educational effects of magnet schools using local district data. *Sociological Practice Review, 1*(1), 40–51.

Blatchford, P. (2005).A multi-method approach to the study of school class size differences. *International Journal of Social Research Methodology, 8*, 195–205.

Blatchford, P., Goldstein, H., Martin, C., & Browne,W. (2002).A study of class size effects in English school reception year classes. *British Educational Research Journal,*

28(2), 169–185.

Blimling, G. S. (1999). A meta-analysis of the influence of college residence halls on academic performance. *Journal of College Student Development, 40*(5), 551–561.

Block, J. H., & Burns, R. B. (1976). Mastery learning. *Review of Research in Education, 4*, 3–49.

Blok, H. (1999). Reading to young children in educational settings: A meta-analysis of recent research. *Language Learning, 49*(2), 343–371.

Blok,H.,Oostdam,R.,Otter,M.E.,& Overmaat,M.(2002).Computer-assisted instruction in support of beginning reading instruction:A review. *Review of Educational Research, 72*(1), 101–130.

Bloom, B. S. (1968). Mastery learning. *Evaluation Comment, 1*(2), 1–12.

Bloom, B. S. (1976). *Human characteristics and school learning*. New York: McGraw-Hill.

Bloom, B. S. (1984).The search for methods of group instruction as effective as one-to-one tutoring. *Educational Leadership, 41*(8), 4–17.

Blosser, P. E. (1985). *Meta-analysis research on science instruction*. Columbus, OH: ERIC Clearinghouse for Science, Mathematics, and Environmental Education.

Blosser, P. E. (1985). *Research related to instructional materials for science*. Columbus, OH: SMEAC Information Reference Center,The Ohio State University.

Blosser, P. E. (1986).What research says: Meta-analysis research on science instruction. *School Science and Mathematics, 86*(2), 166–170.

Boden, A., Archwamety, T., & McFarland, M. (2000, March-April). *Programmed instruction in secondary education: A meta-analysis of the impact of class size on its effectiveness*. Paper presented at the Annual Meeting of the National Association of School Psychologists, New Orleans, LA.

Bolhuis, S. (2003).Towards process-oriented teaching for self-directed lifelong learning: A multidimensional perspective. *Learning and Instruction, 13*(3), 327–347.

Borko, H., & Livingston, C. (1989). Cognition and improvisation: Differences in mathematics instruction by expert and novice teachers. *American Educational Research Journal, 26*(4), 473–498.

Borman, G. D., & D'Agostino, J.V. (1995). *Title I and student achievement: A meta-*

analysis of 30 years of test results.

Borman, G. D., & D'Agostino, J.V. (1996). Title Ⅰ and student achievement: A meta-analysis of federal evaluation results. *Educational Evaluation and Policy Analysis, 18*(4), 309–326.

Borman, G. D., Hewes, G. M., Overman, L.T., & Brown, S. (2003). Comprehensive school reform and achievement: A meta-analysis. *Review of Educational Research, 73*(2), 125–230.

Born,M.P.,Bleichrodt,N.,&Van Der Flier, H.(1987).Cross-cultural comparison of sex-related differences on intelligence tests: A meta-analysis. *Journal of Cross-Cultural Psychology, 18*(3), 283–314.

Bosker, R. J., & Witziers, B. (1995). *A meta-analytical approach regarding school effectiveness: The true size of school effects and the effect size of educational leadership.* Enschede,The Netherlands: Department of Education,The University of Twente.

Bosker, R. J., & Witziers, B. (1996). *The magnitude of school effects, or: Does it really matter which school a student attends?* Paper presented at the Annual Meeting of the American Educational Research Association, New York.

Boulanger, F. D. (1981). Instruction and science learning:A quantitative synthesis. *Journal of Research in Science Teaching, 18*(4), 311–327.

Bourhis, J., & Allen, M. (1992). Meta-analysis of the relationship between communication apprehension and cognitive performance. *Communication Education, 41*(1), 68–76.

Bowen, C.W. (2000).A quantitative literature review of cooperativie learning effects on high school and college chemistry achievement. *Journal of Chemical Education, 77*(1), 116–119.

Boyd, R. L. (2007). *A meta-analysis of the relationship between extraversion and academic achievement.* Unpublished Ph.D., Hofstra University, New York.

Boyd,W. L. (1987). Balancing public and private schools:The Australian experience and American implications. *Educational Evaluation and Policy Analysis, 9*(3), 183–198.

Bracey, G.W. (1982). Computers in education:What the research shows. *ELECTRONIC Learning, 2*(3), 51–54.

Braddock, J. H., Ⅱ. (1990). *Tracking: Implications for student race-ethnic subgroups*

(No. 1). Baltimore, MD: Centre for Research on Effective Schooling for Disadvantaged Students, Johns Hopkins University.

Bradford, J. W. (1990). *A meta-analysis of selected research on student attitudes towards mathematics*. Unpublished Ph.D.,The University of Iowa, Iowa City, IA.

Bradford, L., Cooper, E., Allen, M., Stanley, J., & Grimes, D. (2006). Race and the classroom: Interaction and image. In B. M. Gayle, R. W. Preiss, N. Burrell & M. Allen (Eds.), *Classroom communication and instructional processes: Advances through meta-analysis* (pp. 169–184). Mahwah, NJ: Lawrence Erlbaum Associates.

Bransford, J., Brown, A. L., Cocking, R. R., National Research Council (U.S.). Committee on Developments in the Science of Learning., and National Research Council (U.S.). Committee on Learning Research and Educational Practice. (2000). *How people learn: Brain, mind, experience, and school* (Expanded ed.).Washington, DC: National Academy Press.

Braun, H.(2004).Reconsidering the impact of high-stakes testing [Electronic Version]. *Education Policy Analysis Archives*, 12, 1– 45. Retrieved 29 April 2008 from http://epaa.asu.edu/epaa/v12n1/.

Bray, M. (1999). *The shadow education system: Private tutoring and its implications for planners*. Paris: Unesco, International Institute for Educational Planning.

Bredderman,T. (1980). Process curricula in elementary school service. *Evaluation in Education, 4*, 43–44.

Bredderman, T. (1982). *The effects of activity-based elementary science programs on student outcomes and classroom practices: A meta analysis of controlled studies* (Research/Technical No. NSF-SED-82–001 SED-79–18717): New York State Univ. System, Albany. [BBB01014].

Bredderman,T. (1983). Effects of activity-based elementary science on student outcomes: A quantitative synthesis. *Review of Educational Research, 53*(4), 499–518.

Bredderman, T. (1985). Laboratory programs for elementary school science: A meta-analysis of effects on learning. *Science Education, 69*(4), 577–591.

Bretz, R. D. (1989). College grade point average as a predictor of adult success: A meta-analytic review and some additional evidence. *Public Personnel Management, 18*(1), 11.

Brewer, D. J., Krop, C., Gill, B. P., & Reichardt, R. (1999). Estimating the cost of national class size reductions under different policy alternatives. *Educational Evaluation and Policy Analysis, 21*(2), 179–192.

Bridgeland, J. M., DiIulio, J. J. J., & Morison, K. B. (2006). *The silent epidemic*. Washington, DC: Civic Enterprises.

Brock, P. (2004). *A passion for life*. Sydney, Australia: Australian Broadcasting Corporation.

Brookhart, S. M., & Freeman, D. J. (1992). Characteristics of entering teacher candidates. *Review of Educational Research, 62*(1), 37–60.

Brophy, J. E. (1983). Conceptualizing student motivation. *Educational Psychologist, 18*(3), 200–215.

Brown, G.T. L. (2002). *Teachers' conceptions of assessment*. Unpublished Ph.D., University of Auckland, Auckland, New Zealand.

Brown, G.T. L. (2004).Teachers' conceptions of assessment: implications for policy and professional development. *Assessment in Education: Principles, Policy and Practice, 11*(3), 301–318.

Brown, L. I. (2001). *A meta-analysis of research on the influence of leadership on student outcomes*. Unpublished Ph.D.,Virginia Polytechnic Institute and State University,VA.

Brown, S. D.,Tramayne, S., Hoxha, D.,Telander, K., Fan, X., & Lent, R.W. (in press). Social cognitive predictors of college students' academic performance and persistence: A meta-analytic path analysis. *Journal of Vocational Behavior, 72*(3), 298–308.

Brualdi, A. C. (1998). *Classroom questions. ERIC/AE Digest* (ERIC Publications ERIC Digests in Full Text No. EDO-TM-98–02 RR93002002). Washington, DC: ERIC Clearinghouse on Assessment and Evaluation.

Brunsma, D. L. (2004). *The school uniform movement and what it tells us about American education: A symbolic crusade*. Lanham, MD: Scarecrow Education.

Bryant, F. B. (1983, October). *Issues in omitting studies from research syntheses*. Paper presented at the 1983 Joint Meeting of the Evaluation Research Society and Evaluation Network, Chicago.

Bryk,A. S., Easton, J. Q., Kerbow, D., Rollow, S. G., & Sebring, P.A. (1993). *A view from the elementary schools:The state of reform in Chicago.A report of the Steering Committee, Consortium on Chicago School Research (Reports – Evaluative). Chicago, IL: Consortium on Chicago School Research.

Bryk,A. S., & Schneider, B. L. (2002). *Trust in schools:A core resource for improvement*. NewYork: Russell Sage Foundation.

Buckingham, J. (2003). Class size and teacher quality. *Educational Research for Policy and Practice, 2*(1), 71–86.

Buckingham, J. (2003). Reforming school education: Class size and teacher quality. *Policy, 19*, 15–20.

Buckworth, J., & Dishman, R. K. (2002). *Exercise psychology*. Champaign, IL: Human Kinetics.

Buhs, E. S., & Ladd, G.W. (2001). Peer rejection as antecedent of young children's school adjustment: An examination of mediating processes. *Developmental Psychology, 37*(4), 550–560.

Buhs, E. S., Ladd, G. W., & Herald, S. L. (2006). Peer exclusion and victimization: Processes that mediate the relation between peer group rejection and children's classroom engagement and achievement? *Journal of Educational Psychology, 98*(1), 1–13.

Burger, K., & Winner, E. (2000). Instruction in visual art: Can it help children learn to read? *Journal of Aesthetic Education, 34*(3 – 4), 277–293.

Burkam, D. T., Ready, D. D., Lee,V. E., & LoGerfo, L. F. (2004). Social-class differences in summer learning between kindergarten and first grade: Model specification and estimation. *Sociology of Education, 77*(1), 1–31.

Burley, H. E. (1994, April). *A meta-analysis of the effects of developmental studies programs on college student achievement, attitude, and persistence*. Paper presented at the Annual Meeting of the American Educational Research Association, New Orleans, LA.

Burns, M. K. (2002). Comprehensive system of assessment to intervention using curriculum-based assessments. *Intervention in School and Clinic, 38*(1), 8–13.

Burns, M. K. (2004). Empirical analysis of drill ratio research: Refining the instructional level for drill tasks. *Remedial and Special Education, 25*(3), 167–173.

Burns, M. K., & Symington,T. (2002). A meta-analysis of prereferral intervention teams: Student and systemic outcomes. *Journal of School Psychology, 40*(5), 437–447.

Burns, P. K., & Bozeman, W. C. (1981). Computer-assisted instruction and mathematics achievement: Is there a relationship? *Educational Technology, October*, 32–38.

Burns, R. B., & Mason, D. A. (1995). Organizational constraints on the formation of elementary school classes. *American Journal of Education, 103*(2), 185–212.

Bus, A. G., & van Ijzendoorn, M. H. (1999). Phonological awareness and early reading: A metaanalysis of experimental training studies. *Journal of Educational Psychology, 91*(3), 403–414.

Bus, A. G., van Ijzendoorn, M. H., & Pellegrini, A. D. (1995). Joint book reading makes for success in learning to read: A meta-analysis on intergenerational transmission of literacy. *Review of Educational Research, 65*(1), 1–21.

Busato, V. V., Prins, F. J., Elshout, J. J., & Hamaker, C. (1998). The relation between learning styles, the Big Five personality traits and achievement motivation in higher education. *Personality and Individual Differences, 26*(1), 129–140.

Butcher, P. M. (1981). *An experimental investigation of the effectiveness of a value claim strategy unit for use in teacher education.* Unpublished M.A., Macquarie University, Sydney.

Butzlaff, R. (2000). Can music be used to teach reading? *Journal of Aesthetic Education, 34*(3 – 4), 167–178.

Byrnes, D. A. (1989). Attitudes of students, parents, and educators toward repeating a grade. In L. A. Shepard & M. L. Smith (Eds.), *Flunking grades: Research and policies on retention* (pp. 108–131). London: Falmer Press.

Cahan, S., & Davis, D. (1987). A between-grade-levels approach to the investigation of the absolute effects of schooling on achievement. *American Educational Research Journal, 24*(1), 1–12.

Cahen, L. S., & Filby, N. N. (1979). The class size/achievement issue: New evidence and a research plan. *Phi Delta Kappan, 60*(7), 492–495, 538.

Camarena, M. (1990). Following the right track: A comparison of tracking practices in public and Catholic schools. In R. N. Page & L. Villi (Eds.), *Curriculum differentiation: Interpretive studies in US secondary schools* (pp. 159–182). Albany, NY: SUNY Press.

Cambourne, B. (2003). Taking a naturalistic viewpoint in early childhood literacy research. In N. Hall, J. Larson & J. Marsh (Eds.), *Handbook of Early Childhood Literacy* (pp. 411– 423). London: Sage.

Cameron, J., & Pierce, W. D. (1994). Reinforcement, reward, and intrinsic motivation: A meta-analysis. *Review of Educational Research, 64*(3), 363 – 423.

Camilli, G., Vargas, S., & Yurecko, M. (2003). "Teaching children to read" :The fragile link between science and federal education policy. *Education Policy Analysis Archives, 11*(15).

Cannon-Bowers, J. A., Rhodenizer, L., Salas, E., & Bowers, C. A. (1998). A framework for understanding pre-practice conditions and their impact on learning. *Personnel Psychology, 51*(2), 291–320.

Carlberg, C., & Kavale, K. A. (1980). The efficacy of special versus regular class placement for exceptional children: A meta-analysis. *Journal of Special Education, 14*(3), 295–309.

Carless, D. (2006). Differing perceptions in the feedback process. *Studies in Higher Education, 31*(2), 219–233.

Carlson, C. L., & Bunner, M. R. (1993). Effects of methylphenidate on the academic performance of children with attention-deficit. *School Psychology Review, 22*(2), 184–198.

Carnine, D. (2000). *Why education experts resist effective practices (and what it would take to make education more like medicine)*. Washington, DC: Thomas B. Fordham Foundation.

Carpenter, W. A. (2000). Ten years of silver bullets: Dissenting thoughts on education reform. *Phi Delta Kappan, 81*(5), 383–389.

Carroll, A., Hattie, J. A. C., Durkin, K., & Houghton, S. (2001). Goal-setting and reputation enhancement: Behavioral choices among delinquent, at-risk and not at-risk adolescents. *Legal and Criminological Psychology, 6*, 165–184.

Cason, D., & Gillis, H. L. L. (1994). A meta-analysis of outdoor adventure programming with adolescents. *Journal of Experiential Education, 17*(1), 40 – 47.

Caspe, M., Lopez, M. E., & Wolos, C. (2007). *Family involvement in early childhood education*. Cambridge, MA: Harvard Family Research Project, Harvard Graduate School of Education.

Caspe, M., Lopez, M. E., & Wolos, C. (2007). *Family involvement in elementary school children's education. Cambridge, MA: Harvard Family Research Project, Harvard Graduate School of Education.

Caspe, M., Lopez, M. E., &Wolos, C. (2007). *Family involvement in middle and high school children's education*. Cambridge, MA: Harvard Family Research Project, Harvard Graduate School of Education.

Cassill, B. C. (1996). *Content analysis of student's perceptions of instructors*. Unpublished M.S., University of Tennessee at Chattanooga, Chattanooga,TN.

Casto, G., & Lewis, A. C. (1984). Parent involvement in infant and preschool programs. *Journal of the Division for Early Childhood, 9*(1), 49–56.

Casto, G., & Mastropieri, M. A. (1986).The efficacy of early intervention programs: A meta-analysis. *Exceptional Children, 52*(5), 417–424.

Casto, G., & White, K. R. (1985).The efficacy of early intervention programs with environmentally at-risk infants. *Journal of Children in Contemporary Society, 17*(1), 37–50.

Catts, R. (1992). *The integration of research findings: A review of meta-analysis methodology and an application to research on the effects of knowledge of objectives*. University of Sydney, Sydney, Australia.

Cavalluzzo, L. C. (2004). *Is National Board Certification an effective signal of teacher quality?* Alexandria, VA: CNA Corporation.

Cavanaugh, C., Gillan, K. J., Kromrey, J., Hess, M., & Blomeyer, R. (2004). *The effects of distance education on K-12 student outcomes: A meta-analysis*. Napler, IL: Learning Point Associates / North Central Regional Educational Laboratory.

Cavanaugh, C. S. (1999). *The effectiveness of interactive distance learning technologies on K-12 academic achievement*.Tampa, FL: University of South Florida.

Cavanaugh, C. S. (2001). The effectiveness of interactive distance education technologies in K-12 learning: A meta-analysis. *International Journal of Educational Telecommunications, 7*(1), 73–88.

Cepeda, N. J., Pashler, H.,Vul, E.,Wixted, J.T., & Rohrer, D. (2006). Distributed practice in verbal recall tasks: A review and quantitative synthesis. *Psychological Bulletin, 132*(3), 354 –380.

Chadwick, D. K. H. (1997). *Computer-assisted instruction in secondary mathematics classrooms: A meta-analysis.* Unpublished Ed.D., Drake University, IA.

Chall, J. S. (1983). *Stages of reading development.* New York: McGraw-Hill.

Chall, J. S. (1996). *Stages of reading development* (2nd ed.). Fort Worth, TX: Harcourt Brace.

Chall, J. S. (2000). *The academic achievement challenge: What really works in the classroom?* New York: Guilford Press.

Chambers, E. A. (2002). *Efficacy of educational technology in elementary and secondary classrooms: A meta-analysis of the research literature from 1992–2002.* Unpublished Ph.D., Southern Illinois University at Carbondale, IL.

Chambers, E. A. (2004). An introduction to meta-analysis with articles from the Journal of Educational Research (1992–2002). *Journal of Educational Research, 98*(1), 35–44.

Chambers, E. A., & Schreiber, J. B. (2004). Girls' academic achievement: Varying associations of extracurricular activities. *Gender and Education, 16*(3), 327–346.

Chan, C. (2005, May). *Are small classes better? Or what makes a small class better?* Paper presented at the Conference on Learning Effectiveness and Class Size, University of Hong Kong, Hong Kong.

Chang, L., & Becker, B. J. (1987, April). *A comparison of three integrative review methods: Different methods, different findings?* Paper presented at the Annual Meeting of the American Educational Research Association, Washington, DC.

Chapman, J. W. (1988). Special education in the least restrictive environment: Mainstreaming or maindumping? *Journal of Intellectual and Developmental Disability, 14*(2), 123–134.

Chard, D. J., Vaughn, S., & Tyler, B.-J. (2002). A synthesis of research on effective interventions for building reading fluency with elementary students with learning disabilities. *Journal of Learning Disabilities, 35*(5), 386–406.

Charness, N., Tuffiash, M., Krampe, R., Reingold, E., & Vasyukova, E. (2005). The role of deliberate practice in chess expertise. *Applied Cognitive Psychology, 19*(2), 151–165.

Chen, T.-Y. (1994). *A meta-analysis of effectiveness of computer-based instruction in mathematics.* Unpublished Ph.D., The University of Oklahoma, OK.

Chi, M.T. H., Glaser, R., & Farr, M. J. (1988). *The nature of expertise*. Hillsdale, NJ: Lawrence Erlbaum Associates.

Chickering, A.W., & Ehrmann, S. C. (1996). Implementing the seven principles: Technology as lever. *AAHE Bulletin, October*, 3–6.

Chidester,T. R., & Grigsby,W. C. (1984).A meta-analysis of the goal setting-performance literature. *Academy of Management Proceedings*, 202–206.

Childs, T. S., & Shakeshaft, C. (1986). A meta-analysis of research on the relationship between educational expenditures and student achievement. *Journal of Education Finance, 12*, 249–263.

Childs, T. S., & Shakeshaft, C. (1987, April). *A meta-analysis of research on the relationship between educational expenditures and student achievement*. Paper presented at the Annual Meeting of the American Educational Research Association,Washington, DC.

Chin, J. M.-C. (2007). Meta-analysis of transformational school leadership effects on school outcomes in Taiwan and the USA. *Asia Pacific Education Review, 8*(2), 166–177.

Chiu, C. W. T. (1998, April). *Synthesizing metacognitive interventions: What training characteristics can improve reading performance?* Paper presented at the Annual Meeting of the American Educational Research Association San Diego, CA.

Christine, M. R.-D. (2006).Teacher expectations and student self-perceptions: Exploring relationships. *Psychology in the Schools, 43*(5), 537–552.

Christmann, E., & Badgett, J. (1997). Progressive comparison of the effects of computer-assisted instruction on the academic achievement of secondary students. *Journal of Research on Computing in Education, 29*(4), 325–337.

Christmann, E., Badgett, J., & Lucking, R. (1997). Microcomputer-based computer-assisted instruction within differing subject areas:A statistical deduction. *Journal of Educational Computing Research, 16*(3), 281–296.

Christmann, E., & Badgett, J. L. (1999).A meta-analytic comparison between the assigned academic achievement levels of students assessed with either traditional or alternative assessment techniques. *Louisiana Education Research Journal, 25*(1), 55 – 65.

Christmann, E., Lucking, R. A., & Badgett, J. L. (1997). The effectiveness of computer-assisted instruction on the academic achievement of secondary students: A meta-analytical comparison between urban, suburban, and rural educational settings. *Computers in the Schools, 13*(3 – 4), 31 – 40.

Christmann, E. P. (1995). *A meta-analysis of the effect of computer-assisted instruction on the academic achievement of students in grades 6 through 12: A comparison of urban, suburban, and rural educational settings.* Unpublished Ph.D., Old Dominion University, VA.

Christophel, D. M., & Gorham, J. (1995). A test-retest analysis of student motivation, teacher immediacy, and perceived sources of motivation and demotivation in college classes. *Communication Education, 44*(4), 292–306.

Clariana, R. B., & Koul, R. (2005). Multiple-try feedback and higher-order learning outcomes. *International Journal of Instructional Media, 32*(3), 239–245.

Clariana, R. B., & Koul, R. (2006). The effects of different forms of feedback on fuzzy and verbatim memory of science principles. *British Journal of Educational Psychology, 76*, 259–270.

Clark, F. E., & Angert, J. F. (1980, April). *A meta-analytic study of pictorial stimulus complexity.* Paper presented at the Annual Convention of the Association for Educational Communications and Technology, Denver, CO.

Clark, R. E. (1983). Reconsidering research on learning from media. *Review of Educational Research, 53*(4), 445 – 459.

Clark, R. E. (1985). Evidence for confounding in computer-based instruction studies: Analyzing the meta-analysis. *Educational Communication and Technology, 33*(4), 249–262.

Clark, R. E. (1989). When teaching kills learning: Research on mathemathantics. In H. N. Mandl, N. Bennett, E. de Corte & H. F. Freidrich (Eds.), *Learning and instruction: European research in an international* (Vol. 2, pp. 1–22). London: Pergamon.

Clarke, A.T. (2006). Coping with interpersonal stress and psychosocial health among children and adolescents: A meta-analysis. *Journal of Youth and Adolescence, 35*(1), 10–23.

Clarke, S. (2001). *Unlocking formative assessment: Practical strategies for enhancing pupils' learning in the primary classroom.* London: Hodder and Stoughton Educational.

Clarke, S., Timperley, H., & Hattie, J. A. C. (2003). *Unlocking formative assessment: Practical strategies for enhancing students' learning in the primary and intermediate classroom* (1st N.Z. ed.). Auckland, New Zealand: Hodder Moa Beckett.

Clinton, J. (1987). *A meta-analysis of the effectiveness of programs to enhance self-concept.* Unpublished M.Ed., University of Western Australia, Perth, Western Australia.

Clinton, J., Hattie, J. A. C., & Dixon, R. (2007). *Evaluation of the Flaxmere Project: When families learn the language of school.* Wellington, New Zealand: Ministry of Education, New Zealand.

Clotfelter, C.T., Ladd, H. F., & Vigdor, J. (2005). Who teaches whom? Race and the distribution of novice teachers. *Economics of Education Review, 24*(4), 377–392.

Clotfelter, C.T., Ladd, H. F., & Vigdor, J. L. (2007). *How and why do teacher credentials matter for student achievement?* Durham, NC: Duke University.

Cobb, C.W., & Douglas, P. H. (1928). A theory of production. *The American Economic Review, 18*(1), 139–165.

Cochran-Smith, M., & Zeichner, K. M. (2005). *Studying teacher education: The report of the AERA Panel on Research and Teacher Education.* Mahwah, NJ: Lawrence Erlbaum Associates.

Coffield, F., Moseley, D.V. M., Ecclestone, K., & Hall, E. (2004). *Learning styles and pedagogy: A systematic and critical review.* London: Learning and Skills Research Council.

Cohen, I. B. (1985). *Revolution in science.* Boston, MA: Harvard University Press.

Cohen, J. (1988). *Statistical power analysis for the behavioral sciences* (2nd ed.). Hillsdale, NJ: L. Erlbaum Associates.

Cohen, J. (1990). Things I have learned (so far). *American Psychologist, 45*(12), 1304–1312.

Cohen, J. (1992). Statistical power analysis. *Current Directions in Psychological Science, 1*(3), 98–101.

Cohen, P. A. (1980). Effectiveness of student-rating feedback for improving college instruction: A meta-analysis of findings. *Research in Higher Education, 13*(4), 321–341.

Cohen, P. A. (1981). Student ratings of instruction and student achievement: A meta-analysis of multisection validity studies. *Review of Educational Research, 51*(3), 281–309.

Cohen, P. A. (1984). College grades and adult achievement: A research synthesis. *Research in Higher Education, 20*(3), 281–293.

Cohen, P.A. (1984). An updated and expanded meta-analysis of multisection student rating validity studies. *Research in Higher Education, 20*(3), 281–293.

Cohen, P. A. (1986, April). *An updated and expanded meta-analysis of multisection student rating validity studies*. Paper presented at the Annual Meeting of the American Educational Research Association, San Francisco, CA.

Cohen, P.A., & Dacanay, L. S. (1992). Computer-based instruction and health professions education: A meta-analysis of outcomes. *Evaluation and the Health Professions, 15*(3), 259–281.

Cohen, P. A., & Dacanay, L. S. (1994). A meta-analysis of computer-based instruction in nursing education. *Computers in Nursing, 12*(2), 89–97.

Cohen, P.A., Ebeling, B. J., & Kulik, J.A. (1981). A meta-analysis of outcome studies of visual-based instruction. *Educational Communication and Technology: A Journal of Theory, Research, and Development, 29*(1), 26–36.

Cohen, P. A., Kulik, J. A., & Kulik, C. L. C. (1982). Educational outcomes of tutoring: A meta-analysis of findings. *American Educational Research Journal, 19*(2), 237–248.

Cohn, C. L. (1985). *A meta-analysis of the effects of teaching innovations on achievement in college economics*. Unpublished D.A., Illinois State University, Illinois, United States.

Cohn, C. M. G. (1984). *Creativity training effectiveness:A research synthesis*. Unpublished Ph.D.,Arizona State University, Arizona, United States.

Cohn, C. M. G. (1986, April). *A research synthesis of creativity training effectiveness: Methodological issues*. Paper presented at the Annual Meeting of the American Educational Research Association, San Francisco, CA.

Cohn, L. D. (1991). Sex differences in the course of personality development: A meta-analysis. *Psychological Bulletin, 109*(2), 252–266.

Cole, N. S. (1982).The implications of coaching for ability testing. In A. K.Wigdor & W. R. Garner (Eds.), *Ability testing: Uses, consequences, and controversies part II : Documentation sections* (pp. 389– 414). Washington, DC: National Academy Press.

Coleman, J. S. (1992). Some points on choice in education. *Sociology of Education, 65*(4), 260–262.

Coleman,J.S.,National Center for Educational Statistics.,and United States Office of Education. (1966). *Equality of educational opportunity*. Washington, DC: National Center for Educational Statistics.

Collins, R. C. (1984, April). *Head Start: A review of research with implications for practice in early childhood education.* Paper presented at the Annual Meeting of the American Educational Research Association, New Orleans, LA.

Collis, K. F., & Biggs, J. B. (1979). *Classroom examples of cognitive development phenomena: The SOLO taxonomy. Final report.* Woden, ACT: Educational Research and Development Committee.

Colliver, J. A. (2000). Effectiveness of problem-based learning curricula: Research and theory. *Academic Medicine, 75*(3), 259–266.

Colosimo, M. L. S. (1981). *The effect of practice or beginning teaching on the self concepts and attitudes of teachers: A quantitative synthesis.* Unpublished Ph.D., The University of Chicago, IL.

Colosimo, M. L. S. (1984). Attitude changes with initial teaching experience. *College Student Journal, 18*(2), 119–125.

Comfort, C. B. (2004). *Evaluating the effectiveness of parent training to improve outcomes for young children: A meta-analytic review of the published research.* Unpublished Ph.D., University of Calgary, Canada.

Conard, F. (1992). *The arts in education and a meta-analysis.* Unpublished Ph.D., Purdue University, IN.

Connell, N. (1996). *Getting off the list: School improvement in New York City.* New York: Education Priorities Panel.

Conrad, P. (2007). *The medicalization of society: On the transformation of human conditions into treatable disorders.* Baltimore, MA: Johns Hopkins University Press.

Cook, S. B., Scruggs, T. E., Mastropieri, M. A., & Casto, G. C. (1985). Handicapped students as tutors. *Journal of Special Education, 19*(4).

Cook, T. D. (1983). *What have Black children gained academically from school desegregation: Examination of the meta-analytic evidence.* Washington, DC: National Institute on Education.

Cook, T. D. (1984). *School desegregation and black achievement*: National Inst. of Education (ED), Washington, DC. [ED241 671].

Cook, T. D. (2000). *A critical appraisal of the case against using experiments to *assess school (or community) effects*. Retrieved 6 May 2008, from http://media.hoover.org/documents/ednext20013unabridged_cook.pdf.

Cook, T. D. (2002). Randomized experiments in educational policy research: A critical examination of the reasons the educational evaluation community has offered for not doing them. *Educational Evaluation and Policy Analysis, 24*(3), 175–199.

Cook, T. D. (2003). Why have educational evaluators chosen not to do randomized experiments? *The ANNALS of the American Academy of Political and Social Science, 589*(1), 114–149.

Cook, T. D. (2004). *Beyond advocacy: Putting history and research into debates about the merits of social experiments (Social Policy Report, No. 12)*. Ann Arbor, MI: Society for Research in Child Development.

Cook, T. D. (2004). Causal generalization: How Campbell and Cronbach influenced my theoretical thinking on this topic, including in Shadish, Cook, & Campbell. In M. Alkin (Ed.), *Evaluation roots: Tracing theorists' views and influences*. Thousand Oaks, CA: Sage.

Cooper, E., & Allen, M. (1997, November). *A meta-analytic examination of student race on classroom interaction*. Paper presented at the Annual Meeting of the National Communication Association, Chicago, IL.

Cooper, H. M. (1989). *Homework.* New York: Longman.

Cooper, H. M. (1989). Synthesis of research on homework. *Educational Leadership, 47*(3), 85–91.

Cooper, H. M. (1994). *The battle over homework.* Thousand Oaks, CA: Corwin Press.

Cooper, H. M. (2001). *Summer school: Research-based recommendations for policymakers. SERVE Policy Brief.* Greensboro, NC: SERVE: South Eastern Regional Vision for Education.

Cooper, H. M., Burger, J. M., & Good, T. L. (1980). Gender differences in learning control beliefs of young children. *Evaluation in Education, 4,* 73–75.

Cooper, H. M., Charlton, K., Valentine, J. C., Muhlenbruck, L., & Borman, G. D. (2000). Making the most of summer school: A meta-analytic and narrative review. *Monographs of the Society for Research in Child Development, 65*(1), 1–118.

Cooper, H. M., & Dorr, N. (1995). Race comparisons on need for achievement: A meta-analytic alternative to Graham's narrative review. *Review of Educational Research, 65*(4), 483–508.

Cooper, H. M., & Hedges, L.V. (1994). *The handbook of research synthesis*. New York: Russell Sage Foundation.

Cooper, H. M., Jackson, K., Nye, B., & Lindsay, J. J. (2001). A model of homework's influence on the performance evaluations of elementary school students. *The Journal of Experimental Education, 69*(2), 181–199.

Cooper, H. M., Lindsay, J. J., Nye, B., & Greathouse, S. (1998). Relationships among attitudes about homework, amount of homework assigned and completed, and student achievement. *Journal of Educational Psychology, 90*(1), 70–83.

Cooper, H. M., Nye, B., Charlton, K., Lindsay, J., & Greathouse, S. (1996). The effects of summer vacation on achievement test scores: A narrative and meta-analytic review. *Review of Educational Research, 66*(3), 227–268.

Cooper, H. M., Robinson, G. C., & Patall, E. A. (2006). Does homework improve academic achievement? A synthesis of research, 1987–2003. *Review of Educational Research, 76*(1), 1–62.

Cooper, H. M., & Valentine, J. C. (2001). Using research to answer practical questions about homework. *Educational Psychologist, 36*(3), 143–153.

Cooper, H. M., Valentine, J. C., Charlton, K., & Melson, A. (2003). The effects of modified school calendars on student achievement and on school and community attitudes. *Review of Educational Research, 73*(1), 1–52.

Cooper, J. M. (2006). *Classroom teaching skills* (8th ed.). Boston, MA: Houghton Mifflin Co.

Corbett, S. S., & Drewett, R. F. (2004). To what extent is failure to thrive in infancy associated with poorer cognitive development? A review and meta-analysis. *Journal of Child Psychology and Psychiatry, 45*(3), 641–654.

Cornelius-White, J. (in preparation).Who cares? Why teacher-student relationships matter.

Cornelius-White, J. (2007). Learner-centered teacher-student relationships are effective: A meta-analysis. *Review of Educational Research, 77*(1), 113–143.

Cortazzi, M., & Jin, L. (2001). Large classes in China: 'Good' teachers and interaction. In D. A. Watkins & J. B. Biggs (Eds.), *Teaching the Chinese learner: Psychological and pedagogical perspectives* (pp. 115–184). Hong Kong: CERC and ACER.

Cosden, M., Zimmer, J., & Tuss, P. (1993). The impact of age, sex, and ethnicity on kindergarten entry and retention decisions. *Educational Evaluation and Policy Analysis, 15*(2), 209–222.

Cotton, K. (1989). Classroom questioning [Electronic Version]. *School Improvement Research Series, Close Up 5*. Retrieved 4 February, 2007 from http://www.nwrel.org/scpd/sirs/3/cu5.html.

Cotton, S. E. (2000). *The training needs of vocational teachers for working with learners with special needs*. Unpublished Ph.D., Purdue University, Indiana, United States.

Cox, S. M., Davidson, W. S., & Bynum, T. S. (1995). A meta-analytic assessment of delinquencyrelated outcomes of alternative education programs. *Crime Delinquency, 41*(2), 219–234.

Craig, S. D., Sullins, J., Witherspoon, A., & Gholson, B. (2006). The deep-level-reasoning-question effect:The role of dialogue and deep-level-reasoning questions during vicarious learning. *Cognition and Instruction, 24*(4), 565–591.

Crain, R. L. (1983). *Dilemmas in meta-analysis: A reply to reanalyses of the desegregation-achievement synthesis*.Washington, DC: National Institute of Education.

Crain, R. L., & Mahard, R. E. (1982). *Desegregation plans that raise Black achievement: A review of the research*. Santa Monica, CA: Rand Corporation.

Crain, R. L., & Mahard, R. E. (1983).The effect of research methodology on desegregation-achievement studies: A meta-analysis. *American Journal of Sociology, 88*(5), 839–854.

Crawford, M. G. (2000). *High school teaching: The authoritative teacher relationship style*. Unpublished Ph.D.,Vanderbilt University,Tennessee, United States.

Crenshaw, T. M. (1997). *Attention deficit hyperactivity disorder and the efficacy of stimulant medication: A meta-analysis*. Unpublished Ed.D., University of Virginia,VA.

Crimm, J. A. (1992). *Parent involvement and academic achievement:A meta-analysis*. Unpublished Ed.D., University of Georgia, GA.

Crismore, A. (Ed.). (1985). *Landscapes: A state-of-the-art assessment of reading comprehension research 1974–1984. Final Report* (Vol. 1). Bloomington, IN: Indiana University, Language Education Department.

Crissman, J. K. (2006). *The design and utilization of effective worked examples: A meta-analysis*. Unpublished Ph.D., The University of Nebraska, Lincoln, NE.

Cronbach, L. J. (1982). Prudent aspirations for social inquiry. In W. H. Kruskal (Ed.), *The social sciences: Their nature and uses* (pp. 61–81). Chicago, IL:The University of Chicago Press.

Cronbach, L. J., & Snow, R. E. (1977). *Aptitudes and instructional methods: a handbook for research on interactions*. New York: Irvington Publishers.

Crosby, E. G. (2004). *Meta-analysis of second generation early intervention efficacy research involving children with disabilities or delays*. Unpublished Ph.D., Pennsylvania State University, PA.

Csikszentmihalyi, M. (1997). *Creativity: Flow and the psychology of discovery and invention* (1st ed.). New York: HarperPerennial.

Csikszentmihalyi, M. (2000). *Beyond boredom and anxiety*. San Francisco: Jossey-Bass Publishers.

Csikszentmihalyi, M. (2002). *Flow:The classic work on how to achieve happiness*. London: Rider.

Cuban, L. (1984). *How teachers taught: Constancy and change in American classrooms, 1890–1980*. New York: Longman.

Cuban, L. (1984). Policy and research dilemmas in the teaching of reasoning: Unplanned designs. *Review of Educational Research, 54*(4), 655–681.

Cuban, L. (2001). *Oversold and underused: Computers in the classroom*. Cambridge, MA: Harvard University Press.

Cunningham, A. J. (1988). *The contribution of computer-generated instructional graphics on measured achievement gains: A meta-analysis*. Unpublished Ed.D., East Texas State University,TX.

Curbelo, J. (1984). *Effects of problem-solving instruction on science and mathematics student achievement: A meta-analysis of findings*. Unpublished Ph.D.,The Florida State University, FL.

Dacanay, L. S., & Cohen, P. A. (1992). A meta-analysis of individualized instruction in dental education. *Journal of Dental Education, 56*(3), 183–189.

D'Agostino, J.V., & Murphy, J. A. (2004). A meta-analysis of Reading Recovery in United States schools. *Educational Evaluation and Policy Analysis, 26*(1), 23 – 28.

Daneman, M., & Merikle, P. M. (1996).Working memory and language comprehension: A meta-analysis. *Psychonomic Bulletin and Review, 3*(4), 422 – 433.

Daniels, H. (2001). *Vygotsky and pedagogy*. London: Routledge Falmer.

Darling-Hammond, L. (2006). Constructing 21st-century teacher education. *Journal of Teacher Education, 57*(3), 300–314.

Darling-Hammond, L. (2006). *Powerful teacher education: Lessons from exemplary programs*. San Francisco, CA: Jossey-Bass.

Darling-Hammond, L. (2006). Securing the right to learn: Policy and practice for powerful teaching and learning. *Educational Researcher, 35*(7), 13–24.

Datta,D.K.,& Narayanan,V.K.(1989). A meta-analytic review of the concentration-performance relationship: Aggregating findings in strategic management. *Journal of Management, 15*(3), 469–483.

Dauber, S. L., Alexander, K. L., & Entwisle, D. R. (1993). Characteristics of retainees and early precursors of retention in grade: Who is held back? *Merrill-Palmer Quarterly, 39*(3), 326 –343.

Dauber, S. L., Alexander, K. L., & Entwisle, D. R. (1996). Tracking and transitions through the middle grades: Channeling educational trajectories. *Sociology of Education, 69*(4), 290–307.

Davis-Kean, P. E., & Sandler, H. M. (2001). A meta-analysis of measures of self-esteem for young children: A framework for future measures. *Child Development, 72*(3), 887–906.

de Bruin, A. B. H., Rikers, R. M. J. P., & Schmidt, H. G. (2007). The effect of self-explanation and prediction on the development of principled understanding of chess in novices. *Contemporary Educational Psychology, 32*(2), 188–205.

DeBaz,T. P. (1994). *A meta-analysis of the relationship between students' characteristics and achievement and attitudes toward science*. Unpublished Ph.D., Ohio State University, OH.

Deci, E. L., Koestner, R., & Ryan, R. M. (1999). A meta-analytic review of experiments examining the effects of extrinsic rewards on intrinsic motivation. *Psychological Bulletin, 125*(6), 627–668.

Deci, E. L., & Ryan, R. M. (1985). *Intrinsic motivation and self-determination in human behavior*. New York: Plenum.

Dekkers, J., & Donatti, S. (1981).The integration of research studies on the use of simulation as an instructional strategy. *Journal of Educational Research, 74*(6), 424–427.

Deng, Z. (2007).Transforming the subject matter: Examining the intellectual roots of pedagogical content knowledge. *Curriculum Inquiry, 37*(3), 279–295.

Denham, S. A., & Almeida, M. C. (1987). Children's social problem-solving skills, behavioral adjustment, and interventions: A meta-analysis evaluating theory and practice. *Journal of Applied Developmental Psychology, 8*(4), 391–409.

DerSimonian, R., & Laird, N. M. (1983). Evaluating the effect of coaching on SAT scores: A meta-analysis. *Harvard Educational Review, 53*(1), 1–15.

Dewey, J. (1938). *Logic:The theory of inquiry*. New York: Holt, Rinehart and Winston.

DeWitt-Brinks, D., & Rhodes, S. C. (1992, May). *Listening instruction: A qualitative meta-analysis of twenty-four selected studies*. Paper presented at the Annual Meeting of the International Communication Association, Miami, FL.

Diaz, P. E. (1992). Effects of transfer on academic performance of Community College students at the four-year institution. *Community/Junior College Quarterly of Research and Practice, 16*(3), 279–291.

Dickson,W. P. (1980). Referential communication performance. *Evaluation in Education, 4*, 84–85.

Dignath, C., Buettner, G., & Langfeldt, H. P. (2008). How can primary school students learn self-regulated learning strategies most effectively?: A meta-analysis on self-regulation training programmes. *Educational Research Review, In Press, Corrected Proof*.

Dignath, C., Büttner, G., & Langfeldt, H. P. (2007, August). *The efficacy of self-regulated learning interventions at primary and secondary school level: A meta-analysis*. Paper presented at the European Association on Learning and Instruction, Budapest, Hungary.

Dishman, R. K., & Buckworth, J. (1996). Increasing physical activity: A quantitative synthesis. *Medicine and Science in Sports and Exercise, 28*(6), 706–719.

Dixon, R. M., & Marsh, H.W. (1997, November). *The effect of different educational placements on the multidimensional self-concepts of students with mild disabilities: Preliminary results of a meta-analysis.* Paper presented at the Researching Education in New Times, Annual AARE Conference, Brisbane, Australia.

Dochy, F., Segers, M.,Van den Bossche, P., & Gijbels, D. (2003). Effects of problem-based learning: A meta-analysis. *Learning and Instruction, 13*(5), 533–568.

Dolan, L. J. (1980). Home, school and pupil attitudes. *Evaluation in Education, 4*, 265–358.

Donovan, J. J., & Radosevich, D. J. (1998). The moderating role of goal commitment on the goal difficulty-performance relationship: A meta-analytic review and critical reanalysis. *Journal of Applied Psychology, 83*(2), 308–315.

Donovan, J. J., & Radosevich, D. J. (1999). A meta-analytic review of the distribution of practice effect: Now you see it, now you don't. *Journal of Applied Psychology, 84*(5), 795–805.

Dornbusch, S. M. (1994, February). *Off the track.* Paper presented at the Presidential Address to the Annual Meeting of the Society for Research on Adolescence, San Diego, CA.

Dörnyei, Z. (2001). *Teaching and researching motivation.* New York: Longman.

Doughty, S. S., Chase, P. N., & O'Shields, E. M. (2004). Effects of rate building on fluent performance: A review and commentary. *The Behavior Analyst, 27*, 7–23.

Draney, K., & Wilson, M. (1992, April). *The impact of design characteristics on study outcomes in retention research: A meta-analytic perspective.* Paper presented at the Annual Meeting of the American Educational Research Association, San Francisco, CA.

Dressman, M. (1999). On the use and misuse of research evidence: Decoding two states' reading initiatives. *Reading Research Quarterly, 34*(3), 258–285.

Druva, C. A., & Anderson, R. D. (1983). Science teacher characteristics by teacher behavior and by student outcome: A meta-analysis of research. *Journal of Research in Science Teaching, 20*(5), 467–479.

Druva-Roush, C. A., & Wu, Z. J. (1989, August). *Gender differences in visual spatial skills: A meta-analysis of doctoral theses.* Paper presented at the Annual Meeting of the

American Psychological Association, New Orleans, LA.

DuBois, D. L., Holloway, B. E.,Valentine, J. C., & Cooper, H. M. (2002). Effectiveness of mentoring programs for youth: A meta-analytic review. *American Journal of Community Psychology, 30*(2), 157–197.

Duncan, G. J., Dowsett, C. J., Claessens, A., Magnuson, K., Huston, A. C., Klebanov, P., et al. (2007). School readiness and later achievement. *Developmental Psychology, 43*(6), 1428–1446.

Dunn, R., Griggs, S. A., Olson, J., Beasley, M., & Gorman, B. S. (1995). A meta-analytic validation of the Dunn and Dunn model of learning-style preferences. *Journal of Educational Research, 88*(6), 353–362.

DuPaul, G. J., & Eckert,T. L. (1997).The effects of school-based interventions for attention deficit hyperactivity disorder: A meta-analysis. *School Psychology Review, 26*(1), 5–27.

Durlak, J.A., &Weissberg, R. P. (2007). *The impact of after-school programs that promote personal and social skills.* Chicago, IL: Collaborative for Academic, Social, and Emotional Learning.

Dusek, J. B., & Joseph, G. (1983). The bases of teacher expectancies: A meta-analysis. *Journal of Educational Psychology, 75*(3), 327–346.

Dusek, J. B., & Joseph, G. (1985). The bases of teacher expectancies. In J. B. Dusek (Ed.), *Teacher expectancies* (pp. 229–249). Hillsdale, NJ: Lawrence Erlbaum Associates.

Dustmann, C., Rajah, N., and van Soest, A. (2003). Class size, education, and wages. *The Economic Journal, 113*(485), F99-F120.

Duzinski, G. A. (1987). *The educational utility of cognitive behavior modification strategies with children: A quantitative synthesis.* Unpublished Ph.D., University of Illinois at Chicago, IL.

Dweck, C. (2006). *Mindset.* New York: Random House.

Eagly, A. H., & Johnson, B. T. (1990). Gender and leadership style: A meta-analysis. *Psychological Bulletin, 108*(2), 233–256.

Eagly,A. H., Karau, S. J., & Johnson, B.T. (1992). Gender and leadership style among school principals: A meta-analysis. *Educational Administration Quarterly, 28*(1), 76–102.

Earhart, J. A., Ramirez, L., Carlson, C., & Beretvas, S. N. (2006, August). *Meta-*

analysis of parent-component interventions targeting academic achievement. Paper presented at the American Psychological Association 114th Annual Convention, New Orleans, LA.

Early Intervention Research Institute. (1983). *Final Report, 1982–83 Work Scope* (Reports – Evaluative). Logan, UT: Utah State University Exceptional Child Center.

Eaton, W. O., & Enns, L. R. (1986). Sex differences in human motor activity level. *Psychological Bulletin, 100*(1), 19–28.

Eby, L. T., Allen, T. D., Evans, S. C., Ng, T., & DuBois, D. L. (2008). Does mentoring matter? A multidisciplinary meta-analysis comparing mentored and non-mentored individuals. *Journal of Vocational Behavior, 72*(2), 254–267.

Ehrenberg, R. G., & Brewer, D. J. (1995). Did teachers' verbal ability and race matter in the 1960s? Coleman revisited. *Economics of Education Review, 14*(1), 1–21.

Ehri, L. C., Nunes, S. R., Stahl, S.A., & Willows, D. M. (2001). Systematic phonics instruction helps students learn to read: Evidence from the National Reading Panel's meta-analysis. *Review of Educational Research, 71*(3), 393–447.

Ehri, L. C., Nunes, S. R.,Willows, D. M., Schuster, B.V.,Yaghoub-Zadeh, Z., & Shanahan,T. (2001). Phonemic awareness instruction helps children learn to read: Evidence from the National Reading Panel's meta-analysis. *Reading Research Quarterly, 36*(3), 250–287.

Elbaum, B. (2002). The self-concept of students with learning disabilities: A meta-analysis of comparisons across different placements. *Learning Disabilities Research and Practice, 17*(4), 216–226.

Elbaum, B., &Vaughn, S. (2001). School-based interventions to enhance the self-concept of students with learning disabilities: A meta-analysis. *The Elementary School Journal, 101*(3), 303–329.

Elbaum, B., Vaughn, S., Hughes, M. T., & Moody, S. W. (1999). Grouping practices and reading outcomes for students with disabilities. *Exceptional Children, 65*(3), 399.

Elbaum, B.,Vaughn, S., Hughes, M.T., & Moody, S.W. (2000). How effective are one-to-one tutoring programs in reading for elementary students at risk for reading failure? A meta-analysis of the intervention research. *Journal of Educational Psychology, 92*(4), 605–619.

Eliot, T. S. (1934). Choruses from "The Rock". London: Farber and Farber.

Ellington, A. J. (2000). *Effects of hand-held calculators on precollege students in mathematics classes: A meta-analysis*. Unpublished Ph.D., The University of Tennessee, TN.

Ellington, A. J. (2003). A meta-analysis of the effects of calculators on students' achievement and attitude levels in precollege mathematics classes. *Journal for Research in Mathematics Education, 34*(5), 433–463.

Ellington, A. J. (2006). The effects of non-CAS graphing calculators on student achievement and attitude levels in mathematics: A meta-analysis. *School Science and Mathematics, 106*(1), 16–26.

Elliott, E. S., & Dweck, C. S. (1988). Goals: An approach to motivation and achievement. *Journal of Personality and Social Psychology, 54*(1), 5–12.

Ellis, A. K., & Fouts, J. T. (1997). *Research on educational interventions*. Larchmont, NY: Eye on Education.

Ellis, T. I. (1984). *Class size*: ERIC Clearinghouse on Educational Management, Eugene, OR.[SJJ69850].

Ellis, T. I. (1985). Class size. *Research Roundup, 1*(2).

Elmore, R. F. (1996). Getting to scale with good educational practice. *Harvard Educational Review, 66*(1), 1–26.

El-Nemr, M. A. (1979). *Meta-analysis of the outcomes of teaching biology as inquiry*. Unpublished Ph.D., University of Colorado at Boulder, CO.

Else-Quest, N. M., Hyde, J. S., Goldsmith, H. H., & Hulle, C. A. V. (2006). Gender differences in temperament: A meta-analysis. *Psychological Bulletin, 132*(1), 33–72.

Elshout, J. J. (1987). Problem solving and education. In E. De Corte, H. Lodewijks, R. Parmentier & P. Span (Eds.), *Learning and instruction* (pp. 259–273). Pergamon Books: Oxford, UK.

Engelmann, S. (1991). Change schools through revolution, not evolution. *Journal of Behavioral Education, 1*(3), 295–304.

Ennemoser, M., & Schneider, W. (2007). Relations of television viewing and reading: Findings from a 4-year longitudinal study. *Journal of Educational Psychology, 99*(2), 349–368.

Epstein, J. L., & Mac Iver, D. J. (1990). *Education in the middle grades: Overview of national practices and trends*. (No. 45). Baltimore, MD: Center for Research on Elementary and Middle Schools, The Johns Hopkins University.

Ergene, T. (2003). Effective interventions on test anxiety reduction: A meta-analysis. *School Psychology International, 24*(3), 313–328.

Erion, J. (2006). Parent tutoring: A meta-analysis. *Education and Treatment of Children, 29*(1), 79–106.

Ernst, M. L. M. (2001). *Infant cognition and later intelligence*. Unpublished Ph.D., Loyola University of Chicago, IL.

Etnier, J. L., Nowell, P. M., Landers, D. M., & Sibley, B. A. (2006). A meta-regression to examine the relationship between aerobic fitness and cognitive performance. *Brain Research Reviews, 52*(1), 119–130.

Etnier, J. L., Salazar, W., Landers, D. M., Petruzzello, S. J., Han, M., & Nowell, P. (1997). The influence of physical fitness and exercise upon cognitive functioning: A meta-analysis. *Journal of Sport and Exercise Psychology, 19*(3), 249–277.

Etsey, Y. K., & Snetzler, S. (1998, April). *A meta-analysis of gender differences in student attitudes toward mathematics*. Paper presented at the Annual Meeting of the American Educational Research Association, San Diego, CA.

Evans, C. R., & Dion, K. L. (1991). Group cohesion and performance: A meta-analysis. *Small Group Research, 22*(2), 175–186.

Evans, J. H., Jr. (1986). *Effects of career education interventions on academic achievement: A meta-analysis*. Unpublished Ph.D., The Florida State University, FL.

Evans, J. H., Jr., & Burck, H. D. (1992). The effects of career education interventions on academic achievement: A meta-analysis. *Journal of Counseling and Development, 71*(1), 63–68.

Eysenck, H. J. (1984). Meta-Analysis: An abuse of research integration. *Journal of Special Education, 18*(1), 41–59.

Eysenck, H. J. (1995). Meta-analysis of best-evidence synthesis? *Journal of Evaluation in Clinical Practice, 1*(1), 29–36.

Fait, L. (1982). *Attitudes of parents and teachers concerning retention of elementary students in the State of Utah*. Unpublished Ed.D., Brigham Young University, UT.

Falbo,T., & Polit, D. F. (1986). Quantitative review of the only child literature: Research evidence and theory development. *Psychological Bulletin, 100*(2), 176–189.

Falchikov, N., & Boud, D. (1989). Student self-assessment in higher education: A meta-analysis. *Review of Educational Research, 59*(4), 395–430.

Falchikov, N., & Goldfinch, J. (2000). Student peer assessment in higher education: A meta-analysis comparing peer and teacher marks. *Review of Educational Research, 70*(3), 287–322.

Fan,W. (1993). *Metacognition and comprehension:A quantitative synthesis of metacognitive strategy instruction.* Unpublished Ed.D., University of Cincinnati, OH.

Fan, X., & Chen, M. (1999,April). *Parental involvement and students' academic achievement: A meta-analysis.* Paper presented at the Annual Meeting of the American Educational Research Association, Montreal, Quebec, Canada.

Fan, X., & Chen, M. (2001). Parental involvement and students' academic achievement: A meta-analysis. *Educational Psychology Review, 13*(1), 1–22.

Fanjiang, G., & Kleinman, R. E. (2007). Nutrition and performance in children. *Current Opinion in Clinical Nutrition and Metabolic Care, 10*(3), 342–347.

Feingold, A. (1994). Gender differences in variability in intellectual abilities: A cross-cultural perspective. *Sex Roles, 30*(1), 81–92.

Feingold, B. F., & Feingold, H. S. (1979). *The Feingold cookbook for hyperactive children, and others with problems associated with food additives and salicylates.* New York: Random House.

Feinstein, L. (2003). Inequality in the early cognitive development of British children in the 1970 cohort. *Economica, 70*(277), 73–97.

Feist, G. J. (1998). A meta-analysis of personality in scientific and artistic creativity. *Personality and Social Psychology Review, 2*(4), 290–309.

Feltz, D. L., & Landers, D. M. (1983). The effects of mental practice on motor skill learning and performance: A meta-analysis. *Journal of Sport Psychology, 5*, 25–57.

Fendick, F. (1990). *The correlation between teacher clarity of communication and student achievement gain: A meta-analysis.* Unpublished Ph.D., University of Florida, FL.

Fenstermacher, G. D., & Soltis, J. F. (2004). *Approaches to teaching* (4th ed.). New York: Teachers College Press.

Ferguson, R. F., & Ladd, H. F. (1996). How and why money matters: An analysis of Alabama schools. In H. F. Ladd (Ed.), *Holding schools accountable: Performance-based reform in education* (pp. 265–299). Washington, DC: Brookings Institution Press.

Fernanda, F., Karl, G. D. B., &Vittoria, F. (2002). Good-enough representations in language comprehension. *Current Directions in Psychological Science, 11*, 11–15.

Feuerstein, R. (1980). *Instrumental enrichment:An intervention program for cognitive modifiability*. Baltimore, MD: University Park Press.

Findley, M. J., & Cooper, H. M. (1983). Locus of control and academic achievement: A literature review. *Journal of Personality and Social Psychology, 44*(2), 419–427.

Finn, J. D. (1998). *Class size and students at risk.What is known? What is next? A Commissioned Paper*. Washington, DC: U.S. Department of Education, Office of Educational Research and Improvement, National Institute on the Education of At-Risk Students.

Finn, J. D. (2002). Class-size reduction in grades k-3. In A. Molnar (Ed.), *School reform proposals: The research evidence* (pp. 27–48). Greenwich, Conn.: Information Age Publishing.

Fischer, T. A., & Tarver, S. G. (1997). Meta-analysis of studies of mathematics curricula designed around big ideas. *Effective School Practices, 16*, 71–79.

Fisher, E. P. (1992). The impact of play on development: A meta-analysis. *Play and Culture, 5*(2), 159–181.

Fiske, E. B., & Ladd, H. F. (2000). *When schools compete:A cautionary tale*. Washington, DC: Brookings Institution Press.

Fitzgerald, D., Hattie, J. A. C., & Hughes, P. (1985). *Computer applications in Australian classrooms*. Canberra: Australian Department of Education.

Fitz-Gibbon, C., & Kochan, S. (2000). School effectiveness and education indicators. In C.Teddlie & D. Reynolds (Eds.), *The international handbook of school effectiveness research* (pp. 257–282). London: Falmer Press.

Fleming, M. L., & Malone, M. R. (1983). The relationship of student characteristics and student performance in science as viewed by meta-analysis research. *Journal of Research in Science Teaching, 20*(5), 481–495.

Fletcher, J. D. (1989).The effectiveness and cost of interactive videodisc instruction.

Machine-Mediated Learning, 3(4), 361–385.

Fletcher-Flynn, C. M., & Gravatt, B. (1995).The efficacy of computer assisted instruction (CAI): A meta-analysis. *Journal of Educational Computing Research, 12*(3), 219–241.

Forestal, P. (1990).Talking: Toward classroom action. In M. Brubacher, R. Payne & K. Rickett (Eds.), *Perspectives on small group learning: Theory and practice* (pp. 159–173). Oakville, ON, Canada: Rubicon.

Forness, S. R., & Kavale, K. A. (1993). Strategies to improve basic learning and memory deficits in mental retardation: A meta-analysis of experimental studies. *Education and Training in Mental Retardation, 28*(2), 99–110.

Forness, S. R., & Kavale, K.A. (1996).Treating social skill deficits in children with learning disabilities: A meta-analysis of the research. *Learning Disability Quarterly, 19*(1), 2–13.

Forness, S. R., Kavale, K. A., Blum, I. M., & Lloyd, J. W. (1997). Meta-analysis of meta-analyses. *Teaching Exceptional Children, 29*(6), 4–9.

Forness, S. R., Kavale, K. A., & Crenshaw, T. M. (1999). Stimulant medication revisited: Effective treatment of children with ADHD. *Reclaiming Children and Youth: Journal of Emotional and Behavioral Problems, 7*(4), 230–233.

Foster, J. E. (1993). Retaining children in grade. *Childhood Education, 70*(1), 38–43.

Fowler, C. H., Konrad, M., Walker, A. R., Test, D. W., & Wood, W. M. (2007). Self-determination interventions' effects on the academic performance of students with developmental disabilities. *Education and Training in Developmental Disabilities, 42*(3), 270–285.

Fraser, B. J. (1989). Research syntheses on school and instructional effectiveness. *International Journal of Educational Research, 13*(7), 707–719.

Frazier,T.W., Demaree, H.A., &Youngstrom, E.A. (2004). Meta-analysis of intellectual and neuropsychological test performance in Attention-Deficit/Hyperactivity Disorder. *Neuropsychology, 18*(3), 543–555.

Frazier,T.W.,Youngstrom, E. A., Glutting, J. J., & Watkins, M.W. (2007). ADHD and achievement: Meta-analysis of the child, adolescent, and adult literatures and a concomitant study with college students. *Journal of Learning Disabilities, 40*(1), 49–65.

Fredrick, W. C. (1980). Instructional time. *Evaluation in Education, 4*, 117–118.

Freeman, H. E. (1984). *A meta-analysis of gender differences in mathematics achievement*. Unpublished Ph.D., The University of Alabama, AL.

Friedman, L. (1989). Mathematics and the gender gap: A meta-analysis of recent studies on sex differences in mathematical tasks. *Review of Educational Research, 59*(2), 185–213.

Friedman, L. (1996). Meta-analysis and quantitative gender differences: Reconciliation. *Focus on Learning Problems in Mathematics, 18*(1–3), 123–128.

Friedrich, K. R. (1997). *Alternative education for at-risk youth: An analytical review of evaluation findings*. Unpublished Ph.D., Texas A&M University, College Station, TX.

Frieze, I., Whitley, B., Hanusa, B., & McHugh, M. (1982). Assessing the theoretical models for sex differences in causal attributions for success and failure. *Sex Roles, 8*(4), 333–343.

Froman, R. D. (1981, April). *Ability grouping: Why do we persist and should we?* Paper presented at the Annual Meeting of the American Educational Research Association, Los Angeles, CA.

Frost, L. A., Hyde, J. S., & Fennema, E. (1994). Gender, mathematics performance, and mathematicsrelated attitudes and affect: A meta-analytic synthesis. *International Journal of Educational Research, 21*, 373–385.

Fuchs, D., & Fuchs, L. S. (1985, March). *The importance of context in testing: A meta-analysis*. Paper presented at the Annual Meeting of the American Educational Research Association, Chicago, IL.

Fuchs, D., & Fuchs, L. S. (1986). Test procedure bias: A meta-analysis of examiner familiarity effects. *Review of Educational Research, 56*(2), 243–262.

Fuchs, D., & Fuchs, L. S. (1989). Effects of examiner familiarity on black, Caucasian, & Hispanic children: A meta-analysis. *Exceptional Children, 55*(4), 303–308.

Fuchs, D., Fuchs, L. S., Mathes, P. G., Lipsey, M. W., & Roberts, P. (2002). Is "learning disabilities" just a fancy term for low achievement? A meta-analysis of reading differences between low achievers with and without the label. In R. Bradley, L. Danielson & D. P. Hallahan (Eds.), *Identification of learning disabilities: Research to practice. The LEA series on special education and disability* (pp. 737–762). Mahwah, NJ: Lawrence

Erlbaum Associates.

Fuchs, L. S., & Fuchs, D. (1985). *The effect of measuring student progress toward long vs. short-term goals: A meta-analysis.*

Fuchs, L. S., & Fuchs, D. (1985, March-April). *A quantitative synthesis of effects of formative evaluation on achievement.* Paper presented at the Annual Meeting of the American Educational Research Association, Chicago, IL.

Fuchs, L. S., & Fuchs, D. (1986). Curriculum-based assessment of progress toward long-term and short-term goals. *Journal of Special Education, 20*(1), 69–82.

Fuchs, L. S., & Fuchs, D. (1986, April). *Effects of alternative student performance graphing procedures on achievement.* Paper presented at the Annual Meeting of the American Educational Research Association, San Francisco, CA.

Fuchs, L. S., & Fuchs, D. (1986). Effects of long- and short-term goal assessment on student achievement (p. 32).

Fuchs, L. S., & Fuchs, D. (1986). Effects of systematic formative evaluation: A meta-analysis. *Exceptional Children, 53*(3), 199–208.

Fuchs, L. S., & Fuchs, D. (1987). The relation between methods of graphing student performance data and achievement: A meta-analysis. *Journal of Special Education Technology, 8*(3), 5–13.

Fukkink, R. G., & de Glopper, K. (1998). Effects of instruction in deriving word meaning from context: A meta-analysis. *Review of Educational Research, 68*(4), 450–469.

Fullan, M., Hill, P., & Crévola, C. (2006). *Breakthrough.* Thousand Oaks, CA: Corwin Press.

Fullan, M., & Stiegelbauer, S. (1991). The new meaning of educational change (2nd ed.). London: Cassell.

Fuller, B. (1987). What school factors raise achievement in the Third World? *Review of Educational Research, 57*(3), 255–292.

Fusaro, J.A. (1993). A meta-analysis of the effect of sentence-combining on reading comprehension. *Reading Improvement, 30*(4), 228–231.

Fusaro, J. A. (1997). The effect of full-day kindergarten on student achievement: A meta-analysis. *Child Study Journal, 27*(4), 269–277.

Gadamer, H. G. (1993). *Truth and method* (2nd ed.). New York: Continuum.

Gage, N. L., & Berliner, D. C. (1998). *Educational psychology* (6th ed.). Boston: Houghton Mifflin.

Gale, P. S. (2004). A summative metaevaluation synthesis: State education agency evaluations of the comprehensive school reform program. *Dissertation Abstracts International Section A: Humanities and Social Sciences, 65*(6-A), pp.

Gall, M. D. (1970).The use of questions in teaching. *Review of Educational Research, 40*(5), 707–721.

Gall, M. D. (1984). Synthesis of research on teachers' questioning. *Educational Leadership, 42*(3), 40–47.

Galloway, A. M. (2003). *Improving reading comprehension through metacognitive strategy instruction: Evaluating the evidence for the effectiveness of the reciprocal teaching procedure.* Unpublished Ph.D., The University of Nebraska, Lincoln, NE.

Galton, M. J. (1995). *Crisis in the primary classroom.* London: D. Fulton Publishers.

Galton, M. J., & Willcocks, J. (1983). *Moving from the primary classroom.* London: Routledge and Kegan Paul.

Gamoran, A. (1993). Alternative uses of ability grouping in secondary schools: Can we bring high-quality instruction to low-ability classes? *American Journal of Education, 102*(1), 1–22.

Garland, H. (1985). A cognitive mediation theory of task goals and human performance. *Motivation and Emotion, 9*(4), 345–367.

Garlinger, D. K., & Frank, B. M. (1986).Teacher-student cognitive style and academic achievement: A review and mini-meta-analysis. *Journal of Classroom Interaction, 21*(2), 2–8.

Gasper, J. M. (1992). *Transformational leadership: An integrative review of the literature.* Unpublished Ed.D.,Western Michigan University, MI.

Gaub, M., & Carlson, C. L. (1997). Gender differences in ADHD: A meta-analysis and critical review. *Journal of the American Academy of Child and Adolescent Psychiatry, 36*(8), 1036–1045.

Gayle, B. M., Preiss, R.W., & Allen, M. (2006). How effective are teacher-initiated classroom questions in enhancing student learning? In B. M. Gayle, R.W. Preiss, N. Burrell & M.Allen (Eds.), *Classroom communication and instructional processes: Advances through meta-analysis* (pp. 279–293). Mahwah, NJ: Lawrence Erlbaum Associates.

Gayle, B. M., Preiss, R. W., Burrell, N., & Allen, M. (Eds.). (2006). *Classroom communication and instructional processes: Advances through meta-analysis*. Mahwah, NJ: Lawrence Erlbaum Associates.

Gee, E. J. (1995, April). *The effects of a whole language approach to reading instruction on reading comprehension: A meta-analysis*. Paper presented at the Annual Meeting of the American Educational Research Association San Francisco, CA.

Gennetian, L.A., Duncan, G., Knox,V.,Vargas,W., Clark-Kauffman, E., & London, A. S. (2004). How welfare policies affect adolescents' school outcomes: A synthesis of evidence from experimental studies. *Journal of Research on Adolescence, 14*(4), 399–423.

George, W. C., Cohn, S. J., & Stanley, J. C. (1979). *Educating the gifted: Acceleration and enrichment. Revised and expanded proceedings of the Ninth Annual Hyman Blumberg Symposium on Research in Early Childhood Education*, Baltimore, MD.

Gersten, R., & Baker, S. (1999, April). *Effective instruction for English-language learners: A multi-vocal approach toward research synthesis*. Paper presented at the Annual Meeting of the American Educational Research Association, Montreal, Quebec, Canada.

Gersten, R., & Baker, S. (2001).Teaching expressive writing to students with learning disabilities: A meta-analysis. *The Elementary School Journal, 101*(3), 251–272.

Gersten, R., & Carnine, D. (1984). Direct instruction mathematics: A longitudinal evaluation of low-income elementary school students. *The Elementary School Journal, 84*(4), 395–407.

Gersten, R., & Keating,T. (1987). Long-term benefits from direct instruction. *Educational Leadership, 44*(6), 28.

Getsie, R. L., Langer, P., & Glass, G.V. (1985). Meta-analysis of the effects of type and combination of feedback on children's discrimination learning. *Review of Educational Research, 55*(1), 9–22.

Ghafoori, B. (2000). *Effectiveness of cognitive-behavioral therapy in reducing classroom disruptive behaviors: A meta-analysis*. Unpublished Ph.D., California School of Professional Psychology, Fresno, CA.

Giaconia, R. M., and Hedges, L.V. (1982). Identifying features of effective open education. *Review of Educational Research, 52*(4), 579–602.

Gickling, E. E. (1984, October). *Operationalizing academic learning time for low achieving and handicapped mainstreamed students*. Paper presented at the Annual Meeting of the Northern Rocky Mountain Educational Research Association, Jackson Hole, WY.

Gierl, M. J., Zheng, Y., & Cui, Y. (2008). Using the attribute hierarchy method to identify and interpret cognitive skills that produce group differences. *Journal of Educational Measurement, 45*(1), 65–89.

Gijbels, D. (2003). Effects of problem-based learning: A meta-analysis. *Learning and Instruction, 13*, 533–568.

Gijbels, D., Dochy, F., Van den Bossche, P., & Segers, M. (2005). Effects of problem-based learning: A meta-analysis from the angle of assessment. *Review of Educational Research, 75*(1), 27–61.

Gilliam, W. S., & Zigler. (2000). A critical meta-analysis of all evaluations of state-funded preschool from 1977 to 1998: Implications for policy, service delivery and program evaluation. *Early Childhood Research Quarterly, 15*(4), 441–473.

Gillibrand, E., Robinson, P., Brawn, R., & Osborne, A. (1999). Girls' participation in physics in single sex classes in mixed schools in relation to confidence and achievement. *International Journal of Science Education, 21*(4), 349–362.

Gilligan, C. (1982). *In a different voice: Psychological theory and women's development*. Cambridge, MA: Harvard University Press.

Gillingham, M. G., & Guthrie, J. T. (1987). Relationships between CBI and research on teaching. *Contemporary Educational Psychology, 12*(3), 189–199.

Gilner, M. W. (1988). *Research on family structure and school performance: A meta-analysis*. Unpublished Ph.D., St Louis University, MO.

Gilpin, A. R. (2008). Meta-analysis, and robustness: An empirical examination of Rosenthal and Rubin's effect size indicator. *Educational and Psychological Measurement, 68*(1), 42–57.

Ginns, P., Hollender, N., & Reimann, P. (2006, April 6). *Meta-analysis of the minimalist training model*. Paper presented at the Annual Meeting of the American Educational Research Association, San Francisco, CA.

Ginsburg-Block, M. D., Rohrbeck, C. A., & Fantuzzo, J. W. (2006). A meta-analytic review of social, self-concept, and behavioral outcomes of peer-assisted learning. *Journal of Educational Psychology, 98(4), 732–749.

Gipps, C.V. (1994). *Beyond testing: Towards a theory of educational assessment.* London: Falmer Press.

Glass, G.V. (1970). Discussion. In M. C.Wittrock & D. E.Wiley (Eds.), *The evaluation of instruction: Issues and problems* (pp. 210–211). New York: Holt, Rinehart and Winston.

Glass, G.V. (1976). Primary, secondary, and meta-analysis of research. *Educational Researcher,* 5(10), 3–8.

Glass, G.V. (1977). Integrating findings: The meta-analysis of research. *Review of Research in Education, 5,* 351–379.

Glass, G.V. (1980). On criticism of our class size/student achievement research: No points conceded. *Phi Delta Kappan, 62*(4), 242–244.

Glass, G.V. (1982). Meta-analysis: An approach to the synthesis of research results. *Journal of Research in Science Teaching, 19*(2), 93–112.

Glass, G.V. (1982). *School class size: Research and policy.* Beverly Hills, CA: Sage.

Glass, G.V. (1987). What works: Politics and research. *Educational Researcher, 16*(3), 5–10.

Glass, G. V. (2000). Meta-analysis at 25 [Electronic Version]. Retrieved 13 November 2007 from http://glass.ed.asu.edu/gene/papers/meta25.html.

Glass, G.V., McGaw, B., & Smith, M. L. (1981). *Meta-analysis in social research.* Beverly Hills: Sage Publications.

Glass, G.V., & Smith, M. L. (1978). *Meta-analysis of research on the relationship of class-size and achievement. The class size and instruction project* (Research/Technical No. C8088). San Francisco, CA: Far West Lab. for Educational Research and Development.

Glass, G.V., & Smith, M. L. (1979). Meta-analysis of research on class size and achievement. *Educational Evaluation and Policy Analysis, 1*(1), 2–16.

Glazerman, S., Mayer, D., & Decker, P. (2006). Alternative routes to teaching: The impacts of Teach for America on student achievement and other outcomes. *Journal of Policy Analysis and Management, 25*(1), 75–96.

Gliessman, D. H., Pugh, R. C., Dowden, D. E., & Hutchins, T. F. (1988).Variables influencing the acquisition of a generic teaching skill. *Review of Educational Research, 58*(1), 25 – 46.

Gocmen, G. B. (2003). *Effectiveness of frequent testing over academic achievement: A meta-analysis study*. Unpublished Ph.D., Ohio University, Ohio, United States.

Goff, M., & Ackerman, P. L. (1992). Personality-intelligence relations: Assessment of typical intelligence engagement. *Journal of Educational Psychology, 84*(4), 537–552.

Goldberg, A., Russell, M., & Cook, A. (2003). The effect of computers on student writing: A meta-analysis of studies from 1992 to 2002 [Electronic Version]. *The Journal of Technology, Learning, and Assessment, 2*. Retrieved 16 April 2007 from http://www.jtla.org.

Goldberg, W. A., Prause, J., Lucas-Thompson, R., & Himsel, A. (2008). Maternal employment and children's achievement in context: A meta-analysis of four decades of research. *Psychological Bulletin, 134*(1), 77–108.

Goldhaber, D., & Anthony, E. (2004). *Can teacher quality be effectively assessed?* Seattle, WA: Center on Reinventing Public Education and the Urban Institute.

Goldin, G.A. (1992). Meta-analysis of problem-solving studies: A critical response. *Journal for Research in Mathematics Education, 23*(3), 274–283.

Goldring, E. B. (1990). Assessing the status of information on classroom organizational frameworks for gifted students. *Journal of Educational Research, 83*(6), 313–326.

Goldring, E. B., & Addi, A. (1989). Using meta-analysis to study policy issues: The ethnic composition of the classroom and achievement in Israel. *Studies In Educational Evaluation, 15*(2), 231–246.

Goldring, E. B., & Presbrey, L. S. (1986). Evaluating preschool programs: A meta-analytic approach. *Educational Evaluation and Policy Analysis, 8*(2), 179–188.

Goldstein, H., Yang, M., Omar, R., Turner, R., & Thompson, S. (2000). Meta-analysis using multilevel models with an application to the study of class size effects. *Journal of the Royal Statistical Society: Series C (Applied Statistics), 49*(3), 399–412.

Gollwitzer, P. M., & Sheeran, P. (2006). Implementation intentions and goal achievement: A meta-analysis of effects and processes. *Advances in Experimental Social Psychology, 38*, 69–119.

Gooding, R. Z., & Wagner, J.A., III. (1985). A meta-analytic review of the relationship between size and performance: The productivity and efficiency of organizations and their subunits. *Administrative Science Quarterly, 30*(4), 462–481.

Gordon, M. B. (1991). *A quantitative analysis of the relationship between computer graphics and mathematics achievement and problem-solving.* Unpublished Ed.D., University of Cincinnati, OH.

Gottfried, A.W. (1984). *Home environment and early cognitive development: Longitudinal research.* Orlando, FL: Academic Press.

Graham, S., & Perin, D. (2007). A meta-analysis of writing instruction for adolescent students. *Journal of Educational Psychology, 99*(3), 445–476.

Graham, S., & Perin, D. (2007). *Writing next: Effective strategies to improve writing of adolescents in middle and high schools – A report to Carnegie Corporation of New York.* Washington, DC: Alliance for Excellent Education.

Graue, M. E., Weinstein, T., & Walberg, H. J. (1983). School-based home instruction and learning: A quantitative synthesis. *Journal of Educational Research, 76*(6).

Gray, J. (1993). *Men are from Mars, women are from Venus: A practical guide for improving communication and getting what you want in your relationships.* London: Thorsons.

Greene, J. P. (1997). A meta-analysis of the Rossell and Baker review of bilingual education research. *Bilingual Research Journal, 21*(2–3), 103–122.

Greenwald, R., Hedges, L. V., & Laine, R. (1996). Interpreting research on school resources and student achievement: A rejoinder to Hanushek. *Review of Educational Research, 66*(3), 411–416.

Greenwald, R., Hedges, L. V., & Laine, R. D. (1996). The effect of school resources on student achievement. *Review of Educational Research, 66*(3), 361–396.

Greiff, A. H. (1997). *Utilization of computer-assistive technology for children with learning disabilities.* Unpublished M.S., Touro College, NY.

Greiner, J. M., & Karoly, P. (1976). Effects of self-control training on study activity and academic performance: An analysis of self-monitoring, self-reward, and systematic-planning components. *Journal of Counseling Psychology, 23*(6), 495–502.

Grigorenko, E. L. (2005). A conservative meta-analysis of linkage and linkage-association studies of developmental dyslexia. *Scientific Studies of Reading, 9*(3), 285–316.

Grissom, J. B., & Shepard, L.A. (1989). Repeating and dropping out of school. In L.A.

Shepard & M. L. Smith (Eds.), *Flunking grades: Research and policies on retention* (pp. 34–63). London: Falmer Press.

Grodsky, E., & Gamoran, A. (2003). The relationship between professional development and professional community in American schools. *School Effectiveness and School Improvement, 14*(1), 1–29.

Groot, W., & Maassen van den Brink, H. (2000). Overeducation in the labor market: A meta-analysis. *Economics of Education Review, 19*(2), 149–158.

Guilford, J. P. (1954). *Psychometric methods* (2nd ed.). New York: McGraw-Hill.

Guskey, T. R. (2007). Multiple sources of evidence: An analysis of stakeholders' perceptions of various indicators of student learning. *Educational Measurement: Issues and Practice, 26*(1), 19–27.

Guskey, T. R., & Gates, S. L. (1985, March-April). *A synthesis of research on group-based mastery learning programs*. Paper presented at the Annual Meeting of the American Educational Research Association, Chicago, IL.

Guskey, T. R., & Gates, S. L. (1986). Synthesis of research on the effects of mastery learning in elementary and secondary classrooms. *Educational Leadership, 43*(8), 73–80.

Guskey, T. R., & Pigott, T. D. (1988). Research on group-based mastery learning programs: A meta-analysis. *Journal of Educational Research, 81*(4), 197–216.

Guskin, S. L. (1984). Problems and promises of meta-analysis in special education. *Journal of Special Education, 18*(1), 73–80.

Guthrie, J. T., McRae, A., & Klauda, S. L. (2007). Contributions of concept-oriented reading instruction to knowledge about interventions for motivations in reading. *Educational Psychologist, 42*(4), 237–250.

Gutierrez, R., & Slavin, R. (1992). Achievement effects of the nongraded elementary school: A best evidence synthesis. *Review of Educational Research, 62*(4), 333–376.

Guzzetti, B. J., Snyder, T. E., Glass, G. V., & Gamas, W. S. (1993). Promoting conceptual change in science: A comparative meta-analysis of instructional interventions from reading education and science education. *Reading Research Quarterly, 28*(2), 116–159.

Guzzo, R. A., Jette, R. D., & Katzell, R. A. (1985). The effects of psychologically based intervention programs on worker productivity: A meta-analysis. *Personnel*

Psychology, 38(2), 275–291.

Haas, M. (2005). Teaching methods for secondary algebra: A meta-analysis of findings. *NASSP Bulletin, 89*(642), 24–46.

Haertel, G. D., & Walberg, H. J. (1980). Investigating an educational productivity model. *Evaluation in Education, 4*, 103–104.

Haertel, G. D., Walberg, H. J., & Haertel, E. H. (1979, April). *Social-psychological environments and learning: A quantitative synthesis*. Paper presented at the Annual Meeting of the American Educational Research Association, San Francisco, CA.

Haertel, G. D., Walberg, H. J., & Haertel, E. H. (1980). Classroom socio-psychological environment. *Evaluation in Education, 4*, 113–114.

Haertel, G. D., Walberg, H. J., & Haertel, E. H. (1981). Socio-psychological environments and learning: A quantitative synthesis. *British Educational Research Journal, 7*(1), 27–36.

Hager, W., & Hasselhorn, M. (1998). The effectiveness of the cognitive training for children from a differential perspective: A meta-evaluation. *Learning and Instruction, 8*(5), 411–438.

Haig, B. D. (2005). An abductive theory of scientific method. *Psychological Methods, 10*(4), 371–388.

Haladyna, T., & Shaughnessy, J. (1982). Attitudes toward science: A quantitative synthesis. *Science Education, 66*(4), 547–563.

Hall, J.A. (1980). Gender difference in skill and sending and interpreting non-verbal emotional cues. *Evaluation in Education, 4*, 71–72.

Hall, L. E. (1988). *The effects of cooperative learning on achievement: A meta-analysis*. Unpublished Ed.D., University of Georgia, GA.

Haller, E. J., & Davis, S. A. (1980). Does socioeconomic status bias the assignment of elementary school students to reading groups? *American Educational Research Journal, 17*(4), 409–418.

Haller, E. P., Child, D. A., & Walberg, H. J. (1988). Can comprehension be taught? A quantitative synthesis of "metacognitive" studies. *Educational Researcher, 17*(9), 5–8.

Hallinger, P., & Murphy, J. F. (1986). The social context of effective schools. *American Journal of Education, 94*(3), 328–355.

Hamaker, C. (1986).The effects of adjunct questions on prose learning. *Review of Educational Research, 56*(2), 212–242.

Hamilton, W. A. (1995). *A meta-analysis of the comparative research on computer-assisted instruction and its effects on elementary and secondary mathematics achievement.* Unpublished Ed.D., Wayne State University, Michigan, United States.

Hamm, J. V., & Faircloth, B. S. (2005). The role of friendship in adolescents' sense of school belonging. *New Directions for Child and Adolescent Development, 2005*(107), 61–78.

Hampton, S. E., & Reiser, R.A. (2004). Effects of a theory-based feedback and consultation process on instruction and learning in college classrooms. *Research in Higher Education, 45*, 497–527.

Hansford, B. C., & Hattie, J. A. C. (1982).The relationship between self and achievement/performance measures. *Review of Educational Research, 52*(1), 123–142.

Hanson, R. E. (1988). *Social skill training: A critical meta-analytic review.* Unpublished Ph.D., Texas Woman's University,TX.

Hanushek, E.A. (1989).The impact of differential expenditures on school performance. *Educational Researcher, 18*(4), 45–62.

Hanushek, E.A. (1997). Outcomes, incentives, and beliefs: Reflections on analysis of the economics of schools. *Educational Evaluation and Policy Analysis, 19*(4), 301–308.

Hanushek, E. A. (1998). Conclusions and controversies about the effectiveness of school resources. *Federal Reserve Bank of NewYork Economic Policy Review, 4*(1), 11–27.

Hanushek, E.A. (2002).Teacher quality. In L.T. Izumi &W. M. Evers (Eds.), *Teacher quality* (pp. 1–12). Stanford, CA: Hoover Institution Press.

Hanushek, E.A. (2003). The failure of input-based schooling policies. *The Economic Journal, 113*(485), F64-F98.

Hanushek, E.A. (2005). *Economic outcomes and school quality.* Brussels, Belgium: International Academy of Education.

Harker, R. K., & Nash, R. (1996). Academic outcomes and school effectiveness: Type 'A' and type 'B' effects. *New Zealand Journal of Educational Studies, 32*, 143–170.

Harrell, A. (1983). *The effects of the Head Start Program on children's cognitive development. Preliminary report. Head Start evaluation, synthesis and utilization project.*

Washington, DC: Superintendent of Documents, U.S. Government Printing Office.

Harris, M. J., & Rosenthal, R. (1985). Mediation of interpersonal expectancy effects: 31 meta-analyses. *Psychological Bulletin, 97*(3), 363–386.

Harris, M. J., & Rosenthal, R. (1986). Four factors in the mediation of teacher expectancy effects. In R. S. Feldman (Ed.), *The social psychology of education: Current research and theory* (pp. 91–114). Cambridge: Cambridge University Press.

Harris, T. L., & Hodges, R. E. (Eds.). (1995). *The literacy dictionary*. Newark, DE: International Reading Association.

Harrison, B. (1980). Training English teachers: "The dignity of thinking beings." *Use of English, 31*(3), 51–61.

Harrison, D. (1980). *Meta-analysis of selected studies of staff development*. Unpublished Ph.D., University of Florida, FL.

Hart, B., & Risley, T. R. (1995). *Meaningful differences in the everyday experience of young American children*. Baltimore: P.H. Brookes.

Hartley, S. S. (1977). *Meta-analysis of the effects of individually paced instruction in mathematics*. Unpublished Ph.D., University of Colorado at Boulder, CO.

Hartley, S. S. (1980). Instruction in mathematics. *Evaluation in Education, 4*, 56–57.

Hartzler, D. S. (2000). *A meta-analysis of studies conducted on integrated curriculum programs and their effects on student achievement*. Unpublished Ed.D., Indiana University, IN.

Hasselbring, T. S. (1986). Research on the effectiveness of computer-based instruction: A review. *International Review of Education, 32*(3), 313–324.

Hatano, G., & Inagaki, K. (1986). Two courses of expertise. In H. Stevenson, H. Azuma & K. Hakuta (Eds.), *Child development and education in Japan* (pp. 262–272). New York: W. H. Freeman.

Hattie, J. A. C. (1987). Identifying the salient facets of a model of student learning: A synthesis of meta-analyses. *International Journal of Educational Research, 11*(2), 187–212.

Hattie, J. A. C. (1992). Measuring the effects of schooling. *Australian Journal of Education, 36*(1), 5–13.

Hattie, J. A. C. (2002). Classroom composition and peer effects. *International Journal of Educational Research, 37*(5), 449–481.

Hattie, J.A. C. (2004, July). *The thread model of self-concept*. Paper presented at the Keynote Address to the International Self Conference, Max Plank Institute, Germany.

Hattie, J. A. C. (2005, August). *What is the nature of evidence that makes a difference to learning*. Paper presented at the ACER Annual Conference: Using data to support learning, Melbourne, Australia.

Hattie, J. A. C. (2006).The paradox of reducing class size and improved learning outcomes. *International Journal of Educational Research, 42*, 387–425.

Hattie, J. A. C. (2007). The status of reading in New Zealand schools: The upper primary plateau problem (PPP3). *Reading Forum, 22*(2), 25–39.

Hattie, J. A. C. (2008). Narrow the gap, fix the tail, or close the curves: The power of words. In C. Rubie & C. Rawlinson (Eds.), *Challenging thinking about teaching and learning*: Nova Science.

Hattie, J.A. C. (2008). Processes of integrating, developing, and processing self information. In H.W. Marsh, R. Craven & D. M. McInerney (Eds.), *Self-processes, learning, and enabling human potential: Dynamic new approaches* (Vol. 3). Greenwich, CN: Information Age Publishing.

Hattie, J. A. C., Biggs, J., & Purdie, N. (1996). Effects of learning skills interventions on student learning: A meta-analysis. *Review of Educational Research, 66*(2), 99–136.

Hattie, J. A. C., & Brown, G.T. L. (2004). *Cognitive processes in asTTle: The SOLO taxonomy. asTTle Technical Report* (No. 43). Auckland: University of Auckland and the Ministry of Education.

Hattie, J.A. C., Brown, G.T. L., & Keegan, P. J. (2003).A national teacher-managed, curriculum-based assessment system: Assessment Tools for Teaching and Learning (asTTle). *International Journal of Learning, 10*, 771–778.

Hattie, J. A. C., & Clinton, J. (2008). Identifying accomplished teachers: A validation study. In L. Ingvarson & J. A. C. Hattie (Eds.), *Assessing teachers for professional certification: The first decade of the National Board for Professional Teaching Standards* (pp. 313–344). Oxford, UK: Elsevier.

Hattie, J.A. C., Clinton, J. C., Baker,W. K., Jaeger, R. M., & Spence, K. (1998). *The cyber campus: The first year evaluation*. Raleigh, NC: National Institute for Statistical

Sciences.

Hattie, J. A. C., Clinton, J. C., Nagle, B., Kelkor, V., Reid, W. K., Spence, K., et al. (1998). *Evaluating the Paideia Program in Guilford County Schools: First Year Report: 1997–98*. Greensboro, NC: Center for Educational Research and Evaluation, University of North Carolina, Greensboro.

Hattie, J. A. C., Clinton, J. C., Thompson, M., & Schmitt-Davis, H. (1996). *Identifying "highly accomplished" teachers. Report for the Technical Advisory Group*. Detroit, MI: National Board for Professional Teaching Standards.

Hattie, J. A. C., & Fitzgerald, D. (1987). Sex differences in attitudes, achievement and use of computers. *Australian Journal of Education, 31*(1), 3–26.

Hattie, J. A. C., & Hansford, B. C. (1980). *Evaluating the relationship between self and performance/achievement*. Paper presented at the Australian Association for Research in Education Annual Conference: Youth, schooling and unemployment, Sydney.

Hattie, J. A. C., & Hansford, B. C. (1982). Self measures and achievement: Comparing a traditional review of literature with meta-analysis. *Australian Journal of Education, 26*(1), 71–75.

Hattie, J. A. C., & Hansford, B. C. (1983). Reading performance and self-assessment: What is the relationship? *Reading Education, 8*, 17–23.

Hattie, J. A. C., & Jaeger, R. (1998). Assessment and classroom learning: A deductive approach. *Assessment in Education: Principles, Policy and Practice, 5*(1), 111–122.

Hattie, J. A. C., Mackay, A., Holt, A., Hurrell, P., Irving, E., & team. (2007). Generation Ⅱ: e-asTTle V6. An internet computer application. Wellington, New Zealand: Ministry of Education.

Hattie, J. A. C., Mackay, A., Weston, B., Northover, A., & Simpson, R. (2007). *New York project evaluation report*. Auckland, New Zealand: Visible Learning Labs.

Hattie, J. A. C., Marsh, H. W., Neill, J. T., & Richards, G. E. (1997). Adventure education and outward bound: Out-of-class experiences that make a lasting difference. *Review of Educational Research, 67*(1), 43–87.

Hattie, J. A. C., & Purdie, N. (1998). The SOLO model: Addressing fundamental measurement issues. In B. C. Dart and G. M. Boulton-Lewis (Eds.), *Teaching and Learning in Higher Education* (pp. 145–176). Camberwell, Victoria, Australia: Australian Council of

Educational Research.

Hattie, J. A. C., & Rogers, H. J. (1986). Factor models for assessing the relationship between creativity and intelligence. *Journal of Educational Psychology, 78*(6), 482–485.

Hattie, J.A. C., & Timperley, H. (2007).The power of feedback. *Review of Educational Research, 77*(1), 81–112.

Hausenblas, H.A., Carron,A.V., & Mack, D. E. (1997). Application to the theories of reasoned action and planned behavior to exercise behavior: A meta-analysis. *Journal of Sport and Exercise Psychology, 19*(1), 36–51.

Hausknecht, J. P., Halpert, J. A., Di Paolo, N.T., & Gerrard, M. O. M. (2007). Retesting in selection: A meta-analysis of coaching and practice effects for tests of cognitive ability. *Journal of Applied Psychology, 92*(2), 373–385.

Haynie,W. J. (2007). Effects of test taking on retention learning in technology education: A meta-analysis. *Journal of Technology Education, 18*(2), 24–36.

Hearold, S. L. (1979,April). *Meta-analysis of the effects of television on social behavior*. Paper presented at the Annual Meeting of the American Educational Research Association, San Francisco, CA.

Hearold, S. L. (1980). *Meta-analysis of the effects of television on social behavior*. University of Colorado, Boulder, CO, United States.

Hearold, S. L. (1980).Television and social behavior. *Evaluation in Education, 4*, 94–95.

Hedges, L.V., Laine, R. D., & Greenwald, R. (1994). An exchange: Part I : Does money matter? A meta-analysis of studies of the effects of differential school inputs on student outcomes. *Educational Researcher, 23*(3), 5–14.

Hedges, L.V., Laine, R. D., & Greenwald, R. (1994). Money does matter somewhere: A reply to Hanushek. *Educational Researcher, 23*(4), 9–10.

Hedges, L.V., & Olkin, I. (1985). *Statistical methods for meta-analysis*. Orlando: Academic Press.

Hedges, L. V., & Stock, W. (1983). The effects of class size: An examination of rival hypotheses. *American Educational Research Journal, 20*(1), 63–65.

Hefner, S. W. (1985). *The effects of a mastery learning/competency-based education instructional approach on facilitating students' retention of achievement in language arts and mathematics*. Unpublished Ed.D., University of South Carolina, SC.

Hembree, R. (1986). Research gives calculators a green light. *Arithmetic Teacher, 34*(1), 18–21.

Hembree, R. (1987). Effects of noncontent variables on mathematics test performance. *Journal for Research in Mathematics Education, 18*(3), 197–214.

Hembree, R. (1988). Correlates, causes, effects, and treatment of test anxiety. *Review of Educational Research, 58*(1), 47–77.

Hembree, R. (1990). Bibliography of research on problem solving in mathematics: Experiments and relational studies (p. 46).

Hembree, R. (1990). The nature, effects, and relief of mathematics anxiety. *Journal for Research in Mathematics Education, 21*(1), 33–46.

Hembree, R. (1992). Experiments and relational studies in problem solving:A meta-analysis. *Journal for Research in Mathematics Education, 23*(3), 242–273.

Hembree, R., & Dessart, D. J. (1986). Effects of hand-held calculators in precollege mathematics education: A meta-analysis. *Journal for Research in Mathematics Education, 17*(2), 83–99.

Henchey, N. (2001). *Schools that make a difference: Final Report. Twelve Canadian secondary schools in lowincome settings*. Kelowna, BC, Canada: Society for the Advancement of Excellence in Education.

Henderson, L. (2007). Multi-level selective classes for gifted students. *International Education Journal, 8*(2), 60–67.

Henk,W.A., & Stahl, N.A. (1985, November). *A meta-analysis of the effect of notetaking on learning from lecture. College reading and learning assistance*. Paper presented at the Annual Meeting of the National Reading Conference, St. Petersburg Beach, FL.

Herschbach, D. R. (1984). The questionable search for the content base of industrial arts. *Journal of Epsilon Pi Tau, 10*(1), 27–34.

Hess, F. (1979). *Class size revisited: Glass and Smith in perspective* (VIEWPOINTS (Opinion Papers, Position Papers, Essays, etc)): East Syracuse – Minoa Central Schools, East Syracuse, NY.[BBB11291].

Hetland, L. (2000). Learning to make music enhances spatial reasoning. *Journal of*

Aesthetic Education, 34(3/4), 179–238.

Hetland, L. (2000). Listening to music enhances spatial-temporal reasoning: Evidence for the "Mozart Effect". *Journal of Aesthetic Education, 34*(3/4), 105–148.

Hetland, L. (2000). *The relationship between music and spatial processes: A meta-analysis*. Unpublished Ed.D., Harvard University, MA.

Hetzel, D. C., Rasher, S. P., Butcher, L., & Walberg, H. J. (1980, April). *A quantitative synthesis of the effects of open education*. Paper presented at the Annual Meeting of the American Educational Research Association, Boston, MA.

Heubusch, J. D., & Lloyd, J. W. (1998). Corrective feedback in oral reading. *Journal of Behavioral Education, 8*(1), 63–79.

Heyneman, S., Jamison, D., & Montenegro, X. (1983).Textbooks in the Philippines: Evaluation of the pedagogical impact of a nationwide investment. *Educational Evaluation and Policy Analysis, 6*, 139–150.

Heyneman, S. P., & Loxley,W.A. (1983).The effect of primary-school quality on academic achievement across twenty-nine high- and low-income countries. *The American Journal of Sociology, 88*(6), 1162–1194.

Hiebert, J., Gallimore, R., Garnier, H., Givvin, K. B., Hollingsworth, H., Jacobs, J., et al. (2003). Teaching Mathematics in Seven Countries: Results From the TIMSS 1999 Video Study (NCES 2003–013). *US Department of Education.Washington, DC: National Center for Education Statistics.*

Higgins, S., Hall, E., Baumfield,V., & Moseley, D. (2005). *A meta-analysis of the impact of the implementation of thinking skills approaches on pupils*. London: Social Science Research Unit, Institute of Education, University of London.

Hillocks, G., Jr. (1984). What works in teaching composition: A meta-analysis of experimental treatment studies. *American Journal of Education, 93*(1), 133–170.

Hines, H. E. (1989). *Gender-related differences in mathematics participation and achievement: A meta-analysis*. Unpublished Ed.D., University of Houston,Texas, United States.

Hoeffler,T. N., Sumfleth, E., & Leutner, D. (2006, April 5–6, 2006,). *The role of spatial ability when learning from an instructional animation or a series of static pictures*. Paper presented at the NYU Steinhardt Symposium on Technology and Learning, New

York University, New York.

Höffler, T. N., & Leutner, D. (2007). Instructional animation versus static pictures: A meta-analysis. *Learning and Instruction, 17*(6), 722–738.

Holden, G.W., Moncher, M. S., Schinke, S. P., & Barker, K. M. (1990). Self-efficacy of children and adolescents: A meta-analysis. *Psychological Reports, 66*(3, Pt 1), 1044–1046.

Hollenbeck, J. R., & Brief, A. P. (1987). The effects of individual differences and goal origin on goal setting and performance. *Organizational Behavior and Human Decision Processes, 40*(3), 392–414.

Hollifield, J. (1987). Ability grouping in elementary schools. Urbana, IL: ERIC Clearinghouse on Elementary and Early Childhood Education.

Hollingsworth, M. A. (1991). *A meta-analysis of existing creativity training research: An evaluation of program effectiveness and possible confounding variables*. Unpublished M.A., Wake Forest University, Winston-Salem, NC.

Holly, J. G. (2002). *Facilitating optimal change: A meta-analysis of change theories and models*. Unpublished Ph.D., San Jose University, San Jose, CA.

Holmes, C. T. (1983). The fourth R: Retention. *Journal of Research and Development in Education, 17*(1), 1–6.

Holmes, C.T. (1986, April). *A synthesis of recent research on nonpromotion: A five year follow-up*. Paper presented at the Annual Meeting of the American Educational Research Association, San Francisco, CA.

Holmes, C. T. (1989). Grade level retention effects: A meta-analysis of research studies. In L. A. Shepard & M. L. Smith (Eds.), *Flunking grades: Research and policies on retention* (pp. 16–33). London: Falmer Press.

Holmes, C.T., & Matthews, K. M. (1984). The effects of nonpromotion on elementary and junior high school pupils: A meta-analysis. *Review of Educational Research, 54*(2), 225–236.

Holt, C., Denny, G., Capps, M., & De Vore, J. (2005). Teachers' ability to perceive student learning preferences: "I'm sorry, but I don't teach like that." *The Teachers College Record*. Date published: February 25, 2005 http://www.tcrecord.org ID Number: 11767, Date Accessed: 9/14/2008.

Hong, S., & Ho, H.-Z. (2005). Direct and indirect longitudinal effects of parental involvement on student achievement: Second-order latent growth modeling across ethnic groups. *Journal of Educational Psychology, 97*(1), 32–42.

Honig, A. S. (2007).Television and kids: Everything you need to know. *52*(12).

Hood, D. F. (1990). *Using meta-analysis for input evaluation.* Unpublished Ph.D., The Florida State University, FL.

Horak, V. M. (1981). A meta-analysis of research findings on individualized instruction in mathematics. *Journal of Educational Research, 74*(4).

Horak, W. J. (1985, April). A *meta-analysis of learning science concepts from textual materials*. Paper presented at the Annual Meeting of the National Association for Research in Science Teaching, French Lick Springs, IN.

Horn,W. F., & Packard,T. (1985). Early identification of learning problems: A meta-analysis. *Journal of Educational Psychology, 77*(5), 597–607.

Horon, P. F., & Lynn, D. D. (1980). Learning hierarchies research. *Evaluation in Education, 4*, 82–83.

Horton, P. B., McConney, A. A., Gallo, M., Woods, A. L., Senn, G. J., & Hamelin, D. (1993). An investigation of the effectiveness of concept mapping as an instructional tool. *Science Education, 77*(1), 95–111.

Hoskyn, M., & Swanson, H. L. (2000). Cognitive processing of low achievers and children with reading disabilities: A selective meta-analytic review of the published literature. *School Psychology Review, 29*(1), 102–119.

House, E. R. (1989). Policy implications of retention research. In L.A. Shepard & M. L. Smith (Eds.), *Flunking grades: Research and policies on retention* (pp. 202–213). London: Falmer Press.

House, E. R., Glass, G.V., McLean, L. D., & Walker, D. F. (1978). No simple answer: Critique of the Follow Through evaluation. *Harvard Educational Review, 28*, 128–160.

Housner, L. D., & Griffey, D. C. (1985). Teacher cognition: Differences in panning and interactive decision making between experienced and inexperienced teachers. *Research Quarterly for Exercise and Sport, 56*(1), 45–53.

Howard, B. C. (1996, February). *A meta-analysis of scripted cooperative learning*. Paper presented at the Annual Meeting of the Eastern Educational Research Association,

Boston, MA.

Howe, K. R. (1994). Standards, assessment, and equality of educational opportunity. *Educational Researcher, 23*(8), 27–33.

Howley, C. B., & Bickel, R. (1999). *The Matthew Project: National report.* Columbus, OH: Ohio State University.

Hoxby, C. M. (2000).The effects of class size on student achievement: New evidence from population variation. *Quarterly Journal of Economics, 115*(4), 1239–1285.

Hsu,Y.-C. (2003). *The effectiveness of computer-assisted instruction in statistics education: A meta-analysis.* Unpublished Ph.D.,The University of Arizona, AZ.

Huang,T.-Y. (2005). *Fostering creativity: A meta-analytic inquiry into the variability of effects.* Unpublished Ph.D.,Texas A&M University,TX.

Huang, Z. (1991). *A meta-analysis of student self-questioning strategies.* Unpublished Ph.D., Hofstra University, NY.

Hunt, M. M. (1997). *How science takes stock: The story of meta-analysis.* New York: Russell Sage Foundation.

Hunter, J. E., & Schmidt, F. L. (1983). Quantifying the effects of psychological interventions on employee job performance and work-force productivity. *American Psychologist, 38*(4), 473– 478.

Hunter, J. E., & Schmidt, F. L. (1990). *Methods of meta-analysis: Correcting error and bias in research findings.* Newbury Park, CA: Sage Publications.

Hurley, M. M. (2001). Reviewing integrated science and mathematics:The search for evidence and definitions from new perspectives. *School Science and Mathematics, 101*(5), 259.

Hutto, J. R. (1982). *The association of teacher manipulation of scientifically acquired learning styles information to the achievement and attitude of second and third grade remedial students.* Unpublished Ed.D., The University of Southern Mississippi, MS.

Hyde, J. S. (1981). How large are cognitive gender differences? *American Psychologist, 36*(8), 892–901.

Hyde, J. S. (1984). How large are gender differences in aggression? A developmental meta-analysis. *Developmental Psychology, 20*(4), 722–736.

Hyde, J. S. (1990). Meta-analysis and the psychology of gender differences. *Signs:*

Journal of Women in Culture and Society, 16(1), 55.

Hyde, J. S. (2005).The gender similarities hypothesis. *American Psychologist, 60*(6), 581–592.

Hyde, J. S., Fennema, E., & Lamon, S. J. (1990). Gender differences in mathematics performance: A meta-analysis. *Psychological Bulletin, 107*(2), 139–155.

Hyde, J. S., Fennema, E., Ryan, M., Frost, L. A., & Hopp, C. (1990). Gender comparisons of mathematics attitudes and affect: A meta-analysis. *Psychology of Women Quarterly, 14*(3), 299–324.

Hyde, J. S., & Linn, M. C. (1988). Gender differences in verbal ability: A meta-analysis. *Psychological Bulletin, 104*(1), 53–69.

Hymel, G. M. (1990, April). *Harnessing the mastery learning literature: Past efforts, current status, and future directions*. Paper presented at the Annual Meeting of the American Educational Research Association, Boston, MA.

Ianno, A., Jr. (1995). *A meta-analysis of research on the effects of computer-assisted instruction on reading achievement of learning-disabled students*. Unpublished Ph.D., Southern Illinois University at Carbondale, IL.

Ide, J. C., Parkerson, J., Haertel, G. D., & Walberg, H. J. (1980). Peer influences. *Evaluation in Education, 4*, 111–112.

Ide, J. K., Parkerson, J., Haertel, G. D., & Walberg, H. J. (1981). Peer group influence on educational outcomes: A quantitative synthesis. *Journal of Educational Psychology, 73*(4), 472–484.

Iliff, C. H. (1994). *Kolb Learning Style Inventory: A meta-analysis*. Unpublished Ed.D., Boston University, MA.

Ingersoll, R. (2003). Is there a shortage among mathematics and science teachers? *Science Educator, 12*(1), 1–9.

Ingham, J. (1989). *An experimental investigation of the relationships among learning style, perceptual strength, instructional strategies, training achievement, and attitudes of corporate employees*. Unpublished Ed.D., St. John's University (New York), NY.

Ingham, J. M. (1991). Matching instruction with employee perceptual preference significantly increases training effectiveness. *Human Resource Development Quarterly, 2*(1), 53–64.

Inglis, J., & Lawson, J. S. (1987). Reanalysis of a meta-analysis of the validity of the Wechsler Scales in the diagnosis of learning disability. *Learning Disability Quarterly, 10*(3), 198–202.

Ingvarson, L., & Hattie, J. A. C. (Eds.). (2008). *Assessing teachers for professional certification: The first decade of the National Board for Professional Teaching Standards.* Oxford, UK: Elsevier.

Inhelder, B., & Piaget, J. (1964). *The early growth of logic in the child: Classification and seriation.* London: Routledge and Kegan Paul.

Innocenti, M. S., Huh, K., & Boyce, G. C. (1992). Families of children with disabilities: Normative data and other considerations on parenting stress. *Topics in Early Childhood Special Education, 12*(3), 403–427.

Innocenti, M. S., & White, K. R. (1993). Are more intensive early intervention programs more effective? A review of the literature. *Exceptionality, 4*(1), 31–50.

Irving, S. E. (2004). *The development and validation of a student evaluation instrument to identify highly accomplished mathematics teachers.* Unpublished Ph.D., The University of Auckland, Auckland, New Zealand.

Iverson, B. K., & Walberg, H. J. (1980). Home environment. *Evaluation in Education, 4*, 107–108.

Iverson, B. K., & Walberg, H. J. (1982). Home environment and school learning: A quantitative synthesis. *Journal of Experimental Education, 50*(3), 144–151.

Jackson, L. A., Hunter, J. E., & Hodge, C. N. (1995). Physical attractiveness and intellectual competence: A meta-analytic review. *Social Psychology Quarterly, 58*(2), 108–122.

Jaeger, R. M., & Hattie, J. A. C. (1995). Detracking America's schools: Should we really care? *Phi Delta Kappan, 77*(3), 218–219.

Jaeger, R. M., & Hattie, J. A. C. (1996). Artifact and artifice in education policy analysis: It's not all in the data. *School Administrator, 53*(5), 24–25, 28–29.

Jamison, D.T. (1982). Reduced class size and other alternatives for improving schools: An economist's view. In G.V. Glass, L. S. Cahen, M. L. Smith & N. N. Filby (Eds.), *School class size, research and policy* (pp. 116–129). Beverly Hills, CA: Sage.

Jeynes, W. H. (2002). A meta-analysis of the effects of attending religious schools and religiosity on Black and Hispanic academic achievement. *Education and Urban Society, 35*(1), 27–49.

Jeynes, W. H. (2003). A meta-analysis: The effects of parental involvement on minority children's academic achievement. *Education and Urban Society, 35*(2), 202–218.

Jeynes, W. H. (2004). A meta-analysis: Has the academic impact of religious schools changed over the last twenty years? *Journal of Empirical Theology, 17*(2), 197–216.

Jeynes, W. H. (2005). A meta-analysis of the relation of parental involvement to urban elementary school student academic achievement. *Urban Education, 40*(3), 237–269.

Jeynes, W. H. (2006). The impact of parental remarriage on children: A meta-analysis. *Marriage and Family Review, 40*(4), 75–102.

Jeynes, W. H. (2007). The relationship between parental involvement and urban secondary school student academic achievement: A meta-analysis. *Urban Education, 42*(1), 82–110.

Jeynes, W. H. (2008). A meta-analysis of the relationship between phonics instruction and minority elementary school student academic achievement. *Education and Urban Society, 40*(2), 151–166.

Jeynes, W. H., & Littell, S. W. (2000). A meta-analysis of studies examining the effect of whole language instruction on the literacy of low-SES students. *The Elementary School Journal, 101*(1), 21–33.

Jimerson, S. R. (2001). Meta-analysis of grade retention research: Implications for practice in the 21st century. *School Psychology Review, 30*(3), 420–437.

Johannessen, L. R. (1990, August). *Approaches to teaching writing that work*. Paper presented at the School District U-46 In-Service Program, Elgin, IL.

Johnson, B.T., & Eagly, A. H. (1989). Effects of involvement on persuasion: A meta-analysis. *Psychological Bulletin, 106*(2), 290–314.

Johnson, D. W., Jensen, B., Feeny, S., & Methakullawat, B. (2004, August). *Multivariate analysis of performance of Victorian schools*. Paper presented at the Making Schools Better Submit Conference, Melbourne, Australia.

Johnson, D.W., & Johnson, R.T. (1982, August). *Having your cake and eating it too: Maximizing achievement and cognitive-social development and socialization through cooperative learning*. Paper presented at the Annual Convention of the American

Psychological Association, Washington, DC.

Johnson, D.W., & Johnson, R.T. (1987). Research shows the benefits of adult cooperation. *Educational Leadership, 45*(3), 27–30.

Johnson, D. W., & Johnson, R. T. (2001, April). *Teaching students to be peacemakers: A meta-analysis*. Paper presented at the Annual Meeting of the American Educational Research Association, Seattle, WA.

Johnson, D.W., & Johnson, R.T. (2002). Learning together and alone: Overview and meta-analysis. *Asia Pacific Journal of Education, 22*(1), 95–105.

Johnson, D.W., Johnson, R.T., & Maruyama, G. (1983). Interdependence and interpersonal attraction among heterogeneous and homogeneous individuals: A theoretical formulation and a meta-analysis of the research. *Review of Educational Research, 53*(1), 5–54.

Johnson, D. W., Johnson, R. T., & Stanne, M. B. (2000). Cooperative learning methods: A meta-analysis [Electronic Version]. Retrieved 6 May 2008 from http://www.co-operation.org/pages/cl-methods.html.

Johnson, D.W., Maruyama, G., Johnson, R. T., Nelson, D., & Skon, L. (1981). Effects of cooperative, competitive, and individualistic goal structures on achievement: A meta-analysis. *Psychological Bulletin, 89*(1), 47–62.

Johnson, E. G., & Zwick, R. (1990). *Focusing the new design: The NAEP 1988 Technical Report* (No. ISBN-0-88685-106-8). Princeton, NJ: National Assessment of Educational Progress (NAEP) and Educational Testing Service.

Johnson, E. S. (1984). Sex differences in problem solving. *Journal of Educational Psychology, 76*(6), 1359–1371.

Johnson, N. L. (1993). *Thinking is the key: Questioning makes the difference*. Cheltenham, Vic.: Hawker Brownlow Education.

Johnson, O. D., Jr. (2003). *Research syntheses in neighborhood studies: The influence of socioeconomic factors in the education of African-American and urban populations*. Unpublished Ph.D., University of Michigan, MI.

Johnson, R. T., Johnson, D. W., & Stanne, M. B. (1986). Comparison of computer-assisted cooperative, competitive, and individualistic learning. *American Educational Research Journal, 23*(3), 382–392.

Jones, A., & Jacka, S. (1995). Discourse of disadvantage: Girls' school achievement. *New Zealand Journal of Educational Studies, 30*(2), 165–175.

Jones, H. J. (1991). *The effects of the Writing to Read computer program on reading achievement and attitudes of second-grade children.* Unpublished Ph.D., Texas Woman's University, TX.

Jones, R. A. (1989). *The relationship of student achievement to mobility in the elementary school.* Unpublished Ph.D., Georgia State University, GA.

Jones, S. S. (2002). *The effect of all-day kindergarten on student cognitive growth: A meta-analysis.* Unpublished Ed.D., University of Kansas, KS.

Jordan, V. B., & Brownlee, L. (1981, April). *Meta-analysis of the relationship between Piagetian and school achievement tests.* Paper presented at the Annual Meeting of the American Educational Research Association, Los Angeles, CA.

Joslin, P. A. (1980). *Inservice teacher education: A meta-analysis of the research.* Unpublished Ed.D., University of Minnesota, MN.

Joyce, B., Showers, B., & Rolheiser-Bennett, C. (1987). Staff development and student learning: A synthesis of research on models of teaching. *Educational Leadership, 45*(2), 11–23.

Kaczala, C. (1991). *Grade retention: A longitudinal study of school correlates of rates of retention.* Cleveland, OH: Cleveland Public Schools.

Kahl, S. R., Fleming, M. L., & Malone, M. R. (1982, March). *Sex-related differences in pre-college science: Findings of the science meta-analysis project.* Paper presented at the Annual Meeting of the American Educational Research Association, New York.

Kalaian, S., & Becker, B. J. (1986, April). *Effects of coaching on Scholastic Aptitude Test (SAT) performance: A multivariate meta-analysis approach.* Paper presented at the Annual Meeting of the American Educational Research Association, San Francisco, CA.

Kalechstein, A. D., & Nowicki, S., Jr. (1997). A meta-analytic examination of the relationship between control expectancies and academic achievement: An 11-year follow-up to Findley and Cooper. *Genetic, Social, and General Psychology Monographs, 123*(1), 27–56.

Kang, O.-R. (2002). *A meta-analysis of graphic organizer interventions for students with learning disabilities.* Unpublished Ph.D., University of Oregon, OR.

Kardash, C. A. M., & Wright, L. (1987). Does creative drama benefit elementary school students: A meta-analysis. *Youth Theatre Journal, 1*(3), 11–18.

Karweit, N. (1984).Time-on-task reconsidered: Synthesis of research on time and learning. *Educational Leadership, 41*(8), 32–35.

Karweit, N. (1985). Should we lengthen the school term? *Educational Researcher, 14*(6), 9–15.

Kavale, K. A. (1980). Auditory-visual integration and its relationship to reading achievement: A meta-analysis. *Perceptual and Motor Skills, 51*(3), 947–955.

Kavale, K. A. (1980). Psycholinguistic training. *Evaluation in Education, 4*, 88–90.

Kavale, K.A. (1981).The relationship between auditory perceptual skills and reading ability: A meta-analysis. *Journal of Learning Disabilities, 14*(9), 539–546.

Kavale, K. A. (1982). The efficacy of stimulant drug treatment for hyperactivity: A meta-analysis. *Journal of Learning Disabilities, 15*(5).

Kavale, K. A. (1982). Meta-analysis of the relationship between visual perceptual skills and reading achievement. *Journal of Learning Disabilities, 15*(1), 42–51.

Kavale, K. A. (1982). Psycholinguistic training programs: Are there differential treatment effects? *International Journal of Disability, Development and Education, 29*(1), 21–30.

Kavale, K. A. (1984). A meta-analytic evaluation of the Frostig Test and training program. *International Journal of Disability, Development and Education, 31*(2), 134–141.

Kavale, K. A. (1995). Meta-analysis at 20: Retrospect and prospect. *Evaluation and the Health Professions, 18*(4), 349–369.

Kavale, K.A., & Carlberg, C. (1980). Regular versus special class placement for exceptional children. *Evaluation in Education, 4*, 91–93.

Kavale, K.A., & Dobbins, D.A. (1993).The equivocal nature of special education interventions. *Early Child Development and Care*, 23–37.

Kavale, K. A., Fuchs, D., & Scruggs, E.E. (1994). Setting the record straight on learning disability and low achievement: Implications for policymaking. *Learning Disabilities Research and Practice, 9*(2), 70–77.

Kavale, K.A., & Forness, S. R. (1983). Hyperactivity and diet treatment: A meta-analysis of the Feingold hypothesis. *Journal of Learning Disabilities, 16*(6), 324–330.

Kavale, K.A., & Forness, S. R. (1987). Substance over style: Assessing the efficacy of modality testing and teaching. *Exceptional Children, 54*(3), 228–239.

Kavale, K. A., & Forness, S. R. (1996). Social skill deficits and learning disabilities: A meta-analysis. *Journal of Learning Disabilities, 29*(3), 226.

Kavale, K.A., & Forness, S. R. (2000). Auditory and visual perception processes and reading ability: A quantitative reanalysis and historical reinterpretation. *Learning Disability Quarterly, 23*(4), 253–270.

Kavale, K. A., Hirshoren, A., & Forness, S. R. (1998). Meta-analytic validation of the Dunn and Dunn Model of learning-style preferences: A critique of what was Dunn. *Learning Disabilities Research and Practice, 13*(2), 75–80.

Kavale, K. A., & Mattson, P. D. (1983). "One jumped off the balance beam": Meta-analysis of perceptual motor training. *Journal of Learning Disabilities, 16*(3).

Kavale, K. A., & Mostert, M. P. (2004). Social skills interventions for individuals with learning disabilities. *Learning Disability Quarterly, 27*(1), 31–43.

Kavale, K.A., & Nye, C. (1984). The effectiveness of drug treatment for severe behavior disorders: A meta-analysis. *Behavioral Disorders, 9*(2), 117–130.

Kavale, K. A., & Nye, C. (1985). Parameters of learning disabilities in achievement, linguistic, neuropsychological, and social/behavioral domains. *Journal of Special Education, 19*(4), 443–458.

Kazdin, A. E., Bass, D., Ayers, W. A., & Rodgers, A. (1990). Empirical and clinical focus of child and adolescent psychotherapy research. *Journal of Consulting and Clinical Psychology, 58*(6), 729–740.

Keinanen, M., Hetland, L., & Winner, E. (2000). Teaching cognitive skill through dance: Evidence for near but not far transfer. *Journal of Aesthetic Education, 34*(3/4), 295–306.

Keller, F. S. (1968). "Good-bye, teacher…" *Journal of Applied Behavior Analysis 1*(1), 79–89.

Keller, F. S., & Sherman, J. G. (1974). *PSI, the Keller Plan Handbook: Essays on a personalized system of instruction.* Menlo Park, CA: Benjamin.

Kelley, P., & Camilli, G. (2007). *The impact of teacher education on outcomes in center-based early childhood education programs: A meta-analysis.* New Brunswick, NJ:

National Institutue for Early Education Research, Rutgers, The State University of New Jersey.

Kember, D., & Wong,A. (2000). Implications for evaluation from a study of students' perceptions of good and poor teaching. *Higher Education, 40*(1), 69–97.

Kennedy, M. M. (1997). *Defining an ideal teacher education program*. Paper for the National Council for Accreditation of Teacher Education. Michigan State University.

Kennedy, M. M. (1999). Approximations to indicators of student outcomes. *Educational Evaluation and Policy Analysis, 21*(4), 345–363.

Kennedy, M. M. (1999). A test of some common contentions about educational research. *American Educational Research Journal, 36*(3), 511.

Kent, S. D. (1992). *The effects of acceleration on the social and emotional development of gifted elementary students:A meta-analysis*. Unpublished Ed.D., University of Georgia, GA.

Kim, A. H., Vaughn, S., Wanzek, J., & Wei, S. (2004). Graphic organizers and their effects on the reading comprehension of students with LD: A synthesis of research. *Journal of Learning Disabilities, 37*(2), 105–118.

Kim, J.-P. (1999, October). *Meta-analysis of equivalence of computerized and P&P tests on ability measures*. Paper presented at the Annual Meeting of the Mid-Western Educational Research Association, Chicago, IL.

Kim, J. P. (1996). *The impact of the nongraded program on students' affective domains and cognitive domains*. Unpublished Ed.D., University of Georgia, GA.

Kim, J. S. (2002). *A meta-analysis of academic summer programs*. Unpublished Ed.D., Harvard University, MA.

Kim, K. H. (2005). Can only intelligent people be creative? A meta-analysis. *Journal of Secondary Gifted Education, 16*(2–3), 57–66.

Kim, S.-E. (2005). *Effects of implementing performance assessments on student learning: Meta-analysis using HLM*. Unpublished Ph.D.,The Pennsylvania State University, PA.

Kim,Y.-W., Innocenti, M., & Kim, J.-K. (1996, July). *When should we begin? A comprehensive review of age at start in early intervention*. Paper presented at the Annual World Congress of the International Association for the Scientific Study of Intellectual

Disabilities, Helsinki, Finland.

King, H. J. (1997). *Effects of computer-enhanced instruction in college-level mathematics as determined by a meta-analysis.* Unpublished Ph.D., The University of Tennessee, TN.

Kintsch, W. (1988). The use of knowledge in discourse processing: A construction-integration model. *Psychological Review, 95*(2), 163–182.

Kirschner, P. A., Sweller, J., & Clark, R. E. (2006). Why minimal guidance during instruction does not work: An analysis of the failure of constructivist, discovery, problem-based, experiential, and inquiry-based teaching. *Educational Psychologist, 41*(2), 75–86.

Kisamore, J. L., & Brannick, M. T. (2008). An illustration of the consequences of meta-analysis model choice. *Organizational Research Methods, 11*(1), 35–53.

Klahr, D. (2000). *Exploring science: The cognition and development of discovery processes.* Cambridge, MA: MIT Press.

Klauer, K. J. (1981). Zielorientiertes lehren und lernen bei lehrtexten. Eine metaanalyse [Goal oriented teaching and learning in scholarly texts. A meta-analysis]. *Unterrichtswissenschaft, 9*, 300–318.

Klauer, K. J. (1984). Intentional and incidental learning with instructional texts: A meta-analysis for 1970–1980. *American Educational Research Journal, 21*(2), 323–339.

Klauer, K. J., & Phye, G. D. (2008). Inductive reasoning: A training approach. *Review of Educational Research, 78*(1), 85–123.

Klein, H. J., Wesson, M. J., Hollenbeck, J. R., & Alge, B. J. (1999). Goal commitment and the goal-setting process: Conceptual clarification and empirical synthesis. *Journal of Applied Psychology, 84*(6), 885–896.

Klesius, J. P., & Searls, E. F. (1990). A meta-analysis of recent research in meaning vocabulary instruction. *Journal of Research and Development in Education, 23*(4), 226–235.

Kloss, R. J. (1988). Toward asking the right questions: The beautiful, the pretty, and the big messy ones. *Clearing House, 61*(6), 245–248.

Kluger, A. N., & DeNisi, A. (1996). The effects of feedback interventions on performance: A historical review, a meta-analysis, and a preliminary feedback intervention theory. *Psychological Bulletin, 119*(2), 254.

Kobayashi, K. (2005).What limits the encoding effect of note-taking? A meta-analytic examination. *Contemporary Educational Psychology, 30*(2), 242–262.

Kobayashi, K. (2006). Combined effects of note-taking: Reviewing on learning and the enhancement through Interventions: A meta-analytic review. *Educational Psychology, 26*(3), 459–477.

Kohn, A. (1997). How not to teach values: A critical look at character education. *Phi Delta Kappan, 78*(6), 428–439.

Koller, O., Baumert, J., & Schnabel, K. (2001). Does interest matter? The relationship between academic interest and achievement in mathematics. *Journal for Research in Mathematics Education, 32*(5), 448–470.

Konstantopoulos, S. (2005). *Trends of school effects on student achievement: Evidence from NLS:72, HSB:82, and NELS:92* (No. 1749). Bonn, Germany: Institute for the Study of Labor.

Koufogiannakis, D., & Wiebe, N. (2006). Effective methods for teaching information literacy skills to undergraduate students: A systematic review and meta-analysis. *Evidence Based Library and Information Practice, 1*(3), 3–43.

Kozlow, M. J. (1978). *A meta-analysis of selected advance organizer research reports from 1960–1977.* Unpublished Ph.D.,The Ohio State University, OH.

Kozlow, M. J., & White, A. L. (1980). Advance organiser research. *Evaluation in Education, 4*, 47–48.

Kozol, J. (2005). *The shame of the nation: The restoration of apartheid schooling in America* (1st ed.). New York: Crown Publishers.

Krabbe, M. A. (1989, March). *A comparison of experienced and novice teachers routines and procedures during set and discussion instructional activity segments*. Paper presented at the Annual meeting of the American Educational Research Association, San Francisco, CA.

Kremer, B. K., Boulanger, F. D., Haertel, G. D., & Walberg, H. J. (1980). Science education research. *Evaluation in Education, 4*, 125–129.

Kroesbergen, E. H., & Van Luit, J. E. H. (2003). Mathematics interventions for children with special educational needs: A meta-analysis. *Remedial and Special Education, 24*(2), 97–114.

Krol, R.A. (1978). *A meta analysis of comparative research on the effects of desegregation on academic achievement*. Unpublished EdD, Western Michigan University, Kalamazoo, MI.

Krol, R. A. (1980). A meta analysis of the effects of desegregation on academic achievement. *The Urban Review, 12*(4), 211–224.

Kruse, A. M. (1987). *Sagde du konssegregering—med vilje? Paedagogik med rode stromper*. Kobenhavn: Danmarks Laererhojskole.

Kruse, A. M.(1989). Hvorfor pigeklasser? In A. Hilden & A. -M. Kruse (Eds.), *Pigernes skole* (pp.249–263). Skive: Klim.

Kruse, A. M. (1990). Konsadskilt undervisning somkonsbevid st paedagogik. In H. Jacobsen & L. Hojgaard (Eds.), *Skolen er kon* (pp. 36–81). Viborg: Ligestillingsridet.

Kruse, A. M. (1992). "...We have learnt not just to sit back, twiddle our thumbs and let them take over." Single-sex settings and the development of a pedagogy for girls and a pedagogy for boys in Danish schools. *Gender and Education, 4*(1), 81–103.

Kruse, A. M. (1994). Hvordan er det med der forskelle pa piger og drenge? Interview med Harriet Bjerrum Nielsen. *Tidsskrift for borne and ungdomskultur, 34*, 51–65.

Kruse, A. M. (1996). Approaches to teaching girls and boys: Current debates, practices, and perspectives in Denmark. *Women's Studies International Forum, 19*(4), 429–445.

Kruse, A. M. (1996). Single-sex settings: Pedagogies for girls and boys in Danish schools. In P. F. Murphy & C.V. Gipps (Eds.), *Equity in the Classroom: Towards effective pedagogy for girls and boys* (pp. 173–191). London: Falmer.

Kuchler, J. M. (1998). T*he effectiveness of using computers to teach secondary school (grades 6–12) mathematics: A meta-analysis*. Unpublished Ed.D., University of Massachusetts Lowell, MA.

Kulhavy, R.W. (1977). Feedback in written instruction. *Review of Educational Research, 47*(2), 211–232.

Kulik, C. L. C. (1985). Effectiveness of computer-based adult education. *Computers in Human Behavior, 1* (1), 59–74.

Kulik, C. L. C. (1985, August). *Effects of inter-class ability grouping on achievement and self-esteem*. Paper presented at the Annual Convention of the American Psychological

Association, Los Angeles, CA.

Kulik, C. L. C. (1986, April). *Effects of testing for mastery on student learning*. Paper presented at the Annual Meeting of the American Educational Research Association, San Francisco, CA.

Kulik, C. L. C., & Kulik, J. A. (1982). Effects of ability grouping on secondary school students: A meta-analysis of evaluation findings. *American Educational Research Journal, 19*(3), 415 – 428.

Kulik, C. L. C., & Kulik, J. A. (1982). Research synthesis on ability grouping. *Educational Leadership, 39*(8), 619–621.

Kulik, C. L. C., & Kulik, J. A. (1984, August). *Effects of ability grouping on elementary school pupils: A meta-analysis*. Paper presented at the Annual Meeting of the American Psychological Association, Toronto, ON, Canada.

Kulik, C. L. C., & Kulik, J.A. (1986). Effectiveness of computer-based education in colleges. *AEDS Journal, 19*(2–3), 81–108.

Kulik, C. L. C., & Kulik, J. A. (1986). Mastery testing and student learning: A meta-analysis. *Journal of Educational Technology Systems, 15*(3), 325–345.

Kulik, C. L. C., & Kulik, J. A. (1991). Effectiveness of computer-based instruction: An updated analysis. *Computers in Human Behavior, 7*(1–2), 75–94.

Kulik, C. L. C., Kulik, J.A., & Bangert-Drowns, R. L. (1984, April). *Effects of computer-based education on elementary school pupils*. Paper presented at the Annual Meeting of the American Educational Research Association, New Orleans, LA.

Kulik, C. L. C., Kulik, J. A., & Bangert-Drowns, R. L. (1990). Effectiveness of mastery learning programs: A meta-analysis. *Review of Educational Research, 60*(2), 265–299.

Kulik, C. L. C., Kulik, J. A., & Cohen, P. A. (1980). Instructional technology and college teaching. *Teaching of Psychology, 7*(4), 199–205.

Kulik, C. L. C., Kulik, J.A., & Shwalb, B. J. (1983). College programs for high-risk and disadvantaged students: A meta-analysis of findings. *Review of Educational Research, 53*(3), 397–414.

Kulik, C. L. C., Kulik, J.A., & Shwalb, B. J. (1986). The effectiveness of computer-based adult education: A meta-analysis. *Journal of Educational Computing Research, 2*(2),

235–252.

Kulik, C. L. C., Shwalb, B. J., & Kulik, J.A. (1982). Programmed instruction in secondary education: A meta-analysis of evaluation findings. *Journal of Educational Research, 75*(3), 133–138.

Kulik, J.A. (1983). Synthesis of research on computer-based instruction. *Educational Leadership, 41*(1), 19–21.

Kulik, J.A. (1983).What can science educators teach chemists about teaching chemistry? A symposium: How can chemists use educational technology effectively? *Journal of Chemical Education, 60*(11), 957–959.

Kulik, J.A. (1984,April). *The fourth revolution in teaching: Meta-analyses.* Paper presented at the Annual Meeting of the American Educational Research Association, New Orleans, LA.

Kulik, J.A. (1994). Meta-analytical studies of findings on computer-based instruction. In E. L. Baker & H. F. O'Neil (Eds.), *Technology assessment in education and training* (pp. 9–33). Mahwah, NJ: Lawrence Erlbaum Associates.

Kulik, J. A. (2003). *Effects of using instructional technology in colleges and universities: What controlled evaluation studies say.* Arlington,VA: SRI International.

Kulik, J.A. (2004). Meta-analytic studies of acceleration. In N. Colangelo, S. G.Assouline & M. U. M. Gross (Eds.), *A nation deceived. How schools hold back America's brightest students* (Vol. 2, pp. 13–22). Iowa City, IA:The Connie Belin and Jacqueline N. Blank International Center for Gifted Education and Talent Development, College of Education,The University of Iowa.

Kulik, J. A., Bangert, R. L., & Williams, G. W. (1983). Effects of computer-based teaching on secondary school students. *Journal of Educational Psychology, 75*(1), 19–26.

Kulik, J. A., Bangert-Drowns, R. L., & Kulik, C.-L. C. (1984). Effectiveness of coaching for aptitude tests. *Psychological Bulletin, 95*(2), 179–188.

Kulik, J. A., Cohen, P. A., & Ebeling, B. J. (1980). Effectiveness of programmed instruction in higher education: A meta-analysis of findings. *Educational Evaluation and Policy Analysis, 2*(6), 51–64.

Kulik, J. A., & Kulik, C. L. C. (1980). Individualised college teaching. *Evaluation in Education, 4*, 64–67.

Kulik, J. A., & Kulik, C. L. C. (1984). Effects of accelerated instruction on students. *Review of Educational Research, 54*(3), 409–425.

Kulik, J. A., & Kulik, C. L. C. (1984). Synthesis of research on effects of accelerated instruction. *Educational Leadership, 42*(2), 84–89.

Kulik, J. A., & Kulik, C. L. C. (1987, March). *Computer-based instruction: What 200 evaluations say*. Paper presented at the Annual Convention of the Association for Educational Communications and Technology, Atlanta, GA.

Kulik, J.A., & Kulik, C. L. C. (1987). Effects of ability grouping on student achievement. *Equity and Excellence in Education, 23*(1), 22–30.

Kulik, J. A., & Kulik, C. L. C. (1987). Review of recent research literature on computer-based instruction. *Contemporary Educational Psychology, 12*(3), 222–230.

Kulik, J. A., & Kulik, C. L. C. (1988).Timing of feedback and verbal learning. *Review of Educational Research, 58*(1), 79–97.

Kulik, J.A., & Kulik, C. L. C. (1989).The concept of meta-analysis. *International Journal of Educational Research, 13*(3), 227–340.

Kulik, J. A., & Kulik, C. L. C. (1992). Meta-analytic findings on grouping programs. *Gifted Child Quarterly, 36*(2), 73–77.

Kulik, J.A., Kulik, C. L. C., & Bangert, R. L. (1984). Effects of practice on aptitude and achievement test scores. *American Educational Research Journal, 21*(2), 435–447.

Kulik, J. A., Kulik, C. L. C., & Bangert-Drowns, R. L. (1985). Effectiveness of computer-based education in elementary schools. *Computers in Human Behavior, 1*(1), 59–74.

Kulik, J. A., Kulik, C. L. C., & Cohen, P. A. (1979). A meta-analysis of outcome studies of Keller's Personalized System of Instruction. *American Psychologist, 34*(4), 307–318.

Kulik, J. A., Kulik, C. L. C., & Cohen, P. A. (1979). Research on audio-tutorial instruction: A meta-analysis of comparative studies. *Research in Higher Education, 11*(4), 321–341.

Kulik, J. A., Kulik, C. L. C., & Cohen, P. A. (1980). Effectiveness of computer-based college teaching: A meta-analysis of findings. *Review of Educational Research, 50*(4), 525–544.

Kumar, D. D. (1991). A meta-analysis of the relationship between science instruction and student engagement. *Educational Review, 43*(1), 49–61.

Kuncel, N. R. (2003). *The prediction and structure of graduate student performance.* Unpublished Ph.D., University of Minnesota, MN.

Kuncel, N. R., Crede, M., & Thomas, L. L. (2005). The validity of self-reported grade point averages, class ranks, and test scores: A meta-analysis and review of the literature. *Review of Educational Research, 75*(1), 63–82.

Kuncel, N. R., Hezlett, S. A., & Ones, D. S. (2001). A comprehensive meta-analysis of the predictive validity of the graduate record examinations: Implications for graduate student selection and performance. *Psychological Bulletin, 127*(1), 162–181.

Kunsch, C. A., Jitendra, A. K., & Sood, S. (2007). The effects of peer-mediated instruction in mathematics for students with learning problems: A research synthesis. *Learning Disabilities Research and Practice, 22*(1), 1–12.

Kunz, J. (1995).The impact of divorce on children's intellectual functioning: A meta-analysis. *Family Perspective, 29*(1), 75–101.

Kunz, J. (2001). Parental divorce and children's interpersonal relationships: A meta-analysis. *Journal of Divorce and Remarriage, 34*(3/4), 19–47.

Kyle,W. C. J. (1982). *A meta-analysis of the effects on student performance of new curricular programs developed in science education since 1955.* Unpublished Ph.D., The University of Iowa, IA.

La Paro, K. M., & Pianta, R. C. (2000). Predicting children's competence in the early school years: A meta-analytic review. *Review of Educational Research, 70*(4), 443–484.

Ladd, G. W. (1990). Having friends, keeping friends, making friends, and being liked by peers in the classroom: Predictors of children's early school adjustment? *Child Development, 61*(4), 1081–1100.

Ladd, G.W., Kochenderfer, B. J., & Coleman, C. C. (1996). Friendship quality as a predictor of young children's early school adjustment. *Child Development, 67*(3), 1103–1118.

Ladd, G.W., Kochenderfer, B. J., & Coleman, C. C. (1997). Classroom peer acceptance, friendship, and victimization: Distinct relational systems that contribute uniquely to children's school adjustment? *Child Development, 68*(6), 1181–1197.

Laidlaw, J. S. (2000). *A meta-analysis of outdoor education programs*. Unpublished Ed.D., University of Northern Colorado, CO.

Lang, J., & Kersting, M. (2007). Regular feedback from student ratings of instruction: Do college teachers improve their ratings in the long run? *Instructional Science, 35*(3), 187–205.

Langenberg, N. L., Correro, G., Ferguson, G., Kamil, M. L., & Shaywitz, S. E. (2000). *Teaching children to read: An evidence-based assessment of the scientific research literature on reading and its implications for reading instruction*.Washington, DC: National Institute of Child Health and Development.

Langer, E. J. (1989). *Mindfulness*. New York: Da Capo Press.

Lapadat, J. C. (1991). Pragmatic language skills of students with language and/or learning disabilities: A quantitative synthesis. *Journal of Learning Disabilities, 24*(3), 147–158.

Lareau, A. (1987). Social class differences in family-school relationships: The importance of cultural capital. *Sociology of Education, 60*(2), 73–85.

Lashell, L. M. (1986). *An analysis of the effects of reading methods upon reading achievement and locus-of-control when individual reading style is matched for learning-disabled students*. Unpublished Ph.D.,The Fielding Institute, CA.

Latham, G. P., & Locke, E. A. (2006). Enhancing the benefits and overcoming the pitfalls of goal setting. *Organizational Dynamics, 35*(4), 332–340.

Lauer, P. A., Akiba, M.,Wilkerson, S. B., Apthorp, H. S., Snow, D., & Martin-Glenn, M. L. (2006). Out-of-school-time programs:A meta-analysis of effects for at-risk students. *Review of Educational Research, 76*(2), 275–313.

Lavery, L. (2008). *Self-regulated learning for academic success: An evaluation of instructional techniques*. Unpublished Ph.D.,The University of Auckland, Auckland.

Law, J., Garrett, Z., & Nye, C. (2004). The efficacy of treatment for children with developmental speech and language delay/disorder: A meta-analysis. *Journal of Speech, Language, and Hearing Research, 47*, 924–943.

Lee, D.-S. (2000). *A meta-analysis of mathematics interventions reported for 1971–1998 on the mathematics achievement of students identified with learning disabilities and students identified as low achieving*. Unpublished Ph.D., University of Oregon, OR.

Lee Hearold, S. (1980).Television and social behaviour. *Evaluation in Education, 4*, 94–95.

Lee, J. (1999). Effectiveness of computer-based instructional simulation: A meta-analysis. *International Journal of Instructional Media, 26*(1), 71–85.

Lee, J. (2006, April). *Is test-driven external accountability effective? A meta-analysis of the evidence from cross-state causal-comparative and correlational studies.* Paper presented at the Annual meeting of American Educational Research Association, San Francisco, CA.

Lee, T. D., & Genovese, E. D. (1988). Distribution of practice in motor skill acquisition: Learning and performance effects reconsidered. *Research Quarterly for Exercise and Sport, 59*(4), 277–287.

Lee, V. E., & Smith, J. B. (1993). Effects of school restructuring on the achievement and engagement of middle-grade students. *Sociology of Education, 66*(3), 164–187.

Lee, V. E., & Smith, J. B. (1997). High school size: Which works best and for whom? *Educational Evaluation and Policy Analysis, 19*(3), 205–227.

Lee, W.-C. (1990). *The effectiveness of computer-assisted instruction and computer programming in elementary and secondary mathematics: A meta-analysis.* Unpublished Ed.D., University of Massachusetts Amherst, MA.

Leinhardt, G. (1983, March). *Routines in expert math teachers' thoughts and actions.* Paper presented at the Annual meeting of the American Educational Research Association, Montreal, Canada.

LeJeune, J.V. (2002). *A meta-analysis of outcomes from the use of computer-simulated experiments in science education.* Unpublished Ed.D.,Texas A&M University,TX.

LeNoir, P. (1989). *The effects of manipulatives in mathematics instruction in grades K-college: A meta-analysis of thirty years of research.* Unpublished Ph.D., North Carolina State University, NC.

Leong, C.-L. (1981). *Meta-analysis of research on the adjunctive use of computers in secondary mathematics.* Unpublished Master's thesis, University of Toronto,Toronto, Canada.

Levie, W. H., & Lentz, R. (1982). Effects of text illustrations: A review of research. *Educational Communication and Technology: A Journal of Theory, Research, and*

Development, 30(4), 195–232.

Levin, H. M. (1984). *Cost-effectiveness of four educational interventions*: Stanford Univ., CA. Inst. for Research on Educational Finance and Governance.[BBB16943].

Levin, H. M. (1988). *Accelerated schools for at-risk students. CPRE Research Report Series RR-010*. New Brunswick, NJ: Center for Policy Research in Education, Eagleton Institute of Politics, Rutgers, The State University of New Jersey.

Levin, H. M. (1988). Cost-effectiveness and educational policy. *Educational Evaluation and Policy Analysis, 10*(1), 51–69.

Levin, H. M., Glass, G.V., & Meister, G. R. (1987). Different approaches to improving performance at school. *Zeitschrift fur Internationale Erziehungs und Sozial Wissenschaftliche Forschung, 3*, 156–176.

Levin, H. M., Leitner, D., & Meister, G. R. (1986). *Cost-effectiveness of alternative approaches to computer-assisted instruction* (microform). Stanford, CA: Stanford University, Center for Educational Research.

Levin, H. M., & McEwan, P. J. (2001). *Cost-effectiveness analysis: Methods and applications* (2nd ed.). Thousand Oaks, CA: Sage Publications.

Levine, A. (2006). Educating school teachers [Electronic Version]. Retrieved 22 April 2008 from http://www.edschools.org/pdf/Educating_Teachers_Report.pdf.

Levy-Tossman, I., Kaplan, A., & Assor, A. (2007). Academic goal orientations, multiple goal profiles, and friendship intimacy among early adolescents. *Contemporary Educational Psychology, 32*(2), 231–252.

Lewis, C. P. (2004). *The relation between extracurricular activities with academic and social competencies in school-age children: A meta-analysis*. Unpublished Ph.D.,Texas A&M University,TX.

Lewis, M., & Samuels, S. J. (2003). Read more–read better? A meta-analysis of the literature on the relationship between exposure to reading and reading achievement [Electronic Version]. Retrieved 12 March 2007 from http://www.tc.umn.edu/~samue001/publications.htm.

Lewis, R. J., &Vosburgh,W.T. (1988). Effectiveness of kindergarten intervention programs: A meta-analysis. *School Psychology International, 9*(4), 265–275.

Lewis,T. L. (1979). *The medusa and the snail: More notes of a biology watcher*. New

York: Viking Press.

Ley, K., &Young, D. (2001). Instructional principles for self-regulation. *Educational Technology Research and Development, 49*(2), 93–103.

L'Hommedieu, R., Menges, R. J., & Brinko, K. T. (1990). Methodological explanations for the modest effects of feedback from student ratings. *Journal of Educational Psychology, 82*(2), 232–241.

Liao,Y. K. (1990). *Effects of computer-assisted instruction and computer programming on students' cognitive performance: A quantitative synthesis*. Unpublished Ed.D., University of Houston,TX.

Liao,Y. K. (1992). Effects of computer-assisted instruction on cognitive outcomes: A meta-analysis. *Journal of Research on Computing in Education, 24*(3), 367–380.

Liao,Y. K. C. (1998). Effects of hypermedia versus traditional instruction on students' achievement: A meta-analysis. *Journal of Research on Computing in Education, 30*(4), 341–359.

Liao, Y. K. C. (1999). Effects of hypermedia on students' achievement: A meta-analysis. *Journal of Educational Multimedia and Hypermedia, 8*(3), 255–277.

Liao,Y. K. C. (2007). Effects of computer-assisted instruction on students' achievement in Taiwan: A meta-analysis. *Computers and Education, 48*(2), 216–233.

Liao,Y. K. C., & Bright, G.W. (1991). Effects of computer programming on cognitive outcomes: A meta-analysis. *Journal of Educational Computing Research, 7*(3), 251–268.

Lietz, P. (2006). A meta-analysis of gender differences in reading achievement at the secondary school level. *Studies In Educational Evaluation, 32*(4), 317–344.

Light, R. J., & Pillemer, D. B. (1984). *Summing up: The science of reviewing research*. Cambridge, MA: Harvard University Press.

Linn, M. C., & Hyde, J. S. (1989). Gender, mathematics, and science. *Educational Researcher, 18*(8), 17–27.

Linn, M. C., & Petersen, A. C. (1985). Emergence and characterization of sex differences in spatial ability: A meta-analysis. *Child Development, 56*(6), 1479–1498.

Lipsey, M. W., & Wilson, D. B. (1993). The efficacy of psychological, educational, and behavioral treatment: Confirmation from meta-analysis. *American Psychologist, 48*(12), 1181–1209.

Lipsey, M.W., & Wilson, D. B. (2001). *Practical meta-analysis*. Thousand Oaks, CA: Sage Publications.

Little, J.W. (2007).Teachers accounts of classroom experience as a resource for professional learning and instructional decision making. *Yearbook of the National Society for the Study of Education, 106*, 217–240.

Livingston, C., & Borko, H. (1990). High school mathematics review lessons: Expert-novice distinctions. *Journal for Research in Mathematics Education, 21*(5), 372–387.

Lloyd, J.W., Forness, S. R., & Kavale, K. A. (1998). Some methods are more effective than others. *Intervention in School and Clinic, 33*(4), 195–200.

Locke, E.A., Frederick, E., Lee, C., & Bobko, P. (1984). Effect of self-efficacy, goals, and task strategies on task performance. *Journal of Applied Psychology, 69*(2), 241–251.

Locke, E. A., & Latham, G. P. (1990). *A theory of goal setting and task performance*. Englewood Cliffs, NJ: Prentice Hall.

Long, M. H., & Sato, C. J. (1983). Classroom foreigner talk discourse: Forms and functions of teachers' questions. In H. Seliger & M. H. Long (Eds.), *Classroom oriented research in second language acquisition* (pp. 268–285). Rowley, MA: Newbury House.

Lorentz, J. L., & Coker, H. (1980).Teacher behaviour. *Evaluation in Education, 4*, 61–63.

Lortie, D. C. (2002). *Schoolteacher:A sociological study*. Chicago: University of Chicago Press.

Lott, G.W. (1983).The effect of inquiry teaching and advance organizers upon student outcomes in science education. *Journal of Research in Science Teaching, 20*(5), 437–451.

Lou,Y. (2004). Understanding process and affective factors in small group versus individual learning with technology. *Journal of Educational Computing Research, 31*(4), 337–369.

Lou, Y., Abrami, P. C., & d'Apollonia, S. (2001). Small group and individual learning with technology: A meta-analysis. *Review of Educational Research, 71*(3), 449–521.

Lou,Y., Abrami, P. C., Spence, J. C., Poulsen, C., Chambers, B., & d'Apollonia, S. (1996).Within-class grouping: A meta-analysis. *Review of Educational Research, 66*(4), 423–458.

Lou,Y., Bernard, R., & Abrami, P. (2006). Media and pedagogy in undergraduate distance education: A theory-based meta-analysis of empirical literature. *Educational Technology Research and Development, 54*(2), 141–176.

Lounsbury, J. H., & Clark, D. C. (1990). *Inside grade eight: From apathy to excitement.* Reston, VA: National Association of Secondary School Principals.

Lovelace, M. K. (2005). Meta-analysis of experimental research based on the Dunn and Dunn model. *Journal of Educational Research, 98*(3), 176–183.

Loveless, T. (1999). *The tracking wars: State reform meets school policy.* Washington, DC: Brookings Institution Press.

Lowe, J. (2001). Computer-based education: Is it a panacea? *Journal of Research on Technology in Education, 34*(2), 163–171.

Luecht, R. M. (2006, September). *Assessment engineering: An emerging discipline.* Paper presented at the Centre for Research in Applied Measurement and Evaluation, University of Alberta, Edmonton, AB, Canada.

Luecht, R. M., Gierl, M. J.,Tan, X., & Huff, K. (2006, April). *Scalability and the development of useful diagnostic scales.* Paper presented at the Annual Meeting of the National Council on Measurement in Education, San Francisco, CA.

Luik, P. (2007). Characteristics of drills related to development of skills. *Journal of Computer Assisted Learning, 23*(1), 56–68.

Luiten, J., Ames,W., & Ackerman, G. (1980). A meta-analysis of the effects of advance organizers on learning and retention. *American Educational Research Journal, 17*(2), 211–218.

Lundeberg, M.A. (1987). Metacognitive aspects of reading comprehension: Studying understanding in legal case analysis. *Reading Research Quarterly, 22*(4), 407–432.

Lundeberg, M. A., & Fox, P. W. (1991). Do laboratory findings on test expectancy generalize to classroom outcomes? *Review of Educational Research, 61*(1), 94–106.

Luria, A. R. (1976). *Cognitive development: Its cultural and social foundations* (M. Lopez-Morillas & L. Solotaroff, Trans.). Cambridge, MA: Harvard University Press.

Lustick, D., & Sykes, G. (2006). National Board Certification as professional development: What are teachers learning? *Education Policy Analysis Archives, 14*(5), 1–43.

Lyday, N. L. (1983). *A meta-analysis of the adjunct question literature.* Unpublished Ph.D.,The Pennsylvania State University, PA.

Lysakowski, R. S., &Walberg, H. J. (1980). Classroom reinforcement. *Evaluation in Education, 4*, 115–116.

Lysakowski, R. S., & Walberg, H. J. (1980, April). *Classroom reinforcement and learning: A quantitative synthesis*. Paper presented at the Annual Meeting of the American Educational Research Association, Boston, MA.

Lysakowski, R. S., & Walberg, H. J. (1982). Instructional effects of cues, participation, and corrective feedback: A quantitative synthesis. *American Educational Research Journal, 19*(4), 559–578.

Lytton, H., & Romney, D. M. (1991). Parents' differential socialization of boys and girls: A metaanalysis. *Psychological Bulletin, 109*(2), 267–296.

Lyubomirsky, S., King, L., & Diener, E. (2005). The benefits of frequent positive affect: Does happiness lead to success? *Psychological Bulletin, 131*(6), 803–855.

Ma, X. (1999). A meta-analysis of the relationship between anxiety toward mathematics and achievement in mathematics. *Journal for Research in Mathematics Education, 30*(5), 520–541.

Ma, X.,& Kishor, N.(1997). Assessing the relationship between attitude toward mathematics and achievement in mathematics: A meta-analysis. *Journal for Research in Mathematics Education, 28*(1), 26–47.

Mabe, P. A., Ⅲ, & West, S. G. (1982).Validity of self-evaluation of ability: A review and meta-analysis. *Journal of Applied Psychology, 67*(3), 280–296.

Machtmes, K., & Asher, J. W. (2000). A meta-analysis of the effectiveness of telecourses in distance education. *American Journal of Distance Education, 14*(1), 27–46.

Madamba, S. R. (1980). *Meta-analysis on the effects of open and traditional schooling on the teaching-learning of reading*. Unpublished Ph.D., University of California, Los Angeles, CA.

Maehr, M. L., & Steinkamp, M. (1983). *A synthesis of fndings on sex differences in science education research. Final report* (Research/Technical No. NSF/SED-83001 NSF-SED-80–07857). Urbana, IL: Illinois University.

Mahar, C. L. (1992). *Thirty years after Ausubel: An updated meta-analysis of advance organizer research*. Unpublished Ph.D., University of Illinois at Urbana, Champaign, IL.

Malofeeva, E. V. (2005). *A meta-analysis of mathematics instruction with young children*. Unpublished Ph.D., University of Notre Dame, Notre Dame, IN.

Malone, M. R. (1984, April). *Project MAFEX: Report on preservice field experiences in science education*. Paper presented at the Annual Meeting of the National Association for Research in Science Teaching, New Orleans, LA.

Mangino, C. (2004). *A meta-analysis of Dunn and Dunn model correlational research with adult populations*. Unpublished Ed.D., St. John's University (New York), NY.

Mantione, R. D., & Smead, S. (2003). *Weaving through words: Using the arts to teach reading comprehension strategies*. Newark, DE: International Reading Association.

Mantzicopoulos, P., & Morrison, D. (1992). Kindergarten retention: Academic and behavioral outcomes through the end of second grade. *American Educational Research Journal, 29*(1), 182–198.

Marcucci, R. G. (1980). *A meta-analysis of research on methods of teaching mathematical problem solving*. Unpublished Ph.D., The University of Iowa, IA.

Margo, A. M., & Thomas, E. S. (1989). Constructing more meaningful relationships: Mnemonic instruction for special populations. *Educational Psychology Review, 1*(2), 83–111.

Marmolejo, A. (1990). *The effects of vocabulary instruction with poor readers: A meta-analysis*. Unpublished Ed.D., Columbia University Teachers College, NY.

Marsh, H. (2007). Students' evaluations of university teaching: Dimensionality, reliability, validity, potential biases and usefulness. In R. P. Perry & J. C. Smart (Eds.), *The scholarship of teaching and learning in higher education: An evidence-based perspective* (pp. 319–383). Netherlands: Springer.

Marsh, H.W., & Rowe, K. J. (1996).The effects of single-sex and mixed-sex mathematics classes within a coeducational school: A reanalysis and comment. *Australian Journal of Education, 40*(2), 147–162.

Martin, A. D., Quinn, K. M., Ruger, T. W., & Kim, P. T. (2004). Competing approaches to predicting supreme court decision making. *Perspectives on Politics, 2*(4), 761–767.

Martin, A. J. (2006). Personal bests (PBs): A proposed multidimensional model and empirical analysis. *British Journal of Educational Psychology, 76*, 803–825.

Martin, D. M., Preiss, R. W., Gayle, B. M., & Allen, M. (2006). A meta-analytic assessment of the effect of humorous assessment lectures on learning. In B. M. Gayle,

R.W. Preiss, N. Burrell & M. Allen (Eds.), *Classroom communication and instructional processes: Advances through meta-analysis* (pp. 295–313). Mahwah, NJ: Lawrence Erlbaum Associates.

Marzano, R. J. (1991). Creating an educational paradigm centered on learning through teacherdirected, naturalistic inquiry. In L. Idol & B. Fly (Eds.), *Educational values and cognitive instruction: Implications for reform* (pp. 411–441). Hillsdate, NJ: Lawrence Erlbaum Associates.

Marzano, R. J. (1991). *Cultivating thinking in English and the language arts* (No. ISBN-0–8141–0991–8). Urbana, IL: National Council of Teachers of English.

Marzano, R. J. (1991). Fostering thinking across the curriculum through knowledge restructuring. *Journal of Reading,* 34(7), 518–525.

Marzano, R. J. (1998). *A theory-based meta-analysis of research on instruction.* Aurora, CO: Mid-Continent Regional Educational Lab.

Marzano, R. J. (2000). *A new era of school reform: Going where the research takes us.* Aurora, CO: Mid- Continent Research for Education and Learning.

Marzano, R. J. (2003). *What works in schools: Translating research into action.* Alexandria, VA: Association for Supervision and Curriculum Development.

Marzano, R. J., Gaddy, B. B., & Dean, C. (2000). *What works in classroom instruction* (No. RJ96006101). Aurora, CO: Mid-Continent Research for Education and Learning.

Marzano, R. J., Marzano, J. S., & Pickering, D. (2003). *Classroom management that works: Research-based strategies for every teacher.* Alexandria, VA: Association for Supervision and Curriculum Development.

Marzano, R. J., Pickering, D. J., & Pollock, J. E. (2001). *Classroom instruction that works: Research-based strategies for increasing student achievement.* Aurora, CO: Mid-Continent Research for Education and Learning.

Masgoret, A. M., & Gardner, R. C. (2003). Attitudes, motivation, and second language learning: A meta-analysis of studies conducted by Gardner and Associates. *Language Learning,* 53(1), 123–163.

Mason, D. A., & Burns, R. B. (1995). Teachers' views of combination classes. *Journal of Educational Research,* 89(1), 36–45.

Mason, D.A., & Burns, R. B. (1996). "Simply no worse and simply no better" may simply be wrong: A critique of Veenman's conclusion about multigrade classes. *Review of Educational Research, 66*(3), 307–322.

Mason, D. A., & Doepner, R. W., Ⅲ . (1998). Principals' views of combination classes, *Journal of Educational Research* (Vol. 91, pp. 160–172): Heldref Publications.

Mastropieri, M., & Scruggs, T. (1989). Constructing more meaningful relationships: Mnemonic instruction for special populations. *Educational Psychology Review, 1*(2), 83–111.

Mathes, P. G., & Fuchs, L. S. (1991). *The efficacy of peer tutoring in reading for students with disabilities: A best-evidence synthesis* (Information Analyses No. H023B0026). Nashville,TN:Vanderbilt University, Peabody College.

Mathes, P. G., & Fuchs, L. S. (1994).The efficacy of peer tutoring in reading for students with mild disabilities: A best-evidence. *School Psychology Review, 23*(1), 59.

Mayer, R. E. (1989). Systematic thinking fostered by illustrations in scientific text. *Journal of Educational Psychology, 81*(2), 240–246.

Mayer, R. E. (1999). Multimedia aids to problem-solving transfer – A dual coding approach. *International Journal of Educational Research, 31*, 611–623.

McCall, R. B., & Carriger, M. S. (1993). A meta-analysis of infant habituation and recognition memory performance as predictors of later IQ. *Child Development, 64*(1), 57–79.

McCrae, R. R., & Costa, P.T., Jr. (1997). Personality trait structure as a human universal. *American Psychologist, 52*(5), 509–516.

McDermid, R. D. (1989). *A quantitative analysis of the literature on computer-assisted instruction with the learning-disabled and educable mentally retarded.* Unpublished Ph.D., University of Kansas, KS.

McEvoy, T. J. (1982). *A meta-analysis of comparative research on the effect of desegregation on academic achievement and self-esteem of black students.* Unpublished EdD,Wayne State University, MI.

McField, G. P. (2002). *Does program quality matter? A meta-analysis of select bilingual education studies.* Unpublished Ph.D., University of Southern California, CA.

McGiverin, J., Gilman, D., & Tillitski, C. (1989). A meta-analysis of the relation between class size and achievement. *The Elementary School Journal, 90*(1), 47–56.

McGraw, K. O., & Wong, S. (1992). A common language effect size statistic. *Psychological Bulletin, 111*(2), 361–365.

McKenna, K. (1991). T*he use and effectiveness of computer-based models of the economy in the teaching of macroeconomic*s. Unpublished doctoral dissertation, University of Western Australia.

McKey, R. H., Condelli, L., Ganson, H., Barrett, B., McConkey, C., & Plantz, M. C. (1985). *The impact of Head Start on children, families, and their communities. Final Report of the Head Start Eealuation, synthesis and utilization project. Executive summary*. Washington, DC: CSR. Inc.

McLinden, D. J. (1988). Spatial task performance: A meta-analysis. *Journal of Visual Impairment and Blindness, 82*(6), 231–236.

McMaster, K. N., & Fuchs, D. (2002). Effects of cooperative learning on the academic achievement of students with learning disabilities: An update of Tateyama-Sniezek's review. *Learning Disabilities Research and Practice, 17*(2), 107–117.

McNeil, B. J., & Nelson, K. R. (1991). Meta-analysis of interactive video instruction: A 10 year review of achievement effects. *Journal of Computer-Based Instruction, 18*(1), 1–6.

Meehan, A. M. (1984). A meta-analysis of sex differences in formal operational thought. *Child Development, 55*(3), 1110–1124.

Meehl, P. E. (1954). *Clinical versus statistical prediction: A theoretical analysis and a review of the evidence*. Minneapolis, MN: University of Minnesota Press.

Mehana, M., & Reynolds, A. J. (2004). School mobility and achievement: A meta-analysis. *Children and Youth Services Review, 26*(1), 93–119.

Mehana, M.A.A. (1997). *A meta-analysis of school mobility effects on reading and math achievement in the elementary grades*. Unpublished PhD, The Pennsylvania State University, PA.

Meisels, S. J., & Liaw, F. R. (1993). Failure in grade: Do retained students catch up? *Journal of Educational Research, 87*(2), 69–77.

Mellinger, S. F. (1991). *The development of cognitive flexibility in problem-solving: Theory and application*. Unpublished Ph.D., The University of Alabama, AL.

Menges, R. J., & Brinko, K. T. (1986, April). *Effects of student evaluation feedback: A meta-analysis of higher education research.* Paper presented at the Annual Meeting of the American Educational Research Association, San Francisco, CA.

Mento, A. J., Steel, R. P., & Karren, R. J. (1987). A meta-analytic study of the effects of goal setting on task performance: 1966–1984. *Organizational Behavior and Human Decision Processes, 39*(1), 52–83.

Mentore, J. L. (1999). *The effectiveness of early intervention with young children "at risk": A decade in review.* Unpublished Ph.D., Fordham University, New York, United States.

Messick, S. (1990). *Validity of test interpretation and use.* Princeton, NJ: Educational Testing Service.

Messick, S., & Jungeblut, A. (1981).Time and method in coaching for the SAT. *Psychological Bulletin, 89*(2), 191–216.

Metcalf, K. K. (1995,April). *Laboratory experiences in teacher education: A meta-analytic review of research.* Paper presented at the Annual Meeting of the American Educational Research Association, San Francisco, CA.

Metsala, J. L., Stanovich, K. E., & Brown, G. D. A. (1998). Regularity effects and the phonological deficit model of reading disabilities: A meta-analytic review. *Journal of Educational Psychology, 90*(2), 279–293.

Meyer, G. J., Finn, S. E., Eyde, L. D., Kay, G. G.,Moreland, K. L., Dies, R. R., et al. (2001). Psychological testing and psycohological assessment: A review of evidence and issues. *American Psychologist, 56*(2), 128–165.

Meyer, J. P.,& Gellatly, I. R.(1988).Perceived performance norm as a mediator in the effect of assigned goal on personal goal and task performance. *Journal of Applied Psychology, 73*(3), 410–420.

Meyer, L. A. (1984). Long-term academic effects of the direct instruction project follow through. *The Elementary School Journal, 84*(4), 380–394.

Mikolashek, D. L. (2004). *A meta-analysis of empirical research studies on resilience among students at-risk for school failure.* Unpublished Ed.D., Florida International University, FL.

Miller, H. L., Jr. (1997). The New York City public schools integrated learning systems project: Evaluation and meta-evaluation. *International Journal of Educational Research, 27*(2), 91–183.

Miller, J. B. (1999). *The effects of training in phonemic awareness: A meta-analysis.* Unpublished Ed.D., University of Kansas, KS.

Miller, N., & Carlson, M. (1982). *School desegregation as a social reform: A meta-analysis of its effects on black academic achievement.* Washington, DC: National Institute of Education.

Miller, R. J., & Rowan, B. (2006). Effects of organic management on student achievement. *American Educational Research Journal, 43*(2), 219–253.

Milligan, K., Astington, J.W., & Dack, L. A. (2007). Language and theory of mind: Meta-analysis of the relation between language ability and false-belief understanding. *Child Development, 78*(2), 622–646.

Milligan, S., & Thomson, K. (1992). *Listening to girls: A report of the consultancy undertaken for the Australian Education Council Committee to Review the National Policy for the Education of Girls in Australian Schools.* Carlton, Victoria: Australian Education Council.

Milne, S., Sheeran, P., & Orbell, S. (2000). Prediction and intervention in health-related behavior: A meta-analytic review of protection motivation theory. *Journal of Applied Social Psychology, 30*(1), 106–143.

Minton, K. J. (2005). *Learning-related vision and academic success: A meta-analytical study.* Unpublished Ph.D., Union Institute and University, OH.

Miron, G., & Nelson, C. (2001). *Student academic achievement in charter schools: What we know and why we know so little* (Occasional Paper No. 41). New York: Columbia University, National Center for the Study of Privatization in Education.

Mislevy, R. J. (2007). Validity by design. *Educational Researcher, 36*(8), 463–469.

Mitchell, M. L. W. (1987). *A comparison of the effectiveness of innovative instructional methods utilized in lower division mathematics as measured by student achievement: A meta-analysis of the findings.* Unpublished doctoral dissertation, University of Arizona.

Mitchell, D. E., & Beach, S. A. (1990). *How changing class size affects classrooms and students. Policy Briefs Number 12.* San Francisco, CA: Far West Laboratory for Educational Research and Development.

Moga, E., Burger, K., Hetland, L., & Winner, E. (2000). Does studying the arts engender creative thinking? Evidence for near but not far transfer. *Journal of Aesthetic Education, 34*(3/4), 91–104.

Mohr, K.A. J. (1998). Teacher talk: A summary analysis of effective teachers' discourse during primary literacy lessons. *Journal of Classroom Interaction, 33*(2), 16–23.

Moin, A. K. (1986). *Relative effectiveness of various techniques of calculus instruction: A meta-analysis.* Unpublished Ph.D., Syracuse University, NY.

Molnar, A., Smith, P., Zahorik, J., Palmer, A., Halbach, A., & Ehrle, K. (1999). Evaluating the SAGE program: A pilot program in targeted pupil-teacher reduction in Wisconsin. *Educational Evaluation and Policy Analysis, 21*(2), 165–177.

Monk, D. H. (1994). Subject area preparation of secondary mathematics and science teachers and student achievement. *Economics of Education Review, 13*(2), 125–145.

Monk, D. H., Walberg, H. J., & Wang, M. C. (2001). *Improving educational productivity.* Greenwich, CT: Information Age Publishing.

Moon, C. E., Render, G. F., & Pendley, D.W. (1985, March-April). *Relaxation and educational outcomes: A meta-analysis.* Paper presented at the Annual Meeting of the American Educational Research Association, Chicago, IL.

Moore, D.W., & Readence, J. E. (1984). A quantitative and qualitative review of graphic organizer research. *Journal of Educational Research, 78*(1), 11–17.

Morris, C. H. (1995). *Meta-analysis of home visiting research with low-income families: Client, intervention, and outcome characteristics.* Unpublished M.S., Utah State University, UT.

Morris, D. R. (1993). Patterns of aggregate grade-retention rates. *American Educational Research Journal, 30*(3), 497–514.

Moseley, D., Baumfield, V., Higgins, S., Lin, M., Miller, J., Newton, D., et al. (2004). *Thinking skill frameworks for post-16 learners: An evaluation.* London: Learning and Skills Research Centre.

Mosteller, F., Light, R. J., & Sachs, J. A. (1996). Sustained inquiry in education: Lessons from skill grouping and class size. *Harvard Educational Review, 66*(4), 797.

Mottet, T. P. (1998, March). *Teaching from a distance: "Hello, is anyone out there?"* Paper presented at the Annual Ethnography in Research Forum, Philadelphia, PA.

Muhlenbruck, L., Cooper, H. M., Nye, B., & Lindsay, J. J. (1999). Homework and achievement: Explaining the different strengths of relation at the elementary and secondary school levels. *Social Psychology of Education, 3*(4), 295–317.

Muijs, D., & Reynolds, D. (2001). *Effective teaching: Evidence and practice.* London: Paul Chapman.

Mukawa, T. E. (2006). *Meta-analysis of the effectiveness of online instruction in higher education using Chickering and Gamson's seven principles for good practice.* Unpublished Ed.D., University of San Francisco, CA.

Mukawa, T. E. (2006). *Seven principles for good practice and effective online instruction in higher education.* Paper presented at the World Conference on E-Learning in Corporate, Government, Healthcare, and Higher Education 2006, Honolulu, HI.

Mukunda, K. V., & Hall, V. C. (1992). Does performance on memory for order correlate with performance on standardized measures of ability? A meta-analysis. *Intelligence, 16*(1), 81–97.

Mullen, B., & Copper, C. (1994). The relation between group cohesiveness and performance: An integration. *Psychological Bulletin, 115*(2), 210–227.

Mullen, B., Symons, C., Hu, L.T., & Salas, E. (1989). Group size, leadership behavior, and subordinate satisfaction. *Journal of General Psychology, 116*(2), 155–170.

Muller, J. C., Gullung, P., & Bocci, P. (1988). Concept de soi et performance scolaire: Une meta-analyse [Self-concept and academic performance: A meta-analysis]. *Orientation Scolaire et Professionnelle, 17*, 53–69.

Multon, K. D., Brown, S. D., & Lent, R. W. (1991). Relation of self-efficacy beliefs to academic outcomes: A meta-analytic investigation. *Journal of Counseling Psychology, 38*(1), 30–38.

Murawski, W. W., & Swanson, H. L. (2001). A meta-analysis of co-teaching research: Where are the data? *Rase: Remedial and Special Education, 22*(5), 258–267.

Murdock, T. A. (1987). It isn't just money: The effects of financial aid on student persistence. *Review of Higher Education, 11*(1), 75.

Murphy, P. K., & Alexander, P. A. (2006). *Understanding how students learn: A guide for instructional leaders.* Thousand Oaks, CA: Corwin Press.

Murphy, R., & Maree, D. J. F. (2006). Meta-analysis of dynamic assessment research in South Africa [ElectronicVersion]. *Journal of Cognitive Education and Psychology, 6,* 32–60. Retrieved 2 July 2007 from www.iacep.coged.org.

Murphy, R.T. (1991). *Educational effectiveness of Sesame Street: A review of the first twenty years of research, 1969–1989.* Princeton, NJ: Educational Testing Service.

Musselman, C. R.,Wilson, A. K., & Lindsay, P. H. (1988). Effects of early intervention on hearing impaired children. *Exceptional Children, 55*(3), 222.

Naglieri, J. A., & Das, J. P. (1997). *Das-Naglieri cognitive assessment system.* Itasca, IL: Houghton Mifflin.

Naglieri, J.A., & Das, J. P. (1997). Intelligence revised: The planning, attention, simultaneous, successive (PASS) cognitive processing theory. In R. F. Dillon (Ed.), *Handbook on testing* (pp. 136–163). Westport, CT: Greenwood Press.

Nash, R., & Harker, R. K. (1997). *Progress at school: Final report to the Ministry of Education.* Palmerston North: Massey University, Educational Research and Development Centre.

National Centre for Educational Statistics. (1985). *High school and beyond: An analysis of course-taking patterns in secondary schools as related to student characteristics* (No. NCES-85–206).Washington, DC: US Government Printing Office.

National Council on the Accreditation of Teacher Education. (2000). NCATE 2000 unit standards [Electronic Version]. Retrieved June 19, 2000 from http://www.ncate.org/2000/200stds.pdf.

National Reading Panel. (2000). *Report of the National Reading Panel: Teaching children to read: An evidence-based assessment of the scientific research literature on reading and its implications for reading instruction: Reports of the subgroups.* Rockville, MD: NICHD Clearinghouse.

Neale, D. C. (1969).The role of attitudes in learning mathematics. *Arithmetic Teacher, 16*(8), 631–640.

Neber, H., Finsterwald, M., & Urban, N. (2001).Cooperative learning with gifted and high-achieving students: A review and meta-analyses of 12 studies. *High Ability Studies, 12*(2), 199–214.

Neill, J. T., & Richards, G. E. (1998). Does outdoor education really work? A summary of recent meta-analyses. *Australian Journal of Outdoor Education, 3*(2), 2–9.

Nelson, C. S. (1994). *A meta-analysis of parent education programs for children two to nine years*. Unpublished Psy.D., Adler School of Professional Psychology, IL.

Nelson, G.,Westhues, A., & MacLeod, J. (2003). A meta-analysis of longitudinal research on preschool prevention programs for children. *Prevention and Treatment, 18*, 1–35.

Nesbit, J. C., & Adesope, O. O. (2006). Learning with concept and knowledge maps: A meta-analysis. *Review of Educational Research, 76*(3), 413–448.

Neubert, M. J. (1998).The value of feedback and goal setting over goal setting alone and potential moderators of this effect: A meta-analysis. *Human Performance, 11*(4), 321–335.

Neuman, G. A., Edwards, J. E., & Raju, N. S. (1989). Organizational development interventions: A meta-analysis of their effects on satisfaction and other attitudes. *Personnel Psychology, 42*(3), 461–489.

Neuman, S. B. (1986, July). *Television and reading: A research synthesis*. Paper presented at the International Television Studies Conference, London, England.

Neuman, S. B. (1988). The displacement effect: Assessing the relation between television viewing and reading performance. *Reading Research Quarterly, 23*(4), 414–440.

Neumann, A. (2006). Professing passion: Emotion in the scholarship of professors at research universities. *American Educational Research Journal, 43*(3), 381–424.

Neville, D. D., & Searls, E. F. (1991). A meta-analytic review of the effect of sentence-combining on reading comprehension. *Reading Research and Instruction, 31*(1), 63–76.

Newell, A. (1990). *Unified theories of cognition*. Cambridge, MA: Harvard University Press.

Newman, M. (2004). *Problem-based learning: An exploration of the method and evaluation of its effectiveness in a continuing nursing education programme*. London: Middlesex University.

Newman, M., Garrett, Z., Elbourne, D., Bradley, S., Noden, P.,Taylor, J., et al. (2006). Does secondary school size make a difference?: A systematic review. *Educational Research Review, 1*(1), 41–60.

Niemiec, R. P. (1989). Comparing the cost-effectiveness of tutoring and computer-based instruction. *Journal of Educational Computing Research, 5*(4), 395–407.

Niemiec, R. P., Samson, G., Weinstein, T., & Walberg, H. J. (1987). The effects of computer-based instruction in elementary schools: A quantitative synthesis. *Journal of Research on Computing in Education, 20*(2), 85–103.

Niemiec, R. P., Sikorski, C., & Walberg, H. J. (1996). Learner-control effects: A review of reviews and a meta-analysis. *Journal of Educational Computing Research, 15*(2), 157–174.

Niemiec, R. P., & Walberg, H. J. (1985). Computers and achievement in the elementary schools. *Journal of Educational Computing Research, 1*(4), 435–440.

Niemiec, R. P., & Walberg, H. J. (1987). Comparative effects of computer-assisted instruction: A synthesis of reviews. *Journal of Educational Computing Research, 3*(1), 19–37.

Nikolaou, C. (2001). *Hand-held calculator use and achievement in mathematics: A meta-analysis*. Unpublished Ph.D., Georgia State University, GA.

Nishi, S. (1990). *Class size: The issue for policy makers in the State of Utah*. Salt Lake City, UT: Utah State Office of Education.

Nist, S. L., & Simpson, M. L. (1989). PLAE, a validated study strategy. *Journal of Reading, 33*(3), 182–186.

Noland, T. K., & Taylor, B. L. (1986, April). *The effects of ability grouping: A meta-analysis of research findings*. Paper presented at the Annual Meeting of the American Educational Research Association, San Francisco, CA.

Nordin, A. B. (1980). Improving learning: An experiment in rural primary schools in Malaysia. *Evaluation in Education, 4*, 143–263.

Novak, J. D. (1977). *A theory of education*. Ithaca, NY: Cornell University Press.

Novak, J. M., & Purkey, W. W. (2001). *Invitational education*. Bloomington, IN: Phi Delta Kappa Educational Foundation.

Novick, M. R., & Jackson, P. H. (1974). *Statistical methods for educational and psychological research*. New York: McGraw-Hill.

Nowicki, E. A. (2003). A meta-analysis of the social competence of children with learning disabilities compared to classmates of low and average to high achievement. *Learning Disability Quarterly, 26*(3), 171–188.

Ntoumanis, N., & Biddle, S. J. H. (1999). Affect and achievement goals in physical activity: A meta-analysis. *Scandinavian Journal of Medicine and Science in Sports, 9*(6), 315–332.

Nuthall, G. A. (1999). Introduction and background. *International Journal of Educational Research, 31*(3), 141–256.

Nuthall, G. A. (1999). Learning how to learn: The evolution of students' minds through the social processes and culture of the classroom. *International Journal of Educational Research, 31*(3), 141–256.

Nuthall, G.A. (2000).The role of memory in the acquisition and retention of knowledge in science and social studies units. *Cognition and Instruction, 18*(1), 83–139.

Nuthall, G.A. (2005).The cultural myths and realities of classroom teaching and learning: A personal journey. *Teachers College Record, 107*(5), 895–934.

Nuthall, G. A. (2007). *The hidden lives of learners.* Wellington, New Zealand: New Zealand Council for Educational Research.

Nye, B., Konstantopoulos, S., & Hedges, L. V. (2004). How large are teacher effects? *Educational Evaluation and Policy Analysis, 26*(3), 237–257.

Nye, C., Foster, S. H., & Seaman, D. (1987). Effectiveness of language intervention with the language/ learning disabled. *The Journal of speech and hearing disorders, 52*(4), 348–357.

O'Shaughnessy, T. E., & Swanson, H. L. (1998). Do immediate memory deficits in students with learning disabilities in reading reflect a developmental lag or deficit?: A selective meta-analysis of the literature. *Learning Disability Quarterly, 21*(2), 123–148.

Oakes, J. (1985). *Keeping track: How schools structure inequality.* New Haven: Yale University Press.

Oakes, J. (1987). *Tracking in secondary schools: A contextual perspective.* Santa Monica, CA: The Rand Corporation.

Oakes, J. (1992). Can tracking research inform practice? Technical, normative, and political considerations. *Educational Researcher, 21*(4), 12–21.

Oakes, J. (1993) Ability grouping, tracking and within-school segregation in the San Jose Unified School District. Report prepared in conjunction with *Vasquez v. San Jose Unified School District*, University of California, Los Angeles, School of Education.633 C.F.R. (1993).

Oakes, J. (1995). Two cities' tracking and within-school segregation. *Teachers College Record, 96*(4), 681–690.

Oakes, J. (2005). *Keeping track: How schools structure inequality* (2nd ed.). New Haven, Conn.; London: Yale University Press.

Oakes, J., Gamoran, A., & Page, R. N. (1992). Curriculum differentiation: Opportunities, outcomes, and meanings. In P.W. Jackson (Ed.), *Handbook of research on curriculum: A project of the American Educational Research Association* (pp. 570–608). New York: Macmillan.

Oakes, J., & Guiton, G. (1995). Matchmaking: The dynamics of high school tracking decisions. *American Educational Research Journal, 32*(1), 3–33.

Oakes, J., Ormseth, T., Bell, R., & Camp, P. (1990). *Multiplying inequalities: The effects of race, social class, and tracking on opportunities to learn mathematics and science.* Santa Monica, CA: Rand.

Oakes, J., Quartz, K. H., Gong, J., Guiton, G., & Lipton, M. (1993). Creating middle schools: Technical, normative, and political considerations. *The Elementary School Journal, 93*(5), 461–480.

Oakes, J., & Wells, A. S. (1996). *Beyond the technicalities of school reform: Policy lessons from detracking schools.* Los Angeles, CA: UCLA Graduate School of Education and Information Studies.

Oakes, J., Wells, A. S., Jones, M., & Datnow, A. (1997). Detracking: The social construction of ability, cultural politics, and resistance to reform. *Teachers College Record, 98*(3), 482–510.

O'Connor, M. C., & Paunonen, S. V. (2007). Big Five personality predictors of post-secondary academic performance. *Personality and Individual Differences, 43*(5), 971–990.

Odden, A. (2007). *Redesigning school finance systems: Lessons from CPRE research. CPRE Policy Briefs. RB-50.* Philadelphia, PA: University of Pennsylvania, Consortium for Policy Research in Education.

Ogunyemi, O. A. (1983). *An analytic study of the efficacy of black-and-white pictorial instruction on achievement.*

Oh, S. S. (1987). *A comparative study of quantitative vs. qualitative synthesis of Title VII Bilingual Education Programs for Asian children in NewYork City.* Unpublished

Ph.D.,The Florida State University, FL.

Oliver, L.W., & Spokane, A. R. (1988). Career-intervention outcome: What contributes to client gain? *Journal of Counseling Psychology, 35*(4), 447–462.

Olson, D. R. (2003). *Psychological theory and educational reform: How school remakes mind and society*. Cambridge: Cambridge University Press.

Olson, T., & Wisher, R. A. (2002).The effectiveness of web-based instruction:An initial inquiry, *The International Review of Research in Open and Distance Learning [Online]*.

O'Mara, A. J., Marsh, H.W., Craven, R. G., & Debus, R. L. (2006). Do self-concept interventions make a difference? A synergistic blend of construct validation and meta-analysis. *Educational Psychologist, 41*(3), 181–206.

O'Neal, M. R. (1985, November). *Cerebral palsy: The meta-analysis of selected interventions*. Paper presented at the Annual Conference of the Mid-South Educational Research Association, Biloxi, MS.

Onuoha, C. O. (2007). *Meta-analysis of the effectiveness of computer-based laboratory versus traditional hands-on laboratory in college and pre-college science instructions*. Unpublished Ph.D., Capella University, MN.

Oosterlaan, J., Logan, G. D., & Sergeant, J. A. (1998). Response inhibition in AD/HD, CD, Comorbid AD/HD+ CD, Anxious, and Control Children: A meta-analysis of studies with the stop task. *The Journal of Child Psychology and Psychiatry and Allied Disciplines, 39*(03), 411–425.

O'Shaughnessy, T. E., & Swanson, H. L. (1998). Do immediate memory deficits in students with learning disabilities in reading reflect a developmental lag or deficit?: A selective meta-analysis of the literature. *Learning Disability Quarterly, 21*(2), 123–148.

Ostendorf, V. A. (1997). Teaching by Television. *New Directions for Teaching and Learning, 1997*(71), 51–58.

Othman, N. (1996). *The effects of cooperative learning and traditional mathematics instruction in grades K-12: A meta-analysis of findings*. Unpublished Ed.D.,West Virginia University,WV.

Ottenbacher, K., & Petersen, P. (1985). The efficacy of early intervention programs for children with organic impairment: A quantitative review. *Evaluation and Program Planning, 8*(2), 135–146.

Ottenbacher, K. J., & Cooper, H. M. (1983). Drug treatment of hyperactivity in children. *Developmental medicine and child neurology, 25*(3), 358–366.

Ottenbacher, K. J., Muller, L., Brandt, D., Heintzelman, A., Hojem, P., & Sharpe, P. (1987). The effectiveness of tactile stimulation as a form of early intervention: A quantitative evaluation. *Journal of developmental and behavioral pediatrics, 8*(2), 68–76.

Ouyang, R. (1993). *A meta-analysis: Effectiveness of computer-assisted instruction at the level of elementary education (K–6)*. Unpublished Ed.D., Indiana University of Pennsylvania, PA.

Oyer, E. J. (1996). *Validity and impact of meta-analyses in early intervention research*. Unpublished Ph.D., Indiana University, IN.

Page, E. B., & Grandon, G. M. (1979). Family configuration and mental ability: Two theories contrasted with US data. *American Educational Research Journal, 16*(3), 257–272.

Page, E. B., & Grandon, G. M. (1981). Massive intervention and child intelligence the Milwaukee project in critical perspective. *Journal of Special Education, 15*(2), 239–256.

Page, R. N. (1991). *Lower-track classrooms: A curricular and cultural perspective*. New York: Teachers College Press.

Palmeter, F. R. D. (1991). *The effects of computer programming on children's higher-level cognitive processes: A review of the research on Logo*. Unpublished Ed.D., Rutgers The State University of New Jersey, New Brunswick, NJ.

Pang, S. (1998). *The relationship between giftedness and self-concept: A meta-analysis of gifted research*. Unpublished M.A., California State University, Long Beach, CA.

Pantili, L., Williams, J., & Fortune, J. (1991, April). *Principal assessment: Effective or not? A meta-analytic model*. Paper presented at the Annual Meeting of the American Educational Research Association, Chicago, IL.

Parham, J. L. (1983). *A meta-analysis of the use of manipulative materials and student achievement in elementary school mathematics*. Unpublished Ed.D., Auburn University, AL.

Parker, L. H. (1985). *A strategy for optimising the success of girls in mathematics: Report of a project of national significance*. Canberra, Australia: Commonwealth Schools

Commission.

Parker, L. H., & Rennie, L. J. (1997). Teachers' perceptions of the implementation of single-sex classes in coeducational schools. *Australian Journal of Education, 41*(2), 119–133.

Paro, K. M. L., & Pianta, R. C. (2000). Predicting children's competence in the early school years: A meta-analytic review. *Review of Educational Research, 70*(4), 443–484.

Paschal, R. A., Weinstein, T., & Walberg, H. J. (1984). The effects of homework on learning: A quantitative synthesis. *Journal of Educational Research, 78*(2), 97–104.

Patall, E. A., Cooper, H. M., & Robinson, J. C. (2008). The effects of choice on intrinsic motivation and related outcomes: A meta-analysis of research findings. *Psychological Bulletin, 134*(2), 270–300.

Pearson, P. D., Ferdig, R. E., Blomeyer, J. R. L., & Moran, J. (2005). *The effects of technology on teading performance in the middle-school grades: A meta-analysis with recommendations for policy.* Naperville, IL: Learning Point Associates, North Central Regional Educational Laboratory (NCREL).

Peddie, R., Hattie, J. A. C., & Vaughan, K. (1999). *The use of exemplars in outcomes-based curricula: An international review of the literature. Report to the Ministry of Education.* Auckland: Auckland Uniservices Ltd.

Pegg, J. (2003). Assessment in mathematics: A developmental approach. In J. Royer (Ed.), *Mathematical cognition* (pp. 227–259). Greenwich, Conn: Information Age Publishing.

Pehkonen, E. (1992). *Problem fields in mathematics teaching, Part 3. Views of Finnish seventh-graders about mathematics teaching* (No. 108). Helsinki, Finland: University of Helsinki, Department of Teacher Education.

Péladeau, N., Forget, J., & Gagné, F. (2003). Effect of paced and unpaced practice on skill application and retention: How much is enough? *American Educational Research Journal, 40*(3), 769–801.

Penuel, W. R., Kim, D., Michalchik, V., Lewis, S., Means, B., Murphy, R., et al. (2002). *Using technology to enhance connections between home and school: A research synthesis. Prepared for the Planning and Evaluation Services, U.S. Department of Education.* Menlo Park, CA: SRI International.

Persell, C. H. (1979). *Education and inequality: The roots and results of stratification in America's schools*. New York: Free Press.

Peters, R. S. (1960). *The concept of motivation*. London: Routledge.

Peterson, P. L. (1980). Open versus traditional classrooms. *Evaluation in Education, 4*, 58–60.

Peterson, S. E., DeGracie, J. S., & Ayabe, C. R. (1987). A longitudinal study of the effects of retention/ promotion on academic achievement. *American Educational Research Journal, 24*(1), 107–118.

Petty, G. (2006). *Evidence based teaching: A practical approach*. Cheltenham, UK: Nelson Thornes.

Pflaum, S.W. (1982). Synthesizing research in reading. *Reading Psychology, 3*(4), 325–337.

Pflaum, S.W., Walberg, H. J., Karegianes, M., & Rasher, S. P. (1980). Methods of teaching reading. *Evaluation in Education, 4*, 121–122.

Phillips, D. C. (1995). The good, the bad, and the ugly: The many faces of constructivism. *Educational Researcher, 24*(7), 5–12.

Phillips, G.W. (1983). *Learning the conservation concept: A meta-analysis*. Unpublished Ph.D., University of Kentucky, KY.

Phillips, N. B., Hamlett, C. L., Fuchs, L. S., & Fuchs, D. (1993). Combining classwide curriculumbased measurement and peer tutoring to help general educators provide adaptive education. *Learning Disabilities Research and Practice, 8*(3), 148–156.

Piaget, J. (1970). *Genetic epistemology*. New York,: Columbia University Press.

Piburn, M. D. (1993, April). *Evidence from meta-analysis for an expertise model of achievement in science*. Paper presented at the Annual Meeting of the National Association for Research in Science Teaching, Atlanta, GA.

Pintrich, P. R., Cross, D. R., Kozma, R. B., & McKeachie, W. J. (1986). Instructional psychology. *Annual Review of Psychology, 37*(1), 611–651.

Podlozny, A. (2000). Strengthening verbal skills through the use of classroom drama: A clear link. *Journal of Aesthetic Education, 34*(3/4), 239–275.

Poirier, B. M. (1989). *The effectiveness of language intervention with preschool handicapped children: An integrative review*. Unpublished Ph.D., Utah State University,

UT.

Polit, D. F., & Falbo, T. (1987). Only children and personality development: A quantitative review. *Journal of Marriage and the Family, 49*(2), 309–325.

Pólya, G. (1945). *How to solve it: A new aspect of mathematical method.* Princeton, NJ: Princeton University Press.

Pong, S. l., Dronkers, J., & Hampden-Thompson, G. (2002). *Family policies and academic achievement by young children in single-parent families: An international comparison. Population research institute working paper* (Reports – Research No. PRI-WP-02–03 1-R24-HD41025). University Park, PA: Population Research Institute, The Pennsylvania State University.

Pong, S. l., Dronkers, J., & Hampden-Thompson, G. (2003). Family policies and children's school achievement in single-versus two-parent families. *Journal of Marriage and Family, 65*(3), 681–699.

Popham, W. J. (1969). Curriculum materials. *Review of Educational Research, 39*(3), 319–338.

Popham, W. J., Eisner, E., Sullivan, H., & Tyler, L. (1969). *Instructional objectives.* Washington, DC: American Educational Research Association.

Popper, K. R. (1963). *Conjectures and refutations. The growth of scientific knowledge.* London: Routledge.

Popper, K. R. (1968). *The logic of scientific discovery* (3rd ed.). London: Hutchinson.

Post, G. S. (1998). *An investigation into the application of accelerated learning theory as it relates to improving employee performance in the learning organization for the twenty-first century.* Unpublished Ed.D., Northern Illinois University, IL.

Powers, D. E. (1986). Relations of test item characteristics to test preparation/test practice effects: A quantitative summary. *Psychological Bulletin, 100*(1), 67–77.

Powers, D. E. (1993). Coaching for the SAT: A summary of the summaries and an update. *Educational Measurement: Issues and Practice, 12*(2), 24–30.

Powers, S., & Rossman, M. H. (1983, March). *Evidence of the impact of bilingual education: A meta-analysis.* Paper presented at the Annual Arizona Bilingual Education Conference, Tucson, AZ.

Powers, S., & Rossman, M. H. (1984). Evidence of the impact of bilingual education:

A meta-analysis. *Journal of Instructional Psychology, 11*(2), 75–78.

Pratt, S., & George, R. (2005).Transferring friendship: Girls' and boys' friendships in the transition from primary to secondary school. *Children and Society, 19*(1), 16–26.

Preiss, R. W., & Gayle, B. M. (2006). A meta-analysis of the educational benefits of employing advanced organizers. In B. M. Gayle, R.W. Preiss, N. Burrell & M.Allen (Eds.), *Classroom communication and instructional processes: Advances through meta-analysis* (pp. 329–344). Mahwah, NJ: Lawrence Erlbaum Associates.

Pressey, S. L. (1949). *Educational acceleration: Appraisals and basic problems*. Columbus, OH: Ohio State University.

Pressley, M., & Afflerbach, P. (1995). *Verbal protocols of reading: The nature of constructively responsive reading*. Hillsdale, NJ: Lawrence Erlbaum Associates.

Pressley, M., Gaskins, I.W., Solic, K., & Collins, S. (2006). A portrait of Benchmark School: How a school produces high achievement in students who previously failed. *Journal of Educational Psychology, 98*(2), 282–306.

Pressley, M., Mohan, L., Raphael, L. M., & Fingeret, L. (2007). How does Bennett Woods Elementary School produce such high reading and writing achievement? *Journal of Educational Psychology, 99*(2), 221–240.

Prince, M. (2004). Does active learning work? A review of the research. *Journal of Engineering Education, 93*(3), 223–231.

Prins, F. J.,Veenman, M.V. J., & Elshout, J. J. (2006).The impact of intellectual ability and metacognition on learning: New support for the threshold of problematicity theory. *Learning and Instruction, 16*(4), 374–387.

Prout, H. T., & DeMartino, R. A. (1986). A meta-analysis of school-based studies of psychotherapy. *Journal of School Psychology, 24*(3), 285–292.

Pugh, K. J., & Bergin, D.A. (2006). Motivational influences on transfer. *Educational Psychologist, 41*(3), 147–160.

Purdie, N. (2001). Self-regulation of learning in university contexts. *New Zealand Journal of Educational Studies, 36*(2), 259–270.

Purdie, N., & Hattie, J. A. C. (1999).The relationship between study skills and learning outcomes: A meta-analysis. *Australian Journal of Education, 43*(1), 72–86.

Purdie, N., & Hattie, J. A. C. (2002). Assessing students' conceptions of learning.

Australian Journal of Developmental and Educational Psychology, 2, 17–32.

Purdie, N., Hattie, J. A. C., & Carroll, A. (2002). A review of the research on interventions for attention deficit hyperactivity disorder: What works best? *Review of Educational Research, 72*(1), 61–99.

Purkey, W. W. (1992).An introduction to invitational theory. *Journal of Invitational Theory and Practice, 1*(1), 5–15.

Qin, Z. (1992). *A meta-analysis of the effectiveness of achieving higher-order learning tasks in cooperative learning compared with competitive learning.* Unpublished Ph.D., University of Minnesota, MN.

Qin, Z., Johnson, D.W., & Johnson, R.T. (1995). Cooperative versus competitive efforts and problem solving. *Review of Educational Research, 65*(2), 129–143.

Qu,Y., & Becker, B. J. (2003, April). *Does traditional teacher certification imply quality? A meta-analysis.* Paper presented at the Annual Meeting of the American Educational Research Association, Chicago, IL.

Quinn, M. M., Kavale, K., A., Mathur, S. R., Rutherford, R. B. J., & Forness, S. R. (1999). A meta-analysis of social skill interventions for students with emotional or behavioral disorders. *Journal of Emotional and Behavioral Disorders, 7*(1), 54.

Randolph, J. J. (2005). A quantitative synthesis of response card research on student participation, academic achievement, classroom disruptive behavior, and student preference. 149–165.

Randolph, J. J. (2007). Meta-analysis of the research on response cards: Effects on test achievement, quiz achievement, participation, and off-task behavior. *Journal of Positive Behavior Interventions, 9*(2), 113–128.

Raudenbush, S.W. (1984). Magnitude of teacher expectancy effects on pupil IQ as a function of the credibility of expectancy induction: A synthesis of findings from 18 experiments. *Journal of Educational Psychology, 76*(1), 85–97.

Raymond, M. E., & Hanushek, E. A. (2003). High-stakes research: The campaign against accountability has brought forth a tide of negative anecdotes and deeply flawed research. Solid analysis reveals a brighter picture. *Education Next, 3*(3), 48–55.

Razel, M. (2001). The complex model of television viewing and educational achievement. *Journal of Educational Research, 94*(6), 371.

Readence, J. E., & Moore, D.W. (1981). A meta-analytic review of the effect of adjunct pictures on reading comprehension. *Psychology in the Schools, 18*(2), 218–224.

Ready, D. D., Lee,V. E., &Welner, K. G. (2004). Educational equity and school structure: School size, overcrowding, and schools-within-schools. *The Teachers College Record, 106*(10), 1989–2014.

Redfield, D. L., & Rousseau, E. W. (1981). A meta-analysis of experimental research on teacher questioning behavior. *Review of Educational Research, 51*(2), 237–245.

Reid, R., Gonzalez, J. E., Nordness, P. D.,Trout, A., & Epstein, M. H. (2004). A meta-analysis of the academic status of students with emotional/behavioral disturbance. *The Journal of Special Education, 38*, 130–143.

Reid, R., Trout, A. L., & Schartz, M. (2005). Self-regulation interventions for children with attention deficit/hyperactivity disorder. *Exceptional Children, 71*(4), 361–377.

Reifman, A.,Villa, L. C., Amans, J. A., Rethinam,V., & Telesca,T.Y. (2001). Children of divorce in the 1990s: A meta-analysis. *Journal of Divorce and Remarriage, 36*(1/2), 27–36.

Remmer, A. M., & Jernstedt, G. (1982). Comparative effectiveness of simulation games in secondary and college level instruction: A meta-analysis. *Psychological Reports, 51*(3, Pt 1), 742.

Reynolds, A. J., &Walberg, H. J. (Eds.). (1998). *Evaluation for educational productivity* (Vol. 7). Greenwich, CT: Elsevier Science/JAI Press.

Rice, J. K.(1999).The impact of class size on instructional strategies and the use of time in high school mathematics and science courses. *Educational Evaluation and Policy Analysis, 21*(2), 215–229.

Richmond, M. J., Jr. (1977). *Issues in year-round education.* North Quincy, Massachusetts: The Christopher Publishing House.

Ritts, V., Patterson, M. L., & Tubbs, M. E. (1992). Expectations, impressions, and judgments of physically attractive students: A review. *Review of Educational Research, 62*(4), 413–426.

Robbins, S. B., Lauver, K., Le, H., Davis, D., Langley, R., & Carlstrom,A. (2004). Do psychosocial and study skill factors predict college outcomes? A meta-analysis.

Psychological Bulletin, 130(2), 261–288.

Roberts, B.W., Walton, K. E., & Viechtbauer, W. (2006). Patterns of mean-level change in personality traits across the life course: A meta-analysis of longitudinal studies. *Psychological Bulletin, 132*(1), 1–25.

Roberts, R. M. (2002). *The role of computers in school restructuring: A meta-analysis.* Unpublished M.A., California State University, Fresno, CA.

Roberts, T. (1998). *The power of Paideia schools: Defining lives through learning.* Alexandia, VA: ASCD Publications.

Roberts, T., & Billings, L. (1999). *The Paideia classroom: Teaching for understanding.* Larchmont, NY: Eye on Education.

Robinson, T. R., Smith, S.W., Miller, M. D., & Brownell, M. T. (1999). Cognitive behavior modification of hyperactivity-impulsivity and aggression: A meta-analysis of school-based studies. *Journal of Educational Psychology, 91*(2), 195–203.

Robinson, V. M. J., Lloyd, C., & Rowe, K. J. (2008). The impact of educational leadership on student outcomes: An analysis of the differential effects of leadership types. *Education Administration Quarterly, 44* (5).

Roblyer, M. D., Castine, W. H., & King, F. J. (1988). Assessing the impact of computer-based instruction: A review of recent research. *Computers in the Schools, 5*(3), 1–149.

Rock, S. L. (1985). *A meta-analysis of self-instructional training research.* Unpublished Ph.D., University of Illinois at Urbana-Champaign, IL.

Rodriguez, A. J. (1997). *Counting the runners who don't have shoes: Trends in student achievement in science by socioeconomic status and gender within ethnic groups.* Research monograph. Madison, WI: National Institute for Science Education.

Roessingh, H. (2004). Effective high school ESL programs: A synthesis and meta-analysis. *Canadian Modern Language Review/ La Revue canadienne des langues vivantes, 60*(5), 611–636.

Rogers, E. M. (1962). *Diffusion of innovations.* New York: Free Press of Glencoe.

Rogers, E. M. (2003). *Diffusion of innovations* (5th ed.). New York: Free Press.

Rogers, K. B. (1991). *The relationship of grouping practices to the education of the gifted and talented learner. Executive summary. Research-based decision making series*. Storrs, CT: University of Connecticut, National Research Center on the Gifted and Talented.

Rohrbeck, C. A., Ginsburg-Block, M. D., Fantuzzo, J. W., & Miller, T. R. (2003). Peer-assisted learning interventions with elementary school studies: A meta-analytic review. *Journal of Educational Psychology, 95*(2), 240–257.

Rolheiser-Bennett, N. C. (1986). *Four models of teaching: A meta-analysis of student outcomes*. Unpublished Ph.D., University of Oregon, OR.

Rolle, A. (2004). Out with the old–in with the new: Thoughts on the future of educational productivity research. *Peabody Journal of Education, 79*(3), 31–56.

Rolstad, K., Mahoney, K., & Glass, G. V. (2005). The big picture: A meta-analysis of program effectiveness research on English language learners. *Educational Policy, 19*(4), 572–594.

Romney, D. M., & Samuels, M. T. (2001). A meta-analytic evaluation of Feuerstein's Instrumental Enrichment program. *Educational and Child Psychology, 18*(4), 19–34.

Ropo, E. (1987, April). *Teachers' conceptions of teaching and teaching behavior: Some differences between expert and novice teachers*. Paper presented at the Annual meeting of the American Educational Research Association, Washington, DC.

Rose, L. H., & Lin, H. T. (1984). A meta-analysis of long-term creativity training programs. *Journal of Creative Behavior, 18*(1), 11–22.

Rosen, Y., & Salomon, G. (2007). The differential learning achievements of constructivist technology-intensive learning environments as compared with traditional ones: A meta-analysis. *Journal of Educational Computing Research, 36*(1), 1–14.

Rosenbaum, C. M. (1983). *A meta-analysis of the effectiveness of educational treatment programs for emotionally disturbed students*. Unpublished Ed. D., The College of William and Mary, VA.

Rosenbaum, J. E. (1980). Track misperceptions and frustrated college plans: An analysis of the effects of tracks and track perceptions in the National Longitudinal Survey. *Sociology of Education, 53*(2), 74–88.

Rosenshine, B. (2003). High-stakes testing: Another analysis [Electronic Version]. Education Policy Analysis Archives, 11. Retrieved 29 April 2008 from http://epaa.asu.edu/epaa/v11n24/.

Rosenshine, B., & Meister, C. (1994). Reciprocal teaching: A review of the research. *Review of Educational Research, 64*(4), 479–530.

Rosenthal, R. (1991). *Meta-analytic procedures for social research* (Rev. ed.). Newbury Park: Sage Publications.

Rosenthal, R. (1991). Teacher expectancy effects: A brief update 25 years after the Pygmalion experiment. *Journal of Research in Education, 1*(1), 3–12.

Rosenthal, R., & DiMatteo, M. R. (2001). Meta-analysis: Recent developments in quantitative methods for literature reviews. *Annual Review of Psychology, 52*(1), 59–82.

Rosenthal, R., & Jacobson, L. (1968). *Pygmalion in the classroom: Teacher expectation and pupils' intellectual development*. New York: Holt, Rinehart, and Winston.

Rosenthal, R., & Rubin, D. B. (1978). Interpersonal expectancy effects: The first 345 studies. *Behavioral and Brain Sciences, 1*(3), 377–415.

Rosenzweig, C. J. (2000). *A meta-analysis of parenting and school success: The role of parents in promoting students' academic performance*. Unpublished Ph.D., Hofstra University, NY.

Roseth, C. J., Fang, F., Johnson, D.W., & Johnson, R.T. (2006, April). *Effects of cooperative learning on middle school students: A meta-analysis*. Paper presented at the Annual Meeting of the American Educational Research Association, San Francisco, CA.

Roseth, C. J., Johnson, D. W., & Johnson, R. T. (2008). Promoting early adolescents' achievement and peer relationships: The effects of cooperative, competitive, and individualistic goal structures. *Psychological Bulletin, 134*(2), 223–246.

Ross, J. A. (1988). Controlling variables: A meta-analysis of training studies. *Review of Educational Research, 58*(4), 405–437.

Ross, S. (1998). Self-assessment in second language testing: A meta-analysis and analysis of experiential factors. *Language Testing, 15*(1), 1–20.

Roth, P. L., BeVier, C.A., Switzer, F. S., III, & Schippmann, J. S. (1996). Meta-analyzing the relationship between grades and job performance. *Journal of Applied Psychology, 81*(5), 548–556.

Rousseau, E.W., & Redfield, D. L. (1980). Teacher questioning. *Evaluation in Education, 4*, 51–52.

Rowan, K. S. (1988). *Learning styles and teacher inservice education*. Unpublished

Ed.D., The University of Tennessee, TN.

Rowe, D. W. (1985). *The big picture: A quantitative meta-analysis of reading comprehension research*. Bloomington, IN: Indiana University, Language Education Department.

Rowe, K. J.(1988).Single-sex and mixed-sex classes: The effects of class type on student achievement, confidence and participation in mathematics. *Australian Journal of Education, 32*(2), 180–202.

Rowe, K. J. (2005). *Teaching reading: National inquiry into the teaching of literacy*. Canberra, Australia: Department of Education, Science and Training.

Rowe, K. J., & Rowe, K. S. (1993, November). *Assessing student behaviour: The utility and measurement properties of a simple parent and teacher-administered behavioural rating instrument for use in educational and epidemiological research*. Paper presented at the Annual Conference of the Australian Association for Research in Education, Fremantle, WA.

Rubie, C. (2003). *Expecting the best: Instructional practices, teacher beliefs, and student outcomes*. Unpublished PhD, University of Auckland, Auckland.

Rubie-Davies, C., Hattie, J. A. C., & Hamilton, R. (2006). Expecting the best for students: Teacher expectations and academic outcomes. *British Journal of Educational Psychology, 76*, 429–444.

Rubie-Davies, C. M. (2006).Teacher expectations and student self-perceptions: Exploring relationships. *Psychology in the Schools, 43*(5), 537–552.

Rubie-Davies, C. M. (2007). Classroom interactions: Exploring the practices of high- and low-expectation teachers. *British Journal of Educational Psychology, 77*, 289–306.

Rubin, S. F. (1996). *Evaluation and meta-analysis of selected research related to the laboratory component of beginning college level science instruction*. Unpublished Ed.D., Temple University, PA.

Rummel, A., & Feinbero, R. (1988). Cognitive evaluation theory: A meta-analytic review of the literature. *Social Behavior and Personality: An International Journal, 16*(2), 147–164.

Runyan, G. B. (1987). *Effects of the mnemonic-keyword method on recalling verbal information: A meta-analysis*. Unpublished Ph.D.,The Florida State University, Florida,

United States.

Rush, S. M. (1992). *Functional components of a local and a national profile of elementary school at-risk students as determined through meta-analysis and factor analysis.* Unpublished Ed.D., University of South Dakota, SD.

Russo, C. J., & Rogus, J. F. (1998). Catholic schools: Proud past, promising future. *School Business Affairs, 64*(6), 13–16.

Russo, R. (2007). *Bridge of sighs.* New York: Alfred A. Knopf.

Ryan, A.W. (1990). *Meta-analysis of achievement effects of microcomputer applications in elementary schools.* Unpublished Ph.D., New York University, NY.

Ryan, A.W. (1991). Meta-analysis of achievement effects of microcomputer applications in elementary schools. *Educational Administration Quarterly, 27*(2), 161–184.

Sabornie, E. J., Cullinan, D., Osborne, S. S., & Brock, L. B. (2005). Intellectual, academic, and behavioral functioning of students with high-incidence disabilities: A cross-categorical meta-analysis. *Exceptional Children, 72*(1), 47–63.

Sadler, D. R. (1989). Formative assessment and the design of instructional systems. *Instructional Science, 18*(2), 119–144.

Salomon, G., & Perkins, D. N. (1989). Rocky roads to transfer: Rethinking mechanism of a neglected phenomenon. *Educational Psychologist, 24*(2), 113–142.

Salzman, S. A. (1987, April). *Meta-analysis of studies investigating the effects of father absence on children's cognitive performance.* Paper presented at the Annual Meeting of the American Educational Research Association Washington, DC.

Salzman, S. A. (1988, April). *Father absence, socioeconomic status, and race: Relations to children's cognitive performance.* Paper presented at the Annual Meeting of the American Educational Research Association, New Orleans, LA.

Samson, G. E. (1985). Effects of training in test-taking skills on achievement test performance: A quantitative synthesis. *Journal of Educational Research, 78*(5), 261–266.

Samson, G. E. (1987).The effects of teacher questioning levels on student achievement: A quantitative synthesis. *Journal of Educational Research, 80*(5), 290–295.

Samson, G. E., Borger, J. B.,Weinstein, T., & Walberg, H. J. (1984). Pre-teaching experiences and attitudes: A quantitative synthesis. *Journal of Research and Development in Education, 17*(4), 52–56.

Samson, G. E., Graue, M. E., Weinstein, T., & Walberg, H. J. (1984). Academic and occupational performance: A quantitative synthesis. *American Educational Research Journal, 21*(2), 311–321.

Samson, G. E., Strykowski, B.,Weinstein, T., & Walberg, H. J. (1987). The effects of teacher questioning levels on student achievement: A quantitative synthesis. *Journal of Educational Research, 80*(5), 290–295.

Samuelstuen, M. S., & Båten, I. (2007). Examining the validity of self-reports on scales measuring students' strategic processing. *British Journal of Educational Psychology, 77*(2), 351–378.

Sanders,V.A. H. (1979). *A meta-analysis: The relationship of program content and operation factors to measured effectiveness of college reading-study programs.* Unpublished Ed. D., University of the Pacific, CA.

Sanders,V. A. H. (1980, March). *College reading and study programs: Do they make any difference?* Paper presented at the Annual Meeting of the Western College Reading Association, San Francisco, CA.

Sanders, W. L. (2000).Value-added assessment from student achievement data: Opportunities and hurdles. *Journal of Personnel Evaluation in Education, 14*(4), 329–339.

Sanders,W. L., Ashton, J. J., & Wright, S. P. (2005). *Comparison of the effects of NBPTS certified teachers with other teachers on the rate of student academic progress. Final report.* Arlington,VA: National Board for Professional Teaching Standards.

Sanders,W. L., & Rivers, J. C. (1996). *Cumulative and residual effects of teachers on future student academic achievement*: University of Tennessee Value-Added Research and Assessment Center.

Sandy-Hanson, A. E. (2006). *A meta-analysis of the impact of computer technology versus traditional instruction on students in kindergarten through twelfth grade in the United States: A comparison of academic achievement, higher-order thinking skills, motivation, physical outcomes and social skills.* Unpublished Ph.D., Howard University,Washington, DC.

Schacter, J. (1999). *The impact of education technology on student achievement: What the most current research has to say*: Milken Exchange on Education Technology, Santa Monica, CA.[BBB35521].

Schagen, I., & Elliot, K. (2004). *But what does it mean? The use of effect sizes in educational research*. Slough, UK: NFER/Institute of Education.

Schatz, J. (2003). Academic achievement in children with sickle cell disease: A meta-analysis. Department of Psychology, University of South Carolina.

Schaubroeck, J., & Muralidhar, K. (1991). A meta-analysis of the relative effects of tabular and graphic display formats on decision-making performance. *Human Performance, 4*(2), 127–145.

Scheerens, J., & Bosker, R. J. (1997). *The foundations of educational effectiveness* (1st ed.). Oxford: Pergamon Press.

Scheerens, J.,Vermeulen, C. J. A. J., & Pelgrum,W. J. (1989). Generalizibility of instructional and school effectiveness indicators across nations. *International Journal of Educational Research, 13*(7), 789–799.

Scherr, T. G. (2007). Educational experiences of children in foster care: Meta-analyses of special education, retention and discipline rates. *School Psychology International, 28*(4), 419–436.

Schiefele, U., Krapp, A., & Schreyer, I. (1993). Metaanalyse des Zusammenhangs von Interesse und schulischer Leistung [Meta-analysis of the relation between interest and academic achievement]. *Zeitschrift für Entwicklungspsychologie und Pädagogische Psychologie, 25*, 120–148.

Schiefele, U., Krapp, A., & Winteler, A. (1992). Interest as a predictor of academic achievement: A meta-analysis of research. In K. A. Renninger, S. Hidi & A. Krapp (Eds.), *The role of interest in learning and development* (pp. 183–212). Hillsdale, NJ: Lawrence Erlbaum Associates.

Schieffer, C., Marchand-Martella, N. E., Martella, R. C., Simonsen, F. L., & Waldron-Soler, K. M. (2002). An analysis of the Reading Mastery program: Effective components and research review. *Journal of Direct Instruction, 2*(2), 87–119.

Schiller, D.,Walberg, H. J., & Haertel, G. D. (1980). Quality of instruction. *Evaluation in Education, 4*, 119–120.

Schimmel, B. J. (1983, April). *A meta-analysis of feedback to learners in computerized and programmed instruction*. Paper presented at the Annual Meeting of the American Educational Research Association Montreal, Canada.

Schlaefli, A., Rest, J. R., & Thoma, S. J. (1985). Does moral education improve moral judgment? A meta-analysis of intervention studies using the defining issues test. *Review of Educational Research, 55*(3), 319–352.

Schmidt, M.,Weinstein, T., Niemiec, R. P., & Walberg, H. J. (1986). Computer-assisted instruction with exceptional children. *Journal of Special Education, 19*(4), 493–501.

Schneider, B. H. (1992). Didactic methods for enhancing children's peer relations: A quantitative review. *Clinical Psychology Review, 12*(3), 363–382.

Scholl, B. J., & Leslie,A. M. (2001). Minds, modules, and meta-analysis. *Child Development, 72*, 696–701.

Schram, C. M. (1996). A meta-analysis of gender differences in applied statistics achievement. *Journal of Educational and Behavioral Statistics, 21*(1), 55–70.

Schramm, R. M. (1989). *The effects of using word processing equipment in writing instruction: A meta-analysis.* Unpublished Ed.D., Northern Illinois University, Illinois, United States.

Schramm, R. M. (1991). The effects of using word processing equipment in writing instruction. *Business Education Forum, 45*(5), 7–11.

Schroeder, C. M., Scott, T. P.,Tolson, H., Huang, T. Y., & Lee, Y. H. (2007). A meta-analysis of national research: Effects of teaching strategies on student achievement in science in the United States. *Journal of Research in Science Teaching, 44*(10), 1436–1460.

Schuler, H., Funke, U., & Baron-Boldt, J. (1990). Predictive validity of school grades: A meta-analysis. *Applied Psychology: An International Review, 39*(1), 89–103.

Schulze, R. (2004). *Meta-analysis: A comparison of approaches.*Toronto: Hogrefe and Huber.

Schwienhorst, K. (2002).The state of VR: A meta-analysis of virtual reality tools in second language acquisition. *Computer Assisted Language Learning, 15*(3), 221–239.

Scope, E. E. (1998). *A meta-analysis of research on creativity: The effects of instructional variables.* Unpublished Ph.D., Fordham University, NewYork, United States.

Scott, G., Leritz, L. E., & Mumford, M. D. (2004).The effectiveness of creativity training: A quantitative review. *Creativity Research Journal, 16*(4), 361–388.

Scott, R. S. (1984). Meta-analysis: How useful in appraising desegregatory effects?

Psychological Reports, 55(3), 739–743.

Scott, T. P., Tolson, H., Schroeder, C., Lee, Y.-H., Tse-Yang, H., Hu, X., et al. (2005). *Meta-analysis of national research regarding science teaching*. College Station, TX: Texas A&M University, Center for Mathematics and Science Education.

Scott-Little, C., Hamann, M. S., & Jurs, S. G. (2002). Evaluations of after-school programs: A meta-evaluation of methodologies and narrative synthesis of findings. *American Journal of Evaluation, 23*(4), 387–419.

Scriven, M. (1971). The logic of cause. *Theory and Decision, 2*(1), 49–66.

Scriven, M. (1975). Causation as explanation. *Nous, 9*(1), 3–16.

Scriven, M. (1987). Fallacies of statistical substitution. *Argumentation, 1*(3), 333–349.

Scriven, M. (2002). The limits of explication. *Argumentation, 16*(1), 47–57.

Scriven, M. (2005, December). *Can we infer causation from cross-sectional data?* Paper presented at the School Level Data Symposium, National Research Council, Washington DC.

Scriven, M. (2005). Causation. In S. Mathison (Ed.), *Encyclopedia of evaluation* (pp. 43–47). Thousand Oaks, CA: Sage.

Scruggs, T. E., & Mastropieri, M. A. (1996). Teacher perceptions of mainstreaming/inclusion, 1958–1995: A research synthesis. *Exceptional Children, 63*(1), 59–74.

Scruggs, T. E., White, K. R., & Bennion, C. (1986). Teaching test-taking skills to elementary-grade students: A meta-analysis. *Elementary School Journal, 87*(1), 69–82.

Seastrom, M. M., Gruber, K. J., Henke, R., McGrath, D. J., & Cohen, B. A. (2002). Qualifications of the public school teacher workforce: Prevalence of out-of-field teaching 1987–88 to 1999–2000. *Education Statistics Quarterly, 4*(3), 12–19.

Seastrom, M. M., Gruber, K. J., Henke, R., McGrath, D. J., & Cohen, B. A. (2002). *Qualifications of the public school teacher workforce: Prevalence of out-of-field teaching, 1987–88 to 1999–2000. Statistical analysis report*. Jessup, MD: ED Publications.

Seidel, T., & Shavelson, R. J. (2007). Teaching effectiveness research in the past decade: The role of theory and research design in disentangling meta-analysis results. *Review of Educational Research, 77*(4), 454–499.

Seipp, B. (1991). Anxiety and academic performance: A meta-analysis of findings. *Anxiety, Stress, and Coping, 4*(1), 27–41.

Selley, N. J. (1999). *The art of constructivist teaching in the primary school: A guide for students and teachers*. London: David Fulton.

Sencibaugh, J. M. (2005). *Meta-analysis of reading comprehension interventions for students with learning disabilities: Strategies and implications*. St Louis, MO: Harris-Stowe State Unversity,.

Sencibaugh, J. M. (2007). Meta-analysis of reading comprehension interventions for students with learning disabilities: strategies and implications. *Reading Improvement, 44*(1), 6–22.

Senechal, M. (2006). *The effect of family literacy interventions on children's acquisition of reading. From kindergarten to grade 3.A meta-analytic review*.Washington, DC National Institute for Literacy.

Severiens, S. E., & Ten Dam, G. T. N. (1994). Gender differences in learning styles: A narrative review and quantitative meta-analysis. *Higher Education, 27*(4), 487–501.

Shachar, M., & Neumann, Y. (2003). Differences between traditional and distance education academic performances: A meta-analytic approach [Electronic Version]. *The International Review of Research in Open and Distance Learning, 4*. Retrieved 29 June 2007 from http://www.irrodl.org/ index.php/irrodl/article/view/153/704.

Shah, A. K., & Oppenheimer, D. M. (2008). Heuristics made easy: An effort-reduction framework. *Psychological Bulletin, 134*(2), 207–222.

Shahid, J., & Thompson, D. (2001, April). *Teacher efficacy: A research synthesis*. Paper presented at the Annual Meeting of the American Educational Research Association, Seattle,WA.

Shakeshaft, C., & McNamara, J. F. (1980).Women in academic administration. *Evaluation in Education, 4*, 76–78.

Shanker, A. (1993). Public vs. private schools. National Forum. *Phi Kappa Phi Journal, 73*(4), 14–17.

Shanteau, J. (1992). Competence in experts: The role of task characteristics. *Organizational Behavior and Human Decision Processes, 53*, 252–266.

Shapiro, E. J., Kerssen-Griep, J., Gayle, B. M., & Allen, M. (2006). How powerful is PowerPoint?Analyzing the educational effects of desktop presentational programs in the classroom. In B. M. Gayle, R. W. Preiss, N. Burrell & M.Allen (Eds.), *Classroom communication and instructional processes: Advances through meta-analysis* (pp. 61–75). Mahwah, NJ: Lawrence Erlbaum Associates.

Sharpe, D., & Rossiter, L. (2002). Siblings of children with a chronic illness: A meta-analysis. *Journal of Pediatrric Psychology, 27*(8), 699–710.

Shaver, J. P., Curtis, C. K., Jesunathadas, J., & Strong, C. J. (1987, April). *The methodology and outcomes of research on modifying attitudes toward persons with disabilities: A comprehensive, systematic review.* Paper presented at the Annual Meeting of the American Educational Research Association, Washington, DC.

Shaver, J. P., Curtis, C. K., Jesunathadas, J., & Strong, C. J. (1987). *The modification of attitudes toward persons with handicaps: A comprehensive integrative review of research. Final report.* Logan, Utah: Bureau of Research Services, Utah State University.

Shaver, J. P., Curtis, C. K., Jesunathadas, J., & Strong, C. J. (1989). The modification of attitudes toward persons with disabilities: Is there a best way? *International Journal of Special Education, 4*(1), 33–57.

Sheeran, P. (2002). Intention-behavior relations: A conceptual and empirical review. *European Review of Social Psychology, 12*, 1–36.

Shepard, L. A. (1989). A review of research on kindergarten retention. In L. A. Shepard & M. L. Smith (Eds.), *Flunking grades: Research and policies on retention* (pp. 64–78). London: Falmer Press.

Shepard, L. A., & Smith, M. L. (Eds.). (1989). *Flunking grades: Research and policies on retention.* London: Falmer Press.

Shermer, M. (1997). *Why people believe weird things: Pseudoscience, superstition, and other confusions of our time.* New York: WH Freeman.

Shiell, J. L. (2002). *A meta-analysis of Feuerstein's Instrumental Enrichment.* Unpublished Ph.D., The University of British Columbia, Canada.

Shomoossi, N. (2004). The effect of teachers' questioning behavior on EFL classroom interaction: A classroom research study. *The Reading Matrix, 4*(2), 96–104.

Shrager, L., & Mayer, R. E. (1989). Note-taking fosters generative learning strategies in novices. *Journal of Educational Psychology, 81*(2), 263–264.

Shulman, L. S. (1987). Knowledge and teaching: Foundations of the new reform. *Harvard Educational Review, 57*(1), 1–22.

Shulruf, B., Keuskamp, D., & Timperley, H. (2006). *Coursetaking or subject choice?* (No. Technical Report #7). Auckland, New Zealand: Starpath: Project for Tertiary Participation and Support, The University of Auckland.

Shwalb, B. J., Shwalb, D.W., & Azuma, H. (1986). Educational technology in the Japanese schools – a meta-analysis of findings. *Educational Technology Research, 9*(1–2), 13–30.

Shymansky, J. A. (1983). The effects of new science curricula on student performance. *Journal of Research in Science Teaching, 20*(5), 387–404.

Shymansky, J. A. (1984). BSCS programs: Just how effective were they? *American Biology Teacher, 46*(1), 54–57.

Shymansky, J. A., Hedges, L.V., & Woodworth, G. (1990). A reassessment of the effects of inquiry-based science curricula of the 60's on student performance. *Journal of Research in Science Teaching, 27*(2), 127–144.

Shymansky, J. A., Kyle, W. C. J., & Alport, J. M. (1983). The effects of new science curricula on student performance. *Journal of Research in Science Teaching, 20*(5), 387–404.

Shymansky, J. A., & Others, A. (1987). A reassessment of the effects of 60's science curricula on student performance: Final report (p. 58).

Shymansky, J. A., Woodworth, G., Berg, C., & Hedges, L.V. (1986, March). *A study of uncertainties in the meta-analysis of research on the effectiveness of "new" science curricula. Preliminary report.* Paper presented at the Annual Meeting of the National Association for Research in Science Teaching, San Francisco, CA,.

Sibley, B. A., & Etnier, J. L. (2002).The effects of physical activity on cognition in children: A meta-analysis. *Medicine and Science in Sports and Exercise, 34*(5), S214.

Sibley, B. A., & Etnier, J. L. (2003).The relationship between physical activity and cognition in children: A meta-analysis. *Pediatric Exercise Science, 15*(3), 243–256.

Signorella, M. L., Frieze, I. H., & Hershey, S. W. (1996). Single-sex versus mixed-sex classes and gender schemata in children and adolescents. A longitudinal comparison. *Psychology of Women Quarterly, 20*(4), 599–607.

Silva, R. R., Munoz, D. M., & Alpert, M. (1996). Carbamazepine use in children and adolescents with features of attention-deficit hyperactivity disorder: A meta-analysis.

Journal of the American Academy of Child and Adolescent Psychiatry, 35(3), 352–358.

Silver, H. C., & Greenhaiis, J. H. (1983). The impact of goal, task and personal characteristics on goal-setting behavior. *Eastern Academy of Management Proceedings*, 11–13.

Simmons, J. (1991). *Learning controversy: A situational perspective.*

Simpson, S. N. (1980). Comment on "Meta-Analysis of Research on Class Size and Achievement." *Educational Evaluation and Policy Analysis, 2*(3), 81–83.

Sindelar, P. T., & Wilson, R. J. (1984). The potential effects of meta-analysis on special education practice. *18*(1), 81–92.

Sipe, T. A., & Curlette, W. L. (1996, April). *A meta-meta-analysis: Methodological aspects of meta-analyses in educational achievement.* Paper presented at the Annual Meeting of the American Educational Research Association, New York.

Sipe, T. A., & Curlette, W. L. (1996). A meta-synthesis of factors related to educational achievement: A methodological approach to summarizing and synthesizing meta-analyses. *International Journal of Educational Research, 25*(7), 583–698.

Sirin, S. R. (2005). Socioeconomic status and academic achievement: A meta-analytic review of research. *Review of Educational Research, 75*(3), 417–453.

Sirotnik, K. A. (1983). What you see is what you get: Consistency, persistency, and mediocrity in classrooms. *Harvard Educational Review, 53*(1), 16–31.

Sirotnik, K.A. (1985). School effectiveness: A bandwagon in search of a tune. *Educational Administration Quarterly, 21*(2), 135–140.

Sitzmann, T., Kraiger, K., Stewart, D., & Wisher, R. (2006).The comparative effectiveness of web-based and classroom instruction: A meta-analysis. *Personnel Psychology, 59*(3), 623–664.

Sizemore, R. W. (1981). Do Black and White students look for the same characteristics in teachers? *Journal of Negro Education, 50*(1), 48–53.

Skiba, R. J., & Casey, A. (1985). Interventions for behaviorally disordered students: A quantitative review and methodological critique. *Behavioral Disorders, 10*(4), 239–252.

Skiba, R. J., Casey, A., & Center, B. A. (1985). Nonaversive procedures in the treatment of classroom behavior problems. *Journal of Special Education, 19*(4), 459–481.

Slavin, R. E. (1987).Ability grouping and student achievement in elementary schools:

A best-evidence synthesis. *Review of Educational Research, 57*(3), 293–336.

Slavin, R. E. (1987). Mastery learning reconsidered. *Review of Educational Research, 57*(2), 175–213.

Slavin, R. E. (1989). Class size and student achievement: Small effects of small classes. *Educational Psychologist, 24*(1), 99–110.

Slavin, R. E. (1990). Achievement effects of ability grouping in secondary schools: A best-evidence synthesis. *Review of Educational Research, 60*(3), 471–499.

Slavin, R. E., & Cheung, A. (2005). A Synthesis of Research on Language of Reading Instruction for English Language Learners. *Review of Educational Research, 75*(2), 247–284.

Slavin, R. E., Cheung, A., Groff, C., & Lake, C. (in press). Effective reading programs for middle and high schools: A best-evidence synthesis. *Reading Research Quarterly*.

Slavin, R. E., & Stevens, R. J. (1991). Cooperative learning and mainstreaming. In J.W. Lloyd, N. Singh & A. Repp (Eds.), *The regular education initiative: Alternative perspectives on concepts, issues, and models* (pp. 177–192). Sycamore, IL: Sycamore.

Slee, R. (1998). High reliability organizations and liability students—The politics of recognition. In R. Slee, G.Weiner & S. Tomlinson (Eds.), *School effectiveness for whom? Challenges to the school effectiveness and school improvement movements* (pp. 101–114). London: Falmer Press.

Slemmer, D. L. (2002). *The effect of learning styles on student achievement in various hypertext, hypermedia, and technology-enhanced learning environments: A meta-analysis.* Unpublished Ed.D., Boise State University, ID.

Small, R. (2003). A fallacy in constructivist epistemology. *Journal of Philosophy of Education, 37*(3), 483–502.

Smith, B. A. (1996). *A meta-analysis of outcomes from the use of calculators in mathematics education.* Unpublished Ed.D.,Texas A&M University, TX.

Smith, D. A.(1996). *A meta-analysis of student outcomes attributable to the teaching of science as inquiry as compared to traditional methodology.* Unpublished Ed.D.,Temple University, Pennsylvania, United States.

Smith, M. L. (1980). Teacher expectations. *Evaluation in Education, 4*, 53–55.

Smith, M. L., & Glass, G. V. (1980). Meta-analysis of research on class size and its relationship to attitudes and instruction. *American Educational Research Journal, 17*(4), 419–433.

Smith, R. A. (2003). *Problem-based versus lecture-based medical teaching and learning: A meta-analysis of cognitive and noncognitive outcomes.* Unpublished Ph.D., University of Florida, FL.

Smith, T. W., Baker, W. K., Hattie, J. A. C., & Bond, L. (2008). A validity study of the certification system of the National Board For Professional Teaching Standards. In L. Ingvarson & J. A. C. Hattie (Eds.), *Assessing teachers for professional certification: The first decade of the National Board for Professional Teaching Standards* (pp. 345–378). Oxford, UK: Elsevier.

Snead, C. C., Ⅱ. (2005). *A meta-analysis of attention deficit/hyperactivity disorder interventions: An empirical road to pragmatic solutions.* Unpublished Ed.D., Virginia Polytechnic Institute and State University, Virginia, United States.

Snook, I. (2003). *The ethical teacher.* Palmerston North, New Zealand: Dunmore Press.

Snow, C. E., Burns, M. S., & Griffin, P. (1998). *Preventing reading difficulties in young children.* Washington, DC: National Academy Press.

Snow, R. E. (1989). Aptitude–treatment interaction as a framework for research on individual differences in learning. In P. H. Ackerman, R. J. Sternberg & R. Glaser (Eds.), *Learning and individual differences: Advances in theory and research* (pp. 13–59). New York: Freeman.

Snyder, S., & Sheehan, R. (1983). Integrating research in early childhood special education: The use of meta-analysis. *Diagnostique, 9*(1), 12–25.

Soe, K., Koki, S., & Chang, J. M. (2000). *Effect of computer-assisted instruction (CAI) on reading achievement: A meta-analysis.* Honolulu, HI: Pacific Resources for Education and Learning.

Sohn, D. (1982). Sex differences in achievement self-attributions: An effect size analysis. *Sex Roles, 8*(4), 345–357.

Song, E.Y., Pruitt, B. E., McNamara, J., & Colewell, B. (2000). A meta-analysis examining effects of school sexuality education programs on adolescents' sexual knowledge, 1960–1997. *Journal of School Health, 70*(10), 413–416.

Sowell, E. J. (1989). Effects of manipulative materials in mathematics instruction. *Journal for Research in Mathematics Education, 20*(5), 498–505.

Sparks, D. (2004). The looming danger of a two-tiered professional development system. *Phi Delta Kappan, 86*(4), 304–306.

Spielberger, C. D. (Ed.). (1972). *Anxiety: Current trends in theory and research* (Vol. 1). New York: Academic Press.

Spielberger, C. D., & Sarason, I. G. (Eds.). (1989). *Stress and anxiety* (Vol. 12). Washington: Hemisphere Publishing Corporation.

Spies, C. (1987). Play, problem solving, and creativity in young children, *Biennial Meeting of the Society for Research in Child Development* (p. 46). Baltimore, MD.

Spitz, H. H. (1999). Beleaguered Pygmalion: A history of the controversy over claims that teacher expectancy raises intelligence. *Intelligence, 27*(3), 199–234.

Springer, L., Stanne, M. E., & Donovan, S. S. (1997, November). *Effects of small-group learning on undergraduates in science, mathematics, engineering, and technology: A meta-analysis*. Paper presented at the Annual meeting of the Association for the Study of Higher Education, Albuquerque, NM.

Springer, L., Stanne, M. E., & Donovan, S. S. (1999). Effects of small-group learning on undergraduates in science, mathematics, engineering, and technology: A meta-analysis. *Review of Educational Research, 69*(1), 21–51.

Spuler, F. B. (1993). *A meta-analysis of the relative effectiveness of two cooperative learning models in increasing mathematics achievement*. Unpublished Ph.D., Old Dominion University, VA.

Stage, S. A., & Quiroz, D. R. (1997). A Meta-analysis of interventions to decrease disruptive classroom behavior in public education settings. *School Psychology Review, 26*(3), 333–368.

Stahl, S. A., & Fairbanks, M. M. (1986). The effects of vocabulary instruction: A model-based meta-analysis. *Review of Educational Research, 56*(1), 72–110.

Stahl, S. A., McKenna, M. C., & Pagnucco, J. R. (1994). The effects of whole-language instruction: An update and a reappraisal. *Educational Psychologist, 29*(4), 175–185.

Stahl, S. A., & Miller, P. D. (1989). Whole language and language experience approaches for beginning reading: A quantitative research synthesis. *Review of Educational Research, 59*(1), 87–116.

Stallings, J., Almy, M., Resnick, L. B., & Leinhardt, G. (1975). Implementation and child effects of teaching practices in Follow Through classrooms. *Monographs of the Society for Research in Child Development, 40*(7/8), 1–133.

Standley, J. M. (1996). A meta-analysis on the effects of music as reinforcement for education/ therapy objectives. *Journal of Research in Music Education, 44*(2), 105–133.

Stebbins, L. B. (1976). *Education as experimentation: A planned variation model* (Vol. 3). Cambridge, MA: Abt Associates.

Stebbins, L. B., St. Pierre, R. G., Proper, E. C., Anderson, R. B., & Cerva,T. R. (1977). *Education as experimentation: A planned variation model.* (Vol. 4 A-D). Cambridge, MA: Abt Associates.

Steedman, J. (1983). *Examination results in mixed and single-sex schools: Findings from the National Child Development Study.* Manchester, UK: Equal Opportunities Commission.

Steinberg, L. D., Brown, B. B., & Dornbusch, S. M. (1997). *Beyond the classroom: Why school reform has failed and what parents need to do.* New York: Simon and Schuster.

Steinkamp, M.W. (1982, March). *Sex-related differences in attitude toward science: A quantitative synthesis of research.* Paper presented at the Annual Meeting of the American Educational Research Association, New York.

Steinkamp, M.W., & Maehr, M. L. (1983). Affect, ability, and science achievement: A quantitative synthesis of correlational research. *Review of Educational Research, 53*(3), 369–396.

Steinkamp, M.W., & Maehr, M. L. (1984). Gender differences in motivational orientations toward achievement in school science: A quantitative synthesis. *American Educational Research Journal, 21*(1), 39–59.

Stekelenburg, C. R. (1991). *The effects of public high school size on student achievement: A meta-analysis.* Unpublished EdD, University of Georgia, GA.

Stennett, R. G. (1985). *Computer assisted instruction: A review of the reviews* (No. 85–01): London Board of Education (Ontario). Educational Research Services. [BBB10459].

Stephan, W. G. (1983). *Blacks and "Brown": The effects of school desegregation on Black students*. Washington, DC: National Institute of Education.

Stephens, C. S. (2001). A meta-analysis of research on student team effectiveness: A proposed application of phased interventions. *Journal of Informatics Education Research, 8*.

Sternberg, R. J., & Horvath, J. A. (1995). A prototype view of expert teaching. *Educational Researcher, 24*(6), 9–17.

Stevens, R. J., & Slavin, R. E. (1990). When cooperative learning improves the achievement of students with mild disabilities: A response to Tateyama-Sniezek. *Exceptional Children, 57*(3), 276–280.

Stone, C. L. (1983). A meta-analysis of advance organizer studies. *Journal of Experimental Education, 51*(4), 194–199.

Strahan, D. B. (1989). How experienced and novice teachers frame their views of instruction: An analysis of semantic ordered trees. *Teaching and Teacher Education, 5*(1), 53–67.

Strenze, T. (2007). Intelligence and socioeconomic success: A meta-analytic review of longitudinal research. *Intelligence, 35*(5), 401–426.

Strom, R. E., & Boster, F. J. (2007). Dropping out of high school: A meta-analysis assessing the effect of messages in the home and in school. *Communication Education, 56*(4), 433–452.

Strong, W. B., Malina, R. M., Blimkie, C. J. R., Daniels, S. R., Dishman, R. K., Gutin, B., et al. (2005). Evidence based physical activity for school-age youth. *The Journal of Pediatrics, 146*(6), 732–737.

Strube, M. J. (1981). Meta-analysis and cross-cultural comparison: Sex differences in child competitiveness. *Journal of Cross-Cultural Psychology, 12*(1), 3–20.

Stuebing, K. K., Fletcher, J., M., LeDoux, J., M., Lyon, G. R., Shaywitz, S. E., & Shaywitz, B. A. (2002). Validity of IQ-discrepancy classifications of reading disabilities: A meta-analysis. *American Educational Research Journal, 39*(2), 469–518.

Stuebing, K. K., Barth, A. E., Cirino, P. T., Francis, D. J., & Fletcher, J. M. (2008). Response to recent reanalyses of the National Reading Panel Report: Effects of systematic phonics instruction are practically significant. *Journal of Educational Psychology, 100*(1), 123–134.

Stumpf, H., & Klieme, E. (1989). Sex-related differences in spatial ability: More evidence for convergence. *Perceptual and Motor Skills, 69*(3, Pt 1), 915–921.

Subotnik, R. F., & Walberg, H. J. (2006). *The scientific basis of educational productivity*. Greenwich, CN: Information Age Publishing.

Sullivan, M. H. (1993). *A meta-analysis of experimental research studies based on the Dunn and Dunn Learning Style Model and its relationship to academic achievement and performance*. St John's University, NY.

Swanborn, M. S. L., & de Glopper, K. (1999). Incidental word learning while reading: A meta-analysis. *Review of Educational Research, 69*(3), 261–285.

Swanborn, M. S. L., & de Glopper, K. (2002). Impact of reading purpose on incidental word learning from context. *Language Learning, 52*(1), 95–117.

Swanson, H. L. (1999). Reading research for students with LD: A meta-analysis of intervention outcomes. *Journal of Learning Disabilities, 32*(6), 504–532.

Swanson, H. L. (2000). What instruction works for students with learning disabilities? Summarizing the results of a meta-analysis of intervention studies. In R. M. Gersten, E. P. Schiller & S. Vaughn (Eds.), *Contemporary special education research: syntheses of the knowledge base on critical instructional issues* (pp. 1–30). Mahwah, NJ: Lawrence Erlbaum Associates.

Swanson, H. L. (2001). Research on interventions for adolescents with learning disabilities: A meta-analysis of outcomes related to higher-order processing. *The Elementary School Journal, 101*(3), 331–348.

Swanson, H. L. (2001). Searching for the best model for instructing students with learning disabilities. *Focus on Exceptional Children, 34*(2), 1–15.

Swanson, H. L., Carson, C., & Sachse-Lee, C. M. (1996). A selective synthesis of intervention research for students with learning disabilities. *School Psychology Review, 25*(3), 370–391.

Swanson, H. L., & Hoskyn, M. (1998). Experimental intervention research on students with learning disabilities: A meta-analysis of treatment outcomes. *Review of Educational Research, 68*(3), 277–321.

Swanson, H. L., & Hoskyn, M. (2001). Instructing adolescents with learning disabilities: A component and composite analysis. *Learning Disabilities: Research and*

Practice, 16(2), 109–119.

Swanson, H. L., Hoskyn, M., & Lee, C. (1999). *Interventions for students with learning disabilities: A meta-analysis of treatment outcomes.* New York: Guilford Press.

Swanson, H. L., & Jerman, O. (2006). Math disabilities: A selective meta-analysis of the literature. *Review of Educational Research, 76*(2), 249–274.

Swanson, H. L., & Lussier, C. M. (2001). A selective synthesis of the experimental literature on dynamic assessment. *Review of Educational Research, 71*(2), 321–363.

Swanson, H. L., & Malone, S. (1992). Social skills and learning disabilities: A meta-analysis of the literature. *School Psychology Review, 21*(3), 427–442.

Swanson, H. L., O'Connor, J. E., & Cooney, J. B. (1990).An information processing analysis of expert and novice teachers' problem solving. *American Educational Research Journal, 27*(3), 533–556.

Swanson, H. L., Trainin, G., Necoechea, D. M., & Hammill, D. D. (2003). Rapid naming, phonological awareness, and reading: A meta-analysis of the correlation evidence. *Review of Educational Research, 73*(4), 407.

Swanson, J. M., McBurnett, K.,Wigal, T., Pfiffner, L. J., & et al. (1993). Effect of stimulant medication on children with attention deficit disorder: A "review of reviews". *Exceptional Children, 60*(2), 154–162.

Sweet, M. A., & Appelbaum, M. I. (2004). Is home visiting an effective strategy? A meta-analytic review of home visiting programs for families with young children. *Child Development, 75*(5), 1435–1456.

Sweitzer, G. L., & Anderson, R. D. (1983). A meta-analysis of research on science teacher education practices associated with inquiry strategy. *Journal of Research in Science Teaching, 20*(5), 453–466.

Sweller, J. (2006). Discussion of 'Emerging topics in cognitive load research: Using learner and information characteristics in the design of powerful learning environments'. *Applied Cognitive Psychology, 20*(3), 353–357.

Sweller, J. (2008). Cognitive load theory and the use of educational technology. *Educational Technology, 48*(1), 32–34.

Szczurek, M. (1982). *Meta-analysis of simulation games effectiveness for cognitive learning.* Unpublished Ed.D., Indiana University, IN.

Taconis, R., Ferguson-Hessler, M. G. M., & Broekkamp, H. (2001). Teaching science problem solving: An overview of experimental work. *Journal of Research in Science Teaching, 38*(4), 442–468.

Tagomori, H. T., & Bishop, L. A. (1995). Student evaluation of teaching: Flaws in the instruments. *Thought and Action, 11*(1), 63–78.

Tamir, P. (1985). Meta-analysis of cognitive preferences and learning. *Journal of Research in Science Teaching, 22*(1), 1–17.

Taylor, L.A., III . (1984). *Strategic alternative and goal level effects on decision quality and goal commitment.* Unpublished D.B.A., Indiana University, Graduate School of Business, IN.

te Nijenhuis, J., Resing, W.,Tolboom, E., & Bleichrodt, N. (2004). Short-term memory as an additional predictor of school achievement for immigrant children? *Intelligence, 32*(2), 203–213.

Teddlie, C., Reynolds, D., & Sammons, P. (2000). The methodology and scientific properties of school effectiveness research. In C. Teddlie & D. Reynolds (Eds.), *The international handbook of school effectiveness research* (pp. 55–133). London: Falmer Press.

Teddlie, C., & Springfield, S. (1993). Schools make a dfference: Lessons learned from a 10 year study of school effects. New York:Teachers College Press.

Tellez, K., & Waxman, H. (2004). *Quality teachers for English language learners: A research synthesis.* Philadelphia, PA: Mid Atlantic Lab for Student Success.

Tenenbaum, G., & Goldring, E. (1989).A meta-analysis of the effect of enhanced instruction: Cues, participation, reinforcement and feedback, and correctives on motor skill learning. *Journal of Research and Development in Education, 22*(3), 53–64.

Tenenbaum, H. R., & Ruck, M. D. (2007). Are teachers' expectations different for racial minority than for European American students? A meta-analysis. *Journal of Educational Psychology, 99*(2), 253–273.

Tettegah, S., & Anderson, C. J. (2007). Pre-service teachers' empathy and cognitions: Statistical analysis of text data by graphical models. *Contemporary Educational Psychology, 32*(1), 48–82.

Therrien, W. J. (2004). Fluency and comprehension gains as a result of repeated reading: A meta-analysis. *Remedial and Special Education, 25*(4), 252–260.

Thomas, A. M. (2000). *The effects of phonemic awareness instruction on reading achievement of kindergarten students: A meta-analysis.* Unpublished Ed.D., University of Sarasota, FL.

Thomas, J. R., & French, K. E. (1985). Gender differences across age in motor performance a meta-analysis. *Psychological Bulletin, 98*(2), 260–282.

Thomas, L. (1979). *The medusa and the snail: More notes of a biology watcher.* New York: Viking Press.

Thorne, S., Jensen, L., Kearney, M. H., Noblit, G., & Sandelowski, M. (2004). Qualitative metasynthesis: Reflections on methodological orientation and ideological agenda. *Qualitative Health Research, 14*(10), 1342–1365.

Thum, Y. M. (2002). *Measuring student and school progress with the California API. CSE Technical Report.* Los Angeles, CA: Center for the Study of Evaluation, National Center for Research on Evaluation, Standards, and Student Testing, California University.

Thurber, S., & Walker, C. E. (1983). Medication and hyperactivity: A meta-analysis. *Journal of General Psychology, 108*(1), 79–86.

Timmerman, C. E., & Kruepke, K. A. (2006). Computer-assisted instruction, media richness, and college student performance. *Communication Education, 55*(1), 73–104.

Timmerman, L. M. (2006). Family care versus day care: Effects on children. In B. M. Gayle, R. W. Preiss, N. Burrell & M. Allen (Eds.), *Classroom communication and instructional processes: Advances through meta-analysis* (pp. 245–260). Mahwah, NJ: Lawrence Erlbaum Associates.

Timperley, H., Wilson, A., Barrar, H., & Fung, I. Y. Y. (2007). Teacher professional learning and development: Best evidence synthesis iteration In. Wellington, New Zealand: Ministry of Education.

Tinoca, L. F. (2004). *From professional development for science teachers to student learning in science.* Unpublished Ph.D., The University of Texas at Austin, TX.

Tohidi, N. E. (1982). *Sex differences in cognitive performance on Piaget-like tasks: A meta-analysis of findings.* Unpublished Ph.D., University of Illinois at Urbana-Champaign, IL.

Tohidi, N. E., Steinkamp, M. W., & Maehr, M. L. (1986). *Gender differences in performance on tests of cognitive functioning: A meta-analysis of research findings.* Washington, DC: National Science Foundation.

Tomchin, E. M., & Impara, J. C. (1992). Unraveling teachers' beliefs about grade retention. *American Educational Research Journal, 29*(1), 199–223.

Torgerson, C. J., Brooks, G., & Hall, J. (2006). *A systematic review of the research literature on the use of phonics in the teaching of reading and spelling.* London: Department for Education and Skills.

Torgerson, C. J., Brooks, G., Porthouse, J., Burton, M., Robinson, A., Wright, K., et al. (2004). *Adult literacy and numeracy interventions and outcomes: A review of controlled trials.* London: National Research and Development Centre for Adult Literacy and Numeracy.

Torgerson, C. J., & Elbourne, D. (2002). A systematic review and meta-analysis of the effectiveness of information and communication technology (ICT) on the teaching of spelling. *Journal of Research in Reading, 25*(2), 129–143.

Torgerson, C. J., King, S. E., & Sowden, A. J. (2002). Do volunteers in schools help children learn to read? A systematic review of randomized controlled trials. *Educational Studies, 28*(4), 433–444.

Torgerson, C. J., Porthouse, J., & Brooks, G. (2005). A systematic review and meta-analysis of controlled trials evaluating interventions in adult literacy and numeracy. *Journal of Research in Reading, 28*(2), 87–107.

Torgerson, C. J., & Zhu, D. (2003). *A systematic review and meta-analysis of the effectiveness of ICT on literacy learning in English, 5–16.* London: EPPI-Centre, Social Science Research Unit, Institute of Education, University of London.

Torrance, H., & Pryor, J. (1998). *Investigating formative assessment:Teaching, learning and assessment in the classroom.* Buckingham: Open University Press.

Trachtenburg, P., & Ferruggia, A. (1989). Big books from little voices: Reaching high risk beginning readers. *The Reading Teacher, 42*(4), 284–289.

Trapmann, S., Hell, B.,Weigand, S., & Schuler, H. (2007). Die Validität von Schulnoten zurVorhersage des Studienerfolgs – eine Metaanalyse [The validity of school grades for academic achievement-a meta-analysis]. *Zeitschrift für Pädagogische Psychologie, 21*(1), 11–27.

Trautwein, U., Köller, O., Schmitz, B., & Baumert, J. (2002). Do homework assignments enhance achievement? A multilevel analysis in 7th-grade mathematics. *Contemporary Educational Psychology, 27*(1), 26–50.

Travlos, A. K., & Pratt, J. (1995). Temporal locus of knowledge of results: A meta-analytic review. *Perceptual and Motor Skills, 80*(1), 3–14.

Trussell-Cullen, A. (1994). *Whatever happened to times tables? Every parent's guide to New Zealand education*. Auckland, New Zealand: Reed Books.

Tubbs, M. E. (1986). Goal setting: A meta-analytic examination of the empirical evidence. *Journal of Applied Psychology, 71*(3), 474–483.

Tudor, M. T. (1992). Expert and novice differences in strategies to problem solve an environmental issue. *Contemporary Educational Psychology, 17*(4), 329–339.

Tunmer, W. E., & Nesdale, A. R. (1985). Phonemic segmentation skill and beginning reading. *Journal of Educational Psychology, 77*(4), 417–427.

Twenge, J. M., Zhang, L., & Im, C. (2004). It's beyond my control: A cross-temporal meta-analysis of increasing externality in locus of control, 1960–2002. *Personality and Social Psychology Review, 8*(3), 308–319.

Tyack, D. B., & Cuban, L. (1995). *Tinkering toward utopia: A century of public school reform*. Cambridge, Mass.: Harvard University Press.

Uguroglu, M. E., & Walberg, H. J. (1979). Motivation and achievement: A quantitative synthesis. *American Educational Research Journal, 16*(4), 375–389.

Uguroglu, M. E., & Walberg, H. J. (1980). Motivation. *Evaluation in Education, 4*, 105–106.

Uhry, J. K., & Shepherd, M. J. (1993). Segmentation/spelling instruction as part of a first-grade reading program: Effects on several measures of reading. *Reading Research Quarterly, 28*(3), 219–233.

Underhill, C. M. (2006). The effectiveness of mentoring programs in corporate settings: A meta-analytical review of the literature. *Journal of Vocational Behavior, 68*(2), 292–307.

Urquiola, M. S. (2000). *Essays on educational financing and effectiveness in the United States and Bolivia*. Unpublished Ph.D., University of California, Berkeley, CA.

Useem, E. L. (1991). Student selection into course sequences in mathematics: The impact of parental involvement and school policies. *Journal of Research on Adolescence, 1*(3), 231–250.

Useem, E. L. (1992). Middle schools and math groups: Parents' involvement in children's placement. *Sociology of Education, 65*(4), 263–279.

Valentine, J. C. (2001). *The relation between self-concept and achievement: A meta-analytic review*. Unpublished Ph.D., University of Missouri, Columbia, MO.

Valentine, J. C., DuBois, D. L., & Cooper, H. M. (2004). The relation between self-beliefs and academic achievement: A meta-analytic review. *Educational Psychologist, 39*(2), 111–133.

van der Mars, H., Vogler, E. W., Darst, P. W., & Cusimano, B. (1995). *Novice and expert physical education teachers: They may think and decide differently... but do they behave differently?* Washington, DC: Department of Education.

van Gog, T., Ericsson, K. A., Rikers, R., M. J. P., & Paas, F. (2005). Instructional design for advanced learners: Establishing connections between the theoretical frameworks of cognitive load and deliberate practice. *Educational Technology, Research and Development, 53*(3), 73–81.

van Ijzendoorn, M. H., & Bus, A. G. (1994). Meta-analytic confirmation of the nonword reading deficit in developmental dyslexia. *Reading Research Quarterly, 29*(3), 266–275.

van Ijzendoorn, M. H., & Juffer, F. (2005). Adoption is a successful natural intervention enhancing adopted children's IQ and school performance. *Current Directions in Psychological Science, 14*(6), 326–330.

van Ijzendoorn, M. H., Juffer, F., & Poelhuis, C.W. K. (2005). Adoption and cognitive development: A meta-analytic comparison of adopted and nonadopted children's IQ and school performance. *Psychological Bulletin, 131*(2), 301–316.

van Lier, L. (1988). *The classroom and the language learner: Ethnography and second Language classroom research*. London: Longman.

van Lier, L. (1998). The relationship between consciousness, interaction, and language learning. *Language Awareness, 7*(2/3), 128–143.

Vandell, D. L., Reisner, E. R., & Pierce, K. M. (2007). *Outcomes linked to high-quality afterschool programs: Longitudinal findings from the study of promising afterschool programs*. University of California, Irvine; University of Wisconsin – Madison; and Policy Studies Associates, Inc.

Vandevoort, L. G., Amrein-Beardsley, A., & Berliner, D. C. (2004). National Board Certified Teachers and their students' achievement. *Education Policy Analysis Archives, 12*(46), 1–117.

Vanfossen, B. E., Jones, J. D., & Spade, J. Z. (1987). Curriculum tracking and status maintenance. *Sociology of Education, 60*(2), 104–122.

VanSickle, R. L. (1986). A quantitative review of research on instructional simulation gaming: A twenty-year perspective. *Theory and Research in Social Education, 14*(3), 245–264.

Varble, M. E., & Gilman, D. A. (1988). *A study of the relationship between class size and achievement*. Bloomington, IN: Indiana State University.

Vásquez, O.V., & Caraballo, J. N. (1993, August). *Meta-analysis of the effectiveness of concept mapping as a learning strategy in science education*. Paper presented at the Third International Seminar on the Misconceptions and Educational Strategies in Science and Mathematics Education, Ithaca, NY.

Vaughn, K. (2000). Music and mathematics: Modest support for the oft-claimed relationship. *Journal of Aesthetic Education, 34*(3–4), 149–166.

Vaughn, K., & Winner, E. (2000). SAT scores of students who study the arts: What we can and cannot conclude about the association. *Journal of Aesthetic Education, 34*(3/4), 77–89.

Vaughn, S., Gersten, R., & Chard, D. J. (2000).The underlying message in LD intervention research: Findings from research syntheses. *Exceptional Children, 67*(1), 99–116.

Vaughn, S., Kim, A.-H., Sloan, C. V. M., Hughes, M. T., Elbaum, B., & Sridhar, D. (2003). Social skills interventions for young children with disabilities: A synthesis of group design studies. *Remedial and Special Education, 24*(1), 2.

Vaughn, V. (1990). *Meta-analysis of pull-out programs in gifted education*. Paper presented at the Annual Convention of the National Association for Gifted Children, Little Rock, AR.

Vaughn, V. L., Feldhusen, J. F., & Asher, J. W. (1991). Meta-analyses and review of research on pull-out programs in gifted education. *Gifted Child Quarterly, 35*(2), 92–98.

Veenman, M.V. J., & Elshout, J. J. (1995). Differential effects of instructional support on learning in simultation environments. *Instructional Science, 22*(5), 363–383.

Veenman, M.V. J., Prins, F. J., & Elshout, J. J. (2002). Initial inductive learning in a complex computer simulated environment: The role of metacognitive skills and intellectual ability. *Computers in Human Behavior, 18*(3), 327–341.

Veenman, M.V. J., & Verheij, J. (2001).Technical students' metacognitive skills: Relating general vs. specific metacognitive skills to study success. *Learning and Individual Differences, 13*(3), 259–272.

Veenman, S. (1995). Cognitive and noncognitive effects of multigrade and multi-age classes: A best-evidence synthesis. *Review of Educational Research, 65*(4), 319.

Veenman, S. (1996). Effects of multigrade and multi-age classes reconsidered. *Review of Educational Research, 66*(3), 323–340.

Veenman, S. (1997). Combination classrooms revisited. *Educational Research and Evaluation, 3*(3), 262–276.

Vernon, D. T., & Blake, R. L. (1993). Does problem-based learning work? A meta-analysis of evaluative research. *Academic Medicine, 68*(7), 550–563.

Violato, C., & Russell, C. (2000). A meta-analysis of published research on the psychological effects of nonmaternal care on child development: Social policy implications. University of Calgary.

Vogel, J. J.,Vogel, D. S., Cannon-Bowers, J., Bowers, C. A., Muse, K., & Wright, M. (2006). Computer gaming and interactive simulations for learning: A meta-analysis. *Journal of Educational Computing Research, 34*(3), 229–243.

von Glasersfeld, E. (1995). *Radical constructivism: A way of knowing and learning*. London: Falmer Press.

Vosniadou, S. (2001). *How children learn*. The International Academy of Education and the International Bureau of Education.

Waddington, T. S. H. (1995, April). *Why mastery matters*. Paper presented at the Annual Meeting of the American Educational Research Association, San Francisco, CA.

Wade, R. K. (1985). What makes a difference in inservice teacher education? A meta-analysis of research. *Educational Leadership, 42*(4), 48–54.

Wade, S. E., & Moje, E. B. (2000). The role of text in classroom learning. In M. L. Kamil, P. B. Mosenthal, P. D. Pearson & R. Barr (Eds.), *Handbook of reading research* (Vol. 3, pp. 609–627). Mahwah, NJ: Lawrence Erlbaum Associates.

Wagemaker, H. (1993). *Achievement in reading literacy: New Zealand's performance in a national and international context.*

Wagner, R. K. (1988). Causal relations between the development of phonological processing abilities and the acquisition of reading skills: A meta-analysis. *Merrill-Palmer Quarterly, 34*(3), 261–279.

Waight, C. L., Willging, P. A., & Wentling, T. L. (2002). *Recurrent themes in e-learning: A meta-analysis of major e-learning reports.* Campaign, IL: National Centre for Supercomputing Applications: Knowledge and Systems Group.

Walberg, H. J. (1980). *A meta-analysis of productive factors in science learning grades 6 through 12. Final Technical Report* (Research/Technical No. NSF-SED78–17374). Chicago, IL: College of Education, Illinois University.

Walberg, H. J. (1982). *Desegregation and educational productivity.* Final report. Washington, DC: National Institute on Education.

Walberg, H. J. (1984). Improving the productivity of America's schools. *Educational Leadership, 41*(8), 19–27.

Walberg, H. J. (1985). Research synthesis in special education introduction and overview. *Journal of Special Education, 19*(4).

Walberg, H. J. (1986). Syntheses of research on teaching. In M. C. Wittrock (Ed.), *Handbook of research on teaching* (3rd ed., pp. 241–229). New York: Macmillan.

Walberg, H. J. (2006). Improving educational productivity: An assessment of extant research. In R. F. Subotnik & H. J. Walberg (Eds.), *The scientific basis of educational productivity* (pp. 103–160). Charlotte, NC: Information Age Publishing.

Walberg, H. J., Niemiec, R. P., & Frederick, W. C. (1994). Productive curriculum time. *Peabody Journal of Education, 69*(3), 86–100.

Walberg, H. J., & Walberg, H. J., III. (1994). Losing local control. *Educational Researcher, 23*(5), 19–26.

Walker, A. E., & Leary, H. (2008). A problem based learning meta analysis: Differences across problem types, implementation types, disciplines, and assessment levels. *Interdisciplinary Journal of Problem Based Learning*.

Walker, D., Greenwood, C., Hart, B., & Carta, J. (1994). Prediction of school outcomes based on early language production and socioeconomic factors. *Child Development, 65*(2), 606–621.

Walker, J. T. (2001). *The effect of a problem-based learning curriculum on students' perceptions about selfdirected learning*. Unpublished Ph.D.,The University of Mississippi, MS.

Wallace, T. A. (1989). *The effects of enrichment on gifted students: A quantitative synthesis*. Unpublished Ph.D., University of Illinois at Chicago, IL.

Walsh, K. (2006).Teacher education: Coming up empty. *Fwd, 3*(1), 1–6.

Wang, M. C., & Baker, E. T. (1986). Mainstreaming programs: Design features and effects. *Journal of Special Education, 19*(4), 503–521.

Wang, M. C., Haertel, G. D., & Walberg, H. J. (1993). Toward a knowledge base for school learning. *Review of Educational Research, 63*(3), 249–294.

Wang, S., Jiao, H.,Young, M. J., Brooks,T., & Olson, J. (2008). Comparability of computer-based and paper-and-pencil testing in K-12 reading assessments: A meta-analysis of testing mode effects. *Educational and Psychological Measurement, 68*(1), 5–24.

Ward, S. A. (1980). Studies of knowledge synthesis. *Evaluation in Education, 4*, 130–142.

Waters, T., Marzano, R. J., & McNulty, B. (2003). *Balanced leadership: What 30 years of research tells us about the effect of leadership on student achievement. A working paper*: Mid-Continent Regional Educational Lab., Aurora, CO.[BBB23081].

Waters,T. J., & Marzano, R. J. (2006). *School district leadership that works: The effect of superintendent leadership on student achievement*. Denver, CO: Mid-continent Research for Education and Learning.

Watkins, D. (2001). Correlates of approaches to learning: A cross-cultural meta-analysis. In R. J. Sternberg & L.-F. Zhang (Eds.), *Perspectives on thinking, learning, and cognitive styles* (pp. 165–196). Mahwah, NJ: Lawrence Erlbaum Associates.

Waxman, H. C., Lin, M. F., & Michko, G. M. (2003). *A meta-analysis of the effectivenesss of teaching and learning with technology on student outcomes*. Naperville, Illinois: Learning Point Associates.

Waxman, H. C., & Tellez, K. (2002). *Research synthesis on effective teaching practices for English language learners* (Information Analyses No. LSS-Pub-Ser-2002–3). Philadelphia, PA: Mid-Atlantic Lab for Student Success.

Waxman, H. C., & Walberg, H. J. (1980). Teacher effectiveness. *Evaluation in Education, 4*, 123–124.

Waxman, H. C., Wang, M. C., Anderson, K. A., & Walberg, H. J. (1985). Adaptive education and student outcomes: A quantitative synthesis. *Journal of Educational Research, 78*(4).

Waxman, H. C., Wang, M. C., Anderson, K. A., & Walberg, H. J. (1985). Synthesis of research on the effects of adaptive education. *Educational Leadership, 43*(1), 26–29.

Webb, T. L., & Sheeran, P. (2006). Does changing behavioral intentions engender behavior change? A meta-analysis of the experimental evidence. *Psychological Bulletin, 132*(2), 249–268.

Weinburgh, M. (1995). Gender differences in student attitudes toward science: A meta-analysis of the literature from 1970 to 1991. *Journal of Research in Science Teaching, 32*(4), 387–398.

Weinstein, R. S. (2002). *Reaching higher: The power of expectations in schooling*. Cambridge, MA: Harvard University Press.

Weinstein, T., Boulanger, F. D., & Walberg, H. J. (1982). Science curriculum effects in high school: A quantitative synthesis. *Journal of Research in Science Teaching, 19*(6), 511–522.

Weiss, B., Weisz, J. R., & Bromfield, R. (1986). Performance of retarded and nonretarded persons on information-processing tasks: Further tests of the similar structure hypothesis. *Psychological Bulletin, 100*(2), 157–175.

Weisz, J. R., Weiss, B., Alicke, M. D., & Klotz, M. L. (1987). Effectiveness of psychotherapy with children and adolescents: A meta-analysis for clinicians. *Journal of Consulting and Clinical Psychology, 55*(4), 542–549.

Wells, A. S., & Oakes, J. (1996). Potential pitfalls of systemic reform: Early lessons from research on detracking. *Sociology of Education, 69*, 135–143.

Westerman, D. A. (1991). Expert and novice teacher decision making. *Journal of Teacher Education, 42*(4), 292–305.

Wheelock, A. (1992). *Crossing the tracks: How "untracking" can save America's schools*. New York: New Press.

White, K. R. (1980). Socio-economic status and academic achievement. *Evaluation in Education, 4*, 79–81.

White, K. R. (1982). The relation between socioeconomic status and academic achievement. *Psychological Bulletin, 91*(3), 461–481.

White, K. R. (1986). Efficacy of early intervention. *Journal of Special Education, 19*(4), 401–416.

White, K. R., Bush, D. W., & Casto, G. C. (1985). Learning from reviews of early intervention. *Journal of Special Education, 19*(4), 417–428.

White, K. R., & Casto, G. (1985). An integrative review of early intervention efficacy studies with at-risk children: Implications for the handicapped. *Analysis and Intervention in Developmental Disabilities, 5*(1–2), 7–31.

White, K. R., Taylor, M. J., & Moss, V. D. (1992). Does research support claims about the benefits of involving parents in early intervention programs? *Review of Educational Research, 62*(1), 91–125.

White, M. R. (1997). *The effects of cognitive learning strategies interventions with learning disabled students, in the topical areas of reading and mathematics*. Unpublished Ph.D., The University of Iowa, IA.

White, W. A. T. (1988). A meta-analysis of the effects of direct instruction in special education. *Education and Treatment of Children, 11*(4), 364–374.

Whitehead, A. N. (1943). *Essays in science and philosophy*. New York: Philosphical Library.

Whitener, E. M. (1989). A meta-analytic review of the effect of learning on the interaction between prior achievement and instructional support. *Review of Educational Research, 59*(1), 65–86.

Whitley, B. E. (1997). Gender differences in computer-related attitudes and behavior: A meta-analysis. *Computers in Human Behavior, 13*(1), 1–22.

Whitley, B. E., Jr., & Frieze, I. H. (1985). Children's casual attributions for success and failure in achievement settings: A meta-analysis. *Journal of Educational Psychology, 77*(5), 608–616.

Whitley, B. E., Jr., Nelson, A. B., & Jones, C. J. (1999). Gender differences in cheating attitudes and classroom cheating behavior: A meta-analysis. *Sex Roles, 41*(9/10), 657–680.

Wickline, V. B. (2003, August). *Ethnic differences in the self-ssteem/academic achievement relationship: A meta-analysis*. Paper presented at the Annual Conference of the American Psychological Association, Toronto, ON, Canada.

Wideen, M., Mayer-Smith, J., & Moon, B. (1998). A critical analysis of the research on learning to teach: Making the case for an ecological perspective on inquiry. *Review of Educational Research, 68*(2), 130–178.

Wiersma, U. J. (1992). The effects of extrinsic rewards in intrinsic motivation: A meta-analysis. *Journal of Occupational and Organizational Psychology, 65*(2), 101–114.

Wierzbicki, M. (1993). Psychological adjustment of adoptees: A meta-analysis. *Journal of Clinical Child and Adolescent Psychology, 22*(4), 447–454.

Wiggins, G. P., & McTighe, J. (2005). *Understanding by design* (Expanded 2nd ed.). Alexandia, VA: Association for Supervision and Curriculum Development.

Wilen, W. W. (1991). *Questioning skills for teachers. What research says to the teacher* (2nd ed.). Washington, DC: National Education Association.

Wilkinson, I. A. G., & Fung, I. Y. Y. (2002). Small-group composition and peer effects. *International Journal of Educational Research, 37*(5), 425–447.

Wilkinson, I. A. G., Parr, J. M., Fung, I. Y. Y., Hattie, J. A. C., & Townsend, M. A. R. (2002). Discussion: Modeling and maximizing peer effects in school. *International Journal of Educational Research, 37*(5), 521–535.

Wilkinson, S. S. (1980). *The relationship of teacher praise and student achievement: A meta-analysis of selected research*. Unpublished Ed.D., University of Florida, FL.

Willett, J. B., Yamashita, J. J. M., & Anderson, R. D. (1983). A meta-analysis of instructional systems applied in science teaching. *Journal of Research in Science Teaching, 20*(5), 405–417.

Williams, P. A., Haertel, E. H., Haertel, G. D., & Walberg, H. J. (1982). The impact of leisure-time television on school learning: A research synthesis. *American Educational Research Journal, 19*(1), 19–50.

Williams, S. L. (2004). *A meta-analysis of the effectiveness of distance education in *allied health science programs*. Unpublished Ph.D., University of Cincinnati, OH.

Willig, A. C. (1985). A meta-analysis of selected studies on the effectiveness of bilingual education. *Review of Educational Research, 55*(3), 269–317.

Willis, S., & Kenway, J. (1986). On overcoming sexism in schooling: to marginalize or mainstream. *Australian Journal of Education, 30*(2), 132–149.

Willms, J. D. (2000). Monitoring school performance for "standards-based reform". *Evaluation and Research in Education, 14*, 237–253.

Willson, V. L. (1983). A meta-analysis of the relationship between science achievement and science attitude: Kindergarten through college. *Journal of Research in Science Teaching, 20*(9), 839–850.

Willson, V. L. (1984). Adding results to a meta-analysis: Theory and example. *Journal of Research in Science Teaching, 21*(6), 649–658.

Winne, P. H., & Butler, D. L. (1994). Student cognition in learning from teaching. In T. Husen & T. Postlethwaite (Eds.), *International encyclopedia of education* (2nd ed., pp. 5738–5745). Oxford, England: Pergamon.

Winner, E., & Cooper, M. (2000). Mute those claims: No evidence (yet) for a causal link between arts study and academic achievement. *Journal of Aesthetic Education, 34*(3/4), 11–75.

Winner, E., & Hetland, L. (2000).The arts in education: Evaluating the evidence for a causal link. *Journal of Aesthetic Education, 34*(3/4), 3–10.

Wise, K. C. (1988).The effects of using computing technologies in science instruction: A synthesis of classroom research. In J. D. Ellis (Ed.), *1988 AETS Yearbook* (pp. 105–118). Colorado Springs, CO: Office of Educational Research and Improvement, U. S. Department of Education.

Wise, K. C. (1996). Strategies for teaching science: What works? *Clearing House, 69*(6), 337–338.

Wise, K. C., & Okey, J. R. (1983). A meta-analysis of the effects of various science teaching strategies on achievement. *Journal of Research in Science Teaching, 20*(5), 419–435.

Wiseman, A.W. (2002, February). *Principals' instructional management activity and student achievement: A meta-analysis*. Paper presented at the Annual Meeting of the

Southwestern Educational Research Association, Austin,TX.

Witt, E.A. (1993, April). *Meta-analysis and the effects of coaching for aptitude tests*. Paper presented at the Annual Meeting of the American Educational Research Association, Atlanta, GA.

Witt, P. L.,Wheeless, L. R., & Allen, M. (2004). A meta-analytical review of the relationship between teacher immediacy and student learning. *Communication Monographs, 71*(2), 184–207.

Witt, P. L., Wheeless, L. R., & Allen, M. (2006). A relationship between teacher immediacy and student learning: A meta-analysis. In B. M. Gayle, R.W. Preiss, N. Burrell & M.Allen (Eds.), *Classroom communication and instructional processes: Advances through meta-analysis* (pp. 149–168). Mahwah, NJ: Lawrence Erlbaum Associates.

Witter, R.A., Okun, M.A., Stock,W.A., & Haring, M. J. (1984). Education and subjective well-being: A meta-analysis. *Educational Evaluation and Policy Analysis, 6*(2), 165–173.

Wittgenstein, L. (1958). *Philosophical investigations* (G. E. M. Anscombe, Trans. 2nd ed.). Oxford: Blackwell.

Witziers, B., Bosker, R. J., & Kruger, M. L. (2003). Educational leadership and student achievement: The elusive search for an association. *Educational Administration Quarterly, 39*(3), 398–425.

Wixson, K. K., Peters, C. W., Weber, E. M., & Roeber, E. D. (1987). New directions in statewide reading assessment. *Reading Teacher, 40*(8), 749–754.

Wofford, J. C., Goodwin,V. L., & Premack, S. (1992). Meta-analysis of the antecedents of personal goal level and of the antecedents and consequences of goal commitment. *Journal of Management, 18*(3), 595–615.

Wood, R. E., & Locke, E. A. (1987). The relation of self-efficacy and grade goals to academic performance. *Educational and Psychological Measurement, 47*(4), 1013–1024.

Wood, R. E., Mento, A. J., & Locke, E. A. (1987).Task complexity as a moderator of goal effects: A meta-analysis. *Journal of Applied Psychology, 72*(3), 416–425.

Wood, W. (1987). Meta-analytic review of sex differences in group performance. *Psychological Bulletin, 102*(1), 53–71.

Woolf, B. P., & Regian, J. W. (2000). Knowledge-based training systems and the engineering of instruction. In S. Tobias & J. D. Fletcher (Eds.), *Training and retraining: A handbook for business, industry, government, and the military* (pp. 339–356). New York: Macmillan Reference.

Woolfolk Hoy, A. (1998). *Educational psychology* (7th ed.). Boston: Allyn & Bacon.

Worthington, J. (1991, May). *Reading groups: Problems, solutions*. Paper presented at the Annual Meeting of the International Reading Association, Las Vegas, NV.

Wortman, P. M. (1983). *School desegregation and Black achievement: An integrative review*. Washington, DC: National Institute on Education.

Wortman, P. M., & Bryant, F. B. (1985). School desegregation and Black achievement: An integrative review. *Sociological Methods Research, 13*(3), 289–324.

Wortman, P. M., & Napoli, A. R. (1996). A meta-analysis of the impact of academic and social integration of persistence of community college students. *Journal of Applied Research in the Community College, 4*(1), 5–21.

Wright, P. M. (1990). Operationalization of goal difficulty as a moderator of the goal difficulty-performance relationship. *Journal of Applied Psychology, 75*(3), 227–234.

Xin, Y. P., Grasso, E., Dipipi-Hoy, C. M., & Jitendra, A. (2005). The effects of purchasing skill instruction for individuals with developmental disabilities: A meta-analysis. *Exceptional Children, 71*(4), 379–400.

Xin, Y. P., & Jitendra, A. K. (1999). The effects of instruction in solving mathematical word problems for students with learning problems: A meta-analysis. *Journal of Special Education, 32*(4), 207.

Yaakub, M. N., & Finch, C. R. (2001). Effectiveness of computer-assisted instruction in technical education: A meta-analysis. *Workforce Education Forum, 28*(2), 1–15.

Yair, G. (2000). Educational battlefields in America: The tug-of-war over students' engagement with instruction. *Sociology of Education, 73*(4), 247–269.

Yang, W. -L. (1997, March). *Validity issues in cross-national relational analyses: A meta-analytic approach to perceived gender differences on mathematics learning*. Paper presented at the Annual Meeting of the American Educational Research Association, Chicago, IL.

Yates, G. C. R. (2008). Roadblocks to scientific thinking in educational decision making. *Australiasian Journal of Special Education, 32*(1), 125–137.

Yaworski, J. (2000). Using computer-based technology to support the college reading classroom. *Journal of College Reading and Learning, 31*(1), 19–41.

Yeany, R. H., & Miller, P. A. (1983). Effects of diagnostic/remedial instruction on science learning: A meta-analysis. *Journal of Research in Science Teaching, 20*(1), 19–26.

Yeany, R. H., & Padilla, M. J. (1986).Training science teachers to utilize better teaching strategies: A research synthesis. *Journal of Research in Science Teaching, 23*(2), 85–95.

Yekovich, F. R.,Thompson, M.A., &Walker, C. H. (1991). Generation and verification of inferences by experts and trained nonexperts. *American Educational Research Journal, 28*(1), 189–209.

Yoshida, S. A. (1989). *A meta-analysis of the effects of grade retention on the achievement of elementary school children*. Unpublished Ph.D., Fordham University, NY.

Yoon, J. -C. (2002).Three decades of sustained silent reading: a meta-analytic review of the effects of SSR on attitude toward reading. *Reading Improvement, 39*(4), 186–195.

Zhao, Y., Lei, J.,Yan, B., Lai, C., & Tan, H. S. (2005).What makes the difference? A practical analysis of research on the effectiveness of distance education. *Teachers College Record, 107*(8), 1836–1884.

Zippert, C. P. (1985). *The effectiveness of adjusting teaching strategies to assessed learning styles of adult students*. Unpublished Ph.D.,The University of Alabama, AL.

索 引[1]

能力分轨（ability grouping）89–91, 107
   资优学生（gifted students）99–100
   有学习障碍的（learning disabled）43
加速学习（acceleration）100–101, 155, 206
指导者与辅助者（activator vs. facilitator）
   25, 243–244
注意力不集中症/多动症（ADHD/ADD）
   42, 54, 104
辅助材料法（adjunct aids）207–208
具有适应能力的学习专家（adaptive
   learning experts）246
收养的儿童（adopted children）65–66
先行组织者（advance organizers）167–168
探险项目（adventure programs）24–25,
   156–157, 160, 256
焦虑（anxiety）49–50, 180
性向与处理交互作用（aptitude-treatment
   interactions）194–195
艺术项目 参见 戏剧（arts programs *see*
   drama）
对学校学科的态度（attitude to school
   subjects）50–51
态度和特质（attitudes and dispositions）
   45–51
基于听觉的学习（audio based learning）
   229–230

逆向设计（backward design）245
效应量指示表（barometer of influences）
   17, 18–19, 41, 251
行为目标（behavioral objectives）9, 167–
   168, 170
Bereiter, C. 26–28, 243
校际层面变量（between school variance）
   72–73, 75, 108, 239, 250
超越合理怀疑（beyond reasonable doubt）4,
   11
双语项目（bilingual programs）159–160
出生体重（birth weight）51–52
Bishop, R. 5–6, 58, 118, 128, 242
布卢姆教育目标分类法（Bloom's
   taxonomy）29
Brock, P. 261

计算器（calculators）145–147
职业生涯教育项目（career education

---

[1] 索引的每个条目后所附数码为原文页码，即本书边码。

programs）151–152

因果关系和解释（causation and explanation）4, 238

挑战（challenge）24, 36, 38, 45, 137, 157, 164, 165–167, 239–240, 253, 259

革新：教师（change: teachers）251–254

特许学校（charter schools）75–76

儿童的影响（child influences）31–32

班级规模（class size）85–88

课堂（classroom）

    氛围（climate）33–35, 102–103, 117, 247–248

    结构性影响（compositional effects）85–97

    多元化（diversity）247–249

    管理（management）102

Clay, M. 139

辅导 参见 测验训练（coaching *see* teaching test taking）

认知负荷（cognitive load）31, 144, 146–147, 160, 169, 172, 197, 236, 245

寄宿学校（college halls of residence）79

通用语言效力（common language effect size）9, 15, 42, 220

竞争学习（competitive learning）212, 214, 236

针对有学习障碍的学生的干预（comprehension interventions for learning disabled students）217–219

计算机辅助教学（computer-assisted instruction）220–227

计算机（computers）

    补充或替代（supplement or substitute）222

    反馈（feedback）227

    丰富的学习机会（multiple opportunities）224–225

    教师培训（training by teachers）223–224

注意力（concentration）49, 53

概念构图（concept mapping）168–169

教学观念（conceptions of teaching）113

概念转变（conceptual change）44

科学（science）148

建构的或概念的理解（constructed or conceptual understanding）26, 28–29, 127, 243, 245, 249

建构主义（constructivism）26, 204, 243–244

合作学习与同质班级（cooperative learning vs. heterogeneous classes）212–213

合作、竞争与个别学习（cooperative vs. competitive vs. individualistic learning）212–214

合作与个别学习（cooperative vs. individualistic learning）213–214

改革的成本效益（cost-benefits of innovations）256–257

合作教学 参见 协同教学（co-teaching *see* team teaching）

创造力项目（creativity programs）44, 155–156

课程的影响（curricula influences）35—36, 129—160

减少干扰行为（decreasing disruptive behavior）103—104

深层思维（deep thinking）23, 28—29, 35, 37, 116—117, 127, 159, 167, 192, 211, 213, 231, 245, 249, 258—260

缺陷模型（deficit models）5—6, 57, 252

刻意练习（deliberative practice）24—25, 30, 36, 105, 155, 186

种族融合学校（desegregation）78—79

饮食干预（diet interventions）52—53

直接教学法（direct instruction）134, 144, 145, 155, 204—207, 216, 217—218, 243, 245, 258

学习特质（dispositions to learn）32, 40—41, 45—51

远程教育（distance education）232—233

离异（divorce）65

戏剧/艺术项目（drama/arts programs）143—144

训练和练习（drill and practice）145, 185, 224—225

药物干预（drug interventions）53—55

早期干预（early interventions）58, 68

效应量（effect sizes）

　计算（calculating）8

　相关关系与因果关系（correlates vs. causes）3, 237

　分布（distribution of）15—17

　解释（interpreting）7—10

　问题（problems）10—12

　随机模型与固定模型（random vs. fixed models）12

　样本容量（sample size）20

　测验的效应量 参见 频繁测验（effects of testing see frequent testing）

努力（effort）25, 32, 34—35, 128, 136, 164, 176, 246—247

参与度（engagement）32, 35, 41, 49, 102, 119, 128, 205, 250

拓展学习内容（enrichment）101—102

种族（ethnicity）57—58, 82, 118

所有效应量都起作用（everything works）15—16

证据，本质（evidence, nature of）2—4, 7—21, 237, 239—240, 254—255, 258—259

示范学校（exemplary schools）161—162, 259

锻炼和放松（exercise and relaxation）53

期望（expectations）31—32, 46, 58—61, 68—71, 121—124, 126, 240—241

课外活动（extra curricula activities）159

家庭结构（family structure）64—66

反馈（feedback）4, 12—13, 23—25, 142, 173—178, 199

　计算机（computers）227—228

　目标（goals）164—165, 247

　本质（nature）174—176

反馈的效果（power of）48, 122, 144, 173–174, 238–239
　　教师（teachers）181
　　三个反馈问题（three feedback questions）37
财政（finances）73–75
项目的形成性评价（formative evaluation of programs）181
四年级的阅读衰退（fourth grade slump）140–141
频繁测验（frequent testing）178–179
Fullan, M. 2, 245

游戏（gaming）67, 120, 225, 230–231
性别（gender）55–57, 96, 222
资优学生（gifted students）99–102
Glass G.V. 3, 8, 10, 87, 194, 247
目标（goals）
　　具有挑战性的（challenging）23–25, 32, 164–167, 176, 246–247
　　"尽你所能"（"do your best"）163–164
　　反馈（feedback）177
　　掌握目标和学习目标（mastery and learning）163
　　原则（principals）83–84
　　自我效能感（self-efficacy）165–166
学校教育的语法（grammar of schooling）5, 93, 223
团体凝聚力（group cohesion）103

Higgins, S. 155–156
家庭环境（home environment）67–71
家庭的影响（home influences）33, 61–71
家访（home visiting）70
家校项目（home–school programs）233–234
家庭作业（homework）8–10, 17–20, 68–70, 234–236
关节点（hinge point）16–19, 24, 108, 126, 199, 208, 245, 249–251, 258

疾病（illness）52
随机学习（incidental learning）125
个性化教学（individual instruction）198, 241
归纳教学法（inductive teaching）208
改革（innovations）2–3, 5, 12, 16–17, 236, 251, 254
　　成本（costs of）255–257
探究式教学法（inquiry based teaching）208–210
教学型和变革型领导（instructional and transformational leadership）83–85
综合课程项目（integrated curricula programs）152–153
交互式视频法（interactive video methods）228–229
人际关系（interpersonal relations）103, 113–115
学习投入（investing in learning）32, 40
邀请学习（invitational learning）34

Irving, E. 34–35, 115, 250

凯勒的个人化教学系统（Keller's Personalized System of Instruction）171–172

给学生贴标签（labeling students）124–125

缺乏学业成功（lack of academic success）42

学校教育的话语（language of schooling）61–62

领导（leadership）56, 83–85, 252, 256

学习层级（learning hierarchies）169

学习目的（learning intentions）23, 32, 36, 113, 157, 162–163, 177, 181, 199, 205–207, 239, 246

学习，模型（learning, model of）26–29

学习策略（learning strategies）23, 36, 130, 244–247

学习风格（learning styles）195–197

理解水平（levels of understanding）160, 248–249

Lortie, D. 111

随班就读（mainstreaming）95–96

Marzano, R. 13–14, 84, 102, 203

掌握学习（mastery learning）170–171, 224

母亲就业（maternal employment）66

数学（mathematics）

焦虑（anxiety）49–50

项目（programs）144–145

现代的与新的（modern vs. new）145

教师（teachers）34–35, 115–116

数学教师（mathematics teachers）114

成熟的效果（maturation effects）20

辅助（mentoring）187–188

元分析（meta-analysis）

发展（development）3

问题（problems）10–12

综合（synthesizing）14–18

元认知策略（metacognitive strategies）14, 29–30, 188–190, 217, 246

微格教学（micro teaching）112–113

学生流动（mobility）81–82

调节变量（moderators）10, 12, 17, 31, 194

道德教育项目 参见 价值观项目（moral education programs see values）

动机（motivation）47–49, 175

混合年级/混龄班级（multi-grade/multi-age classes）91–93

多媒体学习（multimedia learning）229

音乐（music）143–144

国家阅读研究小组（National Reading Panel）129, 132–133

国家专业教学标准委员会（NBPTS）26, 34–35, 115–117, 259–261

教师教育资格认定标准委员会（NCATE）111

《不让一个孩子掉队》（*No Child Left*

Behind）179
做笔记（note taking）189–191, 203
新手与专家（novice vs. expert）20, 30
Nuthall, G. 4, 32, 127 174, 186, 214, 241–243

独生和非独生子女（only and non-only children）66
开放班级与传统班级（open vs. traditional）88–89
对经验的开放程度（openness to experience）31, 32, 40–41, 45, 47, 60
成果（outcomes）6, 29–30
拓展训练 参见 探险项目（outdoor bound see adventure programs）
校外课程经验（out-of-school curriculum experiences）82
校外学习（out-of-school learning）232–233

派迪亚方法（Paideia method）215
家长参与学习（parent involvement in learning）68–70
家长的期待和愿望（parental expectations and aspirations）33
家长的有关学校教育话语的知识（parental knowledge of the language of schooling）33
激情（passion）1–2, 22–23, 36, 117, 238, 240, 259
教学内容知识（pedagogical content knowledge）113–115, 248, 261

同伴影响（peer influences）33–34, 104–105, 226
同伴指导（peer tutoring）186–187
知觉动作项目（perceptual-motor programs）153
毅力（persistence）49, 254
个人最佳成就（personal bests）165
学习的个性化特征（personal nature of learning）237–238, 241–243
人格影响（personality influences）40, 45–46
音素意识（phonemic awareness）133–134
身体特征（physical attributes）51–58
皮亚杰项目（Piagetian programs）43
游戏项目（play programs）154–155
对政策的启示（policy implications）257–259
Popper 的三个世界（Popper's three worlds）26–27, 249
学前教育项目（preschool programs）58–60
校长和学校领导者（principal and school leaders）83–85
先前成就（prior achievement）32, 40, 41–42
基于问题的学习（problem-based learning）210–212
问题解决教学法（problem solving teaching）210
专业发展（professional development）119–121

程序教学（programmed instruction）231–232

接续方案（Project Follow Through）206, 258

教学质量（quality of teaching）34–35, 92, 115–118

提问（questioning）182–183

随机控制实验（randomized control trials）4

阅读（reading）129–141
    理解力项目（comprehension programs）136–137
    置身于阅读之中（exposure to reading）138–139
    自然拼读教学法（phonics instruction）132–133
    反复阅读项目（repeated reading programs）135
    二次/三次机会项目（second- and third-chance programs）139–140
    语句组合项目（sentence combining programs）134
    词汇项目（vocabulary programs）131–132
    整体语言（whole language）137–138
    阅读矫正（reading recovery）139–140
    交互式教学法（reciprocal teaching）203–204

宗教学校（religious schools）76–77

作为一名学习者的荣誉感（reputation as a learner）31–32, 37, 40, 60, 105

父亲在家生活与父亲不在家生活（resident and non-resident fathers）65

留级（retention）97–99

奖励（rewards）69, 174–175, 213–214

Rubie-Davies, C. 124, 126

学校结构的影响（school compositional effects）79–82

学校的影响（school influences）33–36, 72–107

学校规模（school size）79–80

校服（school uniforms）106

全校范围的教学改革（school-wide teaching reform）215–217

科学（science）56, 114, 147–149, 153, 198, 209, 229, 231
    态度（attitude to）50–51

Scriven, M. 3–4, 11, 237

自我概念（self-concept）46–47

自我效能感（self-efficacy）25, 45–47, 56, 165–166, 192

自评成绩（self-reported grades）31, 43–44, 124

出声思考和自我提问（self verbalization and self questioning）192–193

模拟（simulations）230–231

单亲和双亲家庭（single and two-parent families）64–65

单一性别班级（single-sex classes）96–97

小组学习（small-group learning）94–95

社交技能项目（social skills programs）149–151

社会经济地位（socioeconomic status）61–63

SOLO 模型（SOLO model）29, 249, 259

分散和集中练习（spaced and massed practice）185–186, 242

学院专项项目（special college programs）219

特殊教育（special education）42–43, 164, 193, 206–207, 219

特别的课程项目（specific curricula programs）155–160

随班就读 参见 分轨（streaming see tracking）

学生掌控学习（student control over learning）48, 193–194, 225

学生对教学的评价（student evaluation of teaching）34–35, 87, 115–116, 250

学生的影响（student influences）39–60

学生的元认知和自我调节学习（student metacognitive and self-regulation learning）188–189

学习中的学生视角（student perspectives in learning）184–188

学习技能（study skills）189–192

成功标准（success criteria）23, 36–38, 113, 169–170, 199, 205–207, 239

暑期学校（summer school）77

暑假（summer vacation）80–81

表层学习（surface learning）23, 28–30, 117–118, 210–211, 245–246, 249, 259–261

综合元分析（synthesizing meta-analyses）
　效应量分布（distribution of effects）15–18
　方法论（methodology）14–18
　先前尝试（prior attempts）12–14

触觉刺激项目（tactile stimulation programs）153–154

教师改变（teacher change）251–254

教师表达的清晰度（teacher clarity）35, 125–126

教师效应（teacher effects）16–17, 22–24, 34–35

教师的即时反馈（teacher immediacy）183–184

教师的影响（teacher influences）108–128

教师提问（teacher questions）28, 149

教师培训项目（teacher training programs）109–112

教师，相同种族（teachers, same race）118

师生关系（teacher–student relationships）102, 118–119

教和学的策略（teaching and learning strategies）244–247

教学方法（teaching approaches）35, 161–236

教学策略（teaching strategies）200–203

测验训练和辅导（teaching test taking and coaching）179–181

教学与工作环境（teaching vs. working conditions）244

协同教学（team teaching）219

技术实施（technology implementations）220–232

电视（television）67–68

测验（testing）178–179

任务时间（time on task）184–185

分轨 参见 能力分轨（tracking see ability grouping）

学校类型（types of schools）75–79

价值观和道德教育项目（values and moral education programs）149

可见的教和可见的学（visible teaching – visible learning）22–38, 114, 221, 237–241, 248

基于视觉的学习（visual based learning）229–230

视知觉项目（visual perception programs）130–131

Walberg, H. 13, 256

基于网络的学习（web-based learning）227–228

Weinstein, R. 122–124

福利政策（welfare policies）63–64

什么起最大作用（what works best）18, 21, 57, 111, 120, 247, 250, 254–255

班内分组（within-class grouping）93–94

学校内部的变量（within school variance）72–73

样例（worked examples）172–173

写作项目（writing programs）141–143

期待效果区（zone of desired effects）19, 108

出 版 人　所广一
责任编辑　翁绮睿　刘明堂
版式设计　郝晓红
责任校对　贾静芳
责任印制　叶小峰

图书在版编目（CIP）数据

可见的学习：对800多项关于学业成就的元分析的综合报告／（新西兰）哈蒂（Hattie, J.）著；彭正梅等译. —北京：教育科学出版社，2015.6（2024.3重印）
书名原文：Visible learning : a synthesis of over 800 meta–analyses relating to achievement
ISBN 978-7-5041-9374-2

Ⅰ．①可… Ⅱ．①哈… ②彭… Ⅲ．①教育质量—教学评估—研究报告 Ⅳ．① G420

中国版本图书馆 CIP 数据核字（2015）第 017046 号
北京市版权局著作权合同登记　图字：01-2014-3382 号

可见的学习：对800多项关于学业成就的元分析的综合报告
KEJIAN DE XUEXI: DUI 800 DUO XIANG GUANYU XUEYE CHENGJIU DE YUANFENXI DE ZONGHE BAOGAO

出版发行	教育科学出版社	
社　　址	北京·朝阳区安慧北里安园甲9号	市场部电话　010-64989009
邮　　编	100101	编辑部电话　010-64981167
传　　真	010-64891796	网　　址　http://www.esph.com.cn
经　　销	各地新华书店	
制　　作	北京浪波湾图文工作室	
印　　刷	保定市中画美凯印刷有限公司	
开　　本	720毫米×1020毫米　1/16	版　　次　2015年6月第1版
印　　张	32.75	印　　次　2024年3月第11次印刷
字　　数	538千	定　　价　78.00元

如有印装质量问题，请到所购图书销售部门联系调换。

Visible Learning: A Synthesis of Over 800 Meta-Analyses Relating to Achievement

By John Hattie

© 2009 John A.C. Hattie

Authorized translation from English language edition published by Routledge, part of Taylor & Francis Group LLC; All rights reserved; 本书原版由 Taylor & Francis 出版集团旗下, Routledge 出版公司出版, 并经其授权翻译出版。版权所有, 侵权必究。

Educational Science Publishing House is authorized to publish and distribute exclusively the Chinese (Simplified Characters) language edition. This edition is authorized for sale throughout Mainland of China. No part of the publication may be reproduced or distributed by any means, or stored in a database or retrieval system, without the prior written permission of the publisher. 本书中文简体翻译版授权由教育科学出版社独家出版并限在中国大陆地区销售。未经出版者书面许可, 不得以任何方式复制或发行本书的任何部分。

Copies of this book sold without a Taylor & Francis sticker on the cover are unauthorized and illegal. 本书封面贴有 Taylor & Francis 公司防伪标签, 无标签者不得销售。